崇義年鑑

崇义县编史修志委员会编

主编：黄诗结

江西人民出版社

崇义县编史修志委员会

主　任：刘泰山

副主任：甘盛增　肖文源　肖贤能

委　员：钱　凡　魏运亭　张贵香

　　　　陈昌庆　刘传明　郭礼祥

县志办公室：

主　任：肖贤能

副主任：黄诗结

《崇义年鉴》编纂

主　编：黄诗结

副主编：肖贤能

编　辑：何　焕　高荫文　吴益炎　杨顺梅

　　　　刘文光　肖继湖　张祖春　黄　萌

摄影人员：乐香兰　曾远业

校　　对：陈昌莲　邓红革

崇义县城鸟瞰

装机容量为3750千瓦的山院水电站于1987年11月15日竣工投产

▼利用外资修建的长125.4米，宽8.5米，高13.45米麟潭大桥于1987年12月竣工通车。

横水镇中学

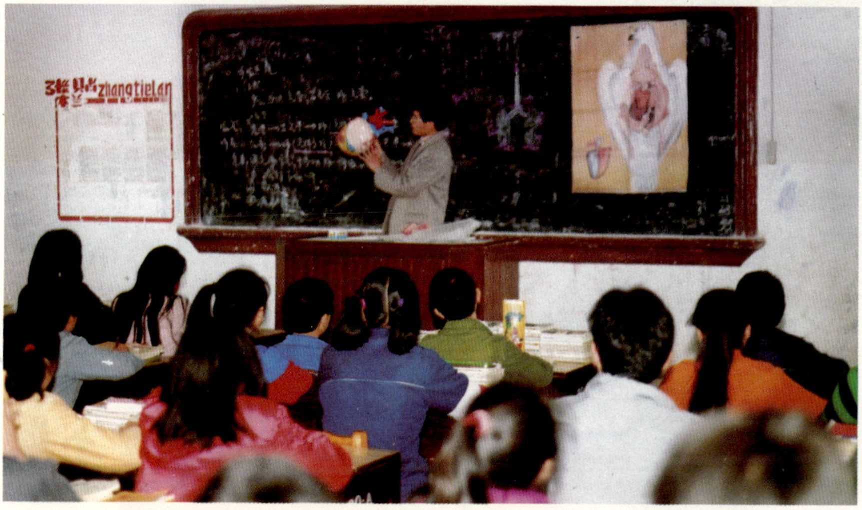

1986～1989年集资261.5万元，用于改善办学条件，至1989年底，全县达到“校校无危房，班班有教室，人人有课桌凳”。

崇义县1989年计划免疫工作达到卫生部1990年规划指标

奖状

崇义县卫生防疫站：

在一九八九年计划免疫工作中成绩显著，达到卫生部一九九〇年规划指标，特发此状，以资鼓励。

江西省卫生厅

崇义木材公司

该公司组建于1985年，是全县经营木竹及其加工制品的骨干企业。现有16个木材经销站，有人造板、工艺木雕、建筑材料、制材、天然食品等5个林产品加工厂，2个林业汽车队，13个木材销售网点，形成了一套木材收购、运输、销售的服务体系。主要产品有锯材、建材包装、竹木人造板、家具、木雕等6大系列300余种。产品行销广东、福建、上海、江苏、浙江、湖南、河南、安徽、湖北等省市和港澳地区。其“竹饰面板”和“薄木贴面竹胶板”1989年获轻工业部新产品开发奖。

浮雕台屏 — 三仙圖

奖状
江西崇义县木材公司
你单位
产品在一九八九年
全国轻工业推动企业技术进步活动周中获新产品奖特
颁发奖状以资鼓励
轻工业部科技发展司
一九八九年十二月

崇义
冶金矿产
工业公司

该公司于1984年建立。主要产品有黑钨精矿特级1.2.3.号、国家标准及用户标准一级Ⅰ类、一级Ⅱ类，年产量1000吨，锡金属200吨，钼精矿40吨，黑钨精矿产品远销东南亚、西欧等国际市场，国内销往东北、西南、中南、华东等十几个省市。

水晶矿
黄銅矿

崇义县木材厂

该厂现有年产二万箱的卫生木筷车间，年产2千立方米的胶合板车间，年产5千立方米的硬质纤维板车间，年产5千立方米的刨花板生产车间，到1991年本厂将是“三板”（胶合板、纤维板、刨花板）齐全的国营企业。

崇义县农林技校校办工厂

该厂建于1978年。主要产品有"荷花牌"竹筒席、"阳岭牌"茶叶、松蕉油、松轻油、干镏松节油、杉木、松杂木、毛竹；还生产各种菌种和办公用桌、凳等。1989年创产值62万元，利税15万元。

崇义煤矿

该煤矿年产量12000吨。所生产的无烟煤，质量稳定，含矸率在3%以下，发热量可达5000千卡/公斤以上。

崇义县水泥厂

该厂建于1969年。年产能力2000吨。现形成生产能力2.0万吨。主要生产符合国家建材部部颁标准的425＃和325＃普通硅酸盐水泥。

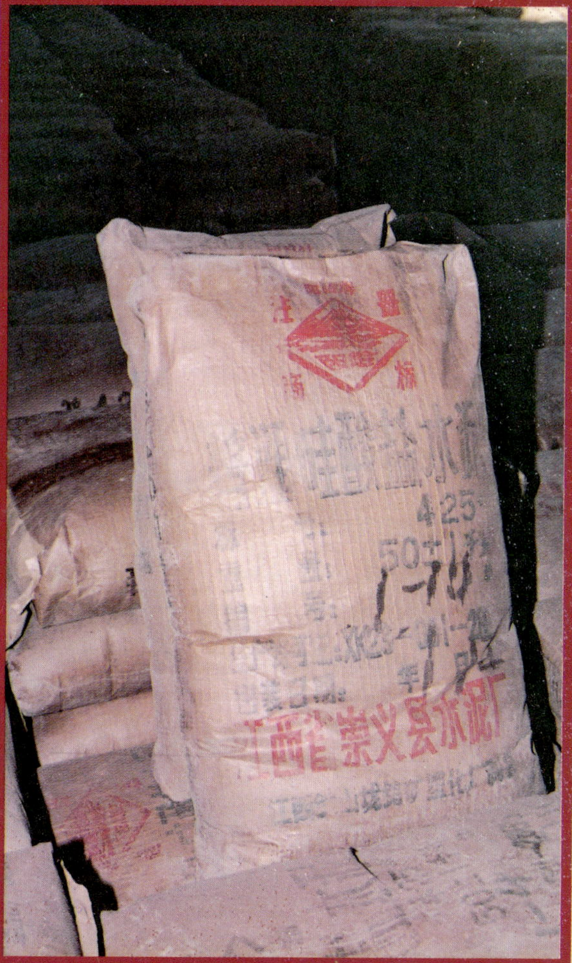

崇义县轻工机械厂

该厂已有专业生产各类木工机械产品二十余年历史。设备先进，技术力量雄厚。MT328－Ⅰ型自动木工带锯机组，集国内外同类产品优良设计和丰富的制造经验，质量可靠，性能好，曾列省地计划产品，荣获科技先进奖状。最新产品MB401型四面木工刨床，是当今理想的木器加工设备，已列入省、地新产品计划；还有CR320型家用茶叶加工机械，深受广大茶农青睐。

崇义县
横水家具厂

该厂是1984年建立的家具厂，生产各类高、中、低档家具、仿古家具、藤木结构制品。承接宾馆、酒家、办公、商业、教学、儿童等用具的设计制作业务。

崇义宾馆

该馆1987年10月落成开业。大厦主楼5层，内设客房、餐厅、咖啡厅、商场、大小会议厅、接待室。

现有客房89套，高、中档床位161张，有席梦思床、衣橱、电子多功能床柜及彩色、黑白电视机、高低床等。并承办高、中档筵席、包餐酒筵、风味名菜名酒、名食。

序

《崇义年鉴》(1986～1989) 现在问世了。这是全县人民进行社会主义现代化建设的历史记录，也是全县人民进行社会主义精神文明建设的新的成果。

崇义人民在1986～1989年中，坚持四项基本原则，坚持改革、开放、搞活的方针，更新观念，勇于开拓，大胆进取，推动了全县经济的发展。1988年在全区17个县中率先突破亿元大关，1989年全县工农业总产值达19786万元，比1985年全县第一个经济翻番的11750万元增长68%。其中工业总产值达12151万元，农业总产值达7635万元，农民人均收入达568元。随着工农业生产的发展，城乡建设也有新的进展，市场日趋繁荣活跃，科技、教育、文化、卫生事业获得新的成绩，社会安定，人民生活继续得到改善。将这些客观真实的事实著录年鉴，载入史册，彪炳后人，为现实服务，为资政、存史、教化服务。

本年鉴以全面、系统、翔实的资料和数据，记录了1986～1989年崇义县经济和社会发展的新变革、新成就和新问题。它是县志办在全县各单位、各部门的大力支持、紧密配合下，前后用了10个月的时间编撰出来的。他们做了一件很有意义的工作。借此，向从事撰稿、编辑、审稿、提供资料的单位、部门和同志们，表示衷心的感谢!

值年鉴出版之际，欣贺之余，谨以为序。

中共崇义县委书记　黄先浪

崇义县人民政府县长　李本楠

*1990*年*8*月

编 辑 说 明

一、《崇义年鉴》是一部资料性、知识性、信息性的综合性年鉴。这部年鉴衔接新编县志的下限期，即 1986 年 1 月 1 日至 1989 年 12 月 31 日止，合四年为一本。

二、《崇义年鉴》全面系统地记录崇义县 1986～1989 年改革、开放的历史进程，并突出地反映这四年的新变革、新成就和新问题。

三、《崇义年鉴》分特载、专文、大事记、概况、政治、法制、军事、经济、综合经济管理、科技教育文化、卫生体育、社会生活、人物、乡镇简介、企业名录、附录等 16 个部类，下分若干分目、子目和条目，内容交叉以互为参见的形式注明。

四、《崇义年鉴》采用分类编撰法，以图、文、表穿插组合而成，条目标题统一使用[ ]表示。

五、年鉴发表的署名文章有两种：一种是专文，着重就一个领域的发展趋势加以论述；一种是特载中的会议报告。

六、年鉴所用资料，均由各部门、单位提供，并经提供资料单位审核。资料中的数据，是县统计局公布的数字；统计局缺乏的数字，是单位提供的数字。

七、年鉴中收录的会议报告，均按原件照印。

八、《崇义年鉴》在编纂中，得到各单位、各部门的鼎力支持，是各单位、各部门集体智慧的结晶，协作的产物。在此，谨向他们表示衷心的感谢!

总 目 录

特 载

专 文

大 事 记

概 况

政　治

法　　制

军　事

经　济

经济综合管理

科技教育文化

卫生　体育

社会　生活

人　物

乡镇简介

企业名录

附　　录

特　载

TE　ZAI

中共中央办公厅秘书局给崇义县委的信

中共崇义县委：

蓝舒同志3月5日报送的《崇义县贯彻南方山区建设座谈会精神的情况汇报》，耀邦同志已阅。祝贺你们五年内取得实现第一个经济翻番的成绩。希望再接再厉，充分发挥本县山林和地下矿藏的优势，使山区经济建设发展得更快。

中共中央办公厅秘书局（章）

1986年4月5日

全国第三次林业化学除草技术座谈会开幕词

中国林科院林研所　陈建业

各位代表、各位领导：

全国第三次林业化学除草技术座谈会，由中国林科院林研所和中国林学会科普部共同主持，经过了长时间的筹备工作，今天在江西省崇义县正式开幕了。参加这次技术座谈会的有来自全国20个省、市、区的科研、教学、生产、厂家和使用单位80多位代表，对代表们不辞辛苦，千里迢迢，由祖国的四面八方前来参加这次技术座谈会，我代表大会筹备组、会议领导小组向代表们表示热烈地欢迎！并致以热情的问候！这次化学除草技术座谈会得到了江西省崇义县县委、县政府的大力支持和资助，得到了江西省林业厅、赣州地区林业局、森防站和其他有关部门的支持，他们为我们这次技术座谈会的顺利召开做了大量的准备工作。在此，我代表与会全体同志向他们表示衷心的感谢。

林业在发展国民经济中具有十分重要的地位，尤其在保护生态环境，促进农、牧、副业的发展，发挥了很好的作用，林业是造福于子孙后代的一项宏伟事业。任何事业要得到发展，都必须依赖先进的科学技术，发展林业同样如此，也需要先进的科学技术。化学除草就是一项行之有效的林业先进技术。实践证明，化学除草在林业生产的各个环节都能发挥积极的作用，无论是在苗圃、果园、胶园，还是在幼林抚育、整地造林、次生林改造以及开设防火道等都取得了明显的经济效益和社会效益，林业化学除草潜力很大，前途光明。目前，林业化学除草形势很好，随着我国实行开放政策以来，各种安全、低毒、高效的除草剂不断出现，为化学除草提供了雄厚的物质基础，在广大科技人员的努力下，林业化学除草工作取得了不少丰硕成果。在东北，许多苗圃实行了化学除草；在浙江、广西幼林和果园抚育中实行了化学除草；在福建、江西使用化学除草开设防火道和造林整地，这些省、区都是化学除草应用比较成功的地方，并已大面积的推广，产生了显著的经济效益和社会效益。到目前为止，据初步统计，化学除草已在全国29个省、市、区应用，其中林业苗圃已达300万亩，果园和幼林抚育面积达2000多万亩，开设防火道和代替劈草炼山面积已达500多万亩。我们在化学除草应用方面取得的成绩是应该充分肯定的。但是，还应该看到林业化学除草尚有许多不足的方面，如对环境是否污染问题，化学制剂杀死杂草的机理问题，对目的树种药害问题，药械的配套问题以及化学除草成果的普及和推广等问题，都需要进一步的研究和探讨。以便适应我国林业生产发展的需要，把林业化学除草推向一个新的水平，缩短我们与世界上先进国家的差距。

这次化学除草技术座谈会是继前两次座谈会之后的又一次盛会，许多专家和学者要在座谈会上交流林业化学除草的科技成果、学术论文和实验报告，介绍国内外的先进技术和经验，进行各种有益的探索和讨论。此外，我们还邀请了美国杜邦、陶氏公司进行产品介绍。我相信，通过这次技术座谈会，大家一定能学到不少的新东西，消化吸收和借鉴国外的先进技术和经验，推动我国林业化学除草工作向纵深方向发展。

座谈会计划6天时间，会议内容主要是进行学术交流、现场参观学习、问题讨论和形成会议纪要。希望代表们能够充分利用这个机会针对我国林业生产的现状，对如何应用好化学除草这一先进技术，提出各种好的建议，共同探索发展林业化学除草的新路子。

同志们，目前我们正处在改革、开放、搞活，努力建设有中国特色的社会主义的新的历史时期，我们林业化学除草工作面临的任务也是十分艰巨的，在座的化学除草专家、学者一定要发扬我们过去努力实践，勇攀高峰的精神，为林业现代化建设做出新的更大的贡献。

最后，预祝座谈会圆满成功！

谢谢大家。

1987年10月7日

全国第三次林业化学除草技术座谈会闭幕词

中国林科院林研所　陈国海

各位代表、各位领导：

由中国林业科学研究院林业研究所和中国林业学会科学普及部联合主持召开的《全国第三次林业化学除草技术座谈会》今天就结束了。会议历时6天，学术空气很浓，开得很成功。

这次林业化学除草技术座谈会共有20个省、市、自治区科研、教学、生产厂家和使用单位的80多位代表参加，共收到论文和试验报告43篇。按会议预期目标，我们进行了：

1、代表们在大会和分组会上广泛地进行了学术交流，从不同角度报告了他们的研究成果，并在以往的研究基础上，加以认真总结，提出了新的很有实际意义的论点，展望了林业化学除草光辉的前景，反映出了我国林业化学除草的研究现状和研究水平，归纳起来是这几个方面：第一，在总结我国林业化学除草工作经验的基础上，注意借鉴国外的先进技术和先进经验，指出了我国林业化学除草向纵深发展的新路子。一些论文，深刻地阐述了我们林业化学除草的特点，对使用化学除草技术来实现植被良性演替，如何更正确地评价化学除草的经济效益和环境污染等问题发表了新的观点；对我国林业化学除草技术的发展将起积极的促进作用。另外，还有的代表提出了关于化学除草剂品种和剂型的多样化，以及稳定产品价格问题，各种新的施药器械的应用问题等，这些都是很好的建议和探索，将会提高我国林业化学除草的研究和应用水平。第二，一些研究和使用单位通过实践，研制或改制化学除草药械，这不仅提高了工效，降低了成本，而且还避免了目的树种的药害问题，如化学除草棒、化学锄、塑料泡沫绒布涂沫器等产品的应用，对推动化学除草工作发挥了很好的作用。第三，很多使用单位，从合理的试验设计开始，正确掌握药剂的配制、喷药时间、用药量，选择出适合本地不同树种化学除草的最佳方案，获得国家、部、省级科学技术进步奖。

2、江西省崇义县为我们提供了很好的林业化学除草经验和现场，供我们参观学习，从感性上加深了对化学除草的认识。崇义县自1984年开始使用化学除草进行幼林抚育，收到了明显的效果，迄今为止，已推广5896亩，赣州地区推广面积已达1.5万多亩，为林业化学除草工作做出了样板。一些单位还克服了种种困难，冲破了各种阻力，为化学除草在本地区推广做出了很可贵的贡献。

3、美国杜邦公司、陶氏公司为座谈会作了产品介绍，一些单位对这两家公司的产品作了试验报告，赴美学术交流代表团的同志作了关于威尔柏除草剂的实地考察报告，使代表们扩大了眼界，找到了差距，增强了林业化学除草事业的信心。

4、讨论了“七五”计划后三年的工作任务和努力方向。

5、修改和通过了会议纪要。

总之，这次技术座谈会圆满地完成了预定的任务，为此，我代表会议主持单位向代表们表示深切的谢意。会议虽然结束了，但是新的更艰巨的任务却摆在我们的面前，希望与会代表们在协作组的统一部署下，仍象过去一样，继续团结协作，共同拿下新的目标，为我国林业化学除草工作的腾飞做出新的贡献。

在这次座谈会即将结束之际，请允许我代表会议主持单位和与会代表，对江西省林业厅、赣州地区林业局、森防站和有关部门对这次会议的有力支持和协助，对崇义县委、县政府对这次会议的大力支持和赞助，对崇义县林业局领导和同志们为这次会议做出的很好安排和准备的很好现场，并对崇义县宾馆全体工作人员热情周到的服务而付出的辛勤劳动表示衷心的感谢。

最后祝同志们身体健康，旅途愉快。

1987 年 10 月 12 日

全国第三次林业化学除草技术座谈会会议纪要

中国林业科学研究院林业研究所和中国林学会科普部于 1987 年 10 月 7 日～12 日，在江西省崇义县召开了全国第三次林业化学除草技术座谈会。参加这次会议的有 20 个省、市、自治区的代表共 81 位。共收到学术论文和实验报告等 43 篇。美国杜邦中国有限公司和美国陶氏化学公司的代表也出席了会议，并在座谈会上介绍了公司的产品。

座谈会通过学术交流、参观现场和问题讨论的形式，使代表们学到了许多有益的经验，互相沟通了信息，对今后深入开展林业化学除草研究和推广将起到很好的促进作用。

一、我国林业化学除草发展迅速

化学除草是促进林业发展的一项新技术。在最近几年中，林业化学除草得到了迅速发展，尤其是在我国的南方和东北地区，化学除草应用比较广泛，取得比较明显的经济效益和社会效益。在1985年8月已成立中国林学会林业化学除草学组，并在东北、西北和南方相继成立林业化学除草协作组，化学除草已普及到全国29个省、市、自治区，林业、园艺、胶园、茶园推广面积达6000多万亩，其中胶园等主要热带经济作物化学除草的累计面积已达1000多万亩。

二、化学除草是发展林业的一项新技术

随着化学除草试验研究不断深入，新的高效、安全、低毒除草剂的不断出现，为林业化学除草的发展，提供了良好的条件，化学除草的优越性得到了充分的体现。

1、除草效率高、价格低廉的国内产品草甘膦等以及从国外引进的某些除草剂，均是优良的林用除草剂，具有很好的内吸作用，往往只要施药1～2次就能获得比较满意的效果，这是人工和机械除草难以做到的，在我国南方白茅、五节芒、芒其骨、苦竹等草杂分布面积广，人工除草难以除尽，对造林影响很大，而使用化学除草，基本能得到控制，且工艺简单、生产效率高，在林区深受欢迎。2、经济效益好。化学除草具有比人工除草省钱、省工，比机械除草减少伤苗等优点，经济效益和社会效益较高。据黑龙江省的调查，苗圃实行化学除草，可提高工效10倍以上，降低育苗费75%；浙江、广西等地幼林抚育和果园实行化学除草，节省劳力50～80%，节省抚育费30～50%；福建、江西应用化学除草开设防火道和代替劈草炼山，提高工效约10倍，节省费用31%，同时大大地减轻了劳动强度。3、生态效益好。(1) 使用化学除草不但能杀死杂草的地上部分，而且还能杀死多年生杂草的地下根茎，这将有益于树木的根系生长，促进林木速生丰产，提高森林覆盖率；(2) 杀死的杂草覆盖在土壤表面，起到了保持水土的作用，并可根据人们的愿望演生出良性杂草，增加土壤肥力，使林地朝着良性循环发展；(3) 化学除草可保持生态环境的相对稳定，杂草死亡速度比较缓慢，因此林木生长的环境条件变化较小，使生态平衡容易恢复。

三、林业化学除草系列的形成

根据我国林业特点和林地的杂草种类，几年来，对国内外除草剂进行了试验研究，开始形成林业化学除草体系，有效地解决了我国林区各类杂草的防除问题，各种杂草、灌木防除配方，基本上筛选出来，为化学除草的推广创造了条件，进而使化学除草逐步走向系列化、规范化。

目前我国林业生产仍建立在以人工为中心的管理体制上，林业化学除草的系列化将改变现行的林业管理体制，使林业生产出现一个新的面貌。

四、如何提高应用和推广化学除草技术

1、各级领导部门要加强对林业化学除草工作的领导，并对化学除草在林业上

作用予以正确评价，有计划有目的地开展化学除草的研究和推广工作，针对林业生产实践，解决实际问题，使化学除草工作健康、稳步地发展，成为发展林业的一项重要措施。2、在全国完善林业化学除草协作网络。根据各地林业生产的特点，建立由科研、教学、应用和生产厂家共同组成的协作组，协同作战，这样有利化学除草工作的发展。3、开展国内外化学除草学术交流活动，发挥中国林学会化学除草学组的作用，举办化学除草技术训练班、普及化学除草基本知识、定期召开全国性的化学除草技术座谈会，提高化学除草的应用水平。4、当前林业化学除草各地发展还很不平衡，有些省、地主管林业领导的认识还有待进一步提高，加之研究经费不足等等。因此，建议林业部和有关领导部门应把化学除草作为一项重要的营林措施，并把林业化学除草看成林业现代化的一个重要标志。国家经委和林业部应把化学除草正式列入国家和部里的计划，以保证这项工作的顺利开发，让化学除草更好地发挥其经济效益和社会效益。

代表们还建议，请林业部组织有关专家对化学除草开设森林防火道进行专题论证，列入国家项目。

这次会议的论文和实验报告要选编成册，在全国发行。

座谈会得到了江西省崇义县委、县政府领导的关怀，得到了县林业局的大力支持和赞助以及热忱周到的服务，也得到海南农药厂的赞助，与会代表对此表示十分感谢。

1987 年 10 月 12 日

坚持四项基本原则，坚持改革开放搞活，为实现我县“七五”计划目标而奋斗

——1987 年 7 月 4 日在中国共产党崇义县第十次代表大会上的工作报告

黄先浪

各位代表、同志们:

我受中国共产党崇义县第九届委员会的委托，向大会作工作报告，请予审议。

一、锐意改革，胜利前进的三年

我县第九次党代表大会，是在 1984 年 9 月召开的。三年来，在省委和地委的

领导下，我们坚定不移地贯彻执行十一届三中全会以来党的路线、方针和政策，坚持四项基本原则，坚持改革、开放、搞活。全县各级党组织和广大干部群众，团结奋斗，锐意进取，开拓前进，社会主义物质文明建设和社会主义精神文明建设都取得了突破性的进展。全县政治上安定团结，经济上繁荣振兴，人民安居乐业，各项事业蓬勃发展，进入了我县历史上最好时期，形势越来越好。

回顾三年来的工作历程，我们主要在以下几个方面作了较大努力，并取得了显著成效。

第一、解放思想，深入进行农村综合改革。1984 年 7 月，省委、省政府确定我县为全省农村综合改革试点县。县委遵照“从实际出发，全面而有秩序地改革”的方针，依靠各级党组织，带领全县人民，以极大的政治热情，从农村到城镇，从经济体制到政治体制，从经济基础到上层建筑，有领导、有组织、有步骤地进行综合改革。这场改革是一场深刻的革命，是社会主义制度的自我完善，要走前人没有走过的路，要创前人没有创的业，困难是很多的，曲折是难免的。回顾我们的改革历程，首先必须肯定，我县改革从整体上看是成功的，路子是对的，方向是正确的，效果是明显的。林业从放权让利，稳定山林权属，兴办采育林场，建立营林基金制度，到走上统分结合，生产、经营、加工联合经营，摸索了一条自我良性循环、富山富民的新途径。农副产品双轨经营的实行，流通渠道的畅通，市场机制的完善，农业服务体系的建立，促进了农村产业结构的优化，提高了农副产品的商品率。企业改革朝着深化经营方式变化的内涵方向发展，两权适当分离，多种形式承包，推行厂长、经理负责制，工资改革，劳动合同制，适当放开价格，企业活力进一步增强，横向联系蓬勃发展。围绕提高经济效益和社会效益这个目标，财政、金融、科技、教育、卫生等方面的改革，都进行了大胆尝试，促进了工作，发展了事业，吸取了经验教训。事实说明，我县的综合改革，给城乡带来了变化，给各方面带来了活力，给群众带来了实惠，各方面反映是好的。只有改革，经济才能振兴，生活水平才能不断提高，对国家才能作出更大贡献。

第二、从实际出发，确定正确的生产方针，初步探索出一条适合崇义经济发展的新路子。我们根据崇义“九分山、半分田”，地表资源和地下资源都很丰富的特点，确定了“以林为主，农牧结合，多种经营，全面发展”的指导方针。坚持“决不放松粮食生产，积极发展多种经营”，着力伸长两条短腿，初步实现了四个方面的转变，即由种植业为主，向农林牧副渔全面发展转变；由经营农业为主，向农工商经营转变；由生产初级产品向深度加工、资源综合利用转变；由自然经济向商品经济转变，在发展地方工业方面，我们充分发挥本地资源优势，立足市场需求，坚持国营、二轻、乡办、村办、户办、联户办工业一起抓，“六个轮子”一起转，并通过实行对外开放，发展横向经济联合，扩大了与外省、外县的经济技术协作，兴办了一批新厂子，开发了一些新产品，到 1986 年外引内联项目达 145 项，共引进资金 310 万元，其中已建成投产 26 项，年产值 375.5 万元，实现利润 97 万元，为我县工业发展增添了后劲，带来了生机，1984年全县工农业总产值达到8878万元，比1983年增长31.8%。1985年实现了第一个经济翻番，1986年工农业总产值达到1.3392亿元，三年平均递增25.7%。国民收入总值1.2067亿元，比1983年增长88.99%。农业生产连年丰收，三年平均递增0.93%，农村人平产粮413公斤，油脂总产36.54万公斤，平均每年递增0.93%。三年平均造林5400亩，连续两年超额完成地区造林绿化责任状的任务，受到了上级表扬。工业生产发展迅速，1986年全县工业总产值达到7059万元，比1983年增长3.06倍，三年平均递增45.11%。交通、能源等基础建设进一步加强，县乡公路完好率不断提高。三年新建电站五座，装机容量851千瓦，思顺山院骨干电站即将建成投产。全县人平有电65.74度，73%的村、68%的村民小组用上了电。城建环保、邮电事业发展较快，有看得见的变化，金融系统积极支持生产和建设，银行存款、贷款有了较大幅度的增长。老区建设，扶贫工作，拥军优属，取得了较好成效，财政收入稳定增长，1986年达1288.8万元，比1983年增长1.58倍，平均每年递增37.29%。随着经济的发展，群众生活得到了较大改善。1986年农村人均纯收入499元，比1983年增长65.28%。城乡市场进一步繁荣活跃，社会购买力大大提高。群众购买电视机、收录机、自行车、电风扇、洗衣机等高、中档商品越来越多，居住条件大大改善。

第三、积极进行社会主义文化建设，科教文卫体、计划生育等各项事业持续发展。科技工作坚持面向经济建设，发挥了重要作用。三年来，我们调整充实了科研机构，改革了科研体制，制定并实施了科技发展规划和战略重点，抓了“星火计划”的论证和项目经费的落实，科技市场开始兴起。据统计，全县引进新技术72项，去年推广科技成果五项，转让科研技术三项。教育体制改革调动了各级办学的积极性，促进了教育事业的发展。1985年全县普教和扫盲工作，经地区检查验收合格，小学入学率、巩固率均保持在96%以上，中小学教学质量比1984年前大大提高。同时，在普及义务教育，发展幼儿教育，改善中等教育结构，加强职业技术教育等方面都迈出了可喜的一步。全县报刊发行工作取得较大的成绩，连续两年受到上级表彰。文化、新闻、广播、电视等部门和单位在传播社会主义精神文明，丰富人民文化生活方面发挥了重要作用。卫生工作继续贯彻卫生工作方针，计划免疫、妇幼保健工作有了新的发展，医疗服务质量不断提高，麻风病、结核病以及其它传染病和地方病普查、预防工作进一步加强，群众体育运动活跃，各项运动水平不断提高。计划生育和人口自然增长率基本上达到了上级要求，今年计划生育工作夏季统一行动，各级领导决心大，干部热情高，依靠和发动群众，坚决执行政策，做到“五个坚定不移”，取得了很大的成绩，为完成控制人口增长计划打下了基础。

思想政治工作和社会主义文化建设紧密相连，不可截然分开。三年来，我们既深入抓紧社会主义文化建设，又注重加强新时期的思想政治工作。全党围绕坚持四项基本原则和改革、开放、搞活这两个基本点，着重进行正面教育，开展扎实有效的形势政策教育，理想纪律和革命传统教育。通过抓正面教育，全县广大党员和干部群众更加自觉地坚持四项基本原则，并从思想上进一步统一到了党的十一届三中全会以来的路线、方针和政策上来，从而有力地保障和促进了改革、开放、搞活的健康发展。在社会主义精神文明建设中，我们还大张旗鼓地进行移风易俗和道德教育，广泛深入地开展“五讲四美三热爱”、创“三优”和建设文明单位活动，人们的思想和道德水平有了新的提高。1986年全县共涌现出文明单位135个，文明家庭693户，文明楼院161栋，文明村25个，五好家庭3686户。县城和圩镇建设变化较大，多数街镇建起了农贸市场，修筑了街镇水泥路面，有8个街镇被评为全县创“三优”先进单位。在全区创“三优”活动评比中，我县连续两年保持在前三名，在全省爱国卫生评比中，县城连续两年评为一等文明卫生县城。

第四、加强社会主义民主与社会主义法制建设，狠抓治安综合治理，社会秩序和社会风气明显好转。社会主义民主与法制建设是社会主义物质文明和社会主义精神文明建设的重要保证。三年来，我们把社会主义民主扩展到全县政治、经济、文化和社会各方面，建立人与人之间的平等关系和个人与社会之间的正确关系，把社会主义民主建设与社会主义法制建设紧密地结合起来，进一步加强了人民代表大会制度的建设，完善各级人民代表大会制度，保障人民当家做主的权利。普及法律常识工作由点到面，自上而下顺利铺开，广大干部和群众的法制观念进一步增强。政法部门依靠全社会力量，加强了社会治安的综合治理，在“严打”战役中，连续三年被地区评为先进单位。同时，在整顿公共场所的治安秩序，坚持取缔和打击赌博、传播淫秽物品等违法犯罪斗争中，做了大量工作，成绩显著。

第五、开展县乡村三级整党，进一步加强了党的自身建设。我们遵照中央整党决定和中央整党指导委员会《关于农村整党工作部署的通知》精神，根据省委、地委的部署安排，从1985年6月至1987年2月，在全县范围内分期分批、自上而下开展了全面整党，全县各级党组织和广大党员在思想、作风、纪律、组织四个方面都比整党前有了进步，党内存在的思想、组织、作风三个严重不纯的状况，也有了改变，党的战斗力进一步增强。

在思想建设方面，我们着重加强了党组织对党员经常性的教育和管理。全县19个乡镇已有15个乡镇办起了党校，党员参训率达98%。在整党中，通过采取多种形式，系统地对党员进行党的宗旨、理想纪律、形势政策和彻底否定“文化大革命”的教育，广大党员进一步分清了是非，澄清了思想，增强了团结，明确了方向。近年来，县委组织部、宣传部和县委党校还先后联合举办了干部正规化理论学习班，提高了党员的政治、文化素质。由于重视了党员教育，激发了广大党员为两个文明建设作贡献的积极性，涌现了一批“我为党旗添光彩”的优秀共产党员。据调查，全县能发挥先锋模范作用的党员有4028人，占党员总数的75%。去年“七一”期间，县委表彰了306名优秀党员。今年开展“一先双优”活动，县委将表彰先进党组织57个，优秀党员346名。

在组织建设方面，经过整党后，党的组织更加纯洁了，党内生活的各项规章制度进一步健全和完善，各级党组织的活力继续增强。全县5149名党员（预备党员212），参加了整党的5139人，占党员总数的99.8%，整党后予以登记的4882人，不以登记的12人，缓期登记的43人，三年来，我们注重吸收知识分子和优秀青年入党，使党员的文化知识和年龄结构有了改善，进一步增强了党组织的战斗力。全县基层党委22个，村党支部150个，极大多数是好的。去年取得优异成绩，受到县委表彰的党委3个，总支1个，党支部58个，横水乡朱坑口村、金坑乡梅源村、铅厂乡石罗村、聂都乡白溪村等党支部，充分发挥战斗堡垒作用，积极带领群众治穷致富，取得了显著成绩，受到了上级表彰，在领导班子建设中，按照中央〔1986〕4号文件精神，对几年来选拔任用干部情况作了检查，对发现的问题作了及时处理，同时，还根据干部“四化”方针，调整配备了一批领导干部。党的知识分子政策、统一战线政策以及其它方面一系列的政策，得到了进一步落实，恢复和提高了党在人民群众中的威信，调动了各方面的积极性。

在作风建设方面，我们加强纪检工作，抓住端正党风这个关键。全县各乡镇党委和县直18个党组都分别建立并实施了抓党风的责任制，通过抓党风党纪，刹住了几股严重不正之风。在整党中发现严重以权谋私，严重违法乱纪案件38起，已结案33起，查处拖欠公款的党员357人，清退不合理奖金15369元，清退“红包”26250元。这些问题的处理，有力地促进了党风建设。同时，也为机关和干部作风带来了明显好转。三年来，全县各级党组织和广大党员进一步确立了为经济建设服务，为发展生产力服务，为人民群众服务的思想，坚持深入群众，加强调查研究，想基层和群众之所想，急基层群众之所急，把工作落实到基层，落实到群众中，为基层和群众办实事、办好事蔚然成风。

以上成绩的取得，是各级党组织、广大党员带领群众共同努力的结果。同时，与各条战线、各个部门的通力合作也是分不开的。人大、政府、政协、政法、统战、信访、工青妇、民兵、党史、对台、档案等部门和单位，在县委的统一领导下，围绕两个文明建设，都作出了应有贡献。

各位代表，综观三年来的工作，形势很好，成绩很大。但离省委、地委和全县人民对我们的期望还有一定差距。在经济工作方面，农业抗御自然灾害的能力较低，靠天吃饭的问题远远没有解决；多种经营和乡镇企业“两条短腿”仍然是基础差、底子薄、后劲不足；流通和信息渠道不畅，农副产品的商品率较低；改革配套和协调服务工作跟不上，企业成本上升，活力不强，产品竞争力差。在思想政治工作等方面，我们还有薄弱环节，在党的建设上，党不管党的状况仍未彻底改变，全县的党风和社会风气离根本好转还有一定的差距；机关“文山会海”，办事效率不高，互相扯皮的问题没有得到根本解决，干部中的官僚主义和不正之风仍然需要继续纠正。今后，我们要用扎扎实实的工作去解决这些问题，争取更大的进步。

二、同心协力、开拓前进，努力实现“七五”计划经济目标

根据县委的建议，今年五月县第十一届人民代表大会第一次会议正式审议通过了我县第七个五年计划，计划提出的指导思想，奋斗目标，基本任务和政策措施，符合我县实际，反映了全县人民的共同愿望。

实现“七五”计划目标，到1990年工农业年总产值达到2.1856亿元，其中工业总产值1.29亿元，农业总产值8950万元，财政收入1600万元，农村人平纯收入650元，人口自然增长率控制在7.14‰以内，这是全县人民和形势赋予我们的光荣使命，是全县各级党的组织、全体共产党员义不容辞的职责。我们要在党中央的正确领导下，在十一届三中全会以来的路线指引下，充分利用已经形成的良好改革环境、物质基础和丰富的自然资源等有利条件，统一思想认识，增强信心，做好打经济硬仗的准备，进一步调动各级干部和全县人民搞社会主义经济建设的积极性和创造性，坚持改革、开放、搞活，准确把握经济发展战略方向，团结一致，同心同德、集中资金，讲求实效，努力完成国民经济发展计划，振兴山区经济，建设新崇义。

第一、统一思想认识，紧紧把握经济建设这个中心。全党工作的着重点和全国人民的注意力转移到社会主义现代化建设上，是我国历史上的一个伟大转折，也是十一届三中全会以来我们各项事业取得重大进展的决定性因素，我们党现阶段政治路线的实质就是搞四个现代化建设，发展国民经济和社会生产力。邓小平同志最近指出:“搞社会主义，一定要生产力发达，贫穷不是社会主义，我们应坚持社会主义，但要进一步建设对资本主义具有优越性的社会主义，首先必须摆脱贫困的社会主义。”小平同志这段话很有新意，对我们全党同志是一个很大的启发。很难想象，生产力水平低下，人们长期处于贫困的“社会主义”能够战胜生产力高度发达的资本主义。我们必须清醒地认识到，进行社会主义建设的根本任务就是高度发展社会生产力，加速国民经济发展，从而为满足广大人民群众日益增长的对物质和文化生活的需要。社会主义要战胜资本主义，就必须优越于资本主义，必须使社会生产力高度发达，只有生产力上去了，社会主义制度才能日臻巩固和完善，才能使人们生活的各个方面得到大大的改善，人们才会支持社会主义这种制度，贫穷不能做到这一点，贫穷也不是社会主义。所以，统一全党的思想认识，把注意力转移到搞改革，集中力量致力于发展社会生产力，集中精力狠抓经济建设，促进具有中国特色的社会主义现代化的早日实现，是摆在我们党和人民面前的首要任务。我县经过几年来的综合改革，社会经济发展迅速，现在，我们已处在加速发展我县经济的黄金时期，是完成“七五”计划、为九十年代经济腾飞打基础的关键时期。珍惜这个时期，加快经济建设进程，完成“七五”计划任务，实现我县第二个经济翻番，是历史赋予我们的光荣使命，要不辜负党和全县人民的期望，无愧于时代，我们只有一条路，就是高度统一思想认识，把大家的精力引导到改革、开放、搞活上来，冲破阻碍生

产力发展的陈规陋习和环节，寻求与生产力发展相适应的管理体制、活动方式和思想方式，集中人力、物力、财力抓经济建设。首先，在我们的思想深处要保证第二个经济翻番的实现。目前，我县形势既喜人又逼人，我们象航行在激流中的船，不进则退，不进就会落到别人的后面。在这关键的时期，全体共产党员和干部，特别是各级领导干部，要振作起来，要有紧迫感，变压力为动力，紧紧扣住崇义的实际，致力于发展社会生产力，致力于发展商品经济。要做振兴崇义的有为之人，而不能做平庸之辈，更不能做昏愦之徒。当前最要紧的是要把思想上的坚定性、统一性和科学的预见性结合起来，从实现我县第二个经济翻番的战略高度出发，真正把我们一切工作的重心和全县人民的注意力集中到改革和经济建设这个中心上来，转移到实现"七五"计划的目标上来，大家一条心，一股劲，拧成一股绳，全县上下在思想上来一个大统一，保证翻二番的胜利实现。其次，今后各级党的组织，各部门各单位和一切工作都要紧紧围绕经济建设这个中心，服从服务于这个中心。部门与部门之间，单位与单位之间，非经济部门与经济部门之间，都要从大局出发，正确处理好利益关系，互相协调配合，精诚团结，同舟共济，在振兴崇义经济中找到自己的位置，共同为实现我们的目标而努力。不能遇事互相推诿、互相扯皮、力量互相抵消、互相折腾。我们搞改革、搞经济建设，要充分体现有利于解放生产力，有利于促进社会主义现代化建设这样一个根本的原则。林业经营方式的探讨，森林资源的综合利用，农业生产经营承包责任制的完善，农村产业结构的调整，工交企业经营机制的改革，科技教育的改革等都要根据这个原则进行。同时，计划、财政、工商、税务、审计、金融、物价等职能部门要在经济建设中出大力、做贡献。

第二，以深化改革为动力，促进经济的稳定发展。深入改革和扩大对外开放，是坚持十一届三中全会基本精神的一个重要方面，是国民经济长期稳定发展的重要保证。几年来的改革，促进了国民经济持续稳定增长，使我县经济进入了旺盛的发展时期。在充分肯定改革成就的同时，我们也深深体会到，经济体制的改革是一项十分复杂的系统工程，既没有比较完整的经验可作借鉴，也不可能事先制定出全面配套的详尽规划。改革中的问题只能在改革中解决，我们的任务就是要总结经验，不断进取，坚持改革，深化改革，加快改革步伐。

农村改革要进一步深化。根据中共中央〔1987〕5号文件关于农村改革"充实、巩固、配套、提高"的要求，我县农村改革的努力方向应该是：促进计划指导下的市场体系的发育。这是农村第二步改革的中心任务。农民要有生产自主权、产品所有权，还要有产品的支配权，才能促进商品经济的繁荣。因此，我们应切实加强流通改革政策的检查落实，凡明文规定放开，而且已经开放的品种，要坚持继续放开，实行市场交换，对已经放开，但尚需继续巩固的品种，要进一步巩固和扩大成果。对实行"双轨制"的品种，要确保定购任务的完成，切实做到定购以外的部分真正放开搞活。各级党政部门应鼓励和支持农民进入流通领域，尽力为农民进入流通创造条件，做到纵向放权、横向撤卡，加强管理，密切城乡联系，发展横向联合。农村金融要进一步搞活，生产要素市场要进一步开拓，促进资金、技术、劳力的流动，推动农村生产力发展，促进农村产业结构进一步改善。调整产业结构是发展商品经济的必由之路。我们要认真贯彻“决不放松粮食生产，积极发展多种经营”的方针，紧紧抓住粮食生产，努力伸长多种经营和乡镇企业这两条短腿，把粮食生产与继续调整产业结构有机地统一起来，建立种植业、养殖业和农产品加工业相结合的农业体系，进一步充分利用地上和地下资源的优势，瞄准市场需求，大力兴办各种加工业、采掘业、养殖业、园林业、建筑建材业和第三产业，实行农林牧副渔工商建运服综合经营，努力提高各业产值结构比重。建立农业生产的积累机制，增强农业后劲，是确保农业稳定增长的重要措施。我们要从各方面努力，使国家、集体、个人对农业的投入都有所增加，尤其要调动农民个人对农业投资的积极性。当前，重点要完善家庭承包制，宣传土地承包的长期性，增强农民对政策的稳定感，在此基础上，按规定妥善做好土地的适当调整工作，加强耕地保护，提高利用率。各种合作经济组织都要发挥积累职能作用，合理提留公共积累，增加劳动积累，搞好农田水利基本建设。同时还要调节好农业与其他产业的比较利益关系，搞好“以工补农”，并使补农经费直接用于生产投入。促进双层经营体制的完善，加强服务体系的建立。实行分散经营与统一经营相结合的双层经营制，充分发挥两个层次的积极性。我们要在搞好调查研究，认真总结经验的基础上，进一步加强农村服务体系的建立，完善统一经营，鼓励生产要素的合理组合，发展新的联合经营，维护公有制为主导的多种经济成份、多种经济方式并存的格局。总之，要千方百计促进农村经济新体制的成长，为农村商品生产发展开辟出好环境。

企业改革要进一步完善，企业改革的深化在于改善企业的经营机制，进一步增强企业活力。要搞活企业，就要贯彻落实国务院《关于深化企业改革增强企业活力的若干规定》和中央国务院颁发的全民所有制工业“三个条例”，最大限度地调动职工的劳动生产积极性，把企业内部的潜力充分挖掘出来，重点就是要按照所有权和经营权适当分开的原则，认真实行各种形式的承包经营责任制，把经营者的责权利结合起来，使企业真正成为相对独立的、自主经营、自负盈亏的经济实体，不断增强企业的自我发展能力和改造能力，逐步形成企业自我约束的行为机制，全面推行承包经营责任制。对企业实行各种形式的承包经营责任制，是深化改革的需要，搞活企业的关键。承包经营责任制可采取多种形式，可以实行上交利润递增包干，也可实行投入产出包干、资产经营包干，对于小型企业还可以实行租赁制等。不论采取什么形式，都要掌握三条原则：一是必须保证国家财政收入增长，不断培植后续财源，为进一步深化改革和生产发展创造物质条件；二是必须充分调动企业和职工的社会主义积极性，把企业中蕴藏着的潜力挖出来；三是随着企业生产的发展和经济效益的提高，逐步改善职工生活，使他们在承包中获得与自身努力和贡献相适应的实惠。真正贯彻责、权、利结合，国家得大头，集体得中头，个人得小头的原则。实行承包经营责任制，主管部门在生产经营上一定要给企业下放应有的权力，为企业的生产经营创造良好环境，让企业有充分的经营自主权和财产使用权以及人事调配权。本身一方面要很好地利用已经下放的权力和现有良好生产经营环境，一方面要眼睛向内，搞好内部的配套改革，围绕承包经营的总目标，把企业对国家承担的经济责任，按照责、权、利相结合的原则，层层分解，层层落实，直到每个岗位的职工。这样才能真正做到权力层层有、责任层层负、利害层层担，增强职工当家作主，完成企业承包经营目标的责任感。

加快企业内部领导体制的改革。全面推行和完善厂长（经理）负责制，实行任期目标责任制，赋予厂长（经理）生产指挥、经营决策、人事任免权力，这是商品经济发展的客观要求。它有利于改变企业生产经营决策慢、效率低的状况，有利于实现政企分开、党政分开，有利于加强企业的民主管理。厂长要大胆行使自己的职权，带领职工努力完成目标管理任务，其经济利益要同企业生产规模的扩大，经济效益的好坏，企业各项指标完成的情况挂钩，实行审计监督。企业的党组织和工会，都应该紧紧围绕企业生产经营活动这个中心，协助和保证厂长搞好决策和指挥。搞好经营管理，提高经济效益。

改革企业内部的工资分配形式。企业内部的分配形式和具体办法，由企业自主决定，不管采取哪种分配形式，都要有利于贯彻按劳分配的原则，打破平均主义，真正体现干多干少、干好干坏不一样，拉开报酬档次，无论企业的主管部门，还是企业内部，在确立承包基数和计酬比例时，都要力求避免因基数和承包条件不合理而造成职工劳动报酬的悬殊。企业通过提高经济效益而增加企业和个人收入，使劳动报酬有高有低，这是合理的。

配套改革必须加快，随着改革的全面展开，城乡改革已融为一体，而农村的深入改革，需要与城市经济体制改革更紧密的结合，目前，我县在部门之间协调配套方面仍然存在不少问题，部门与部门之间，行业与行业之间，局部与整体之间的关系尚未完全理顺，不同程度地存在相互推诿、扯皮现象，行业内部之间收购、销售价格不统一，互相抬价，难于形成统一的经济市场。产供销不配套，买难卖难的现象仍然较严重，制约了山区经济的发展。针对当前存在的这些问题，我们要从大局出发，切实搞好部门之间的配套改革。主要应抓好五个方面的工作：一是层层实行目标管理责任制。直接经济部门继续实行目标责任制，非经济部门实行工作目标责任制，乡镇实行经济目标与工作目标相结合的责任制，开展综合评比竞赛。村干部要建立服务管理责任制。二是理顺县与乡、部门与部门（包括综合部门、监督部门）、局部与整体的经济关系，密切城乡联系。三是促进生产要素的优化组合，走联合经营的路子。形成矿产品、林产品、农副土特产品统一市场。四是搞活流通和融通。工业品要实行联购分销，农副土特产品要实行分购联销，工商要紧密衔接，相互让利，要广泛开展包销、代销业务，保护地方经济，服务地方经济，商业部门要努力办成工厂服务部，供销社要在改善经营思想、经营方式、经营作风上狠下功夫，成为农村商品经济综合服务中心。金融部门要加强和改善金融的宏观控制，积极发展多种金融组织和有效利用多种工具，开辟各种信贷和保险业务，充分发挥金融市场筹集调剂资金，引导资金流向和提高使用效益的作用。信用社不但要理顺与国家银行的关系，而且还要理顺与农民及合作经济的关系，理顺系统内各层次之间关系，充分发挥它的“三性”作用。五是推进科技体制改革，建立科技市场。各级领导要进一步关心和重视科技人员，进一步树立起重视科技进步的战略观点，鼓励科技人员承包、租赁、领办乡镇企业或通过有偿转让以及共同开发新产品、新技术等形式，发展同生产单位的横向联合，加快科技成果转化为生产力的速度。

关于政治体制改革，这将是党的十三大的主题。中央重新发表了邓小平同志《党和国家领导制度的改革》这篇重要讲话，《人民日报》“七一”社论的题目是《把政治体制改革提到日程上来》。我们现在的任务，就是要认真学习，深刻领会，总结实践经验，按照党组织的部署，关心、研究、促进政治体制改革。

第三、立足山区实际，确立发展战略方向。为了促进国民经济持续稳定协调发展，实现“七五”计划，我们不但要有明确的经济建设方针，而且还要准确地把握经济发展战略方向。根据我县山多田少，森林、草场和矿产资源丰富的特点，以及交通不便，人才、技术力量缺乏的现状，“七五”期间要认真贯彻“稳定提高农业，继续加强林业，重点发展工业，积极兴办第三产业”的方针，把交通、人才和横向经济联系作为加速我县经济发展的战略问题来考虑，进行积极的探讨研究和实施。农村经济是我县国民经济的大头。增强农业后劲，全面发展农村经济，是我县“七五”期间国民经济发展的一个重点。粮食生产是农业生产的核心，粮食生产持续稳定发展是关系到国民经济持续稳定发展的一个全局性问题，我们要充分认识粮食生产的战略地位，下大决心，采取有效措施，把粮食生产推上一个新台阶。今后要在继续加强土地管理，保护耕地资源，重视国土整治，稳定种植面积，推广先进科学技术的基础上，重点是提高单位面积产量，扩大复种指数，抓紧抓好吨粮田的建设，做到精细耕作，培肥地力，优化品种，提高早稻杂交比重。同时，要重视和加强农田基本建设，改善生产条件，增加农业的投入，从今年开始，各乡村要积极组织和动员千家万户增加劳动积累，投资、投工兴建和维修农田水利设施，扩大灌溉面积，大搞绿肥、农家肥，改造低产田，确保 1990 年全县粮食总产实现 1.3 亿斤。发展多种经营和乡镇企业是振兴农村经济的必由之路，也是我县经济发展和增加农民收入的重要途径。我们要充分发挥当地资源优势。大力发展庭院经济，积极动员和组织农民向荒山、草坡、山塘、库叉进军，搞好开发性农业，“七五”时期要抓好良种繁育和杂交制种、柑桔、茶叶、食用菌、松脂、速生丰产林、竹笋、猕猴桃、速生落叶果树和老茶园等基地的建设和改造。要继续把发展养殖业作为多种经营的重点来抓。在抓好生猪生产的同时，尤其要抓紧牛、羊皮内兼用免、鹅等不需要很多精饲料的草食动物的发展。各级干部要从思想认识上转过来，把它当作是实现“七五”计划农业经济目标的重要措施来抓，争取在三年内，使这些“短、平、快”项目有一个较大的突破。乡镇企业要坚持大发展的方针。各级干部一定要在思想上增强信心，树立敢担风险的精神，树立发展乡村工业的紧迫和责任感，克服安于现状，无所作为的懒汉懦夫思想，克服“大的不敢干，小的不愿干”的思想。各乡镇在办好现有企业的基础上，应从实际出发，瞄准市场，发展一批新企业，开发一批新产品，特别要抓紧木竹加工、采矿、土纸、建材、小水电、中药材、食品、饲料等生产项目，努力建立起一乡一品、一村一品的经济格局。各有关部门和单位要在资金、技术、信息、税收、能源、原材料安排和产品流通上给予优惠，搞好服务。县直经济部门和各厂矿企业在抓好自身发展的同时，都要与一个乡镇、村或户挂钩，为乡(镇)、村、户兴办一个企业，发展一个产品。今后要从县直单位抽调一批力量下去抓乡镇企业，鼓励有经营能力者承包企业，只要有市场，有原料保证，能发展什么就发展什么。各级干部要为发展乡镇企业出谋献策，对有功人员，按县政府〔1987〕42号文件规定，给予奖励，及时兑现。林业是我县经济的一大支柱。我们应当继续实行“以营林为基础，普遍护林，大力造林，采育结合，永续利用”的方针，把林业生产列入我们的重要议事日程，进一步抓好各项制度的建立及各项措施的完善。生产经营方式，要在稳定现有责任制基础上，坚持走合作经济的路子，办好采育林场。利益分配上，要正确处理好“三者”利益分配关系，坚持以林养林，富山富民的政策。在林业管理上，严格执行《森林法》，坚持以法治林，切实加强计划、伐区、林政管理。为了提高林业的整体经济效益，木材经销要推行联营方式，在保证乡镇农民利益的前提下，要制定一套合理的统一价格，以利形成统一的对外木材市场，保护地方的正当经济利益。

工业是国民经济的主导，要实现我县第二个经济翻番，必须花大气力，下大功夫，尽快改变目前我县工业产品不多、产业不全、结构单一、后劲不足的状况，大力发展地方工业，这是我县“七五”期间国民经济发展的又一个重点。要围绕提高经济效益这个中心，把工业生产的增长建立在增产适销对路的产品、提高产品质量、降低物资消耗的基础上，做到生产、流通、消费紧密衔接，速度、比例、效益相互协调。发展我县地方工业，当务之急是要抓好现有企业的技术改造，使之扩大生产规模，发挥更大效益，同时要从立足县内外市场，满足人民生产生活出发，集中资金抓好一批能够为我县经济增后劲、登新台阶的新项目。新项目的发展方向，应当在继续发展木竹加工业、采矿业的同时，加速森林工业、冶金工业、能源工业、食品工业、轻化工业、建材工业、粮办工业、商办工业、校办工业、农办工业的发展。开发扩大果茶罐头、矿产品、林化产品、饮料、糕点、卤腊食品、大理石、水泥、服装、皮革等等，力争在质量和数量上创新水平。有关部门要一个项目一个项目地抓，一个产品一个产品地抓，一个环节一个环节地落实。正在筹建和扩建的项目要积极组织实施，尽快投产见效。为了减少盲目性，从现在起，我们要从现有人才和资源条件出发，从市场需要条件出发，抓好工业项目发展方向的论证，对今后三年的工业项目，政府有关部门要尽快拿出可行性报告，以便统筹安排，付诸实施。工业战线的同志要有为我县工业大发展多作贡献的思想，全县各级干部都要为大力发展我县地方工业出谋献策。

交通是国民经济中的先行，是联系生产、分配、交换和消费各个环节的纽带，是经济发展的先决条件。我们应当把交通建设问题列入重要议事日程，作为重要工作来抓。交通建设的重点，一是大力改造和维修保养现有的公路运输网络，提高公路技术标准。县城至茶亭坳、荡坪、丰州、龙勾、上堡等县乡干线公路，是维修管理的重点，要采取措施，改变路况，提高完好率。其它公路干线和各乡镇之间的公路，也要落实责任，搞好民工建勤，保证畅通。二是做好乡村及林区公路的延伸，接通断头公路，抓好桥梁、涵洞建设，尽快形成我县公路运输合理化网络。交通现状的改变首先是要克服不重视的现象，各级政府要建立责任制，立下责任状，要有一个强有力的机构来专门抓；在积极争取专项拨款的同时，县乡各级财政也要有一定的资金投入。抓好交通建设，是我县国民经济发展的一个战略，我们一定要从战略的高度来认识、来抓好。

人才问题是一个事关国家强弱兴衰的重大问题。治国安邦靠人才，成就事业搞经济建设也靠人才。我县近几年各类技术人才在数量和质量上都有了一个大的增加和提高。但在“七五”期间继续培养造就一大批又红又专热情为四化建设服务的各种人才，仍然是我们面临的一项非常紧迫的任务。从某种角度上说，商品经济有人才经济，因此，我们一定要把培训、引进人才视为我们事业的百年大计来抓。当前，首先要按照我县经济发展的要求，全面制定人才培训规划，要采取送出去、请进来、就地培训、在职培训相结合的方法，切实把人才工作抓起来。人才培训，除了继续抓好文化基础教育以外，要着重加强经济管理、专业技术、农村经济实用技术和政治思想理论等方面人才的培训工作。就地培训，要搞好培训基地建设，县委党校、农林技校、职工学校、教师进修学校、农业技术培训中心和乡镇党校、农民教育中心要办成我县人才培训的中心。科委、科协、工青妇等群众团体，要积极把人才培训工作责无旁贷地抓起来。在此同时，要尽可能与大专院校挂钩，送出去培训急需人才。还要根据新的形势要求，制定和完善一些具有吸引力的人才稳定和人才引进政策。合理使用现有人才，也是人才工作的重要方面。组织人事部门要当好参谋，发挥调动现有各类人才的积极性作用。知识就是力量，各级党政、各级领导应当重视知识，尊重人才。

我县自然资源相当丰富，经济发展潜力很大，但从资源优势到经济优势的转化，必须下一番功夫实现资源与技术结合，我县技术缺乏，是多年来制约经济发展的因素，在我们向“七五”目标进军中，必须通过横向经济联系来解决这一矛盾。发展横向经济联系，提高我县资源开发利用水平，借梯上楼，是加快我县经济发展的捷径。因此，我们要彻底摒弃闭关自守、怕吃亏的思想，拓宽视野，放开胆子，本着“扬长避短”的原则，积极进行横向经济联合。对外要在继续抓好与萍乡市卢溪区、上海市卢湾区、苏州市吴县等地友好合作关系建立的同时，更广泛地走出去，请进来，互惠互利，共同发展。对内则应根据城乡经济结合的特点，进一步密切城乡联系，发挥县城的经济技术幅射作用。发展横向经济联系，要着力鼓励联合发展能源、交通、人才、原材料加工业、出口商品和市场紧俏产品，提倡加工企业与原材料生产企业的联合，生产企业与科研单位、大专院校的联合，以及农工商外贸企业的联合。通过联合，引进技术，引进资金，引进设备，引进人才。从而促进山区资源的综合利用，加速我县商品经济的蓬勃发展。

第四、集中资金，提高投资效益。要产出必须要有投入，这是经济持续稳定发展的基本条件。广泛开展“双增双节”运动，坚决控制过高的非生产性开支，把消费基金的增长建立在生产发展可能的基础上。集中资金，保证投入需要，在保证各项事业必保经费的前提下，调整投资结构，提高资金的投入效益，促使生产向广度和深度发展，促进财政收入的稳定增长，这是实现“七五”计划的一个重要问题。首先，各级领导要进一步增强生财、聚财、用财的本领，要牢固树立发展生产、增加收入的思想，大力发展生产，确保收入有稳固的来源渠道。工商税务部门要加强工商税收稽征和管理，银行信用部门要大力吸收储蓄，筹集社会闲散资金，积极扩大资金来源。加强资金投向管理，合理引导资金投向。从现在起，财政拨款要实行有偿制度，投资分配要改切块下达为按项目投放，把有限的资金用于重点项目上。对行政事业单位的预算外资金，实行“专户储存，计划管理，财政审批，银行监督”。非生产性项目要严格控制。在投资安排上，要把重点放在农业基地、能源工业、原材料工业、交通和科技教育等方面。从今年开始，县财政每年应拿出200至250万元，用于企业的技术改造，扩大生产能力。各乡镇、各企业都要安排一定比例的生产发展基金。开展“双增双节”运动。增产节约、增收节支运动重点是全面提高社会经济效益。要充分发挥和依靠广大干部、群众的积极性、主动性和创造性，把运动深入持久地开展下去。我们所有的企业都要把着眼点和立足点放在认真改善经营管理，挖掘自己内部潜力上，在保证正常增长速度的同时，加快调整产业结构和产品结构，生产适销对路的产品，提高产品质量，降低消耗。同时要切实加强企业的内部管理，健全经济核算，严格财政纪律，加强审计监督，严明奖惩制度，严格禁止向企业乱收费、乱摊派，切实保护企业的合法权益。各部门、各群众团体要坚决把行政管理费和社会集团购买力压下来，严禁滥发奖金、实物、补贴，不准用公款请客送礼和旅游。各级领导和干部一定要以大局为重，以长远利益为重，以身作则，加强领导，扎扎实实地把增产节约、增收节支运动推向深入，取得实效。

三、加强社会主义精神文明建设，巩固和发展安定团结的政治局面

经济建设和改革开放，任何时候都离不开政治上的安定团结。当前，政治思想领域的中心任务，就是要广泛深入地进行坚持四项基本原则，反对资产阶级自由化的正面教育，加强改革宣传，加强法制建设，全面推进社会主义精神文明建设，巩固和发展安定团结的政治局面，从根本上保证建设和改革的顺利进行和健康发展。

在党中央的领导下，我们正在开展坚持四项基本原则，反对资产阶级自由化的

斗争，关系到党的十一届三中全会以来的路线、方针、政策能否正确地坚持下去；关系到党和国家的命运以及社会主义事业的前途；关系到我们的事业将由什么样的一代人来继承。我们同资产阶级自由化的斗争，是一项艰巨的、复杂的、长期的任务，存在于开放改革的整个过程中。对此，我们一定要有足够的精神准备。在这场斗争中，我们一定要严格按照党中央的部署办事，旗帜鲜明、立场坚定地站在这场斗争的前列，从中经受锻炼，得到提高。当前，要把坚持四项基本原则，反对资产阶级自由化的斗争引向深入，关键在于做好坚持四项基本原则的正面教育。

为了搞好正面教育，根据上级要求，县委决定要在全县人民中，开展十一届三中全会路线两个基本点的教育。这一教育活动，要着重解决如下几个问题：一是充分认识十一届三中全会以来党的路线、方针、政策，其基本原则是四个坚持，总的方针、政策是改革、开放；二是坚持四项基本原则是我们立国治国之本，是各项内外政策的基础；三是加强社会主义精神文明建设，培育“四有”公民；四是从实际出发，坚持有“左”反左，有右反右的两条战线的思想斗争；五是明确改革是社会主义性质，改革开放是社会主义现代化建设的必由之路；六是社会主义的根本任务是发展生产力，贫穷不是社会主义，任何时候都不能忽视经济建设这个中心；七是明确我国社会主义现代化建设和我县“七五”计划宏伟目标；八是充分认识加强社会主义民主和法制的重要性，民主建设必须在党的领导下逐步实行；九是旗帜鲜明地反对资产阶级自由化，克服政治思想战线的软弱混乱状态。在开展两个基本点教育中，各部门、各单位要专人负责，认真研究，每个系统要抓好一至二个重点单位，各乡镇要抓好一至二个重点村，各学校要抓好一至二个班。抓点带面，积累经验，把两个基本点教育引向深入。

社会主义精神文明建设，是我国社会主义现代化建设总体布局的一个重要方面。建设社会主义精神文明，是全党的任务，是各条战线的共同任务。当前及今后相当一个时期内，我们要把抓精神文明建设的注意力主要放在以下几个方面：

要认真加强和改进思想政治工作。适应改革、开放、搞活的新形势，思想政治工作不能削弱，必须加强。但为了加强，又必须改进，否则加强的目的就难以实现。这是需要我们各级组织、部队、机关、学校、企事业单位下功夫探索的新课题。要紧紧围绕提高干部、群众的思想道德素质和科学文化素质，培养有理想、有道德、有文化、有纪律的人才这个根本方向，开展生动活泼的政治思想工作。在进行党的路线两个基本点教育的同时，还要进行形势政策教育、勤俭建国艰苦奋斗教育、爱国主义集体主义教育、法制教育。要大力宣传英雄模范人物的事迹，宣传表彰本地区本单位的先进人物，用共同理想动员和团结全县人民，讲团结，讲贡献，立志建设，立志改革，勇于献身，脚踏实地干事业，为建设四化，振兴崇义建功立业。

要树立和发扬社会主义道德风尚。社会主义道德是以马克思主义科学世界观为指导，与生产资料公有制为基础的社会形态相适应，以集体主义为基本原则的调整人们行为的道德规范体系。社会主义道德是社会主义精神文明建设的重要内容。社会主义道德建设的基本要求，就是要爱祖国、爱人民、爱劳动、爱科学、爱社会主义，在人民内部的一切关系上，建立和发展平等、团结、友爱、互助的社会主义新型关系。我们在树立和发扬社会主义道德风尚中，要从实际出发，既着眼于未来，又立足于现实，把先进性的要求同群众性、广泛性的要求结合起来，正确处理好国家、集体、个人利益三者关系，发扬顾全大局、诚实守信、互助友爱和扶贫济困的精神，反对一切损人利己、损公肥私、以权谋私、金钱至上、欺诈勒索的思想和行为。要大力加强职业道德建设，发扬全心全意为人民服务的精神，切实纠正行业不正之风。要在社会公共生活中大力发扬社会主义人道主义精神，提倡尊老爱幼，遵守公共秩序，自觉履行对国家和社会的义务。要广泛开展移风易俗活动，提倡文明健康科学的生活方式，克服愚昧落后的东西。婚嫁丧葬中陋习的改革，要列入议事日程，认真讨论研究，农村要制订公约，成立“红白喜事理事会”，教育群众树立新风尚，引导群众婚事新办，丧事简办。在我们的社会生活中，还要同封建迷信、宗法观念、等级观念、专制观念、拉帮结伙、男尊女卑等封建主义、资本主义的腐朽思想作斗争。共产党员、共青团员要在树立和发扬社会主义道德风尚中率先身体力行，争当模范。

建设社会主义精神文明，必须大力发展教育、科技、文化、卫生、体育、计划生育等事业，继续深入开展创“三优”活动。在今后的三年以至更长的一个时期里，各级各类学校要进一步贯彻教育面向世界、面向未来、面向现代化的方针，不断改进教育方法，提高教学质量；县城和经济发展较快的乡、镇，要在国家计划指导下，力争到1990年普及初中教育；要采取积极措施，尽快解决中、小学的危房问题，实现“一无两有”；要积极创造条件，做到县办好示范幼儿园，乡镇办好中心幼儿园，一部分村办起村幼儿园。科技部门和各乡镇都要坚持不懈地抓好科技知识的普及与推广工作，努力开拓科技市场，搞好科技咨询，广泛开展科技扶贫活动；要认真组织科技人员送科技上门，从而使人们的科技水平有一个较大的提高，要进一步抓好我县“星火计划”的实施。要努力抓好农村文化工作，办好乡（镇）、村文化站（室），加强文化市场的管理，促进文化事业的发展和繁荣。广播、电视事业要继续抓好基础建设和质量建设，不断提高宣传效果。农村医疗卫生工作，要贯彻“预防为主，城乡兼顾，坚持中西医结合”的方针，把社会效益放在第一位，加强管理，深入改革，改善服务态度，提高医疗水平。同时，要做好地方病的普查普治工作，努力提高人民群众的健康水平。体育事业要在大力开展群众性的体育活动的基础上，争取有新的突破。计划生育是我国的基本国策，它关系到四化建设、人民生活的改善、子孙后代的幸福，我们要认真贯彻中央领导关于“计划生育工作一定要继续抓紧不能动摇，本世纪末的人口控制，应从严一点，从紧一点。人口不能增长过多，不能增长过快，这是第一位的问题”的指示精神，稳定现行生育政策，努力完成我县的人口计划。创“三优”活动要在总结经验的基础上，继续深入地开展下去。同时，还要认真搞好“五好”家庭、文明家庭、文明楼院、文明单位、文明村的创建活动。环境保护是现代化建设的组成部分，我们要贯彻“全面规划，综合治理”的方针，合理开发利用土地、水源、矿藏、森林和野生动植物等资源，保护其不受污染和破坏，为人们保持优良的生活和劳动环境，保护和促进生产力的发展。

要加强社会主义民主与法制建设。建设高度的社会主义民主和健全社会主义法制，是维护安定团结，保证四化建设顺利进行的重要条件。社会主义民主是社会主义法制产生、发展的前提和基础，社会主义法制又是社会主义民主的保障。我们要从实际出发，有领导、有步骤地继续推进国家政治生活、经济生活和社会生活的民主建设，特别要活跃基层单位的民主生活和健全民主管理。要继续深入开展民主、法制、纪律教育，坚决执行全国人大常委会《关于加强法制教育维护安定团结的决定》，在全体公民中普及法律常识，达到人人知法、守法、用法，真正做到有法必依，执法必严，违法必究；真正做到“法律面前，人人平等”；真正做到正确行使民主权利，增强社会主义公民意识，养成遵纪守法的良好习惯。要切实搞好政法队伍的思想、业务建设，发挥民兵作用，依靠群众，继续依法打击一切破坏社会主义制度的敌对分子，依法惩处经济犯罪和其他刑事犯罪，依法禁止一切扰乱社会秩序的活动，及时正确地调解和处理民间纠纷和社会矛盾，切实抓好社会治安的综合治理，保证社会治安持续稳定。努力创造一个既有民主又有集中、既有自由又有纪律、既有统一意志又有个人心情舒畅的安定团结与生动活泼的政治局面，保证改革、开放和经济建设的顺利进行。

四、加强新时期党的建设，把党建设成为能够胜任领导社会主义现代化事业的坚强核心

中国共产党在社会主义现代化建设中的领导地位和核心作用，是中国革命历史发展的必然，是全国各族人民的共同意志，是其它任何政治力量所不能取代的。我们党提出了到本世纪末和下世纪中叶我国经济发展的宏伟目标，确定了社会主义现代化建设的总体布局，制定了全面改革和对外开放的方针、政策，采取了一系列确保国家长治久安的战略措施。县委、政府根据我县经济发展现状及要求，提出了“七五”期间实现经济翻两番的奋斗目标。所有这些已经表明，新时期新形势对我们全党提出了新的更高的要求，需要我们加强党的建设，把党建设成为能够胜任领导社会主义现代化事业的坚强核心，通过党的各级组织及全县五千多党员在不同行业、不同岗位中进行切实有效的工作，率领全县十七万人民为之奋斗。

第一，加强党的思想建设，努力提高党员素质。

党的建设的根本任务是保证十一届三中全会以来路线的贯彻执行。加强党的思想建设，首先，共产党员要切实解决思想入党的问题。思想入党就是要有坚定的共产主义信念，要有坚定的政治方向，要有抵制各种腐朽思想和歪风邪气的能力，要牢记全心全意为人民服务的根本宗旨，这就要不断地进行党章、准则，党的基本知

识，党的奋斗历史，党的优良传统和党的现行政策的再教育。其次，要紧密结合坚持四项基本原则，反对资产阶级自由化斗争的实际，结合改革、开放、搞活的实际，抓好党员的思想理论教育，要学习马克思主义的基本原理，学会运用马列主义基本原理同我国社会主义现代化建设的具体实践相结合，运用马列主义、毛泽东思想的立场、观点、方法去分析不断出现的新问题，总结不断产生的新经验，进行新的理论概括和理论创造。在建设社会主义这一全新事业中，发扬勇于创新精神，增强改革意识，创造性地开展工作；要认真学好两本书，使广大党员敏锐地识别和有效地抵制"左"和右的错误倾向，保证坚定正确的政治方向，掌握建设有中国特色的社会主义的基本内容，提高执行党的路线、方针、政策的自觉性，在政治上与党中央保持高度一致，增强政治上的坚定性和工作中的原则性、系统性、预见性、创造性。再次，要适应经济建设、发展商品经济的要求，不断更新新旧观念，强化商品经济观念，努力学习科学文化知识，不断提高广大党员、干部的科学文化素质和其他业务素质，提高适应和进行现代化建设的能力。加强党的思想建设，要努力培养一支能够用马列主义的立场、观点、方法解决四化建设和深入改革的实际问题的理论队伍。各级党组织要加强理论队伍的建设，在积极办好县委党校的同时，要继续巩固和发展乡镇党校，有条件的地方要创办企业厂矿党校。各乡镇党校每年至少举办三至四期学习班，定期的、有计划的对党员进行轮训，联系党员的思想实际，及时掌握党员的思想脉膊，有针对性的对党员进行思想教育，提高他们的思想觉悟和马列主义理论水平，做一个合格的共产党员。

第二，抓好党的作风建设，努力实现党风的进一步好转。

在执政党条件下，如何认识党员中思想作风的新情况，增强党员的党性，以避免大量不正之风的发生，是必须严肃对待和认真解决的问题。陈云同志说："执政党的党风问题是有关党的生死存亡的问题"。应该肯定，我县大多数党员，通过整党，学习党章和《准则》，经受了各种考验，在各方面表现是好的。但是，在党的工作重心的转移，改革、开放的新形势下，一些人动机不纯，不能正确对待地位和权力，在权势和物质引诱下，犯了或大或小、程度不同的错误，损害了人民利益，败坏了党的威信，妨碍了安定团结，干扰了改革和建设，给我们的教训是深刻的。我们党为了端正党风是下了很大力气的，党风已经日益好转。但当前的问题仍然不少，有些不正之风锄而复生，反复出现。对于党风这个党的建设的突出问题，我们一定要采取切实措施，从各级领导班子做起，认真端正党风。要教育党员发扬理论联系实际，密切联系群众，批评与自我批评的优良作风，牢记全心全意为人民服务的根本宗旨，吃苦在前，享受在后，艰苦奋斗，勤俭建国，自觉抵制不正之风。要加强纪检工作，虚心接受群众监督，健全民主生活。在当前和今后一个时期，要继续把纠正各种以权谋私、官僚主义、个人主义、自由主义等作为党风建设的重点来抓。要认真学习国务院《关于大兴安岭森林特大火灾事故的处理决定》，举一反三，联系实际，吸取教训，解决作风和违犯党纪国法的问题。一定要严肃纪律，"个人服从组织，下级服从上级，少数服从多数，全党服从中央”。对于有令不行，有禁不止，违犯党纪国法的行为，一定要严格执行党的纪律。我们党执行纪律，是对党员的约束，又是对党员的教育。要坚定地相信，我们党能够克服自身的弱点，继续奋发前进。

第三，适应新形势新任务需要，不断加强各级领导班子的建设。

政治路线确定之后，干部就是决定的因素。通过县乡换届产生的新班子，其任职期间是我县经济和改革的非常时期，加强各级领导班子建设显得更加迫切。

振兴崇义，要有强烈的愿望，更要有扎扎实实的作风。要求各级领导干部，第一要有奋发进取精神，勇于改革，大胆探索，创造性地贯彻执行党的方针政策，只要有利于改革，有利于经济事业发展前进的事就要大胆干、坚决干、抓紧干。第二要有负责精神，各级干部都要有强烈的事业心和高度的责任感，认真负责地做好本部门本单位的各项工作，提高办事效率、办事质量，杜绝严重官僚主义。第三要有求实精神，一切从实际出发，干实事、求实效，反对摆花架子，做表面文章，要提倡扎扎实实的工作作风，工作要有布置、有检查、事事有回音，务必把工作落到实处。第四要有团结协作精神，加强内部团结，上下团结，左右团结，要大事讲原则，小事不计较；各级领导班子尤其要精诚团结，同心同德。第五要努力学习，不断提高政治素质、知识水平和业务能力，在实践中增见识、长才干。

通过改革锻炼，我县各级领导班子是坚强的有战斗力的。在县、乡、村三级整党及换届中，经过充实调整，更进一步加强了班子建设，增强了组织活力，这是我们夺取改革、建设新胜利的决定因素。各级领导班子一定不要辜负全县人民的殷切期望，新班子要有新的精神风貌，新的气象，新的干劲。总之，各级党组织要下大决心把我们的干部队伍建设成思想品德优良、作风正派、政治素质好、勇于创新、锐意改革、有强烈的革命事业心和政治责任感、全心全意为人民谋利益、德才兼备的坚强队伍。

第四，健全党的组织建设和制度建设，增强基层党组织的战斗力。

党的基层组织是两个文明建设的前线指挥部，肩负着率领群众创造性地贯彻执行党的十一届三中全会以来的路线、方针和政策，坚持四项基本原则，坚持改革、开放，大力发展生产力，推进社会主义精神文明建设的历史责任，必须要有坚强的战斗力。党的力量在于组织，在于这个组织有严明的纪律和健全的党内生活。因此，加强党的建设的首要问题是要健全党内生活。基层党组织的设置要顺应改革要求而相应调整，组织生活的内容要紧密结合实际，坚持党内生活的思想性、政治性和原则性，每个党支部要向党员定期布置党的工作，并定期进行检查，定期组织生活会，学习党的指示决议，定期召开民主生活会，认真开展批评和自我批评，及时揭露和解决党内存在的问题；组织生活要灵活多样，生动活泼，讲求实效。其次要健全和发展党内民主，这也是组织建设的核心问题。党内民主的健全和发展有利于充分发挥党员献身四化，锐意改革的主动性、积极性和创造性，健全和发展党内民主，一是要切实尊重党章赋予党员的民主权利；二是党组织领导班子内部要坚持民主集中制，凡属重大问题必须集体讨论决定，实行一人一票的表决制，以保证重大决策的正确性。第三是要有计划的积极慎重地在党员数量少、党的力量薄弱、思想政治工作不强的地方，加强组织发展工作，以增添新的血液，保证党的活力，壮大党员队伍。要继续吸收优秀知识分子入党，充分发挥他们的积极性和聪明才干，为四化建设出谋献策，贡献力量。要重视在青年农民中，各行各业第一线、专业户、重点户、双文明户中吸收有一定文化的先进青年和优秀分子入党。同时，还必须从发展农村经济着想，重视妇女力量，积极培养和发展青年妇女入党。各级党组织要严格按照坚持标准、保证质量、改善结构、慎重发展的原则去做，把组织发展工作切实抓好。第四是要搞好制度建设，每个支部都要健全"三会一课"制度、组织制度、工作制度、干部制度、党内监督制度等。制度问题是带有根本性、全局性、稳定性和长期性的问题，制度健全了，每个党员都要受制度约束，都必须按制度办事。这样，党的建设、现代化建设就能健康发展。

第五，广泛开展"一先双优"活动，发挥共产党员的先锋模范作用。

共产党员是党组织的细胞，党组织的战斗力如何，取决于党员能否处处起先锋模范作用，能否把党的路线、方针、政策用自己的模范行动影响和带领人民群众去贯彻实施。只有党员的素质提高了，党组织才有战斗力，党的整体功能就能得到充分发挥。党的干部是社会主义现代化建设的组织者和带头人，充分调动广大干部的积极性和创造性，就能使党的事业取得成功，使改革和"四化"建设不断推向前进。

当前，在全县范围内，积极广泛开展先进党支部和优秀党员、优秀干部的"一先双优"评比活动，各级党组织要切实加强领导，采取有效措施，组织所有的共产党员和干部积极参加这项活动。开展"一先双优"活动要与十一届三中全会路线两个基本点教育结合起来，以正面教育，自我教育，抓典型，树榜样为主，把共产主义思想教育贯穿于活动的全过程。各级党组织要牢固树立"党要管党"的思想，把这项活动列入党委的重要议程，当作党的思想建设和组织建设的重要内容之一，当作巩固和发展整党成果的重要工作来抓，定期进行研究、部署、检查和总结，根据"一先双优"的评比条件，认真进行评比，要求上半年以基层党组织为单位进行小评比，年终进行总评比。在开展"一先双优"活动的同时，还要积极开展"为民谋福利，为党添光彩"活动，不断提高广大党员、干部在群众中的威信，增强党组织在人民群众中的凝聚力和号召力，教育党员在两个文明建设中建功立业，做努力工作，好学上进的模范；做不尚空谈，多干实事的模范；做坚持改革，勇于开拓的模范；做保护群众利益，带领群众勤劳致富的模范；做遵纪守法，同不正之风和违法犯罪行为作斗争的模范。一句话，要做两个文明建设的模范。

加强党对各部门的领导。人大常委、政府、县委各部门，都要在自己的职权范围内，独立自主地工作，认真负责地解决问题。要进一步发挥人民政协"政治协商，民主监督"的职能作用，发挥人才聚集和海外联系广泛的优势，积极开展各项社会活动，充分展示“智囊团”的作用。要认真落实统战政策，进一步团结各界人士，做好海内外的联谊工作，采取多种方式，广交朋友，多做团结工作，团结一切可以团结的力量，调动各界人士的积极性，为建设崇义献计出力。继续组织民兵学习中发〔1986〕22号文件，加强民兵预备役建设，搞好民兵集训，不断提高民兵的政治素质和军事素质，各人武部要积极组织民兵依法参加民兵活动，积极参加两个文明建设，努力完成民兵组织的各项任务。各级工会要继续抓好职工政治思想、业余文化教育，积极开展社会主义劳动竞赛和各项活动，加强企业民主管理，发挥职工群众主人翁的作用。共青团、妇联等群众组织要紧紧围绕两个文明建设，积极开创“文明村镇”、“文明单位”、“双文明户”、“五好家庭”和“青年民兵之家”等各种活动，充分发挥广大青年、妇女在四个现代化建设中的积极作用。

代表们，同志们：

新时期党赋予我们的任务是艰巨而繁重的。各级党组织，广大党员和干部要树立信心，鼓舞斗志，要扬起战斗的风帆，以锐意进取的改革精神，以不畏艰难，努力拼搏的时代风貌，团结奋斗，积极进取，就一定能够实现我们的奋斗目标。我们一定要坚定不移地坚持四项基本原则，坚持改革、开放、搞活，积极实施“七五”计划，以实际行动创造优异成绩，迎接党的十三大的胜利召开，为建设有中国特色的社会主义作出更大的贡献。

崇义县人民代表大会常务委员会工作报告

——1987年5月27日在崇义县第十一届人民代表大会第一次会议上

县人大常务委员会主任　　罗言清

各位代表：

我受崇义县第十届人民代表大会常务委员会的委托，向大会报告换届以来的工作，请予审议。

崇义县第十届人民代表大会常务委员会，是1984年6月由县第十届人民代表大会第一次会议选举产生的。三年来，在中共崇义县委的领导下，在全体代表和广大选民的大力支持下，认真贯彻党的十一届三中全会以来的路线、方针和政策，认真行使宪法和法律赋予的职权，认真执行县十届人大会议的决议，努力开展了人大常务委员会的工作。三年来，主要做了以下七个方面的工作。

一、认真抓了学习、宣传、贯彻宪法和法律

县十届人大一次会议以来，常务委员会围绕保证《宪法》和《地方组织法》的实施，维护《宪法》尊严，推进我县社会主义物质文明和精神文明建设，认真抓了学习、宣传、贯彻宪法和法律。常务委员会分别组织学习了《宪法》、《地方组织法》、《食品卫生法》、《森林法》、《民法通则》、《义务教育法》、《土地管理法》、《计量法》等等。在县人大常务委员会第五次会议上作出了《关于加强法制宣传教育和普及法律常识的决定》，批准了崇义县人民政府《关于普及法律常识五年规划要点》。要求县乡人民政府把加强法制宣传教育和普及法律常识工作列入重要议事日程，统一领导，统一组织，各方面配合，用五年时间，于1989年达到全县基本普及法律常识。普法决定公布二年多来，普及法律常识的工作已在全县铺开，目前为止，参加普法学习的已有25000人左右。通过学习，干部群众懂得了一些法律知识，公民的法律意识有所提高，法制观念有了增强。但是也应该看到，普法工作是巨大的社会工程，是我国法制建设的基础，是一项较长期的艰巨任务，还需要进一步提高认识，采取切实有效的措施，坚持不懈地抓下去。

常务委员会在第十四次会议上，学习了中共中央关于全党必须维护社会主义法制的通知。委员们认为，中央这个通知，是一个极为重要的文件，针对性很强，非常适时。认真学习、宣传和贯彻好这个文件，对于健全社会主义法制，保证国家长治久安，顺利进行物质文明建设和精神文明建设，具有十分重要的意义。委员们认为，中央在文件中对各级人民代表大会及其常务委员会的指示精神，我们必须认真贯彻落实，努力工作，实施宪法和法律，维护宪法和法律的尊严，充分发挥好地方国家权力机关的作用。

常务委员会第十六次会议期间，认真学习、讨论了全国人大常务委员会《关于加强法制教育维护安全团结的决定》。委员们认为，全国人大常务委员会的这个《决定》，是在全体人民中进行以宪法为核心的法制教育的重要教材，是当前坚持四项基本原则，反对资产阶级自由化，维护安定团结的强有力的法律武器和思想武器。《决定》重申了宪法、刑法的有关规定，强调通过加强法制教育，维护安定团结的政治局面和社会主义秩序，用宪法和法律武装广大干部和群众，使广大干部、群众增强法制观念和公民意识，把宪法作为根本的活动准则，团结全国各族人民，建设有中国特色的社会主义。委员们表示要认真组织学习、宣传和贯彻执行。1986年11月，常务委员会为了更好地宣传、贯彻江西省六届人大五次会议精神，翻印省六届人大五次会议《关于认真学习贯彻中共十二届六中全会文件加强社会主义民主和法制建设的决议》1500份，发给各乡镇人民政府、县直单位和县乡两级人民代表大会代表。

常务委员会根据江西省人大常务委员会及有关部门的要求，组织召开了由有关方面人员参加的座谈会六次，分别征求对《森林法（修改草案）》、《江西省人民代

表大会常务委员会工作条例》、《江西省矿产管理暂行办法》、《江西省收费罚没集资管理条例》、《关于征求对江西省乡镇集体矿山企业和个体采矿管理条例》、《关于征求对江西省关于<中华人民共和国土地管理法>的实施办法》等法律法规草案的修改意见。并将修改意见及时书面上报了省人大常务委员会及有关部门。

二、定期听取"一府两院"的工作报告，审议决定本县有关重大事项

听取和审议政府、法院、检察院的工作报告，是人大及其常务委员会进行工作的基本方式，同时也是对国家有关机构工作的支持和促进。三年来，常务委员会举行了 18 次例会，分别听取了县人民政府及有关部门负责人作的关于办理县十届人大一次、二次、三次会议代表议案及建议、批评和意见的情况汇报、《关于 1984 年 1–10 月财政收支执行情况的汇报》、《关于我县 1985 年第一季度经济形势情况汇报》、1985 年、1986 年上半年政府工作报告、《关于我县 1984 年集资办学情况的汇报》、《关于我县法制宣传工作情况和今后意见的汇报》、《关于我县民政工作情况的汇报》、关于 1984 年、1985 年、1986 年财政预算部分变更的报告、《关于思顺山院电站筹建工程进展情况的汇报》、《关于崇义县城镇建设总体规划的说明》、《关于我县执行<食品卫生法>的情况汇报》、《关于目前山院电站工程进展情况的汇报》和关于我县农牧渔业、乡镇企业、公路交通、商业供销、粮食等方面的情况汇报共 21 次。委员们分别进行了认真审议，并对我县 1984 年 1985 年 1986 年三年的财政预算部分变更，关于处理高坌林场与高坌村山林权属问题、关于思顺山院电站集资办法、关于崇义县城镇建设总体规划、关于提取阳岭旅游区发展基金等作出了决定共 10 项。常务委员会还将审议的意见和建议及时转达给县人民政府。县人民政府重视委员们的建议意见，及时地、针对性地解决了一些问题，促进了我县改革和经济建设的发展。

常务委员会还分别听取了县人民法院 1986 年 1–8 月工作情况汇报、县人民检察院关于 1984 年开展经济检察工作的情况汇报和 1986 年 1–8 月工作情况汇报。委员们充分肯定了"两院"的工作，并希望"两院"继续努力，为保障我县"四化"建设和促进改革，充分发挥地方国家审判机关和检察机关的职能作用。

常务委员会遵照《地方组织法》关于"地方各级人民代表大会会议每年至少举行一次"的规定，在三年任期内，每年都主持召开了一次县人民代表大会，听取和审议了县人民政府及有关部门的工作报告，听取和审议了县人大常务委员会和县人民法院、县人民检察院工作报告，并作出了相应的决议。在本届人大第三次会议上，还补选了县人民政府县长。每次举行的代表大会，都能做到认真准备，始终贯彻民主集中制原则，严格按照法律程序办事，使我县的人民代表大会制度不断完善。

为健全人民代表大会制度，常务委员会根据县人民代表由于工作调动等原因出现的出缺情况，于 1986 年 3 月进行了补选县人民代表的工作。

三、依法任免了本县国家机关工作人员

为了适应“四化”建设的需要，依照国家法律规定的范围和程序，坚持党管干部的原则，常务委员会及时地对本县的国家机关工作人员进行了任免工作。在任免干部工作中，委员们对提请任免的名单，认真进行审议。对认为还要继续考察的，就不急于进行表决，待条件具备后再进行表决、任免；对个别任免人员存在的缺点和错误，也实事求是地给予指出，并及时进行转达，帮助改正。三年来，共任免本县国家机关工作人员125人，其中决定任命县人民政府代理县长1人，决定任免副县长2人、主任和局长59人；任免县人民法院副院长、审判委员会委员、庭长、副庭长、审判员38人；任免县人民检察院副检察长、检察委员会委员、检察员14人；任免县人大常务委员会各工作部门负责人11人。加强了我县行政机关、审判机关、检察机关和人大常务委员会机关的组织建设，较好地发挥了县人大常务委员会在地方国家政权建设中的职能作用。

常务委员会为了更好地依法行使县人大常务委员会的任免职权，进一步完善我县国家机关工作人员的人事任免工作，在1984年9月和1985年7月两次召集有关部门负责人座谈会，对如何进一步按照国家法律规定，严格按照法律程序做好人事任免工作，进行了座谈讨论。会上分别学习了中共中央《关于任免国家机关领导人员必须依照法律程序办理的通知》和中共中央组织部、劳动人事部有关规定的通知及《江西省人民代表大会常务委员会人事任免办法》等文件，统一了认识，明确了规定作法，并写出了会议纪要，由有关部门共同遵照执行。

四、搞好调查研究工作，安排视察活动

常务委员会根据《地方组织法》的有关规定，为掌握国家宪法、法律、法令的贯彻执行情况，检查、监督县人代会所作的决议、决定实施情况，为客观地审议政府及有关部门的工作报告，支持和监督“一府两院”依法开展工作，围绕本县综合改革和人民群众普遍关心、急需解决的问题，会同有关部门，进行了专题调查12次。分别对高垄林场与高垄村山林纠纷问题，扬眉、龙勾两乡沿江桥梁问题，《食品卫生法》、《森林法》的贯彻执行情况，建乡换届后的政权建设情况，横水乡碧坑村河水污染问题，物价、公路交通、乡镇企业、多种经营、商业供销和农村扶贫、老区建设等方面进行了专题调查。这些调查研究，反映了人民群众的意愿和要求，为县人大常务委员会依法作出决议、决定，提供了客观依据。常务委员会还将一些调查研究的情况，及时地向县委反映和向政府转达，妥善地解决了实际问题，人民群众反映比较满意。

常务委员会为了检查县十届人大一次、二次会议的执行情况，加快我县社会主义精神文明建设步伐，分别于1984年国庆节前夕和1985年8月两次组织委员、部分县人大代表和驻县的省人大代表，对县城和扬眉、过埠、关田、古亭等圩镇的精

神文明建设情况进行了视察。对成绩突出的单位，给予了肯定和赞扬；对少数有碍于精神文明的脏、乱、差问题，也实事求是地给予指出，并提出了改正建议。这些单位诚恳地接受代表们的意见，改正得较快。通过视察，促进了我县精神文明建设和“创三优”活动的开展。

五、密切与人民代表的联系，督促办理代表议案

县人大常务委员会是人民代表大会的常设机构，是地方国家权力机关，做好人民代表的工作，接受人民代表的监督，加强与人民代表和选民的联系，是做好人大常务委员会工作的基础。

为了加强与人民代表的联系工作，常务委员会主要采取了如下办法：一是向县人民代表寄送《会刊》和印发学习资料，本届任期内编印《会刊》17期。每次常务委员会审议决定的重大事项都编入《会刊》向各位代表通报情况；二是由县人大常务委员会领导和科室负责同志，不定期的分别下到各乡镇召开代表座谈会和个别走访代表，以及邀请部分代表来县开座谈会，听取代表和人民群众的意见和要求；三是为了方便与人民代表的通讯联系，发给各位居住农村代表免贴邮票的人民代表专用信封；四是聘请了各乡镇文书为人大工作联络员，其职责是及时反映代表意见要求，做好与人大常务委员会的联络工作；五是组织部分代表参加视察和进行专题调查。

三年来，本届许多人民代表在各自的工作岗位上，同广大人民群众密切联系在一起，履行了人民代表的职责和义务，发挥了人民代表的应有作用。人民代表的威望在人民群众中得到了提高。在“两个文明”建设中取得了优异成绩。

常务委员会认真抓了督办代表议案工作。本届的三次人代会，共收到代表议案10件，代表书面建议、批评和意见374件。常务委员会根据每次代表大会议案审查委员会的意见和主席团的决定，都及时将代表议案和代表建议、批评意见交给县人民政府及有关部门办理，并认真抓了督促办理工作。对于10件议案，常务委员会根据政府处理意见和调查研究情况，逐件进行了审议，并由常务委员会办公室答复了代表。如朱才坪等五位代表在第十届人大二次会议上提出的《关于解决全县能源，兴建思顺山院电站》议案，县政府高度重视，认为建设这个电站是开发山区水利资源，摆脱我县电力紧张局面，发展工农业生产，振兴崇义经济的需要，是一件造福于人民的好事。列入了重点生产基建项目，迅速组织人力、物力、财力，克服了许多困难，目前工程进展顺利，已经完成架设35千伏输电线路27.7公里和35千伏降压站工程，发电机组也已进入全面安装阶段，预计今年7月可以开机发电。最近，常务委员会组织委员前往该电站进行了视察，听取了工程指挥部的汇报，委员们对工程进展情况表示满意。又如要求解决公路交通、乡村桥梁、林业生产、教育事业和精神文明建设等方面的议案也得到了较好的处理，受到代表和群众的好评。

在处理代表建议、批评和意见工作中，县人民政府很重视，各承办单位在思想认识上和工作方法上都大有改变，时间上也抓得较紧，对能及时解决的，尽量做到不拖拉，对那些暂时因各种原因不能解决的，也如实将情况答复代表，基本上做到了件件有着落，事事有交待。

常务委员会重视人民代表和人民群众的来信来访的处理工作。对于人民来信，我们坚持了登记处理制度，领导亲自阅批，对转办处理的，也会进行催办。对来访的人员，领导在家时，领导亲自接待，领导不在家，科室负责人接待。对来访者基本上做到了热情、耐心、认真负责。

六、加强基层政权建设，做好县乡换届选举工作

我国国家政权的组织形式，是人民代表大会制。县、乡地方政权，是我国政权的重要组成部分，也是宪法实施的重要保证。它由人民通过民主程序选出自己的代表，由人民代表组成各级国家权力机关，代表人民行使国家权力。我县自 1984 年 6 月建乡换届以来，各乡、镇一般都能依照法律规定召开人民代表大会，讨论、决定本乡镇的重大事项。有些乡还补选了乡长、副乡长，有些乡镇围绕“两个文明”建设的需要，分别作出了有关决定。

今年二月，常务委员会按照江西省第五次选举工作会议精神和省委办公厅、赣州地委的通知精神，根据《宪法》、《选举法》、《地方组织法》、中共中央办公厅〔1986〕36 号、39 号文件和《江西省县乡直接选举实施细则》的规定，集中主要精力，组织和领导了县乡换届选举工作。及时地指导了乡、镇选好人民代表和开好人民代表大会，为加强政权建设做了许多扎实细致的工作。

实行县、乡直接选举，是我国选举制度的一项重大改革。搞好县、乡的换届选举，对于进一步发扬社会主义民主，调动广大人民当家作主、管理国家的积极性，加强基层政权建设，健全选举制度和人民代表大会制度，促进经济体制改革和政治体制的改革，加速我县社会主义物质文明和精神文明建设的进程，都具有重要的意义。

我县的这次县、乡人民代表大会代表的换届选举工作，做到了加强党的领导，始终贯彻了充分发扬民主，严格依法办事的原则。对个别地方，由于少数干部对有关法律不熟悉，民主法制观念不强，怕麻烦，图省事，发生的不依法办事的现象，都及时地进行了纠正。在换届选举工作中，全县有十万零四千多选民参加了选举活动，选民的参选率达到 95.87%，经过二个多月的工作，由选民直接选举产生县十一届人大代表 138 名，乡、镇人大代表 693 名。根据修改后的《地方组织法》规定，这届的县、乡人大代表虽比上届人数减少，但代表的素质、参政议政能力有所提高，年龄和知识结构也有所改善。在选出县、乡人民代表的基础上，全县 19 个乡、镇于四月中、下旬分别举行了新的一届人大一次会议，选举产生了乡、镇人大主席团和政府组成人员，健全了乡、镇政府领导班子。按照《地方组织法》的规

定，乡、镇人大主席团不仅负责主持本次人大会议，而且负责人大日常工作和召集下一次乡、镇人大会议。这些将为做好人民代表大会工作，健全人民代表大会制度，加强政权建设，提供了组织保证。

七、加强自身建设，不断健全工作制度

常务委员会围绕“两个文明”建设，结合整党，注意了加强自身建设。三年来，常务委员会在自身建设中，着重抓了如下方面的工作：一是加强了思想建设，不断提高县人大常务委员会组成人员和机关工作人员的素质，坚持四项基本原则，牢记全心全意为人民服务的宗旨，热爱人大工作。二是加强业务建设，认真抓了法律知识的学习，分期分批安排人员参加省、地、县举办的普法学习和人大工作业务学习。三是抓了制度建设，制定了《崇义县人大常务委员会工作条例》和主任、副主任及各科室的工作岗位责任制。注重边学习、边实践、边总结提高，不断学习业务，提高业务水平。我们除长期订阅全国人大和省人大常务委员会有关文件资料外，还与30多个兄弟县、市、区人大常务委员会建立了工作联系。今年四月上旬，还组织人员到湖南汝城县、广东仁化县学习取经，吸取兄弟单位的先进经验，丰富自己的工作实践。四是坚持贯彻民主集中制，实行集体领导和集体依法行使职权的原则，人大常务委员会审议决定每一重大事项，都始终坚持贯彻上述原则，充分让委员们发表意见，不个人主观臆断。五是加强组织建设，抓了机构设置和人员配备。为适应地方国家权力机关工作的需要，县十届人大常务委员会工作机构设置由原来的办公室下设三个组（即法制组、经济组、文卫组）改为一室三科（即办公室、政法工作科、财政经济工作科、教育科学文化卫生工作科）。今年五月，根据省委办公厅〔1986〕168号文件通知精神，又决定将上述三个工作科分别改称为办公室。三年来，机关工作有所改进和加强，为人大常务委员会有效行使职权，审议决定重大事项做了许多工作，较好地完成了县委和上级人大交办的各项工作任务。六是在县委、政府的关心和支持下，兴建了办公楼和家属宿舍，改善了工作和居住条件。

各位代表！本届人大常务委员会认为，三年来常务委员会的工作有了较大的进展，取得了较好的成绩。这主要是县委的直接领导和重视，上级人大的正确指导，人民代表的监督，“一府两院”的密切配合和支持的结果。回顾三年来的工作，我们深深体会到，坚持党的领导，取得县委的领导和支持，是做好人大工作的根本保证。坚持依法办事，是做好人大工作的立脚点。坚持调查研究，加强与人民代表的联系，接受人民代表的监督，是做好人大常务委员会工作的基础。加强对“一府两院”的监督和支持，充分发挥各自的职能作用，是推进我县“两个文明”建设的有力保障。

三年来，本届人大常务委员会的工作还存在一些缺点和不足，主要对人大及其常务委员会的性质、地位和作用宣传不够，在思想认识上和实际工作上都还存在差

距；对法律监督实施不够全面和有力；同人民代表的联系也不够广泛和经常。这些都有待于在今后工作中加以改进。

代表们！县十届人大常务委员会已经任期届满，第十一届人大常务委员会即将产生，在此换届之际，我们恳切希望代表们、同志们对县十届人大常务委员会的工作提出批评。我们相信，新产生的县第十一届人大常务委员会，一定会在党的领导下，坚持贯彻党的十一届三中全会以来的路线、方针、政策，坚持四项基本原则，反对资产阶级自由化，一定会更好地履行宪法和法律赋予的崇高职责，发挥好地方国家权力机关的作用。为进一步发扬社会主义民主，健全社会主义法制，为振兴崇义作出更大的贡献！

政府工作报告

——1987 年 5 月 25 日在崇义县第十一届人民代表大会第一次会议上

李本楠

各位代表：

我受县人民政府的委托，向大会报告政府工作，请予审议。

一、三年来工作的回顾

过去的三年，在县委的直接领导下，在县人大常务委员会的监督、支持和政协的帮助下，政府工作坚持四项基本原则，坚定不移地贯彻党的十一届三中全会以来的路线、方针、政策，坚持改革、开放、搞活，各项工作都取得了新的进展，政治、经济形势令人鼓舞。政治上安定团结，经济上持续发展，人民的物质和文化生活得到明显提高和改善，各条战线呈现出欣欣向荣的兴旺景象。过去的三年，是我县进行综合改革的三年，是我县经济建设稳定持续发展的三年，是超额完成国民经济和社会发展计划的三年。1984 年工农业总产值达 8878 万元，比 1983 年增长 31.87%；1985 年，实现了第一个经济翻番；1986 年全县工农业总产值达到 13392 万元，三年平均递增 25.76%。国民收入总值 12067 万元，比 1983 年增长 94.13%，人平国民收入 704 元，比 1983 年增长 88.99%。

（一）农业经济有新的发展。几年来，我们继续贯彻执行决不放松粮食生产，积极发展多种经营的方针，坚持把农业放在发展国民经济的重要战略地位，积极调整产业结构，深化农村改革，促进了农村经济的全面振兴。1986 年实现农业总产值6333.1万元，比1983年增长43.20%，三年平均递增12.71%。

1、农业连续三年丰收。粮食生产，由于提高了认识，引起了重视，摆正了位置，扩大了种植面积，尤其是扩大杂交种植面积，改善了品种结构，虽然不同程度地遭受了自然灾害，但粮食总产连年丰收，三年平均递增0.93%，人平有粮435公斤，基本上与人口的增长速度相吻合。油脂总产35.41万公斤，三年平均递增0.93%。

2、林业在改革中发展。围绕"富山富民"的目的，对近年来我县林业的一些方针、政策、管理办法进行完善配套，使林业的改革更深一步，林业的优势正在变成商品优势和经济优势，造林的步伐正在以前所未有的速度前进。三年平均造林5400亩，不但做到当年采伐，当年更新，而且还清了11.5万亩的历年迹地欠帐，连续二年超额完成地区造林绿化责任状的任务，受到了上级的表扬。随着林区资源的开发利用，农民不再局限在砍木头、卖原料上，而且在加工增值上做文章，大力发展木竹加工业，全县木竹加工业已初具规模。

3、多种经营有新的突破。随着农村第二步改革的日益深入，广大农民从封闭单一的自给经济桎梏中解脱出来，瞄准县内外市场，立足房前屋后，田头地角，利用荒土草坡、大力发展商品生产。以经济作物为主的种植业，以肉、蛋、禽为重点的养殖业，以农副土特产品为对象的加工业，促使了全县农村经济朝着多元素、多方位、多门类方向发展。茶叶、柑桔、果类、食用菌等农副产品产量大幅度增长。畜牧业发展迅速，1986年畜牧业产值达886.2万元，比1983年增长51.08%，平均每年递增14.75%。肉类和水产品总产量均创历史最好水平。

4、乡镇企业继续大发展。近年来，坚持"积极扶助、合理规划、正确引导、加强管理"的指导方针，在生产、资金、人才、技术、流通等方面都给予了优惠政策，使乡镇企业的发展有了良好的条件。1986年底止，全县乡镇企业达3696个，从业人员12833人。乡镇企业总产值3398.75万元，实现总收入5453.51万元，比1983年增长7.5倍，三年平均递增102.94%，实现了产值、税利同步增长。

5、农村水利水电建设有新的变化。县、乡、村逐年增加水利投资，水利失修的问题有所好转。三年中，新建发电站5座，装机容量851千瓦，思顺山院骨干电站即将建成并网发电；架设高压输电线路177.5公里，73%的村、68%的村民小组用上了电，人平有电65.74度。同时，水利维修、水费征收、发电效益都比往年好。

(二) 工业生产迈出了较大的步子。随着各项改革的深入，全县厂矿企业进一步增强了生机和活力，圆满地完成了各项任务。1986年工业总产值达到7089万元，比1983年增长187.30%，三年平均递增42.16%；销售收入5797.3万元，比1983年增长96.79%，三年平均递增25.31%；流通资金周转加速率、全员劳动生产率、可比成本降低率、质量稳定提高率、消耗稳定降低率等各项经济指标均比过去好转。适销对路产品增长幅度较大，列入统计的24个产品中有锡精矿、锡金属、罐头、水泥等14个产品比过去有较大幅度的增长。1986年通过推行厂（矿）长经理负责制，进一步加强了内部管理，完善经济承包责任制，产值、税利上升较快。

交通、邮电事业有了看得见的变化。交通、能源等基础设施的投资比重上升，投资效益好。县乡公路通过能力提高，特别是县城至龙勾公路路况得到改善，为商品流通创造了条件。邮电通讯业务量连年增长，去年县城自动电话交付使用，专用电台、专用电话线路、高速数字传真机的使用等，加快了信息传递。

对外经济合作有了进展。几年来，与港商、与国内一些省市搞技术协作、联营办厂的多了。到1986年止，外引内联经济技术协作项目达145项，共引进资金310万元，其中已建成投产26项，年产值375.5万元，利润97万元。

（三）财政收入增长，收支平衡。在生产发展的基础上，财政收入保持较快的增长。1986年财政收入达1288.8万元，比1983年增长158.78%，平均每年递增37.29%，其中工商各税收入平均每年递增32.84%，上交能源交通基金170.82万元，购买国库券151.40万元，超额完成上级分配的任务。开展财务、税收、物价大检查，严肃了财经纪律。改革财政体制，建立乡一级财政，调动了乡镇当家理财的积极性，19个乡镇都完成或超额完成了财政包干任务。同时，财政支出更趋合理，保证了物价工改增支和必办事业经费的需要。1986年财政支出1269.6万元，平均每年递增25.72%。财政支出方面，在压缩非生产性增支的同时，增加了生产性投资和支农、文教、科学、卫生方面的支出。

金融系统，积极支持了生产、建设、流通的发展，银行存款、贷款都比过去有较大幅度的增长。

（四）城乡市场活跃繁荣。多种经济成份、多种经营形式参与流通，城乡市场购销两旺，多数商品供应充裕。商业、供销部门充分发挥主渠道作用，积极参与市场调节。购销网络和流通渠道不断增加，特别是关系到国计民生的重要商品和副食品的供应是良好的，群众是满意的。1986年国合两家纯购进2067.81万元，1984——1986年平均每年递增1.15%，其中农副产品购进793.86万元，1984——1986年平均每年递增1.72%；国内纯销售4281.21万元，大部分商业企业销售额上升，上交税利逐年增加。粮食部门在抓收购的同时，广开门路，灵活经营。三年购进粮食5750.87万公斤，1986年完成上级合同订购76.98%，比1985年增长70.31%。加工大米、议价销售经营业务量扩大，加工配（混）合饲料数量较多，连续几年利润超万元。

随着流通渠道的增加，城乡集市贸易更加活跃。三年来个体工商从业人员发展到4078人，占全县总人口的23.64‰。同时，工商、物价、计量部门加强了市场管理，对发展经济，稳定物价，活跃市场，保护生产者、经营者和消费者的利益，对促进经济繁荣起到了积极作用。

（五）人民生活明显提高和改善。农民收入稳定增长，1986年人均收入499

元，比 1983 年增长 65.28%。三年安置待业人员 1404 人。职工平均工资增长 18.92%。1986 年城乡人民储蓄年末余额 1634.1 万元，比 1983 年增长 130.64%。居住条件进一步改善，职工和农户购电风扇、电视机、电冰箱、洗衣机等一些高档电器的越来越多。

（六）城乡建设有新的起色。城乡规划和管理不断改善，整顿了建设市场，促进了招标承包制的推广。西大街的建成，城头路的延伸，使市容市貌得到了很大改观。古亭、关田、文英、上堡、麟潭、过埠、聂都等圩镇的相继新建，方便了群众的生活。加强了环境监测，全年完成分析项目 5 个，取得基本数据 222 个。

（七）科教文卫体取得可喜成果。根据中共中央《关于科技体制改革的决定》精神，制定了我县"七五"科技发展规划和战略重点，提出并实施了工作计划、科技改革方案，成立了技术人员职务聘任领导机构和技术市场协调领导小组。抓了"星火计划"的论证和项目经费的落实。引进技术 27 项，并开始转让技术，其中转让钢铁件直接酸性镀铜技术成交额达 1.3 万元。开展了技术咨询、技术承包。同时推广了科技成果，建立了示范基地、示范村，举办了各类专业培训班。知识分子政策基本落实。

教育体制改革起步早、效果好，从 1984 年 8 月开始实现"两级管理、三级办学"，去年还制定了实行义务教育方案，并把计划落实到了乡。教育体制的改革，调动了各级办学的积极性。三年来，教育经费增长速度均高于财政收入增长速度。县机动财力拿出 27.2 万元，乡村自筹 278.94 万元，用于改善办学条件。教育卫星地面接收站的建立，为电视教育开辟新路子。同时，在普及义务教育，改善中等教育结构，加强职业技术教育以及扩大高校升学，提高教学质量等方面有了一定的进展，涌现了一批优秀教师和尊师重教先进单位。

文化建设方面，既注重经济效益，又注重社会效益。新华书店三年营业额达 85.48 万元，全县人平购书额 4.96 元，高于上级要求。全县放影队发展到 67 个 69 人。新建了文化馆、图书馆、老年活动室、青年活动室、图书发行门市部和群众游乐场，为群众提供了较丰富的文化活动场所。调频广播的设立，广播网络得到恢复和扩大，农村喇叭入户率有所提高。电视人口覆盖率达到 47%。

卫生工作方面，改革了管理体制，进一步落实了院（站、所）长负责制，形成院（站、所）长领导下的业务指挥系统，完善了改革方案和措施，制订并实施了食品、劳动、环境、学校卫生工作制度。开展了麻风、结核病及其它传染病的防治和地方病普查工作。全县医药卫生事业发展较快，新技术、新疗法、新项目共十项，其中"地戈辛"血管浓度临床测定的研究及应用是全区的新技术项目，县医院有六项指标创造了新的水平。县中医院成立几年来，为防病治病，振兴中医做出了贡献。

计划生育工作方面，经过艰苦细致的工作，三年来，超额完成了节育手术任务，人口自然增长率控制在 10‰以内。

群众体育更加活跃，各项竞赛水平不断提高。三年来，在全区体育比赛中有些项目获得较好的成绩。

(八) 政法工作进一步加强。广泛深入地开展严厉打击严重刑事犯罪和经济犯罪斗争，狠抓社会治安综合治理各项措施的落实，促进了社会秩序的明显好转。三年中各种案件的发案数下降，全县没有发生特大恶性案件，社会安全感增强了。同时，加强了民主法制建设，在政府工作人员和广大群众中开展了普法教育，人民调解工作广泛开展，全县成立调解组织145个，调处了各种民间纠纷，增进了人民内部团结，减少了不安定因素。

县人武部改归地方管理，对加强民兵建设，搞好预备役工作起到了重要作用。征兵工作年年按时按质完成了任务，并落实了与部队挂钩的两用人才项目。武器有专人管理，连年被地区评为“红旗武器库”。

社会保障事业发生了可喜变化。救灾扶贫储金会发展较快，全县126个村办了储金会，占村总数的82.35%，发展城乡福利厂2个，办敬老院22所。全县2851户贫困户有1095户解决了温饱，摆脱了贫困，逐步走上了致富道路。

(九) 社会主义精神文明建设取得了新的成绩。各行各业重视了思想政治工作，开展了职业道德教育和纪律教育，群众性的精神文明建设活动更加扎实。三年来，涌现文明单位135个，文明家庭693户，文明楼院161幢，文明村25个，五好家庭3686户。同时，实现了变过去单纯抓环境卫生，治理脏、乱、差，为两个文明建设一起抓，同步走，四项建设（思想、文化、环境、法制）一起上；变过去思想建设零打碎敲，为系统化、制度化、形象化的理想、道德、文化、法制教育；变局部单位建设，为成龙配套，全面规划，综合治理的三个战略转变，开创了新局面。在创“三优”活动中，连续两年被省评为一等文明县城，在全区爱国卫生评比中，连续两年进入第三名。

(十) 今年头四个月的各项工作有了良好的开端。今年1——4月份工作，是在全国政治领域坚持四项基本原则，反对资产阶级自由化，经济领域广泛开展增产节约、增收节支运动的新形势下展开的。工业生产在缺电的困难条件下，完成产值1936.07万元，占年计划的23.24%，比上年同期增长41.22%，经济效益好于去年。农业生产战胜春寒春旱，较好地完成了春插任务。流通工作进一步加强，市场持续繁荣，内外贸易活跃，物价基本稳定。财政收入完成348.3万元，占年计划的28.3%，比上年同期增长15.3%，支出比去年同期减少，迈出了“双增双节”的可喜一步。各项事业的健康发展，说明我们各级政府遵照上级的指示和部署，组织各项工作的总路子是对头的，全县广大干部和群众为完成一季度以来的各项工作任务，尽了很大的努力。

三年来，我们各级政府和广大干部群众，遵循党的十一届三中全会以来的路线、方针、政策，围绕经济建设这个中心，做了大量的工作，积累了一定的经验。

第一、从实际出发，确立正确的建设方针，才能保证国民经济稳定持续发展。党的十一届三中全会以后，随着工作重点的转移，我们根据崇义山多田少的特点，从实际出发，逐步跳出了“以粮为纲”这个框框，突破了单一经营的局面，实施了“以林为主、农牧结合、多种经营、全面发展”的建设方针，促进了农林牧副渔全面发展。尤其是近几年来，我们在这个建设方针的指导下，进一步研究了县情，紧紧抓住山上的森林和地下的矿产这两个资源优势，大做木竹资源综合利用、矿产品深度加工和以养殖业为重点的多种经营“三篇文章”。产业结构得到了较为合理的调整，资源得到了开发利用，人民生活得到了改善。实践证明，根据自己的特点，确立符合当地实际的经济工作方针，才能有效地促进工作，促进生产，变资源优势为商品优势，加速山区的建设步伐。

第二、大胆改革，深入改革，才能使山区经济充满活力。自1984年省政府确定我县为全省农村综合改革试点县以来，我们各级干部和广大群众，解放思想，坚持实事求是、因地制宜的原则，以林业改革为突破口，在政策上改革了那些阻碍山区经济发展的条条框框，建立了与林业特点相适应的生产组织形式，找到了采育结合，以林养林，搞活流通的路子，并把这个成功的经验运用到各个系统、各个行业中去，从而推动了我县综合改革的协调发展。特别是通过近几年的农村改革，农村产业结构逐步摆脱过去单一粮食生产的旧模式，代之以农牧结合、林牧结合、农林牧结合、农工商结合等多种经济成分、多种经营形式的新格局，并从生产领域推向流通领域，大大激发了集体所有制的内在活力和生产者、经营者的积极性，促进农村商品经济不断发展。通过近几年的改革实践，使我们越来越清醒地认识到，改革是推进生产发展、提高经济效益的动力，只有坚持改革，深化改革，才能保持经济的长期稳定发展，加快经济建设步伐。

第三、坚持两个文明建设一起抓，才能保障社会主义现代化建设顺利进行。社会主义的建设中心是经济建设，根本任务是发展社会生产力。物质文明为精神文明提供物质条件，精神文明又为物质文明的发展提供精神活力，为它的正确发展方向提供有力的思想保证，两个文明互为条件，相辅相成，缺一不可。近几年来，随着经济体制改革的深入，各种生产要素全新组合，创造了新的生产力，推动了经济建设的发展。我们在精神文明建设中，采取积极措施，加强和改进思想政治工作，在广大干部、群众中，坚持不懈地进行有理想、有道德、有文化、有纪律的教育和职业道德教育、民主与法制教育和纪律教育，加强文化网络建设和文化队伍建设。同时，在社会公共生活中，大力提倡文明健康科学的生活方式，移风易俗，使人民群众的思想道德素质和科学文化素质不断提高，为改革、开放和社会主义现代化建设创造一个良好的社会环境，确保各项事业的顺利进行和健康发展。

第四、树立“领导就是服务”的观念，才能确保经济工作正常运行。几年来，各级政府机构管理职能的加强，转变工作作风，深入调查研究，努力提高决策水平，各系统、各部门讲大局，讲整体，心往一处想，劲往一处使，群策群力，积极做好服务工作，为圆满完成各项任务作出了贡献。在日常工作中注意加快工作节奏，提高办事效率，解决两个文明建设中的一些重大问题。几年来，受理代表议案10

件，建议和批评意见373件，已经全部办理完毕，并一一答复了代表，如代表提出改造崇义至龙勾公路，兴建思顺山院电站，解决龙勾、扬眉两乡乡村桥梁，增加教育经费等意见，都及时地列入了政府工作的重要议程，较好地得到了解决，从而密切了政府与群众的关系。县志、侨务、旅游以及审计、统计、物价、气象等部门在搞好服务中都能紧密配合，取得了新的成绩。

在看到成绩的同时，我们清醒地认识到，工作中还存在不少困难和问题。一是代表们提出群众呼声较大的交通、电力和流通问题，虽然我们在资金、力量安排等方面作出了一些努力，但还不能令人满意，路况差，电力不足，流通不畅，影响了经济的发展。二是农业这个基础还不牢靠，农业自包干到户后，农业投入减少，水利老化，地力下降，耕地面积减少，如不重视，将影响农业持续稳定增长。三是改革配套和协调跟不上，企业活力不够，后劲不足，经济效益不理想。四是政府各部门工作与形势发展不够适应，机构重叠，办事效率不高，官僚主义和不正之风等弊病还需要下很大力量去消除。这些问题必须引起我们的高度重视，采取措施逐步加以解决。

二、以经济建设为中心，努力实现第二个经济翻番

各位代表，国民经济的长期稳定发展，是建设社会主义现代化的坚实基础。三年多来的改革实践告诉我们，发展了生产力，必然导致经济的飞跃。通过前几年的综合改革试点，经过全县人民的共同努力，我县经济建设取得了令人振奋的成就，城镇建设、生活设施建设，在一定程度得到较大的发展，为我县今后的经济建设创造了好的物质基础。如果说前几年的改革为我县的经济飞跃打下了扎实基础的话，那么现在就是推进生产力大发展的关键时期、黄金时期。现在，省内、区内各县都在你追我赶、乘胜前进，有些县已经超过了我们县的发展水平。面对新形势，我们各级领导和广大人民群众务必保持清醒的头脑，牢固树立以经济建设为中心的指导思想，一切从崇义的实际出发，抓住这个有利时机，致力发展社会生产力，充分调动人民群众的生产积极性。围绕增强企业活力这个中心环节，把人力、物力、财力科学地、合理地投放在经济建设的后劲上，放在伸长“两条短腿”上，放在发展商品生产、搞活流通上。要调整资金投向，坚决压缩非生产性建设投资，扩大发展工业、能源、乡镇企业的投入。要切实保护、珍惜和合理开发森林资源，把山上山下资源优势转化为经济建设后劲的优势，这是我县的当务之急，也是立足不落后于形势的根本点，要坚决抓住不放。为达到1990年经济翻两番的目标，今后一个时期经济和社会发展总的任务是：以改革为动力，以增强经济建设后劲为重点，把后劲、活力、速度、效益紧密结合起来，通过大力开展增产节约、增收节支运动，通过深化改革，进一步搞活工商企业和增强农业后劲，保持粮食生产稳定增产和“两条短腿”进一步伸长，保持财政收入稳定增长，保持市场繁荣，物价相对稳定，人民生活水平有所提高，保持社会主义物质文明和精神文明建设的同步协调发展。

“七五”计划的主要目标是:

1990年工农业总产值达到21856万元，比1980年翻两番，平均每年递增13.22%。其中：工业总产值12900万元（包括乡村企业），比1985年增长134.89%，平均每年递增18.62%；农业总产值8956万元，比1985年增长43.11%，平均每年递增7.43%。

财政收入1990年达到1600万元，比1985年增长28.62%，平均每年递增5.16%。

城乡居民收入，1990年农民人均纯收入达到650元，比1985年增长35.1%，平均每年增加33.8元；全县职工工资总额为1444万元，平均每年递增5%。

招生，1990年幼儿招生1000人，小学招生2300人，初中招生2300人，高中招生350人，技校招生150人。

人口自然增长率要控制在7.14‰以内。

为了实现上述目标，我们必须采取如下措施:

(一) 加强农业基础建设，促进农村经济全面发展。农业能否持续稳定发展，对国民经济的全面发展关系极大，要发展我县的工业以至整个经济，都必须以农业生产稳定发展为前提。因此，我们必须贯彻“决不放松粮食生产，积极发展多种经营”的方针，优化农村产业结构，稳定发展第一产业，继续加强第二产业，相应发展第三产业。要加强农业基础建设，不断增强农业后劲，促进整个农村经济的全面稳定发展。

第一，狠抓粮食生产。粮食生产是事关经济发展全局，事关国计民生的重大问题，各级政府要把粮食生产摆在重要的位置，在措施上要实行一个稳定、二个提高、三个推广的办法。一个稳定是稳定粮食种植面积，今后除不能种植粮食的耕地外，一般不再在粮田上开挖鱼塘和种植果树。二个提高是提高单产、提高复种指数。提高单产要依赖于推广良种，改粗放经营为集约经营，改造中、低产田，加强吨粮田建设。复种指数要逐年提高。三个推广是大力推广早稻杂优，大力推广早稻薄膜育秧，积极推广配方施肥，使粮食生产稳定增长。到1990年粮食总产达到65000吨，全县农业人口人平有原粮429公斤。

第二，增强农业后劲。要重视和加强农田基本建设，改善生产条件，增加农业的投入，要动员依靠千家万户增加劳动积累、投资、投工，共修水利设施，扩大灌溉面积，大搞绿肥、农家肥，改造低产田。同时要切实加强土地管理，保护土地资源，要十分注意培养地力，要严格土地征用审批手续，严禁乱占耕地建房，决不允许荒芜良田和任意破坏粮田。

第三，积极发展多种经营。发展多种经营生产，是农民勤劳致富的重要门路，要充分利用本地的有利条件，广开思路，挖掘潜力，大力推广庭院经济，牧副渔种并举。多种经营要贯彻因地制宜、各有侧重的原则。我县经济作物要侧重发展茶叶、柑桔、棕树、荞头、中草药材等适销对路和能为县乡工业提供加工原料的作物。要大力发展水果生产，逐步建设好2万亩柑桔基地。畜牧业生产，应稳定生猪生产，发展草食动物和家禽饲养业。生猪生产要采用科学饲养方法，改良品种，提高饲料质量，要不断扩大饲养量，提高出栏率。各乡镇要继续推行和完善“四包一扶助”责任制，使生猪生产有较大的发展，1990年全县生猪饲养量要达到12万头。积极发展牛、羊、鹅、兔等草食动物，逐步提高畜牧业在农业总产值中的比重，提高草食动物在畜牧业中的比重。要发挥本地枝丫材、伐区剩余材丰富的优势，采取积极有效的措施，把袋装木屑栽培香菇的新技术，在千家万户中迅速推广开来，使我县食用菌生产有一个新的发展。

第四，大力发展乡镇企业。这是加快我县经济发展和提高农民收入的重要途径之一。因此，要从实际出发，根据市场需要，充分发挥本地优势，抓紧上质量、上技术、上管理，创优、创汇，提高经济效益的“三上两创一提高”具体措施的落实，努力建立起一乡一品、一村一品的经济格局。要坚持分类指导，明确适合本地实际的发展路子，起步较早、基础较好的企业，主要致力于提高水平，在提高中求发展；起步较晚有一定基础的企业，在办好现有企业的同时，要大力引进先进生产技术和科学管理方法，学习江苏省乡镇企业建设的好经验，大力发展一大批新企业，开发一批新产品，每年增加800万元产值，1990年全县乡村工业产值达到6200万元，比1985年增长2.37倍。

第五，切实抓好林业生产。林业是我县的一大优势，我们应当继续坚持封、造、抚、护同时并举的方针，大力发展用材林，培育后续资源，采育结合，保持生态平衡。严格执行《森林法》，切实保护好现有森林资源，木材外销量要严格控制在21万立方米之内，严禁超计划采伐、乱砍滥伐。搞好封山育林，减低森林资源消耗，积极推广和鼓励以煤代柴。做到青山常在，永续利用，才不致贻害子孙后代。

(二) 不断增强工业后劲，登上经济发展新台阶。要实现“七五”计划，经济翻两番，工业要出大力、挑重担。我县的工业虽然初具规模，但产品不多，产业不全，工业经济结构比较单调，后劲不足，必须迅速改变这种状况。

一是我们要统一思想认识，调整资金投向，坚决把非生产性投资压下来，把力量集中在工业扩大再生产上，要改变目前的产业结构和产品结构，不断提高县乡工业对市场变化的应变能力。应选择一批“短、平、快”而且能够为我县经济登新台阶添后劲的新项目。要扩大工业新上项目的投资，舍得花本钱，在认真做好可行性研究的基础上，看准一批就要抓一批，成功一批。

二是抓好矿业、加工业和能源建设。要强化矿藏的开发和矿产品的购销管理，早日完成茅坪坑口竖井的开拓和煤矿掘进工程，同时扩大矿产品深度加工，搞好精选厂的综合回收、锡坑坑口选厂的改造等。在搞好已开采坑口的基础上，抓好金坑金矿、东林山铅银矿的地质勘探。加工业要继续发展与群众生活密切相关的工业原料产品，抓好胶合板厂、双生竹筷厂、木筷厂、竹胶板厂、年产5000吨的纤维板厂、万床竹筒席生产线，金属丝网厂等一大批投资少见效快项目的基建和投产，同时要扩大林副产品、轻化工业产品的加工，要根据市场的要求，充分利用本地资源开拓新产品，扩大生产门路，改变出卖原材料的状况。能源建设要充分利用水资源，抓好小水电的建设，1990年全县装机容量要达到1万千瓦以上，年发电量达到4000万度以上，力争基本实现电气化。

三是挖掘潜力扩大内涵再生产，不断提高经济效益，各厂矿企业要加快技术改造步伐，扩大生产能力，推广新技术、新工艺，狠抓产品质量，降低消耗，提高设备使用率和完好率，达到设备生产能力，扩大生产适销对路、经济效益好的产品，以销定产，想尽一切办法不断提高经济效益。在近时期内要抓好罐头厂、水泥厂、算盘厂的生产能力的配套扩建，电石厂、印刷厂彩印生产线的投产等。

(三) 发展横向联合，搞活商品流通和资金融通，改善交通条件。过去的几年，我县的横向联合迈出了可喜的步子。今后，我们要继续大力发展横向联合，把横向联合作为振兴崇义的一项重要措施来抓。通过联合，攀亲结对，积极引进资金、技术、工艺、设备、人才和科学的管理经验，扩大外引内联项目。要继续抓好与萍乡市卢溪区、上海市卢湾区友好协作关系的建立，以及对苏州市吴县友好合作县的考察学习，各乡镇党政负责人和有关部门领导要分期分批到吴县跟班考察学习，目的是学习经验，带回项目，振兴崇义乡村工业。内联工作要注重城乡之间的经济和技术协作，同时要求乡乡之间、乡镇之间结成“对子”。县直经济部门和厂矿企业扶持乡镇发展1–2个企业，帮助乡镇企业抓技术改造和挖掘潜力。

流通的重点是，减少商品积压，降低资金占用，减少流通费用，疏理流通渠道，搞好产销衔接，要巩固和繁荣城乡商品交流，建立和建设好乡镇农贸集市，要尽快开辟龙勾、茶滩、杰坝等乡镇集市贸易。要认真抓好农副土特产品外销路子，加快商品流通，要减少环节，简化手续。降低商品流通费用。

我县与三省六县毗邻，必须制定“服崇义水土”的边际政策。一是要把矿产品、木材、土特产品、鱼肉食品、日用小商品的价格适当放开，允许随行就市，上下浮动。粮食在完成国家定购任务后，生产资料除国家计划平价部分外，允许议购议销。二是贸易范围方面，除国家明文规定禁止外销的产品外，在不损害本县经济利益的前提下，经营者经过办照，照章纳税，可以自由购销，不堵不卡。三是税收方面，在执行税法的基础上，发挥税收的经济杠杆作用，对有利经济发展的事，要采取优惠、让利、减免等办法，给予扶持。四是领导方面，要加强边界贸易对策研究，注意捕捉市场信息，搞好价格协调。要加强边界购销队伍的建设。

资金融通要挖掘潜力，发挥金融部门筹集、调剂资金的作用，引导资金流向和提高资金使用效益。要完善已经开展的行间拆借业务，开放短期资金市场，充分利用时间差、地区差、行际差融通资金，搞好商业票据承兑和贴现业务；大胆进行异地资金拆借；积极搞好城乡储蓄，增加流动资金，积极参与地方经济活动，扶持地方经济发展，协助企业加强管理，加快资金周转。

交通的重点是改善公路路况和抓好重点工程建设。要抓好县乡公路的改造和延伸。切实抓好古麟公路、麟潭大桥的完工，加速长潭公路、新地公路、金（坑）营（前）公路的开工和施工进程。

（四）大力开展增产节约、增收节支运动，确保财政收入的稳定增长。开展增产节约、增收节支运动，是长期以来我国促进经济建设的一个重要法宝，是解决新形势下财政经济问题的根本途径。必须认真贯彻党中央、国务院关于开展增产节约、增收节支运动的指示，提高认识，改变作风，层层制订增产节约、增收节支的措施，把"双增双节"列入目标管理。在增产节约、增收节支运动中，要把立足点放在全面提高社会经济效益上，重点是要增产增收。在抓紧增产增收的同时要抓好节约。抓节约需要釜底抽薪，抓住节约的主攻点，不能扬汤止沸，不能满足于节约工作形式上的轰轰烈烈。否则，这种轰轰烈烈难于持久，过一段时间便烟消云散，故态复萌，各级领导务必引起高度重视。

贯彻艰苦奋斗、勤俭建国的方针，严格控制支出，是开展增产节约、增收节支的一项重要内容。要压缩空气，有限的资金不要一味去搞"一条街"和楼、堂、馆、所等非生产性的基本建设。坚持一支笔批钱。严格控制增机构、增人员、增小车。大力压缩会议经费和其他公用经费。严格控制社会集团购买力。禁止滥发奖金、实物、补贴，禁止用公款请客送礼和旅游。使艰苦奋斗，勤俭建国，多作贡献，严守纪律好风尚在全社会蔚然成风。

要确保财政收入的增长，就要采取积极的措施，开掘财源。首先，县乡各级领导必须进一步增强生财、聚财、用财的本领，大力促进生产发展，积极开掘财源，努力提高经济效益，大力支持名、优、特、新和适销对路的产品，掌握信息，搞好工商衔接，扩大销售，既适应市场，又实现增产增收，把财政收入建立在正常的牢固可靠的基础上。其次，继续对各乡镇财政包干，实行"明确责任，划分收支范围，核定包干基数，一定三年不变，收支两条线，超收分成"的新财政体制。继续实行农林特产品农业税对半分成，屠宰税任务包干超奖差罚的办法。乡镇政府要十分重视财税工作。财税队伍人员要充实力量，专职专用。再次，加强财政管理和财政监督，严肃财经纪律。财权要高度集中，凡是涉及到大的财政方面的问题，都由县财政局归口管理，切实改变资金分散、财权分散的现象。同时，要加强预算外资金管理，在搞清预算外资金渠道的基础上，合理引导资金流向。对行政、事业单位的预算外资金，实行"专户储存，计划管理，财政审批，银行监督"，对违犯财经纪律的要严肃处理。

（五）进一步改善人民生活。在发展生产的基础上，要十分注意提高人民生活水平。要保持市场物价相对稳定，要调节好市场，搞好肉食、蔬菜等副食品供应。重视改善人民的生活质量和生活环境，对于一些社会公用建设和公共福利事业，如医院、公共交通、供水排水、服务行业和文化娱乐事业等，要量力而行，设法办得好一些。要广开就业门路，加快城镇待业青年就业步伐。改善人民生活要和扶贫工作结合起来，目前仍有少部分农户处于贫困状态，要切实帮助这部分农户尽快发展生产，摆脱贫困，解决温饱，勤劳致富。

三、继续把改革引向深入

深入改革是推进社会主义四个现代化建设的必由之路。自 1984 年我县列为省农村综合改革试点县以来，在县委的正确领导下，围绕发展生产，富国富民这个目的，以林业为突破口，带动了各行各业的飞跃发展，使全县各项经济指标有了新的突破；农村产业结构得到进一步调整，农业内部经济结构趋向合理；工矿企业普遍建立起各种经济责任制，相继在政企分开、企业所有权和经营权相分离等方面迈开了可喜的一步；全县经济开始由封闭式向开放式转化，城乡经济活跃，市场繁荣；广大人民群众的物质生活和文化生活得到较大的改善；教育、卫生、城建等工作开创了新局面。实践证明，我县进行农村综合改革的方向是正确的，路子是对头的，效果是显著的。

我县的综合改革虽然取得了可喜的成绩，但是我们又应当清醒地看到，改革是一场革命，是一个长期而复杂的渐进过程，实现由旧体制到新体制的过渡是不可能一蹴而就，也不能把它看成毕其功于一役。我们的改革是一种史无前例的尝试，需要在实践中不断地探索和创新。对待改革，我们既要有决心有信心，又要看到其复杂性艰巨性，既不能掉以轻心，又不能望而生畏，要进一步解放思想，改变旧的观念，摆脱旧模式的束缚，把改革深入进行下去，使改革形成不可逆转的势头。

（一）继续把农村的改革放在各项工作的首位。农村的深入改革要做好充实、巩固、配套、提高工作，第二步改革的中心任务是逐步改革农产品统派购制度，建立并完善农产品市场体系，促进农村商品经济持续协调稳妥地向前发展。要进一步贯彻十一届三中全会以来的路线、方针，落实好改革措施和经济政策。要在十分抓紧粮食生产的前提下，积极开展多种经营，广开生产门路，改变农村产业结构。要发展多种经济成份、多种经营方式、多层次的社会化服务，兴办技术密集型、劳力密集性企业，切实解决农村剩余劳力出路问题。继续改革农产品统派购制度，建立完善农产品市场体系。粮食实行“双轨制”，重点是完善合同定购，切实落实粮肥、粮油、粮钱“三挂钩”制度。教育农民发扬爱国家、爱集体的优良传统，完成合同定购的交售任务。重视产前、产中和产后服务工作，发展各种运销联合体，疏通渠道，切实搞好农业生产资料的供应，加强销售管理和监督，活跃农村商品经济。对个体经济、私人企业实行长期稳定方针，尊重他们选择经营形式的自由，教育他们遵纪守法，勤劳致富，科学致富。

要建立农业科技推广体系，县要创办农业技术服务中心，担负全县农业技术的指导和推广职能。乡（镇）农业科技推广站要进一步巩固发展，村村要有农民技术员，积极扶植技术示范户。通过推广农村实用科学技术，使农民科学致富。

林业生产是我县一个重要的经济支柱。林业改革要在生产方式、利益分配、理顺关系等方面深入下去，使林业的经营更加符合林业生产规律。要完善双层经营生产的方式，建立科学的经营格局。在巩固“三定”成果、稳定山林权属的基础上，解决好所有权与使用权的统一和分离关系。经济林、毛竹林、薪炭林应继续实行分户经营，用材林则实行统一经营，走合作性质并且实行场长负责制的村办采育林场的道路。要进一步调整、理顺利益分配关系，兼顾国家、集体、个人三者利益，分配上既要保证留足恢复森林资源再生产资金，又要尽可能增加农民收入和集体留有一定的积累。在正确处理规模经营与公平分配的关系上，要把在场劳动者采运的分配和林权单位劳动群众共同的分配区分开来。同时，还要进一步协调资源占有不均与共同富裕的关系。要通过林业改革摸索一条既符合林业生产特点，又符合崇义实际的林业生产经营路子，要使我县的“绿色企业”有一定突破性的发展。

（二）深化企业改革，增强企业活力。我县近几年来，企业进行一系列的改革，取得了一定的成果，但与深入改革的要求相比，步子还迈得不快，需要更大胆一些，采取积极有效的措施，加快企业的深入改革。

1、认真贯彻落实好国务院《关于深化企业改革增强企业活力的若干规定》，以及中央、国务院颁发的全民所有制工业“三个条例”，进一步弄清深化企业改革，增强企业活力和改革企业领导体制的目的、内容、原则和方针政策，从而进一步提高认识，统一思想，统一行动，使我县在搞活企业上迈出大步，加速经济建设进程。当前应该抓好：一是继续简政放权，凡规定给企业的权利，被中间环节截留的，要坚决放给企业。二是抓好企业内部领导体制的改革，要进一步理顺企业内部行政、党组织和职代会（工会）之间的关系，明确厂、矿长（经理）的法人地位，支持法人代表行使法人责任，厂、矿长（经理）要带领职工努力完成目标管理任务。三是要继续完善企业内部责任制，改革分配制度。企业内部分配的具体形式和办法可由企业自主决定，可以根据各自的不同条件，分别采取计时加奖励、计件工资、全额浮动或半额浮动工资、单位产品工资含量等不同的分配形式，把职工的劳动报酬同他们的劳动贡献更紧密地联系起来。

2、抓好企业所有权和经营权分开试点，改革企业经营机制。当前对企业采取的让利放权，改革企业领导体制等措施，对搞活企业起到了积极作用。如果只讲照顾企业的利益，放权让利，只讲外部的市场调节，而不同时进行企业内部经营机制的改革，提高企业应变的能力，企业还是搞不活。为把责、权、利真正落到企业经营者身上，使经营者有充分的经营权力，使企业真正成为独立的商品生产者，就必须把企业所有权和经营权相分离。因此，必须按照中央对企业改革的部署，对小型企业实行承包、租赁、转让的试点。为此，县政府下发了〔1987〕20号文件，明确提出了我县国营商业系统小型商业企业和饮食服务业全面落实改革措施，改革的形式以转制和租赁为主，对已经实行转制的企业要做好“巩固、补充、完善”工作，并及时总结经验。今年先后要在商业、工交、建材等小型企业实行租赁经营试点，财政、税务、工商、银行、审计等部门要密切配合，务必抓出成效。经过试点，取得经验后逐步铺开。乡镇企业也要在完善厂（场）长经理负责制的同时，结合各地实际情况，开展企业经营机制改革的试点工作，把企业所有权和经营权分开。

3、疏理流通渠道，深入金融改革。发展商品经济，一个非常重要的条件就是搞活流通。我县的商品流通渠道并不是那么畅通，还远远满足不了商品生产发展的需要，要花大力气疏通渠道。对目前存在的问题要对症下药，要广开渠道、多设网点、沟通信息、简化手续、转变观念。采取国家、集体、个人一齐上的办法，大力发展工商联合、农商联合、商商联合等形式。搞活交通，关键是搞好县乡公路路政管理和路面养护，延伸公路支线，沟通邻县市场，扩大边界地区的贸易。

供销社要按照合作社原则，尽快办成农民的合作商业组织，完善农村商品生产服务体系，发挥主渠道作用。基层社要在经营思想、经营方式、经营方法、内部管理的改革上狠下工夫，使之更适应农村经济改革的要求，为进一步活跃农村市场，发展农村商品经济服务。

价格改革实行调放结合、稳步发展的方针，在国家计划的指导下逐步把计划外的商品价格放开，特别是小商品价格要放开搞活，对于生产经营小商品企业给予照顾。

要搞活农村资金的流通，开拓生产要素市场。农村要把信用社办成独立自主的合作金融组织，要充分发挥它的“三性”作用，即：组织上群众性，管理上民主性，经营上灵活性。要扩大贷款范围，逐步放开利率。同时要允许开办一些受群众欢迎的新型农民合股金融组织。允许一些经济效益好，信用评估高的乡镇企业，可以通过银行或信用社发行股票和债券。还要注意积极引导民间借贷市场的发展，对存在的问题加强管理，促进民间借贷走向公开化、市场化、合法化，使之遵守国家的金融法规和政策，接受国家金融管理机构的指导和监督，决不允许放高利贷。

（三）进一步推进科技体制改革。科技工作必须围绕经济建设工作来展开，促进科学技术尽快转化为生产力，在今后一个时期必须抓好以下几个方面的工作：一是抓好科技与生产紧密结合，搞好“星火计划”的项目实施，科研活动要和我县发展商品生产联系起来，采取科技咨询活动等多种形式，把科技知识传授到直接生产者手中，特别注意推广农村实用科技知识。二是要建立健全多渠道、多层次、多形式的科技推广网络。要注意把农村正在试行的或新出现的各种新型群众科技组织办好，使它真正起到科技服务作用。三是企业要采取鼓励措施，稳定和发展科技队伍，吸引科技人员流入企业，并发挥他们在企业中应起到的作用。四是各有关单位要大力支持和鼓励部分科技人员到乡镇承包，承租全民所有制中小企业，承包或领办集体乡镇企业，兴办经营各种所有制形式的技术开发、技术服务、技术贸易机构，创办各类中小型合资企业、股份公司等，允许他们在为社会创造财富的同时取得合法收入，要让那些能带领人民致富的科技人员自己也富裕起来。各有关部门应在工资、福利、技术、职务、户籍、组织关系等方面实行宽松政策，并在信贷、投资、税收等方面予以扶植和支持。

（四）横向经济联系要迈出新的步伐。要积极做好外引内联的横向经济联系。要建立多层次、多渠道、多方位、多要素的横向联系。要在原有的基础上进一步引进先进技术、引进人才和先进的管理经验，要与支持我县开发山区资源的兄弟单位建立友好的协作关系。要在摸清本县的经济、资源情况的基础上，作好县内新办企业的可行性研讨工作。横向经济联系要结合本县经济发展的实际，可由一般的请进或联营合办企业转向直接参加以大型企业为首的企业集团方向发展。内联要密切城乡经济联系，继续发展县乡企业之间的协作，包括原料提供、加工、产品生产销售等方面的联合。

在深入进行经济体制改革的同时，文化、教育、卫生、公安、司法以及综合经济部门，要在巩固改革成果的基础上，进一步探索改革的新路子，力求做好配套改革，使经济领域的改革和精神文明建设同步进行。

四、坚持四项基本原则，推进社会主义精神文明建设

改革和建设离不开安定团结，离不开社会主义精神文明建设。为了从根本上保证改革和建设的顺利进行，我们必须广泛深入地进行坚持四项基本原则的教育，反对资产阶级自由化。

（一）广泛深入地进行坚持四项基本原则教育，反对资产阶级自由化。反对资产阶级自由化是一场艰巨复杂的长期斗争，它关系到社会主义现代化建设的成败，关系到国家的前途和命运。反对资产阶级自由化的根本目的，就是要把全国各族人民更加紧密地团结起来，在坚持四项基本原则的基础上更好地实行全面改革和对外开放，更加卓有成效地进行社会主义现代化建设。因此，我们要深入学习党的方针、政策，认真学习最近出版的《坚持四项基本原则，反对资产阶级自由化》和《建设有中国特色的社会主义》这两本书，做到领会精神实质，掌握政策和方法，根据中央的统一部署，旗帜鲜明地把这场斗争深入、健康、持久地开展下去。当前，要集中力量认真进行坚持四项基本原则的教育。要通过我县农村综合改革所取得的成果，全面地、深刻地认识党的十一届三中全会以来的路线的两个基本点，提高全县广大干部和群众贯彻实行党的十一届三中全会以来的路线、方针、政策的自觉性，使全县人民更加自觉，更加紧密地团结起来，深入进行各项改革，卓有成效地发展山区经济，为四化建设多作贡献。

（二）加强思想、文化、法制建设。加强思想、文化、法制建设，继续推进社会主义精神文明建设是我们的光荣任务。我们要继续认真贯彻党的十二届六中全会《决议》的精神，落实县委、县政府《关于加强社会主义精神文明建设的实施要点》，不遗余力地把我县精神文明建设抓紧抓好，努力培养有理想、有道德、有文化、有纪律的社会主义公民，提高人们的思想道德和科学文化素质。

一要加强社会主义民主和法制建设，维护安定团结的政治局面。社会主义民主建设是一个渐进的过程，要广泛向群众开展社会主义民主教育，活跃民主生活，健全民主管理制度，最大限度的发挥广大干部群众的社会主义积极性和首创精神，使公民自觉履行权利和义务。要按照全国人大常务委员会《关于加强法制教育维护安定团结的决定》要求，进一步抓好普及法律教育。公安、司法部门要加强自身建设，努力提高全体干警的政治素质和业务素质；要执法严明，模范遵纪守法，密切警民关系，树立高尚的职业道德情操。加强法制建设，要坚决依法打击一切破坏社会主义制度的敌对分子，依法惩处经济犯罪和各种刑事犯罪，依法禁止一切扰乱社会秩序的活动，及时、正确的调解和处理民间纠纷，切实抓好社会治安的综合治理，保障和维护安定团结的政治局面。

二要继续抓好职业道德教育，加强社会公德建设。各行各业要把职业道德教育作为一项长期的重要工作来抓。要制定切实可行的计划，坚持做到有领导、有步骤、分行业、分系统进行。各单位要按照优质服务的要求，结合自己的行业特点和职业责任，认真制订出本行业的职业道德规范，建立并遵守优质服务的工作规章。要采取有力措施，切实解决工作中存在的问题，坚决纠正行业不正之风。各单位要根据新形势下思想政治工作的特点，采取形象生动、灵活多样的形式，引导职工树立助人为乐的文明新风，发展人与人之间团结互助、友爱合作的新型社会关系；教育职工热爱自己的本职工作，忠于职守，认真负责地工作，努力使自己成为“四有”的社会主义新型的劳动者。

三要搞好移风易俗，深入开展以创“三优”为中心的竞赛活动。全县城乡要继续开展以创“三优”为中心的社会主义精神文明建设竞赛活动。继续把“五讲四美三热爱”创“五好家庭”、“文明单位”、“文明楼院”等竞赛活动健康地开展下去。城镇要继续抓好市容卫生建设，抓好绿化、美化工作，逐步实现城镇管理制度化、科学化。全县城乡要大抓移风易俗活动，破除陋习，更新观念，提倡文明健康科学的生活方式。要在全社会提倡艰苦奋斗，勤俭办事业的新风气，要提倡婚事新办、丧事简办，坚决反对婚丧嫁娶大操大办，铺张浪费，要反对封建迷信和封建宗族活动，坚决禁止买卖婚姻，遗弃女婴和各种赌博活动，坚决摒弃“男尊女卑”的封建思想和“多子多福”的陈腐观念，大力提倡晚婚晚育、少生优生优育的新风气。要引导群众采取自己教育自己，自己管理自己的办法，把移风易俗活动融汇到乡规民约中去，融汇到农村精神文明建设的竞赛活动中去，各级领导要层层抓落实，定期进行督促检查。村里成立的“红白喜事理事会”，要在村委会的领导下，大胆为民办事，树立威信。没有成立的村，要抓紧成立或采取其他组织形式，引导群众婚事新办、丧事简办。

四要大力发展教育、文化、广播、电视、卫生、体育事业，切实抓好计划生育和民兵训练。学校要十分注意加强学生的思想教育工作，改革教学方法，提高教学质量，努力提高受教育者的思想、文化素质，造就“四有”新人。到

1990年，要完成普及小学教育的任务，县城和经济发展较快的乡（镇）要在国家计划指导下，力争普及初中教育，乡乡要办起中心幼儿园。要采取积极措施，尽快解决中小学危房的维修和改建问题。要进一步尊重知识、尊重人才、尊重教师，落实好知识分子政策。农村文化工作，要抓好乡（镇）、村文化站（室）的建设，使之正常开展活动；要办好农民夜校，提高农民的文化水平；要加强文化市场管理，坚决杜绝黄色书刊淫秽音像的流行现象发生。广播事业要抓好乡村线路的延伸和维护工作，提高广播喇叭入户率和有响率。要抓好各级电视差转台的正常播放工作，不断提高差转质量，扩大电视覆盖面。农村医疗卫生工作，要把社会效益放在第一位，加强卫生管理，改善服务态度，提高医疗水平，同时，认真抓好各项防疫措施的落实，完成地方病普查普治任务，有效地控制和降低传染病、地方病的发病率，努力提高人民群众的健康水平。群众体育活动要有较大发展，要从各地实际出发，采取多种形式，广泛开展群众喜爱的各项体育活动。计划生育工作要把全面贯彻生育政策落实人口发展计划作为重点，狠抓节育措施的落实，不断提高计划生育工作质量，保证人口自然增长率控制在7‰左右。民兵工作要抓好“三落实”，切实搞好民兵的集训工作，充分发挥广大民兵在两个文明建设中的重要作用。

（三）切实转变作风，改进政府工作。我们所面临的工作任务十分繁重，各项工作能否有条不紊、卓有成效地进行，在很大程度上取决于各级领导能否进一步转变作风，加强和改善领导，切实改进政府工作。因此，我们要认真解决好干部的精神状态问题，在思想上、方法上和作风上来一个大转变，真正肩负起领导全县物质文明建设和精神文明建设的重任。

转变工作作风要从领导干部自身做起，从县直机关做起，从我们每个人做起。要坚持做到：“一要有虚心学习的精神。努力学习马克思主义的基本理论，在实践中自觉运用马克思主义的基本原理和基本方法，分析、解决各种实际问题。当前，要认真学习党中央、国务院的一系列重要文件，学习现代科学文化知识，学习经济和行政管理的专业知识，同时，还要带头学好法律常识，加强法制观念，增强法律意识，做守法、执法的模范。要通过加强学习，掌握好经济工作的本领，从根本上克服“以其昏昏，使人昭昭”的状况。二要有奋发进取的精神。要保持良好的精神状态，兢兢业业、勤勤恳恳，克己奉公，扎实工作。各级干部要联系实际认真贯彻执行党的方针、政策，要有胆有识有勇有谋，只要有利于改革，有利于经济发展，有利于各项事业前进的事就要大胆干、坚决干、抓紧干。只要符合政策原则，就要敢担风险，不要畏首畏尾，患得患失。三要有高度负责的精神。各级干部要有强烈的事业心和高度的责任感，认真负责地做好本部门、本单位的各项工作，坚决反对纪律松懈，作风涣散，敷衍塞责，马虎了事的态度。今后，凡是由于官僚主义出现重大失误，必须追究责任。四要有求实精神，一切从实际出发，讲实话、办实事、求实效，反对摆花架子，做表面文章。提倡扎扎实实的工作作风，工作要有布置，有检查，事事有回音，一步一个脚印。同时，要加强上下联系，加强信息反馈。五要有团结协作精神。要加强内部团结，上下团结，加强部门与部门之间的相互团结，要提倡同志间互谅互让，相互信任，相互支持。做到大事讲原则，小事不计较。在我们的队伍中造成既有民主，又有集中，既有个人心情舒畅，生动活泼，又有统一意志，安定团结的政治局面。六要有艰苦奋斗的精神。要响应党中央、国务院的号召，履行节约，充分发扬中华民族的传统美德，把富日子当穷日子过，艰苦奋斗创新业。当前，要下决心克服花钱大手大脚，讲排场，摆阔气的恶习，制止用公款请客送礼、大吃大喝的行为。要下大力气完成行政节支任务，用实际行动体现我们作风的转变。七要有密切联系群众的作风。重视来信来访工作，重视群众的呼声，深入实际，深入基层，听取群众的意见，主动与广大群众对话，全心全意为基层服务，为人民服务。总之，要把我们的队伍造就成一支坚持四项基本原则，既有改革创新精神，又有现代经济管理本领，作风正派，纪律严明，求实务实，办事效率高，群众信赖的干部队伍。

建立县乡党政机关目标管理责任制是一项新的工作，是改进政府工作的一项重要措施。这项制度的建立，将对充分发挥政府各部门职能作用，改革管理方式和工作办法起到促进作用。各部门要按照已经批准下发的目标管理责任制的要求，抓好落实工作。要层层分解指标，层层包干落实，做到“千斤重担众人挑，人人肩上有指标”。各级领导要亲自负责，经常检查督促，保证目标的实现。同时，要制订具体措施，对目标实现的好坏给予必要的奖惩。目标管理工作刚刚开始尝试，各级要加强对这一工作的领导，及时总结经验教训，使之日臻完善。

各级政府要主动、及时地向人民代表大会及其常务委员会报告工作，虚心接受人大常务委员会和人民代表的检查、监督，及时办理代表提出的提案、议案、建议和意见，做到件件有着落，事事有答复。同时，要重视和发挥人民政协和爱国人士的监督作用，重视和发挥工会、共青团、妇联等群众组织以及社会舆论的监督作用，置政府工作于广大人民群众的监督之下。

各位代表:

我们面临的任务是非常艰巨而繁重的，只要全县人民紧密团结起来，发扬愚公精神，勇于进取，同心同德，讲求实效，扎实工作，就一定能把崇义建设得更加繁荣富裕，更加兴旺发达!

中国人民政治协商会议江西省崇义县第二届委员会常务委员会工作报告

——1987年5月23日在三届一次会议上

黄俊衍

各位委员、各位同志:

我受政协崇义县二届常务委员会的委托，向大会作政协崇义县第二届委员会常务委员会工作报告，请予审议。

一、二届常务委员会工作情况

自1984年6月26日，召开二届一次会议以来，我县政协工作在县委的直接领导下，在省、地政协和统战部的指导下，根据新时期人民政协工作的方针、任务，围绕党在各个时期的中心和我县的经济建设，高举大团结、大统一的旗帜，充分调动政协委员和各界人士的积极性，积极参与党和国家的各项政治活动和经济建设，为维护和发展安定团结的政治局面，坚持四项基本原则，促进我县两个文明建设，巩固和发展爱国统一战线，实现祖国统一大业，都做了大量工作，取得了一定的成绩。特别是县委对政协工作十分重视，把政协工作摆在重要的议事日程，县委领导还经常参加政协召开的重要会议和活动，把政协组织当作爱国统一战线的总部。在政治上关心，工作上支持，生活上照顾。近几年来，县里拨出30多万元资金，新建一幢四层、1000多平方米的政协办公大楼和六套干部家属宿舍，购买了一部小车，给政协组织创造了良好的工作环境，提供了优越的条件。更可喜的是1985年3月全区政协主席、统战部长座谈会在我县召开，省政协秘书长刘玉瑞同志、赣州地委副书记梅继尧等领导同志，专程参加了这次会议，在会上我们就政协工作如何对内搞活经济、对外开放和为经济体制改革服务的问题向与会同志作了汇报，受到了到会同志的赞扬，充分肯定了我县政协和统战工作的成绩，对我们很大的鼓舞和鞭策。

1986年，全国地方政协工作座谈会议后，我们先后召开了主席会和常委扩大会，认真学习了中共中央办公厅中办发〔1986〕10号文件转发的《全国地方政协工作座谈会情况汇报》，及时贯彻落实全国地方政协工作座谈会精神，县政协党组还向县委呈报了《关于落实全国地方政协工作座谈会精神，进一步加强我县政协工作的报告》，得到了县委的重视和支持，并以崇党发〔1986〕75号文件批转各级党组织贯彻执行。同时，还充实了政协的领导力量，调整了政协机关的科、室机构，指定了一名县委副书记分管政协工作，各乡镇也有一名副书记兼管政协工作，并配备了一名统战工作干部，进一步加强了党对政协工作的领导，为开创我县政协工作的新局面创造了极为有利的条件。

回顾政协二届一次会议以来，常务委员会主要做了以下几方面的工作。

（一）加强政治协商、民主监督，发挥了人民政协的职能作用。政治协商、民主监督是人民政协的主要职能，是发扬社会主义民主，推动“四化”建设的一个重要方式。政协二届以来，我们召开了十五次常务委员会和四次全委会议。根据“四化”建设的需要，组织了委员对全县的各项建设进行协商、探讨和研究，对全县的重大决策进行学习和讨论，广泛收集了各界知名人士兴利除弊的建议。县政协领导除参加县委、县政府召开的各种有关会议外，全体委员还列席了历次县人民代表大会，听取和讨论政府工作报告，国民经济和社会发展计划（草案）报告，县财政决、预算（草案）报告，县人大常务委员会工作报告和县人民法院、县人民检察院的工作报告，并同时参与讨论、协商，对全县的改革与建设、开放与搞活以及工交、财贸、教育、科技、文化、卫生等方面的工作进行商讨，提出了许多有益的意见和建议，得到了县委和县政府的采纳。如政协常委陈大钰同志提出“崇义宾馆”建设规模过大的问题，得到了县委、县政府领导的赞同，并立即研究采取措施，缩小了建设规模。同时，县委、县政府还定期召开政协委员和各界人士座谈会，通报工作情况，征求意见，使政协委员和各界知名人士更好地为振兴崇义献计出力。为充分发挥人民政协组织政治协商、民主监督作用，县委、县政府凡是涉及到全县一些重大决策都通过政协进行协商。如1985年中共整党，县委及时召开政协委员和党外人士座谈会，听取意见，要求帮助搞好整党工作，为发挥政协委员知情出力，我们还组织了部分政协委员视察了全县重大建设项目之一的山院电站建设工程和思顺乡花爆厂的生产情况，充分体现了县委对政协委员的信任和对知识人才的尊重。为推进我县各项事业的发展，政协委员还通过提案的形式，向政府献计献策，自政协二届以来，委员们共提出提案206件，我们对这些提案专门召开提案交办会议，及时分别转交有关部门研究处理，得到了县政府及有关部门的重视和支持，到目前为止，已得到处理和答复的提案已达199件，占提案总数的96.6%。如政协委员、爱国卫生委员会办公室主任连启初同志提出解决上厕所难的问题，得到了采纳，县政府拨款5.5万余元，于1985年在县城新建三个公共厕所，深受群众欢迎。

（二）开展“咨询服务”活动，为两个文明建设作贡献。政协工作是为党的中心任务服务的，二届一次会议以来，我们紧紧围绕党的中心任务，积极开展“咨询服务”活动，为我县的两个文明建设作出了贡献。

积极组织委员进行了广泛深入社会调查，人才调查，文史资料调查，经济管理调查，食品工业调查和旅游业调查等。政协常委、主管农业的副县长、农艺师朱才坪同志深入关田、扬眉乡作“专业户”、“联合体”的情况调查；政协副主席刘兴昌同志与政协常委、林业助理工程师卢圣煌等同志深入龙勾、长龙、思顺等乡进行试种泡桐选择基地的调查。政协委员、助理畜牧师、农牧渔业局副局长张文勋同志为发展我县养猪事业，深入到横水镇北门村进行养猪专题调查，写出了富有见解的调查报告，受到了省地有关部门的重视，省农牧渔业厅还将这份调查报告转报给国家农牧渔业部，为我县的畜牧业生产作出了一定贡献。政协文史组的同志深入聂都、文英、横水等乡进行文史资料调查，收集到13篇具有历史意义的珍贵资料，为编撰《文史资料选辑》第一辑打下了基础。同时，他们还对“章水源”、“阳岭”风景区进行了调查，写出了开辟“阳岭”、“章水源”为旅游区的调查报告，引起了省、地有关部门的关注和县委、县政府的重视，并拨款46万元开发“阳岭”旅游区第一期工程建设投资。1985年9月政协副主席刘兴昌同志带领几名政协委员，在林业局、卫生局、科委、科协等部门的积极配合下，走遍了五个乡村的山山水水，搞了为期16天的猕猴桃资源调查，从中发现野生猕猴桃遍及我县大部分乡村，查清了全县野生猕猴桃有四个品种，分别取样送往赣州、北京、南京科研单位鉴定。经北京科学院化验鉴定，我县的棉花猕猴桃和多花猕猴桃，维生素C的含量很高，每百克棉花猕猴桃中，维生素C的含量481.92–724.47毫克，每百克多花猕猴桃中，维生素C含量983.42–1190.2毫克，均高于中华猕猴桃的维生素C含量（每百克中华猕猴桃中，维生素C的含量为150–400毫克）。通过调查写出了专题调查报告，受到了县政府和省政府的重视，为我县食品工业的发展开辟了新路。

为了发挥政协委员的整体功能作用，我们还组织了政协委员，在有关部门的支持下，开展社会办学、举行科技讲座等活动。1985年，由政协牵头配合林业、科委、科协等有关部门，从外地引进泡桐试种成功，现在长势喜人，单株最高的达700厘米，胸高直径最大的14.5厘米，平均高度543.18厘米，平均胸高直径6.95厘米，到目前为止，全县已发展泡桐3008亩，育苗61.5亩，并纳入全县国民经济发展计划，1986年又把“七五”期间发展10万亩泡桐的种植计划落实到全县各国营林场和各乡镇，为全县林业增添了新的光彩。1986年，我们还组织了科技人员在思顺乡就种植业、养殖业方面进行科技扶贫，举办科技讲座，面对面地进行科技咨询服务和上门服务，接待了来访群众450多人次，取得了良好效果，1986年“六一”期间，组织医务人员，为儿童义务检查身体，并根据山区特点，举办了蛇伤防治学习班，培训乡村医务人员。同时，还不定期印发了“科技知识简报”，开展科普宣传，为了繁荣和活跃文化生活，我们还通过编印、发行《今日崇义》画册，组织委员和各界知名人士举办大型书法、美术、摄影和花卉展览等多种形式，宣传党的方针政策，反映各条战线涌现的好人好事和党的十一届三中全会以来崇义的巨大变化。

组织“智力回乡”，为我县引进技术、引进人才出力。由于县委、县政府领导的重视，1984年由政协联系，请赣南师院副教授肖昌璜、讲师肖家享和邹笃钦同志利用暑假回县讲学，为提高教师的教学水平和学校管理水平，都取得了良好的效果。1985 年，政协邀请河南省兰考县林科所所长、林业工程师朱礼楚同志回县，由政协领导陪同深入到思顺、扬眉、龙勾、聂都、过埠、高坌、天台山等地进行了为期一个多月的泡桐试种基地考察工作，他还多次向部分乡村干部林业科技人员、中学学生作泡桐知识专题讲座，为我县泡桐试种成功作出了贡献。在组织智力回乡的工作中，通过政协牵线联系，有许多在外工作崇义籍的中、高级知识分子都纷纷来信提建议，献计策，以实际行动为家乡的改革和建设出力。如西北农学院副教授黄先纬同志要求回乡帮助发展山区食品工业；国家农牧渔业部动物检疫所陈兴扶同志还专门写出了《关于发展崇义畜牧业生产的建议报告》寄回县里，并表示乐意回县讲学，为振兴崇义经济出力。

（三）发挥“人才库”优势，为四化建设作贡献。在新的历史时期，人民政协肩负着新的历史使命，这就是要团结一切可以团结的力量，调动一切积极因素，为实现一个目标，搞好两个文明建设和完成三大任务作出贡献。二届一次会议以来，我们通过政协常务委员会、全委会、座谈会、情况通报会等多种形式，请县委、县政府领导通报政治经济形势，组织常委和委员学习党的十二届三中全会的决定和《政府工作报告》，邓颖超主席在全国政协六届二次会议上的讲话，以及我国政府与英国政府达成恢复中国对香港行使主权的协定等文件，统一了对形势的认识。我们还邀请主管财贸的副县长罗穗安同志在二次全委会上作了有关物价问题的情况通报，从而统一了认识，稳定了人心。为了推进我县综合改革，我们还听取了国务院经济体制改革办公室副主任杨启先同志关于经济体制改革的讲话录音，在第五次常委扩大会上，传达了省委统战部召开的全省七个综合改革试点县政协主席座谈会议精神，同时学习了邓颖超主席在全国政协六届三次会议闭幕时的讲话，以及宋健同志《关于系统工程和新技术革命》的文章。我们还认真学习贯彻了《中共中央关于社会主义精神文明建设指导方针的决议》、《中共中央〔1987〕1 号文件和中共中央政治局扩大会议公报》，并在第十四次常务委员会上作出了《关于认真学习贯彻中共中央〔1987〕1 号文件，努力推进我县社会主义精神文明建设的决议》，使全体政协委员不断丰富知识、更新观念、开阔视野、知情出力，自觉地坚持党的基本原则，立场坚定旗帜鲜明地反对资产阶级自由化，维护安定团结的政治局面，在各自的岗位上，锐意进取，顽强拼搏，为四化建设作出了较大贡献。县政协常委、副县长朱才坪同志，为发展我县水利水电建设和农业生产作出了贡献，光荣出席了省政协委员为四化建设服务表彰大会。政协委员、县五交化公司经理肖悦民同志，带领公司干部职工积极开展“创三优”活动，大胆改革、积极进取，与上犹、信丰发展横向经济联系，调节了市场货源，保障了供给，取得了销货任务完成 404.5 万元，比 1985 年增长 16%，实现利润 6.6 万元的好成绩，名列全县商业系统前茅，光荣评为县文明单位。省政协委员、县政协常委、农机厂副厂长陈荣德同志，在科技领域里，锲而不舍，奋勇攀登，在接受国家农机部“外加磁场低温镀铁”和“钢铁件硫酸液直接镀铜”两个科研项目获得成功的基础上，1986年又接受了国家农机部布置的“微型裂纹镀铬”和“刷镀液抗氧化中间试验”两个科研项目，试验进展顺利，获得了国家农机部专用经费28500元。同时，他还为农机厂获得国家“外加磁场低温镀铁”和“钢铁件硫酸液直接镀铜”技术转让费11000元，受到了省政协的表彰。县政协委员、工程师、精选厂厂长朱家炘同志，1985年为建设年产1200吨精选厂而日夜奋斗，1986年又充分利用矿产资源，进行矿产品深加工，作出了成绩。政协常委刘蕴彬同志，为发展我县饲料工业，促进生猪生产的发展作出了一定的贡献，受到县政府的晋级奖励。政协委员周作礼同志，是古亭镇的养鱼专业户，1986年经济纯收入比1985年增加400元，但他致富不忘扶贫，对帮助特困户、贫困户脱贫致富，实行四包（包供应鱼苗、包技术咨询、包鱼病防治和药品供应），使不少养鱼户的经济收入都得到了提高。政协委员、县中医院副院长李鸿林同志，为发展我县中医事业，在医学上刻苦钻研，在实践中不断探索，他在完成《古方临床新用》一书编撰后，又在11个省的蛇协会议上讲授《蛇伤的防治及毒蛇咬伤所致的四个危重症的治疗》，受到与会同志的重视。1986年8月他还光荣出席了青海省西宁市召开的“全国中药理论学术会议”，他撰写的《试论中药升降沉浮及其临床运用》、《论“七情和合”》、《治愈破伤风一例报告》和《治愈鳖鱼过敏休克一例报告》四篇论文全部入选，获得了专家的好评，为我县赢得了荣誉。政协委员陈绍炯同志开办“绍炯诊所”热心为群众医治疾病，1986年光荣评为全区个体行医先进工作者。政协委员、县医院主治医师卢乾修同志，在20多年的新兵体检工作中认真负责，确保了新兵质量，多次受到地区征兵领导小组的表扬。政协委员、县爱卫办主任连启初同志，在我县爱国卫生运动工作中献计出力积极工作，为我县在1985、1986连续两年被评为全省一等文明卫生先进县城作出了一定的贡献。政协委员李道洪同志在县农牧渔业局领导的支持下，充分发挥自己的技术专长，牵头组织技术人员在全县各乡镇举办鱼病防治学习班共20多期，培训了1400多人，使群众的养鱼技术和鱼病防治水平得到提高。政协委员、无线电工程师、广播电视局副局长曾文彬同志为建设阳岭电视转播台爬山越岭，亲自参加施工，增加了电视接收频道，丰富了全县人民的文化生活，受到县委的表彰。在崇义中学的政协常委陈大钰、委员黄锦章、杨源矩、曾广济同志，他们年过半百，但从不计较个人得失，勤勤恳恳，一心扑在党的教育事业上，在学校党支部和校务委员会的统一领导下，同心同德，献计出力。该校1986年高考被录取大专新生53名，第一次敲开了“清华”大门，获得县委和政府的表彰，为我县培养人才作出贡献。政协委员、县农林技校校长谢德心同志，热爱党的教育事业，带领全校师生认真贯彻党的教育方针，狠抓勤工俭学，使学校越办越有生气，成为全区职业教育的一面红旗，曾多次获得省、地、县的表扬。政协委员赖允莲同志，为党的教育事业，坚持山区教学几十年，辛勤教书育人，被评为省优秀教师。政协委员、县幼儿园园长蒋兰英同志一心扑在幼教事业上，使该单位成为全区幼教事业的一面红旗，光荣评为全区文明单位。政协委员、律师、县司法局副局长韩校同志，秉公执法，1985年受理几起经济大案得到全区政法系统表扬，后又被于都县经委工业供销公司聘请受理经济案，使遭险20个月的80余万元货款终于回归于都县经委工业供销公司，受到了人们称赞。政协常委、七一九矿主任工程师吴克智同志为我县城乡建设，协助规划、绘图，从不计较报酬。政协常委七一九矿工程师邹丕恒同志几次深入到聂都大理石厂，进行技术指导，提出了扩大生产的意见。政协委员黄德阶同志，退休后主动为自己的家乡建设出力，为思顺乡设计桥梁、涵洞和水电站机房的设计费3000多元，可他分文未要。同时，还有不少的政协委员和各界知名人士，在各自的岗位上，默默无闻地把自己的智慧奉献给党和人民的事业。我们觉得，只要为政协委员"知情""出力"创造条件，大力支持，人民政协的优势就能得到充分发挥。

（四）积极配合有关部门落实统战政策。落实政协委员和有关人士的政策，对于巩固安定团结的政治局面，加强爱国统一战线，调动各方面的积极因素，开创我县政协工作的新局面具有重大意义。二届一次会议以来，我们抽调干部，组织力量，密切配合县委统战部、对台办、侨办、知识分子政策落实办公室等有关部门，积极宣传党的统战政策，对政协委员和有关人士的冤假错案的平反，"文革"期间查抄财物和被挤占房屋的退还，用非所学，技术职称，夫妻长期分居，子女就业，"农转非"，入党和改善生活条件等问题，都进行了反复认真的调查研究，逐个落实，到目前为止，全县共落实各项统战政策180件，其中落实政协委员的冤假错案6件，农转非40人。如张建卿同志的历史遗留问题，落实为"起义投诚人员"，并发给"起义投诚证书"，享受退休干部待遇，政协常委杨源镜、政协委员杨源钜、曾广济等同志的私房问题，落实了政策，县人大常委、县人民医院副院长刘兴余同志的私房被南康潭口供销社长期占用多年得不到解决。1985年，我们主动配合县人大常务委员会、县委统战部的领导同志专门召开会议研究解决方法，在南康县政协和南康县委统战部的积极帮助下，得到了妥善解决，政协常委陈大钰、政协委员廖彩昉等同志的"农转非"落到实处，解决了后顾之忧，政协常委卢圣煌同志的所学专长，得到了充分发挥，安排在林业部门负责泡桐生产工作。

通过落实党的统战政策，激发了政协委员和各界知名人士热爱祖国的热情，调动了他们为四化建设服务的积极性，密切了党和人民的关系。

（五）积极开展"三胞"联络工作，促进祖国统一大业。我县有港澳同胞亲属211户，917人，台属156户。我们政协的许多成员，也有着广泛的海外联系，是开展海外统战工作极为有利的条件，二届一次会议以来，我们密切配合县委统战部、对台办、侨办，为促进祖国统一大业，积极开展海外联谊工作，利用各种渠道和机会，宣传党的统战政策，邀请部分台属、侨属和各界知名人士代表。通过举行"中秋赏月会"、"重阳诗会"以及各种座谈会等形式，座谈邓小平同志提出"一国两制"的构思，宣传党的十一届三中全会以来崇义的发展变化，激发了广大台属、侨属热爱祖国、热爱家乡的热情，提高了思想认识，消除了过去思想上的种种疑虑，主动给台湾和国外亲人通信、交往。1985 年 7 月，在县委对台办的积极帮助下政协委员肖万堂同志去香港与阔别 30 多年在台湾的父母姐妹团聚，并传递了家乡各方面的信息，山区的建设，家乡的变化，亲朋故旧的深情，激起了肖子明先生思乡之情。在“中秋赏月会”上，肖万堂同志激动地叙述了他在香港与父母见面的情景，并表示由衷地拥护党的十一届三中全会以来的方针、政策，感谢县委对他的关怀。这一活动，引起了台属、侨属的关注。1986 年又组织安排了台属两户分别两次去香港与他们的亲人会面，通过这些工作，为促进祖国统一大业作了贡献。

（六）加强了政协机关的自身建设。政协机关，为适应新时期形势发展的需要，认真抓了自身建设。二届一次会议以来，县委进一步加强了对政协工作的领导，充实政协的领导班子，配备政协的工作干部，特别是通过整党，进一步提高了党员的思想政治觉悟，增强了党性和党组织的战斗力。对政协机关进行了机构改革，健全了各项规章制度和岗位责任制，做到既分工又负责，使之成为协调配合的有机整体。同时，还认真抓了政协机关干部的学习，从而，使政协机关干部的理论水平和政治素质，不断得到提高，责任感和事业心进一步增强，工作作风不断得到改进。

委员们、同志们！回顾政协二届以来的工作，由于县委的正确领导，政府的重视支持和有关部门的通力协作，以及二届全体政协委员们的积极努力，做了大量的工作，取得了一定成绩。在此我代表政协崇义县委员会向各部门的领导表示衷心感谢！并向对政协工作做出贡献的几位老主席和老政协委员表示衷心的感谢。

由于我们做政协工作的干部政治、业务素质还不够高，所以，在工作中仍存在不少问题和缺点。主要是对新时期人民政协组织的性质地位和作用认识不足；在工作中对常委学习日制度的坚持和各工作组活动的开展抓得不够，对基层政协工作网络建设抓得不紧，同政协委员的联系还不够经常，这些问题都有待于今后工作中认真加以改进。

二、今后工作任务

中共中央和国务院提出，今年要集中力量抓好两件大事：一是在经济领域，坚持正确的建设方针，广泛开展增产节约、增收节支运动，深入体制改革和扩大对外开放，努力保证整个国民经济的持续稳定发展；二是在政治思想领域，深入进行坚持四项基本原则的宣传教育，反对资产阶级自由化，加强社会主义精神文明建设，进一步巩固和发展安定团结的政治局面。据此，县委、县政府要求全县各条战线、各行各业和全县人民，一定要坚持四项基本原则，旗帜鲜明地反对资产阶级自由化，坚决维护安定团结的政治局面；一定要坚持改革、开放、搞活的指导思想，推进经济建设稳步协调发展；一定要认真贯彻社会主义物质文明和精神文明建设一齐抓的方针，把各项事业的发展推向一个新的台阶；一定要发扬艰苦奋斗的革命精神，同心同德，协调运动，开创我县社会主义建设的新局面，以实际行动迎接党的十三大的召开，我们应当按照中共中央、国务院的指示和县委、县政府的部署，紧紧围绕今年的两件大事，认真搞好政协的各项工作，进一步开创人民政协工作的新局面。

（一）旗帜鲜明地宣传和坚持四项基本原则。坚持四项基本原则，是全国各族人民团结前进的共同政治基础，也是维护和发展安定团结的政治局面，顺利进行社会主义现代化建设事业的根本保证。历史的经验和实践证明，中国没有共产党的领导不行，不搞社会主义是没有前途的，四项基本原则是我们立国的根本，保持安定团结的政治局面是进行一切事业的根本保证，人民政协组织，要旗帜鲜明地宣传和坚持四项基本原则，反对资产阶级自由化，并且按照中共中央有关文件精神，严格掌握政策界限，要继续发扬自我教育的传统，积极组织和推动政协委员、各界人士在自愿的基础上学习马列主义、毛泽东思想，学习中共中央有关反对资产阶级自由化的文件，学习邓小平同志的《坚持四项基本原则，反对资产阶级自由化》和《建设有中国特色的社会主义》两本书。通过学习，要认真理解书中各方面的重要论述，进一步认清坚持四项基本原则，反对资产阶级自由化的重要性和长期性，牢牢把握建设有中国特色的社会主义的基本思想，正确领会改革、开放同坚持四项基本原则的内在联系。要关心这场斗争的开展，有什么意见和建议，随时向党组织提出，并经常运用历史的、现实的事例，向广大群众特别是青少年一代进行坚持四项基本原则的宣传教育，为振兴崇义经济贡献力量。

（二）更好地履行政治协商、民主监督的职能。中国共产党领导下的多党派合作，是具有中国特色的社会主义政治制度的一个特点和优点。进一步发挥人民政协和各民主党派在国家政治生活中的作用，是加强社会主义民主和法制建设的需要。政治协商、民主监督，是人民政协的主要职能，应当经常化和制度化。人民政协和人民代表大会的性质不同，但是两者又是相铺相成。国家和地方的重大事务，既需要由人民代表大会这个权力机构讨论和决定，也需要通过政协这个统一战线组织进行政治协商、民主监督。因此，要与人大常务委员会建立联系，了解地方法规的制订和实施情况，并协助党和政府广泛开展法制教育，提高广大群众的法制观念。要进一步加强政治协商、民主监督工作，使之向多层次、多渠道、多形式和经常化、制度化发展。要通过总结多年来的实践经验，逐步形成配套的制度和措施，以便更好地履行政治协商、民主监督的职能。要通过例会制和采用座谈会、意见听取会、情况通报会、献计献策会等多种协商形式，对国家和地方的大政方针，经济社会发展的规划、方案和群众生活中的各项重大问题以及重要的人事安排，尽可能地争取能在决策之前由政协进行协商，听取政协委员的意见和建议，让各方面的意见、要求、批评和建议能够充分反映出来，以利集中正确的意见，及时发现和纠正工作中的缺点、错误，把我们的各项事业推向前进。要努力实现提案工作制度化、规范化，鼓励委员提出更多更好的提案，密切与承办单位的联系与协作，推动提案的及时办理和落实，使委员提案发挥更大的作用。同时，要求政协委员和政协机关工作人员要认真学习党的方针政策和有关文件，经常进行调查研究，努力提高自己对参政议政的能力和水平，力求做到言之有理，言之有据，言之有用，以便更好地发挥政治协商、民主监督作用。

（三）认真搞好咨询服务工作，为进一步振兴崇义经济献计出力。人民政协的咨询服务工作，是在新时期、新形势下发展起来的一项新任务，是人民政协为四化建设出力的重要形式，是开创人民政协工作新局面的重要部分，而人民政协组织是“综合人才库”，知识密集的“智囊团”，他们当中，有许多是我县经济、教育、科技、文化、卫生等方面的行家学者，是振兴我县经济的重要力量，在各条战线已经为我县经济发展作出了贡献。今后，我们要紧紧围绕“双增双节”运动如何同深化企业改革相结合，如何抓好农村改革和增强农业后劲，以及县委、县政府的中心任务，在深入进行综合改革和两个文明建设中，积极搞好咨询服务工作，有计划地组织部分委员努力开展既有现实意义，又有比较实在具有探讨性、指导性的视察调查研究和咨询服务活动。要充分利用政协委员联系面广的有利条件，积极配合有关部门为我县引进技术、引进人才、引进资金出力。要继续采取多形式、多渠道搞好“智力回乡”，进一步推进发展横向经济联系，为振兴崇义当好宏观经济的参谋和微观经济的服务者。

（四）积极开展“三胞”联谊工作，为统一祖国，推进“一国两制”方针的实施服务。按照“一国两制”的科学构想，实现祖国和平统一，是中华民族的千秋大业。“一国两制”的提出，是新形势、新格局的主要标志。统一祖国，振兴中华是我们的基本国策。用“一国两制”解决统一祖国问题，是结束民族忧患，解决台湾问题合情合理的方针，实现“一国两制”，和平统一祖国，是全国人民的共同愿望。人民政协的许多成员，有着广泛的海外联系，是开展海外统战工作极为有利的条件，广泛开展海外统战工作，把着眼点放到港澳同胞、台湾同胞和国外侨胞，为实现“一国两制”的基本国策和统一祖国大业，是人民政协组织在新时期的一项重要任务，我们要在爱国主义的旗帜下，把众多的海外人士争取和团结过来，要采取多层次、多领域、多渠道和多形式，充分调动各界人士的积极性，加强“三胞”联谊交往，为统一祖国铺路搭桥，多做贡献。

（五）进一步搞好政协组织的自身建设。随着人民政协的活动天地越来越广阔，肩负的任务越来越繁重，各位委员肩上的担子不是轻了，而是加重了。所以，搞好自身建设显得十分迫切。

要进一步加强学习，不断更新知识。我们希望全体政协委员和政协机关工作人员，要不断努力学习党的方针政策，学习法律常识，学习马列主义理论和统战理论，学习业务知识，不断丰富新的知识，以适应新形势发展的需要。

要进一步加强团结。按照“肝胆相照，荣辱与共”的精神，同心同德，团结奋斗，积极进取，开拓前进。要求政协各委员会、工作组和政协机关各科、室之间，要加强联系，互通情报，互相配合，多干实事，充分发挥政协委员整体功能的作用。

要努力搞好本职工作。政协委员和政协机关的工作人员，在各自的单位和岗位上肩负着一定责任，要以自己的高尚精神风貌和优良工作作风带头做表率。政协机关的工作人员，要严格遵照工作岗位责任制和目标管理制，各尽其责，努力工作，圆满完成各项工作任务，为进一步开创人民政协工作的新局面作出贡献。

各位委员，当前政治上安定团结，经济上繁荣兴旺，处处呈现生机盎然的景象。让我们百倍珍惜这来之不易的大好形势，继续遵循中共中央十一届三中全会以来的路线、方针、政策，充分发挥政协委员和各界人士的积极性，同全县人民一道，把我县的社会主义两个文明建设推向前进!

我的报告完了，请委员们审议。

中共崇义县纪律检查委员会
向县第十次党代表大会的工作报告

1987 年 6 月 5 日

肖厚桂

同志们:

现在，我受中共崇义县第九届纪律检查委员会的委托，向大会报告工作，请予审议。

一

县第九次党代会以来，县纪委在县委和上级纪委的直接领导下，按照“一要坚决、二要持久”的方针，始终把端正党风工作当作加强社会主义精神文明建设的一项主要任务来抓，紧紧围绕维护党纪、端正党风这个中心，广泛深入地进行党性、党风、党纪教育。认真开展了狠刹各种不正之风、查处违纪案件、打击经济领域中严重犯罪活动等各项纪律检查工作，履行了党章赋予纪检机关的职责。为促进党风的进一步好转，保证改革、开放、搞活的健康发展和社会主义精神文明建设的顺利进行，发挥了积极的作用，取得了可喜的成绩。一是在指导思想上，进一步肃清了“左”的和右的思想影响，提高了同党中央在政治思想上保持高度一致的自觉性；二是各级党委认识到了抓党风的迫切性，全县已初步形成全党抓党风的好形势；三是党风比过去有了明显好转，利用职权谋取私利等不正之风有了明显收敛，严重不负责任的官僚主义作风在许多方面得到了克服和纠正，违纪案件得到了查处。党内政治生活已逐步走向正常化，从而确保了党的路线、方针、政策的贯彻执行。三年来，我们主要做了以下几个方面工作:

(一) 对党员进行了党性党风党纪教育。在执政党条件下，对党员进行党性党风党纪教育，提高党员觉悟，预防违纪行为，是新时期赋予纪检机关的一项重要任务，也是端正党风的根本措施之一。因此，我们在指导思想上，逐步把纪委工作的重心由单纯查处违纪案件转移到着重抓党风建设上来。县纪委配合组织、宣传等有关部门，结合整党和改革工作，采取过组织生活、办党训班、进党校、上党课等形式，组织党员学习党章和《准则》，学习《中共中央关于经济体制改革的决定》，学习《中共中央关于整党的决定》，学习《中共中央关于社会主义精神文明建设指导方针的决议》，对党员进行党的性质、纲领、任务的教育，党的优良传统和作风的教育，党的路线、方针、政策的教育，党的纪律和法规的教育。并且运用各种宣传舆论工具，宣传党规党法，宣传端正党风的重大意义。全县许多单位的党组织，联系实际，把学习党章和《准则》同整顿作风结合起来，对照党章和《准则》，查思想、查工作、查作风、查纪律，边学、边查、边整、边改，收到了较好的效果。与此同时，我们还充分利用检查处理过的典型案件、案例，通报、剖析材料，认真组织党员学习和讨论，进行活生生的借鉴性教育，使广大党员从中吸取教训，引以为戒。通过正反两方面教育，提高了广大党员的政治素质，增强了党性和新形势下的改革的观念，促进了改革的深入发展。

(二) 以事实为依据，严肃认真地查处了一批违纪案件。为了端正党风，维护党规党法，严肃党的纪律，切实保证党的路线、方针、政策的贯彻执行，保证经济体制改革和“四化”建设的顺利进行，促进社会主义物质文明和精神文明建设的健康发展，我们对违犯党纪、败坏党风的案件，进行了严肃认真的检查，特别对那些情节严重、在群众中影响较大的案件，下决心查清楚，并严肃处理。三年来，全县共检查处理了党员各种违纪案件 58 起，其中贪污盗窃的 14 起，行贿受贿的 17 起，利用职权谋取私利的 3 起，严重官僚主义和失职造成国家、集体经济损失的 1 起，乱砍滥伐森林的 3 起，违反社会道德、乱搞两性关系的 3 起，违犯计划生育政策规定的 11 起，投机诈骗的 1 起，其它 5 起。对于这些案件，根据党的政策和干部管理权限，给予党纪处分的 55 起，免予处分的 3 起。其中受到党内警告处分的 12 人，党内严重警告处分的 6 人，撤销党内职务处分的 6 人，留党察看处分的 12 人，开除党籍处分的 17 人，取销预备党员资格的 2 人，触犯刑律，交司法机关惩处的 14 人。这些案件从反面告诉我们，作为一个共产党员，无论何时何地都应该遵守党规党法，廉洁奉公。政策规定以外的东西，绝对不应接受，不取非份之财，不能让不义之财毁了自己的声誉。还告诉我们，任何一个党员和党员干部，如果丢掉了全心全意为人民服务的根本宗旨，放松了世界观的改造，就一定会走上邪路，也理所当然要受到党纪处分。在查处案件的同时，我们坚持实事求是、有错必纠的原则，认真地复查了历史老案17起。其中全错全纠的6起，部分错部分纠的3起，不错不纠的8起。既进一步落实了党的政策，又维护了党规党法，严肃了党的纪律。

（三）清理和纠正了新形势下出现的几股不正之风。三年来，我们在端正党风、纠正不正之风工作中，认真贯彻“一要坚决，二要持久”的方针，坚决执行中央、国务院和上级党委关于纠正不正之风的指示，从本县实际出发，组织力量，对突出的几股不正之风进行了严肃认真的检查、清理和纠正。一是清理了党政机关和党政干部经商办企业的歪风，对原有的14家党政机关和党政干部经办的企业，已全部得到制止和纠正。并按照国务院的规定，对全县的公司、“中心”进行了整顿，撤销了不具备公司条件的公司、“中心”13个。二是对党员、干部、职工借欠公款的歪风进行了一次全面清理，据统计，全县收回党员、干部、职工借欠的公款达21.3391万元。三是遵照省委、地委《关于纠正党员、干部、职工建房、住房中不正之风的暂行规定》，对1984年以来在县城建私房的党员、干部、职工和各乡镇副乡级以上的党员、干部建了私房的，进行了认真清查处理，对占了国家、集体便宜的，已收缴上交县财政9567.6元。四是清理了购买各种小汽车的歪风，并按上级有关规定作了处理。五是对滥发奖金、服装、实物和补贴的部分单位进行了检查，刹住了滥发奖金、服装、实物和补贴的歪风。六是狠刹了用公款请客送礼、大吃大喝的歪风。各乡镇根据县委、县政府的有关规定，针对性地采取了一些有力措施，取得了明显效果，大吃大喝的歪风已有很大收敛。七是整顿了带有行业特点的不正之风。县直单位对职工开展了职业道德教育，整顿了行业纪律，提高了职工的政治思想素质，使纠正行业不正之风有了一个好的开端。总之，经过努力对中央办公厅中办发〔1985〕57号文件和省委《关于切实端正党风的决定》指出的几股不正之风已基本刹住，纠正不正之风工作取得了明显成效。

（四）继续深入地开展打击经济领域中严重犯罪活动，坚决查处了一批经济案件。在开展打击经济领域中的严重犯罪活动中，我们继续认真贯彻中央1982年1月发出的关于打击经济领域中犯罪活动的《紧急通知》和中央、省、地关于“严打”的指示精神，配合检察机关等有关部门，深查狠打，震慑了犯罪分子，同时也教育了广大党员、干部和群众。三年来，我们在检察、审计、工商等有关部门的支持配合下，依靠群众，排除干扰，冲破阻力，共查处经济案件79起。其中属贪污的24起，行贿受贿的38起，盗窃的3起，投机诈骗的3起，其它11起。这些案件中，不满300元的2起，300元以上不满1000元的28起，1000元以上不满2000元的18起，2000元以上不满1万元的24起，1万元以上不满3万元的5起，3万元以上不满5万元的2起。案件涉及92人，其中党员29人，副局级以上干部14人，受党纪处分的24人，受政纪处分的15人，受刑事处分的31人，收缴赃款和赃物折款计30.2818万元。为确保经济建设的顺利进行起了积极的作用。查处这类经济案件的情况告诉我们，在 1984、1985 年，确有一些人错误地把国内实行的对外开放、搞活经济的政策，当作为个人谋取私利的好机会。他们不顾党中央关于“要注意抵制资本主义思想侵蚀，克服利用职权谋取私利的腐败现象”的告诫。钻改革、搞活的空子，捞钱捞物，甚至弄虚作假，侵吞国家资财，终于走向了反面。这个教训是深刻的，应该认真总结，时时引以为戒。

(五) 制定具体政策界限，建立抓党风责任制，端正党风工作出现了新局面。遵照“全党抓党风、党委抓党风”的指导方针，各级纪检组织在总结过去抓党风的经验教训基础上，协助各级党组织制定了《关于建立健全全党抓党风责任制的规定》。全县各基层党委和县直各机关单位党组、总支先后建立了抓党风责任制，订出了措施和要求，明确了任务和职责，出现了党政领导亲自抓、领导班子成员分工抓、纪检部门专门抓、各个系统重点抓的好形势。各级党委把端正党风工作列入了重要议事日程，做到了研究工作有端正党风的位置，部署工作有端正党风的要求，检查工作有端正党风的内容，总结工作有端正党风的经验，评选先进有端正党风的典型，从而使党风责任制落到了实处。全县已初步形成了一级抓一级、一级带一级、全党抓党风的新局面。但是党的风气还存在着不少问题，主要表现在以权谋私、官僚主义、纪律松驰、关系网人情风等方面，对此群众是有意见的，今后我们要引起高度重视。

(六) 认真抓了信访工作。信访工作是党联系群众的重要渠道，是送上门来的群众工作。我们把这项工作列为经常性的一项重要任务来抓，指定专人具体负责，领导亲自把关。三年来，县纪委接待处理了党内外群众来信来访 389 件，其中党员申诉信访 46 件；检举、控告党员、干部的信访 199 件。不属于纪检业务范围的信访 144 件。这些信访中，反映局级以上中层领导干部以权谋私的 51 件，占信访控告的 25.6%；反映基层单位和村一级党员干部以权谋私的信访 62 件，占信访控告的 31%。同时，还及时调查了县委领导和上级纪委交办并报结果的一些重要信访案件。

(七) 继续抓了纪检机构的队伍建设。在做好各项纪检工作的同时，我们注重抓了纪检机构和队伍的建设。按照上级要求，调整充实了县纪委班子，增加了纪委工作人员；乡镇纪检组织也进行了调整和充实，配齐了专职或兼职纪检干部；对林业、商业、粮食、经委、公安、城建、工商、税务、金融、供销 10 个主管部门派驻了纪检组。过去查处基层党员干部违纪案件，多数是县纪委出面办理，针对这种情况，我们注意发挥基层纪检组织的作用，加强业务指导。近年来，基层纪委和纪检组根据《处理违纪党员的批准权限规定》，查处了一批违纪案件，改变了过去那种“只上报、陪调查、等结果”的被动工作局面。全县已有了一支政治思想素质较好、业务素质不断提高的纪检队伍。

三年来，全县各级纪委在维护党纪、端正党风方面做了大量工作，成绩要充分肯定。但是也还存在一些问题，主要是我们工作只做了“两个一半”：我们对违法乱纪案件做了处理结论，但发挥纪检机关的优势和特点，利用典型案件进行党性教育做得不够，这是一个一半；我们抓了具体的违纪案件，但检查、监督党的路线、方针、政策和决议的执行情况等做得不够，这又是一半。现在看来，这后一半工作更重要，它与党风党纪的关系更大。这些问题，有待于我们在今后工作中认真改进和解决。

二

进行全面改革，实行对外开放、对内搞活，建设具有中国特色的社会主义，是现阶段党的中心任务。要使改革顺利进行，就必须有优良的党风和严明的纪律作保证。因此，中央对纪律检查部门提出了新的更高要求，总的要求是：坚持四项基本原则，严肃党的政治纪律，反对资产阶级自由化；坚持改革、开放、搞活，使纪检机关成为促进改革的重要力量；继续纠正不正之风；加强党性教育；发挥监督作用。只有坚持四项基本原则，严肃党的政治纪律，才能保证反对资产阶级自由化斗争沿着健康轨道前进；只有端正党风，才能使全党在思想上、政治上同党中央保持一致，保证党的对外开放、对内搞活经济的政策和改革方针的正确贯彻执行。根据这个精神和当前党风党纪的实际情况，对今后一个时期的纪律检查工作提出如下建议：

（一）坚决维护党的政治纪律，反对资产阶级自由化。坚持四项基本原则，反对资产阶级自由化，是十一届三中全会以来党中央一贯坚持的重要思想。每个党员特别是党的各级领导干部，在这个根本原则问题上必须同党中央保持高度一致，这是最重要的政治纪律。各级党委、纪检机关要把它当作一件大事，切实抓紧抓好。要认真学习中央有关文件和邓小平、陈云等同志的有关论述，深刻理解这场斗争的性质、意义、任务、重点、范围、政策和方法，自觉地参加并正确地开展这一斗争。要认真做好调查研究工作。对资产阶级自由化思潮在我县表现及影响，对意识形态领域带倾向性的问题，要及时发现，及时分析研究，做到心中有数，掌握主动，有的放矢地做好工作。要严肃查处违反政治纪律的案件。对那些反对和否定四项基本原则，搞资产阶级自由化的人和事，公开反对党的十一届三中全会以来的路线、方针、政策的人和事，要旗帜鲜明地进行检查和处理。对其中性质严重、情节恶劣的，要给予党纪处分；屡教不改的，要清除出党。要严格掌握政策，坚决按中央确定的方针、政策和部署办事，既要坚决，又要谨慎，使这场斗争沿着健康轨道前进。

（二）牢固树立服务改革，支持改革，促进改革的指导思想。改革、开放是不可逆转的历史潮流，是我们进行社会主义现代化建设的总方针、总政策。纪检工作要适应这股历史潮流，就必须牢牢树立起服从于、服务于改革、开放的指导思想。作为党的纪律检查机关，对违反党纪的案子不能不办，不办就是失职，但办案有个指导思想，有个目的性问题。只有明确了服务改革的指导思想，才能自觉地把阻碍、破坏改革的人和事作为查处的重点之一，才能在作出组织处理时掌握好政策，把工作做细，真正收到既维护党纪又保护改革的实效。在当前就是要保证党的十一届三中全会以来的路线、方针、政策的贯彻执行。这条路线的基本点有两条，一是坚持党的四项基本原则；二是坚持改革、开放、搞活的方针。因此。党的纪检工作与改革、开放目标一致，并不矛盾，两者之间是相辅相成、互相促进的关系，纪检工作做好了，端正了党风，刹住了歪风，就能排除干扰，保证改革、开放的健康发展；对外开放、深化改革，堵塞了各种漏洞，促进了生产力的发展，又是对纪检工作的支持和促进。那些认为改革、开放就要取消纪检，要“纪律松绑”的观点是错误的；相反，把纪检与改革、开放对立起来搞“两张皮”也是错误的。我们要认真贯彻陈云同志关于“要使纪检工作成为促进改革的重要力量”的指示和中纪委八次全会的精神，冲破习惯势力和传统观念的束缚，转变思想和工作作风。把支持、保证和促进改革、开放，看成是自己义不容辞的责任，不断加强调查研究，深入第一线，建立党风联系点，从而熟悉改革、开放，参加改革、开放，与改革、开放同呼吸共命运。在大事大非面前，要旗帜鲜明，毫不含糊。分清哪些是政策允许的，哪些是不允许的；哪些有利于两个文明建设，哪些不利于两个文明建设；哪些是真搞改革、开放，哪些是搞假把式，乘机营私，违法乱纪。对于那些搞真改革、开放的，要大力给予支持，大力宣传他们的先进事迹，为他们撑腰鼓气。相反，对那些搞假把式，借改革、开放之名，大钻空子，违法乱纪，破坏改革、开放的人，要毫不手软地进行查处。

（三）继续纠正不正之风，严肃查处违纪案件。纪委是党内的执法部门，必须把查处大案要案、纠正各种不正之风作为自己的一项重要任务，认真抓紧抓好。反对不正之风是长期的任务，要继续按照“坚决、持久”的方针，把纠风查案的工作深入进行下去，贯穿于改革、开放、搞活的全过程。随着改革、开放工作的不断深入，资产阶级思想和封建特权残余等，一些消极的东西难免会乘虚而入，我们纪检干部对可能产生的不正之风，应以预防为主，发现苗头要及时采取强有力的措施，把问题解决在萌芽状态。要从实际出发，有什么问题就解决什么问题，以自己的工作消除消极面，保护和促进改革的顺利进行。当前，各级纪检机关要在继续纠正以权谋私和严重官僚主义作风的同时，切实纠正严重违犯财经制度，挥霍浪费、互相攀比、有令不行、有禁不止、我行我索、讲排场、比阔气的歪风，以保证增产节约、增收节支运动的顺利开展。还要纠正组织人事、党员干部建房分房等方面的不正之风以及带有行业特点的不正之风。对严重的违纪案件要坚决查处，坚持“在纪律面前人人平等”，违纪必究，执纪必严。要继续实行“四定一包”办案制度；要加强同有关部门的联系和配合，充分发挥职能部门的作用。

（四）进一步加强对党员的党性教育。在执政党的条件下，加强对党员的党性教育至关重要。清除党内的消极现象和不良风气的根本方法，就是要坚持不懈地对全党进行党性教育，牢固树立无产阶级世界观。陈云同志指出：纪委不仅仅是单纯的办案机构，也应是党的一个政治思想教育机构，在党性教育中负有重要责任。全县各级纪检组织，一定要充分利用纪检机关掌握了大量典型事例和案件的有利条件，利用检查处理过的典型违纪案件，通过通报或案件剖析材料，对广大党员进行教育，从中吸取教训，引以为戒。同时，要抓好"榜样"教育，大力表彰先进典型，使广大党员学有榜样，赶有目标。

(五)搞好自身建设，发挥监督作用。党章规定，各级纪委的主要任务是维护党的章程和其它重要的规章制度，协助党委整顿党风，检查党的路线、方针、政策和决议的执行情况。要完成党章赋予纪检机关的光荣任务，必须加强自身的思想作风建设和组织建设。按照党章第四十三条规定，全县各乡镇、县直机关单位，要建立健全纪检组织，配齐纪检干部。对未派驻纪检组的县直机关单位党组织(包括总支、支部)，都应设纪律检查委员。各级纪检机关、纪检干部要加强学习马克思主义和党的路线、方针、政策，不断提高自己的思想觉悟。牢固树立发展社会主义商品经济的观念，改革的观念，服务的观念，爱护人才的观念和全局观念，使自己的思想跟上新形势，适应新要求。树立"坚持原则、实事求是、刚正不阿、秉公执纪"的优良作风和职业道德。并要努力钻研业务，充分发挥主观能动性，把工作做好做实，逐步使纪检工作规范化、制度化。努力使纪检机关、纪检队伍成为党性、党风、党纪和政治思想教育的坚强阵地；成为维护党规党法的权威机构；成为促进改革、推动经济建设的服务机关。

党的纪检组织是党内监督的权力机关，应当肩负起党内监督的职责，主动进行监督，尤其是加强对党员领导干部的监督。近几年端正党风的实践证明，搞好制度建设，是加强党内监督，堵塞漏洞，达到维护党纪、端正党风的有效措施。各级纪检组织要协助党委，配合有关部门，努力改革和完善党的组织制度和工作制度，建立和健全党内监督制度和人民监督制度，使各级领导干部得到有效的监督。各级纪检机关要按照干部管理权限，实行分级监督，特别是要对同级党委切实实行党章规定范围内的监督。要坚持党内组织生活制度，推广领导机关和领导干部自身约法章程，提高党内监督的有效性。纪检机关要逐级派人参加同级和下一级党委、党组领导班子的民主生活会，并检查下级党组织民主生活会的情况，充分发挥好监督作用。

(六)进一步做好信访工作。信访工作是党委、纪委、政府联系群众的纽带和桥梁。上面的决策贯彻落实得怎么样，干部的工作作风怎么样，这是反馈上来的主要渠道之一。我们查处的一些案件，有些就是通过信访反映上来的。各级党委和纪委要重视信访工作，热情接待、认真受理群众的来信来访，按照"分级负责、归口处理"的原则，做好登记、调查、转办、催办等工作。各级纪委要有专人负责，领导要亲自抓，对群众来信来访中反映的重要情况和重大问题，要及时提交纪委会议讨论或报告党委研究处理。对匿名信要认真分析鉴别，有些是属于造谣、诬陷的，但更多的是因害怕打击报复而未署名，应区别对待，重视处理。上级交办的信访案件，应指定专人进行调查，作出实事求是的处理，并按时上报结果。在接待受理信访工作过程中，要注意保护控告人，对于打击报复和诬陷好人的，要严肃处理。

（七）进一步发展全党抓党风的好形势。党委重视，全党动手，这是建设一个好的党风的根本保证。各级党委要进一步提高对端正党风工作重要性的认识，真正把端正党风工作列入重要议事日程，做到全党抓党风思想上不松劲，组织力量上不削弱，工作上不停顿。要进一步完善抓党风责任制，把端正党风工作列为目标管理的主要内容，做到常抓常议，坚持不懈。领导干部要发挥表率作用，以自己的模范行动带动和影响党员，更有效地促进党风的好转。各级党委要大力支持纪检机关的工作，重视纪检机构和干部队伍的建设。各级纪检机关和纪检干部要主动争取党委的重视和支持，加强请示报告工作，主动反映情况，提出工作意见和建议。各乡镇纪委、县直机关纪检组，每个季度要向县纪委报告一次工作。处理各种违纪案件，除特殊情况外，一般要经党组织逐级审理，提出处理意见，按照组织程序和干部管理权限上报党委、纪委批准。

同志们，我们面临的任务是光荣而艰巨的，我们一定要解放思想，开阔视野，抓大事，观全局，扎扎实实地工作，努力开创纪检工作新局面，以优异的成绩、良好的党风迎接党的十三大的召开。

崇义县党政主要领导简介

1987年，中共崇义县委、县人大、县政府和县政协任期换届。5月召开崇义县第十一届人民代表大会第一次会议，选举产生了人大委员会正、副主任、委员，选举产生了县人民政府正、副县长。政协崇义县三届一次会议，选举产生了政协正、副主席和常委委员。7月召开中共崇义县第十次代表大会，选举产生了正、副书记、县委委员和候补委员。现将主要党政领导简介如下：

黄先浪

江西省会昌县人，1948年6月生，1969年10月参加工作，大专毕业。1970年11月加入中国共产党，曾任会昌县洛口公社文化站、广播站负责人，会昌县路教工作队队员、工作组长，会昌县白鹅公社、周田公社、西江公社党委副书记，中共会昌县委副书记，崇义县人民政府县长，现任中共崇义县委书记。

罗言清

江西省崇义县扬眉镇人。1933年9月出生，1951年9月参加革命工作，1952年11月加入中国共产党，高中文化程度。曾任崇义县供销社营业员，中共杰坝、文英区委委员，区供销社副主任，中共崇义县委对私改造办公室秘书，县委统战部秘书、副部长、部长，县委办公室副主任、主任，县供销社主任，共大崇义分校革委会主任，县毛泽东思想学习班（党校）主任，中共崇义县委常委，崇义化肥厂革委会主任、党总支书记，崇义县革委会副主任，崇义县人民政府副县长，现任崇义县人大常务委员会主任。

李本楠

江西省南康人。1943年10月生，大学文化，1966年9月参加工作，1979年11月加入中国共产党，1966年8月毕业于山东矿业学院经济系。历任云南曲清二号信箱统计员，政治处、办公室负责人，大余县计划委员会干部，中共大余县委常委，大余县人民政府副县长，现任中共崇义县委副书记、县长。

黄俊衍

江西省宁都人，中专文化，1937年11月生，1952年参加革命工作，1958年加入中国共产党。1952～1979年历任崇义县粮食局计统员、股长，县委财贸部干事，文英区区委委员、秘书、办公室主任，文英公社社长，茶滩、麟潭公社党委副书记，县石灰炭厂、县罐头厂厂长，1980年起为中共崇义县委委员，崇义县人民政府副县长，现任崇义县政协主席。

大 事 记

DA SHI JI

大 事 记

1986年

一月

3日，中共崇义县委、县人民政府作出《关于深入改革进一步推动我县经济发展的决定》。提出进一步调整农村产业结构，继续巩固和完善林业改革，大力发展地下矿藏资源，确保"七五"计划头一年的国民经济计划的完成。

3日，中共崇义县委作出《关于加强思想政治工作的决定》。

6日，县人民医院第二住院部（干部病房）落成接诊。由县林业局、天台山垦殖场、矿产公司、陶锡坑钨矿、茅坪矿等单位捐款15万元兴建。

27日，召开了全县各界人士代表座谈会，会期2天，出席会议的有各条战线勇于改革，富有开拓精神的代表46人。

27日，江西省军区政治委员王冠德来县视察工作。

27日，崇义县人民政府作出《关于开发矿业加强矿业生产的若干规定》。

二月

25日，县委决定从1986年秋起，把中共崇义县委党校办成中专体制，首届招生50名。

25日，县人民政府〔1986〕14号文件通知，全县全面开征农林特产税。

三月

9日，中共江西省委副书记、省长倪献策，副省长蒋祝平率省直有关委、办、厅、局负责人一行25人，在赣州行署专员张振刚的陪同下，来县检查指导工作。

15日，县人民电影院首次放映立体电影，并安装了自动拉幕机。

15日至16日，全县第一次"振兴崇义中医大会"在县城召开。

28日，在县城举行政协崇义县第二届委员会第三次全体会议，会期4天，出席会议的政协委员87人。

29日，在县城举行崇义县第十届人民代表大会第三次会议，会期3天，出席会议的代表127人。通过选举，补选了黄先浪为崇义县人民政府县长。

29日，赵兰英由全国计划生育委员会授予"全国计划生育先进工作者"称号。

29日，全县完成了第一次全国性的城镇房屋普查。

29 日，铅厂乡由全国计划生育委员会授予“全国计划生育先进集体”称号。

四月

5 日，举办首届“谷雨诗会”。

5 日，中共中央办公厅秘书局致信中共崇义县委，充分肯定了崇义县农村综合改革的成绩，提出了继续发挥本县山林和地下矿藏资源优势，使山区经济建设发展得更快的希望。,

14 日，县委制定了《关于建立全党抓党风责任制的规定》。要求首先从五套领导班子做起，层层负责，形成全党抓党风的局面，提出了 4 条主要措施。

15 日至 17 日，在县城举行县纪律检查委员会全委扩大会议。全体委员、县直单位纪检组长，各乡、镇、场纪委书记出席了会议。

19 日，湘粤赣边界文学促进会成立。

19 日，县政府决定：拨出专款，修复原国民党总统府顾问、国防部长陈大庆父亲陈必琇的坟墓。

五月

12 日至 15 日，赣州地区创“三优”（优质服务、优良秩序、优美环境）经验交流会在崇义县城召开，各县（市）分管领导、“五四三”（五讲四美三热爱）办主任共 49 人出席会议。

20 日，县人民政府决定原下放给乡镇管理的 18 个基层供销社收回县供销社管理。

20 日，县委设立“综合改革办公室”，与县委农工部合署办公，同时撤销“县委政策研究室”。

六月

1 日，县图书馆新馆舍落成。

13 日，日本东光商事株式会社课长伊东稔夫先生来县考察。

14 日，县人民武装部划归地方建制，举行中国人民解放军江西省崇义县人民武装部划为地方建制交接仪式大会。即日起称：江西省崇义县人民武装部。

15 日，县木材公司丰田车 42～10349 号车，在大余线 111 公里 400 米处堕下 5 米深的路坑，造成 3 人死亡、重伤 2 人、轻伤 1 人、车辆严重损坏的恶性交通事故。

16 日至 19 日，赣州地区各县（市）税务局长会议在崇义县城召开。

17 日凌晨 3 时至 6 时，本县连续几次遭受特大暴雨的袭击，其降雨量 12 小时内为 129.4 毫米，受灾的有聂都、关田、文英、长龙、思顺、过埠、丰州、麟潭、金坑、横水镇、横水乡等 11 个乡镇、59 个行政村、385 个自然村。

17 日，县政府制定《关于推动横向经济联合有关问题的试行办法》。

七月

1 日，县调频广播正式开播，装机功率 50 瓦，设阳岭电视调频台内。

11日，县化工厂开发2号造矿油获得成功，该产品经南京林产化学工业研究所鉴定，超过冶金部一级产品标准。

11日至15日，由县六套班子领导带队，组成8个检查组，对全县各乡(镇)、县直各单位进行了党风大检查。

20日，全县第一座村级差转台（古亭镇桐梓村）落成。

23日，设立县土地利用管理局。

八月

5日，县木材加工厂与赣州木材厂联合投资兴建年产2千立方米的赣江联合人造板厂。

10日，设立中共崇义县委老干部局。

24日至27日，赣州地区城建环保工作会议在崇义县城召开。

九月

9日，政协江西省委员会副主席刘建华一行9人，来县视察指导工作。

13日，在县城举行政协崇义县第二届委员会第四次全体会议，政协委员70人出席会议。

15日至16日，召开中共崇义县委扩大会议，出席会议有县委委员，各乡(镇)党委书记、乡长，局级单位党组织负责人，县属厂矿党组织负责人，离退休党员干部。

15日至16日，县财政拨款20万元给崇义中学在北门购置20套商品住房，并交付使用。

15日至16日，原湖北省军区副司令员赖振骅骨灰送回故居过埠镇安葬。

十月

1日，县工人文化宫正式开放，7月20日竣工落成。

12日，扬眉乡阳星村村民吴桂英因烧田坎引起山林火灾，烧毁山林面积1500亩，被判处有期徒刑3年。

16日，县城1000门纵横制自动电话开通使用，实占门256门。

16日，县卫星电视教育地面接收站建成，并开始录制教学片。

十一月

1日，县科委肖声浩应邀到北京参加第一届国际高效灶学术研讨会，并在会上交流了《柴灶结构与热性能关系及其影响》的论文。

14日至16日，江西省爱国卫生检查团一行6人，来县检查工作。

18日，在县城举行崇义县工会第十三届代表大会，出席代表140人，选举产生了第十三届委员会。

22日，举行全县《纪念红军长征胜利五十周年火炬接力赛》活动。

25日，中共江西省委副书记、省长吴官正率省直有关部门负责人，在赣州地委书记黄名鑫陪同下，来县视察检查工作。

十二月

13 日，县中医院住院部落成接诊。

14 日，江西省军区政治部主任陈礼久来县检查工作。

24 日，县国土开发整治委员会成立，开展国土整治规划工作。

30 日，县委制定了《关于加强社会主义精神文明建设的实施要点》。

30 日，全县开展了学习、贯彻新颁布的《中华人民共和国治安管理处罚条例》宣传活动。

30 日，思顺乡折除违法占地建房 57 栋，折合面积 11400 平方米。

30 日，“中国少年先锋队崇义县第一届工作委员会”成立。

30 日，全县兴建长龙、金坑、文英、铅厂、聂都农贸市场，及县城农贸市场，棚顶面积 13759.46 平方米，投资 74.2 万元。

1987 年

一月

1 日，举办全县首届民间剪纸艺术展览。

15 日，县商业局、县供销社分开办公。

26 日，经省民政厅批准，过埠乡改为过埠镇。

二月

12 日，全县试行“儿童计划免疫保险合同制”。

12 日，从 1985 年 6 月开始的县、乡、村三级整党工作全面完成，历时 1 年 8 个月。

12 日，县政府决定：各乡镇财政管理体制“收支包干，一年一定”改为“收支递增包干，一定三年”。

12 日，为期 3 年 7 个月的“严厉打击刑事犯罪活动”的斗争圆满结束。

三月

上旬，县人大常委会主任罗言清、副主任肖文源一行 5 人前往湖南省汝城县、广东省仁化县考察学习换届选举工作。

上旬，召开了全县归侨、侨眷代表会，出席代表 31 人，选举产生崇义县侨联第二届委员会。

上旬，建国后，第一、二、三、四、五任县委书记刘抗、曹杰、张铭、夏敏、徐从忠返县指导工作。

四月

9 日，全县首次发行国家重点建设债券 4 万元，金融债券 2.14 万元。

23 日，黄先浪县长一行 8 人，前往江苏省吴县考察。

26 日至 5 月 1 日，林业部在崇义召开南方集体林区经营方式研讨会，来自四川、河南、福州、浙江、广东、广西、湖北、安徽、江西等9个省（市）的代表共34人。

崇义县土壤普查办公室由江西省人民政府授予“土壤普查优秀科技成果三等奖”。

五月

9日，“县委对台工作小组办公室”改为“县委对台工作办公室”。

22日，召开政协崇义县第二届委员会第一次会议，会期7天，出席会议政协委员90人。

24日至28日，在县城举行崇义县第十一届人民代表大会第一次会议，出席代表147人，选举产生了县十一届人民代表大会常务委员会，选举了县人民政府正、副县长，法院院长，人民检察院检察长。

28日，政协江西省委员会主席吴平在地区政协联络处副主任王治国陪同下，来县视察工作。

30日，县直基层党支部开展“一先双优”活动，为群众服务，捐款现金3.9万元，其中：支援灾区3.2万元，其余用于县集资办学和公共卫生设施建设。

30日，按国务院规定，农业税由原来每百斤稻谷按人民币15.59元调整为17.09元计征。

30日，县政府制定印发《关于严禁猎捕珍贵野生动物的布告》。

六月

1日至5日，举行全县第一届乡（镇）男子篮球比赛。

3日，县新华书店营业大楼建成开业。

9日，江西省人大常委会副主任王泽民一行6人，由地区人大联络处副主任孙恒吉陪同来县视察人大工作。

13日，县委办下发〔1987〕15号文件《关于建立乡（镇）政协小组》，各乡（镇）政协小组相继成立。

13日，江西省军区副司令员沈善文来县视察工作。

13日，政协江西省委员会副主席刘建华来县视察工作。

七月

4日至6日，在县城举行中国共产党崇义县第十次代表大会，出席会议正式代表250人，候补代表25人，列席代表60人。选举产生了中共崇义县第十届委员会和中共崇义县第十届纪律检查委员会。

7日，中国工农红军第三军团战史编纂委员会办公室副主任刘裕清一行4人，来县征集资料。

7日，召开中共崇义县第十届委员会第一次全体委员会议，出席会议的有县委委员21人，候补委员5人。

17日，县委作出《关于加强自身建设的决定》。

7日，县政府下发《关于贯彻中共中央〔1987〕20号文件，木材经营实行由林业部门统一管理和进山收购的通知》。

八月

1日，十省十三地市“今日长征路摄影艺术展”，在崇义县城展出。

2日，夏令时18时7分，发生5.8级地震，五层楼房有摇动。3日，15日连续发生地震。

13日至9月9日，县委副书记刘泰山率第一批乡（镇）长、企业办主任26人，赴江苏省吴县挂职学习。

18日，县委颁发《关于调整农村家庭承包责任田的试行办法》。

29日，县老龄问题委员会成立。

九月

1日，县委决定成立“崇义县山区综合开发治理指挥部”，总指挥李本楠。

18日，地区计委批准本县纤维板厂初步设计建设规模，年产5000吨硬质纤维板，总投资516万元。11月3日，省计委批准纤维板项目列入1987年计划。

十月

1日，麟潭大桥竣工通车。

1日，县宾馆大厦建成并交付使用。

1日至12日，中国林业科学院林业研究所和中国林学会科普部在崇义县召开全国第三次林业化学除草技术座谈会，参加会议的有20个省、市、自治区的代表共81人。美国杜邦中国有限公司和美国陶氏化学公司的代表也出席了会议。

14日至12月31日，根据国务院省人民政府文件精神，在国营企业进行了1.8元增资和3%晋级工作，全县升级人数1658人。

20日至27日，全县行政村党支部书记，在县委党校学习党的十三大基本精神及农村改革、农村经济政策文件。

24日，县委以崇党发〔1987〕63号文件发出《关于切实加强党的基层组织建设的几项制度》。

28日至11月1日，省爱国卫生检查团一行9人来县检查工作。

同月，本县第一座35千伏降压站在县城建成并投入运行。

同月，全国政协委员邓少云返县视察工作。

同月，全县开征耕地占用税。

同月，县政协接待了从法国巴黎回来探亲的赵营、刘成、赖木水三位华侨。

十一月

4日，县化工厂生产的松焦油，经南京林产化学研究所鉴定：该产品达到部级标准。

15日，本县自筹资金780万元兴建装机容量为3750千瓦／3台高水头经流式电站——山院电站正式投产运行。

15日，全县开办“二女户结扎”养老保险工作。

15日，县政府决定，在全县范围内开展土地管理法的宣传月活动。

十二月

9日，县人大常委会副主任肖文源一行9人，赴深圳参加江西省名优特新产品展销会，本县在会上成交额59万元。

16日至22日，全县300名中层领导干部，在县委党校集中学习党的十三大文件。

17日，江西省副省长黄璜来县考察林业改革。

18日至20日，召开共青团崇义县第十八届代表大会，正式代表250名，列席代表11名。

25日，成立县计划生育协会。

25日，7个国营采育林场先后进行招标承包，公开招聘场长。

25日，过埠镇电影队被国家农牧渔业部、文化部、广播电影部、电视部、林业部等五部授予“农林科教影片汇映”先进单位。

25日，恢复县农业机械管理局。

25日，县第一座乡级3米卫星电视地面收转站〔聂都乡站〕开始筹建，1988年6月建成并正式开播。

1988年

一月

1日，设立“北京经济函授大学崇义分校”，有457名干部职工报名参加学习。

1日，举办首届农村业余歌手大奖赛。

9日至13日，召开政协崇义县第三届委员会第二次会议，出席会议政协委员100人。

10日至13日，在县城举行县第十一届人民代表大会第二次会议，选举刘忠贵、罗言清、许进来、杨银洲、赖允莲为出席江西省第七届人民代表大会代表。

16日，中共江西省纪律检查委员会副书记颜先进、地委纪委书记郭快一行6人来县检查工作。

19日，江西省军区司令员、省委常委王保田来县视察工作。

27日，江西省军区参谋长刘子明来县检查工作。

27日，县政府作出《关于进一步开展集资修缮中小学校舍的决定》。规定干部职工按年工资收入（含基础工资、职务工资、工龄工资）的1%，连续集资3年，城镇居民、农民按人平每年3元的标准集资2年。

二月

3日，经赣州行署批准恢复蓝性为畲族民族成份的227户，1025人。

9日，设立县监察局。

9日，县政府制定《农村二女结扎户实行养老保险实施办法》。

三月

6日至7日，召开了县科技表彰大会，在会上获得科技成果奖和科技成果推广奖的项目52个，其中：一等奖3项，二等奖13项，三等奖23项，四等奖13项。

7日，县政府颁布《关于发展横向经济联合及鼓励外商投资优惠政策的规定》(即十条优惠政策)。

9日，中共江西省委常委、省委宣传部长王太华来县视察工作。

15日，县委决定：对县直部门和乡（镇）领导班子实行任期目标责任制。

16日，县委制定《关于1988年深化改革的要点》。

16日至22日，最高人民检察院人事厅组织处处长蒋杰令，在江西省检察院人事处张辉民和赣州检察分院副检察长彭诗光的陪同下来县检察工作。

四月

11日至13日，县人民政府接待了第一批回乡探亲的台胞黄世宥一行7人。

5日，县委、县政府决定，向社会公开招选县物资局、二轻局局长。

7日，县委、县政府决定：横水乡、关田乡、扬眉乡、过埠镇为改革试验乡(镇)。

上旬，全县发行江西省大化肥奖券20万元。

15日至17日，召开中共崇义县纪律检查委员会全委（扩大）会议，传达贯彻中共中央纪律检查委员会、中共江西省纪律检查委员会（扩大）会议精神。

24日，由政协崇义县委员会牵头，“三省七县（南雄、仁化、汝城、桂东、上犹、大余、崇义）政协主席、外经委、协作办主任座谈会在崇义县城召开。

28日，县委书记黄先浪，县人大常委会主任罗言清率有关部门负责人前往广东开平、阳春、湛江、珠海、深圳进行考察。

28日，县政府发出通知全县范围内进行安全生产大检查。

五月

5日至7日，召开全县改革工作会议，各乡（镇）党委书记和县直单位负责人出席了会议。

18日，县第十一届人大常委会第六次会议决定任命甘盛增为县人民政府副县长。

18日，县委、县政府决定从党、政、群机关和事业单位抽调100名干部下乡支援乡（镇）企业工作。

六月

1日至3日，赣州军分区在崇义召开全区民兵军事训练优化教学试点现场会。

2日，县级6米卫星电视地面收转站（设在旗岭大窝子）动工兴建，10月1日正式开播、转发中央电视台第一套、第二套电视节目，装机功率50瓦、10瓦各1

台，覆盖县城及附近七个村。

13日至16日，召开新编《崇义县志》稿评审会，由省、地编纂委员会领导，教授、学者以及全区各县（市）志办主任（主编）参加了评审会。

13日至18日，中国人民解放军总政治部原副主任黄志勇（中将）返县视察指导工作。

15日，新汽车站竣工并交付使用。

15日，江西省农业大学教授陈善坤来县作“多效唑化控技术在农业上的应用”学术报告。

15日，县政府决定：建立阳岭自然保护区。

七月

2日，县厂长（经理）协会成立。

2日至4日，保加利亚索菲亚矿业工程公司两位工程技术人员来本县聂都、关田考察大理石、花岗石项目，并签订了合同开发意向书。

2日至4日，中国科学院茶叶研究所，对本县乐洞乡的“龙归茶”通过鉴定认为：“龙归茶”品质优良、风味清香独特，定为“名茶”。

八月

7日至9日，因受7号台风影响，本县部份地区发生8级以上雷雨大风，有2860户农户房屋瓦面被损，造成经济损失70万元。

上旬，江西省人大常委会赣州地区联络处在崇义宾馆召开全区执法大检查总结经验交流会，由各县（市）人大常委会主任、行署办公室、地区中级人民法院和人民检察院负责同志出席了会议。

15日至19日，本县运动员肖长秀参加全省第一届农民运动会，获得两枚金牌。10月参加全国首届农民运动会，获1000米赛跑第9名，被大会授予“精神文明运动员”称号。

21日，根据国务院文件规定，为全县中小学和幼儿园教师提高10%工资。

26日至12月31日，县直67个单位的副科级以下党政机关干部实行选聘制，全县有2000余人参加了选聘，聘用率达98%。

27日，县委、县政府制定《关于县直事业单位实行企业化管理的实施意见》。

29日，县委作出《关于在全县农村进行党的基本路线教育的决定》。

30日，县委发出《关于从严治党、清除腐败分子，处置不合格党员的意见》。全县受开除党籍处分的21人，劝退和除名党员18人。

九月

2日，副县长甘盛增一行12人赴厦门代表本县作为中林公司的股东参加福建省出口商品交易会。

5日，县第一座村级3米卫星电视地面收转站在石罗村建成。

12日，广西电影制片厂《邓小平在广西》摄制组来县拍摄1931年2月红七军的活动镜头。

19日至20日，召开县工商业联合会第六届会员代表大会，选举产生了“第六届执行委员会”。

19日至20日，湖南省怀化地区政协联络处副主任张有铣一行12人来县考察政协工作。

十月

1日，团县委在县城举办了“四县五矿六厂（场）”（大余、崇义、上犹、南康、西华山钨矿、漂圹钨矿、荡坪钨矿、下垅钨矿、七一九矿、犹江林场、南河电厂、江西一糖厂、二糖厂、赣南卷烟厂、赣南轴承厂）等31名青年歌手大奖赛。

8日至9日，赣州地区各县（市）计委主任会议在崇义县城召开。

9日，成立县清理固定资产投资在建项目领导小组。经过清理同意续建的生产性项目20个，非生产性项目3个，停建项目15个。

9日，县人民医院钟文英应邀到北京参加血瘀症研究国际会议，《48例月经不调（痛经）疗效观察》论文在大会交流。

26日，县委、县政府作出《关于实行“两公开一监督”制度》。

26日至27日，召开中共崇义县委扩大会议，出席会议的有县委委员、候补委员，各乡（镇）党委书记、乡（镇）长，县直单位党组织负责人。

29日，县委决定，撤销县委农工部，成立县农村经济工作委员会。

29日，彭良三由全国最高检察院授予“全国模范检察长”称号。

十一月

24日，县信息中心与全国信息电传网络联网。

25日，县人大常委会主任罗言清、副主任肖文源参加全国人大法工委、北京大学法律系举办的第一期县级人大建设研讨班。

26日，中共上海市卢湾区委副书记施德蓉率卢湾区政府代表团一行12人来县进行友好访问。

30日，县委决定撤销“县委政法委员会”成立“县委政法领导小组”。

30日，在县宾馆召开了全县第一次少数民族代表座谈会。

30日，全县工业总产值第一次突破亿元（10630万元）大关。

十二月

1日，本县由5类工资区调整为6类工资区。

16日至17日，赣州地区房改工作会议在崇义宾馆召开。

16日至17日，龙勾乡拆除违法占地建房22栋，折合面积4400平方米。

16日至17日，浙江省余姚市（王阳明故乡）政协一行8人来县考察王阳明在崇义的活动情况。

16日至17日，江西省人民政府顾问方谦来县视察工作。

同月，横水中学改名为“崇义第二中学”。

同月，长青牌（外销）、阳岭牌（内销）800克冬笋罐头获江西省优质产品光荣称号，为全县第一项省优产品。

同月，黄国文由全国统计局评为“全国统计工作先进个人”。

1989年

一月

7日，县委发出《关于学习宣传贯彻中共中央、国务院〈关于夺取今年农业丰收的决定〉和全国、全省两个农村工作会议精神的通知》，要求各地要进一步提高思想认识，强化农业基础地位，把工作重点放在夺取农业全面丰收上来。

9日，县人民武装委员会第9次全体会议决定：成立“县部队编外政治处”，聘请256名干部为部队编外指导员。

10日，横水镇与横水乡合并为横水镇。

10日，新编《崇义县志》由海南人民出版社出版，国内外发行。

二月

27日，县委作出《关于廉政建设的决定》，明确规定保持廉洁必须做到“十不准”，建立上级对下级教育，下级对上级负责的责任制。

27日，县木材公司创办职工学校，首次招生50名。

27日，按国务院规定，农业税由原来每百斤稻谷按人民币17.09元调整为22.10元计征。

三月

4日至7日，召开政协崇义县第三届委员会第三次会议，出席会议政协委员89人。

6日，从县直机关单位抽调80名干部，下乡抓党的基本路线教育，时间10个月。

8日，县委作出《关于加强廉政建设的决定》。

12日至15日，在县城举行县第十一届人民代表大会第三次会议。

22日，县“五四三”活动委员会更名为“县精神文明建设委员会”。

24日，赣州地区各县（市）政协主席座谈会在崇义宾馆召开。

26日，崇义籍运动员肖长秀参加全国健力宝田径邀请赛获两枚金牌。

四月

2日，县委发出《关于进一步完善人民政治协商、民主监督的暂行规定》。

2日，中共崇义县纪律检查委员会制定《关于加强自身建设、保持廉洁的六项规定》。

11日，县政府批准雷性公民68户302人恢复为畲族民族成份。

14日，全县进行了“全国十一亿人口日宣传教育活动”。

本月至12月按照省委部署，对全县干部职工拖欠公款进行了全面清收，1986年2月以来，对党政机关干部在城镇违纪建私房问题进行了全面清查处理。

14日，成立“江西省崇义县海外联谊会”。

五月

5日，召开县第二次文学艺术工作者代表大会，改选了县第二届文联委员会。

8日，廖贤平、陈昌洪、蔡玉兰由国家计生委授于“全国生育节育抽样调查先进工作者、优秀调查指导员、优秀调查员”称号。

8日，建立县长接待日制度。

六月

12日至15日，召开县第十三次妇女代表大会。

25日，江西省高级人民法院院长李迎，在中级法院院长宋焕文陪同下来县视察工作。

25日，杀人犯黄建华（遂川县人）、骆耀生（遂川县人）被依法处决。该两犯于1988年9月19日凌晨3时许，用篾刀杀死杰坝供销社长潭代销店营业员袁平宣，抢去现金和一部分商品，同月29日被抓获归案。

七月

10日至12日，举行中共崇义县第十届委员会第七次全委扩大会，出席会议的有县六套班子党员领导干部、县委委员、候补委员、县纪委委员、县直各部委、办、局党员负责人，各乡镇党委书记、乡（镇）长、县直各单位党组织负责人。

14日，县直机关党员、干部职工收听李鹏总理代表党中央、国务院在首都机关党、政、军干部大会上重要讲话和陈希同《关于制止动乱和平息反革命暴乱的情况报告》。

24日，县第十一届人大常委会第十三次会议决定接受罗穗安辞去县人民政府副县长职务的请求。审议通过确定银杏为县树，桂花和杜鹃花为县花。

24日至27日，赣州地区精神文明建设暨社会治安综合治理工作会议在崇义宾馆召开，出席会议102人。

八月

10日，县委作出《关于干部参加生产劳动的决定》。

12日，政协江西省委员会副主席、省委统战部长杨永峰来县视察工作。

九月

1日，新办横水镇初级中学正式开始招生上课。

7日，恢复县委政策研究办公室。

8日，召开全县老龄老干工作先进集体、先进个人表彰大会，26名“老有所为”先进个人，27名“敬老好儿女”先进个人。

9日，赣州地区计划生育工作会议在崇义宾馆召开。

9日，召开全县从事村委会工作30年以上离职村干部表彰会，53名老村干部

概　况

GAI　KUANG

地　理

【位置面积】

崇义县位于江西省西南边陲，地处东经 113°55′至 114°38′，北纬 25°24′至 25°55′之间。东与南康县接壤，南与大余县和广东省仁化县相交，西与湖南省汝城县、桂东县毗邻，北与上犹县交界。东西长约 73 公里，南北宽约 59 公里，总面积 2206.27 平方公里。距赣州地区行政公署所在地赣州市 97 公里，距江西省人民政府所在地南昌市 506 公里。

【人口民族】

1986 年全县人口 172512 人，1989 年 182904 人，增加 10392 人，平均每年增加 2598 人，年递增 1.97%，其中 1989 年男 95618 人，占年总人口的 52.3%，女 87286 人，占年总人口的 47.7%。

崇义县 1986～1989 年户数人口数

表 1

年　份	户　数	总人口	其　中				人口密度 人/平方公里
			男	女	农业人口	非农业人口	
1986	31489	172512	91004	81508	147394	25118	78
1987	33183	175818	92097	83721	149227	26591	79
1988	35033	179543	93829	85714	152010	27533	81
1989	36060	182904	95618	87286	154575	28329	83

崇义县1986～1989年人口变动情况表

表2

年　份	总人口	出生人口		死亡人口		自然增长率	
		出生人数	出生率‰	死亡人数	死亡率‰	人　数	‰
1986	172512	2610	1.5	899	5.2	1711	10
1987	175818	2992	1.7	958	5	2034	11
1988	179543	3166	1.78	851	4	2315	13.0
1989	182904	2759	1.52	1214	6	2670	14

崇义县有回、壮、畲、满、苗、白、土家、侗族等八个少数民族，汉族居多。

1988年2月3日恢复蓝姓为畲族的有227户，1025人；1989年4月11日恢复雷姓为畲族的有68户，302人。其分布情况见下表:

崇义县蓝姓雷姓恢复为畲族的分布表

表3

乡镇名	蓝　姓		雷　姓		乡镇名	蓝　姓		雷　姓	
	户数	人数	户数	人数		户数	人数	户数	人数
乐洞乡	24	91			金坑乡	17	68		
关田乡	14	65	15	58	麟潭乡	6	28		
长龙乡	47	214			扬眉镇	12	58		
古亭镇	1	2			龙勾乡	20	73		
文英乡	4	9			铅厂乡	17	84	3	17
聂都乡	18	109	5	16	横水镇	15	69	45	211
过埠镇	7	35			茶滩乡	20	92		
杰坝乡	5	28			合　计	227	1025	68	302

【地貌】

崇义县山脉纵横交错，群峰起伏连绵，全县地势由西南向东北倾斜。按地貌特征，可分为:

中山　主要分布在金坑、思顺、上堡、丰州、文英、乐洞、聂都、关田、横水、铅厂、长龙等乡镇的边缘山区，海拔高度1000米以上，相对高度大于500米。千米以上山峰232座。金坑、横水、铅厂、长龙等乡镇是石英岩；思顺、上堡、丰州、文英、乐洞、聂都、关田等乡均为花岗岩及花岗闪长岩，山坡陡峭，山顶多呈锯状、坑状，局部有石蛋地形堆积，植被覆盖良好。

低山　主要分布在金坑、思顺、上堡、丰州、文英、聂都、关田、横水、铅厂、长龙、茶滩、过埠、杰坝、麟潭等乡镇邻近中山的前缘部分，海拔500～1000米，相对高度200～500米，是山区和丘陵的过渡地带。上堡、丰州、文英、聂都、关田以花岗岩为主；金坑、思顺、横水、铅厂、长龙、茶滩、过埠、杰坝、麟潭等乡镇以石英砂岩、板岩、砂质板岩为主，植被繁茂。

高丘陵　主要分布在长龙、扬眉、龙勾、古亭、麟潭、过埠等乡镇的邻近低山部分，海拔300～500米，相对高度100～200米，有海拔300米以下的少部分面积；多为变质岩，少数为花岗岩；丰州为白垩纪紫色砂砾岩；东部长龙乡长龙村以下，植被覆盖较差，局部地段有轻度水土流失，其它乡镇植被覆盖好。

河谷阶地　主要分布在古亭、麟潭、过埠、横水、茶滩、长龙、扬眉、龙勾等乡镇河流沿岸，相对高度大于30米，为近代河流冲积物堆积而成，是主要农业区和村镇所在地。

县内地层发展较全，除缺失志留系、侏罗系及第三系外，均有存在，以下古生界广泛发育为浅变质的地褶型浅海相泥沙质为主的类复理建造，震旦系出露不全，寒武系产生小型无纹纲腕足类及海绵骨针化石，奥陶系则富产笔石，泥盆系缺失下统，石炭系中上统为碳酸盐建造，二迭及三迭系均以浅海相细碎沉积为主，白垩系仅上统，残蚀不全，个别出露，第四系缺失更新统，全新统以冲积沉积为主，发育于县内三大水系两岸。

【气候】

1986～1989年总的气候特点是：冬季偏暖，春温偏低，降水偏少。年平均气温为17.9℃，略高于常年，其中1986年平均气温为18.5℃，异常偏高，是历年的最高值。冬季气温偏高，其中1987年冬季明显偏暖。春季气温偏低，其中1988年春季明显偏低。1988年3月，平均气温较常年周期偏低近3℃。1988年4月，平均气温较常年周期偏低1.8℃。由于长期低温阴雨天气，造成农业大范围烂种烂秧。1986年夏凉秋湿偏低。1988年夏季炎热，秋温接近常年。6月、10月平均气温偏高较明显，较常年周期高0.5℃。6月平均气温异常偏高，是历年同期的最高值。1987年10月平均明显偏高，是历年周期的次高值。

1986～1989年平均降水量为1402.8毫米，较常年值少226.8毫米。1月平均降水量较常年周期偏多2成，其中1989年1月降水量异常偏多，是历年同期的最高值。7月平均降水量较常年周期多6成，其中1987年7月降水量异常偏多，是常年周期值的近3倍。4月、6月、8月、9月、10月、12月，平均降水量较常年同期值，均偏少2成以上，其中12月平均降水量较常年同期偏少7成半。1986年和1989年伏旱秋旱连冬旱，1989年有过连续33天无水降。

1986～1989 年平均日照时数为 1444.4 小时，较常年值 1374.8 小时多 69.6 小时，其中 12 月平均日照时数偏多较明显，较常年偏多 5 成。

(黄诗结　邹树青　陈惟铭)

【水系】

崇义县属长江流域赣江水系，境内河网交织，大小河流 83 条，其中流域面积大于 20 平方公里的有 30 条，小于 20 平方公里的而大于 5 平方公里的有 53 条。河流总长度 980.9 公里，平均河流密度每平方公里 0.441 公里。主要河流有三条：一是大江（麟潭江）发源于湖南省汝城县黄岭山，流经县境西北部，注入陡水水库，流域面积 1181 平方公里，主河长 82.5 公里；二是小江（横水河）发源于聂都大章山北麓，流经关田、横水、茶滩，注入陡水水库，流域面积 494 平方公里，主河长 67 公里；三是扬眉江（芦江）发源于长龙新溪村云山西麓，流经长龙、扬眉、龙勾入南康境内，流域面积 281 平方公里，主河长 63 公里。

境内不仅地表水得天独厚，地下水也很丰富。松散岩类孔隙水分布面积约 35.07 平方公里；碳酸盐岩类岩溶水分布面积约 21.2 平方公里；基岩裂隙水广布全县，面积约 1947.18 平方公里。

此外，还有上堡温泉、金坑温泉、茅坪热水三种地下热水。

【自然资源】

土地资源　崇义土地面积。由中山、低山、高丘陵、河谷阶地构成，其土壤有水稻土、潮土、紫色土、石灰（岩）土、红色石灰土、红壤、山地黄壤、山地黄棕壤，适宜于亚热带各种动植物生长繁衍。全县有土地面积 330.94 万亩，其中森林面积 259.25 万亩，占总面积的 78.33%；耕地面积 16.25 万亩，占总面积的 4.92%（水田 12.68 万亩，占 78.04%；旱地 3.57 万亩，占 21.96%），其它各类土地面积 55.44 万亩。占总面积的 16.75%，主要是水库、河流、道路、城镇、工矿和居民用地。

植物资源　崇义县常绿阔叶林生物气候带至今保留白垩纪末和第四纪冰期后孑遗的单科单属单种种树银杏（我国特产）。国家一级保护树种，有秃杉、水杉；二级保护树种，有金钱松、台湾松、建柏、鹅掌楸、观光木、野茶树、杜仲、伞花木、钟萼木；三级保护树种，有穗花杉、长苞铁杉、南方铁杉、翠柏、厚朴、凹叶厚朴、黄山木兰、红花木莲、楠木、浙江楠、沉水樟、天竺桂、半枫荷、华南栲、青钩栲、白桂木、白辛树。全县森林资源丰富，树木种类繁多，林木树种有 123 科，892 种；活立木蓄积量 908.07 万立方米，毛竹蓄积量 4416 万根。故有“江西省绿色宝库”之称。

野生动物　崇义森林茂密，气候温暖，适宜各种动物生存与繁衍。国家一类保护动物，有金钱豹、金猫、獐子、南方花鹿、华南虎、黄腹角雉；二类保护动物，有苏门羚、毛冠鹿、山黑鹿、水黑鹿、穿山甲、水獭、小灵猫、大灵猫、白鹇、红腹锦鸡、娃娃鱼、蟒蛇。此外还有兽类、鸟类、爬虫类、鱼类、虾贝类其它珍贵动物。

矿产资源　目前已发现的，有铁、铜、铅、锌、钨、锡、钼、铋、铍、金、银、铝、铷、　、钽、稀土、铂等金属矿；有水晶、硅石、冰川石、萤石、瓷土、磷、大理石、花岗石、石灰石、白云岩等非金属矿；还有煤燃料矿。

水资源　崇义雨量充沛，全县年均水能理论蕴藏量 19.9 万千瓦，年电能 17.4 亿度，水能可开发量 6.4 万千瓦，已开发利用 8779 千瓦，占 13.7%。

【自然风光】

阳岭风光　阳岭位于县城南郊 6 公里。高冠近山，尖峰参差，状如笔架，主峰海拔 1295.5 米。森林覆盖率达 95%以上，古木参天，郁郁苍苍，保持了原始森林风貌。海拔 300 米以下，多为松、杉、竹及杂木混交林。据调查，阳岭有楠木、香樟、红心木、落叶樟、水杉松等珍贵木材；有徐长卿、石皮、石竹、灵芝、天麻、杜仲等 200 余种药材；有实心竹、乌竹、红壳竹等 8 种竹子；有杨梅、橄榄、猕猴桃、橡子等野果；有杜鹃花、石兰、野菊、杨木花等几百种花草；有山鹿、穿山甲、果子狸、白鹇、锦鸡、五彩云雀、石蚜、山龟、娃娃鱼、祈蛇、眼镜蛇等 100 多种珍奇动物。还盛产香菇、土纸、松香、玉兰片、黑木耳、白木耳、红菌菇等特产，特别是“阳岭绿茶”，久负盛名；并蕴藏煤、钨、铝、锌等矿产。

阳岭正面 4800 亩面积内，奇山异石，珍禽野兽，飞流瀑布，甘泉曲溪，老藤古树，四时花木，自然景观，十分秀丽。

暑天，大片林木，遮天蔽日，山风习习，凉爽宜人，是理想天然避暑胜地。

秋天，满山红叶，果实累累。斯时，天高气爽，站在山巅，只见四面云山，层峦迭嶂，崇义县城近在咫尺，人豆车寸，历历在目；陡水、西湖、长河坝水库，犹如三面明镜，光耀眼前。放眼远眺：东面依稀可见酒潭山、峰山；西面可见赣南最高峰——齐云山；南面可见云山、丫山、九龙脑；北面可见油石嶂、营前和鹅形一带的秀丽山峰。数百里视野，莫穷其际，大有“会当凌绝顶，一览众山小”之感。

此外，阳岭的石磜龙吐水瀑布，玛瑙嵊的乱石迷宫，漂底的猿猴望月，漂尾的仙人牧羊，袁山里的茶园猪群、马迹石、天子地、古墓、岩洞和极顶石崖上的仙人弈棋，以及玛瑙嵊、半古旱寺、云隐寺、观音堂，均为山中幽雅景点。

阳岭已规划为旅游区，有盘山公路，直抵山腰。

聂都风光　聂都位于县城西南 52 公里的赣粤交界处，大理石岩洞星罗棋布，幽深莫测，奇丽壮美，千姿百态。

双鹤岩　位于聂都墟东 1 公里。门厅一对钟乳白鹤，它俩昂起头，甜甜相依，脉脉相望。石门框上锈有“咸丰九年”字样，岩洞高 10 米，洞深 100 米，钟乳琉璃，玲珑剔透。洞内有七个 30 米至 40 米长的大厅。洞底流水潺潺，洞壁有楼阁、小巷，“天花板”各厅各样，有的鲜彩花，有的水纹花，有的黑白间条花。琉璃中间有如蝌蚪、鲇鱼、壁虎、蝴蝶、珊瑚之类的鱼虫结石。有的象飞禽走兽、珠帘彩幕、玉柱浮雕。这些飞鸟鱼虫，惟妙惟肖，栩栩如生。洞内有岔洞、佛像、床榻、钟鼓、击之有声：有井，方圆广尺，深不可测，清泉可酌，名为观音池，相传有龙居住，后因游人混进，井龙遂化双鹤飞去。

莲花岩　位于聂都墟西南角的旗岭山麓。洞高 10 米。洞内三厅一楼：一为莲花厅，两朵垂莲悬挂在岩顶，一花一蕾相映成趣；一为寿星厅；在厅正座立着一尊丈余高浮雕琉璃结石寿星，光头倾额，美髯齐腹，宽衣大袖，左手扶杖，俨然如生；一为丹田厅，几百丘袖珍丹田，一层一层，一叠一叠，方园大小不一，有水、有泥、有田埂，活象山间梯田，因呈紫色，人称丹田；一为绣花楼，居侧厅之上，楼内有门有窗，有小姐坐过的鼓形石凳。游人到此，不禁兴起“小姐已乘黄鹤去，此地空余绣花楼”的感叹。

罗汉岩　位于聂都墟西南约 2 公里的穆姑山下，洞高约 4 米，洞内深邃幽妙，险厅莫测，洞道纵横，怪石嶙峋。离洞口 120 米处的左边，有一岔洞，有一尊丈罗汉，栩栩如生。再进 10 米，有一银灰色岩壁，印有一尊丈余高、深赭色的大罗汉，形象逼真。右边主洞，有地下河，流水潺潺。有乌龟石，神气活现。有无底洞，深不可测；有多处天窗，直达山巅。洞内还有长廊、大厅、沼气、旱河、深涧，真是一座地下迷宫。

狮子岩　位于聂都墟约 500 米，在高寨半山腰中，洞内有阔口大厅和旁厅各一。大厅长 30 米，宽约 15 米，旁厅方圆约 10 米。大厅与旁厅的接口处，站立一头雄伟的钟乳石狮，高约 4 米，右前抱一大石球，面蒙轻纱，酷似“狮子含羞抱绣球”，颇有情趣。

吐云岩　又名气鼓岩，以冬天喷出浓雾而得名，与双鹤岩隔路相望，相距约 200 米，内有前厅、大厅、后厅和厢房，全长约 200 米。洞内有多处琉璃奇景，质青透明，火光照射，五光十色，颇为壮观，人称“水晶宫”。

此外，还有出水岩、石燕岩、偷牛岩、南山岩、风透岩、窗口岩、金鸡岩、避疑岩、内潮岩……最小的南山岩，也不次于庐山的仙人洞。这些岩洞，人可入内，曲径通幽，深邃离奇，雄伟多姿，五光十色。

【自然灾害】

水灾　1986 年 5 月 4 日、5 月 20 日遭受暴雨袭击。特别是 6 月 17 日凌晨，全县有聂都、文英、关田、金坑、过埠、麟潭、横水、横水镇、长龙、铅厂、思顺、丰州等乡镇 59 个行政村、3922 户，遭受一场大暴雨袭击，受灾面积 8714

亩，毁坏农田 517 亩，倒塌房屋 55 间，损坏 27 间，其中 13 户造成无家可归；冲毁牛栏、猪栏厕所 49 间；冲坏塘坝、陂圳 288 处，桥梁 160 座；死亡 3 人。

1988 年 3 月 16～18 日，全县出现冰雹和雷雨，其中思顺、金坑、茶滩、杰坝等乡山洪暴发。特别是 18 日杰坝乡黄金村田心村民小组因暴雨倒塌房间 5 间，骆宗海之父和源坑口村民小组张祖贵之妻，由于后山滑坡被压死。

1988 年 4 月 12 日，久雨，聂都乡小岭村杨名亮、杨名贵等 6 户因地陷，毁房屋 33 间。

旱灾　1986 年 7 月，连续 20 多天未下透雨，全县 65 个村受旱，受旱面积达 10127 亩，无法插秧的 1035 亩。

虫灾　1988 年 6～7 月，龙勾乡、扬眉乡，松毛虫发生面积达 10000 亩以上，受害面积 500 亩。

1989 年 6～7 月，龙勾乡、扬眉乡松毛虫发生面积达 100000 亩以上，受害面积 80000 亩以上。

1989 年 7～9 月，全县局部地区发生竹蝗危害，长龙乡新溪村有虫面积达 6000 亩以上，受害 2000 亩。

地震　1987 年 8 月 2 日 18 时 07 分发生 5.8 级地震，五层楼房有摇动。

1987 年 8 月 3 日 8 时 19 分发生 5.5 级地震，五层楼房有摇动。

1987 年 8 月 15 日凌晨 1 时 59 分发生 4.8 级地震，五层楼房有摇动。

（黄诗结）

历 史 沿 革

崇义县建于明正德十二年（1517）冬。

春秋战国　崇义先属楚国、吴国。公元前 473 年，越灭吴，属越国。公元前 355 年，楚伐越，吞并吴国，又属楚国。

秦　始皇二十六年（前 221 年）创郡县制。分全国为 36 郡，后增为 46 郡。崇义属南埜地，隶九江郡。

西汉　高祖四年（前 203 年）改九江郡为淮南国，崇义属之。高祖六年（前 201 年）平定江南，分淮南地置豫章郡，立南埜县。新王莽建国元年（9 年）改豫章郡为九江郡，崇义属南　县地，隶九江郡。

东汉　建武元年（25年）改九江郡为豫章郡，南　县改称南野县。献帝兴平元年（194年）孙策据江南，分豫章置庐陵郡，崇义属南野县地，隶庐陵郡。

三国　吴嘉禾五年（236年）分庐陵郡地立南部都尉，复分南野地置南安县，崇义属南野县和南安（亦作安南）县地，隶南部都尉。

晋　武帝太康元年（280年），晋王浚舟师克石头城，吴亡，改南安县为南康县，崇义属南野县和南康县地，隶南部都尉。太康三年（282年）撤销南部都尉立南康郡，崇义属南野县和南康县地，隶南康郡。

南北朝　宋，武帝永初元年（420年）改南康郡为南康国。崇义属南野县和南康县地，隶南康国。齐，武帝永明元年（483年）复为南康郡，崇义属之。永明八年（490年）复改为南康国。梁，武帝天监元年（502年）又改为南康郡。陈，武帝永定元年（557年）南野析置南康后，改南康县为赣县。崇义属南野县和赣县地，隶南康郡。

隋　文帝开皇九年（589年），改南康郡为虔州，崇义隶虔州。开皇十年（590年）改东衡州为始兴郡，立大庾县，隶属广州总管府。崇义属赣县、大庾县地。开皇十六年（596年）废郡，大庾县亦废立为镇，复入南康。炀帝大业元年（605年）改虔州复为南康郡，赣县复称南康县，崇义属南康县地，隶南康郡。

唐　武德五年（622年）南康郡再改为虔州。永淳元年（682年），分南康县的东南地立南安县，崇义属南康县地，隶虔州。神龙元年（705年），升大庾镇为大庾县，崇义属南康县和大庾县地，隶江南道虔州。天宝元年（742年），虔州复为南康郡，崇义仍属南康县和大庾县地，隶南康郡。

五代　后梁开平中置虔州百胜军。乾化元年辛末（911年）黎求代卢光稠遗判官李照析南康西北地设上犹场。崇义属南康县、大庾县地，隶百胜军。南唐，烈祖（李异）升元元年（937年）改百胜军为昭信军。元宗（李璟）保大十年（952年）升上犹场为上犹县，崇义属南康县、大庾县、上犹县地，隶昭信军。

宋　太祖开宝八年（975年），改昭信军为军州，后改为虔州，崇义属之。太平兴国元年（976年），分江南为东西两路，虔州隶江南西路。淳化元年（990年）建南安军，崇义仍属南康、大庾、上犹县地，隶南安军。宁宗嘉定四年（1211年），改上犹为南安县，崇义属南康、大庾、南安县地，隶南安军。

元　至元十四年（1277年），改南安军为南安路总管府，隶江西行省。至元十七年（1280年），改南安县为永清县，次年，复改为上犹县，崇义属南康、大庾、上犹县地，隶南安路总管府。至正二十五年（1365年）改南安路为南安府，崇义隶南安府。

明　正德十二年（1517年），都御史王守仁率兵镇压横水、桶冈的谢志山、蓝天凤农民起义后，析上犹县的崇义、上堡、雁湖三里，南康县的隆平、尚德二里，大庾县的义安里建县，择定崇义里的横水设立县治，并以崇义里之名，名县为崇义县，隶南安府。

清　沿明制，崇义隶南安府。

民国　元年（1912年），废府。3年（1914年），划江西为豫章，浔阳、庐陵、赣南四道，分领81县。崇义属赣南道。15年（1926年），废道，县直隶于省。21年（1932年）全省分为13个行政区，崇义属第11行政区。24年（1935年），全省缩改为8个行政区，崇义属第4个行政区。

第二次国内革命战争时期，崇义是湘赣革命根据地的一部分。1931年3月，成立崇义县革命委员会；5月，建立崇义县苏维埃政府，先后隶于江西省和湘赣省苏维埃政府。

中华人民共和国　1949年8月20日，崇义解放，同时成立崇义县人民政府。隶赣州分区。1949年9月，成立赣西南行政公署。次年7月，改为赣西南人民行政公署，崇义隶赣西南行政区。1951年6月，撤销赣西南人民行政公署，成立赣州区专员公署，崇义隶赣州专区。1954年6月，撤销赣州区专员公署，成立赣南行政公署，崇义隶赣南行政区。1964年，改赣南行政公署为赣州地区专员公署。1968年，改赣州地区专员公署为赣州专区革命委员会。1971年1月，改名为赣州地区革命委员会。1978年，赣州地区革命委员会改为赣州地区行政公署。崇义隶属赣州地区至今。

（黄诗结）

行政区划

1986年全县有2个镇（横水镇、古亭镇）、17个乡（横水、长龙、扬眉、龙勾、铅厂、关田、聂都、文英、乐洞、丰州、茶滩、过埠、金坑、杰坝、思顺、麟潭、上堡）、153个村委会、1481个村民小组、3个居委会（西大街、解放路、阳明中山路）。

1987年1月26日，过埠乡改为过埠镇。

1989年1月10日，横水镇与横水乡合并为横水镇。

1989年11月23日，扬眉乡改为扬眉镇。

1989年底，全县有4个镇，14个乡，153个村委会，1481个村民小组；3个居委会。

崇义县1989年乡镇所辖村民(居民)委员会表

表1

乡镇名	所辖村民(居民)委员会	村民小组(个)
横水镇	横水、萝卜巷、中营、上营、密溪、左溪、塔下、水口、朱坑口、麻土、鱼梁、碧坑、西大街（居委会)、解放路（居委会)、阳明中山路（居委会)	117
长龙乡	长龙、小摆、大摆、南田、沈埠、拔萃、葫芦、茅坪、新溪	88
扬眉镇	南石、阳春、桥头、扬眉寺、华坪、坪田、华芦、白枧、小姑、中坑口、阳星、大坪	132
龙勾乡	龙勾、寺里、朱坊、庙前、牛轭、良田、九龙、合坪、太岸、石塘	117
铅厂乡	铅厂、关刀坪、稳下、石底河、西峰、石罗、义安	76
关田乡	关田、下关、田心、洞上、镜尾、沙溪、圆洞、大园	86
聂都乡	聂都、乌洞、沉井、小陈洞、龙西、夹州、莲塘、小岭、河口、白溪、竹洞	95
文英乡	文英、古选、半径、水头、上塔、古木、茅花	69
乐洞乡	乐洞、高奢、青木、陈洞、龙归	32
丰州乡	丰州、白石、九岭、欧家、小坑、李坑	49
茶滩乡	茶滩、獭坑、官坑、新坑、大密、三坑	58
过埠镇	过埠、河梅、长庆、泮江、铁木、黄背、下黄、果木、石路、长湾、长流、河口、高坌	109
金坑乡	金坑、红胜、坪洋、黄龙、竹坑、梅源、圆田	71
杰坝乡	黄沙、洋坑、中洞、石皮、长潭、黄金、麻石	70
思顺乡	思顺、新地、三江、长江、竹坝、捅江、山院、南洲、上峙、沿佑	101
麟潭乡	独石、两杰、左泉、石下、高车、鹅科、麟潭、华山	62
上堡乡	上堡、白水、玉庄、赤水、竹溪、南流、正井、良和、暖水、甲子、均源、梅坑	115
古亭镇	古亭、桐梓、雁湖	34

（黄诗结）

名优特新产品

【阳岭茶】

阳岭茶采制方法已数百年，品质经久不衰。

阳岭茶含 B_1、B_2、C、Ppp 等多种维生素，有药用和营养价值。性味苦甘凉，对人体有良好的生理效应。其中，茶鞣质帮助消化脂肪；多酚类增强微血管壁的抵抗力，降低血压，对痢疾、慢性足炎、胃肠炎等有一定杀菌消炎疗效；咖啡碱具有提神醒脑功能，提高大脑皮质中神经活动机能，通经活络，兴奋中枢神经，对减少肌肉、心脏疲劳，促进血液循环，利尿解毒，加速新陈代谢，均有良好效果。茶籽可榨油，是很好的润滑剂，提炼后还可食用；茶根可入药，对肝炎、扁桃炎、心脏病有疗效。

阳岭茶产于阳岭自然保护区，处在"晴日早晚雾，雨天满山云"的环境，具有味厚、气馥、色翠、水清的优质特点，使人饮后，心旷神怡，齿间留芳，久而回甘。

【香菇】

香菇是崇义的名优特产，其营养价值与医药用途均名列前茅。香菇的肉柔嫩，具有独特的鲜、香和甜味，被誉为蘑菇"皇后"。它不仅含有蛋白质、脂肪、糖和维生素 B_1、B_2，还含有钠、钙、磷和麦角固醇（在人体内可变成维生素 D 的物质）等。香菇菌丝体的提取液，营养全面，容易吸收，可作宇航员的食物。香菇还含有 30 多种酶，可以治疗某些酶缺乏病。香菇体中有一种"诱发剂"，可以使人体产生"干扰素"，提高身体抵抗力，吃香菇还有抑制血压的作用，从香菇中提取多糖体有抗癌作用。

【玉兰片】

玉兰片为竹笋加工制作的上乘品，其特点：(1) 干燥、洁静、色泽黄白透明；(2) 节密、细嫩、肉厚，形成玉兰花瓣；(3) 清香。它是高级宴席中的佳肴。

【东庄纸】

东庄纸又称磨头纸。它取材于竹浆。其特点：纸质细嫩，柔韧均匀，光滑洁白，使用价值大，用途广。用于书写、簿记、印刷、卫生、包装等方面，均属上品。

1954 年以来，一直是外贸免检商品，历来在香港走俏，在国际市场上享有盛誉。

【木耳】

木耳，有白木耳、黑木耳、粗木耳等品类，其中以粗木耳为大宗生产品种。

粗木耳，肉质厚嫩，背面是灰色，有毛，故又称毛木耳。其特点：鲜美、清脆、爽口。是宴席的上乘品。其药用价值较大，对人体病毒与癌细胞有抵抗作用，同时能控制人体中血清胆固醇的上升，有降血压、止血、治肠风、血痢崩漏、痔疮等功能。

【猕猴桃】

猕猴桃，别名狐狸桃，为落叶藤本植物。含多种氨基酸，优于柑桔、苹果等水果。有“果子珍品”的美称。

猕猴桃药用价值大，其果实、根部、枝叶、茎汁，均可入药。对高血压、心血管病、肝炎尤为特效。其果实，性寒、味甘酸，有解热、止渴、通淋功能；其根，性凉、味酸微甘，有清热、利尿、解毒、消肿、治血等功能；其枝叶有杀虫功能；其茎汁，性寒、味甘，有下石淋，主胃闭功能。

【山苍子】

山苍子，俗称香叶籽、山胡椒、山椒籽。其花叶、果肉可蒸取呈黄色的山苍子油，有浓郁的芳香气味，不溶于水。

山苍子油的 70～80%成份是制造紫罗兰、酸薄荷脑和香茅醛、月桂酸等珍贵香精的主要原料，在工业、食品和医药工业上广泛应用。

山苍子的果、根、茎、叶，均可入药，有祛动风散寒、助消化、消肿止痛、驱蚊散毒之效。

【漆木碗】

漆木碗以酸枣木和壳斗科木为原料制成，具有无毒、无味、耐高温、外观光亮、颜色鲜艳美观的特点。具有很高的实用价值和工艺欣赏价值，是江西省新产品，它远销日本和东南亚国家。

【木胶合板】

木胶合板是以马尾松、樟木、枫树、柯木、桦木等针叶和阔叶木树种大径材为原料加工制成。具有平整、美观、细度大等优点，广泛用于家具制造，是建筑、汽车、轮船的装饰材料。

【杂竹复合板】

杂竹复合板是以小野生杂竹和竹制品的下脚料为原材料加工制成。具有强度大、防虫蛀、防潮、不霉变、外表平整、可钉、可锯等特点。其性能指标超过国家一级刨花板标准，是建筑、包装、家具、轮船、汽车的装饰材料。

【柠檬醛】

柠檬醛是以山苍子为原料加工提取的新产品。

柠檬醛广泛使用于食品行业，它远销港澳和欧美市场。

【根雕家具】

根雕家具是以各种树根，经化学防腐处理仿各种动、植物图案和艺术造型进行雕刻再镶以大理石板面而制成。其特点：造型美观大方、古色古香，既有实用价值，又有很高的艺术欣赏价值。在1989年江西省工业品展销会上，独秀一枝，引人注目，倍受客户欢迎。

除以上文字简介的名优特新产品外，参见彩页介绍。

（黄诗结　田允奎）

公　报

【崇义县1986年国民经济及社会发展公报】

1986年，是“七五”计划的第一年。在过去的一年里，围绕改革、开放、搞活这一核心，全县人民在县委、县政府的领导下，认真贯彻执行党的各项方针政策，坚定不移地进行了社会主义经济建设，坚定不移地加强了社会主义精神文明建设，以锐意进取的改革精神，团结奋斗，积极进取，克服重重困难，战胜严重自然灾害，取得了物质文明、精神文明双丰收。全县经济发展，事业进步。1986 年全县工农业总产值为 13392.03 万元，比 1985 年增长 13.97%，超额完成地区计划的 7.8%；财政收入达 1288.8 万元，比 1985 年增长 3.60%；社会商品零售额达 7584 万元，为年计划的 114.91%，比 1985 年增长 26.55%，农村农民人平纯收入达 499 元，比 1985 年增长 3.74%。应当说，过去的一年，全县人民无论在物质文明建设方面，还是在精神文明建设方面都取得了新的成果。

一、农业

农业生产结构更为合理，农村商品经济日趋活跃，农林牧副渔协调发展。1986 年农业总产值 6333.1 万元，比 1985 年增长 1.20%，其中农业产值 2251.4 万元，因受水、旱灾害的影响，比 1985 年减少 1.34%；林业产值 2247 万元，由于压缩了木材砍伐计划，比 1985 年减少 0.13%；牧业产值 886 万元，比 1985 年增长 10.20%；副业产值 827 万元，比 1985 年增长 1.10%；渔业产值 122.5 万元，比 1985 年增长 17.78%。1986 年粮食总产量完成 60874.3 吨，比 1985 年减少 1.51%。

畜牧业生产持续发展，1986 年生猪饲养量 93627 头，比 1985 年增长 9.18%。其中生猪出栏 46778 头，比 1985 年增长 9.68%。当年猪肉产量 3676.7 吨，比 1985 年增长 17.48%。1986 年末耕牛存栏 19130 头，比 1985 年增长 10.20%。

渔业生产发展较快，水产品产量 1003 吨，比 1985 年增长 20.26%，其中养殖业产量 939 吨，比 1985 年增长 50.56%。

林业生产在改革中摸索出了一条“兴林富民”的新路子。1986 年全县造林 72885 亩，占上级下达计划的 133%，比 1985 年增长 12.6%，幼林抚育 201838 亩，占计划的 118%，比 1985 年增长 43.7%。

二、工业

随着城市经济体制改革的深入展开，各种形式的经济责任制不断完善，工业生产转向正常化的轨道。1986 年全县工业总产值 7058.93 万元，为年计划的 100.68%，比 1985 年增长 28.53%，其中全民工业 3170.50 万元，比 1985 年增长了 28.40%；集体工业 3885.73 万元，比 1985 年增长 28.53%，乡镇工业继续保持了大发展好势头，完成产值 3409.53 万元，比 1985 年增长 30.47%。

主要工业产品产量如下:

产品名称	1986年实绩	比1985年±%
钨精矿	2102.52吨	40.32
锡金属	458.29吨	−9.31
精选钨	505.70吨	87.30
钼精矿	28.00吨	−31.87
原煤	3.11万吨	25.82
发电量	1253.81万度	−0.49
罐头	823.41吨	30.08
水泥	12762吨	4.61
印刷品	31319千印	6.17
石灰	21836.6吨	54.87
配混饲料	3714吨	−29.40
自来水	73.2吨	14.48
板鸭	24.39吨	
松香	1031.68吨	40.48
松节油	209.85吨	58.58
木材	24.6万立方米	−10.88

三、商业贸易

由于改革、开放、搞活方针的步步深入，全县商业市场空前活跃，1986年完成社会商品零售总额7584万元，占年计划的114.91%，比1985年增长26.55%。其中消费品零售额5716万元，比1985年增长20.4%，对农民的生产资料600万元，比1985年增长14.3%；城乡集市贸易交易额1377万元，比1985年增长62.69%。1986年完成商品纯购进2067.81万元，比1985年增长26.24%，其中国合二家农付产品收购793.86万元，比1985年增长53.6%。商品纯销售达4281.21万元，比1985年增长3.46%。

四、固定资产投资

1986年，全县固定资产投资规模和1985年相比有所压缩。固定资产投资额为462万元，比1985年减少53.1%。其中生产性投资79万元，比1985年下降38.25%；非生产性投资383万元，比1985年下降49.07%，在非生产性投资中，住宅投资135万元，比1985年下降65.3%。1986年新增固定资产1009万元，比1985年增长1.88倍，房屋竣工面积55051平方米，比1985年下降22.32%。其中住宅26058平方米，比1985年增长15.88%。

五、财政、金融

在国民经济全面发展的基础上，狠抓财政收入。1986年全年实现财政收入1288.8万元，比1985年增长3.6%，超额完成地区下达的计划。同时，由于经济建设和社会发展事业的需要，财政支出也有所增长。1986年全县财政支出为1269.6万元，比1985年增长11.77%。

1986年银行存款余额5264.1万元，比1985年增长23.54%，银行贷款余额4300.2万元，比1985年增长37.19%。

六、人民生活

1986年全县职工人数12028人，比1985年增加676人，增长6%。其中全民职工10279人，比1985年增加502人，增长5.1%；集体职工1749人，比1985年增加174人，增长11.1%。1986年全民职工工资总额1150.3万元，比1985年增长23.4%。其中全民职工工资100.19万元，比1985年增长25.6%；集体职工工资148.4万元，比1985年增长10%。

1986年城乡居民储蓄存款余额为2064.8万元，比1985年增加498.7万元，增长31.84%。人平储蓄存款余额为119.69元，比1985年增加28.91元。

1986年农村农民人平纯收入499元，比1985年增加18元，增长3.74%。农村农民人平生活费支出435元，比1985年增加13元，增长3.08%。

七、科学、教育、文化

科学教育事业稳步发展，科技队伍不断扩大。1986年全县有知识分子1356人，占总人口的0.79%。1986年大中专毕业生83人，其中大专38人。

1986年高中毕业生中有44人被录取高等学校，19人被录取中等专业学校；1986年初中毕业生中有62人录取中等专业学校。

各级成人教育持续发展。成人高等学校本科、专科在校生人数45人，成年人中等专业学校在校生人员49人。

1986年全县在校学生37115人，其中高中323人；初中6088人，小学29693

人；职业农中431人；幼儿教育也得到了发展，1986年新入园幼儿数881人。

文化事业日益繁荣。1986年，新增电视差转台7座，电视人口覆盖率增加13%，达到49%。调频台的建立，促进全县广播事业的发展。电影放映、图书发行等工作有新的起色。全县18个乡镇相继建立起中心文化站，丰富了人民的文化生活。

八、医疗卫生

卫生事业蓬勃发展，医疗条件进一步改善，病防工作得到加强。1986年末全县病床数达370床，比1985年新增67床位。增长22.11%。专业卫生技术人员489人，比1985年增长2.09%。其中医生175人，比1985年增长5.42%；护师、护士81人。

九、人口

由于计划生育政策的深入，人口的自然增长率偏快的势头基本得到了控制。1986年人口出生率为1.52‰，死亡率为5.2‰，自然增长率由1985年的9‰上升到1986年的10‰。1986年末全县总人口172512人，比1985年增长1.26%。

十、精神文明建设

精神文明建设日益深入，在抓物质文明建设的同时，全县的精神文明建设也取得了一定的成效。1986年县把整党、端正党风作为加强社会主义精神文明建设的突破口，从思想教育入手，查处了一批违纪案件，制止了农村滥占耕地建房歪风。纯洁了党的组织，提高了思想觉悟。1986年有3个先进党委、1个先进党总支、58个先进支部和306名优秀共产党员受到县委表彰，特别是通过学习党的十二届六中全会《关于社会主义精神文明建设的决定》以后，社会风气进一步好转。一年来，城乡“五讲、四美”、“三热爱”活动蓬勃开展，文明单位、文明楼院、文明村、五好家庭层出不穷。全县上下，讲团结、讲改革、讲理想、讲大局，同心同德干四化蔚然成风。

【崇义县1987年国民经济及社会发展公报】

1987年，是我县执行“七五”计划的第二年，是国民经济又持续稳定向前发展的一年，是全县人民在县委、县政府正确领导下，认真贯彻党中央“改革、开放、搞活”，大力开展“增产节约、增收节支”运动，坚定不移地坚持四项基本原则，紧紧地把握经济建设这个中心，以锐意进取的改革精神，团结奋斗，顽强拼搏，取得了物质文明和精神文明又喜获丰收的一年。过去的一年，全县经济蓬勃发展，社会事业不断进步，1987年完成工农业总产值14952万元，比1986年多增产值1560万元，增长11.65%，财政收入达1400万元，超额完成地区下达的计划，比1986

年增长 8.65%，社会商品零售总额达 8404 万元，比 1986 年增长 10.81%。农村人平纯收入达 526 元，比 1986 年增长 5.41%。总之，过去的一年，由于执行了正确的方针路线以及全县人民的共同努力，开创了一个社会安定，经济持续发展，人民生活得到改善的局面，全县上下，围绕经济建设，谈改革，投身改革已在全县蔚然成风。

一、农业

在过去的一年里，农村经济全面发展，农村社会总产值达 19120 万元，比 1986 年增长 21.50%，农业产业结构更趋合理，农村商品经济不断上升，农林牧副渔协调发展，1987 年全县完成农业总产值 6838 万元，比 1986 年增加产值 505 万元，增长 7.93%，其中：种植业产值 2359 万元，比 1986 年增长 4.8%；林业产值 2393 万元，比 1986 年增长 12.88%；牧业产值 936 万元，比 1986 年增长 5.64%；副业产值 1006 万元，比 1986 年增长 13.34%；渔业产值 144 万元，比 1986 年增长 17.07%。在农业总产值中，多种经营产值 5200 万元，比 1986 年增长 9.06%，1987 年，全县粮食总产量 63222 吨，比 1986 年增长 3.86%；人平有粮 359.59 公斤，比 1986 年增长 1.9%，其他农作物产量亦有不同程度的增长。

1987 年主要农作物产量是：

名　称	1987 年实绩	比 1986 年±%
粮豆合计	63222.4 吨	3.36
其中:稻谷	60870.7 吨	2.63
大豆	798.1 吨	15.17
棉花	21.4 吨	1.90
花生	191.2 吨	6.37
烟叶	23.2 吨	0.35
荸荠	117.3 吨	2.89
蔬菜	40471.0 吨	3.85
果用瓜	854.6 吨	−40.15

畜牧业生产持续稳定发展，大牲畜存栏有所上升，生猪饲养量在粮食偏紧，饲料价格上升的情况下，虽然出现了较大的波动，但由于县委、县政府的重视和支持，大部分问题基本得到解决，生猪饲养量仍然比 1986 年同期有所增加，其他畜

产品亦有不同程度的增加，1987 年主要畜产品产量如下：

名　称	1987 年实绩	比 1986 年±%
耕牛存栏	21273 头	11.2
生猪饲养量	93979 头	0.38
其中:出栏	49706 头	6.26
猪肉产量	3352.1 吨	−8.83
家禽存笼	5543.8 百只	11.12
羊存栏	531 头	97.39

渔业生产保持了较好的发展势头，1987 年水产品总量达 1109 吨，比 1986 年增长 10.57%，其中：捕捞 227 吨，比 1986 年增长了 2.5 倍。

林业生产除继续保持优势外，实行限额采伐，办集体采育林场，推行采育结合，科学经营的方针政策，使全县林区资源得到了综合开发利用，促进了全县木材加工业的发展，1987 年主要林产品如下：

名　称	1987 年实绩	比 1986 年±%
油桐籽	153 吨	4.79
油茶籽	2351 吨	27.29
松　脂	1502 吨	−15.33
香　菇	125 吨	28.87
竹笋干	862 吨	71.03
鲜竹笋	4227 吨	48.21
茶　叶	147 吨	18.55
水　果	808 吨	7.88
其中:柑桔	203 吨	48.18

二、工业

随着“双增双节”运动的不断深入，经营承包责任制的不断完善以及企业竞争机制的引入，工业生产继续稳定增长，企业经济效益不断提高。1987 年全县完成工业总产值 8114 万元，比 1986 年增长 14.95%，其中全民工业 3529 万元，比 1986 年增长 11.32%，集体工业 4585 万元，比 1986 年增长 17.99%。乡村工业又有新的进步，完成产值3861万元，比1986年增长13.25%，一批新建、扩建、改造的工程项目都已相继投产，为全县的工业生产增添了后劲，尤其是山院电站的竣工投产，缓和了全县电力紧张的局面，1987年主要工业产品产量如下：

产品名称	1987年实绩	比1986年±%
钨精矿	1860.78吨	−11.5
锡金属	499.73吨	9.04
精选钨	868.6吨	71.76
原　煤	1.83万吨	−41.16
发电量	1452.49万千瓦小时	15.85
罐　头	570.43吨	−30.72
水　泥	13379吨	9.97
印刷品	40995千印	30.89
石　灰	10553.6吨	−51.27
配合饲料	3114.49吨	−12.43
大理石	2000平方米	209.65
松　香	933.1吨	−9.56
木　材	25.98万立方米	5.56
人力打谷机	4316台	−9.86

三、商业贸易

多渠道、少环节的流通体制已在全县取得较大成绩。1987年我县城乡市场繁荣活跃，社会商品零售总额8404万元，比1986年增长10.81%。其中消费品零售额7189万元，比1986年增长27.67%。城乡集市贸易成交额1984万元，比1986年增长44.08%。市场的活跃，推动了商业部门的购销、利润上升，全县国合商业完成商品纯购进2343万元，比1986年增长13.3%；国内纯销售5074万元，比1986年增长18.5%，外贸出口商品供应总值完成169.87万元。

四、固定资产投资

1987年，全县固定资产投资由于坚决执行了中央的“三保三压”方针，投资结构得到了合理的调整，保证了重点工程的建设，生产性投资回升较快，列入统计的全县全民所有制固定资产投资168万元，比1986年减少63.64%，其中生产性投资138万元，占总投资数的82.14%，比1986年增加59万元，增长74.68%，非生产性投资30万元，占总投资的17.86%，比1986年下降92.17%，从而实现了生产性建设投资大于非生产性建设投资的管理目标，在非生产性投资中用于住宅建设只有5万元，有力地做到了把有限的资金用于企业扩大再生产，1987年新增固定资产138万元，房屋竣工面积7891平方米。

五、财政、金融

财政工作围绕“双增双节”这个中心，依靠各级部门的密切配合和大力支持，1987年全县财政收入1400万元，完成地区计划的109.2%，占县预算数的102.2%，比1986年增收111.5万元，增长8.65%。支出方面为了扶植生产，发展社会事业，1987年用于文教科学卫生事业费423.6万元，占预算109.2%。支农支出92.8万元，比1986年增长102.2%。占预算数的109.2%，其中用于乡镇企业投入60.5万元。抚恤社会救济事业费64.4万元，占预算161.3%。

银行充分发挥其职能作用，有力地支援了工农业生产建设，保证了全县经济的正常运行，为全县经济建设作出了重大贡献。1987年银行发放贷款4551万元，比1986年增长5.83%，银行存款余额6932万元，比1986年增长31.69%。较好地收集了散集资金用于国家建设。

六、人民生活

1987年末，全县有职工人数12708人，比1986年增加630人，增长5.65%。其中全民职工10669人，比1986年增长3.79%，集体职工2039人，比1986年增长10.5%。1987年全县全部职工工资1354万元，比1986年增长17.71%。其中全民职工工资1158.2万元，比1986年增长15.6%；集体职工工资195.8万元，比1986年增长31.94%。

1987年末，城乡居民存款余额为2923.4万元，比1986年增加858.6万元，增长41.58%，人平储蓄存款为166元，比1986年增加46元，增长38.33%。

1987年，农村农民人平纯收入526元，比1986年增加27元，增长5.41%，据我县农村住房调查，农民家庭经营纯收入478.88元，比1986年增长18.81%。农村农民人平生活费支出511元，比1986年增加76元，增长17.45%。

七、文化教育事业

文化教育事业稳步发展，科技队伍不断壮大，1987年底止全县拥有知识分子1476人，其中大专以上333人。

1987年高中毕业生有10人录取高等学校深造，8人被录取中等专业学校；1987年初中毕业生中有63人录取中等专业学校。

成年人高等教育事业持续发展，成人高等学校本科、专科在校学生41人，成人中等专业学校在校生人数97人。

1987年全县在校学生36481人，其中高中876人，初中6833人，职业农中435人，小学生28337人，幼儿教育继续发展，1987年新入园儿童1732人，1987年末拥有专业教师1279人。

文化事业进一步繁荣，由于各乡镇都已建立起中心文化站，初具规模的群众文化网络基本形成，农村广播站新设专线50.4公里，电视人口覆盖率比上年提高了8.8%，达到68%，电影放映、电视录像都比1986年有所提高，大大丰富了全县人民的文化生活。

八、医疗卫生

卫生医疗设备增加，条件进一步改善，病防工作有了加强，人民健康水平不断提高，1987年末全县病床数达456张，比1986年新增床位86张。增长23.24%，卫生技术人员511人，比1986年增长2.61%，其中医生239人，比1986年增长36.57%，护师、护士83人，比1986年增长2.42%，农村有卫生网点197人。

九、人口

全县始终把计划生育工作当作一件大事抓，严格执行中央计划生育政策，努力提高全县人口素质，1987年全县出生人口2992人（包括一部分历年没上户口的人在内)。出生率为1.72‰，死亡率为5.5%，自然增长率11.7%，1987年末我县总人口175818人，比1986年增长1.92%。

十、精神文明建设

在建设物质文明的同时，狠抓精神文明建设，以普及法制教育为出发点，提高广大人民群众的法制观，维护安定团结。特别是通过学习党的“十三大”文件精神后，“一个中心、二个基本点”已深入到人脑，社会风气日益好转，党风党纪不断加强。一年来文明家庭、文明单位、文明村不断涌现，1987年全县被省委、省政府评为三年“严打”先进县，被地区评为护林防火先进县和造林绿化先进单位。县城自1985年以来三次被评为省级文明卫生城，实现了卫生管理标准化。全县上下，讲团结、讲改革、艰苦创业、勤俭建国、同心同德、严守法纪的好风尚正在全县形成，以多作贡献，大力发展社会生产力的竞争热潮正在全县全面铺开。

【崇义县1988年国民经济及社会发展公报】

1988年，是我县被省确定为综合改革试点县的第五年，是创赣南试验区的第一年。过去的一年，全县人民以十三大精神为动力，坚持改革、开放，锐意进取的改革精神，经过团结奋斗，顽强拼搏，取得了物质文明和精神文明的双胜利，全县经济蓬勃发展，社会事业不断进步。1988 年社会总产值预计可达 32100 万元，比 1987 年增长 10.22%，人均国民收入预计比 1987 年增长 7.98%，国民生产总值预计可达 18500 万元，比 1987 年增长 10.21%。1988 年全县共完成工农业总产值 18154.7 万元，比 1987 年多增产值 3202.4 万元，增长 21.42%，财政收入达 1538 万元，超额完成地区下达的计划任务，比 1987 年增长 9.86%，社会商品零售总额 9838 万元，比 1987 年增长 17.06%，农村人平纯收入 546 元，比 1987 年增加 20 元，增长 3.8%。总之，过去的一年，由于县委、县政府的正确领导和全县人民的共同努力，创造了一个社会比较安定，经济持续发展的良好局面，为下一年的经济建设奠定了扎实的基础。

一、农业

在过去的一年里，由于坚决贯彻了党中央、国务院的决不能放松粮食生产，积极开展多种经营的生产方针，我县农村经济形势在 1987 年的基础上又登上新的台阶。1988 年粮食总产量达 6.47 万吨，比 1987 年增长 2.38%，农村产业结构进一步得到调整，农村商品经济又有新的上升，农业商品率比 1987 年提高 1.14 个百分点，农林牧副渔齐头并进，1988 年全县共完成农业总产值 7414 万元，比 1987 年多增加产值 576 万元，增长 8.42%。其中：种植业产值 22453 万元，增长 3.98%，林业产值 2312 万元，下降 3.38%，牧业产值 1046 万元，增长 11.75%，副业产值 1448 万元，增长 43.94%，渔业产值 155 万元，增长 7.64%，在农业总产值中，多种经营产值 5690 万元，比 1987 年增长 9.42%，1988 年主要农作物产量是：

名　称	1988 年实绩	比 1987 年 ± %
粮豆合计	64726.7 吨	2.38
其中:稻谷	62369.6 吨	2.46
大　豆	733.3 吨	−8.12
花　生	236.9 吨	23.90
烤　烟	7.7 吨	
晒　烟	19.3 吨	−31.56
荸　荠	112.1 吨	−4.43
甘　蔗	56.4 吨	−46.64
蔬　菜	44020 吨	8.77
果用瓜	774.5 吨	9.37

畜牧业生产继续向前发展，大牲畜存栏有新的上升，生猪饲养量在饲料价格上升，成本增大的情况下，仍然显上升趋势。同时，由于各级政府采取了一系列优惠政策，极大地调动了农民的积极性，到1988年底，生猪出栏51093头，比1987年增长2.79%，其他畜产品亦有不同程度的增长。1988年主要畜产品产量如下:

名　称	1988年实绩	比1987年±%
耕牛存栏	21721头	2.11
生猪饲养量	96956头	3.17
其中:出栏	51093头	2.79
肉类总产量	4995吨	22.49
其中:猪肉产量	4176吨	24.58
家禽存笼	6155.2百羽	11.03
羊存栏	945头	77.97

渔业生产持续发展，1988年水产品总量达1268吨，比1987年增长14.34%，其中：养殖产量达969吨，比1987年增长9.86%。1988年完成鱼苗产量共计2245万尾，比1987年增长34.83%，渔种产量900.5万尾，比1987年增长281.57%。

林业仍然是全县的经济优势，并且就林业生产走出了一条富民兴林的路子，大办集体林场，实行股份制经营，有效地促进了全县森林资源的发展。但是，我们应该清醒地认识到，由于过去一段时间砍伐速度超过造林的速度，从而形成全县木材生产已经出现有青黄不接的状态。1988年主要林产品产量如下:

名　称	1988年实绩	比1987年±%
育　苗	351.2亩	−35.91
造　林	47491.0亩	−5.71
油桐籽	64.0吨	−58.17
油茶籽	1666.0吨	−29.14
松　脂	1433.0吨	−4.59
香　菇	146.0吨	31.20
竹笋干	777吨	−9.86
鲜竹笋	4146吨	−1.92
茶　叶	95159.8吨	8.71
水　果	841.3吨	4.12
其中:柑桔	201.6吨	−0.69

二、工业

1988 年，全县以大抓乡镇企业为突破口，以推动全县工业生产的大发展，全县工业总产值首次突破亿元大关，达 10740.7 万元，比 1987 年多增加产值 2626.4 万元，增长 32.37%，其中全民工业产值 3746.6 万元，比 1987 年增长 6.15%，集体工业 6994.1 万元，比 1987 年增长 52.55%，乡村工业又有较大的突破，实现产值 6004.2 万元，比 1987 年增长 55.50%。1988 年主要工业产品产量如下：

名　称	1988 年实绩	比 1987 年±%
钨精矿	1845.23 吨	−0.84
锡金属	595.57 吨	19.18
精选钨	1025.80 吨	18.10
原　煤	3.39 万吨	85.25
发电量	2675.25 万度	84.14
罐　头	1131.00 吨	98.27
水　泥	1.41 万吨	2.33
印刷品	37220 千印	−9.21
石　灰	9740 吨	−7.71
配合饲料	3293.00 吨	5.73
大理石	1246.00 平方米	−37.70
木　材	21.58 万立方米	−16.94
人力打谷机	4622 台	7.09

三、商业贸易

由于商业企业大都实行了租赁承包责任制，极大地激发了广大职工的积极性和主动性，职业道德大为提高，热情待客的良好作风正在全县形成。个体商贩也相当活跃，为全县城乡市场的繁荣作出了应有的贡献。1988 年，全县共完成社会商品零售总额 9838 万元，比 1987 年增长 17.06%。其中消费品零售额 8839 万元，比 1987 年增长 22.95%。城乡集市贸易成交额 2398 万元，比 1987 年增长 20.87%。市场的活跃，推动了商业部门的购销两旺，全县国合商业完成商品纯购进 2548 万元，比 1987 年增长 8.32%；国合商品纯销售 5806 万元，比 1987 年增长

14.43%。外贸出口商品供应总值实现 316.5 万元，比 1987 年增长 86.32%。

四、固定资产投资

固定资产投资结构有所调整，扭转了往年那种只注重非生产性建设而忽视生产性投资的偏向，使有限的资金用在企业扩大再生产上来列入统计的全民所有制固定资产投资 1257 万元，比 1987 年增长 8.1 倍。其中生产性投资 1020 万元，比 1987 年增长 689.13%，非生产性投资 237 万元，只占总投资 18.85%。在固定资产投资中基本建设 878 万元，更新改造投资 379 万元。1988 年新增固定资产 854 万元，房屋竣工面积 5572 平方米。

五、财政、金融

财政工作仍然坚持“增产节约、增收节支”这个中心，积极理财，合理用财，使有限的钱用在刀刃上。同时依靠各级部门的密切配合和大力支持，1988 年共实现财政收入 1538 万元，完成地区计划的 107.4%，占县计划的 106.07%，比 1987 年增收 138 万元，增长 9.86%。其中企业收入 80 万元，下降 27.01%，如包括退库 55.4 万元，则增长 23.54%，工商各税 1334.8 万元，增长 13.87%；财政支出 1655.3 万元，比 1987 年增长 27.13%，其中用于文教科学卫生事业费 531.4 万元，增长 23.67%，支农支出 99.7 万元，增长 7.32%，其中用于乡镇企业投入增长 15.53%。

银行充分发挥其职能优势，有力地支援了工农业生产，保证了全县国民经济正常运行，为全县的国民经济腾飞作出了贡献。1988 年银行共发放贷款总额 6224.9 万元，比 1987 年增长 36.78%，同时，银行采取多种渠道，收集社会散集资金，用于国家建设。1988 年末，银行存款余额 7460 万元，比 1987 年增长 7.62%。

六、人民生活

1988 年末，全县共有职工人数 12861 人，比 1987 年增加 783 人，增长 1.2%。其中全民所有制职工 11068 人，增长 3.7%，集体所有制职工 1793 人，减少 12.06%。1988 年全县全部职工工资总额 1743 万元，比 1987 年增长 28.73%，人平工资收入 1355.26 元，比 1987 年增长 7.1%，其中全民职工工资额为 1542.6 万元，增长 33.19%，个体职工工资 200.4 万元，增长 2.35%。

1988 年，农村人平纯收入 546 元，比 1987 年增加 20 元，增长 3.8%。其中家庭经营纯收入 493 元，增长 2.92%；农村农民人平生活费支出 601 元，比 1987 年增长 90 元，增长 17.61%；农民人平年末手存现金 191 元，增长 49.22%。

1988 年末，城乡居民存款余额为 4082 万元，比 1987 年增加 1159 万元，增长 39.65%，人平储蓄存款为 227 元，比 1987 年增加 61 元，增长 36.75%。

七、文化教育事业

文化教育事业进一步发展，科技队伍不断壮大。1988 年底全县拥有各类专业技术人员 1821 人，其中大专以上学历的有 358 人。1988 年新分配大中专毕业生 123 人，其中大专以上 43 人。

1988 年高中毕业生中有 49 人录取在高等学校深造，有 60 人被录取在中等专业学校就读，1988 年初中毕业生考取中等专业学校的有 75 人，其中师范学校 47 人。

成年人高、中等教育事业稳步发展，1988 年成人高中等专业学校录取在校学生 103 人。

文化事业进一步发展，群众文化网络已经形成，各乡镇都已建立起了群众所喜欢的中心文化站。农村广播专线 104 公里。电视人口覆盖率达到 62%。并且建成了以县城为中心的卫星地面接收站，大大地丰富了全县人民的业余文化生活，电影放映、电视录像的放映质量有了提高。

八、医疗卫生

卫生设备有所增加，医疗条件进一步得到改善，病防工作得到加强，人民健康水平不断提高。1988 年末全县有病床数 409 张，卫生技术人员 467 人，其中医生 204 人，护师、护士 93 人，比 1987 年增长 12.05%，农村有卫生网点 194 个。

九、人口及计划生育

全县始终把计划生育工作当作一项国策来抓，在进行物质素质生产的同时，没有忽视人口的有计划增长，严格执行中央计划生育政策，努力提高全县人口素质，使人口的增长速度和生产的发展速度基本相适应。1988 年，全县进行了为期几次计划生育大会战，有力地控制了人口的过速增长。1988 年全县新出生人口 3166 人，出生率 1.78‰，人口死亡率 4.8%，自然增长率 13%，比 1987 年增长 11.11%，到 1988 年底，全县总人口为 179543 人，比 1987 年增长 2.12%。1988 年，我县计划生育四术任务列入全区第二名。

【崇义县 1989 年国民经济及社会发展公报】

1989 年，在上级的正确领导下，全县上下将治理经济环境，整顿经济秩序，全面深化改革作为全年工作的重点，确立了在治理整顿中求发展的指导思想，从实际出发，采取一系列切实措施，确保了国民经济和社会事业在治理整顿和深化改革中持续发展。1989 年全县工农业总产值 19786 万元，比 1988 年增长 8.99%；其中：工业总产值达 12151 万元；农业总产值达 7635 万元。地方财政收入 1709.1 万元，比 1988 年增长 11.12%；农民人均收入 568 元，比 1988 年增长 4.03%；社会商品零售额达 8698 万元，比 1988 年下降 11.60%；零售物价指数比 1988 年下降 3.58%，低于全省、全区控制指标。一年来，在县委、县政府的直接领导和全县广大干部、职工的共同努力下，经济稳步发展，社会稳步前进，物价上涨幅度得到了控制，经济秩序向良性循环发展。

一、农业

农业在“升温加热”中夺得了超历史的丰收年，粮食总产达 66505.4 吨，比 1988 年增长 2.75%；其他经济作物都比 1988 年有不同程度的增长。1989 年农业商品产值达 8872 万元，比 1988 年增长 3.85%。由于国家农业政策的进一步落实，农林牧副渔业同时发展。1989 年，全县实现农业总产值 7635 万元，比 1988 年增长 2.98%；农业总产值中，多种经营产值达 3182 万元。1989 年农业产值构成及主要农作物产量是：

名　称	1989 年实绩	比 1988 年±%
农业总产值	7635 万元	2.98
其中:农业产值	2484 万元	1.26
林业产值	2421 万元	4.71
牧业产值	1119 万元	6.98
副业产值	1443 万元	−0.35
渔业产值	168 万元	8.39
粮豆合计	66505.40 吨	2.75
其中:稻谷	64158.70 吨	2.87
大　豆	731.60 吨	0.23
花　生	256 吨	8.06
樗　烟	23 吨	198.70
晒　烟	18.70 吨	−3.11
荸　荠	101.10 吨	−9.81
甘　蔗	116.20 吨	106.03
蔬　菜	39695 吨	−9.83
果用瓜	696.50 吨	−10.07

林业生产形势较1988年有新的发展，由于全县推行“一任书记绿化一座山”活动，育苗、造林取得了较好的成绩。林副产品也比1988年有不同程度的增长。同时，基本上制止了乱砍滥伐的现象，木材、毛竹采伐能按照上级下达的指令性指标生产，缓解了全县木材生产已经出现的青黄不接的状态。1989年林业生产情况是:

名　称	1989年实绩	比1988年±%
育　苗	411.8亩	25.87
造　林	49356亩	3.97
木　材	13万立方米	-25.07
毛　竹	92万根	-26.87
油茶籽	2436吨	46.22
松　脂	1686吨	73.00
香　菇	214吨	30.49
木　耳	94吨	18.99
竹笋干	859吨	10.55
鲜竹笋	7223吨	74.22
茶　叶	209吨	30.63

畜牧水产业生产持续发展，1989年水产品总产量达1369.2吨，比1988年增长7.98%，其中：养殖产量1052.1吨，比1988年增长8.58%，完成培育鱼苗2365.55万尾，比1988年增长5.37%。到1989年底，生猪出栏54357头，比1988年增长6.39%。主要畜产品产量如下:

名　称	1989年实绩	比1988年±%
耕牛年存栏	23916头	10.11
生猪饲养量	102809头	6.04
其中:出栏	54357头	6.39
肉类总产量	5258.45吨	5.27
其中:猪肉产量	4237.61吨	1.48
家禽存笼	7171.22百羽	16.51
羊存栏	776头	-17.88

二、工业

1989年，全县工业企业继续深化企业改革和完善承包经营责任制，实行经营者收入和职工个人收入与企业经营效益挂钩，使全县工业企业克服资金紧缺、能源不足、市场疲软等困难，完成了全年计划任务，工业总产值达12151万元，占年计划的101.26%，比1988年增长13.14%；其中：全民工业产值3252万元，比1988年下降13.19%；集体工业产值8899万元，比1988年增长27.24%；乡村工业产值7870万元，比1988年增长31.07%。列入计划检查的主要工业产品中，部分产品产量有较大幅度的增长。1989年工业产品产量如下：

名　称	1989年实绩	比1988年±%
钨精矿	2163.69吨	17.26
锡金属	729.94吨	22.56
精选钨	934.99吨	−8.85
原　煤	3.2吨	−5.60
发电量	2792.96万度	4.40
罐　头	1269.50吨	12.25
水　泥	12400吨	−12.06
印刷品	33259千印	−10.64
石　灰	9350吨	−4.00
配合饲料	1683.33吨	−49.17
大理石	1340平方米	7.54
木　材	14.32万立方米	−33.64
人力打谷机	4600台	−0.48

三、商业贸易

1989年，全县商业企业继续推行租赁承包责任制，多渠道、多方式的销售服务网点已经形成。尽管物价偏高，市场销售疲软，广大商业战线职工也还是能够尽职尽力努力完成购销经营任务。全县完成社会商品零售总额8698万元，比1988年下降11.60%；其中：消费品零售总额6173万元，比1988年下降14.30%；从这一指标下降的情况说明，全县过热的盲目抢购风已经基本冷却，购销市场已趋于正常化。全县城乡集市贸易成交额达 1676 万元，比 1988 年增长 2.00%；国合商业商品纯购进 2488 万元，下降了 2.40%；国内纯销售 5585 万元，下降了 3.90%。

随着"治理、整顿"的深入，1988 年物价猛涨的趋势得到了抑制，物价指数有所回落。到 1989 年末，我县生活消费价格总指数为 117.60%，比 1988 年回落 5.4 个百分点，零售物价总指数为 118.60%，比 1988 年回落了 4.4 个百分点，市场销售趋于平稳状态。

四、固定资产投资

1989 年，全县完成固定资产投资 521 万元，比 1988 年下降 58.55%；其中：生产性投资 325 万元，比 1988 年下降了 68.14%；非生产性建设投资 196 万元，比 1988 年下降了 17.30%；在非生产性投资中，用于住宅投资 51 万元，比 1988 年下降了 7.27%。固定资产投资中，基本建设投资 443 万元，更新改造投资 78 万元。

1989 年，新增固定资产 587 万元，房屋竣工面积 22453 平方米；其中：住宅面积 4920 平方米。

五、财政、金融

1989 年，全县共实现财政收入 1709.10 万元，完成计划的 100.70%，比 1988 年增收 171.10 万元，增长 11.12%；其中：工商税收入 1473.40 万元，增长 10.70%；农业税 75.40 万元，增长 33.90%；企业收入 137.20 万元，增长 71.50%。财政支出达 1930.40 万元，比 1988 年增长 15.20%；其中：支援农村生产支出 102.70 万元；文教卫生事业费支出 589.10 万元；科学事业费支出 4.10 万元；价格补贴支出 267.30 万元。

1989 年末，银行各项存款余额达 6444 万元，比 1988 年下降 13.62%；其中：下降幅度最大的是企业存款，余额是 1516 万元，比 1988 年下降 41.06%。发放贷款总额为 6484 万元，比 1988 年增长 4.16%，增加 259.10 万元，有力地支援了工农业生产。

六、人民生活

1989 年底，全县共有职工人数 13466 人，比 1988 年增长 4.70%，增加 605 人；其中：全民所有制单位职工 11685 人，比 1988 年增加 617 人；集体所有制单位职工 1781 人，比 1988 年减少 12 人。

全县全部职工工资总额为 2023 万元，比 1988 年增长 16.06%，其中：全民 1821.20 万元，增长 18.06%；集体 201.8 万元，增长 0.70%；人平工资收入 1502 元，人平比 1988 年增加 146.74 元。

1989 年，全县农村人平纯收入 568 元，比 1988 年增长 4.03%，增加了 22 元。1989 年末，城乡居民存款余额达 4710 万元，比 1988 年增长 15.38%，增加

628万元，人平储蓄存款258元，比1988年增加31元。

七、文化教育事业

1989年，我县有159人考入高、中等专业学校，其中：高中考入高校的71人，高中考入中专的32人；初中考入中专的60人，在初中入中专的考生中，有31人考入中师。1989年成人高、中等学校教育事业继续稳步发展。1989年考入成人高、中等专业学校的有189人，其中：成人高校78人。

随着物质生活的提高，精神文化生活也在逐步提高。全县电视人口覆盖率达68%。城乡电影放映、电视录像放映质量也有新的提高。

八、医疗卫生

1989年末，全县共有医疗卫生机构39个，农村卫生点185个。卫生技术人员482人，其中：各类医师255人，其他卫生技术人员227人，卫生技术人员比1988年增长17.85%。

九、人口及计划生育

计划生育工作，是我国的基本国策，1989年，全县的计划生育工作比上年又有新的起色。1989年全县共出生人口2759人。出生率为1.52‰，下降了2.6个千分点；人口死亡率为6.7%；人口自然增长率1.470%。

到1989年底，全县总人口为182904人，总户数为36060户。农业人口154575人。

崇义县1986～1989年社会经济发展主要指标

项目/实绩/年份	社会总产值(万元)	国民生产总值(万元)	工农业总产值(万元)			财政收入(万元)	职工工资收入(元)	农民人均纯收入(元)
			总计	农业	工业			
1986	24825	14527	13392	6333	7059	1288.8	991	499
1987	29123	16991	14952	6838	8114	1400.3	1070	525
1988	41981	22066	18155	7414	10741	1538	1355	563
1989	42545	21868	19786	7635	12151	1709	1502	568

（黄诗结）

政 治

ZHENG ZHI

中国共产党崇义县委员会

【中共崇义县第十次代表大会】

中共崇义县第十次代表大会于1987年7月4日至6日在县城召开。出席大会的正式代表250名，候补代表25名，列席代表60名，共335人。

大会主要议程：1、听取、审议和通过了黄先浪代表上届县委作的《坚持四项基本原则，坚持改革开放搞活，为实现我县"七五"计划目标而奋斗》的工作报告和肖厚桂代表县纪律检查委员会向大会作的纪律检查工作报告。2、选举产生了中共崇义县第十届委员会。23名委员（暂缺1名）是：邓性安、刘天福、刘仁花、刘泰山、刘国富、沈世香、巫大亮、李本楠、肖厚桂、吴仰福、邹裕明、张声华、张贵香、陈远才、罗言清、罗穗安、周逸明、高齐尧、黄先浪、黄俊衍、温勇、彭良三。5名候补委员是：刘传明、刘经明、何腾顺、张庭俵、陈昌庆。大会闭幕后，召开十届一次全委会，选举产生7名常委：黄先浪、李本楠、刘泰山、沈世香、罗穗安、巫大亮、张声华。县委书记：黄先浪。副书记：李本楠、刘泰山、沈世香。3、选举产生了中共崇义县纪律检查委员会委员11名：王志仁、刘映祠、肖厚桂、吴世根、吴国章、陈春招（女）、罗荣通、范迪梁、黄春莲（女）、赖绍能、谭贡辉。纪委常委5名：肖厚桂、王志仁、黄春莲（女）、刘映祠、谭贡辉。纪检书记：肖厚桂，副书记：王志仁。

【政治体制改革】

1988年6月，县委决定成立"崇义县政治体制改革领导小组"。从此，政治体制改革工作开始起步。1、管理制度改革。对各级领导班子和部门，实行目标管理责任制，县委下发了《关于对部门和乡镇领导班子任期目标责任制的意见》，每年年终进行评比；2、干部实行选聘制，县委、县政府于1988年8月决定，对县直党、政、群机关和各乡镇党委、政府机关实行干部选聘制度，规定正局级干部由县委、政府组织考察班子，然后由县委集体研究选聘，副局长（含副局级）以下干部、固定工人、合同制工人和部分招聘工作人员均参加选聘，被聘者由单位发给聘书；3、企业化管理。1988年8月，县委下发了《关于县直事业单位实行企业化管理的实施意见》，明确了行政、事业职责分开，在经济上对不同类型的事业单位实行不同的管理办法，采取核定编制，定编不定人，增编不增经费，减编不减经费，坚持“三不变”（单位性质不变，事业费列入财政预算不变，离、退休干部待遇不变）等原则。要求事业单位转变行政职能，拓宽服务领域，优化劳动组合，改革内部分配制度。

为了深化政府专业主管局转变职能的工作，1989 年在 13 个政府部门设立了监察室，在 15 个政府部门设立了监察员，配备了专职或兼职的监察工作干部。

【议事制度】

根据政治体制改革的要求，促进党委部门转变工作职能，提高办事效率，协调几套班子的工作，县委制订了如下议事制度：

中共崇义县委常委会议制度。参加人员是全体常务委员、县人大常委会主任、县政协主席、县纪律检查委员会书记、县委办公室主任，并根据会议讨论工作的需要，可通知有关部门党员负责人参加。会议由县委书记主持，如书记外出，则由主持工作的副书记主持，常委会原则上每月一次，必要时可随时召开。会议主要内容是：研究党的建设；研究决定全县经济发展战略、大政方针及县委各部门带全局性的工作；研究决定县委召开的全委会、扩大会、工作会议的重要议题；研究决定县政府、县人大、县政协、县纪委、县人武部以及乡镇党委、县委各部门、县直各单位报请审批的重大问题；定期或不定期听取县政府、县人大、政协、纪委、人武部的工作汇报；按照干部管理权限，研究决定和推荐重要干部，决定或撤销对党员干部的奖罚；研究县委常委的自身建设，定期开好民主生活会。会议要求：会议议题由县委办公室汇总后交书记或主持会议的副书记决定；提交会议讨论的议题应先搞好议题的调查研究，做好充分准备，提出初步意见，交常委会讨论决定，以提高议事效率；会议坚持民主集中制原则，各抒己见，有议有决。

中共崇义县委办公会议制度。参加人员：书记、副书记、县委直属各部门（包括工、青、妇等群团组织）负责人。会议的形式、时间是：书记碰头会议，原则上每月 2 次，各部门负责人会议每季 1 至 2 次。会议议题由县委各部门（含群团组织）提出，办公室汇总，交主持人确定。会议内容：研究党的建设工作；传达中央和省委、地委重要文件，会议精神和工作部署；听取县委各部门工作汇报；讨论和安排县委各部门的调查研究工作；讨论和研究精神文明建设和群团工作；研究县委各部门的自身建设，包括民主生活会。

崇义县“六套班子”联席会议制度。参加会议人员是：县委正副书记、常委，县政府正副县长、县人大正副主任、县政协正副主席，县纪委书记、县人武部政委、部长以及六套班子顾问、调研员、县委、县政府办公室主任等，根据会议讨论工作的需要，可通知副县级以上在职干部和有关部门负责同志参加。会议由县委书记主持，如书记外出，则由县长或主持工作的县委副书记和常务副县长主持。时间不定期召开。自 1987 年 5 月至 1989 年，共召开了 43 次联席会议，县委许多重大决策都在联席会议上进行讨论，广泛听取意见，然后作出正确决策。县委还利用六套班子联席会议传达中央及省、地有关重要文件，组织学习讨论，统一班子认识，通报情况，协调工作。

此外，为使决策民主化、科学化，县委于1989年4月28日决定：以县人大、县政协部分委员为主，成立"崇义县决策咨询委员会"，委员会由23人组成，县政协主席黄俊衍任主任委员，县人大常委会副主任朱才坪任副主任。县委、县政府在研究决定涉及全县性重大问题，都拿到决策咨询委员会协商讨论，以避免和减少决策上的错误。

（吴益炎　谢建淼）

【加强和改进思想政治工作】

1986年1月，县委下发了《关于加强思想政治工作的决定》，全县思想政治工作，紧紧围绕党的十三大精神，大面积、全方位地进行。县委宣传部在这四年中主要抓了形势与任务教育、道德法纪教育、党的基本路线教育、企业思想政治工作和圩镇宣传等。

形势与任务教育　四年来，举行各种报告会、座谈会101次，重点抓了党的十三大精神的学习与宣传。特别是1989年春夏之交北京发生动乱发展到反革命暴乱之后，县委宣传部在县直机关、崇义中学、崇义二中、农林技校、城关小学举行报告会，宣传《人民日报》4月26日社论《必须旗帜鲜明地反对动乱》。深入调查研究，做细致的思想政治工作，教育党员、干部、工人、学校师生坚持四项基本原则，旗帜鲜明地反对资产阶级自由化，政治上同党中央保持一致。较好地维护了我县安定团结的局面。

开展党的基本路线教育　1988年8月，县委作出了《关于在全县农村进行党的基本路线教育的决定》，从10月开始，全县分3批进行。基本路线教育的主要内容，以坚持"一个中心，两个基本点"为主要内容，并结合县情、乡情、村情开展生产力标准的讨论，通过路线教育，深化农村改革，增强商品经济观念，振奋民族精神，加强党的建设和政权建设，促进农村经济大发展。第一批试点工作在关田、思顺乡和县城关小学、县水泥厂进行；第二批在全县80个村进行；第三批在全县73个村进行。历时1年零3个月，共抽调县、乡干部713人次参加。农民受教育面达93%，收到了很好的效果。

企业思想政治工作　1988年初，针对企事业单位实行承包租赁制、股份制，一些厂长（经理）对上级政策吃不透，心有余悸。3月，县委宣传部组织召开了中标厂长（经理）座谈会，有80余人参加，会议主要议题是，认清改革、开放形势，交流经验，解疑解难。同年4月，宣传部协同经济主管部门，深入调查研究，成立了思想政治工作研究会，制订了《企业思想政治工作意见》。1988年5月，县委又在县委党校召开了企业思想政治工作会议，采取一系列措施，加强企业思想政治工作，促进了企业改革的深入发展。

圩镇宣传　圩镇宣传工作是充分利用农民群众赶集这一时机进行思想政治工作的一种好形式。全县分 3 批进行：首批进行的圩镇是关田、麟潭、思顺、过埠、上堡、扬眉。从 1989 年初抓起，年底通过检查验收，效果良好。

【党的思想教育】

党的思想教育是党的思想建设一项基础工程。1986～1989 年，党员、干部重点是学习马克思主义哲学、政治经济学，学习《坚持四项基本原则，反对资产阶级自由化》、《建设有中国特色的社会主义》两本书和《社会主义初级阶段的理论》。1986 年开始组织马克思主义哲学和政治经济学的学习。举办学习班 2 期，每期时间 18 天，进行了 2 次考试，应学对象 110 人，参加学习的 98 人，占应学人数的 90%，学习成绩平均 83.5 分，及格率 90%。1989 年进行了哲学、政治经济学补考，及格率达 100%。1987 年，党员、干部主要是学习《坚持四项基本原则，反对资产阶级自由化》、《建设有中国特色的社会主义》两本书，举办了 2 期学习班，每期 7 天时间。作专题辅导 2 次，参训率达 80%。1989 年全县党员、干部参加了《社会主义初级阶段理论》辅导学习，上辅导课 6 次，10 月举行考试，参加人数 431 人，及格率 100%。在县直机关单位，除坚持每星期二、五学习日制度外，还经常进行形势与任务教育，四年来，县直各党委、党总支、支部先后举办各种类型的学习班 26 期，达 2860 人次，组织专题学习讨论达 3995 人次，座谈会 273 次，达 556 人次。

1986 年 8 月，县委制定了《关于加强党员管理教育的意见》，强调各级党组织要坚持“三会一课”制度，并认真办好乡镇党校，积极开展党员电化教育。1987 年底，全县 19 个乡镇办起了党校。各乡镇党校基本做到了有领导班子、教学队伍、教学场所、教学计划、规章制度、校匾、电化教育设备，藏书量 1300 余册，四年来，乡镇党委共举办各类培训班 258 期，成为系统培训农村党员、干部和建党对象的主要阵地，发挥了系统灌输、示范幅射、造就人才的作用。1989 年 6 月，对全县党支部（总支）书记，委员进行了党的基本知识和党务工作知识考试，参加人数 748 人，占应考人数 76.6%，平均分数为 74.5 分，及格率 92.5%。1989 年 10 月，由县委组织部、宣传部、纪检会组织宣讲组，宣讲江泽民的国庆 40 周年讲话；党的十三届四中全会精神；邓小平的几次重要讲话，全县参加听课的党员 5519 人，这 95.7%，从 1987 年冬开始，积极创造条件，开展了党员电化教育，购买了摄像机、编辑机、录放像机、彩色电视机、彩色监放器、双温空调机、背包机等电教设备，总投资 19.44 万元，已拍摄自制电教片、专题片 9 块，其中《群雁高飞头雁领》获 1988 年全区党教片观摩评比 3 等奖。同时复制了党教片、专题片 20 块，向各乡镇党委发行。各乡镇都配有彩电和放像等电教设备，推进了电化教育，使农村党员电教面达到了 80%以上。

（吴益炎　黄家才）

【县、乡、村三级整党】

县、乡、村三级整党工作开始于1985年6月，历时1年零8个月，于1987年2月结束。遵照中央整党决定和中央整党指导委员会《关于农村整党工作部署的通知》精神，整个工作分3期进行。第一期：1985年6月至12月进行县直单位整党；第二期：1985年12月至1986年5月进行乡镇级整党；第三期：1986年5月至7月在横水乡开展村级整党试点，同年8月至1987年2月全面开展村级整党。参加这次整党的党委22个，党支部372个，党员5139名，占全县党员总数的99.8%，通过整党，对党员进行了重新登记，予以登记的党员4882名，不予登记的12名，缓期登记的43名。

这次整党始终按照中央要求，把“统一思想，整顿作风，加强纪律，纯洁组织”作为主要任务，坚决贯彻执行“既要解决问题，又不要搞乱”的原则，坚持疏导的方针，着重正面教育，广泛深入地进行党性、党纪、党风教育，从端正党风入手，纠正不正之风，进行彻底否定“文化大革命”的教育，健全党内各项制度。这次整党从上至下自始至终，发展是健康的，取得了比较显著的成效，达到了预期目的。经过整党，加强了党组织的战斗力，端正了党风，解决了少数党员干部中存在的严重以权谋私和严重违法乱纪问题，整顿调整了基层党组织班子。

【党的组织建设】

四年来，党的组织建设，主要是加强基层组织建设，发展新党员和加强党员管理工作。

1987年10月，县委下发了《关于切实加强党的基层组织建设的几项制度》即党员活动日制度、党员联系户制度、民主生活会制度、党内监督制度、党员考评制度。并结合党的基本路线教育，调整了弱、涣、散的村级班子。调整的村支部书记24人，村主任27人，其他村干部62人，调整面占20.8%，处置不合格党员31名，使村级班子的政治素质和年龄、知识结构有显著变化，调整后平均年龄为37.8岁，有初中以上文化程度的占79.8%。1988年12月调整了基层党委设置，撤销了天台山林农垦殖场、高垒林场2个基层党委，新设立了县林业、矿业系统2个基层党委，1989年撤销横水乡并入横水镇，减少1个乡党委，到1989年底，全县设立基层党委21个，党总支23个，党支部416个，使基层党组织设置更加合理，1989年在农村党支部开展了转化升级活动，使先进支部更先进，中间支部变先进，后进支部赶先进，年底，好的和比较好的支部有107个，占农村支部面70%，中间状态的38个，比上年的71个下降了53.5%，后进支部仅有8个，比上年15个下降了53.3%。几年来，还着重加强了党员管理工作，规定外出党员超过半年的，应带组织关系介绍信，编入对方支部参加党内活动。对外出无固定单位的党员应按时向党支部作出书面或口头的思想工作汇报，并经常检查督促，对擅自外出，长期不过组织生活的党员，进行批评教育，经教育无转变的，按照党章有关规定严肃处理。从1987年开始，每年年终开展一次民主评议党员工作，评议党员格次为合格、基本合格、基本不合格（1988年取消此格次）、不合格4种，通过评议党员活动，处置不合格的党员（每年评议党员情况见附表）。从1987年起，还加强了党员缴纳党费的管理，把党费收缴工作纳入目标管理责任制。各基层党委每季度向县委组织部上交1次，除上缴上级党委外主要用于订购党刊、党课教材，使党费取之于党员、用之于党员教育。1986～1989年全县党费收入5.48万元，上交3.30万元，本县留成支出2.09万元，积存数932元。

按照“坚持标准，改善结构，保证质量，慎重发展”的方针，四年中，全县共发展新党员620名，其中男540名，女80名，年龄在35岁以下的460名，初中文化程度以上589名，小学以下的31名。分布在生产第一线的292名。到1989年底，全县党员总数达到5759名，占全县总人口的3.18%。

崇义县1986～1989年基层党组织设置情况表

表1

年 份	党员人数(人)	党 委 (个)	党总支(个)	党支部(个)
1986	5371	22	19	387
1987	5536	22	19	398
1988	5655	22	19	405
1989	5759	21	23	416

崇义县1987～1989年民主评议党员情况表

表2

年 份	参评党员		评议结果			
	人 数	参评率	合格	基本合格	基本不合格	不合格
1987	5425	98%	4107	1134	155	29
1988	5655	100%	4021	1536	78	20
1989	5499	95.5%	5361	95	–	43

（吴益炎　谢小林）

【引进人才竞争机制，深化干部制度改革】

1988年3月，中共崇义县委、崇义县人民政府制定《关于人才引进的暂行规定》，1987～1988年，共引进专业技术人员11人。1988年5月，为适应改革的新形势，把竞争机制引入干部管理，推进干部人事制度改革，激励干部积极进取，向社会公开招选了县物资局、二轻局局长。公开招选工作，采取推荐、自荐、组织初审、文化考试、考察测评、面试答辩、排序选优、组织审定等程序进行。

1988年8月，为深化干部人事制度改革，增强党政机关活力，优化干部组合，调动工作积极性，改变机关作风，提高工作效率，在县党政机关和各乡镇干部推行选聘制。选聘范围：凡组织人事关系在本县的县直党政群机关、事业单位和各乡镇机关工作人员。选聘对象采取大会个人述职、群众议论，单位集体研究确定的办法，原则上先按有关规定聘好副科级干部，再由单位办公会集体招聘股级干部和工作人员。然后公布受聘人员名单，报县组织人事部门备案，并发给聘用证书，聘期为2年。未聘人员，其行政、工资关系转到组织人事部门，分类进行培训，原职务自然消失。6个月后仍未聘用的，发给结构工资的60%，1年后仍未受聘的，采取病退、退职、停薪留职等办法处理。

1989年2月起，为克服干部任免制度上的缺点，避免干部任用不准确，贻误工作现象，对提拔为副科级行政实职的干部实行了试用一年的制度。即称“××助理”，试用期内享受同级干部政治生活待遇，但工资待遇不进档，试用期满后，经考核合格的，再按干部管理权限办理审批任免。

【干部管理】

1986年，认真贯彻中共中央关于严格按党的原则提拔任用干部的通知，坚持按规定程序选拔干部，坚持民主推荐，组织人事部门考察，党委集体讨论决定的做法，全年提拔任用了56名科级以上干部，杜绝了违犯党的原则的做法和临时动议干部的现象。

1987年，在配备各级领导班子时，坚持干部“四化”标准，兼顾德、能、勤、绩。以政绩作为干部升降的主要依据，在考察干部的基础上，调整了乡镇领导班子45人，县直单位领导21人，并对3个不能胜任现职的正科级领导干部，降为副科级干部使用，同时在干部管理上引入竞争机制，积极支持工商企业改革，鼓励200多名干部职工参加租赁，承包企业投标。

1988年8月，为适应经济体制改革需要对县管干部管理权限进行了调整。

县委呈报地委审批任免的干部：

县委副书记、常委、县纪委书记、县人民政府副县长、县人大常委会正副主任、县政协正副主席、县人民检察院检察长、法院院长、县人武部部长、政委，以及上述职务的调研员。

呈报地委组织部审批任免的干部：县委组织部部长、县纪委副书记、劳动人事局局长、公安局局长、政委以及上述职务的调研员、离休干部提为副县级待遇，由地委组织部办理审批手续。县管干部的职务任免：县委各部门正职，乡镇党委书记由县委常委审批任免。县委各部门副职、乡镇党委副书记（公安局副政委、县纪委各科室正职），正职有提名权，组织部考察，县委常委讨论任免。县政府各委、办、局正职。由县委常委讨论推荐，县长提交人大常委会决定任免（县供销社主任，由县委审批，按其章程选举确定），由县委组织部抄报地委组织部备案。县政府各委、办、局副职。正职有提名权，组织部考察，县委常委提出建议，县人民政府决定任免（供销社副职，由县委审批，按其章程选举确定）。乡镇人民政府乡、镇长、副乡镇长、乡镇人大主席团常务主席，经县委常委讨论审批后，由乡镇按照法律程序办理任免手续，并将结果报县人大党组、政府党组、县委组织部备案。县人大各办公室正副职由主任提名，经县委常委讨论审批后，由人大常委会决定任免；县检察院副检察长、副局级检察员、法院副院长、副局级审判员，经县委常委审查后，分别由检察长、院长提交人大常委会议决定任免。县政协各科室正副职由县政协正职提名，县委常委讨论审批后，按政协有关规定办理任免。县人武部各科室正副职由人武部党委与县委组织部协商提名，县委审定，报军分区同意后，由县委任免。

同时，下放了部分干部管理权限，乡镇企业办公室副主任、村党支部书记，由乡镇党委审批任免，报县委组织部备案。县直单位下设（科、股、室、所、站）正副职及下属企业正副职，由单位主管部门审批任免，报县委组织部、劳动人事局备案。

四年来，在做好干部管理工作的同时，建立健全了干部档案管理制度，积极实施《干部档案工作条例》，制订了《干部档案工作制度》、《干部档案查阅制度》，建立了《在职干部档案花名册》、《离退休干部档案花名册》、《死亡干部档案花名册》、《招聘干部档案花名册》。从1989年10月起，实行了利用档案收费制度。

【干部培训】

1986～1989年，县委利用县委党校这个培训干部重要阵地，共举办了18期干部培训班，培训县直属机关、乡（镇）村三级干部1372人次。培训情况是：1986年5月，组织129名干部参加全省成人中专班招生考试，录取27名学员在县委党校学习，学制2年，于1988年7月全员毕业。同年，培训村党支部书记140名，1987年149名。1987年8月，组织县直机关196名副局级以上干部集中学习《坚持四项基本原则，反对资产阶级自由化》、《建设有中国特色的社会主义》两本书，同年12月，组织中层以上干部300人分期分批到党校学习党的十三大文件。1988年，对基层党组织建设骨干（乡、镇、村、直属机关党委（总支、支部）的组织、宣传委员、纪检干部）进行分类培训，参加培训人数297人。1989年2月，选拔年龄在35岁以下，初中以上文化程度、政治素质好的村级后备干部50名人县委党校培训。学制1年（学习半年、实习半年），各科成绩及格准予结业，结业后建议任所在村干部，以改善村级干部结构，8月，培训村党支部书记146名，重点学习党的建设和党务工作知识，政权建设和领导科学等知识。同年下半年分2期，组织各乡镇党委副书记、政府副职、纪委书记、党委委员、人武部部长、乡镇长助理计90人，分期培训，每期45天。主要学习中国革命和建设的基本理论、思想政治工作、乡镇领导科学、农村经济管理等知识。

四年来，除对干部集中培训外，为了改善干部的知识结构，还抓了文化知识和有关专门知识的业余自学。1986年3～6月，组织高中以上文化程度年龄男55岁、女40岁以下的县直机关干部计49名参加哲学函授学习。1987年，由县委组织部牵头创办了“北京经济函授大学崇义分校（设县委党校），学制2年，于1988年1月1日正式开学，首批学员457人。1987年10月至12月，对全县45岁以下，不到初中毕业文化程度的31名干部，进行了文化补课工作，并将考试成绩记入干部档案。1989年9月起，对全县45岁以下，不到高中毕业文化程度的50余名干部进行高中文化补习，分期分科考试，截止年底，已补习考试3门课程。

四年中，输送到北京林业管理干部学院培训3人（学制2年），地委党校大专班7人（学制2年），短训班42人，省行政学院培训2人（学制2年）。

【干部审查、核查】

1986～1987年，干部审查、核查工作，坚持实事求是，“全错全纠、部分错部分纠、不错不纠”的原则，对历史老案进行了认真地复查研究，纠正冤假错案2件，给5位同志办理了退休手续，将3名同志由退职改为退休，为1位同志撤销开除公职判处管制劳教的处分，作退职处理。经复查维持原处理决定的2件。

1988年，落实了“两案”（林彪、江青反革命集团案）审理中定性为“严重错误”人员的帮教制度，并分别进行了回访。同时，对定性为“犯有错误”的人员进行了一次调查，了解他们的工作情况和现实表现。

1989年下半年，对北京发生动乱和反革命暴乱期间的事件和各种非法组织进行彻底清查。同时，完成了1981年以来更改和确定建国前干部参加工作时间的自查工作。查阅审定了1949年前后参加革命工作的干部档案，经查证有2位干部符合上级文件规定，批准更改为建国前参加革命工作。

【知识分子工作】

1986年3月成立崇义县知识分子工作领导小组，下设办公室。是年，在全县范围内，进行知识分子情况调查，基本摸清了落实知识分子政策对象，采取归口负责，包干完成落实政策的责任制。县知识分子工作办公室负责检查督促各单位的落实工作，协助指导办案，并在年底制订了知识分子工作三年规划。

1986 年，纠正了冤、假、错案 4 件，清理人事档案 17 件，清退“文革”中被查抄财物 34 件，补发 6 人因错停、扣发的工资，清退“文革”中被挤占的私房 6 户，计 886.43 平方米。解决因受错误处理受株连的家属、子女“农转非”23 人，解决 15 名知识分子的夫妻长期分居问题，为 62 户知识分子办理其家属、子女“农转非”93 人，并解决了一些知识分子工作上的学非所用、专业不对口等问题。直至 1987 年 1 月，落实知识分子政策工作基本结束。这一年，清退了 2 人在“文革”中被占用的私房，撤销了 4 人因冤假错案的原判，收回重新安排工作。

1988 年，进一步摸清了全县知识分子队伍的基本状况，到年底止，全县知识分子 1481 人，占全县总人口的 0.85%。其中：大专以上文化程度的 358 人，中专文化程度 900 人，按职称分：高级 25 人，中级 310 人，初级 966 人。按政治面貌分：中共党员 325 人，共青团员 361 人。同时按系统逐人建立了登记卡片。这一年，在知识分子中开展了拔尖人才的选拔工作，拟定了拔尖人才条件，印发了《拔尖人才调查表》100 多份，下发到有关部门调查摸底，采取单位推荐，组织考察，本人自荐和学术团体、同行专家举荐相结合的方法，本着管好管少，先少后多和好中选优，宁缺勿滥的原则进行综合筛选工作。此项工作，于 1989 年 3 月，公布了首批县管拔尖人才 11 名（含地管 1 人）。同时确定了管理内容，建立了拔尖人才档案，采取管和用相结合的方针，积极创造条件，适才适用，合理使用，并实行动态管理，每 3 年考察调整一次，对有突出贡献的，随时选拔到拔尖队伍中来，对没有新成果、新创造的拔尖人才，实行淘汰制。

（吴益炎　谢小林）

【统一战线工作】

1986～1989 年统战工作，高举社会主义和爱国主义两面旗帜，紧紧围绕统一祖国，振兴中华的总目标，县委统战部主要做了如下工作：

党外人士安排工作　1987 年 5 月，政协崇义县第二届委员会换届，县工商联 1988 年 9 月换届。县委统战部协同组织、人事部门，对党外人士的安排工作列入重要议事日程，安排党外政协委员占委员总数的 60%，常委占 65%，县人民代表及县人大常委会，党外人士都占有一定比例。1989 年 4 月至 8 月，县委统战部就党外人士安排任实职和政治荣誉安排问题，会同有关部门召开了专门会议，组织 3 个调查组，对在本县比较有影响，工作有较大成绩，群众反映较好的党外人士进行了全面了解、考察。在此基础上，由县委统战部、组织部向县委拟定了《关于进一步做好培养选配党外人士工作意见的报告》，县委及时批转全县有关单位贯彻执行。这一年，新安排局级以上党外人士 5 人，到 1989 年底，共有副局级以上党外人士领导干部 23 人。

经济统战工作　1989 年底，全县有经济统战对象 1400 多人，其中企业中的党外知识分子、个体工商业户、专业户、私营企业代表人物 1000 人，老工商业者

95人，国营企业的党外厂长、经理30多人，“三胞”（港澳同胞、台湾同胞、海外侨胞）亲属从事经营活动的35户。县委统战部于1989年6月和9月，两次召开县直单位企业厂（矿）长、经理座谈会，互通信息，联络感情，为振兴崇义经济作出贡献；在全县搞了私营经济普查工作，帮助解决一些实际问题。帮助企业了解情况，与外商广交朋友，牵线搭桥，积极参与经济活动。1989年3月，帮助长龙乡沈埠村少数民族蓝师恩解决贴息贷款3万元，进行矿业开采。还组织有关部门参加了外地举行的商品展销会、订货会。

海外统战与“三胞”联络、接待工作　1988年春报经上级部门批准龙勾乡肖万堂去香港同其父亲（台胞）肖子明会晤，1988年冬，报经上级部门批准龙勾乡肖镇波去香港同其祖父（台胞）肖乐康会晤。1989年4月，成立了“江西省崇义县海外联谊会”，由县长李本楠任名誉会长，县委书记黄先浪任名誉顾问，县委副书记刘泰山任会长。联谊会成立后，积极开展了活动。“三胞”联络、接待工作方面，主要是做好“三胞”在大陆的亲属思想教育工作，要求他们热爱社会主义，拥护中国共产党的领导，遵纪守法，当一名社会主义国家的合格公民，鼓励和支持他们发展经济，勤劳致富，为国家多作贡献。1986～1989年，统战部配合对台办、侨办等部门，共接待回乡探亲的“三胞”128人。

少数民族工作　1987年冬，统战部组织人员，开展对崇义县蓝姓、雷姓恢复为畲族工作的调查、核实工作。此项工作于1988年1月报经赣州地区行署批准，同意崇义县227户、1025名蓝姓公民恢复为畲族民族成份。尔后又于1989年4月，批准崇义县68户、302人雷姓公民恢复为畲族民族成份。1988年10月，县委统战部召开了第一次少数民族代表座谈会，1990年1月，中共赣州地委统战部授予崇义县蓝姓畲族公民蓝师信为少数民族先进分子，并颁发了《荣誉证书》。

进一步落实有关统战政策　1986～1989年，给22名国民党起义投诚人员颁发了国民党陆军起义投诚证书，政府每月发给确有困难的起义投诚人员生活补助费25元；经调查核实，给2名原定为反革命分子论处的起义投诚人员，对其历史问题不予追究，给予平反；为31名错划右派的干部工资偏低，按上级文件规定，给予提高一级工资，同时为25人的配偶及其未成年子女解决了“农转非”问题；协同县人民法院对3名刑事案件给予改判、平反、恢复名誉，收回安排工作或作退休处理；为原工商业者收回3人安置就业或作退休处理，其子女12人恢复城镇户口，吃商品粮；给老年知识分子和县政协常委，帮助解决“农转非”7户16人。

（吴益炎　吴世斌）

【先进党支部和优秀党员】

1986～1989年，在全县党的基层组织和党员中，开展了“创先争优”（创造先进党支部，争当优秀党员）活动，1988～1989年，发展为“一先双优”活动（先进党支部、优秀党员、优秀干部和优秀党务工作者）活动，每年纪念“七一”党的诞生日，各级党委进行表彰。各年评选表彰情况如下：

1986年受县委表彰的先进党委3个，先进党支部60个，优秀党员306名。

1987年受县委表彰的先进党支部55个，优秀党员346名，受地委表彰的优秀党员3名。

1988年受县委表彰的先进党支部63个，优秀党员330名，优秀干部92名。

1989年受县委表彰的先进党委5个，先进党支部22个，优秀党员26名，优秀干部27名，优秀党务工作者3名，受省委表彰的优秀党员1名（县人民检察院、全国模范检察长彭良三），受地委表彰的优秀党员3名，优秀干部2名，优秀党务工作者3名，受地委表彰的先进党委1个，先进党总支、支部各1个，在国庆40周年期间，受地委、行署表彰的"两个文明"建设先进个人34名。

（吴益炎　谢小林）

【老干部工作】

1986年8月，成立中共崇义县委老干部局，核定行政编制5人，事业编制1人。各乡镇成立了老干部办公室，配备专职老干部办公室主任18名，全县有老干部党支部6个，学习小组18个，活动室16个，到1989年止，全县老干部管理服务网络已初步形成。

1989年底，全县有离休干部111名，其中：长征老红军3名，抗战干部3名，建国前参加工作的105名。他们中享受副厅（局）级待遇的3名，副师级军队离休干部1名，副县级待遇22名，一般离休干部85名。退休干部853名，其中享受副县级待遇的3名，正副科级61人。

四年来，老干部工作坚持以国务院《关于老干部离职休养的暂行规定》为原则，以落实老干部政治、生活待遇为重点，始终贯彻"务实、求新、廉洁奉公、团结勤奋、热情服务"16字方针，使老干部工作逐步走向制度化、规范化和科学化。

落实政治待遇：县城离休干部成立2个党支部，农村以乡为单位成立离（退）休干部支部，每月活动1次，按规定可阅读的文件，分别在党支部活动日集体传阅。逢节日庆祝活动，县、乡二级重要会议，请离退休老干部代表上主席台就座，定期召开离（退）休干部代表座谈会、表彰会，党政主要领导同志定期或不定期的向老干部传达党的主要文件、重要会议精神，作形势报告。1987年3月，县委举办了1期全县副科级以上离（退）休干部法律知识学习班，为期7天，有60人参加学习。

关心老干部生活：老干局制订了走访制度，规定每逢春节，县六套班子领导成员分别组成慰问团（组）进行节日慰问，长征老红军每月走访1次以上，享受正副县级待遇的每个季度走访1次以上，一般离（退）休干部每年走访1次以上。1986～1989年，为解决离休干部住房困难，根据上级有关规定，发放了建房补助费和修膳费28.15万元。离休干部每年进行一次健康体检，并建立了健康档案，县医院设立老干部中西病床 25 张。1987 年县成立了老年人体育协会、钓鱼协会、信鸽协会。1989 年 5 月成立了老年门球队，分别出席了地区老人体协举办的体育比赛活动。1989 年 7 月县政府拨款 7.6 万元，在县城东大街兴建一栋“崇义县老干部活动中心”，工程将于 1990 年完工，开放使用。1987 年 11 月 10 日至 20 日，老干局组织 26 名离休干部前往旅游圣地——广西桂林参观。

四年来，充分发挥了离退休干部的作用，鼓励他们做些力所能及的工作，受省表彰的先进个人 1 名；受地区表彰的先进单位 2 个，先进个人 4 名；受县委表彰的先进集体 1 个，先进个人 41 名。

附：享受副县级以上待遇的离退休人员名单

享受副厅（局）级待遇离休干部：

沈训阳　　赖庆同　　杨顺清

（以上为长征老干部）

副师级军队离休干部：

王子平　　　　　　　　（抗日干部）

享受副县级离休干部：

郎步山　　刘新贵　　胡发成　　刘兴昌

（以上为抗日干部）

朱怀桃　　陈　望　　张万山　　张祝三　　李向玲　　门金福

李士俊　　高炳楠　　王国勋　　张　凡　　刘　州　　田在中

何　焕　　张　仁　　高荫文　　陈远柱　　陈绍烈　　陈远栋

余照槐　　肖声奉　　赖作楠　　廖继响

（以上为建国前干部）

享受副县级待遇退休干部：

刘映信　　邓信杞　　罗克坛

（以上为建国后参加革命工作干部）

（吴益炎　黄素凤）

【党史工作】

党史资料征集　1986～1989 年共征集党史资料 956 件，约 405.5 万字，其中：文献资料 750 件，约 307.8 万字；文物资料 15 件；回忆资料 126 件，约 63 万字；旧政权档案中反证资料 373 件，约 34.7 万字。

党史资料整理　整理中共崇义县委建国前文件 10 件，约 6.75 万字。完成中共党史专题 35 个，其中被上级采用 26 个，已编入上级党史研究专集的有《文英战斗》、《西路军在崇义的活动》、《红七军从左右江转战中央苏区的情况》等。1986年编写了毛泽东、朱德在崇义革命活动大事记。1988年4月，新民主主义革命时期《中共崇义县党史大事记》完稿。该大事记204条，约2.5万字，同年6月由中共江西省委党史资料征集委员会征研一处审定通过。1989年6月完成了基本完成社会主义改造时期《中共崇义县党史大事记》的编写任务。该大事记398条约7.38万字。1986年3月，县党史办派出邓声景专职参与湘赣革命根据地党史资料丛书编研组，工作时间8个月，县党史办向上述编研组提供大量史料，被湘赣丛书采用的有回忆录2篇，人物简介6篇，文献3篇。为《湘赣丛书人物组》撰写了李祥桐、周泰侃、朱以农、汤昌桃、周炎、古达培6篇人物简介已编入湘赣丛书。为赣州地委党史办撰写了陈赞雍、周泰侃、古达培3篇革命烈士传略，其中《崇义第一个共产党员——陈赞雍小传》编入《赣南英烈》第二辑。

党史征研协作活动　参加协作会议26次，接待来征人次140人次，交换资料目录278条，提供党史资料421件，党史专题37篇。

党史宣传教育　四年来，利用征集到的党史资料，对广大党员、干部和群众，特别是青年一代进行党的历史和党的优良传统教育。共举办报告会3次，智力竞赛3次，宣传专栏2期，党史期刊13期，广播稿30篇。

(吴益炎　陈　瑶)

【编纂组织史资料】

《中国共产党江西省崇义县组织史资料》的编纂工作，从1985年7月开始征集、整理和编纂，共收集了自1926年至1987年组织机构沿革和领导人名录、党员、干部基本情况统计等资料。反映了中国共产党在崇义县创建、发展和壮大的历史，系统、准确地记载了崇义县党、政、军、统一战线、群众团体组织的设置，沿革和领导成员的更迭变化，反映了中共崇义县党组织的主要活动，全书有22万字。经过广泛征集、鉴别整理、核实补充、精心编纂，于1989年12月由中共党史资料出版社正式出版发行。

(吴益炎　谢小林)

【对台工作】

崇义县去台人员247人（其中男239人，女8人)，全县有台属741户，2223人。

四年来，对台工作得到加强，广泛开展了对内、对外，认真热情做好台胞回乡探亲接待和组织境外会亲；积极引进台资，做好对台经贸工作等方面取得较好成绩，为今后做好对台工作积累了资料，探讨了一些新路子。

广泛宣传对台政策　本着“对内对外同时并举”的原则，组织有关人员，积极撰写对台宣传稿件。通过电台、报刊向崇义籍赴台乡亲介绍家乡建设、风土人情和亲友信息等。四年来，共撰写稿件140篇，被中央人民广播电台采用18篇，人民日报海外版3篇；人民日报通讯1篇；各级对台对外电台、报刊，采用家信、亲友信息75篇；省对台杂志1篇；其他报刊杂志24篇。捎带图片7490幅（张），录像带1盒，录音带3盒；捎带、寄出《今日崇义》画册50本，四年中，有49名去台人员，通过国际红十字会转信寻找亲人，县对台办配合有关单位，通过各种方式，终于使他们与大陆亲人取得了联系，实现了与亲人骨肉团聚的愿望。同时，积极开展对内宣传，举办各种形式的报告会、座谈会10余次，宣传对台形势。听众近2000人。举办广播讲座4次，宣传专栏19期，编写《对台工作简讯》12期，发至县直单位及各乡镇。印发《内地公民赴台须知》、《接待台胞须知》、《国务院关于鼓励台胞投资规定》等宣传材料，发至台属、台胞及有关单位计1340份。取得了良好的宣传效果。

热情接待台胞　1988年4月1日，第一批接待回乡台胞一行7人，至1989年底，共接待台胞58批118人，他们中最大年龄82岁，最小的8岁，多数是国民党军退役老兵和军政界已退休的中下层人士，其中校官以上有12人。接待中做到热情，周到、文明、廉洁为台胞提供服务，并认真做好台胞的安全工作。二年中，对台办安排长途接送车辆56车次，县内回家探亲访友参观旅游112人次，安排台胞亲属会面24人次，帮助台胞寻找大陆亲人41人次，为台胞提供就医治病12人次，转交台胞带回大陆信件382件，转交代寄财物74件，协助台胞找回遗失护照1件。在做好台胞回乡工作的同时，还有计划、有重点的组织5批台属赴香港会亲，其中1986年1批2人；1987年2批5人；1988年1批2人；1989年1批3人。回乡探亲台胞普遍反映有三个想不到：一是想不到自己为国民党干了几十年，回乡后，共产党、人民政府及家乡亲人对自己那么热情；二是想不到大陆人民生活那么好，家家住新房，户户有余粮，老少穿得好，小孩上学堂；三是想不到家乡建设那么好，县乡通车，村村用电，县城变成了一个新型的小山城。1989年12月，横水镇台属秦莹莹偕子女一行3人前往香港见其嫂胡次莹（陈大庆遗孀）、女儿陈昌梅。会见中，陈太太得知大陆亲属得到政府多方关照时，高兴的说：感谢大陆好政策，感谢地方的关照，我虽然老了，但忘不了家乡的乡亲父老。

积极引进台资，做好对台经贸工作　1988～1989年引进台资（折人民币）160多万元。1988年6月，台湾三建国际有限公司李春灿先生，以合作经营方式与茶滩乡联合办起“崇宁竹制品有限公司”。1988年10月，台商宋永光先生以“三来一补”的经营方式，与崇义县竹木滕（集团）公司签订办神香骨厂合同，在铅厂、麟潭、天台山设3个生产点，出产品40余吨，分3批运往深圳销往台湾，台湾耀丰公司许先生以独资经营方式，与聂都乡签订生产竹筷坯合同，生产300多万双竹筷，经济效益良好。二年中，围绕如何转移台胞资金问题，召开2次台属专题讨论会，鼓励台属大胆与台湾亲人通信联系，争取他们的支持。

（吴益炎　王桂秀）

【县直属机关党的工作】

中共崇义县直属机关委员会下辖17个党总支、115个党支部，有1199名党员。

四年来，直属机关党委认真组织了机关党员、干部开展“一先双优”活动；“增收节支”活动；向全国模范检察长、先进工作者彭良三学习活动。不断加强党的组织建设和思想建设，取得一定成绩。1986～1989年，各党总支、支部先后举办各种类型的学习班26次，参加学习的党员达2860人次；党员冬训4735人次，参训率达90%。建立健全和完善了党支部“三会一课”制度，直属机关上党课69次，对党员干部进行党的路线、方针政策，形势与任务，法制和党的基本知识教育。四年中共评选出先进党总支3个，先进党支部34个，优秀党员387名，发展新党员202名，1987年5月，党支部在开展“一先双优”活动中，县直机关党员、干部为群众服务，捐款现金3.9万元，用于支援灾区3.2万元，其余用于集资办学和公共卫生设施建设。举办了3次党的知识竞赛活动。1989年在企业党组织和党员中广泛开展了以超定额、超工时、超利润为主要内容的增收节支人平节支100元的活动。据统计，全年增收节支总额达6.99万元，人平达198元，涌现出一批“增收节支”能手；县农机厂党员李帮录一年完成工时7467小时，超额完成工时定额259.27%，等于一年完成了二年零六个月的工作任务；县百货公司党支部组织党员为本公司当义务搬运工，全年节约费用4320元，人平节支332元；县石油公司组织党员、职工广开门路，扩大销售，全年完成销售额331.17万元，比1988年增长10%，实现利税达19.35万元，比1988年增长14.5%。

四年来，直属机关党委狠抓党性、党风、党纪教育，建立了抓党风责任制，聘请了32名党风、党纪监督员和信息员，进一步完善了廉政建设的具体规定和措施。查处了党员各类违纪案件23件，其中受党内警告处分4名，严重警告处分3名，留党察看一年处分5名，二年处分3名，开除党藉处分8名。

(吴益炎　李义达)

【信访工作】

1986年以来，全县信访工作加强了领导，建立和健全了县、乡、村纵向和县直各部门横向信访网络，县、乡建立信访领导小组19个95人，已建立信访小组的单位10个18人，(没有建立小组的有兼管人员）已建立信访小组的村124个621人。全县配备专职或兼职干部22人，县设立中共崇义县委、崇义县人民政府信访办公室，配4名编制，具体负责全县的信访业务工作，同时健全了信访工作制度。建立了县委、县政府领导接待日制度。各级党政领导把人民群众的来信来访做为了解民意和各方面信息的窗口，接受群众监督的渠道。

1986～1989年，县信访办共接待来信来访1394件，其中来信972件，来访

432人次，按反映的问题分类，求决552件，申诉292件，反映情况与批评建议101件，检举揭发与控告75件。县委、县政府领导亲自接待来访3547人次，阅批来信3261件，参加和组织办案297件。有力地推动了信访工作的开展。四年来，县信访办公室直接办理案件102件，协同有关单位联合办案80件，转请有关单位办理114件，基本上做到了件件有着落，案案有结果。清退了一部分在“文革”中挤占的私房21户，折价6.15万元；清退在“文革”中被查抄的私人财物36户，折价补偿人民币0.35万元；收回在文革中错下放的城镇居民114户300人。其次，帮助人民群众解决生产、生活困难方面的问题有89件。

为了搞好信访综合分析，县信访办做到半年小结，年终总结，摘录重要信件，编写信访简报，向上级领导和业务部门提供信息，反映情况，四年中，提供信息80条，办简报12期，反映信访情况52期，被上级采用10件。

附：崇义县1986～1989年信访办接待来信来访情况统计表

表3

年份	来信来访情况			按来信来访反映的问题分类			
	总数	其中		求决	申诉	反映情况与批评建议	检举揭发与控告
		来信(件)	来访(人次)				
1986	597	363	234	369	147	36	45
1987	299	246	53	183	85	22	9
1988	290	209	81	217	38	22	13
1989	208	153	55	158	22	21	8
合计	1394	971	423	552	292	101	75

（吴益炎　张家柏）

【县委机关建设】

基础设施建设　1986年2月，新办公大楼竣工，建筑面积为2395平方米，预算投资29万元，同年4月，投资3.4万元为老干部添制小汽车1辆，以方便离退休老干部用车。8月，投资7万余元兴建简易厨房300平方米，以改善职工生活条件。为搞好精神文明建设，美化环境，在新办公楼与老办公楼之间空坪上，兴建了水池、假山和六角凉亭，并进行了规范绿化，1988年，投资14万元，分别添制

"伏尔加"牌小轿车和吉普车各1辆。1989年11月，投资3万元修水泥地面标准球场1块，小车车库7间。

作风及制度建设　机关建立了廉政制度，学习、考勤、卫生、财务、车辆管理及干部岗位责任制。从1987年起，县委各工作部门建立了目标管理责任制。

(吴益炎　谢建森)

1986～1989年县委正、副书记更迭表

表4

姓 名	职 务	籍 贯	任 职 时 间
蓝 舒	书 记	江西上犹	1986.1～1986.12
黄先浪	书 记	江西会昌	1987.7～1989.12
江文仁	副书记	江西兴国	1986.1～1986.10
黄先浪	副书记	江西会昌	1986.1～1987.7
韩景昌	副书记	江西赣县	1986.4～1986.10
刘泰山	副书记	江西南康	1986.10～1989.12
李本楠	副书记	江西南康	1987.7～1989.12
沈世香	副书记	江西崇义	1987.7～1989.12

附：1986～1989 年县委各部门负责人更迭表

表 5

部　门	姓　名	职　务	籍　贯	任　职　时　间
办公室	陈　文	主　任	江西大余	1986.1～1987.2
	刘天福	主　任	江西崇义	1987.2～1987.9
	张贵香	主　任	江西上犹	1987.9～1989.12
	何木兰	副主任	江西崇义	1986.1～1987.4
	江晓文	副主任	江西崇义	1986.7～1989.12
	梁光辉	副主任	江西南康	1987.4～1988.5
	余启良	副主任	江西崇义	1988.9～1989.9
	黄绪志	副主任	江西崇义	1989.4～1989.12
组织部	巫大亮	部　长	江西崇义	1986.1～1989.12
	彭廷盛	副部长	江西崇义	1986.1～1989.12
	范迪梁	副部长	江西崇义	1986.1～1988.10
	钱　凡	副部长	江西南昌市	1987.6～1989.12.28
	钱　凡	部　长	江西南昌市	1989.12.28～1989.12.31
宣传部	邹裕民	部　长	江西崇义	1986.1～1989.12
	罗日安	副部长	江西安远	1986.1～1986.4
	李义达	副部长	江西崇义	1986.5～1987.10
	吴新宝	副部长	江西赣县	1986.5～1989.12
	饶运庆	副部长	江西会昌	1987.8～1989.12
	刘建华	副部长	江西崇义	1989.3～1989.12
	魏运亭	部　长	江西上犹	1989.12.28～1989.12.31
统战部	刘天福	部　长	江西崇义	1987.9～1989.12
	朱章耀	副部长	江西崇义	1986.1～1989.12
	江兴舟	副部长	江西崇义	1986.1～1987.9
	胡修忠	调研员	江西信丰	1986.1～1989.12

续表

部 门	姓 名	职 务	籍 贯	任职时间
直属党委	陈春招	书 记	江西崇义	1986.1～1989.12
	方向明	副书记	江西于都	1986.1～1987.9
	李义达	副书记	江西崇义	1987.10～1989.12
政策研究室	刘经明	主 任	江西上犹	1986.1～1988.7
老干部局	王祥瑞	局 长	江西上犹	1987.2～1989.12
	李启元	副局长	天津市	1986.8～1987.1
	黄素凤	副局长	江西崇义	1989.5～1989.12
信访办公室	李造森	主 任	江西崇义	1986.1～1986.9
	赖绍能	主 任	江西崇义	1986.9～1989.12
党史办	郭礼祥	主 任	江西崇义	1986.1～1989.12
	肖轶凡	副主任	江西崇义	1986.1～1987.4
对台办	麦著连	主 任	江西崇义	1986.1～1988.9
	江心元	主 任	江西崇义	1988.9～1989.12
政法办公室	周光明	主 任	安徽巢县	1988.11～1989.12
	钟冠群	副主任	江西南康	1988.11～1989.12
档案局	袁平招	局 长	江西崇义	1987.4～1989.12
	张重连	副局长(馆长)	江西崇义	1986.1～1989.12
县委党校	刘俊芬	校 长	江西崇义	1986.1～1989.12
	何显柏	副校长	江西崇义	1988.1～1989.12
	黄庆荣	党总支书记	江西崇义	1986.1～1989.12
	黄照远	调研员	江西崇义	1986.1～1989.12

(吴益炎)

崇义县人民代表大会

【第十届人民代表大会第三次会议】

第十届人民代表大会第三次会议，于 1986 年 3 月 29 日至 31 日，在县城举行。实有代表 148 人，到会代表 127 人。会上听取和审议了县人民政府代县长黄先浪作的《政府工作报告》；县计委主任张贵香作的《崇义县 1986 年国民经济和社会发展计划草案报告》；县财政局长刘传明作的《崇义县 1985 年财政决算和 1986 年财政预算草案报告》；县人大常委会主任罗言清作的《崇义县人民代表大会常务委员会工作报告》；县人民法院院长吴仰福作的《崇义县人民法院工作报告》；和县人民检察院检察长彭良三作的《崇义县人民检察院工作报告》，并通过了相应决议。

会议收到代表议案 15 件，主席团决定作议案办理的 2 件。收到代表建议、批评和意见 74 件。

会议补选黄先浪为崇义县人民政府县长。

【第十一届人民代表大会第一次会议】

第十一届人民代表大会第一次会议，于 1987 年 5 月 25 日～29 日在县城举行。实有代表 138 人，到会代表 136 人。会上听取和审议了李本楠作的《政府工作报告》；县人民政府副县长罗穗安作的《关于我县国民经济和社会发展第七个五年计划草案的报告》；县计委主任张贵香作的《关于我县 1987 年国民经济和社会发展计划草案的报告》；县财政局局长刘传明作的《崇义县 1986 年财政预算执行情况和 1987 年财政预算草案的报告》；县人大常委会主任罗言清作的《崇义县人民代表大会常务委员会工作报告》；县人民法院院长吴仰福作的《崇义县人民法院工作报告》；县人民检察院检察长彭良三作的《崇义县人民检察院工作报告》。

会议收到县人民政府和代表 10 人以上联名提出的议案 23 件，主席团决定作议案办理的 3 件。会议审议了县人民政府《关于加强森林保护加速森林资源培育的规定》的议案，做出了《关于授权县人大常委会审议批准县人民政府＜关于加强森林保护加速森林资源培育的规定＞的决定》。会议还收到代表建议、批评和意见 138 件。

会议通过选举，选出：

县第十一届人大常务委员会

主任：罗言清

副主任：肖文源、朱才坪

委员：刘大新、刘仁花（女）、巫大亮、吴桂林、陈经福、陈兼鹏、袁明、黄先涌、黄家仁、谢尊浩。

县人民政府

县长：李本楠

副县长：罗穗安、邓性安、周逸明、刘国富。

县人民法院院长：吴仰福

县人民检察院检察长：彭良三

【第十一届人民代表大会第二次会议】

第十一届人民代表大会第二次会议，于 1988 年 1 月 11 日至 13 日在县城举行。实有代表 138 人，到会代表 125 人。会议听取和审议了县长李本楠作的《政府工作报告》，县计委主任谢厚均作的《关于我县 1988 年国民经济和社会发展计划草案的报告》；县财政局局长刘传明作的《关于我县 1987 年县财政决算执行情况和 1988 年财政预算草案的报告》；县人大常委会主任罗言清作的《崇义县人大常委会工作报告》；县人民法院院长吴仰福作的《崇义县人民法院工作报告》和县人民检察院检察长彭良三作的《崇义县人民检察院工作报告》，并通过了相应的决议。

会议收到代表 10 人以上联名提出的议案 14 件，主席团决定作议案办理的 3 件。收到代表建议、批评和意见 86 件。

会议通过选举，选出刘忠贵、许进来、杨银洲、罗言清、赖允莲等 5 名出席江西省第七届人民代表大会代表。

【第十一届人民代表大会第三次会议】

第十一届人民代表大会第三次会议，于 1989 年 3 月 13 日至 15 日在县城举行。实有代表 147 人，到会代表 129 人。会议听取和审议了县长李本楠作的《崇义县人民政府工作报告》；县计委主任谢厚均作的《关于我县 1989 年国民经济和社会发展计划草案的报告》；县财政局局长刘传明作的《关于我县 1988 年财政预算执行情况和 1989 年财政预算草案的报告》；县人大常委会副主任肖文源作的《崇义县人大常委会工作报告》；县人民法院院长吴仰福作的《崇义县人民法院工作报告》和县人民检察院检察长彭良三作的《县人民检察院工作报告》，并通过了相应决议。

会议收到代表建议、批评和意见 86 件。

【举行人大常委会会议】

1986～1989 年间，是崇义县第十届人大常委会和第十一届人大常委会承上启下时期。四年来，共举行常委会议25次。其中，第十届人大常委会（1986年1月1日至1987年5月）举行了9次，第十一届人大常委会（1987年5月至1989年12月）举行了16次。通过例会履行宪法和法律赋予人大常委会的职责。

【讨论决定重大事项】

第十届人大常委会先后通过了崇义县人大常委会1986年工作要点，作出了如下决定：关于召开崇义县第十届人民代表大会第三次会议的决定，关于1986年县财政预算部分变更的决定，关于成立崇义县选举委员会的决定，关于召开崇义县第十一届人民代表大会第一次会议的决定。批准了崇义县人民政府关于《提取阳岭旅游区发展基金的报告》。

第十一届人大常委会作出了决议、决定20项。其中包括关于批准县人民政府《关于加强森林保护加速森林资源培育的规定》的决定，关于批准县人民政府《关于在全县范围内开展群众性集资，全力解决中小学危房，改善办学条件的意见》的决定，关于批准县人民政府就本县国民经济计划和财政预算作部分调整、变更方面的决定，关于批准县人民政府《关于规划建设县城南新路和三处居民点的意见》的决定，以及先后接受罗穗安、邓性安两名副县长因工作变动提出辞职请求的决定。

【实施法律监督和工作监督】

县人大常委会以听取和审议县政府及有关部门、县法院、县检察院的工作报告或汇报，作为行使监督职权的基本形式，先后听取审议"一府两院"有关贯彻实施《土地管理法》、《矿产资源法》、《经济合同法》、《计量法》、《治安管理处罚条例》情况，有关农牧渔业、林业、经济体制改革、工农业重点建设项目、交通、粮食、乡镇企业、二轻工业、财政、物价、审计、普法、议案及代表建议办理，以及法纪检察，对已发生法律效力的民事判决、裁定、调解的执行工作情况等报告或汇报共36项。

1988年县人大常委会根据省人大常委会《关于在全省范围内进行执法大检查的决定》，会同"一府两院"认真组织了本县对宪法和地方组织法、刑法、刑事诉讼法、经济合同法、土地管理法、森林法、环境保护法、矿产资源法、义务教育法、食品卫生法、药品管理法、文物保护法、治安管理处罚条例等法律执行情况的大检查工作。

县人大常委会围绕法律、法规的贯彻实施情况，本行政区域内全局性以及人民群众普遍关心的问题，开展调查研究工作，四年中先后组织了20次调查研究，并写出了有情况、有分析，比较符合实际的调查报告。调查研究的主要项目有：1986年对乡镇企业、农村多种经营、公路交通情况的专题调查；1987年对开展"增产节约、增收节支"和清理整顿"四乱"及物价情况的调查：1988年对农业生产和农资供应情况的调查；1989年对贯彻实施《婚姻法》的情况，茶滩联丰电站权属争议问题的调查，以及议案和代表建议办复情况的走访调查。县人大常委会调查研究工作的成绩和经验，得到上级的肯定，省人大常委会赣州地区联络处 1987 年 9 月在《情况交流》刊物上登载了本县调查研究材料，1989 年 7 月在瑞金召开的全区人大工作经验交流会上，县人大常委会《我们是怎样开展调查研究的》一文，被推荐为参加全省地方人大工作理论研讨会材料。

【人事任免】

1986 年 3 月 17 日至 1987 年 5 月 9 日，第十届人大常委会根据“一府两院”领导人的提请，依法决定任命县人民政府委、办、局主任、局长，县人民检察院副检察长、检察委员会委员、检察员共 19 名；决定免去副县长 1 名，决定免去县人民政府委、办、局主任、局长，县人民法院副院长、庭长、副庭长、审判委员会委员、审判员，县人民检察院副检察长、检察员共 12 名。

1987 年 7 月 30 日至 1989 年 12 月 30 日，第十一届人大常委会根据“一府两院”领导人的提请，依法决定任命副县长 1 名，决定任命县政府委、办、局主任、局长，县人民法院庭长、副庭长、审判员，县人民检察院检察委员会委员、检察员共 64 名；决定免去副县长 2 名，决定免去县人民政府委、办、局主任、局长，人民法院庭长、副庭长、审判员，县人民检察院检察员共 16 名。

1986～1989 年间，县第十届、第十一届人大常委会根据人大常委会主任的提请，任命本会各办事机构负责人 7 名，免职 9 名。

在县乡人大换届选举时，县人大常委会依法任命了乡（镇）选举委员会的组织人员。

【议案及代表建议的办理工作】

县人大常委会不断加强对人代会议案及代表建议、批评和意见的办理工作。为了使办理工作有章可循，在 1989 年 4 月 30 日举行的县十一届人大常委会第 12 次会议上，通过了《关于办理人民代表建议、批评和意见的若干规定》的决定。《规定》对办理工作的指导思想、办理原则、职责范围、工作程序及具体要求等事项作了明确规定，办理工作更加制度化、规范化。议案及代表建议的办理做到件件有答复、事事有交待。

1986～1989 年间，县人民代表大会举行的 4 次会议，共收到议案及代表建议、批评和意见共计 392 件。其中列入议案的有 8 件，代表建议、批评意见 384 件。对于这些议案及代表建议批评意见的办理结果，人代会闭会后 6 个月都安排县人民政府或政府办公室负责人在人大常委会会议上作专项报告。

【人民代表工作】

县人大常委会不断加强人民代表工作。对于代表在任期内因故出缺的，及时领导和组织原选区进行补选。1986 年县十届人大第二次会议举行前夕，横水镇党政群选区和铅厂乡宝山选区分别补选黄先浪、郭奕德为县十届人大代表。1988 年县十一届人大第二次会议举行前夕，横水镇党政群选区补选李本楠为县十一届人大代表。1989 年根据江西省选举委员会赣选发[1987]68 号文件，对不是县人大代表的 9 名乡（镇）人大主席团常务主席，依法增补为县十一届人大代表。增补后的县十一届人大代表总数为 147 名。

县人大常委会联系人民代表，为人民代表参政议政服务，主要采取如下形式：1、到乡（镇）、村召开代表座谈会，学习党的路线方针政策和国家法律，交流经验，听取代表的意见和要求；2、走访代表，了解对议案及代表建议；3、给代表寄送《会刊》和学习资料，向代表通报常委会议动态；4、对居住农村的代表发给免贴邮票的专用信封，以方便代表通讯联系；5、聘请乡（镇）文书为乡（镇）人大工作联络员；6、接待和处理人民代表与群众的来信来访。县人大常委会在做好人民代表工作的同时，对乡（镇）人大工作实施指导。

【县乡（镇）人大换届选举】

1987 年 2 月起，县第十届人大常委会依法领导和组织了县乡（镇）人大换届选举工作。在换届选举中，全县有选民 104000 多人参加投票选举，选民参选率为 95.8%，经过 2 个多月的工作，由选民直接选举产生县第十一届人大代表 138 名（女 14 名，占 10.1%），乡（镇）人大代表 693 名（女 86 名，占 12.4%）。县第十一届人大常委会根据七届全国人大常委会第九次会议“关于县乡两级人民代表大会在 1990 年底以前进行换届选举的决定”和省、地换届选举工作的安排，于 1989 年 12 月 30 日，县十一届人大常委会第 16 次会议，通过了《关于成立崇义县选举委员会的决定》，任命了选举委员会组成人员，为换届选举作了组织准备。

崇义县第十一届人民代表大会常务委员会正、副主任、调研员更迭表

表 1

届别	姓名	藉贯	职务	任职时间
十一	罗言清	江西崇义县	主任	1987.5～1989.12
	肖文源	江西崇义县	副主任	1987.5～1989.12
	朱才坪	江西南康县	副主任	1987.5～1989.12
	朱昭法	江西上犹县	调研员	1987.5～1989.12
	朱宇俊	江西崇义县	调研员	1987.5～1989.12

1986～1987年人大常务委员会一室三科负责人名单

表2

部 门	姓 名	职 务	藉 贯	任 职 时 间
办公室	陈经福	主 任	江西崇义	1986.1～1987.6
	袁 明	副主任	江西崇义	1986.1～1987.6
	朱海乐	副主任	江西崇义	1986.1～1987.6
政法工作科	黄家仁	科 长	江西崇义	1986.1～1987.6
	许诗钉	副科长	江西崇义	1986.1～1987.6
财经工作科	黄先湧	副科长	江西崇义	1986.1～1987.6
教科文卫工作科	蒋庆福	科 长	江西崇义	1986.1～1987.5
	赖庆发	副科长	江西崇义	1986.1～1987.6

1987年7月～1989年人大常务委员会各办公室正、副主任更迭表

表3

部 门	姓 名	职 务	藉 贯	任 职 时 间
办公室	陈经福	主 任	江西崇义	1987.7～1989.12
	朱海乐	副主任	江西崇义	1987.7～1988.10
	刘昌伟	副主任	江西崇义	1987.7～1989.12
选举任命、联络办公室	朱海乐	主 任	江西崇义	1988.11～1989.12
政法办公室	黄家仁	主 任	江西崇义	1987.7～1989.12
	许诗钉	副主任	江西崇义	1987.7～1989.12
财经办公室	黄先湧	主 任	江西崇义	1987.7～1989.12
教科文卫办公室	袁 明	主 任	江西崇义	1987.7～1989.12
	赖庆发	副主任	江西崇义	1987.7～1988.5

注：1987年5月9日由科改为办公室，1988年9月18日增设选举任免联络办公室。

（肖继湖　刘昌伟　黄家仁）

崇义县人民政府

【议事制度】

县人民政府常务会议　常务会议原则上每月2次，必要时可随时召开。常务会议由县长、副县长、顾问、调研员，政府办公室主任出席，由县长或委托副县长主持会议，必要时，根据会议中心议题，请有关部门负责人列席。会议主要议题是：传达贯彻上级指示、决定和会议精神；研究全县发展规划和国民经济计划、经济发展布局、投资方向、重点建设项目、技术改造和科研项目、外引内联和财政开支；决定改革、开放、搞活的政策和措施以及讨论通过提请县人大常务委员会审定的议案等。

县人民政府全体会议　由县长、副县长、顾问、调研员、政府各部门正职，必要时请乡（镇）长参加。会议由县长或委托副县长主持召开，一般每半年召开1次。会议主要议题是：传达贯彻上级重要指示和会议精神；报告县人民政府阶段性工作；讨论决定和部署县人民政府重要工作；交流情况和经验等。

县人民政府还规定，凡是县人民政府在贯彻党的路线、方针、政策中所制定的重大措施等事项应向县委报告；凡是国民经济和社会发展5年计划、年度计划、财政预算和执行情况的变更以及重点工程建设项目等事项应向县人大常委会报告；凡是县人民政府的重大活动情况，应及时向地区行政公署作出书面报告。

【调查与研究】

四年来，县政府始终注重调查研究工作，为行政决策提供可靠依据。调查研究工作的办法是：一是领导直接定课题；二是政府领导亲自动手，直接下到厂（矿）场、农村，深入实地向群众作调查；三是组织政府有关部门进行专题调查。1986年8月，县政府批转农业区划委员会“关于开展地方名优特稀新资源及土特产品调查方案”，内容包括农业、林业、矿业、名贵土特产品、乡镇工业、食品工业、名贵中草药等资源的调查，为进一步开发农、林、矿产及本县名优产品提供决策依据。同年10月，县政府下发通知，决定在全县开展农村专业户、重点户的调查，旨在总结农村工作经验，探讨今后农村工作发展方向。1987年9月，为把企业改革引向深入，增强企业活力，加快全县工业发展步伐，县政府组织县直13个有关部门，用6天对县罐头厂、农机厂、矿产品工业公司、木器厂、农机二厂、算盘厂等11个县属企业和部分乡镇企业进行了调查研究，在此基础上，进一步完善了全县企业的经济承包责任制。1988年10月，县政府根据崇义中学1名学生建议政府要采取措施保护聂都旅游资源的来信，县政府领导指定由政府办公室牵头，组织人员进行实地调查，在调查的基础上，经县政府常务会议讨论研究，发了《关于保护聂都旅游资源的布告》。此外，为了加强上下联系，及时反馈信息，建立起全县政府系统的信息网络，从1987年2月起，由县政府办公室主办《情况反映》综合简报（不定期印发），在全县各乡（镇）、县直属各部门指定一名联络员负责提供情况。据统计，1987年印发35期，1988年印发40期，1989年印发45期。发至省、地有关部门及全县各乡镇、县直属各部门、县委、政府、人大、政协等领导同志参考。

（吴益炎　谌建平）

【经济体制改革】

推行承包、租赁经营责任制　1987年冬，1988年春，全县工商企业在实行厂长经理负责制的基础上，大胆引入竞争机制、风险机制和激励机制，全面推行承包、租赁经营责任制，1988年有125家企业实行了承包经营，其中国营企业33家，占全县国营企业总数的91.66%，集体企业（包括乡镇企业）80家，占全县集体企业总数的50.63%，实行企业化管理的事业单位12家，实行租赁的14家，其中国营企业3家，集体企业（包括乡镇企业）11家，实行全员风险抵押的1家，实行其它形式的55家（包括乡镇企业），在实行公开招标的企业中，面向社会招标的38家，面向本系统内招标的54家，面向本企业招标的47家。在中标形式中，个人中标40户，集体中标21户，合伙中标78家，中标人结构，干部33人，工人22人，农民84人。承包经营期一般2年，少数1年，租赁经营一般3年。

企业内部配套改革　1、优化劳动组合。推行优化劳动组合，目的在于从根本上端掉“铁交椅”、打破“铁饭碗”，在企业内部逐步建立起“双向选择，能进能出，相对稳定，合理流通”新型的劳动制度，形成竞争机制、自我约束机制和激励机制，促进生产力的发展和经济效益的提高。县人民政府于1988年9月制定《关于企业内部实行劳动组合改革意见》，在全县全面推行优化劳动组合，80%的企业按文件要求，定员定岗，层层招聘，层层承包，合同化管理。

.2、全员风险抵押。全员风险抵押承包，于1988年9月先在县食品厂、县综合公司试行，并取得较好经济效益。1989年4月县政府印发了《关于推行全员风险抵押的暂行办法》要求全县工商企业干部职工根据不同岗位，不同责任，不同风险，不同利益原则，交缴风险金每人200～3000元，规定风险金可作企业自有资金参与资金周转，企业盈利可以保息分红，企业亏损用风险金补偿，全县80%的企业执行了全员风险金抵押，共交收风险金120余万元。

3、分配制度改革。工业企业执行了以计件工资、产品单位工资含量为主的分配制度，流通企业执行了联销计酬、费用包干等分配制度，打破了企业内部吃“大锅饭”现象。

4、推行工资总额与经济效益挂钩。1988年11月，在县化工厂、农机厂、副食品公司3个单位实行“工资总额与实行税利挂钩”、“工资总额与实现税利、销售总额挂钩”，工资浮动比例分别为1∶0.4，1∶0.7，1∶0.8，考核指标除税利、销售收入外，还包括产品质量、劳动生产率、资金利税率、人均实现利税、安全生产等指标。

民主考评经营者 1989年9月，县成立县直企（事）业单位经营者考评委员会，从有关部门抽调51名干部，组成8个考评组，用了1个月时间，对全县80家企（事）业单位的157名经营者在贯彻党的方针、政策、改革意识、知人善用、团结协作、完成任务、廉政建设等方面进行了全面考评。157名评议对象除3名因公外出请假外，154名写出了述职报告，157名经营者通过评议，属优秀的5名，占考评对象总数的3.18%，称职的107名，占68.15%，基本称职的37名，占23.58%，不称职的8名，占5.09%。通过评议确认，可以继续任职的139名，占评议总数的88.54%；不能继续任职的18名，占11.46%。

成立厂长（经理）协会 崇义县厂长（经理）协会于1988年7月成立，拥有会员76名，是由企（事）业法人代表组成的群众性组织。其主要任务是：指导帮助企业厂长（经理）更好地执行承包租赁合同；维护厂长（经理）的合法权益；协调企（事）业单位与政府有关部门的关系；开展各种联谊活动；总结交流企业改革方面的经验；评选表彰“企业家”、“优秀经营者”，组织学习、参观、考察，不断提高厂长（经理）素质，造就一批社会主义企业管理人才。协会权力机构为全体会员大会，由理事会主持日常工作。

（吴益炎　夏道明）

【基层政权建设】

中共中央、国务院〔1986〕22号文件《关于加强农村基层政权建设工作的通知》，责成民政部门负责城乡基层政权建设的日常工作。1989年8月，县民政局设民政股，负责具体日常事务。县委、县政府始终把加强基层政权建设纳入治理整顿、深化改革的重要内容，作为全县的一件大事来抓。对乡一级政府，主要是采取简政、放权措施，强化职能；一是改革条块分割的旧体制，下放县直分支机构的领导管理权；二是下放财权。各乡镇建立财政所，改统收统支，吃“大锅饭”的供给制为分级管理，“分灶吃饭”的责任制。实行定收定支，收支挂钩，超收分成，欠收减支，超支不补，节余留用，一年一定，年终兑现。（1987年改为“一定三年”）。1988年，将横水镇、扬眉乡、过埠镇、关田乡列为改革试验乡，在财政方面，实行“划分收支，分级包干，定额递增”的新体制，这一年4个乡镇增收65万元，超收得利51万元。三是下放人事管理权。各乡（镇）除正副职领导干部由县管理外，其余均下放到乡镇管理，村一级党支部书记、村主任也同时下放给乡党委任免管理。对村一级组织，主要是通过教育、整顿，增强村级组织功能，使村民委员会“四自”（自我教育、自我管理、自我建设、自我服务）作用充分发挥。对基层干部实施教育的主要内容是：1、形势与任务教育；2、党在社会主义初级阶段的基本路线教育；3、“三热爱”教育；（热爱党、热爱社会主义、热爱集体）4、村民委员会组织普法教育；5、坚定走社会主义道路，勤劳致富教育；6、廉政、勤政服务教育；7、商品生产意识教育；8、艰苦奋斗教育。1988～1989年，县组织了2批18个工作组、54个组次，共计713人，在全县18个乡（镇）153个村开展了党的基本路线教育。在基本路线教育工作中，整顿、调整村级班子。调整村级干部的标准，总的是按照干部“四化”要求，结合本县农村实际，提出了5条标准：一是对群众有感情，热心为群众办事，有事业心；二是办事公道，不搞宗派，在群众中有较高威信；三是具有一定的管理能力，掌握1-2门实用技术；四是有初中以上文化水平；五是年龄在40岁以下。选拔村级干部的方法和途径是：在复退军人、回乡知识青年和专业户中挑选优秀人才；在乡、村企业中挑选骨干人员；选拔有培养前途的苗子到乡镇企业“上岗培训”；待条件成熟后充实到村委会班子；在一时难以找到合格人选的后进村，由乡（镇）党委派出国家干部到村里兼任党支部书记“带岗培训”，同时选拔村级后备干部送县委党校专门培训（1989年培训50名，时间一年）。到1989年年底，全县调整村党支部书记24人，村主任27人，其他村干部62人，村民小组长189人，处置不合格党员31名，调整面占20.8%。调整后平均年龄为37.8岁，初中毕业以上文化程度占79.8%。其次是较好地解决了村干部的工资报酬和福利待遇问题。县对村干部的工资福利待遇作了3条规定：一是实行“结构工资（人平基本工资60元，效率工资和奖励工资在年终考评后，按岗位实绩评定兑现到人）；二是实行村干部“养老保险制”，已有16个乡（镇）推行了这一制度；三是做好村干部退位后的安置工作。对工龄满30年以上的村干部进行表彰，并发给《荣誉证书》，一次性发给生活补贴200元，对获省级以上劳动模范称号者，退位后，每月享受15元生活补贴。（1989年县委、县政府表彰53名退位村干部）。1988年对城镇居委会进行了整顿，健全了组织和各项制度，规定了城镇居委会的工作任务。

（吴益炎　杨安华）

【招聘干部】

1986年以来，招干工作实行“面向社会，平等竞争，考试考核，择优录用”的原则。四年中，经文化考试和政治考核相结合，择优录用招收干部101名，分配在政法部门8人，税务部门4人，财政部门32人，文教部门8人，计划生育专干3

人，武装干部9人，农业、农机、水电部门37人。还根据工作需要招聘干部10人。同时经过考核，解聘了7名乡财政所干部。在人事工作上，进一步健全了法制观点，凡需要经过民主选举产生的各类领导干部，坚持了按法定程序办理，选举后由县人大常委会任免，并发给任命证书。

【职工奖惩】

职工奖惩工作，始终坚持“精神和物资奖励相结合”的原则，在国家机关、事业单位开展了表彰和奖励先进活动。1986年表彰奖励438人，1987年表彰奖励438人。同时，对违反劳动纪律和工作失职的工作人员，根据其所犯错误的性质情节轻重，分别给予不同的政纪处分，1986年共惩罚14人，其中，干部5人，工人9人；1987年共惩罚22人，其中，干部9人，工人13人。1989年，经省人事厅批准，给予叶光辉、刘传明、李耀生、刘仁花提升1级工资的奖励，（年度千分之一奖）。为获得全国“先进工作者、模范检察长”称号的彭良三晋升2级工资的奖励。

【机构编制工作】

1986年，新设立行政机构3个（老干部局、矿业管理局、旅游局），新设立事业机构3个（土地管理局、信息服务中心、标准计量局），将原食品工业办公室和饲料工业办公室合并为食品、饲料工业办公室。7月，在全县行政机关、事业单位实行《编制管理卡片》管理办法。对县级事业单位，进行了“定机构，定任务，定级别，定性质，定编制”工作。1987年，新设立行政机构1个（经济体制改革委员会办公室）。对乡镇一级行政编制进行了分配，年末下达19个乡（镇）行政编制数为352人。1988年以后，全县未新增设行政、事业机构。为制止机构、编制和干部队伍膨胀，对要求提高机构级别以及单位编制不到10人要求设立内设机构的报告，一律停止审批；对要求增编的报告，除个别特殊急需外，均不允许增编；对经批准必须增加的机构，其人员编制原则上从现有超编单位内调剂；凡超编、满编的行政机关、事业单位、其人员只能减少，不能增加；因调整干部结构，确因工作需要而急需的人员，按照先出后进的原则，满编单位一出一进，超编单位二出一进；对缺编单位的进人，则区别情况严加控制。同时，严格机构编制审批权限和审批程序，坚持“一支笔”审批制度。凡机构增设、撤销合并或改变名称、提高规格、审定或增加、减少编制，都应由主管部门写出专题报告，报县机构编制委员会审批。1988年4月全县实行《人员编制工资基金册》管理办法。7月起，在县直行政机关、人民团体试行“节编有奖，超编受罚”的编制与经费包干奖惩办法，对节编单位实行奖励，超编单位实行惩罚。

【干部、职工离退休、退职】

1986～1989年，按照国家有关干部、职工离退休、退职政策的规定，办理离休的干部 19 名，退休干部 92 名，退职干部 1 名。办理退休的工人 262 名。

崇义县 1986～1989 年国家行政干部状况统计表

表 1

年份	行政干部总数		文化程度			年龄								
	总计	其中：女	高等学校	中专高中	初中	25 岁以下	26 至 30 岁	31 至 35 岁	36 至 40 岁	41 至 45 岁	46 至 50 岁	51 至 55 岁	56 至 60 岁	61 岁以上
1986	1822	277	175	1104	543	419	210	268	261	221	247	139	53	4
1987	2273	335	340	1340	592	498	283	258	357	312	298	193	67	9
1988	2722	392	505	1576	641	576	355	248	452	403	349	246	80	13
1989	2854	425	559	1694	601	639	364	338	433	401	354	232	84	9

（吴益炎　谢长青）

【老区建设】

1988 年、1989 年上级安排崇义县老区建设发展资金 6.3 万元，用于农田建设及解决水污染 4.30 万元，学校建设 2 万元。1989 年 10 月，开展了对 1981 年至 1988 年扶助老区发展资金使用效益全面清理评价工作，清理评价结果是：效益好的扶助资金有 26.11 万元，占总扶助资金的 52.44%；一般的有 19.11 万元，占总扶助资金 24.14%；差的有 11.30 万元，占总扶助资金 22.42%。在扶助资金中，应收回有偿资金 26.22 万元（其中已到期应收回的有 25.42 万元），已收回资金 0.80 万元，占到期应收回数 3.13%。

（吴益炎　杨安华）

【查处干部违纪案件，惩治腐败】

县监察局于 1988 年 2 月成立，自成立后到 1989 年底，共查处了各类违纪案件 17 起（其中大案要案 2 起），查出违纪金额 25.51 万元，按案件性质分：属贪污受贿案件 6 起，涉及 6 人，追缴赃款 1.22 万元。受刑事处分，开除党藉、开除公职处分的 1 人，免予起诉，行政开除留用察看处分 2 人，行政降级处分 1 人，行政记大过处分 1 人，行政记过处分 1 人，查处其它经济违纪案件 5 起，涉及违纪单位 4 个，个人 1 人，违纪金额 24.29 万元，查处其他违纪案件 6 起，涉及 6 人，给予行政开除处分 4 人，行政降级处分 1 人，行政记过处分 1 人。1988 年 8 月至 10 月底，认真贯彻落实《监察部关于有贪污贿赂行为的国家行政机关工作人员必须在限期内主动交代问题的通告》，县监察局利用各种会议、广播、墙报等多种形式广泛宣传《通告》精神，敦促有贪污贿赂行为者主动交代问题，在《通告》限期内，收到举报信件23件，接待来访12人次，主动坦白交代问题的5人，收缴赃款及违纪金额1.32万元，5人均受到从宽处理。通过查处违纪案件和贯彻《通告》精神，有力地惩治了某些腐败现象。1989年11月，对县政府各部门进行执法监察，提高了政府各部门按照政策法规办事的自觉性。

【信访举报工作】

1988年11月，县监察局设立维护廉政举报中心，至1989年底，共受理信访举报82件，自办37件，转办45件，其中检举贪污6件，受贿15件，违反财经纪律10件，投机倒把1件，以权谋私17件，失职渎职4件，道德败坏6件，其它23件。

(吴益炎　赵荣伦)

【安全监察】

安全监察工作继续贯彻“安全第一，预防为主”的方针，坚持监察与服务相结合，不断加强安全生产管理和教育工作。1986年，在县属企业进行了2次冬季安全生产大检查，发现各种大小事故隐患115件，及时制定了解决措施。同时，对全县29台锅炉和23台压力容器分别进行检查，发现问题，及时解决。通过检查评比，评选出7个先进单位，3个先进个人，其中，有2个先进单位和1个先进个人出席了赣州地区安全生产先进单位、先进个人表彰大会。1987年，开展了3次安全生产大检查，发现事故隐患265件，对隐患作了分析，提出了整改措施。同时，对煤矿（包括乡镇小煤窑）生产烟花爆竹的企业进行了重点检查，对不符合安全生产条件的厂家，作了适当处理。同年，对19台锅炉进行了年检，合格率达83%，为10个单位的34台锅炉的使用证和32名司炉工的操作证进行了登记换证。同年7月至8月通过安全生产大检查，评选出县化工厂、石油公司、淘夕坑钨矿、农机一厂、西湖水库、龙峰林场等6个安全生产先进单位。1988年，开展全县安全大检查2次，全面监察4次，重点监察5次，专业监察24次。对全县锅炉房进行了评比检查，在用锅炉年检率达100%。对全县117个安全、管理机构中的657名安全员进行了登记。同年6月，县人民政府印发《关于进一步实行安全生产目标管理的通知》，规定每年年终，由劳动人事、经委、卫生、工会等部门牵头，成立检查组，对各单位的安全生产目标完成情况进行兑现检查，把安全生产工作纳入经常化、制度化。这一年，全县实现了无重伤、无死亡，职业病新增为零，尘毒作业点合格率达80%以上，达到了安全生产目标化，安全制度规范化，安全生产经常化的管理目标。荣获全区1989年度安全工作先进县光荣称号，赣州地区行政公署发给了奖旗。1989年，开展了3次全县安全生产大检查。9月，举办了为期3天的全县企事业单位和各乡镇负责人参加的“劳动保护”政策法规学习班。同时，认真抓了特种作业人员的培训工作，培训特种作业人员36人，培训厂（场）矿长195人。县劳动人事局对各单位的安全生产（工作）制度进行了收集整理，编辑出版了《崇义县企业安全生产（工作）制度汇编》，发至各有关单位学习借鉴。

（吴益炎　谢长青）

【廉政建设】

1987年2月，县政府制定下发了《关于广泛开展增产节约增收节支运动的通知》。1988年10月，县政府发出了《关于检查县直党政机关、事业单位执行专项控购商品和招待工作情况的通知》，要求各单位安排专人进行自查，同时县政府组织力量进行重点检查。检查内容：一是国家规定的专项控购商品19种，重点是购置小汽车、摩托车、彩色电视机的情况；二是用公款请客送礼，招待上的吃喝开支情况；三是擅自提高补贴标准，滥发钱物情况。1989年2月，县委、县政府作出了《关于廉政建设的决定》。3月27日县政府批转县监察局《关于进行廉政教育的意见》。随即在政府机关进行了一次系统的廉政教育。4月，组织人员开展了整顿农业生产资料供应和分配，清理党政机关干部职工在城镇违纪建私房及职工拖欠公款，清理滥用小车及铺张浪费，大吃大喝之风。在此同时，县政府制定了《对内接待暂行补充规定》、《小车使用暂行规定》等廉政建设的文件和措施，并开展了督促检查贯彻实施工作。同年10月，县政府又发出通知，在各乡（镇）、县直属各单位确定县政府行政执法监督员1名。1989年5月开始，县宾馆认真贯彻省委、省政府办公厅赣办发〔1989〕9号文件《关于坚决刹住吃喝风的试行规定》，大力压缩党政机关接待费用，使行政接待费用大幅度下降。1989年比1988年下降近2万元，下降48%。采取的主要措施是：一是分餐制，名贵菜不上桌；二是不用公款购买烟、酒、饮料、水果等招待；三是工作会议伙食标准坚持4菜1汤。同年11月，县政府下发通知，在全县各单位进一步清理“小钱柜”。

查处情况参见县纪委〔纠正不正之风〕条目。

（吴益炎　谌建平　赵荣伦）

【县长接待日活动】

为了密切政府与群众的联系，增强政府工作透明度，不断提高政府工作效率，从1989年5月起，建立了县长接待日制度，由正副县长轮流按规定日期值班，原则上每半月一次，县长接待日安排预先在“两公开一监督”公告栏公告具体日期和值班县长名单。县长接待日的主要内容是：面向全县人民群众，为群众排忧解难，倾听群众呼声，解答群众的疑难问题，协调部门之间、上下之间、干部与群众之间的矛盾和问题，处理日常公务。值班县长要求做到：群众反映的问题能当场答复或解决的，尽可能当场答复和解决，当场无法答复或解决的，则填写《县长接待日转办单》转有关部门研究处理，并要求在县长签发转办意见后20天内给予落实，给来访者作出明确答复。据统计，自1989年5月建立县长接待日起至12月底，共接待干部群众来访230人次247件，其中当场答复或解决的112件，占总件数的45%，转有关部门办理的135件，占55%。所涉及的内容包括：招工招干、职称评定、工资调整、计划生育、企业管理、市场管理、生产建设、物资分配、农转非等各个方面。

【办理人民代表提出的议案】

四年来，县人民政府认真办理了县人民代表提出的议案8件，其中涉及林业方面2件，农业方面3件，教育方面1件，交通方面2件。在办理议案工作中，坚持了调查研究，集体讨论，认真负责，做到件件有着落，案案有答复，干部、群众、代表满意。

（吴益炎　谌建平）

【县志办工作】

新编《崇义县志》　1984年8月，县委决定成立崇义县编史修志委员会。10月12日，中共崇义县委、崇义县人民政府作出了新编《崇义县志》的决定。1985年的3月4日，县编委会召开第一次会议，讨论通过了新编《崇义县志》总体设计和编纂工作规划，并确定抽调办公室工作人员，全县组织了一支130余人的修志队伍。从1985年4月开始，经过宣传发动、资料搜集、县志编纂、评议修改、定稿付印5个阶段，终于1989年1月由海南人民出版社出版，全志103万字，印刷3千册，国内外发行。

编辑出版《新编地方志基础知识》　编修社会主义新方志，是一项前所未有的新工作，为了编辑好新《县志》，县志办于1985年下半年，组织人员编辑一本《新编地方志基础知识》一书，全书约10万字，1985年12月由崇义县印刷厂印刷出版，印数500册，内部交流，供县内外修志人员学习参考。

整理《旧志》　县志办在做好新编《崇义县志》工作的同时，从1985年下半年至1986年底，对崇义县明嘉靖32年（1553年）编修的第一部《县志》，由于年代已久，字迹不清，组织人员进行了整理再版工作。为适应现代读者需要，附加了标点、断句、注释。1987年春，由江苏扬州古籍刻印社再版1000册，内部发行。

编辑出版《崇义概况》　1987年下半年，为资政和改革开放服务，县志办组织全体编辑人员，编写了《崇义概况》一书，1988年3月由崇义印刷厂印刷出版，全书约7万字，印刷500册，内部发行，受到读者好评。

编辑出版第一部《崇义年鉴》　新编《崇义县志》出版发行后，县志办1989年10月开始组织力量，着手编纂1986～1989年《崇义年鉴》，由县人民政府召开了第一次编纂《年鉴》工作会议。同时，选举产生了崇义县方志学会。全县组织了一支110余人的编纂队伍。

咨询服务 1987年为地区志办编纂《赣南概况》一书提供了几万字的有关崇义县情方面资料；为地区志的编纂提供了一大批资料并协助修改了崇义县有关内容；为本县有关部门解决山林、土地纠纷及整理有关历史资料提供了历史依据。

(吴益炎)

【地名工作】

1、1986年8月，编纂《江西省崇义县名志》全志48万字，印数1500册，内部发行。

2、完成了《中华人民共和国地名词典江西分卷》崇义县地名词条38条的编写任务。

3、1986年6月1日，以崇府发40号文件，对县城新建街道进行了具体地名命名和更名。

4、建立健全地名档案。1986年以来，县地名办公室积极做好各类地名资料的搜集、整理，进行分类编排，然后立卷归档，立档工作将逐步完成，并添置4座大型档案橱和500个档案袋。

5、积极宣传贯彻国务院颁发的《地名管理条例》和江西省颁发的《江西省地名管理规定》。利用各种宣传工具，达到深入人心，共同遵守的目的。

6、开展了地名学研究活动。1986年6月，在南昌职业技术师范学院安阳教师主持下，会同大余县县志办公室人员，对《章江源头》进行具体考证，并在该院《学报》发表了《章江源头考》论文。

地名办公室工作从1989年8月交县民政局管理。

(吴益炎 龙忠民)

【宾馆工作】

宾馆建筑 崇义宾馆于1984年开始筹建，1985年1月破土动工。建筑结构为5层钢筋混凝土，正门及大厅为大理石结构。建筑面积为5739平方米，其中主楼4391平方米，餐厅1183平方米，浴室113.83平方米，厕所52.1平方米，庭院、花园、果园面积18652平方米，共占地面积23043平方米。建筑总投资为276万元，是崇义县规模较大的建筑物之一。建筑时间历时2年零9个月，1987年10月1日正式交付使用。开业典礼由常务副县长罗穗安主持，县长李本楠、县人大常委主任罗言清剪彩开业。

馆内设施 宾馆共有客房89套，高、中档床位161套，接待室4个，大小会议厅4个，附设大小餐厅3个，并设有咖啡厅、商场各1个。客房内设施有席梦思床45张，高、中档高低床116张，卫生设备先进，并有地毯、沙发椅、衣橱、电子多功能床柜、彩色或黑白电视机、电风扇、春秋被等。

经营范围 主楼为接待大厅、商场、住宿部。商场经营崇义县名优特产、糖果糕点、食品罐头、日用化学制品。餐厅经营：承办高、中档筵席、包餐酒筵、快餐便餐、风味名菜、风味名酒、风味名食、风味小吃。

服务宗旨 崇义宾馆是县委、县政府的接待部门，又是旅游涉外宾馆，担负着接待各种会议、零星客人和港澳、台胞、外商、华侨的任务。是县委、政府下属的事业单位，实行企业化管理，它是崇义政治、经济、交通、文化和科学的活动场所。宾馆的管理方针是："宾客至上，服务第一"，圆满完成县委、政府交办的接待任务；遵守社会主义旅游饭店"友谊至上，经济受益"的原则，开拓多种业务，增长利润；通过高效率的经营管理和全体员工的努力工作，为宾客提供舒适、方便、安全、卫生和有礼貌的服务，提供良好的服务设施和美味佳肴。

崇义宾馆自1987年10月开业以来，1987年11月接待了日本国商业界人士来县洽谈罐头出口业务。1988年接待宾客2万3千余人次，其中有保加利亚国家来县洽谈大理石资源开发的外宾。1989年接待宾客2万4千余人次（其中有来县检查指导、视察工作的上级领导同志3630人次，台胞47人次，港商10人次），接待全区性会议5个，全县性会议16个。1989年度，崇义宾馆在县城创三优活动中荣获3等奖。

（吴益炎）

【侨务工作】

四年中，县侨务办公室协同有关部门，解决了11名侨眷落实城镇户转吃商品粮的问题。收回1名1962年下放的香港同胞眷属安排工作。盛情接待侨胞2批4人。1986年11月7日接待了新加坡华侨佃荣生先生来县探亲。1987年10月18日接待从法国巴黎回来探亲的刘克盛、赵宗、赖木水3位华侨。这3位先生回巴黎后向县政协写了一信，信中写到"月是故乡明，花是祖国香，我们占祖国强盛之光，在国外腰杆更直了。并祝：把酒言欢、内外同胞大团结；愿：全面发展，国强民丰世界扬"。

（吴益炎　陈虞璐）

【经济信息工作】

1、建立人工信息网络，形成多层次、多渠道、纵横交错的信息网络，与全国17个省、市，60多个单位有正常的信息交流，与全县各部门、各单位、各乡镇有联系，并且与一些专业户、个体户建立了联系，特别地还不定期和崇义籍在外地工作的同志和曾经在崇义工作过的部分领导同志的联系。1986年3月，编印出崇义籍在外地工作的同志及曾经在崇义工作过的部分领导同志、技术人员《通讯录》，发至县领导成员及有关部门和人员。同时，建立现代化电讯网络，运用高速传真机开通省、地、县3级电传网络，1988年11月24日加入“全国信息电传交流网络”，发布和反馈信息，真正做到眼观六路，耳听八方。

2、1987年11月25日开通江西省经济信息中心“理光F×120型”高速传真机，其通讯速度为9600／7000／4800／2400BPS自动降速，具有预约功能和电话请求功能，以确保信息全方位接收，传递及时、准确。1989年7月2日启用内存为1024KB，硬盘为30MB30，软盘驱动器为1.2MB及360KB的“长城286B型微机”，进行建立信息管理系统，和县长办公自动化系统，运用微机排版软件，进行文字处理，编印出美观、大方的版面。

3、1989年4月14日，成立“崇义县信息服务部”，它是崇义县信息服务中心对外的一个信息窗口，属全民所有制企业，主要销售科技信息资料，开展有偿技术培训，介绍经济业务，代购代销新产品，推广新技术，使用复印机、胶印机开展轻印刷业务。

4、1987年9月至12月，崇义县化工厂根据县信息中心发布的《山苍籽可以大力发展》这一信息，大量收购山苍籽加工，创产值20.8万元，获利税6万元。1989年2月13日在新华社《经济信息》第17期，发布《江西省崇义县可供商品》信息，并于2月24日由《中国经营报》转载，收到省内外来函来电询问的单位和个人达百余件次，使地方产品的知名度得到很大提高，取得了较好的显效益和潜效益，特别是近年严重积压的4千余担土纸，1989年销售一空，呈现供不应求的状态。

5、1989年1月15日创办综合性刊物《崇义信息》，每期印数800份，发至县内外，仅1989年收到县内外读者来信500余封。1989年2月，撰稿《江西省崇义县可供商品》，于2月13日刊于新华社《经济信息》第17期，并于2月24日由《中国经营报》转载。1989年4月5日创刊《信息参考》，紧紧围绕宏观决策，微观经济异向，专门向县领导提供决策参考。

（吴益炎　陈文烈）

1986～1989年县人民政府正、副县长（含顾问、调研员）更迭表

表2

姓　名	性　别	职　务	籍　贯	任　职　时　间
黄先浪	男	县　长	江西会昌	1986.1～1987.4
沈世香	男	副县长	江西崇义	1986.1～1987.4
黄俊衍	男	副县长	江西宁都	1986.1～1987.4
朱才坪	男	副县长	江西南康	1986.1～1987.4
李本楠	男	县　长	江西南康	1987.5～1989.12
罗穗安	男	副县长	江西丰城	1986.1～1989.8
周逸明	男	副县长	江西崇义	1986.1～1989.12
邓性安	男	副县长	江西南康	1987.5～1989.12
刘国富	男	副县长	江西崇义	1987.5～1989.12
甘盛增	男	副县长	江西崇义	1988.8～1989.12
黄永发	男	顾　问	江西崇义	1986.1～1989.12
何德贵	男	调研员	江西上犹	1988.4～1989.12

（吴益炎　谌建平）

1986～1989年县人民政府各部门负责人更迭表

表3

部门	职务	姓名	性别	籍贯	任职时间	注
办公室	主任	刘天福	男	江西崇义	1986.1～1987.1	
	主任	陈昌庆	男	江西崇义	1987.2～1989.12	1986.1～1987.1任副主任
	副主任	肖毅	男	江西赣县	1986.1～1987.2	
	副主任	胡赛龙	男	江西信丰	1987.2～1989.12	
	副主任	曾宪梯	男	江西南康	1989.7～1989.12	
计划委员会	主任	张贵香	男	江西上犹	1986.1～1987.10	
	主任	谢厚均	男	江西赣州市	1987.12～1989.12	1986.1～1987.11任副主任
	副主任	何耀章	男	江西崇义	1986.1～1988	
	副主任	罗捷扬	男	广东兴宁	1986.6～1989.12	
	副主任	张继模	男	江西崇义	1987.1～1989.12	
	调研员	黄世桃	男	江西崇义	1986.1～1989.12	正局级
农村经济委员会	主任	罗良森	男	江西崇义	1989.1～1989.12	副县级
	副主任	廖继澎	男	江西崇义	1989.1～1989.12	
	副主任	吕家顺	男	江西崇义	1989.8～1989.12	
经济委员会	主任	高齐尧	男	江西崇义	1986.1～1989.12	
	副主任	何益海	男	江西崇义	1986.1～1986.3	
	副主任	邹扬均	男	江西崇义	1986.8～1989.3	
	副主任	肖敦松	男	江西崇义	1987.5～1989.4	
	副主任	杨连生	男	江西永丰	1986.1～1987.2	
	副主任	王先圣	男	江西崇义	1988.9～1989.12	
	纪检组长	廖贤庆	男	江西崇义	1986.7～1989.12	副局级
	调研员	陈泽海	男	江西崇义	1986.1～1989.12	正局级
	调研员	刘生发	男	江西崇义	1986.1～1988.4	正局级
	调研员	黄英豪	男	江西崇义	1986.1～1989.12	正局级
	调研员	刘伟	男	湖南茶陵	1986.1～1989.12	副局级

续表

部门	职务	姓名	性别	籍贯	任职时间	注
体制改革委员会	主任	肖毅	男	江西赣县	1988.8～1989.12	
	副主任	李道祥	男	江西南康	1987.7～1989.12	
对外经济委员会	主任	杨施恩	男	江西抚州市	1988.7～1989.12	1986.1～1988.6任副主任
	副主任	王业夫	男	江西南康	1988.7～1989.12	
	副主任	周声腾	男	江西崇义	1988.7～1989.12	
	副主任	车玉萍	女	上海市	1988.7～1989.12	
科学技术委员会	主任	朱礼煜	男	江西崇义	1986.1～1986.4	
	主任	田抗建	男	河北河间	1986.5～1987.3	
	主任	肖敬香	女	江西崇义	1989.3～1989.12	
	副主任	黄德培	男	江西崇义	1986.1～1987.3	1987.4～1989.12任正局级调研员
	副主任	吴荣林	男	江西崇义	1987.4～1989.12	
	副主任	肖声浩	男	江西崇义	1987.4～1989.12	
精神文明建设委员会	主任	黄祖汉	男	江西南康	1986.1～1989.12	
	主任	廖杨彬	男	江西赣州市	1989.3～1989.12	
	副主任	黎玉香	女	江西兴国	1986.1～1988.4	
	副主任	连启初	男	江西南康	1986.1～1989.12	兼任
	副主任	卢和宣	男	江西南康	1989.1～1989.12	
计划生育委员会	主任	谢德房	男	江西崇义	1986.1～1989.12	
	副主任	廖贤平	男	江西崇义	1986.9～1989.12	
	调研员	陈亚桂	女	江西崇义	1986.1～1989.12	
体育运动委员会	主任	李如英	男	广西	1989.2～1989.12	1986.1～1989.1任副主任主持工作
	副主任	吴程辉	男	江西赣州市	1989.3～1989.12	

续表

部 门	职 务	姓 名	性 别	籍 贯	任 职 时 间	注
劳动人事局	局 长	吴世根	男	江西崇义	1988.5～1989.12	
	副局长	袁平招	男	江西崇义	1986.1～1987.3	主持工作
	副局长	王祥瑞	男	江西崇义	1986.1～1987.3	
	副局长	杨源周	男	江西崇义	1986.1～1989.12	
	副局长	吴世根	男	江西崇义	1987.4～1988.4	
	副局长	黎玉香	女	江西兴国	1988.5～1989.12	
监察局	局 长	黎正才	男	江西信丰	1988.5～1989.12	
	副局长	胡三华	男	江西崇义	1988.5～1989.12	
	副局长	刘映祠	男	江西崇义	1989.2～1989.12	
公安局	局 长	张声华	男	江西崇义	1986.1～1987.9	兼党组书记
	局 长	温 勇	男	江西兴国	1987.10～1989.12	
	副局长	温 勇	男	江西兴国	1986.1～1987.9	
	副局长	罗同汉	男	广 西	1986.1～1989.12	
	副政委	何显信	男	江西崇义	1986.1～1989.12	
	副政委	余新华	男	江西崇义	1986.1～1989.12	
	调研员	肖家礼	男	江西崇义	1986.1～1989.12	正局级
	调研员	陈明亮	男	江西崇义	1986.1～1989.12	正局级
民政局	局 长	黄家允	男	江西崇义	1986.1～1989.12	
	副局长	邓仁富	男	江西崇义	1986.1～1989.12	
	副局长	吴奕岸	男	江西崇义	1986.1～1989.12	
	调研员	张正义	男	江西崇义	1986.1～1989.12	正局级
司法局	局 长	林达山	男	江西崇义	1986.1～1986.7	
	局 长	兰光标	男	江西崇义	1988.7～1989.12	
	副局长	韩 校	男	河南商丘	1986.2～1989.4	
	副局长	黄伦绪	男	江西崇义	1986.1～1986.2	
	副局长	黄家义	男	江西崇义	1987.1～1989.12	
	调研员	林达山	男	江西崇义	1986.8～1989.12	副县级

续表

部门	职务	姓名	性别	籍贯	任职时间	注
财政局	局长	刘传明	男	江西崇义	1986.1～1989.12	
	副局长	郭家明	男	江西崇义	1986.1～1988	
	副局长	王昭滢	男	江西赣州	1988～1989.12	
教育局	局长	黄发亮	男	江西兴国	1986.1～1989.12	
	副局长	何立柱	男	江西崇义	1986.1～1987.8	
	副局长	陈志华	男	江西崇义	1987.8～1989.12	
文化局	局长	曾庆光	男	江西赣州市	1986.1～1986.7	
	局长	蒋庆福	男	江西崇义	1986.7～1989.12	
	副局长	黎纯敏	男	江西崇义	1988.11～1989.12	
	调研员	杜作浩	男	江西崇义	1986.1～1989.10	副局级
卫生局	局长	刘述保	男	江西崇义	1986.1～1987.2	
	局长	张庭俵	男	江西南康	1987.10～1989.12	
	副局长	张庭俵	男	江西南康	1986.1～1987.9	
	副局长	钱凡	男	江西南昌	1986.1～1988.6	
	副局长	朱宇椿	男	江西崇义	1987.5～1989.12	
	调研员	严文渲	男	江西南康	1986.1～1989.6	副局级
商业局	局长	黄名河	男	江西崇义	1986.1～1986.12	
	局长	刘志辉	男	江西赣县	1987.12～1989.12	1987.1～11月任副局长主持工作
	副局长	钟华刚	男	江西赣州市	1986.6～1989.9	
	副局长	陈学栋	男	江西瑞金	1989.9～1989.12	
	局长助理	宫佐莉	女	上海市	1989.9～1989.12	
	调研员	叶秀春	男	江西大余	1986.1～1989.12	副局级

续表

部门	职务	姓名	性别	籍贯	任职时间	注
供销社	主任	黄恭信	男	江西崇义	1986.1～1986.12	
	主任	黄名河	男	江西崇义	1987.1～1989.12	
	副主任	张家平	男	江西崇义	1988.9～1989.12	
	副主任	江兴生	男	江西崇义	1987.4～1989.12	
	调研员	黄恭信	男	江西崇义	1987.1～1989.12	正局级
	调研员	黄名泰	男	江西崇义	1986.1～1989.10	副局级
	纪检组长	崔大年	男	江西崇义	1987.1～1989.12	副局级
林业局	局长	甘盛增	男	江西崇义	1986.1～1988.8	
	局长	刘经明	男	江西上犹	1988.8～1989.12	
	副局长	钟至鸿	男	江西崇义	1986.1～1989.12	正局级
	副局长	张振兴	男	江西崇义	1986.1～1988.12	1989.1～12月任党委副书记
	副局长	方向明	男	江西于都	1987.8～1989.12	
	副局长	杨卫平	男	江西崇义	1988.9～1989.12	
乡镇企业局	局长	汤其恩	男	江西崇义	1988.1～1989.12	1986.1～1987.12任副局长主持工作
	副局长	李洪章	男	江西崇义	1986.1～1989.12	
	副局长	肖建利	男	江西崇义	1988.1～1989.12	
水电局	局长	叶吉茂	男	江西崇义	1986.7～1989.12	1986.1～1986.6任副局长
	副局长	杨连生	男	江西永丰	1987.3～1989.12	
	副局长	巫大和	男	江西崇义	1987.10～1989.12	
	副局长	吴庆春	男	江西崇义	1987.10～1989.12	
	调研员	曾广进	男	江西会昌	1986.1～1989.12	正局级

续表

部门	职务	姓名	性别	籍贯	任职时间	注
审计局	局长	彭其荣	男	江西南康	1986.1～1986.10	1986.11～1989.12任正局级调研员
	局长	罗荣通	男	江西崇义	1986.11～1989.12	
	副局长	刘传锦	男	江西崇义	1986.1～1989.12	
	副局长	刘耀宣	男	江西崇义	1986.1～1989.12	
城建环保局	局长	兰光标	男	江西崇义	1986.1～1988.6	
	局长	谢纲文	男	江西崇义	1988.7～1989.12	
	副局长	陈声洋	男	江西崇义	1986.1～1989.12	
	副局长	肖继连	男	江西崇义	1986.1～1989.12	
	纪检组长	黄伦绪	男	江西崇义	1986.3～1989.12	副局级
	调研员	周昌辉	男	江西崇义	1986.1～1989.12	正局级
统计局	局长	曾照有	男	江西崇义	1986.1～1989.12	
	副局长	罗捷扬	男	广东兴宁	1986.1～1986.5	
	副局长	黎声明	男	江西南康	1987.1～1989.12	
物价局	局长	胡益寿	男	江西崇义	1986.1～1989.12	
	副局长	赖泽洋	男	江西崇义	1986.1～1988.8	1988.9～1989.12任副局级调研员
	副局长	黄泽汉	男	江西崇义	1988～1989.12	
广播电视局	局长	杨清泳	男	江西崇义	1989.1～1989.12	1986.1～1988.12任副局长主持工作
	副局长	曾文彬	男	江西赣州	1986.1～1989.12	
粮食局	局长	黄彩信	男	江西上犹	1986.1～1989.12	
	副局长	刘德芬	男	江西崇义	1986.1～1989.12	1987.1～1988年任副局级调研员
	副局长	方孝铭	男	江西崇义	1986.1～1989.12	
	副局长	朱作有	男	江西上犹	1986.1～1989.12	

续表

部门	职务	姓名	性别	籍贯	任职时间	注
二轻局	局 长	何腾顺	男	江西崇义	1986.1～1988.3	
	局 长	陈石生	男	江西南康	1988.4～1989.12	
	副局长	陈石生	男	江西南康	1986.1～1988.3	
	副局长	李道祥	男	江西南康	1986.1～1987.6	
	副局长	钟红松	男	江西崇义	1987.8～1989.12	
	调研员	朱诗萱	男	江西崇义	1986.1～1989.12	副局级
	调研员	甘太芳	男	江西南康	1986.1～1989.12	副局级
矿业管理局	局 长	黄先发	男	江西崇义	1986.1～1988.4	
	副局长	谢立镇	男	江西上犹	1986.1～1988.4	
	副局长	熊晓鸣	男	湖北武穴	1988.5～1989.12	
	副局长	何益海	男	江西崇义	1986.1～1988.4	
	副局长	刘发鸿	男	江西崇义	1988.5～1989.12	
矿业系统党委	党委书记	黄先发	男	江西崇义	1988.5～1989.12	
	党委副书记	蔡纯荣	男	江西大余	1988.5～1989.12	
矿产品工业公司	经 理	谢立镇	男	江西上犹	1988.4～1989.12	
	副经理	何益海	男	江西崇义	1988.5～1989.12	
	副经理	吴桂林	男	江西南康	1989.1～1989.12	
	副经理	古性科	男	江西崇义	1988.7～1989.12	
物资局	局 长	李邦源	男	江西崇义	1986.1～1988.5	
	局 长	毛传平	男	江西崇义	1988.5～1989.12	
	副局长	李邦源	男	江西崇义	1988.6～1989.12	正局级
	副局长	张卿美	男	江西崇义	1986.1～1989.12	
交通局	局 长	吴至良	男	江西崇义	1986.1～1989.12	
	副局长	陈昌芬	男	江西崇义	1986.1～1989.12	
	副局长	郭垂健	男	江西崇义	1986.1～1989.12	
	副局长	华锦球	男	江西崇义	1988.9～1989.12	
	调研员	胡宏钿	男	江西上犹	1986.1～1989.12	正局级

续表

部门	职务	姓名	性别	籍贯	任职时间	注
农机局	局长	魏德祯	男	江西赣州市	1986.1～1986.12	
	局长	黎仁和	男	江西崇义	1987.1～1989.12	
	副局长	黄发贵	男	江西崇义	1987.1～1989.12	
	调研员	魏德祯	男	江西赣州市	1987.1～1989.12	正局级
税务局	局长	李英平	男	江西崇义	1986.1～1989.12	
	副局长	汤其忞	男	江西崇义	1986.1～1989.12	
	副局长	陈发光	男	江西崇义	1986.1～1986.12	
邮电局	局长	彭宗高	男	江西南康	1989.10～1989.12	1986.1～1989.10任副局长
	副局长	杨荣禧	男	江西瑞金	1986.1～1989.12	
	副局长	钟庆湖	男	江西崇义	1986.1～1989.12	
	副局长	陈学仪	男	江西崇义	1986.1～1986.11	1986.12～1989.12任副局级调研员
工商行政管理局	局长	黄照祥	男	江西崇义	1986.1～1989.12	
	副局长	彭廷保	男	江西崇义	1986～1989.12	
	副局长	张祖厚	男	江西崇义	1986.1～1989.12	
	副局长	许礼义	男	江西崇义	1986.1～1988.12	1989.1～12月任纪检组长
农牧渔业局	局长	刘继桂	男	江西崇义	1986.1～1989.12	
	副局长	廖家荣	男	江西大余	1986.1～1987.8	
	副局长	张文勋	男	广西	1986.1～1987.8	
	副局长	吴承宝	男	江西崇义	1987.4～1989.3	
	副局长	罗九龙	男	赣州市	1989.7～1989.12	
	局长助理	郑家楠	男	上海市	1989.7～1989.12	
	调研员	罗良森	男	江西崇义	1986.1～1988.12	副县级
	调研员	张浩	男	江西崇义	1987～1989.12	

续表

部　门	职　务	姓　名	性　别	籍　贯	任　职　时　间	注
土地利用管理局	局　长	陈贤考	男	江西崇义	1987.3～1989.12	
	副局长	刘宗胜	男	江西崇义	1988～1989.12	
外贸公司	经　理	黄章涛	男	江西泰和	1986.1～1987.12	
	副经理	吕家顺	男	江西崇义	1988.6～1989.7	主持工作
	副经理	刘传源	男	江西崇义	1986.1～1989.12	
	经　理	钟华刚	男	江西赣州市	1989.7～1989.12	
科学技术协会	主　席	朱礼煜	男	江西崇义	1986.4～1989.12	
	副主席	陈荣绫	男	江西南康	1986.1～1989.12	
	副主席	吴述沾	男	江西南康	1986.4～1987.10	
县志办公室	主　任	肖贤能	男	江西崇义	1986.1～1989.12	
	副主任	黄诗结	男	江西崇义	1986.1～1989.12	
信息服务中心	副主任	罗光森	男	江西崇义	1986.1～1987.2	主持工作
	副主任	胡赛龙	男	江西信丰	1986.2～1987.1	
	副主任	麦著连	男	江西崇义	1988.9～1989.12	主持工作
	副主任	郭　秋	女	哈尔滨市	1989.9～1989.12	
食品饲料工业办公室	副主任	吴承宝	男	江西崇义	1986.3～1987.3	
	主　任	罗光森	男	江西崇义	1987.4～1989.12	
农业银行	行　长	朱礼菊	男	江西崇义	1986.1～1989.12	
	副行长	胡继前	男	广　东	1986.1～1988.4	
	副行长	钟德伟	男	江西崇义	1988.7～1989.12	
	调研员	谢源泰	男	江西崇义	1986.1～1989.12	副县级
人民银行	行　长	钟　敏	男	江西于都	1986.4～1987.4	1986.1～1987.3任副行长
	副行长	陈勇	男	江西于都	1987.5～1989.12	主持工作
	副行长	陈发光	男	江西崇义	1987.1～1989.12	
工商银行	行　长	莫春萍	男	江西大余	1989.9～1989.12	1986.1～1989.8任副行长主持工作
	副行长	赖愈坚	男	江西南康	1988.11～1989.12	

续表

部门	职务	姓名	性别	籍贯	任职时间	注
建设银行	行长	邱晓荣	男	江西赣县	1988.9～1989.12	1986.1～1988.8任副行长主持工作
	副行长	张继模	男	江西崇义	1986.1～1986.12	主持工作
	副行长	谢宝权	男	江西南康	1988.9～1989.10	
国土整治农业区划办公室	主任	吴述沾	男	江西南康	1986.5～1989.12	
烟草专卖局 烟草公司	副局长 经理	张建国	男	湖南湘阴	1986.1～1989.12	
标准计量局	局长	郭贵贤	男	江西崇义	1986.3～1989.12	
	局长	张助鉴	男	江西余干	1986.1～1986.3	1986.4～1989.12任调研员
保险公司崇义县支公司	经理	李有根	男	湖南湘潭	1987.12～1989.12	1986.1～1987.11任副经理主持工作

（吴益炎）

中国人民政治协商会议江西省崇义县委员会

【政协崇义县第二届委员会第三次全体会议】

政协崇义县第二届委员会第三次全体会议于1986年3月28日在县城召开。会期四天，87名委员出席会议。会议议程：听取和审议县政协二届二次会议以来常委会工作报告和提案处理情况报告；听取1986年政协崇义委员会工作安排的报告；传达省第三次市、县、区政协工作座谈会议精神；列席县第十届人大三次会议，听取和讨论大会各项报告，协商补选县长名单，同意黄先浪为县长侯选人；听取县委书记蓝舒在大会上的讲话；补选温建华、邹丕恒、王培贵为本届委员会常务委员，并选举温建华为政协秘书长。

会议作出了《政协崇义县第二届委员会第三次会议决议》。

【政协崇义县第二届委员会第四次全体会议】

政协崇义县第二届委员会第四次全体会议于1986年9月13日在县城举行，70名委员出席会议。会议主要任务是：传达中共中央办公厅〔1986〕10号文件《关于全国地方政协工作座谈会情况的报告》省政协第五届第四次会议精神以及赣州地区政协工作座谈会精神；听取和协商1986年1～8月份全县经济工作情况的通报；推选政协崇义县委员会常委朱才坪、政协江西省委员会委员陈荣德出席全省政协委员会为"四化"服务的表彰大会；通过选举黄俊衍为政协崇义县委员会主席。

会议结束时，黄俊衍主席作了闭幕讲话，对今后的政协工作做了部署，要求政协组织充分发挥"综合人才库"的优势，努力发挥科学技术在生产实践中的作用，在各自的工作岗位上，搞调查、提建议和积极参政议政，广泛开展咨询服务，为全面完成1986年全县各项经济指标作出新贡献。

【政协崇义县第三届委员会第一次全体会议】

政协崇义县第三届委员会第一次全体会议于1987年5月22日在县城召开。委员100名，90名委员出席了会议，会期7天，会议议程：听取和审议县政协上届常务委员会工作报告、提案工作情况报告和本次会议提案审查情况的报告；传达省人大六届六次会议和政协江西省委员会五届五次会议精神及全区统战工作会议精神；通过县政协二届委员会以来常务委员会工作报告、提案工作报告的决议；听取政协江西省主席吴平和省政协赣州地区联络处主任王治国的讲话；选举黄俊衔为主席；汤昌荷、刘天福、田抗建当选为副主席。江兴舟为秘书长。常务委员 22 人(以姓氏笔划为序)，王培贵、田抗建、汤昌荷、卢乾修、刘天福、刘兴余、江兴舟、陈大钰、邹丕恒、邹裕明、李光明、李道洪、杨施恩、杨银洲、杨源镜、吴隆演、范迪梁、罗德焜、赵达金、黄俊衔、赖弥勋、蔡教基。

会议作出了《政协崇义县第三届委员会第一次会议政治决议》。

【政协崇义县第三届委员会第二次全体会议】

政协崇义县第三届委员会第二次全体会议于 1988 年 1 月 9 日至 13 日在县城召开，100 名委员出席会议。主要议程是：听取和审议政协崇义县委员会三届一次会议以来常委会工作报告、提案工作情况报告；列席崇义县第十届人民代表大会第二次会议；补选政协常务委员 1 名；表彰 1987 年度先进政协工作组（委)、先进乡(镇）政协小组和先进政协委员。

会议通过了政协崇义县三届二次会议《关于学习和贯彻中国共产党第十三次全国代表大会精神的决议》；通过了《关于政协崇义县三届一次会议以来常务委员会工作报告的决议》和《关于三届一次会议以来提案工作情况报告的决议》。

【政协崇义县第三届委员会第三次全体会议】

政协崇义县第三届委员会第三次全体会议于 1989 年 3 月 4 日至 3 月 7 日在县城召开。89 名委员出席了会议。会议主要议程：听取和审议政协崇义县三届二次会议以来常务委员会工作报告、提案工作情况报告；协商讨论《崇义县人民政府工作报告》（征求意见稿）以及《崇义县 1988 年财政决算和 1989 年财政预算》（草案)；接受秘书长和一名常务委员的辞职请求，补选秘书长和 2 名常务委员；表彰 1988 年度政协工作组（委)、乡（镇）政协小组和先进政协委员。

会议作出了《关于为治理整顿、深化改革出力的决议》，通过了县政协三届二次会议以来常务委员会工作报告、提案工作情况报告的决议。会议还决定对没有建立政协小组的乡（镇）在年内普遍成立政协小组。

【政协常委会议】

常委会是全委会闭幕后主持日常会务的常设机构，由委员会主席、副主席、秘书长和常务委员组成，原则上是每季度举行一次常委会议（特殊情况除外)。1986～1989 年底共计举行了 20 次常委会议。其中第二届常委会从 1986 年至 1987 年 5 月共召开了 7 次常委会议；第三届常委会从 1987 年 5 月至 1989 年底共召开了 13

次常委会议。按照政协章程规定行使职权，主要开展了以下几个方面的工作：协商县政协委员和每次全体会议的筹备工作；召集主持每届第二、三次全体会议；贯彻实施政协章程；组织、贯彻、执行上级政协的有关决议；传达、学习、贯彻中央的重要文件和上级政协重要工作部署；执行本会全委会的决议；根据秘书长的提名任命副秘书长；决定县政协常设机构和办事机构以及机构设置和人事任免；列席县委、县人大和县政府召开的有关会议，参与全县重大事项讨论；协商讨论本县政治、经济、文化、卫生等方面的重大问题；组织参观考察、开展调查研究、广泛联系人民群众，了解情况、反映民意、向党和政府及有关部门提出意见和建议。

【政治协商、民主监督】

政治协商、民主监督是人民政协的基本职能。四年来，县政协履行协商、监督的主要形式是开好“例会”，对国家和地方重大问题进行协商讨论；搞好提案处办工作，激励委员发挥主人翁精神，通过提案形式，提出建议，献计献策。同时在实践中摸索了“五个结合”的方法，使本县的政治协商民主监督向前迈进了一大步，提高了协商监督的实效，开创了新局面。

协商在决策之前有了良好开端　第三届以来，对全县的一些重大决策和群众关心的房改方案，第二轮工商企业和租赁承包方案和有关加强廉政建设的措施等重要问题，都在决策前同党政有关部门进行了协商，为完善决策提供了可行依据。在1989年3月召开县政协三届三次全委会时，改革了例会制度，尝试了政协会先于人代会召开，改变了过去民主监督与法律监督同时进行的惯例，体现了协商在决策之前。

政治协商、民主监督经常化和制度化有了新的进展　崇义政协坚持了“例会”制度，第二届召开了4次全委会、15次常委会；第三届召开了3次全委会、15次常委会、25次主席办公会议，坚持了列席有关会议制度、阅文制度、提案工作制度、协商座谈制度、视察调查制度、对口联系制度。1989年4月2日，中共崇义县委还根据省委［1988］24号文件和全国政协《关于政治协商，民主监督的暂行规定》精神，在总结贯彻1987年7月26日县委［1987］35号文件《批转政协党组织关于进一步发挥政协组织政治协商、民主监督职能作用的意见》的基础上，进一步明确了政治协商、民主监督的意义、目的、内容、形式、制度与要求，下发了崇党发［1989］25号文件《关于进一步完善人民政协的政治协商、民主监督暂行规定》，使本县的政治协商、民主监督经常化和制度化向前迈进了一步。

政治协商、民主监督向着更高层次发展　1989年4月28日，中共崇义县委研究决定成立“崇义县决策咨询委员会”。由部分人大常委、政协委员和知名人士25人组成。县政协主席黄俊衔任主任。办公地点设在县政协，规定“今后县委、县政府在研究决定涉及全县性重大问题时，都应当拿到决策咨询委员会协商论证，以避免和减少决策上的失误”，标志着协商监督进入了更高层次。

政治协商、民主监督的实效有了新的提高 第三届以来，县政协注重了组织专题调查、专题协商。1989 年，针对一些单位乱购滥用小车群众意见大这一问题，组织委员考察，提出了 5 条建设性意见，据此，县委、县政府下发了《关于购置使用小车的规定》。并封存了有关单位 24 辆小车。

决策后的协商监督有了良好开端 崇义县政协在注重决策前协商监督的同时，也未忽视决策后的协商监督。1989 年县政府为解决县城群众饮水问题，作出了引用阳岭水库的水的决策。政协委员对这一决策的可行性进行了调查，通过论证，认为引用阳岭水库的水解决县城居民饮用水弊多利少，并提出了可行性方案，得到县政府采纳。

【提案工作】

四年来，政协委员本着对革命事业高度负责的精神，围绕两个文明建设和群众关心的重大事情共提出提案 294 件，办复率达 100%。提案的办理结果，大致有三种情况：1、委员提案被采纳，解决了问题，产生了效果。这类提案占 65%以上。1987 年委员提出关于解决过埠中学危房的提案，引起过埠乡党委、乡政府的高度关注，经实地察看后，当机立断由乡拨款 10 万元，建教学楼。1988 年委员提出，关于大力保护和发展毛竹资源的提案，县政府进行了认真研究，作出了《保护毛竹资源发展毛竹生产》的决定，并在铅厂乡黄雀坳建立了一个面积一万亩的毛竹林基地。1988 年委员建议县里建立卫星地面收转站解决收看中央第二套电视节目的提案，县政府及时进行研究，决定由县财政和县城单位共同投资 12.8 万元，兴建旗岭卫星地面收转站，于 1989 年 10 月 1 日竣工开播。1989 年委员提出党政干部要改变作风，刹住吃喝风的提案，县委、县政府认为切中时弊，于 1989 年 4 月 15 日下发了《对内接待暂行补充规定》。2、委员提案被采纳，正在逐步解决之中。这类提案占 20%，有的委员提出关于尽快开设南门粮站的提案，县粮食局在征得县政府同意后，并会同有关单位落实了建设用地，设计了施工图，编制了工程预算等筹备工作。3、委员提案内容很好，但条件不具备，目前解决不了，这类提案占 15%。

【参观考察】

四年来，政协崇义县委员会组织有关委员对社会、经济、资源、教育、卫生等方面进行了一系列调查考察。主要有：1、为发展渔业生产，于 1987 年一行 5 人到思顺乡竹坝村进行了考察。同年 10 月县政协领导带领咨询服务科与县食品饲料公司一行 4 人到赣州市湖边乡青光岭象草基地进行参观考察，先后写出《关于思顺乡竹坝村稻田养鱼的参观考察报告》和《参观考察赣州市青光岭象草基地情况报告》，均得到县政府采纳推广，引进象草一万斤在扬眉、杰坝试种。2、为发展畜牧业生产，于 1988 年 5 月县政协与农牧渔业局等单位一行 5 人，考察了本县畜牧业生产和配合饲料等情况，写出了《崇义县配合饲料生产考察报告》。3、为发挥小竹资源优势的作用，于1987年10月29日，县政协带领政协农水工作组，到聂都乡进行了考察，就小竹笋保护、发展和利用提出了建议，并写出了《关于建立聂都乡小竹笋基地的调查报告》。4、为发展柑桔生产，1988年10月，县政协组织委员并邀请县农牧渔业局几位高级农艺师，对本县的柑桔生产进行了实地调查考察。5、由县政协带领政协文化教育部分委员在教育方面进行了三次考察。1988年5月考察了本县高中毕业生文化补习班；同年6月对本县贯彻《中华人民共和国义务教育法》进行了专题调查；11月邀请教育部门等一行9人，赴遂川、泰和进行了中等教育改革、学校管理学习考察，并结合本县实际，向县政府写了《赴遂川、泰和学习考察中等教育情况及建议的报告》。6、1988年6月2日，县政协牵头组织有关单位和科技人员8人，分两组进行实地调查了本县部分乡（镇）卫生院深化改革、医务人员思想、医疗设备及房屋等情况，提出了解决这些问题的意见和建议。7、1989年5月17日，由政协与有关单位人员一行9人，对县城精神文明建设进行了考察，写出了《考察工作报告》。

【咨询服务】

为发挥政协人才优势，政协崇义县委员会组织委员开展了农业技术、茶果生产、香菇栽培、畜牧兽医、水产养殖、医药卫生、经营管理、法律、保险、计划生育等15项咨询服务。促进了各项事业的发展。

政协医药卫生组先后在过埠镇、铅厂乡、县城共开展4次咨询服务。1987年8月7日和12月4日一行7人在过埠镇、铅厂乡分别开展了一次咨询服务，为两地敬老院的老人进行了三大常规、心电图、和X光胸透检查，并建立了档案，为群众进行了防病治病和健康保健咨询，就诊群众达687人次，同时开展了计划生育有关知识的咨询，1988年2月10日在县城宾馆举行了一次为“离退休老干部健康知识讲座”，有168名离退休干部参加听讲。同年5月21日又在城关幼儿园举办了一次“为儿童健康成长讲座”的咨询服务。

政协崇义县委员会与农牧渔业局、农林技校为推广应用激素“多效唑”，1988年6月8日特邀江西农大教授陈善坤在县工人文化宫作“多效唑化控技术在农业上的应用”的学术报告，有76名科技人员参加听讲。1989年政协崇义县委员会组织两名政协委员高级农艺师在铅厂乡的石罗村、义安村向农村干部群众讲授了“多效唑”的有关知识。还到田间实地进行怎样使用“多效唑”和“叶面宝”的咨询活动。

政协崇义县委员会领导带领有关单位成员一行5人在杰坝的长潭、石皮、中洞等村对茶果生产进行了实地咨询服务。

政协崇义县委员会与思顺政协小组联合在思顺乡圩上举行了两次综合性咨询服务。内容包括医药卫生、农业技术、袋装香菇栽培技术、法律咨询、社会保险、果茶生产、畜牧兽医、水产养殖等项目的咨询服务。1989年12月接待了湖南省汝城县热水地热站主任高级工程师黄庆熊等5人。

【乡（镇）政协工作】

根据新时期统战工作的特点和新形势的需要，1987年6月中共崇义县委同意把政协工作延伸到乡（镇）基层，并以县委名义下发了崇党发〔1987〕15号文件《关于建立乡（镇）政协联络小组的通知》。政协崇义县委员会通过试点，以点带面的方法，从1987年6月起就先后在全县18个乡（镇）建立了政协小组，受当地党委直接领导，其业务由政协崇义县委员会指导，是乡（镇）基层统战组织，县政协的派出机构。（现已改为乡（镇）政协工作委员会）县委把乡（镇）政协小组列为正乡级机构，配备了18名专职正、副主任，共有成员166人。各乡（镇）政协工委做到了组织、经费、场所、活动“四落实”，为指导乡（镇）政协工作，县政协制定了《政协崇义县乡（镇）工作委员会工作条例》明确了乡（镇）政协的性质、职能、领导关系、工作任务和要求。使乡（镇）政协工作有章可循，逐步走上制度化和规范化，促进了乡（镇）政协小组工作活动的开展，实践证明，乡（镇）政协小组工委具有强大的生命力，是新时期县政协工作的新开拓。

【开展两个“五个一”活动】

自1987年起，坚持开展了在全县政协工作组（委）、各乡（镇）政协小组中做到在一年内举办一次科技讲座、开展一次咨询服务活动、进行一次专题调查、组织一次座谈讨论、举行一次协商议政；在政协委员和政协小组成员中，在一年内，要有为四化建设提供一条合理化建议，为搞活经济提供一条信息，为两个文明建设做一件好事，有技术专长的搞一项技术革新项目，有写作能力的写一篇学术论文为主要内容的“爱崇义，献良策，办实事，做贡献”的两个“五个一”活动，取得了好效果，发挥了人民政协的整体功能作用。

1987～1989年各工作组(委)
乡(镇)政协小组开展“五个一”活动统计

表1

名　　称	活动总次数	其中				
		举办讲座	专题调查	咨询服务	专题座谈	协商议政
各工作组(委)	253	40	49	91	61	12
乡镇政协小组	649	133	85	317	75	39

1987～1989 年县政协委员

乡(镇)政协小组成员开展“五个一”活动统计

表 2

名　　称	提合理化建议	做好事	搞技术攻关项目	写论文	提供信息
县政协委员	126 条	314 件	56 项	141 篇	54 条
乡镇政协小组成员	267	356	37	23	130

通过两个“五个一”活动，为两个文明建设服务取得了显著成效。如医药卫生工作组的咨询服务达 4003 人次，思顺政协小组对关系到全乡几个村 1200 亩农田灌溉的“八一”水渠，与乡党委乡政府专题协商，提出了“各方集资、三面不见土”和成立管水机构的建议，得到采纳，由县补拨一点，乡财政拿一点，受益农民摊一点的办法，筹集资金一万多元，进行维修，受到群众赞扬。政协委员、主治医师李鸿林，1988 年撰写论文 7 篇，其中 2 篇在全国学术会上宣读。县政协委员曾文彬在建县城 6 米大型卫生电视地面收转站时，打破了同地收发旧模式，采取了山下接收，山上发射的方法，节约资金 12 万元，并确保了收转正常效果良好。省、县政协委员、工程师、县农机厂副厂长陈荣德与北京农业工程教研室联合承担“刷镀铁抗氧化研究”中间试验课题获得成功，通过国家部级鉴定，达到国内先进水平。政协委员、高级农艺师刘士旺，应用甘草磷防除田堪、茶果园等杂草，试验 1100 亩次，掌握了第一手资料。为指导今后大面积推广应用提供了一定的科学依据。

【学习活动】

组织和推动委员学习，是政协自我教育自我改造的优良传统，也是政协的一项重要任务。在 1986～1989 年期间，县政协坚持了政协第一届委员会制订的学习制度。在学习内容上，总的原则仍然是根据党在各个不同历史时期的任务安排学习活动。1987 年组织委员、机关干部、政协小组成员和各界人士学习邓小平《坚持四项基本原则，反对资产阶级自由化》和《建设有中国特色的社会主义》两本书。1989 年春夏之交，及时组织了政协委员、机关干部和各界人士认真学习座谈了中共中央、国务院和中央领导邓小平同志关于制止动乱、平息反革命暴乱的重要文件和讲话，贯彻了中央十三届四中、五中全会精神，作出了《坚决拥护中共中央、国务院关于平息首都反革命暴乱的英明决策的决议》，在思想上行动上与党中央保持高度一致，为稳定大局，维护国家的长治久安做了大量工作。在同年 7 月还编写了《人民政协知识十讲》供各工作组（委）、各乡（镇）政协小组及委员学习、宣传，9 月 10 日并由县广播站向全县进行了为期一个月的广播讲座。

【文史资料工作】

1987年5月27日，县政协第三届委员会第一次常委会议决定撤销文史资料工作组，成立文史资料委员会，设主任、副主任各1人，委员若干人。1988年3月，《崇义文史资料》第一辑出版，编入文史15篇，67600字，印数310册，内部发行到全省政协系统和本县范围内，以及与县有文史资料交换关系的上海、南京、广东、湖南、湖北、浙江、新疆等省、市、自治区的部分县、市、区政协，并有南京大学图书馆主动函索《崇义文史资料》。资料客观地反映了本县的一些历史事件和历史人物。1989年征集文史稿25篇，约11万字，经文史资料研究委员会评审，筛选出16篇，约7.1万字，编辑了《崇义文史资料》第二辑，年底，赣州地委宣传部审核批准，同意付印出版。

【检查评比】

为了推动政协工作不断向前发展，1987年起坚持了每半年对各工作组（委)、各乡（镇）政协小组（工委）进行一次初检初评，年终进行总检总评，由政协组成若干组划片检查，采取一听二看三议四评的方法进行检查评比活动，经主席会议评选，常委会评定通过，确定受表彰的先进集体和先进个人。

三年来，先后受表彰的先进集体有医药卫生、文化教育、“三胞”、农林水、工业交通五个专门委员会，思顺乡、过埠镇、长龙乡、横水镇、扬眉镇、聂都乡、乐洞乡七个政协小组，受表彰的先进个人有59名政协委员、6名政协小组成员、4名政协干部。

【横向联系】

为了打破政协工作的封闭局面，开拓政协工作的新路子，崇义政协倡导，于1988年4月在崇义召开了粤、湘、赣边际十县政协横向联系第一次会议。与广东的南雄、仁化、始兴县，湖南的汝城、桂东、宜章县，本省的大余、遂川、上犹县建立了政协与经济工作的横向联系，半年召开一次会议，现已分别在崇义、南雄、汝城、大余四县召开了四次横向联系会议。本着广交朋友，增进友谊、互相学习、取长补短、交流经验、沟通信息，共同发展。同时促进了边际贸易，推进了经济发展，通过四次会议，协助经济部门提出供参考的技术合作项目115项，供推销的产品598种，签定了8个经济技术合作协议，29个经济技术意向项目，达成了协作项目5项，贸易项目9项，年贸易额923.49万元。

1986～1989年政协正、副主席、调研员及秘书长更迭表

表3

届　别	姓　名	籍　贯	职　务	任　职　时　间
三	黄俊衎	江西宁都	主　席	1986.9.13～1989.12
	汤昌荷	江西崇义	副主席	1987.5.22～1989.12
	刘天福	江西上犹	副主席	1987.5.22～1989.12
	田抗建	河北河间	副主席	1987.5.22～1989.12
	江兴舟	江西崇义	秘书长	1987.5.22～1989.2
	黄祖汉	江西南康	秘书长	1989.3～1989.12
	刘兴昌	山东沂水	调研员	1987.5.22～1989.12

1986～1989年政协各办公室正、副主任更迭表

表4

名　　称	姓　名	籍　　贯	职　务	任　职　时　间
政协办公室	江兴舟	江西崇义	主　任	1986.8～1989.2
	黄祖汉	江西南康	兼主任	1989.3～1989.12
	肖声健	江西崇义	副主任	1987.5～1989.12
	黄立德	江西崇义	副主任	1987.5～1989.12
学习、文史办公室	蔡教基	江西上犹	主　任	1989.3～1989.12
专门委员会办公室	张文勋	广西陆川	主　任	1989.3～1989.12
经济联络办公室	邹扬均	江西崇义	主　任	1989.3～1989.12

（肖继湖、蔡教基、余柯森）

中国共产党崇义县纪律检查委员会

【县纪委全委会议】

1986年以来，县纪委共召开了3次全委扩大会议：1、1986年4月15日至17日，召开纪委全委（扩大）会议。出席会议的有纪委委员14人，各乡（镇）场纪委书记、县直各单位纪检组织负责人25人，邀请工商、税务、审计、物价局、县人民检察院、县农业银行等有关部门负责人参加了会议。县纪委书记汤昌荷主持会议。会议中心议题是：传达地区纪委工作会议精神；总结县纪委1985年纪检工作；部署1986年纪检工作任务。县委副书记江文仁到会讲了话。2、1987年7月10日召开中共崇义县纪律检查委员会第十届委员会第一次全体会议。出席会议的有全体委员11人。县委常委、组织部部长巫大亮主持会议。会议中心议题是，选举产生由肖厚桂、王志仁、黄春莲、刘映祠、谭贡辉等5人组成的县纪委常务委员会；选举产生肖厚桂为书记、王志仁为副书记。3、1988年4月15日至17日，召开纪委全委（扩大）会议。出席会议的有县纪委委员10人，各乡（镇）纪委书记18人，县直各部门纪检组长11人。县纪委书记肖厚桂主持会议。会议中心议题是：传达中央纪委、省纪委全委扩大会议精神；总结1987年以来纪检工作经验，部署1988年纪检工作任务；对纪律检查、案件审理、来信来访工作，作了专题研究。

【党性、党风、党纪教育】

1986年4月，县纪委协助县委制定了中共崇义县委《关于建立全党抓党风责任制的规定》，随后，全县22个基层党委和县直18个党组都建立了抓党风责任制的规定。四年来，县纪委配合组织、宣传部门以县、乡党校为阵地，广泛组织党员进行《中国共产党章程》、《关于党内政治生活的若干准则》的再学习、再教育；举办党员轮训班，学习党的十三届三中、四中、五中全会精神，县乡纪委领导亲自讲课，受训党员达85%。同时组织党员观看党风党纪教育片《共产党员要经受执政和改革开放的考验》等20多块录像片，轮流播放了130多场次，党员观看达4832

人次，受教育面达65%。

总结推广先进经验，伸张正气，压倒邪气。纪委通过报刊、广播、电台及本部门刊物《崇义纪检》等形式大力表彰为政清廉的好典型。四年来，先后总结了古亭镇党委书记叶光辉廉洁奉公的事迹；县粮食局长黄彩信再过“金钱关”的事迹；林业系统纪委书记张振兴秉公执纪，为林业改革建设服务的事迹以及县木材公司廉政建设的经验等18个典型事迹材料，下发到各级党组织进行学习，广泛宣传，使广大党员从这些先进典型事例中，看到党的健康力量，增强防腐防变能力。又将原高垒林场党委书记卢和桂（自杀，已开除党籍）等人集体贪污受贿6个反面案例，通报全县各级党组织，组织党员结合实际，就“我们要从中吸取哪些教训”和“如何过好权力关”等问题开展讨论，使广大党员增强党纪观念。

做好受处分党员的回访教育，化消极因素为积极因素。1987年以来，县、乡纪委共回访了52人（每年1–2次），县记委重点回访了13名副局级以上受党纪处分的党员干部。教育他们正确对待处分，鼓励他们放下包袱，振奋精神，大胆工作，以实际行动改正错误；对那些受处分后，能正确对待，积极进取，勇于创新，工作做出了新成绩的党员，进行热情鼓励，并建议党组织从新起用。

1986～1987年，县委组织检查组，由县领导带队，对全县各乡（镇）、县直单位进行党风党纪大检查。1987年的党风大检查，评出县人民检察院、县粮食局、铅厂乡3个为党风党纪好的先进单位。

【查处党员违纪案件】

四年来，全县各级纪检机关共查处党员各类违纪案件47件64人。其中，有副局级以上干部20人，股级干部19人，一般干部职工12人，农村党员13人。按案件性质分类：属贪污受贿的15件28人；以权谋私的1件1人；违反社会道德、乱搞两性关系的7件8人；“文革”期间犯有严重错误的2件2人；乱砍乱伐森林的2件2人；观看淫秽录相的1件3人；违犯计划生育政策的8件8人；其它性质的11件12人。受到党纪处分的58人。其中：开除党籍20人，（其中受刑事处分的18人）留党察看19人，撤销党内职务3人，党内严重警告8人，党内警告8人。为国家集体挽回经济损失折人民币21.79万元。

【党内监督】

1、建立和扩大监督网络。在全县范围内聘请了65名党风党纪监督员。各乡镇和县直各单位也聘请了一批党风党纪监督员和廉政监督员。并开展了很好的活动，为管好党风，抓好党纪起到了积极作用。

2、注重超前监督。经常组织力量，深入调查研究，对不同时期出现的倾向性问题，建议党委及时作出决策，加以制止。1988年以来，县纪委建立了定期向县委汇报党风情况的制度；坚持预防为主的方针，在容易发生违纪问题的环节上，及时打招呼、敲警钟。1988年和1989年，违纪案件与上两年相比，下降65.7%。

3、重视群众监督。广泛收集和受理来自四面八方的信息，认真接待党内外群众的来信来访，使违纪现象得到及时处理。

4、注意“内约机制”的监督。1986年4月，协助县委拟发了《关于建立全党抓党风责任制的规定》；1989年初，为搞好廉政建设，协助县委、县政府制定了《小车使用暂行规定》、《对内接待暂行补充规定》；县纪委下发了《关于继续加强党风建设，切实做好防腐保廉工作的几点意见》、《关于严禁在节日期间和公务活动中用公款请客送礼、受礼》的通知。

【案件复查】

1986～1988年，对少数提出申诉的1957～1958年反右斗争扩大化的案件，1958～1960年“大跃进”期间，犯强迫命令、瞎指挥的案件，以及“文革”期间的冤假错案，坚持实事求是，有错必纠的原则，分别进行了复查。1989年5月，在开展生产力标准问题大讨论中，对1984年以来查处的经济案件进行了复查。

四年中，县纪委共复查了24起案件，其中全错全纠的3起，部分错部分纠的2起，不错不纠的18起。经复查发现有新问题加重处分的1起。

【纠正不正之风】

1986～1989年，县纪委从本县实际出发，针对不同时期出现的不正之风，组织力量，进行了清理和纠正。

1、清理了党政机关和党政干部经商办企业。1986年对原有14户党政机关和党政干部办的企业，全面得到了制止和纠正，并对全县的公司、“中心”进行了清理整顿，撤销了不具备条件的公司、“中心”13个。

2、对干部、职工借欠公款进行了全面清收。1989年4月止，全县有1215名干部职工欠公款数额达9.66万元，1989年6月底已收回9.18万元，占总数的95%。

3、清查处理了党政机关干部在城镇违纪建私房。1986年组织力量，对1984年1月至1986年1月在城镇建私房的66户党员、干部、职工进行全面清查，其中县级干部2人，局级干部28人，党员36人，经查证核实，有10名党员干部贪占国家集体便宜，共收缴违纪金额9.57万元。1989年，按照省委、地委部署，抽调力量，对1986年2月以来，在城镇建了私房的43户党政机关干部进行清理，其中县级干部1户，局级干部16户，一般干部26户，已竣工的28户，批准未建的15户。共收缴补交罚款及税收5.10万元。

4、刹住了用公款请客送礼、大吃大喝之风。1988年，组织力量对全县各单位的吃喝风进行了检查，并针对性的采取了一些措施。1989年6月5日起，按照省委、省政府办公厅《坚决刹住吃喝风的试行规定》，全县上下实行了接待工作分餐制。

5、1989年对化肥、农药、农膜、农用柴油等农业生产资料，实行了专营。杜绝了“条子肥”和走后门的现象。

6、清理了乱购和滥用各种小汽车之风。1989年纪委与有关部门配合，对近年来全县购进的77辆小汽车进行了清理，并按上级规定，分别作出了处理，封存了24辆小汽车。为刹住领导干部公车私用的歪风，协助县委、政府制定了《小车使用暂行规定》。

7、为防止不正之风的发生，县建立了“两公开一监督”专栏，对招工、招干、“农转非”、评职称、晋级等，实行办事制度公开，办事结果公开，出榜公布，让广大群众监督。同时，县委于1989年10月，下发了《关于实行干部回避制度的暂行规定》。

【纪检信访】

1986年起，县纪委配备1名专职信访干部，建立了信访登记、批阅、承办、上报、反馈、督办等制度。建立了县、乡、村三级纪检信访网络，共有240名纪检信访员。对群众来信来访，实行分级负责、归口办理的原则，按照党纪、政纪、法纪分开的要求和干部管理权限，将信访进行合理分流。1986～1989年，县纪委共受理党内外群众来信来访352件次，其中党员申诉21件次；检举、控告党员、干部208件次；不属纪检业务范围的123件次。这些信访中，反映副局级以上党员干部的86件次，占41.3%；反映一般干部的50件次，占25.4%；反映村级干部的72件次，占34.3%。已办结349件次，办结率达99.14%。同时，还及时办理了上级党委和纪委交办的重要信访9件。达到了中纪委提出的按期结案率和优质结案率、以及年结案率的要求。

【纪检队伍建设】

1986～1989年，全县各级纪检机关，在认真履行职责，努力完成工作任务的同时，切实抓了自身队伍建设。

1、抓好政治理论学习，加强思想建设，不断提高纪检队伍的政治业务素质。县纪委除坚持每周二、五学习日制度外，每年度对纪检干部的理论学习作出安排、提出要求。党的十三届四中、五中全会召开后，县纪委及时组织全县纪检干部专题学习两个全会文件和中央领导同志的几次重要讲话，澄清模糊观念，增强贯彻执行党的路线、方针政策的自觉性。

2、抓好业务培训，提高办案业务水平。每年采取1—2次以会代训，以案代训，分纪律检查、案件审理、纪检信访等专题进行业务培训，有时调集部分纪检干部参加现场办案训练，既加快办案速度、又提高了办案业务水平。

3、调整和充实了县、乡两级纪检干部队伍，对县纪委内部机构设置、干部配备等作了明确规定。1987～1989年，分别制定了县、乡纪委和县纪委各科（室）目标管理实施方案及评比细则。1988年，全县各乡镇纪委和县直各单位纪检组都成立了案件审理小组。

1986～1989年县纪委正副书记更迭表

表1

姓名	职务	籍贯	任职时间
汤昌荷	书记	江西崇义	1986.1～1987.7
肖厚桂	副书记	江西崇义	1986.1～1987.7
肖厚桂	书记	江西崇义	1987.7～1989.12
王志仁	副书记	江西崇义	1987.7～1989.12

1986～1989年县纪委各科(室)负责人更迭表

表2

机构名称	职务	姓名	籍贯	任职时间
办公室	主任	赖绍能	江西崇义	1986.1～1987.1
	主任	黄春莲	江西崇义	1987.10～1989.12
纪律检查科	科长	谭贡辉	江西赣县	1986.1～1989.9
案件审理科	科长	刘映祠	江西崇义	1986.1～1989.1
	科长	朱传亿	江西崇义	1989.1～1989.12

（吴益炎　黄春莲）

群众团体

崇义县总工会

【崇义县工会第十三次代表大会】

崇义县工会第十三次代表大会于1986年12月18日至20日在县工人文化宫召开。出席代表140人。其中：正式代表122人，特邀代表18人。吴程辉向大会致《开幕词》。听取和审议了工会十二届委员会工作报告；听取和审议了工会第十二次委员会财务工作报告。选举产生崇义县工会第十三届委员会和崇义县工会第十三届经费审查委员会。

大会作出了两个决议和一个决定。即崇义县工会第十二届委员会工作报告的决议和关于财务工作报告的决议以及通过了表彰先进名单的决定。

通过代表大会选出了崇义县工会第十三届委员会委员21人。

通过崇义县工会第十三届第一次全体委员会选举产生了崇义县工会常务委员9人。经常委会选举产生了常务委员会主席：肖志宾；副主席：何耀章、吴程辉；选出了崇义县工会第十三届经费审查委员会5人。

1988年3月12日召开崇义县工会十三届四次全委（扩大）会选举通过何腾顺为县总工会主席、十三届委员会委员、常务委员。1989年7月14日召开崇义县工会十三届六次全委会，补选杨顺莲为十三届委员会副主席。

【基层工会组织建设】

1986年在原有6个系统工会的基础上，经过发展，至1989年底，全县已成立了系统工会9个（即教育、林业、粮食、供销、商业、经委、城建、文化、矿业）；基层工会到1989年底由130个发展到140个。其中：全民所有制单位有109个，集体所有制单位有31个；至1989年底，全县有专职工会干部22人。其中：县总工会8人，系统工会7人，基层工会7人，平均年龄42.7岁。此外，各基层工会尚有兼职干部133人；到1989年底，全县工会会员有7199人。其中女会员1811人。

（肖继湖　黄晓明）

【劳动保护】

四年来，各企业单位把劳动保护列入了议事日程，充分利用宣传阵地和各种宣传工具，认真贯彻落实全国总工会颁发的劳动保护监督检查“三个条例”：1、基层车间工会劳动保护监督检查委员会工作条例；2、基层工会劳动保护监督检查员暂行条例；3、工会小组劳动保护检查员工作条例。此外，还宣传贯彻了《江西省劳动保护暂行条例》。全县各企业在四年期间利用宣传栏、黑板报共宣传 907 期、放映幻灯 205 场、投稿广播 21 篇，通过宣传，有 25840 人受到教育。为开展劳动保护，举办劳动骨干培训班 13 期，培训人员 336 人。县总工会在抓劳动保护工作方面，主要是配合县劳动人事局和基层各企业单位抓组织实施做了一些工作。四年中，参与全县性安全生产大检查 10 次；发现各种大小事故隐患 380 件；参与公伤、死亡事故的调查 5 起，结案 5 起。同时，开展了劳动保护技术交流 6 次，参加人数 246 人；1989 年，组织了一次劳动保护竞赛活动，全县各企业参赛单位 71 个。

通过以上工作和竞赛活动，进一步地落实了劳动保护各项制度和措施。

工会劳动保护监督检查组织情况

表 1　　单位：个

项目 年份	劳动保护组织				专职干部	
	劳动保护监督检查委员会	车间工会劳动保护监督检查委员会	工会小组劳动保护委员会	县总工会劳动保护监督检查委员会	基层单位	县总工会
1986	15		131		13	
1987	5	27	92	1	7	1
1988	5	37	155	1	6	1
1989	4	57	169	1	6	1

（肖继湖　肖声朗）

【职工学校工作】

崇义县职工学校于 1986 年 8 月 28 日，迁入工人文化宫，增添置了一批教学设备。学校经江西省教委、省职教委、省总工会〔赣工（1987）25 号〕文件批准备案，认定为职工中等学校，有专职教师 2 人，兼职教师 12 人。学校教职员工克服了教学中的困难，将办学的重点逐步由文化班转向为专业技术班，由自身办学转变为与外单位联合办学，实现转轨变型。先后与县人武部、县组织部、县劳动人事局、县档案局、县文化馆、县建筑公司等单位联合办学。四年期间学校结合实际需要，开办了初中、高中文化补习班、成人大、中专招考前复习班计41个，还有财会专业班、缝衣技术班、家用电器维修班、建筑识图班、文秘档案培训等技术班12个。学员达2754人。其中毕业的175人，结业的708人，考取成人大专的有68人，考取成人中专的有89人，转干的有51人，在基层担任骨干的有210人。

（肖继湖　胡盛达　刘录生）

【社会主义劳动竞赛】

为工业战线实现"七五"计划建功立业竞赛活动，于1986年在全县17个工业企业中开展了社会主义劳动竞赛活动，参赛职工人数1894人，参赛企业总产值实现了2519.287万元，占年计划109.89%，比上年增长79.69%，实现利润213.11万元，占年计划84.75%，比上年增长18.52%；为了交流劳动竞赛的经验，传递其竞赛信息，县劳动竞赛办公室主编出版了《竞赛简报》，于1986年9月5日至1989年底共出版了10期。

1987年组织了"增产节约、增收节支"竞赛活动，参赛企业单位23个，参赛人数3598人。23个参赛企业中有18个参赛单位全年工业总产值实现了3179.2万元，比上年增长16.81%，税收实现327.66万元，比上年增长81.1%，利润实现358.69万元，比上年增长45.36%。

1988年有75个企业参加"创水平上等级"厂（矿）、场（公司）际社会主义劳动竞赛，参赛职工6124人，65个企业制定了本企业的劳动竞赛实施方案，占参赛单位的86.66%。

1989年在全县继续开展"增产节约、增收节支"为主要内容的社会主义劳动竞赛，参赛的企业80个单位，参赛职工6574人。在开展劳动竞赛中，全县各级工会组织着重抓了职工的技术教育和技术培训工作，全年培训2085人次，通过以上工作，使阳岭牌脂松香、长春牌和阳岭牌冬笋罐头均获得了省优产品。

（肖继湖　肖声朗）

【企业民主管理】

崇义县的企业民主管理工作在巩固和完善的基础上，逐步得到发展和提高。1986～1989年，全县已建立厂级职工代表大会制度单位46个。其中：全民所有制企业41个；集体所有制企业5个。职工代表1172人，其中：中层以上干部172人，科技管理人员396人，工人604人，召开职工代表大会197次，提交职代会审议的方案2541件，落实提案1142件；民主评议领导干部336人，受到奖励的干部76人，被罢免的领导干部6人。

四年中，县总工会协助党政积极抓好企业民主管理工作的落实，组织职工认真学习了《全民所有制工业企业职工代表大会条例》和三个《企业法》等有关文件精神，利用宣传栏、黑板报、墙报、宣传橱窗等宣传工具进行宣传。县总工会于

1987年9月举办了一次学习贯彻《三个条例》知识竞赛活动，参赛企业36个，参赛人数2086人。

四年中，县总工会召开的民主管理研讨会、座谈会、经验交流会等7次，出席会议的有县委、县政府领导和部份企业的工会主席共245人次。同时县总工会围绕搞好民主管理达标活动，根据省总工会规划三年基本完成企业民主管理达标任务的部署，按照中共崇义县委〔崇党发［1987］60号文“关于转发县企业民主领导小组‘关于改革企业民主管理体制，开展达标活动意见’的通知”和崇义县总工会〔崇总工［1988］24号文“关于开展企业民主管理达标活动检查验收的通知”的文件要求，在县委、县政府的重视和各达标单位的合作下，经过三年努力，至1989年底全县规划41个达标企业已全部验收，合格率达100%。其中：工交系统17个，财贸系统13个，林业系统7个，卫生系统2个，金融系统2个。

（肖继湖　黄晓明）

【文化宫活动】

崇义县文化宫，配有管理干部副主任1人，专职管理人员2人，业余活动积极分子6人。新落成的文化宫于1986年10月1日正式开放，其任务是面向广大职工群众，坚持有偿和无偿服务，引导广大职工在文化宫活动中学文化、学知识、学技术、学管理，寓教于乐，潜移默化受到教育。

文化宫有电视录像室、阅览室、乒乓室、桌球室和象棋麻将室等。根据各自的活动特点和规律都制订了各自不同的规章制度，完善了各项服务措施。电视录像和桌球从1987年起采取经济责任制形式，进行承包租赁管理。放映电视录像每天至少5场，每场观众平均达20人。桌球每天从早到晚一直开放，每天打球的人数平均30多人。阅览室、象棋室设有专人管理，每周开放5个白天，3个晚上，每周开放时间不少于36个小时，平均每天接待观众40多人。阅览室藏有各种书籍计1500多册。乒乓球室每天开放，活动坚持正常。每逢春节、“五一”、“十一”等重大节日，都举行各种文娱、体育比赛等活动。

（肖继湖　周昌会）

【女职工工作】

在1986年12月召开的崇义县工会第十三届代表大会期间，经大会全体女代表选举成立了崇义县女工工作委员会，由13人组成。鉴于人事变动，经县总工会研究决定，于1989年6月20日崇总工［1989］12号文件通知，将“县女工工作委员会”改为“女职工委员会”，委员调整为15人。调整后基层女职工组织建设得到发展。基层女职工委员会在1986年3个的基础上，经过几年的发展，到1989年底发展到10个基层女职工委员会；女职工小组在1986年21个的基础上到1989年发展到41个。四年期间县直单位女职工在阳岭水库山坡上植树造林30亩，同时商业、金融、二轻三个系统工会组织女职工开展珠算、心算、点钞票、书法比赛等技术比武活动。除此以外，县总工会每年都与县妇联联合开展以两个精神文明和发展经济为主要内容的组织女职工进行学习《社会主义精神文明建设决议》，同时制订了1989年县直单位女工工作目标管理。并办了以党的十三届三中全会和工会十一大及全国妇联“六大”《女职工劳动保护规定》为主要内容的知识竞赛，参赛女职工270人，合格率达98%，优秀85%。为贯彻落实此《规定》，县总工会于1988年10月30日下发《关于组织学习<贯彻女职工劳动保护规定>的通知》，各基层女职工组织协同有关部门，结合本系统、本单位实际，进行贯彻规定，落实了实施办法。

（肖继湖　肖英城）

【合理化建议】

围绕发展经济，广泛发动各基层职工献计献策。四年中参加提建议的职工人数达2436人。其中：1986年633人，1987年563人，1988年633人，1989年607人。提出建议3195件，已采纳的实施执行的建议1307件。其中能计算出创造（节约）价值的255件，创造（节约）价值总计43.11万元。

（肖继湖　肖声朗）

共青团崇义县委员会

【共青团崇义县第十八次代表大会】

共青团崇义县第十八次代表大会于1987年12月18～20日在县城召开。出席大会正式代表共250名，列席代表11名。主要议程：听取中共崇义县委副书记刘泰山同志代表县委作的《继承和发扬青年运动的优良传统，为振兴崇义建功立业》的重要讲话；听取和审议共青团崇义县委书记熊建春代表共青团崇义县第十七届委员会所作的《团结全县青年，立志建功立业，为崇义的全面振兴和腾飞艰苦奋斗贡献青春》的工作报告；听取和审议《关于团费收缴、使用和管理情况的报告》。民主选举产生共青团崇义县第十八届委员会。大会经过民主选举，产生了共青团崇义县第十八届委员会委员29名，候补委员5名。第十八届委员会第一次全体会议选举了常务委员会委员7名；选举出书记：熊建春；副书记：汤斌。

【团的组织建设】

团县委在1986～1987年4月结合农村整党期间，开展了整团活动，其主要目的是配齐配强乡村两级团干部，解决村级团支部书记工作报酬，落实青年活动阵地，制订好团的各项工作制度，纯洁团的组织，达到团的工作经常化、制度化。

四年中，通过整团，对三名严重违章违纪的团员（其中一名团干），进行了处理，纯洁了团的组织。全县共有团员8858名，其中8622名团员领到了团员证，颁证率达97%，找回流失团员124人，颁证期间各级团组织共收到入团申请书两千多份，发展团员1088人。团县委在全县各基层团组织中开展了“达标、创先、争优”活动，制订目标，在县城举办了一期有100多名乡村二级团干参加的培训班；同时还下达了一系列文件通知，通过以上途径，提高了村级团干部素质，使全县各基层团的工作走上了经常化、制度化。

【少先队工作】

1986年转发了团地委、地区教育局《关于赣州地区少先队辅导员工作条件（试行）的通知》，根据通知精神，着重抓辅导员队伍建设和少先队组织建设，县少工委配备了专职辅导员1名，加强了少先队工作的领导。同时全县共有150名辅导员报名参加全国辅导员进修学校学习，经考试，有65人领到了结业证书。

1987～1989年县少工委在全县少先队组织中广泛开展了：“做振兴崇义小星星”活动，少年儿童积极响应，通过活动，全县各中心小学少先队都配齐了一套队鼓号。县少工委在1987年7月在县城兴办了队鼓号培训班和少儿歌舞培训班，受训人数29人。全县有17个乡（镇）和完中少先队组织召开了首届乡级少代会。县少工委于1989年11月份召开了全县总辅导员会议，会上决定在全县少先队组织中开展“创标准化阵地”和开展“学雷锋、学赖宁”的主题活动。

【青少年植树造林】

崇义是一个山区县，植树造林是团组织的一项传统活动。四年来在“绿化祖国，造福人类”的口号召唤下，团县委把植树造林当作一项重要工程来抓，并提出“绿化荒山迹地，实现崇义山富林兴县”的口号。

1988年和1989年，团县委连续两年圆满地完成与团地委、地区绿化委签订的绿化责任状，均被评为一等奖。与此期间，团县委组织了县直机关、崇义中学、崇义二中、横水镇、横水乡团委的850多名团员青少年到横水乡的野猪湖营造“崇义青年林”，面积达444亩。四年中全县青少年共造青年林65块，面积达5800亩，创青年林场一个，建七小园43个，公路两旁植树70亩，库渠江河防护林3亩，团县委圆满完成了绿化责任状的各项任务指标。

【中学共青团工作】

四年来，全县学校各级团组织在中学生中广泛开展了“中学生实践教育”活动，特别是1987年开展的“火炬行动计划”活动，举办了各种实用技术培训班，结合社会实践，使40%的中学毕业生获得一门以上的实用技术。1988年中学团组织开展了“知我崇义、爱我崇义”的主题活动，配合学校教育工作开展了一系列教育活动，通过活动，四年来共有23名青年学生受到省、地两级组织和教育部门的表彰。

【青年农民脱贫致富活动】

四年来，团县委在全县农村团组织中深入开展了以“农村青年实用技术培训工作”为中心的脱贫致富活动。团县委与县农牧渔业局、县科协三家联合下发了《关于进一步加强农村实用技术培训工作的通知》，成立了崇义县农村青年实用技术培训领导小组和农林技校农村实用技术咨询服务组，制订了崇义县“七五”期间农村实用技术培训计划（即1986—1990年），计划5年共培训16020人次，要求各级团组织摸清情况，落实计划，按照“实际、实用、实效”的培训原则进行办班。四年来各级团组织共兴办各种培训班142期，13180人次，占计划的82%。通过培训，使90%的受训人员获得了至少一门以上的实用技术。与此同时，农村团员青年踊跃参加脱贫致富小开发活动和十项最佳能手赛活动（植树造林、多种经营、纯收入、养殖、淘金、承包荒山、乡村企业、食用菌栽培、推广运用新技术新成果，扶贫助困、兴办加工业等10项最佳能手）以及（一院二园三场四业（庭院经济；茶园、果园；农场、林场、牧场；加工业、服务业、运输业、采矿业）竞赛活动，“五个一”（造好一片林、保养好一段路、修好一项水利设施、创建一块基地、发展一批青年“两户”）达标竞赛活动。通过以上活动，促进了实用技术培训工作。

【青年双增双节活动】

四年来，全县各级企业的团组织在青年中广泛开展了以“岗位练兵、岗位成才和双增双节”为主要内容的青工建功赛活动。1986年5月至12月底团县委联合县乡（镇）企业局、县科协三家在全县乡（镇）企业青年中广泛开展了“振兴乡（镇）企业、争当行家里手”竞赛活动，通过活动，茶滩乡的手套厂厂长吴宝昌获得了“全省最佳乡（镇）企业厂长（经理）”的光荣称号。1987年团县委组织全县青工开展了“两增创百元”竞赛活动。通过活动提高了企业的经济效益和青工的业务素质。据统计这次活动全县青工为企业增收节支8万余元，特别是县石油公司团支部共有10名团员，在这次活动中为企业增收节支近3000元。

【团的重大活动】

1986年5月在崇义县体育场兴办了“纪念红军长征胜利五十周年篝火晚会；1987年元月和国庆期间两次举办了集体婚礼，共有18对青年新婚夫妇参加；1988年5月在县城宾馆召开了青年厂长（经理）座谈会，国庆期间在崇义会堂举办了“四县五矿六厂”青年歌手大奖赛。同年7～8月在城关小学举办了一期青年家用电器维修班；同年7～9月在全县农村团组织和团员青年中开展了夏粮入库夺标竞赛活动。

（肖继湖　汤名东）

崇义县妇女联合会

【第十三次妇女代表大会】

崇义县第十三次妇女代表大会于1989年6月10～12日在县城召开。出席代表200人，列席代表10人。会议主要议程：听取县委书记黄先浪的讲话；听取和审议县妇联关于妇联十二届妇女代表大会以来的工作报告。选举崇义县第十三届妇女执行委员会。大会选举产生了崇义县第十三届妇女执行委员会委员19名；在第一次执委会选举出常委委员9名；经常务委员会会议选举产生了崇义县第十三届妇女联合会主任：刘仁花；副主任：郭兰、崔艳。

年初，圆满完成了乡、村二级妇女组织换届工作，全县18个乡（镇）妇联和153个村妇代会进行了整顿，并配齐了妇女干部，3个居委会（解放路、西大街、中山路），长龙、茶滩、思顺三个乡企业都成立了妇女组织，县直单位已建立了系统女工委员会10个，女工小组53个，并配备了女干部。

【妇女干部建设】

1986～1989年，是改革开放的四年，在此期间，县妇联结合各乡（镇）农村妇女干部文化现状和工作实际，为提高全县妇女干部的文化素质和实际工作能力，四年中采取的措施是：

加强妇女班子建设，实现目标管理　1986年结合农村整党工作，整顿健全各级妇女组织，县妇联对全县妇女工作实行科学管理，建立了三级妇女工作目标管理制度。四年来，各级妇女干部努力完成了县妇联每年制定的岗位责任制，取得了较好的效果，同时县妇联对完成目标管理好的乡镇进行了表彰，四年间共评选表彰先进单位16个，先进个人20人，进一步完善了三级目标管理责任制和各级妇干的政治学习和业务学习制度。同年与有关部门配合办起了青年民兵妇女之家74个。

选送学习，培训提高　为提高妇女干部的文化素质和工作能力，县妇联积极选送妇女干部到县内外学习。1986年组织8名到县党校学习，1987年选送8名参加地区妇联业务学习，1988年选送了3名外出学习，其中参加省妇联业务学习的1人，参加地区妇联业务学习的2人。1989年7月举办了一期专职妇女干部写作学习班学习，8月选送了5人参加外地学习，其中2人到北京参加全国妇联举办的妇女干部培训班学习，3人参加省妇联举办的业务学习。

【保护妇女儿童合法权益】

1986～1989年期间，县妇联接待来信来访343件，处理189件，其余来信来访也做到了件件有答复。同时县妇联法律顾问小组帮助来访妇女代写书状10份，并配合司法部门抓了大案要案的处理，其中民事案5件，刑事案3件，通过以上案件的处理维护了妇女儿童的合法权益。

【庭院经济竞赛和“双学双比”竞赛】

为振兴崇义经济，提高农民的生活水平，结合农村实际，县妇联组织了农村妇女参加各种不同内容的竞赛活动。四年来，采取的具体措施是：

1、为发展农村经济，抓好“庭院经济”竞赛和“双学双比”竞赛。1986年县妇联与农牧渔业局、老建办等八家联合发文，要求全县妇女开展以“养殖致富为主”的竞赛活动；1987年3月县妇联下发《关于做好农村妇女实用技术培训工作的意见》，5月份下发《关于在农村妇女中开展振兴“庭院经济”竞赛活动》；1989年5月县妇联与县农牧渔业局、农经委、科协等八家联合下发《关于在全县农村妇女中开展学文化、学技术、比成绩、比贡献竞赛活动的初步意见》，县妇联围绕竞赛活动的开展，组织妇女开展活动。

2、县妇联结合工作实际与有关部门配合组织了有关人员，采取层层举办学习班的方法，四年来举办了各种类型的技术培训班共计207期，受训妇女8909人。其中1986年举办11期，受训妇女127人；1987年举办73期，受训妇女5105人；1988年举办34期，受训妇女1070人；1989年举办89期，受训2607人。并且印发了竞赛条件和技术资料8600份。

3、县妇联围绕发展农村经济，组织了农村妇女参加各种竞赛活动；1986年组织了农村妇女开展以“养殖致富为主的竞赛”活动，参加省竞赛的有57名，有22名妇女被省妇联授予十大养殖能手。参加地区竞赛的有107名，有54名妇女被地区妇联授予养殖致富能手。参加县竞赛的335名，有235名妇女被县妇联授予养殖致富能手，年终被省、地妇联授予“十大养殖能手竞赛先进单位”。1987年5月，县妇联组织农村开展振兴“庭院经济”竞赛活动，并提出“养好一栏猪，建好一个园和棚（果园、香菇、木耳棚）办好一个厂，管好一个塘”的竞赛条件和达标内容，有193名妇女报名参赛，并有68户达标。1988年继续开展“庭院经济”竞赛，在全县推广快速养猪，各级妇女干部亲自送饲料、送药品、送技术上门的服务活动，当年推销养猪用添加剂36400多袋，驱虫精1070支，有效地促进了我县养殖业的发展。1989年开展了以庭院经济为重点的“双学双比”竞赛活动。参赛妇女8162人，新办青年、民兵、妇女之家23所，组织了118名农村妇女上农函大学习。各级妇联都建立了联系点，重点抓了2个乡（镇），12个村和94户重点户。同时县妇联与农牧渔业局为发展我县养鸭业，于9月上旬到大余、扬眉等地引进5000多只杂交鸭供农户饲养，并且传授养殖技术和送饲料到户。9月下旬前往全南、龙南两县就种桑养蚕进行实地情况考察。年终被地区妇联评为“双学双比”竞赛先进协调组织和“庭院经济”竞赛优胜县。其中参赛的横水镇被评为优胜镇，横水镇的麻土村、萝卜巷被评为优胜村，47户参赛户达地区标准，其中5户示范户受地区表彰，2名被评为省“双学双比”先进个人，铅厂乡石罗村妇女之家被地区评为优秀活动阵地。

【“五好家庭”和“三八”红旗手】

1986年县成立了创“五好文明家庭竞赛活动领导小组”，并把这一工作纳入精神文明总体规划，四年来，我县创“五好”活动居全区先进行列，1987年度获全区第三名，全县涌现“五好”家庭6213户，文明家庭1243户，对评出的“五好”文明家庭，进行了造册登记，张榜公开，统一挂牌，分级表彰。1989年创“五好”家庭竞赛活动获省一等奖，省政府发给锦旗一面。

1986～1989年，城乡广大妇女发扬“四自”（自尊、自爱、自重、自强）、“四有”（有理想、有道德、有文化、有纪律）精神，积极投身改革，人人争当先进，四年来全县有325名妇女分别被省、地县妇联授予“三八”红旗手的光荣称号，其中22名妇女被省妇联授予十大养殖能手，54名妇女被地区妇联授予养殖致富能手。

（肖继湖　吴来香）

崇义县工商业联合会

【工商联五届二次全体执行委员会议】

1986年10月16至17日，在县城举行了崇义县工商业联合会第五届二次全体执行委员会议，这是继1965年11月20日举行五届一次全体执委会议之后，中断长达20年之久的一次会议。出席会议的执行委员13人，列席领导共11人。会议主要听取了中共崇义县委副书记韩景昌的重要讲话和工商联副主委罗言清《关于县工商联五届一次会议以来工商联工作情况》的讲话；还听取了唐太龙传达省工商联企业工作会议精神；会上作出了相应的决议。会议讨论研究了县工商联换届选举的准备工作，重新登记老会员与发展新会员的工作。会议号召全体会员和工商界人士要坚持党的四项基本原则，努力学习，积极工作，发挥工商联的优势，为统一祖国、振兴中华和“改革开放、搞活经济”，建设有中国特色的社会主义贡献力量。

会后成立了“崇义县工商联换届筹备工作领导小组”，由刘天福任组长，朱章跃、范迪梁任副组长，共计16人组成筹备小组。下设有办公室。并从政协、经委、工商局、商业局等六个单位抽调了干部15人，负责换届的各项准备工作。

在此期间，发展了新会员193人。其中：企业会员90人、团体会员13人，个人会员84人，特邀会员6人，加上重新登记的老会员，全县共有会员总数292人。

【工商联第六届会员代表大会】

1988年9月18日至20日，在县城举行了崇义县工商业联合会第六届会员代表大会。出席会议的正式代表84人，列席代表28人。大会听取了中共崇义县委副书记刘泰山的重要讲话；听取和审议了第五届工商联副主委乐庸禄的《加强团结、努力工作、充分发挥工商联对内对外民间商会作用，为繁荣崇义经济作出贡献》的工作报告。大会充分发扬民主，以无记名投票的方式，选举产生了崇义县工商联第六届执行委员会。选出：主任委员江兴舟；副主任委员吴隆演、刘志辉、黄名河，常务委员9人。新的执行委员会共有25人。其中：中共党员8人，占32%，非党员17人，占68%；具有大专文化程度的2人，占8%，中专文化程度的10人，占40%，初中10人，占40%，小学3人，占12%；年龄最大的61岁，最小的25岁，平均年龄39.6岁，比上届年龄下降了31.1岁。

为保持工商联的光荣传统和新老交替合作的需要，经大会主席团提议，代表通过，聘请乐庸禄为崇义县工商联第六届执行委员会顾问。

会议结束时，县人大常委会主任罗言清、副县长邓性安分别在会上作了重要讲话，还以大会名义向五届执行委员会的老委员颁发了荣誉证书，赠送纪念品，并发了《致敬信》。

【工商联六届一次全体委员会议】

1988年9月21日，在县城举行了县工商联第六届第一次全体执委会议。出席会议的执行委员19人。中共崇义县委副书记刘泰山、县政协主席黄俊衍，政协副主席、统战部长刘天福等亲临指导，并作了讲话。

会议决定崇义县工商联下设办事机构有：学习、宣传委员会，经济工作委员会、妇女工作委员会。

会议决定，当前主要是着重抓好如下工作：组织和推动会员继续开展生产力标准的学习和讨论；加强组织建设；积极创造条件兴办经济实体；为经济工作服务；加强机关自身建设；号召全体会员积极做好工作，迎接中华全国工商联第六届代表大会的召开。

【工商联六届三次常委（扩大）会议】

1989年7月25日，召开了县工商联六届三次常委扩大会议。出席会议的常委7人，列席会议的执委5人。主要是学习贯彻中共十三届四中全会精神，号召全县广大会员和工商界人士坚决拥护中共中央的英明决策，为制止动乱平息反革命暴乱，稳定全国局势所采取的果断措施，并作出了《关于认真学习，贯彻中共十三届四中全会精神的决议》。号召全体会员紧密团结在以江泽民同志为核心的党中央周围，继续坚持四项基本原则，扎扎实实地做好工作，为繁荣、发展崇义经济作出新的贡献。

【工商联六届二次全体执委会议】

1989年12月28日，在县城举行了县工商联第六届第二次全体执委会议。出席会议的执委16人，中共崇义县委副书记刘泰山、政协主席黄俊衍、政协副主席、统战部长刘天福等领导亲临指导并作了讲话。这次会议主要是：学习中共十三届五中全会精神，听取和审议了主任委员江兴舟代表县工商联常务委员会所作的《县工商联六届一次执委会议以来的工作报告》，和出席赣州地区工商联工作座谈会议精神的传达报告。讨论了今后工作，并作出了工商联当前必须着重抓好如下几项工作的决议：1、认真学习和贯彻中共十二届五中全会精神。积极投身治理整顿、促进改革开放。2、发挥民间对内对外商会作用，热情为会员服务。建立同业工会试点，乡镇政分会的巩固，经济统战工作、人才培训以及发展横向经济联系等。3、加强自身建设、提高办事效率。

【基层组织】

1988～1989年间，县工商联先后在横水镇、过埠镇、古亭镇、扬眉乡、关田乡建立5个工商联分会，龙勾、长龙、铅厂、茶滩、杰坝、金坑、思顺、上堡、麟潭、聂都、丰州、文英、乐洞13乡都成立了会员小组。

【参政议政，为会员服务】

全县有7名工商联会员是县政协委员，基层组织负责人绝大部分参与乡镇政协小组活动，县工商联每年都要配合县政协、县委统战部召开一至两次各界人士座谈会、党外人士座谈会、企业经营者的党外人士座谈会，还参与了对全县企业经营者的考评工作，对完善企业租赁、承包责任制等方面提出了意见。

1986年，协助县政府落实原工商业者有关政策，收回二户扬眉合作商业成员共10人恢复城镇户口。1988年帮助横水酱油厂解决部分食盐供应问题。派员协助关田合作商店清理账目，进一步地增强了会员之间的团结。1989年帮助了麟潭竹地板厂神香骨车间进行生产可行性调查研究，组织会员赴杭州参加华东六省一市工商联举办的商品交易会。还通过《崇义工商信息》为会员提供政策信息，经济信息20多条。

【宣教工作】

县工商联为发展崇义经济、稳定局势，加强了经济统战工作和工商界人士的政治思想教育，坚持贯彻“坚定不移跟党走、尽心竭力为四化”的行动纲领。1989年春夏之交，及时组织了会员学习人民日报社论《旗帜鲜明地反对动乱》，此后又组织会员学习中共十三届四中全会精神，通过学习，使广大会员思想稳定，生产正常。同时组织发行了上级工商联主办的《中华工商时报》、《中国工商》、《江西工商报》，创办了《崇义工商信息》、印发了《中国工商业联合会章程》、《关于新时期工商联基本知识问答》、《关于工商联宣传提纲》等宣传学习材料，对会员开展了广泛的宣传教育。

（肖继明　唐泰龙）

崇义县社会科学学会联合会

【组织建设】

县社会科学学会联合会简称社联，是个群众性的学术团体组织，1986 年 7 月 7 日正式成立。

县社联由 27 个理事组成理事会，9 个常务理事组成常务理事会。黄永发、黄俊衍任名誉主席；饶运庆任主席；黄庆荣、杨源镜任副主席；刘兴无任秘书长；彭庭盛、刘俊芬、郭礼祥任常务理事。除秘书长一人是专职外，其他成员均为兼职。

【学会与会员】

到 1989 年底，县社联所属学会已发展到 20 个（其中有个研究会），共有会员 985 人。各学会是：审计学会、财政学会、新闻学会、计划学会、法学学会、金融学会、会计学会、农经学会、妇女学会、教育学会、哲学学会、文艺学会、商经学会、民政学会、历史学会、方志学会、档案学会、党建学会、统战学会、粮食经济研究会。县教育学会、县统战学会在 1989 年学会评比中，被评为先进学会。

【学术活动】

县社联一成立便创办了《社联通讯》刊物。为更紧密联系实际工作，1989 年初，经县委书记黄先浪提议，改为《崇义论坛》。《崇义论坛》的创办为全县理论和实践工作者提供了发表言论的园地，为县领导研究县情报提供了依据。

1987 年 12 月中旬，在县城举行了一次精神文明建设研讨会，会上收到论文 18 篇。

1988 年 8 月 30 日，在县城与科协联合举办了一次崇义山区农业开发研讨会，会上收到论文 15 篇。

1989 年 9 月 15 日，举办了一次“我为振兴崇义献一计”有奖征文活动。到年底收到应征征文 18 篇，其中有二篇被评为一等奖，五篇被评为二等奖，七篇被评为三等奖。

【学术论文、社科著作】

自县社联成立以来，到 1989 年底，全县广大社会科学工作者，积极开展理论研究和撰写论文活动。四年中，全县理论和实践工作者在省以上报刊共发表论文64篇，其中国家级6篇，省级58篇。(参见《文化篇》作品目录)。

黄诗结编著的《初中语文阅读能力培养》和《初中语文写作能力培养》以及《社交礼仪手册》三本社科读物于1989年6月至9月分别由海南人民出版社，国家文化教育出版社先后出版。

沈世香的论文《浅谈林业的自我循环》分别获1987～1988年赣州地区优秀社会科学论著二等奖和1985～1987年江西省第三次优秀社会科学研究成果论著三等奖。李冠理的论文《通过已知获取未知》获1987～1988年赣州地区优秀社会科学论著三等奖。

(肖继湖　刘兴无)

崇义县文学艺术界联合会

【第二届文联代表大会】

第二届文学艺术界联合会（简称文联）代表大会，1989年5月5日，在县城召开。出席代表60人，列席代表40人。县五套班子部分领导、县各群众团体负责人出席了大会；大余县、南康县文联领导到会指导；县人民政府副县长罗穗安作开幕词；县委书记黄先浪致词；第一届文联主席黄祖汉作《关于第一届文联工作情况报告》，县委宣传部长邹裕民作闭幕词。

会议选举产生了崇义县第二届文联委员会。选出主席刘建华，秘书长张际才，委员14人。

【组织建设】

文联是群众团体，是赣州地区文学艺术界联合委员会的团体会员。

崇义县第一届文联，设原大礼堂，第二届文联迁县委大院与县委宣传部合署办公。

崇义县第二届文联委员会经本届第一次文代会选举产生主席1人，秘书长1人，委员14人。除秘书长1人专职外，其他均为兼职。其委员会由5个协会组成。会员由89人发展到124人。其他加入地区文联各协会的有40人，加入省文联各协会的有5人。各协会配备有理事长、副理事长、理事等兼职干部共28人，办公地点设在理事长所在单位。

【协会活动】

四年来，各协会结合各自不同的特点，都开展了不同内容的活动。

文学协会为多出人才、多出作品，采取定任务、定时间、定辅导的办法、大抓创作，培养人才。举办了学习班、讲座、笔会，共计 24 次，并协助有关单位举办报告会，诗歌朗颂、征文评奖、编辑刊物等活动。通过各种活动，出了一批作品，1986 年有 16 名作者在地区以上报刊发表作品，1989 年增加到 27 名作者。（参见《文化篇》作品目录。）

音舞协会参与了中国民间舞蹈普查民舞集成崇义分卷的编辑工作，创作了《裙子乐》等有一定影响的作品。为使活动正常化，建立了舞厅一个，举办舞蹈学习班 5 次，歌舞晚会 24 次。

戏剧、电影协会，参加了县戏曲普查资料汇编工作，组织创作了《二字之差》小戏曲本，参加地区农民戏剧节剧本调研和调演活动。

美术协会，通过举办各种学习班，创作班和协助有关单位举办展览等活动，壮大了队伍，提高了绘画水平，会员由原来 20 人发展到 42 人，在地以上发表、展出作品者由 3 人增加到 15 人。

摄影协会举办了学习班 3 次，摄影厨、窗宣传 9 期，协助县文化馆举办影展 7 届，协助县委宣传部、县志办、县地名办、县文明委等部门作了大量的图片拍摄工作。

【基层文学社团】

随着文明建设的发展，四年来，县先后成立了一批文学社团，都是自发性的，其规模、机构大小不一，其骨干成员大部分是县文学协会会员。社团活动根据各协会条件，有的定期或不定期集会商讨创作，有的编印刊物（油印），其活动经费自筹，因此大部分文学社团未能巩固，现有茶滩乡文学社、崇义中学文学社、崇义二中文学社、农林技校文学社、崇义三角洲诗社等五个基层社团。其中茶滩文学社活动较正常，油印《茶花》文学期刊 5 期。

（肖继湖　张际才）

崇义县科学技术协会

【科普宣传】

1、编印资料：1986 年 5 月，县科学技术协会（简称“科协”）创办《崇义科普》小报，从 1986 年 6 月至 1987 年 9 月共出版 10 期，印发一万份；编写印发科普资料 114 期，计 3.91 万册（份），其中转发省科协编写的《农村百业科普》65 期，计 1.83 万册。

2、举办讲座：1986～1989 年，县科协以及所属各学会、协会共举办科技讲座 101 次，听众 4690 人次。

3、举办宣传栏：编办科普宣传栏 35 个，出刊 883 期，科普画展 125 次。

4、举办展览：县科协利用“科学技术普及车”在逢墟期间，组织各有关专业学会巡回到全县各乡（镇）集市场所进行宣传。1987年春节期间，举办了“移风易俗，破除封建迷信，勤俭过春节”的电影联展，放科教录像（或电影）724场，观众达43.44万人次。

【科技培训】

1986年9月6日，成立了“崇义县农村科技培训领导小组”，由科协、农牧渔业局、农机局、林业局、乡镇企业局、科委、农工部、妇联、团委等9个部门的负责人组成。制订了“七五”期间农村实用技术培训计划；本着“实际、实用、实效”的原则，采取多层次、多渠道、多种形式地开展了农村实用技术培训工作，举办各种类型的培训班628期（次），培训人数达3.16万人次。技术培训的主要内容有：“快速养猪法”、“木屑袋栽香菇栽培技术”、“活拔鹅鸭毛技术”、“多效唑在农业上的应用”、“水稻高产技术”、水产、畜牧养殖技术，柑桔栽培技术等。为办班提供学习资料，县科协于1988年11月份已购买“实用技术培训教材”20个，专业课本3940本。

1988年4月27日，成立了“中国农函大赣州分校崇义县辅导站”，辅导站制订了教学计划、学生守则和辅导教师职责；各乡镇相继成立农函大辅导班（组）。当年招收学员427名，分别就作物种植、瓜果、蔬菜与食用菌、家禽养殖、养鱼养蜂、企业管理、企业财务会计、食品生产粮食深加工、服装加工、果蔬保鲜与加工、竹木制品加工、建筑施工、建材、兽医、花卉与苗木等19个专业学习，已有294名学员于1989年12月毕业。1989年又招收733名学员分别集中于10个专业学习。

通过学习，大都掌握了一两项实用技术，在生产实践中发挥了较好的作用，其中涌现了一批致富典型。

【学会工作】

1986年4月21日至22日召开了全县科协工作会议。县委、县政府有关领导到会作了讲话，还强调要尽快建立与健全组织机构网络，发挥科技工作者的积极性与创造性。为此，就成立和完善科普协会和县直专业学会的问题进行了专题研究。四年期间，先后新成立了农机、气象、水产、建筑4个学会和畜牧兽医、卫生工作者协会2个以及1个食用菌研究会，古亭镇还成立了1个养鱼研究会。乡镇科普协会设立了兼职主席和副主席。在1985年以前成立的农学、林学、农经、水利水电、畜牧兽医、中华医学、中医等学会，青少年科技辅导员协会等8个学会（协会）均经历了换届选举，产生了新的一届理事会。至1989年底，已建立15个县学会（协会）和研究会，18个乡镇科普协会，1个直辖县科协的研究会。共有学会(协会) 会员1204人，全县已形成了科协网络。

在党的“百花齐放、百家争鸣”的方针指引下，各学会（协会）结合各自不同的工作特点，组织了会员积极撰写理论文章，至1989年底，全县科协会员共撰写出论文475篇。其中在省级专业刊物以上发表或学术会议上进行交流的学术论文48篇，在国家级刊物上发表及国家级、国际会议上交流的各种学术论文计49篇。如会员杨银洲撰写的“楠木林”载入了林业部组织编写的《江西森林》一书；会员钟文英撰写的《48例月经不调（痛经）疗效观察》一文，于1988年10月出席在北京召开的《血瘀症研究国际会议》上进行了交流，并获得证书；会员李鸿林的《中医内科急救主要治法简述》在全国和二届中医学术研讨会上被评为优秀论文。

职称评定，为促进农村各类人才的成长，发挥这支队伍在科技兴农的作用，1988年11月1日，在县政府主管科技领导的主持下，召开了“农民技术人员职称评定与晋升”工作领导小组会议。会议决定分农、林、水电、农机等系列开展农技人员职称评定，并成立了评委会。根据本人申请与组织推荐，经专业考评小组综合考核评议，县评委会审核，县“农民技术人员职称评定和晋升”工作领导小组成员会议审批通过，1989年9月1日，以县政府下文认定了361名农民技术人员的相应职称，其中获得农民技师的35人，助理农民技师的80人，农民技术员的149人，助理农民技术员的97人，并发给了证书。

【科技咨询】

1986年5月，县成立“崇义县科技咨询服务中心”，并制订了《崇义县科技咨询服务中心章程》，中心设在科协，有7个学会相继成立科技咨询服务站。四年进行了有偿和无偿的咨询服务。科协所属学会、协会共进行有偿咨询259项，咨询收入2.75万元，产生直接经济效益239.25万元。其中扬眉乡华坪村10年不挂果的桔园通过农学会组织的技术咨询服务，第一年就收鲜桔1.1万斤；关田乡田心村通过科协搭桥，引进新型制砖机械设备和技术，年产红砖1百万块，年获利4万元。广大科技人员在科技咨询工作中，做到了有问必答无偿的技术服务。

【食用菌工作】

1986年11月，成立“崇义县食用菌生产办公室”，同年12月办公室组成人员赴福建三明、古田、台武等地考察学习，及时写出了“赴闽学习考察食用菌生产情况”进行汇报。1987年初各乡镇相继成立食用菌协调机构。同年7月，县食用菌研究会成立。并积极开展食用菌技术培训和技术服务，编写《崇义县周年栽培食用菌工作历》和《室外木屑香菇栽培技术》，各印发1000份册；1988年5月，制定了《崇义县食用菌菌种管理办法》（试行）；四年共编写印发技术资料11期，办长短培训班14次，学习人数达749人次，培养出140多名能制菌种一般技术的专业户。

从1986年10月至1989年6月，全县共生产木屑袋栽香菇223.38万筒，产值达328.49万元。获利156.49万元。1988年3月，在县科技表彰大会上“木屑袋栽香菇新技术的普及推广”获科技成果推广三等奖。获1987～1988年度地区科委组织的“星火杯”竞赛第三名，1988～1989年度第一名。

（肖继湖　谢宝龙）

崇义县归侨侨眷联合会

崇义县侨联于1987年3月20日至21日在县城召开第二届侨联代表会。出席这次大会的归侨、侨眷代表共31人。代表会的主要任务是：听取和审议县侨联第一届委员会的工作报告；选举产生第二届侨联委员会；审议县华侨企业公司的经营管理和财务收支情况。会议通过了《工作报告的决议》和给全县归侨、侨眷和港澳同胞的《倡议书》。选举产生了李冠理为主席、蔡庄妹、喻俊华为副主席等7名委员组成的第二届侨联委员会。

四年来，县侨联加强了对华侨企业公司的经营管理，公司为国家缴纳税金3.43万元，实现利润3.71万元。4年侨汇款9.93万元。

（吴益炎　陈虞璐）

法　制

FA　ZHI

县政法领导小组工作

【贯彻落实政法工作的方针政策】

1986年至1988年10月设县委政法委员会，1988年11月改为县委政法领导小组，下设办公室，负责处理日常工作，其人员享受公安待遇。它是县委领导政法工作的参谋和助手，受县委和上级政法领导机关的双重领导。抓好贯彻落实政法工作的方针政策和国家法律，适时研究政法工作，是县委政法领导小组重要职责，几年来先后召开了各种会议，研究部署政法工作。1986年4月18日召开了全县政法工作会议，传达贯彻了全省政法工作会议精神。同年7月7日召开了全县政法工作电话会，总结“严打”第三战役第一仗的工作情况和第二仗的工作部署。同年12月26日召开了全县社会治安综合治理经验交流会，传达全省社会治安综合治理经验交流会精神，提出了贯彻会议精神的工作意见。1987年8月4日召开了全县严厉打击严重刑事犯罪活动的先进集体、先进个人表彰大会，表彰了一批先进集体和个人。同年10月15日召开了全县内部单位安全保卫工作会议，传达贯彻了全国内部单位安全保卫责任制经验交流会精神。1988年6月4日召开了政法各部门及工商等单位联席会。同年11月19日，发出了“开展向全国模范检察长彭良三同志学习”的号召。1989年3月22日，召开了全县政法工作会议。传达了全省政法工作会议精神，部署了当前政法工作。通过传达贯彻政法工作的方针政策和上级的指示精神、根据全县社会治安的不同特点，及时研究政法工作，采取有效的对策和措施，充分发挥了政法部门保护人民、打击敌人，惩治犯罪，服务四化的职能作用。

【组织“严打”第三战役】

遵照中央关于严厉打击严重刑事犯罪活动的指示，全县继“严打”斗争第一、第二战役之后，1986年又继续组织第三战役，1987年2月底结束，沉重打击犯罪分子的嚣张气焰，增强了人民群众的安全感，对横行城乡作恶多端、拦路抢劫、强奸、行凶杀人、结成团伙、流氓斗欧、伤害无辜、贪污、盗窃、投机诈骗的犯罪分子予以坚决打击。收捕各类刑事犯罪分子139名（其中逮捕58名），摧毁各类团伙4个，团伙成员18名，判决102名。破获反革命挂钩信件案2起，刑事案件48起，其中重大案件14起，缴获炸药712公斤，雷管28.95万只，赃款及赃物折款

1.3 万余元，同时，还协助外省抓获 8 名罪犯。

查处各类经济案件 20 件 28 人，逮捕经济犯罪 7 名，挽回经济损失 11.2 万元。

【集中统一行动，开展专项斗争】

“严打”战役后，针对社会治安的具体情况，不断改进斗争方法，政法各部门紧密配合协同作战，在广大人民群众的大力支持下，先后在县境公路沿线、城乡开展了以反盗窃为主要内容的专项斗争；在滥伐盗伐较严重的地区开展以打击破坏森林犯罪分子为主要内容的专项斗争；开展了打击杀人，抢劫、诈骗、黄金走私、赌博为主要内容的专项斗争。特别是 1989 年针对社会治安的严峻局面，遵照上级统一部署，在县委政法领导小组的直接指挥下，于 5 月、6 月、7 月、10 月分别开展了 4 次打击抢劫、盗窃和流窜犯罪为主要内容的统一行动和一次以大案为主攻目标的侦破战役。在专项斗争期间，抓获各类人犯 187 人，其中逮捕 47 人，治安处罚 129 人，送劳教 2 人，作其他处理 9 人。破获各类隐、积案件 280 起，摧毁各种违法犯罪集团 29 个，涉及成员 253 人。缴获自制火药手枪 1 支、麻醉药液手枪 1 支、雷管 120 枚、炸药 17 公斤、伪造美钞 67 张（6700）美元、假金菩萨 7 尊、假金条 1 根、假银元 159 只、反动空飘传单 18 张、黄金 4 克、其它赃款赃物折款 3 万余元。通过专项斗争，有力地打击了各种违法犯罪分子的嚣张气焰，为国家、集体挽回了经济损失，保护了公民的合法权益，维护了城乡社会治安的持续稳定。

【贯彻两高“通告”】

1989 年 8 月 15 日最高人民法院，最高人民检察院关于贪污、受贿、投机倒把等犯罪分子，必须在限期内自首坦白通告发出后，县委政法领导小组研究了贯彻两院《通告》的意见和部署，召开了县直单位、厂、场、矿、公司干部职工学习贯彻《通告》的动员大会，印发《通告》250 份，深入城乡大力宣传《通告》精神，敦促犯罪分子在 1989 年 10 月 31 日前走投案自首、坦白交待之路。在《通告》规定限期内投案自首的有 7 人，其中处级干部 1 人，股级干部 3 人，一般干部 3 人，交待犯罪金额和退出赃款及赃物折款 1.58 万元。根据《通告》精神对投案自首人员进行了政策兑现，从宽处理，免诉 1 人，其它处理 6 人，如七一九矿副矿长收受李洪水现金 500 元，手表、金戒指等共计 1630.41 元，投案自首积极退赃、被免诉处理。县药材公司业务股长，在业务交往中收受贿赂坦白交待，退出赃款 6425 元。

【协调政法部门工作】

协调政法各部门的工作，解决相互之间的分工和合作，讨论研究重大疑难问题，是县委政法领导小组的职责之一。四年来，对重大疑难案件，影响大、定性一时拿不准或存在定性量性认定的事实有分岐，意见不一致时，及时进行协调研究，统一各家的认识，按照办案程序，各伺其职、依法办案。如1988年上半年，龙勾乡黄金生产走私严重，对此，县政法领导小组召开了政法各部门以及工商等单位负责人联席会议，讨论研究了打击黄金走私问题，抽调公、检、法、司、工商等部门人员，组成工作组，查处了一批走私案，协助乡村搞好黄金生产管理，在查处高坌林场领导集体贪污案，麟潭乡华山村乱砍滥伐森林案，县委政法领导小组领导带领有关部门办案人员，排除阻力，顶住压力，破关系网，深入群众调查取证，及时查明犯罪事实，正确运用法律，惩罚犯罪分子。

【加强政法队伍建设】

政法部门是人民民主专政的工具。在新的历史时期搞好政法部门的队伍建设、提高干警的政治素质、业务素质和文化、理论水平，教育干警，树立远大理想，全心全意为人民服务做一个忠实于社会主义，忠实于法律，忠实于事实真象的执法者、显得尤为重要。

1、加强理想、纪律和职业道德教育，向全体政法干警提出“四个做到”和“七个不准的要求”。做到廉洁奉公、秉公执法、忠实积极、文明礼貌。不准打骂群众，不准白吃白拿，不准酗酒、不准调戏妇女、不准滥用警械刑具，不准刑讯逼供、不准徇私枉法。增强群众观念、民主观念和法制观念，树立高尚的职业道德。

2、坚持从严治警，抓好廉政建设。县委政法领导小组制订了廉政建设十条规定：(1) 加强对党员、干部的党风党纪教育，树立以廉为荣，以贪为耻，树立战胜腐败的信心和勇气，提高同腐败现象作斗争的自觉性。(2) 全心全意为人民服务，当好公仆，清正廉明。(3) 不白吃白拿、贪污受贿、弄权勒索、以权谋私、弁取不正当收入。(4) 不用公款请客送礼、滥发钱物，不借出差、开会参观学习等名义用公款绕道旅游。(5) 在招工、招干、招生等问题上不利用职权为亲属谋求特殊照顾。(6) 不侵占国家、集体和群众利益营造私房。(7) 忠于职守，不泄露机密。(8) 艰苦朴素，勤俭节约，严格按规定开支经费，不搞攀比。(9) 深入调查研究，讲究实效，虚心倾听群众意见，自觉接受群众监督。(10) 言行文明，举止大方、热情待人，办事认真。公、检、法、司各部门分别制订了做好廉政工作的措施和各项制度。要求干警过好情、钱、法三关、做到请客不到、送礼不收、说情不依、一身正气，两袖清风，依法办案。1989年干警拒收礼物60人次，折款3400余元，拒吃请332人次、拒说情180人次。县公安局领导主动退回民工送给的1000元现金。县人民法院干部大义灭亲，协助公安机关抓获包括其弟弟在内的抢劫案犯等等，体现了政法干警良好风貌。

3、鼓励干警认真学习，提高文化和业务水平。为了使干警更好地学习，掌握法律知识，订购了《江西省政法干警法律常识问答题》一书，全体干警人手一册、并采取多种渠道培训干部，如读电大、法律业余大学、函大、成人自学考试，脱产、半脱产短期学习等多种方式，培养了一批政法干部。

（肖贤能 钟冠群）

公 安

【加强隐蔽战线斗争】

实行改革开放，在引进外国的先进管理方式和科学技术、促进我国的经济建设中，期间有敌视我国社会主义制度的反动分子，乘改革开放之机、派遣特务、间谍，不择手段地进行反革命破坏和捣乱，国内一些敌视社会主义制度的反革命分子也窥视时机，以求一逞。对此，县公安机关保持了高度警惕，在隐蔽战线斗争方面做了大量工作。

1986年，县公安机关及时破获了2起反革命挂勾信案件。

1987年，及时查清了1起政治案件。

1989年6月初，首都北京发生反革命暴乱期间，崇义境内有极少数不稳定分子蠢蠢欲动、图谋不轨。平息暴乱以后，县公安机关遵照上级部署，对制造动乱、参与暴乱的反革命分子进行了彻底清查，这一年查清了政治案件5起。

【强化侦察破案，打击现行犯罪活动】

1986年至1989年，县公安局继续贯彻"严打"方针，运用"严打"斗争的成功经验，强化侦察破案，及时打击现行，破获了一批刑事案件，打击了犯罪分子的嚣张气焰。四年中，全县共破获各类刑事案件190起，其中破获重大刑事案件72起。

在严厉打击刑事犯罪活动的斗争中，公安机关始终坚持把侦破大案要案放在首位，取得了工作主动权。1988年9月19日晚，杰坝乡供销社长潭代销店发生一起重大抢劫杀人案，案发后，局领导率领干警迅速赶赴现场，亲自参与和指挥该案的破案工作，经过深入调查，较快地查清了案情，仅用了10天时间，两赴遂川、将杀人犯黄建华，骆耀生抓获归案。1989年10月11日国营县农机公司配件门市部被犯罪分子撬门入室，盗窃财物价值8800余元，县公安局接到报案后，立即组织力量侦破，经过一个月的侦查，于11月中旬破获了这一重大盗窃案件，缴获了全部赃物，使国家财产免遭了重大损失。

崇义县1986~1989年刑事案件发破情况表

表1 单位:起

年度	案件	杀人	抢劫	强奸	盗窃	其他	合计
1986	发案	1		5	38	9	53
	破案	1		5	33	9	48
1987	发案	1	1	6	30	2	40
	破案		1	6	27	2	36
1988	发案	3	1	5	40	4	53
	破案	3		4	35	4	46
1989	发案	3	5	6	48	5	67
	破案	2	5	6	42	5	60
合计	发案	8	7	22	156	20	213
	破案	6	6	21	137	20	190

【治安管理】

治安管理工作，涉及面广，工作量大，为了适应改革开放的新形势，维护好城乡社会治安秩序，公安机关贯彻“党委领导，依靠群众，预防为主，管理从严，及时打击，保障安全”的方针和“谁主管，谁负责”的原则，切实加强治安管理工作。

1986~1989年，全县共查处各类治安案件592起，治安处罚1244人，其中行政拘留407人，罚款756人，警告79人，经上级批准，送劳动教养2人。

四年中，认真执行《户口登记条例》，进一步健全了户口管理工作制度，在农村继续实行常住人口的出生、死亡、迁入、迁出等四项变化登记；在城镇实行常住、暂住、出生、死亡、迁入、迁出、变更正等7项登记。每年会同县统计局进行一次人口统计，及时掌握和了解全县人口的变化情况，为上级有关部门提供准确的人口资料。在管好常住人口的同时，加强了对外来人口的管理，进行清理和造册登记。1989年下半年开始，对外来人口的管理工作以派出所为主，对辖区内的外来人口进行全面登记发证，到年底已登记发证7664人，这对及时掌握外来人员情况，维护社会治安起到了积极作用。

四年中，加强了全县的特种行业管理，枪支弹药管理，易燃易爆物品管理，公共秩序管理和重大节庆活动的安全保卫工作。每年都坚持不定期地开展各项大检查，发现问题，及时督促整改，并发出“整改通知书”，从而减少了灾害事故的发生。1986 年针对特种行业管理中存在的问题，对全县的旅馆业、收购业和刻字业进行了清理整顿，全县共清理整顿了 111 个特业（旅馆业 84 个、收购废旧金属业 26 个、刻字业 2 个），其中：国营 24 个、集体 57 个、个体 36 个。通过整顿，健全了各项规章制度和安全防范措施。在严格对民用爆炸物品管理方面，1989 年，县公安局抽调 4 名干警，组成专门检查组，从 4 月份开始，对全县 151 个经营、使用爆炸物品的单位进行了全面认真地检查、整顿，查出不合规定的经营、使用点 20 个，均及时发出限期整顿通知书，确保了安全。

四年中，加强了对违法青少年和“两劳”回籍人员的帮教工作，健全了帮教小组，落实了帮教措施，收到了较好的社会效果。

崇义县 1986～1989 年查处治安案件情况表

表 2　　　　单位:起

案件性质 \ 年度	扰乱公共秩序	调戏侮辱妇女	流氓奸宿	欧打伤害他人	偷窃财物	诈骗财物	哄抢财物	毁坏公私财物	赌博	卖淫奸宿	违反危险物品管理	违反户口管理	妨害公务	抢夺财物	违反枪支刀具管理	其他	合计
1986	5	2		23	24	8		1	3	1	4	1	1	1	1	17	92
1987	4	2	5	19	36	3			5	1			4		1	4	84
1988	5	5	9	29	83	6	2	6	18	1	3	1	7	2		8	185
1989	4	4	23	30	112	15		8	12	5	1		4	2	1	10	231
合计	18	13	37	101	255	32	2	15	38	8	8	2	16	5	3	39	592

【经济文化保卫工作】

1986～1989 年，县公安机关认真贯彻“预防为主，确保重点，打击敌人，保障安全”的方针和落实省政府 [1986] 84 号关于《江西省机关、团体、企业、事业单位实行安全保卫工作责任制的规定》文件精神，结合本县的实际情况，切实加强了经济文化的安全保卫工作。

1988 年，向全县各部门、各单位下发了《崇义县机关、团体、企业、事业单位实行安全保卫工作责任制的规定》的文件，建立和健全了内部单位的安全保卫责任制。据 1989 年底统计，全县内部单位 194 个当中有 188 个实行了治安保卫责任制，占 91.7%，其中：采取逐级承包的有 96 个，单项承包的 42 个，百分计奖的 32 个，其他形式的 18 个，当年在实行治安保卫责任制过程中，有 9 人受奖励，10 人受处罚，由于责任制不断完善，1989 年有 177 个内部单位没有发生刑事案件。

四年中，县公安机关配合文化、工商、广播电视等部门，每年都进行了不定期地清理、整顿文化市场，并在全县多次开展了查禁取缔淫秽录像、淫秽物品的统一行动，打击走私、贩卖、制作、传播淫秽物品的犯罪活动。1989 年 11 月开始，县公安机关全体干警积极投入了扫除“六害”（卖淫嫖娼、制作贩卖传播淫秽物品、拐卖妇女儿童、私种、吸食、贩运毒品、聚众赌博、利用封建迷信骗财害人）的斗争。

四年中，加强了以金融系统为重点的要害部位的防范，全县有要害部位 54 个，全部落实了安全保卫措施，建立要害档案 53 个，重点加强了邮电报务、油库、商、粮、金库等要害部位的安全防范的业务指导，一些厂、矿、学校还建立了护厂队、护矿队、护校队，1989 年底统计，这类巡逻组织 12 个，有成员 98 人，开展巡逻执勤，预防犯罪。

【林区治安】

崇义是全省重点林业县，加强林业治安工作十分重要，1986 年县公安局设有林业治安科和过埠、古亭 2 个森林派出所，共有林业干警 13 名。1988 年 5 月，设立林业公安分局（原林业治安科同时撤销），并增设横水、长龙、龙峰、聂都 4 个森林派出所。

四年中，为维护林区社会治安和生产秩序，保护和合理利用森林资源，认真贯彻执行《森林法》，经常开展维护林区社会治安的宣传教育工作，不断健全完善各项安全防范措施，适时地组织开展打击破坏森林犯罪活动的专项斗争，及时地查处森林案件，惩处了一批破坏森林、扰乱治安的违法犯罪分子。1986～1989 年共查处森林案件 207 起，处罚 904 人，其中：依法逮捕 16 人，治安拘留 147 人，治安罚款 180 人，警告 36 人，其他处罚 90 人，行政罚款 439 人，收缴木材 1479.3 立方米，责令赔偿损失 1.54 万元，追缴赃款合计人民币 19.12 万元。

崇义县 1986～1989 年林业案件查处情况表

表 3　　　　单位:起

案件 年度	盗伐	滥伐	盗窃木材	伪造倒卖林业票证	投机倒把	殴打护林员	故意毁坏苗木	森林火灾	行贿受贿	无证运输	非法出售木材	非法收购木材	其他	合计
1986	32	4	2							13	6	11	24	92
1987	15	8	3	2	13	8	2	8					6	65
1988	18	12	1	5	28	2		2	2	2			19	91
1989	12	6	3	3	7	5		3		4			16	59
合计	77	30	9	10	48	15	2	13	2	19	6	11	65	307

【交通安全管理】

始终坚持“安全第一，预防为主，综合治理”的方针，强化交通安全管理，努力减少事故损失，采取了一系列措施：一是大张旗鼓宣传《道路交通管理条例》，增强广大群众和驾驶员维护交通安全的法制意识，提高自觉性；二是严格进行路检路查，发现问题及时处理；三是积极举办驾驶员培训班，提高驾驶员的政治、业务素质；四是遵照上级部署，积极投入“百日交通安全活动”。四年中，长期坚持不间断地进行路检路查，排除路障，消除事故隐患，及时纠正违章，查处交通肇事，1988年，崇义县在“百日交通安全活动”评比中获全区第一名，被省公安厅授予“百日交通安全活动优胜单位”光荣称号。1989年已取得了交通肇事事故起数、死人、伤人、直接经济损失四大指标全面下降的实绩，全县交通秩序出现了稳定好转的新局面。

崇义县1986～1989年交通事故情况表

表4

年 度	事故起数	死 人	伤 人	直接经济损失(元)
1986	10	1	8	3180
1987	22	3	21	10800
1988	27	8	22	17001
1989	24	4	8	9600
合计	83	16	59	40581

【狱政管理】

1986年开始，狱政管理工作实行目标管理，不断健全和完善了各项规章制度，强化了制度管理。

人犯入监时，首先，进行严格的监规教育，学习监内必须遵守的监规和注意事项。同时，切实把好“收审关”、“提审关”、“看病关”、“押解关”、“通信接见关”。为了加强对人犯的监督和教育，看守干警坚持24个小时值班制度，并经常请公、检、法部门领导对在押人犯进行法制、政策、形势教育和前途教育。

在管理人犯方面，实行革命人道主义，在严格依法办事的前提下，实行文明治监，用事实教育，感化人犯，及时掌握人犯的思想动态，针对性地进行思想教育。为了把文明管理措施落到实处，在监内开展了“文明监室”、“遵规服法积极分子”评比活动，做好教育转化工作。四年中，狱政管理工作由于实行依法管理、严格管理、科学管理、文明管理，使人犯能遵守监规，接受处理，确保了监所安全。1989

年县看守所，已经实现连续18年无人犯越狱、逃跑、行凶、自杀、暴监和非正常死亡等事故，名列全省同行之首。

【消防工作】

1989年县消防中队有干警25人，有义务消防队51个、成员408人。现有消防设备有水灌消防车1辆，指挥车1辆、卡车1辆。其主要职责是负责消防监督和平时的战备、执勤、救灾抢险等。

四年中，认真贯彻执行“预防为主、防消结合”的安全防火工作方针，积极开展消防宣传和消防监督工作。重点加强了对城镇的消防监督工作。1988年，全县25个消防重点单位，全面健全了防火制度，落实了安全措施，这一年，有10个新建工程，都严格按照建筑物防火安全落实了措施，对3个新建工程未按规定办理的，进行了行政处罚，并协助落实了防范措施，收到了良好效果。

崇义县1986～1989年火灾情况表

表5

年 度	起 数	死 人	伤 人	造成经济损失(元)
1986	1			4000
1987	1			2000
1988	3	1		3000
1989	5		1	5000
合计	10	1	1	14000

【颁发居民身份证】

实行居民身份证制度，是我国人民政治生活中的一件大事，是国家为实现社会秩序长治久安的一项巨大工程。

1987年10月至1988年6月，按照《崇义县颁发居民身份证试点工作方案》的要求，在横水镇进行了发证试点工作，历时8个月，横水镇9642名居民领取了《居民身份证》，胜利结束了试点工作。

1988年下半年开始，发证工作在全县铺开，由于各级党委领导的高度重视，通过广泛、深入的宣传发动工作，得到了广大公民的热情支持和密切配合，使发证工作有了扎实的群众基础。为了按时保质完成全县的发证任务，建立了一支由80人组成的发证工作队伍，通过业务培训，建立了“层层承包，责任到人，有奖有罚”的工作责任制。到12月底，全县已填写《常表》的有14.08万人，照相8.69万人，完成了古亭、关田2个乡镇的基础制证任务，横水、铅厂、丰州、茶滩等乡和国营七一九矿进入了编码阶段。1989年10月，全县已完成了填写《常表》任务，总人数计17.96万人，已照相人数12.90万人，到12月底，全县已领取居民身份证总人数达11.95万人，占应发证人数的92.65%，胜利完成了发证工作任务。

（肖贤能　邱庆伟）

检　察

【刑事检察】

刑事检察是检察机关实行侦查监督和审判监督的职能部门。审查公安机关提请批捕和移送起诉案件，是打击敌人、惩罚犯罪，保护人民、维护社会治安的主要手段和有力武器。1986～1989年共受理公安机关提请批捕的刑事案犯316人，经审查批准逮捕280人，不批捕36人，批准逮捕人犯中，杀人4人，抢劫2人，强奸21人，诈骗13人，盗窃208人，其他32人。受理公安机关移送起诉212件346人，经审查起诉的209件318人，免予起诉2件19人，不起诉4人，退补2件5人。起诉案件中：杀人3件4人，抢劫2件2人，强奸22件22人，诈骗11件13人，盗窃142件236人，其他29件41人。

【经济检察】

经济检察是检察机关查处经济领域中经济犯罪活动的职能部门，是检察机关重建后新设立的职能机构，在依法“从重从快”严厉打击严重刑事犯罪的同时，把打击严重经济犯罪作为主要任务，是检察机关保障改革开放的顺利进行，贯彻治理经济环境，整顿经济秩序，促进党政机关廉洁的重要措施。四年来共受理各类经济案件97件，经审查立案52件。其中万元以上（大案）9件，副县级以上（要案）3件，挽回经济损失59.99万元，起诉32件，免诉22件。

崇义县 1986～1989 年各类经济案件一览表

表 1

年度	受案	立案	其中				大案	要案	挽回损失	起诉	免诉
			贪污	贿赂	偷抗税	挪用公款					
1986	19	15	7	7	1		2		11.27 万元	12	7
1987	17	12	8	2	2		2		4.32 万元	5	5
1988	15	8	2	1	4	1			3.83 万元	4	1
1989	46	17	6	8	1	2	5	3	40.57 万元	11	9
合计	97	52	23	18	8	3	9	3	59.99 万元	32	22

【法纪检察】

法纪检察是人民检察机关的一项重要工作，它主要是依法查处“侵权”犯罪和渎职犯罪案件，保障公民人身权利和民主权利，保障正常的工作秩序和生产秩序，促进为政清廉，推进民主政治。四年来，共受理各类法纪案件 26 件，经审查立案 6 件，起诉 4 件，免诉 2 件。

崇义县 1986～1989 年各类法纪案件一览表

表 2

年　度	受　案	立　案	其中				起　诉	免　诉
			非法拘禁	玩忽职守	重大责任事故	重婚		
1986	9							
1987	5	2	1	1			2	
1988	4	2			1	1	1	1
1989	8	2	1			1	1	1
合计	26	6	2	1	1	2	4	2

【监所检察】

监所检察是对监狱、看守所、劳动改造机关执行政策、法律的情况进行检察，保障政策法律的正确实施，保障依法拘押人犯，准确、及时地惩罚犯罪分子，保障侦查、审判工作的顺利进行，四年来，看守所共收押人犯 447 人，拘役所收押人犯 116 人。

监所检察主要做好两方面的工作：1、开展政治攻势，深挖余罪，严厉打击“牢头、狱霸”，配合看守所找人犯谈话321人次，上法制课13次，政法四家领导给人犯训话19次，教育人犯坦白交待，认罪服法，接受教育，弃旧图新，争取从宽处理，共揭发检举犯罪线索25条。2、坚持驻所检察，全面开展监所检察业务，坚持开展创文明监室和遵规服法活动，坚持一月一初评，二月一总评的制度，共评出文明监室21个，遵规服法积极分子107人，并做好监室安全防范工作，进行安全防范大检查32次，查出不安全因素17起，违禁物品9件，提出纠正意见13条，杜绝了非正常事故的发生。

【控告申诉检察】

控告申诉检察历来是由办公室兼管，1986年下半年配备了专职干部，成立了控告申诉科，四年来，在平反冤、假、错案，查办控告申诉案件参与社会治安综合治理，防止矛盾激化等方面，做了大量工作，通过受理公民的控告申诉，为严厉打击严重刑事犯罪和严重经济犯罪活动，提供了大批案件线索，四年来，共受理来信来访328件，其中来信280件，来访48人次，转检察院科室和自行查办的173件，转有关单位处理129件，存查26件，复查刑事案件26件，经济申诉案件13件，法纪案件1件，监所申诉案件1件，复查控告申诉信件76件。

崇义县1986～1989年受理各类控告申诉案件一览表

表3

年度	受理	其中		自查	转有关单位	存查
		来信	来访			
1986	83	73	10	41	42	
1987	76	66	10	46	30	
1988	54	38	16	29	15	10
1989	115	103	12	57	42	16
合计	328	280	48	173	129	26

【复查历史老案】

遵照最高人民检察院的指示精神，对“文革”前处理的免予起诉案件和不服法院在“文革”前判决的再申诉案件，院党组作了专题研究和具体安排，成立了领导小组，抽调了具有一定法律水平，有办案经验的老同志组成复查历史老案小组，经过3个多月的努力，共查阅各种档案和报表1000余卷，复查历史老案8件，对“文革”前处理的免予起诉案件4件，依照法律规定和办案程序，都已撤销原免予起诉决定，不服法院“文革”前判决的再申诉案件4件，通过复查，建议法院维护原判的2件，撤销原判2件。

【加强档案建设】

为了加强档案建设，在干警住房紧缺的情况下档案库房由原来12平方米增加24平方米，由原来20个木质档案箱增加6套30个铁质档案柜，200个档案盒。四年来，收集诉讼案件卷收档259卷，文书材料档案53卷，会计档案47册。

院领导更迭一览表

表4

姓 名	性 别	籍 贯	职 务	任 职 时 间
彭良三	男	南康	检 察 长	1986.1～1989.12
张继忠	男	崇义	副检察长	1986.1～1989.12
朱定权	男	上犹	副检察长	1987.3～1989.12
林广椿	男	崇义	调 研 员	1986.1～1989.12

（肖贤能　杨源泉）

审 判

【刑事审判】

刑事审判工作是保证准确、及时地查明犯罪事实，正确运用法律，惩罚犯罪分子，维护社会主义法制，保护公民的人身权利、民主权利和其他权利，保障社会主义革命和建设事业的顺利进行。1986～1989年，共受理各类刑事案件234件369人，已审结案件234件、269人，案件审结率达100%，1986年比1985年案件数上升7.45%，罪犯数上升55%；1987年比1986年案件数下降12.90%，罪犯数上升32.7%；1988年比1987年案件数下降7.7%，罪犯数上升28.8%；1989年比1988年案件数上升56.2%，罪犯数上升41.2%。四年来已审结的案件中，盗窃案

127 件 226 人；贪污案 21 件 32 人；抢劫案 4 件 7 人；奸淫幼女案 12 件 12 人；强奸案 16 件 16 人，诈骗案 15 件 18 人；盗伐森林案 5 件 8 人；危害公共安全案 2 件 3 人；投机倒把案 4 件 8 人；偷税漏税案 2 件 2 人；放火案 1 件 1 人；干涉他人婚姻自由案 1 件 4 人；伤害案 2 件 2 人；侮辱诽谤案 1 件 1 人；重婚案 2 件 4 人；受贿案 7 件 7 人，其他案 12 件 18 人。

【刑事复查】

为了更有力地准确地打击犯罪分子，不冤枉无罪的人，从 1986 年 4 月始，复查并处理了大量的刑事申诉案件。

1986 年，复查案件 93 件 94 人，其中：申诉的 59 件 59 人，自查的 42 件 43 人。已复查结案 78 件 79 人。其中：维持原判 41 件 41 人；减轻刑罚 1 件 2 人；免予刑罚 6 件 6 人；改判无罪 28 件 28 人；其他处理 2 件 2 人。

1987 年，复查案件 41 件 47 人。复查结案 40 件 46 人。其中：维持原判 5 件 5 人；其他处理 4 件 8 人，改判无罪 31 件 33 人。

1988 年，复查案件 15 件 15 人，复查结案 15 件 15 人，其中：维持原判 8 件 8 人，减轻刑罚 2 件 2 人，改判无罪 5 件 5 人。

1989 年，复查案件 6 件 9 人，复查结案 3 件 5 人，改判无罪 2 件 4 人，免予刑罚 1 件 1 人。

【民事审判】

1986～1989 年，共受理各类民事案件 848 件，已审结案件 834 件。1986 年比 1985 年案件数上升 7%，1987 年比 1986 年案件数上升 7.5%，1988 年比 1987 年案件数下降 22.67%，1989 年比 1988 年案件数上升 187.9%。四年来，已审结的案件中，离婚 130 件；婚姻纠纷 1 件；收养关系 4 件；房屋纠纷 50 件；财物纠纷 4 件；宅基地纠纷 10 件；债务 327 件；赔偿 89 件；继承 5 件；森林纠纷 9 件；土地纠纷 12 件；赡养 6 件；借贷 124 件；买卖 6 件；承包加工 1 件；劳动报酬 5 件；其它 51 件。(附表)

崇义县 1986～1989 年审理各类民事案件一览表

表 1

年 度		1986	1987	1988	1989	合计
受理案件	旧存	17	22	9	14	
	新收	160	172	133	383	848
已审结案件	小计	143	168	145	378	834
其中:	离婚	23	40	24	43	130
	婚姻纠纷	1				1
	收养关系	2	1	1		4
	房屋纠纷	20	10	9	11	50
	财物纠纷			1	3	4
	宅基地纠纷	4	4		2	10
	债务纠纷	51	69	49	158	327
	赔偿	25	20	23	21	89
	继承	1	1	2	1	5
	森林纠纷		5	3	1	9
	土地纠纷	7	1	3	1	12
	赡养		2	1	3	6
	借贷		1	10	113	124
	买卖	2	1	2		5
	承包加工		1			1
	劳动报酬		1	1	3	5
	其它	7	11	16	17	51

注：1985 年旧存案件移 1986 年审理，以后类推，不能合计。

【经济审判】

经济审判，是依法审判法人与法人、法人与自然人，自然人与自然人的经济合同纠纷和其他经济纠纷。1986～1989 年，其受理各类经济合同案件 321 件，已审结案件 314 件，诉讼标总金额 318.30 万元。1986 年比 1985 年案件数上升 42.8%，1987 年比 1986 年案件数下降 27.7%，1988 年比 1987 年案件数上升 77.7%，1989 年比 1988 年案件数上升 388.63%。四年来，已审结的案件中：购销合同 90 件；建设工程承包合同 7 件；加工承揽合同 1 件；联营合同 3 件；财产租

贷合同10件；借款合同131件；技术合同1件；其他71件（附表）

崇义县1986～1989年审理各类经济合同案件一览表

表2

年度	处理案件		其中：已审结案件									
	旧存	新收	小计	购销合同	建设承包	加工承揽	财产租赁	借款合同	技术合同	联营合同	其它	诉讼标总金额
1986	3	36	36	31	1	1			1		2	49.95万元
1987	8	26	31	28	1						2	74.32万元
1988	3	44	44	14			7	17			6	58.21万元
1989	3	215	203	17	5		3	114		3	61	135.82万元
合计		321	314	90	7	1	10	131	1	3	71	318.30万元

注：1985年旧存案件移1986年审理，以后类推，旧存数不能合计。

【行政审判】

行政审判工作，是依法保护公民、法人和其他组织的合法权益，维护权力的正当行使，并且对行政权力的行使进行有效的监督和制约同时保障及时准确地审理行政案件。行政审判庭是1988年7月21日成立的。1989年共收诉讼状8份，经审查不属行政案件，不予受理。

《行政诉讼法》公布后，组织干警学习《行政诉讼法》，在全县范围内举行广播讲座，大力宣传《行政诉讼法》，为1990年10月1日《行政诉讼法》的施行打下了基础。

【森林法庭工作】

森林法庭工作，是依法调处有关山林纠纷案件，维护国家、集体、个人三者的合法权益；惩罚乱砍滥伐、破坏森林资源的犯罪分子；协助林业部门落实林业政策。1986年受理山林权纠纷案件4件，审结案件4件，争议标的总额2.50万元。1987年受理山林权纠纷案件4件，审结案件4件，争议标的总额2.5万元。1988年受理山林权纠纷案件3件，审结案件3件，争议标的总额2万元。1989年受理山林权纠纷案件9件，审结案件9件，争议标的总额3万元。

【执行工作】

执行工作，是刑事、民事诉讼程序的有机组成部份，是保证人民法院发生法律效力的判决、裁定、调解、协议，以及法律规定由人民法院执行的法律文书得以实现的一个重要环节。执行庭是1988年7月21日成立的，执行工作由民事审判庭干警兼职。1989年开始受理各类执行案件103件，执行标的总额47.43万元。这些案件中，全部执行的有34件，部份执行的有22件，占受理案件数54.3%，完成执行标的金额9.56万元。

【法医】

严肃的法医工作，为刑事、民事案件的审理提供了科学的依据。使案件能得到正确的处理。1986年开展法医检验19人次，参加现场检验3人次。1987年进行法医鉴定10人次，法医门诊10人次，配合公安等有关机关到现场进行法医尸检3人次。1988年进行法医鉴定11人次，法医门诊9人次，配合有关机关到现场进行法医尸检4人次。1989年进行法医鉴定14人次，法医门诊15人次，配合有关机关到现场进行法医尸检3人次。

【接待工作】

1986～1989年共受理群众来信2304件，其中：刑事信件617件，民事信件799件，经济纠纷232件，非诉讼信件34件，其它信件622件。这些信件处理情况是：移交本院庭室办理的有632件，驳回申诉2件，指定管辖5件，教育撤诉61件，简易调解123件，法律解答219件，转办902件，其它360件。

1986～1989年共接待群众来访1103人次，其中：刑事方面35人次，民事方面647人次，经济纠纷方面191人次，非诉讼14人次，其它方面216人次。对这些群众来访提出的问题处理情况是：移交本院庭室办理的50人次，驳回申诉11人次，指定管辖11人次，教育撤诉164人次，简易调解243人次，法律解答291人次，转办161人次，其它172人次。

崇义县1986～1989年处理来信来访情况一览表

表3　　　　单位：来信：件　来访：人次

年度		性质						处理情况								
		小计	刑事	民事	经济纠纷	非诉讼	其它	小计	移交庭室办	驳回申诉	指定管辖	教育撤诉	简易调解	法律解答	转办	其他
1986	来信	744	190	249	65	25	215	744	133			23	39	68	318	163
	来访	361	16	180	84	11	70	361	11			48	88	98	53	63

续表

年度		性质						处理情况								
		小计	刑事	民事	经济纠纷	非诉讼	其它	小计	移交庭室办	驳回申诉	指定管辖	教育撤诉	简易调解	法律解答	转办	其他
1987	来信	797	220	388	86	3	100	797	19			37	54	78	502	107
	来访	499	12	353	74	1	59	499				115	107	168	65	44
1988	来信	422	108	152	81	6	75	422	146		3		30	73	82	88
	来访	184	6	112	32	2	32	184	16		6		29	25	43	65
1989	来信	341	99	10			232	341	334	2	2	1				2
	来访	59	1	2	1		55	59	23	11	5	1	19			
合计	来信	2304	617	799	232	34	622	2304	632	2	5	61	123	219	902	360
	来访	1103	35	647	191	14	216	1103	50	11	11	164	243	291	161	172

院领导更迭一览表

表 4

姓名	性别	籍贯	职务	任职时间
吴仰福	男	崇义	院长	1986.1～1989.12
李水源	男	陕西扶风	副院长	1986.1～1989.12
朱定权	男	上犹	副院长	1986.1～1987.3

（肖贤能　刘剑东）

司法行政

【法制宣传教育有新的进展】

1986～1989 年，全县的法制宣传教育工作主要是继续按照全国五年普法规划，向全体公民进行普及“十法一例”（中华人民共和国宪法、刑法、刑事诉讼法、民法规则、民事诉讼法、婚姻法、继承法、经济合同法、兵役法、森林法和中华人民共和国治安管理处罚条例）的法制常识的宣传教育活动。为了抓好普法工作，县委、县政府根据中央、省、地要求，认真地把法制宣传和普法的各项工作，列入日常工作议事日程，成立了县普及法律常识领导小组，并设立了普法办公室，全县各乡（镇），县直各单位共成立普法领导小组83个，办事机构172个，抽调了专职和兼职抓普法工作和宣传人员426人。

四年来，全县举办了法制宣传员培训班15期共1205人，其中：县中层领导，政法干部培训班6期共605人次。县直单位和各乡（镇）举办宣讲员培训班205次，培训基层宣讲员2300余人，县乡村各级共有宣讲员3265人，占全县普法对象总数的2.4%。宣讲员主要构成是机关干部、教师、党团员和学法积极分子，在普法工作中，以通俗易懂的语言向广大群众宣讲，授课，效果很好。

全县五年普法，自印，征订，购进各类普法教材、书籍共6.05万本，其中：干部读本900本，职工读本1.35万本，农民读本2.21万册，各类辅导性资料1.2万册，其中：包括本县自印材料。另外，自编自印各类辅导性、启发性材料1.2万份，保证了普法学习资料按时运用的顺利进行。

在开展普法教育中，全县抓住重点进行宣传，采取条块结合，层层发动，层层宣传，以点带面的措施，县直单位和农村先行试点，抓出成效后全面铺开。在县城组织了单位干部、职工、待业青年、工商个体户集中分期办班授课，在农村结合党的基本路线教育向农民宣讲，并采取多种形式宣传法制常识，几年来共组织了宣传车20余次，深入单位，农村进行宣传；撰写广播稿560篇；黑板报，墙报，专栏1354期；简报620期；电影，电视录像、幻灯片560场；书法、法律知识，竞赛30余次；报告会125次；模拟法庭1次。由于采取了各种形式广泛宣传法律常识，使全县扫除了普法死角，增强了广大公民的法制观念，为依法治县打下了基础。

几年来，全县18个乡镇，153个行政村，党政群、财贸、文教体卫等主管局级机关59个，地直企事业单位10个，省直企业1个，县属企业二级以上公司、场、矿、厂、站82个，总共普法对象13.4万人，普及学习了“十法一例”，合格人数达13.20万人，占全县普法对象总人数的98.41%。通过逐个单位、逐个人进行自查考核验收，全县普法验收各项数据，都达到或超过了中央、省、地、县五年规划要求。赣州地区普法验收组抽考县直单位干部、职工、教师、居民、个体户共200人，临时发考卷及格率100%；抽考横水村农民100人，及格率100%；抽考铅厂村农民50人，及格率100%。赣州地区普法领导小组对本县普法工作进行抽查考核，并颁发了全县普法验收合格证书。

【人民调解】

1986～1989年，全县的人民调解工作始终坚持“调防结合，以防为主”的工作方针，树立“四个服务”的指导思想，广大调解人员积极探索，勇于创新，做了大量艰苦细致的工作，为治理全县的经济环境，整顿经济秩序，保障深化改革的顺利进行做出了贡献。四年来，全县调解委员会由1985年的152个增加到1989年173个；调解人员由1985年的888人发展到1989年的1481人；三类调解委员会1986年下降13.28%；1987年下降10.15%；1988年下降4.24%；1989年下降3.59%。培训调解人员3799人次，培训司法助理员176人次，送赣州地区政法干校培训司法助理员15人次。几年来，调解组织和调解人员受县司法局表彰的先进集体6个，先进个人21人，受地区表彰先进集体2个，先进个人4人，受省司法厅表彰先进集体3个，先进个人2人。

各级调解组织在尽职尽力抓调解成功率的同时，坚持把工作重点放在防止民事纠纷激化上，采取有效对策，使全县的防范激化工作做到“事前预防、跟踪预防、重点预防、联合预防、全面预防”的轨道，建立与健全了调解信息网络，提高了预测能力和控制能力，较好地避免了“民转刑”的案件发生，降低了犯罪率。四年来帮教失足青少年158人，配合有关部门建立文明村102个；文明街28条；文明厂（场）166个；文明户和五好家庭7911户；民事纠纷由1986年的1358起下降到1989年670起，减少了102.7%；调解成功率由1986年的94%，提高到1989年的96.25%；防止和避免了可能发生的非正常死亡73起102人。四年来全县没有发生“民转刑”案件和因民事纠纷激化引起自杀事件。为社会的安定和保障生产力的发展，充分发挥了“第一道防线”的作用。

为了更好地为人民群众提供法律服务，1986～1988年先后在过埠、古亭、扬眉、长龙、聂都等乡镇设立了五个法律服务站（后改为法律服务所）聘请了10名法律工作人员，任命了5名司法助理员担任各所主任。较好地解决了群众请律师，办公证难的实际问题。

四年来，县、乡（镇）共调处经济纠纷82件，其它纠纷161件；办法制宣传栏130期，宣讲法律（包括上法制课）1152场次，受教育1196人次，协办经济合同公证18件，其它公证4件，参与诉讼代理11件，非诉讼代理26件；担任乡村企业和个体工商户法律顾问15家；代写法律文书84份；解答法律咨询442人次。为国家、集体和个人挽回经济损失8.2万元。为乡村依法整顿，管理农村经济，依法管理各项事业，提供了有效的法律咨询和建议，运用帮助乡村企业增强法律意识，健全企业管理制度，使企业经济管理纳入法制轨道，促进了农村经济的健康发展。

崇义县 1986～1989 年各级调解委员会调解纠纷情况表

表 1　　单位:起

年度	婚姻	继承	赡扶抚养	家庭	房屋宅基地	债务	生产经营	邻里	赔偿	其它	合计	防止可能发生非正常死亡	
												件	人
1986	123	47	47	215	201	95	245	76	103	206	1358	13	20
1987	100	47	72	212	164	133	141	157	129	193	1348	15	19
1988	115	32	60	180	183	60	172	110	84	120	1116	20	26
1989	48	13	14	82	86	76	106	79	57	109	670	25	37
合计	386	139	193	689	634	364	664	422	373	628	4492	73	102

【公证】

县公证处。按照《公证暂行条例》，本着为经济建设服务，为群众利益服务的宗旨，坚持“真实、合法、可行”的原则，积极主动为当事人解决实际问题，提高公证的社会效益。在办理公证业务过程中，严格把住三关：一是严把接收关，对申请办证的当事人，审查是否有权申请办证的资格和能力；二是严把审查关，做到事实清楚，材料齐全，证据确凿，手续完备；三是严把出证关，严格按公证文书秩序和要求出具公证书。1986～1989 年共办理了各项公证 1995 件，其中：经济合同 1914 件，其它民事法律行为 81 件。避免了直接经济损失 160 多万元。

崇义县 1986～1989 年办理公证情况表

表 2

年度＼项目	经济合同	其它民事法律行为	小计
1986	304	20	324
1987	461	17	478
1988	335	32	367
1989	814	12	826
合计	1914	81	1995

【律师工作有新起色】

县律师事务所本着为国家机关、企事业单位、社会团体和公民提供法律帮助，以维护法律的正确实施，维护国家、集体的利益和公民的合法权益为宗旨，坚持“以事实为根据、以法律为准绳”的办案原则，全体律师人员勇于实践，积极主动行使本部门的职能，在开展律师五项业务中，取得了显著的成绩。1986～1989年，担任法律顾问累计101家，办理刑事案件167件、民事案件295件、非诉讼代理120件，代写法律文书446份。解答法律咨询1408人次。帮助当事人挽回和避免经济损失达480万元，获得了社会的好评。

为适应经济体制改革的新形势，县律师事务所勇于开拓，大胆探索，从1986年起该所实行了“自收自支”这一新的律师事务所经济管理体制，以己养己，改财政拨款为自收自支，几年来，共为县财政节约行政事业费5.7万多元。为此，赣州地区司法局，省司法厅多次派人员前来考察总结，并向全省司法系统推广了这一做法。

崇义县1986～1989年律师事务所工作情况表

表3

项目 年度	担任法律顾问（家）	刑　事（件）	民　事（件）	非诉讼代理（件）	代写法律文书（份）	解答法律咨询（人次）
1986	18	29	43	31	60	92
1987	22	27	58	31	74	92
1988	31	61	102	28	169	512
1989	30	50	92	30	143	712
合　计	101	167	295	120	446	1408

【队伍建设】

1985年前县司法局的编制14个，1989年已发展到29人。1986～1989年，为提高司法行政队伍的政治、业务素质和文化知识水平，采取各种措施共选送了54人次参加上级各类学校的学习和培训。其中：中华律师函授中心大专部学习的2人次，自修法律专业大学学习的5人次，函授大学法律专业的3人次，北京经济函授大学崇义分校的7人次，省政法干校培训的5人次，地区政法干校培训的30人次，县委党校中专班学习的1人，县文化补习班学习的1人。几年来，各类人员的素质有明显的提高，在各自的岗位上，独立履行工作职能。

（肖贤能　邹笃福　钟英禄　刘龙洲　傅克洋）

案　例

【重大杀人抢劫案】

被告人骆耀生，又名骆狄生，化名李明。男，现年23岁、汉族、初中文化、江西省遂川县人，家住遂川县高坪乡茅坪村新屋村民小组。

被告人黄建华，化名刘明，男，现年29岁，汉族，高中文化，江西省遂川县人，家住遂川县草林乡端元村班坑村民小组。

1988年9月18日下午，被告人骆耀生、黄建华路过崇义县杰坝乡长潭时，因天色已晚，便在该村的水库边的草丛中露宿。在此期间，两被告人预谋去被害人袁平宣店里行劫，当晚11时许，被告人以要买吃的为名，骗得袁打开店门，两被告人进入店内，先后叫袁拿了罐头、啤酒、饼干等食物，至次日凌晨3时许，又佯装选购毛巾、汗衣等物，从而接近在柜台内的袁平宣，当袁转身将汗衣放回货架时，被告人黄建华拾起放在柜台上的一把篾刀朝袁头顶部、颈部连砍三刀，将其杀倒在柜台内，被告人骆耀生见袁还没有死，又用该把篾刀砍、打袁头部，并用一块布塞住袁的嘴，接着又用双手扼住，并在店内拿来两根卖的白鞋带子勒袁的颈脖子，打上结头，被告人劫得店内的人民币10余元，赣州桥香烟3条，聪明泉牌香烟4条，双钱牌解放鞋2双，晴纶运动衣3件，裤1条等物，其价值50余元。两被告人带上劫来的财物和行凶用过的蔑刀逃离现场，并把篾刀丢在河里，走了不远被告人又返回店里，在袁穿着的衣服口袋内搜得人民币2元，然后锁上店门逃走，在逃途中将劫来的货物先后出卖，获款30元，被挥霍殆尽。

被害人袁平宣尸体经法医检验结论：袁系被刀砍钝器打击头部、双手扼颈、白带勒颈、致使流血过多、脑损伤昏迷窒息死亡。

被告人骆耀生、黄建华无视国家法律，为谋财故意杀死人命，手段残忍，情节后果特别严重，应从严惩处，为维护社会治安，保障公民生命财产的安全，严厉打击严重危害社会治安刑事犯罪分子，赣州地区中级人民法院依照《中华人民共和国刑法》第132条，第150条第2款、第53条第1款，第64条之规定判决被告人骆耀生、黄建华故意杀人罪、抢劫罪，判处死刑，剥夺政治权利终身。

经江西省高级人民法院1989年4月3日核准，判处骆耀生，黄建华死刑，于1989年6月28日在崇义县城执行死刑。

【爆炸、行贿、偷税案】

被告人：李鸿水，又名李洪水，男，现年37岁，汉族，江西省崇义县人，小学文化，崇义县丰州林场碲石矿承包人，家住崇义县思顺乡沿佑村龙坌村民小组，因犯爆炸罪，于1989年6月6日被收容审查，同年8月2日被依法逮捕。

李鸿水因采矿合同纠纷而对古亭镇雁湖碲矿承包人周宗葵怀恨在心，伺机进行报复，为报复周并给周造成采矿困难，李于1989年3月29日晚纠集朱景财、李英穷，组装了6根炸药和4根炸药的二个炸药包。晚10时许三被告窜人281–302大队工人宿舍旁，由被告朱景财、李英穷将二包炸药包分别安装在此的为周运矿的两辆手扶拖拉机头上，点火引爆将其中一辆手扶拖拉机机头炸毁，另一辆因炸药包未装好而未爆炸，给周造成直接经济损失1541.7元。李鸿水出于为同一目的，于1989年3月9日和3月28日晚，还二次纠集朱景财、李英穷用刀去割周运矿的这两部手扶拖拉机轮胎（其中一次未遂），割破手扶拖拉机轮胎6只，给周造成直接经济损失700元。二次共给周造成直接经济损失2241.7元。

李鸿水自1984年至案发前，在承包崇义县丰州林场碲石矿生产和销售过程中，为降低碲石矿运费，提高碲石矿单价，安装修理碲石矿方便，逐年降低承包费等，向国家工作人员钟有舵等25人行贿现金、金戒子、手表、毛毯等。现金和财物折款合计人民币5.09余万元。

李鸿水自1985年至案发前，在生产和销售碲石矿过程中，为少征税，采取单页填写发票等手段，偷税12.49余万元。

以上事实，有证人证言，收缴的赃款赃物和书证等所证实，事实清楚，证据确凿，足以认定，被告人亦以供认。

被告人李鸿水、朱景财、李英穷为泄私愤实施爆炸等手段，故意毁坏他人财物，情节严重，其行为均已构成故意毁坏公私财物罪。被告人李鸿水为谋取私利，向国家工作人员行贿和偷税，数额巨大，其行为构成行贿罪和偷税罪。为严肃社会主义法制，保护公私财物不受侵犯，维护国家机关正常活动，保护国家的经济管理活动，保卫社会主义现代化建设的顺利进行，依据《中华人民共和国刑法》第156条185条第3款、第120条，第64条，第60条以及《全国人大常委会关于惩治贪污罪贿赂罪的补充规定》第8条规定，判处被告人李鸿水犯故意毁坏公私财物罪有期徒刑2年，犯行贿罪有期徒刑5年，犯偷税罪有期徒刑2年，合并有期徒刑9年。判处被告人朱景财犯故意毁坏公私财物罪有期徒刑1年6个月。判处被告人李英穷犯故意毁坏公私财物罪有期徒刑1年6个月。

【江云风强奸案】

江云风，男，现年26岁，汉族，江西省崇义县人，大专毕业。系崇义县横水中学教师，因强奸案，被崇义县公安局于1988年10月6日收容审查，同年11月

18日依法逮捕。

江云风于1988年9月5日上午以有事为由，以班主任的身份将女学生（15岁，1973年2月2日出生）骗入自己在校的住房内，对其实施强奸2次。然后又在其他地方，对被害人强奸2次。被害人忍无可忍为免受其继续摧残，于1988年10月5日向校方告发继而向公安机关控告，以上犯罪事实，有证人证言，现场勘查笔录，被害人陈述，被告人江云风也作部份供述，足以证实。

被告人江云风利用班主任身份，强奸女学生。影响很坏，情节严重，其行为已构成强奸罪，为严肃社会主义法制，保护妇女人身权利不受侵犯，维护社会治安秩序，依照《中华人民共和国刑法》第139条第一款之规定，判处强奸犯江云风有期徒刑7年。

【张祖芳惯窃案】

被告人：张祖芳，男，现年36岁，汉族，崇义县人，小学二年文化，农民，家住横水镇横水村七码头村民小组，因惯窃一案，于1988年2月8日收容审查，同年3月23日被依法逮捕。张祖芳于1986年3月至1988年2月间，趁夜深人静之机，采取撬门扭锁、挖墙洞、爬气窗等手段，先后在崇义县木材加工厂、横水供销社化肥仓库、县百货公司批发部、二轻供销公司、算盘厂等40多个单位，盗窃作案59起，窃得电视机、收录机、座钟、手表、衣、裤、布料、被面、毛巾、鞋等物，价值人民币1.38余万元，粮票粮券1331斤，张祖芳作案后，将赃物分别销给个体户张××愈××等人以及流窜到关田、过埠、湖南汝城县等地销赃。

被告人张祖芳盗窃作案时间长，次数多、数额巨大、情节严重，其行为已构成惯窃罪，归案后，尚能坦白交待，认罪态度较好，并能退回部份赃款赃物，有悔罪表现，可以酌情从轻处罚。为维护社会治安秩序，保护公私财产不受侵犯，打击惯窃犯，依照《中华人民共和国刑法》第152条，第172条，第67条第68条第二款，第60条之规定，判处张祖芳犯惯窃罪有期徒刑8年。

【钟有舵受贿案】

钟有舵，男，现年41岁，汉族，江西省于都县人，初中文化，中共党员，系七一九矿运输科科长，因受贿一案，于1989年8月9日被依法逮捕。

1985年9月至1988年12月期间，被告人钟有舵利用工作职务之便以优惠运输价格及用车、修理提供方便的方式，为他人谋取利益，采取借款购买彩电、冰箱、杉木等为借口和得“红包”的手段，而非法收受李鸿水等人的贿赂款计1.48余万元。以上受贿事实，有行贿人的供词、证人证言，有物证书证，证据确凿，被告人钟有舵亦供认，足以认定。

被告人钟有舵身为国家工作人员，利用工作职务之便，非法收受他人贿赂，数额巨大，情节严重，其行为已构成受贿罪。鉴于被告人能在最高人民法院、最高人民检察院《关于贪污受贿投机倒把等犯罪分子必须在限期内自首坦白的通告》规定的期限内，坦白交待罪行，积极退清全部赃款，可以减轻处罚。为了维护国家机关的正常活动，保持党政机关的清正廉洁，严肃社会主义法制。依照《中华人民共和国刑法》第 185 条、第 59 条和全国人大常委会《关于惩治贪污贿赂罪的补充规定》第 5 条第 1 款、第 2 条第 2 款，以及最高人民法院、最高人民检察院《关于贪污受贿投机倒把等犯罪分子必须在限期内自首坦白的通告》第 2 条规定，判处受贿犯钟有舵有期徒刑 3 年。

军 事

JUN SHI

县人民武装部改归地方建制

【交接事项】

根据中共中央 [1986] 5 号文件精神，中国人民解放军江西省崇义县人民武装部从 1986 年 3 月开始，作移交的准备工作。4 月 14 日，成立“县人武部移交地方工作领导小组”，下设“移交办公室”。经过县人武部和县有关单位的共同努力，各项交接准备工作全部就绪。于 1986 年 6 月 14 日上午 9 时，在县委党校会场隆重举行“中国人民解放军江西省崇义县人民武装部改归地方建制交接仪式”。从此，中国人民解放军江西省崇义县人民武装部改称为：江西省崇义县人民武装部。

1、县人武部干部由赣州军分区按新编制配备移交，按地方干部管理规定进行对口交接后，分别由地委和县委组织部重新下达任职命令。

2、原部队装备的车辆及器材列入移交，仍归人武部使用，纳入地方车辆管理，从 1987 年 1 月 1 日起，使用地方牌照。

3、原部队配发的枪支、弹药及各种训练装备器材，军用物资，人武部的房地产，训练基地及军队配发的所有营具、厨具和其它公用物资等全部造册，列入移交。

4、人武部原由国防费支出的经费（含服装购置费）由军队负责供应到 1986 年 12 月 31 日止，从 1987 年 1 月 1 日起，按国家规定的行政编制，改为地方财政支出，列入地方行政经费预算。

5、人武部原有的各种档案资料，分别整理成案卷，编写目录，列表备案。永久性档案资料交县档案局，其余存放人武部保管使用。

6、人武部改归地方建制后，新的印章由省统一制作下发，1986 年 7 月 1 日启用。原印章上交赣州军分区司令部保存。

【改归后的县人武部工作】

县人武部是当地的军事领导指挥机关，是同级地方党委的军事工作部，人民政府的兵役机关，负责民兵组织建设和武器装备的管理；负责民兵预备役人员的军事训练；负责组织并带领民兵完成战备执勤任务；组织发动民兵参加两个文明建设；负责民兵预备役人员的登记、统计工作；协同教育部门对学生实施军事训练；负责征兵，招收飞行学员工作；负责拟制本区域的战时动员计划；会同有关部门在平时做好战时动员的各项准备工作；负责对专职人民武装干部的管理；协同有关部门做好退出现役军人的安置和烈军属的优抚工作；战时负责兵员动员和带领民兵参军参战，支援前线，保卫后方。

【改归后的机构设置和人员编制】

县人武部为副县级单位，下设办公室、军事科、政工科。民兵武器装备仓库警卫班，1989 年 10 月由军事科移交办公室管理。18 个乡（镇）设立乡（镇）人武部，还设立了县经委、林业系统人武部，国营七一九矿单独设立了人武部。

县人武部机关编制为 21 人。其中部长、政委各 1 名，军事科长 1 名、参谋 2 人、政工科长 1 名、办公室主任 1 名、秘书 1 名、其它人员 13 人。

民兵工作

【组织建设】

民兵是不脱离生产的群众武装组织，是中国人民解放军的助手和后备力量。1984 年颁布的《中华人民共和国兵役法》规定：乡、民族乡、镇和企事业单位建立民兵组织。凡 18 岁至 35 岁符合服兵役条件的男性公民，除应征服现役的以外，编入民兵组织服预备役，民兵干部的年龄可适当放宽。民兵分基干民兵和普通民兵，28 岁以下的退出现役的士兵和经过军事训练的人员，以及选定参加军事训练的人员编为基干民兵；其余 18 岁至 35 岁符合服兵役条件的男性公民编为普通民兵。根据需要，吸收女性公民参加基干民兵。

根据《兵役法》的规定以及民兵组织建设原则，1986～1989 年，全县从县到乡、村均建立了民兵组织。乡编基干民兵营或连，村编基干民兵连或排，分别由乡（镇）人武部长、村民兵营长兼任基干民兵干部。1986 年，根据中共中央[1985] 22 号文件，民兵组织建设要贯彻“减少数量、提高质量、抓好重点、打好基础”的指示，全县于 8 月至 10 月份进行了民兵组织整顿，普通民兵数量减至 16411 人，基干民兵减至 2980 人，民兵分布在 140 个村，民兵建制编为 9 个营，20 个连，101 个排，308 个班。

1987 年，普通民兵 16871 人，基干民兵 2797 人，编为 4 个营，20 个连，90

个排，298个班。

1988年，普通民兵17441人，基干民兵2659人，编为2个营，19个连，103个排，278个班。

1989年，普通民兵17894人，基干民兵2474人，编为2个营，21个连，77个排，274个班。

【军事设施建设】

1986年根据总参关于民兵军事训练要逐步实行基地训练的指示，开始修建民兵军事训练基地，其规模和设施不断得到扩大和完善。1986～1989年县政府拨款累计11万元，兴建了民兵餐厅，整修了训练场，添置了电教器材，完善了配套的生活设施。基地可供200人住宿就餐和开展电化教学，训练场地可供步兵、炮兵、工兵、通信兵等专业兵种进行战术训练和步兵连排战术演习。

【战备执勤】

1986年以来，组织民兵完成了在本县范围内的战备执勤，打击刑事犯罪，维护社会治安和防火（洪）抢险，抗震救灾等急难险重任务。

打击刑事犯罪。1987年9月27日至10月1日，县人武部组织基干民兵70人，人武干部4人，由政委王福泉同志带领，携带各种枪支74支，电台4部，子弹1500发，配合公安机关在文英、聂都、关田一带围捕杀人逃犯甘业祥。1989年5月5日至8月30日，抽调人武干部4人，专武干部5人，民兵75人参加县打击刑事犯罪统一行动，负责临时看守点的看押任务。

维护社会治安。1986年7月29日晚，县人民武装部接到铅厂乡发现空飘目标的报告，立即组织民兵配合县公安局在稳下山上及时收缴空飘过来的反动传单和物品。

扑灭森林火灾。1986年11月12日，横水乡在左溪村发生森林火灾，立即组织了人武干部10人，民兵40人，赶至现场扑灭山火。1988年10月27日，麟潭关田交界处（台岭）发生森林火灾，组织民兵218人，参加扑救火灾。同年11月2日，铅厂乡发生森林火灾，县人武部2人，电台2部，组织民兵126人，参加扑救。同日，关田乡发生森林火灾，县人武部派去3人，电台2部，组织民兵185人参加扑救。

防震救灾。1987年8月25日至9月5日，在安远、寻乌县发生地震期间，成立了本县防震救灾办公室，由县人武部部长刘大新负责指挥，坚持昼夜值班，落实了救灾队伍。

【参加两个文明建设】

在组织发动民兵参建中，结合实际，把开发后劲产业，培养开发军地两用人才，以劳养武，移风易俗、扶贫帮困，完成急难险重任务作为统一体，实行“六位一体”的民兵参建活动，发挥民兵在参建中的整体效能作用。

1986年以来，全县民兵组织中建立了“学雷锋小组”和“送温暖为你服务小组”169个，积极为烈军属五保老人服务，为群众做好事。如国营七一九矿高机连“为您服务小组”，坚持义务为职工服务，多次受到上级的表彰。1987年安远县发生地震后，全县民兵向灾区人民捐款2044.68元。

组织民兵植树造林，开发林业资源。如关田乡人武部从1986年以来，发动民兵植树造林7459.9亩，民兵连长黄有志个人造林720亩，还有被团中央授予“新长征突击手”的民兵造林模范赵荣平。1988年，麟潭乡人武部组织华山村民兵开发百亩柑桔园，千亩毛竹林基地。县人武部组织全县专武干部在麟潭乡召开了现场会。

1989年6月，县人武部组织通信民兵60多人协助林业部门在扬眉、龙勾两个乡，完成了飞机灭虫任务，配合民航地面导航42架次，完成灭虫面积6.78万亩。

军事训练

【集中训练】

本县民兵军事训练从1986年开始，由过去几十年一直采用的乡（镇），村分散训练改为在县民兵训练基地集中统一训练，参训人员也由当年入队的基干民兵参加，人数比往年大为减少。教员由县人武部抽调军事素质较强的人武干部和专武干部以及当年退伍的骨干担任。在训练内容上按照中国人民解放军总参谋部统一颁发的民兵军事训练教材和民兵军事训练大纲组织实施。在组织形式上，成立了县民兵军事训练集训队，队长，指导员分别由县人武部部长政委担任。集训队按部队建制序列，下编排、班，同时开设教研组，政工组，后勤保障组，组长分别由县人武部军事科、政工科、办公室的领导对口兼任。教研组负责训练计划，教学器材，场地划分和教学实施；政工组负责政治教育和思想政治工作；后勤组负责训练生活保障。

【训练试点】

1986年，县第一次集中民兵训练，分二批进行，第一批训练步兵72人，侦察兵30人，无线电报话员10人，电话守机员5人；第二批训练12.7毫米高射机枪兵36人，六0迫击炮兵16人，二批合计169人，实训20天，合格率100%。

1987年，分二批进行军事训练，第一批实训步兵53人，专技术兵50人；第二批训练12.7毫米高射机枪36人，民兵干部30人，合计169人，实训20天，合格率100%。

1988年，赣州军分区在本县进行民兵军事训练优化教学改革试点。军分区派出工作组（3人）直接抓试点工作。从3月10日进点，5月10日开训，6月2日结束，试点分二步进行；第一步组织准备，研究阶段，时间2个月；第二步实施、验证、总结提高阶段，时间23天。这次试点，抽调了人武干部和专武干部16人，分别担任排长和教员，参训的基干民兵106人，其中：步兵45人，重机枪手12人，火箭筒手10人，报话员10人，守机员10人，工兵19人，所训各项科目总评成绩良好以上，个人合格率100%。

这次试点，着重研究探讨了三个问题：1、组合教学，优化训练内容。2、通过教学，优化教学过程。3、电化教学，优化教学手段。通过试点，为全区民兵训练改革走出了一条新路子，赣州军分区于1988年6月1日至3日在本县召开了全区民兵训练优化教学暨兵役工作现场研究会。各县（市）人武部长、军事科长出席了会议。会上充分肯定了这次民兵军事训练优化教学试点的成果，并向全区推广了试点经验。

1989年，县人武部组织了民兵军事训练规范化训练试点。共抽调人武干部9人，专武干部15人，参训民兵130人。规范化训练，就是根据总参谋部颁发的《民兵军事训练大纲》和教材的要求，统一训练内容，统一训练时间，统一考核验收标准，并建立一套完善的符合民兵特点的训练、管理、生活等规章制度，保持良好的秩序。试点围绕“五个统一”重点探讨了如何建立规范的管理制度，在规范化的训练中怎样巩固优化教学的成果，提高民兵训练质量。经赣州军分区考核组的全面考核验收：参加这次训练的6个专业130名基干民兵，所训各项课目成绩总评均在良好以上，单位优秀率为66.98%，合格率100%。

【经费来源】

民兵军事训练的经费来源，根据《兵役法》规定：“农村的预备役人员，在参加军事训练期间，由乡（镇）人民政府采取平衡负担的办法，按照同等劳动力的收入给予补贴”。“机关团体、企事业单位的预备役人员，在参加军事训练期间，由原单位照发工资和奖金，原有的福利待遇不变”。据此，本县民兵军事训练经费，从1986年开始均采取各乡、镇和企事业单位平衡负担的办法，由乡、镇人民政府统筹集中到县使用。

政治工作

【民兵政治教育】

根据总政治部规定的民兵政治教育三项制度的要求，1986年起本县基干民兵的政治教育由每月一课改为一年四课，普通民兵一年二次教育，民兵训练中安排10%的政治教育。教育内容：党的路线方针政策，时事政策，兵役法，科学文化知识，国防教育等，重点是国防教育。教育方法：集中教育，刊授教育。利用广播、幻灯、墙报、黑板报、办小刊物等形式配合教育。

1986年主要进行了党的基本路线教育。9月，县人武部、团县委联合下发了《关于进一步加强农村"青年之家"建设的意见》，到1989年全县已建立97个"青年之家"。

1987年贯彻党的十三大精神，开展向何吉勇烈士学习的活动，人武部机关进行了"建功立业"教育。

1988年，学习了社会主义初级阶段的理论和进行全民国防教育，贯彻了地区第四届民兵代表会精神。

1989年学习贯彻党的十三届四中、五中全会精神和江泽民同志的国庆讲话。6月北京制止动乱，平息反革命暴乱之后，组织民兵学习中央领导同志的重要讲话和"共和国卫士的英雄事迹"，年底贯彻省第五届民兵代表会精神，开展学雷锋，学张建忠，学李道海活动。同年10月，组织80名基干民兵参加中国农村致富技术函授大学的学习。经县第8次武委会研究决定，在全县基干民兵中实行刊授教育，订阅《中国民兵》1538册，《东海民兵》254册。同年，获中国人民解放军总政群工部、解放军报社订刊用刊一等奖。

【全民国防教育】

1986～1989年每年的"八一"建军节，县人武部统一组织县六套班子领导成员习武，进行实弹射击，各乡镇人武部组织基干民兵进行军事比赛。

1988年11月，县委下发了74号文件《关于加强全民国防教育的意见》，县人武部、县委宣传部编印了《全民国防教育》材料，发至县直各单位和各乡、(镇)、村。县委决定：1988 年 12 月为国防教育活动月，开展十项活动：1、由县委副书记刘泰山同志在县直机关干部职工大会上作国防教育动员报告。2、12 月的第一周县直各单位集中进行国防教育知识等内容的学习。3、由县人武部政委王福泉同志给县直副局级以上干部上国防理论教育课。4、文化局组织了一场国防教育专题文艺晚会。5、县电影院安排放映了《解放石家庄》等传统教育题材的故事片。6、团县委兴办了一次国防知识智力竞赛。7、文化馆出了国防教育宣传画。8、县广播站举办了国防知识专题广播。9、由县委书记黄先浪同志作一次广播电视讲话。10、摄制了一盒国防教育电视录像片。

1989 年 4 月，县人武部从上海购买一盒《我们缔造和平》的国防教育录像带，统一安排到村民兵营（连）播放，组织民兵收看。

【以劳养武】

1986 年以来，根据军委杨副主席指示及上级军事机关的要求，县乡人武部组织民兵开展以劳养武活动。

1988 年，县政府、县人武部 [1988] 57 号文件《关于乡镇人武部兴办经济实体的意见》，明确了民兵以劳养武的指导思想，经营方向，经济实体的基本结构。11 月县人民武装委员会第 8 次会议提出了民兵以劳养武的“四个一”即：办好一个厂（小材小料加工厂），建好一个棚（香菇棚），打好一个（矿产）窿，建好一片林(民兵林)，乡镇人武部每年以劳养武收入达到一千元以上。如铅厂乡人武部成立了民兵综合纠察队，主要任务是保护当地森林、矿业资源，打击钨砂走私和无证贩卖和无证砍伐森林的行为。1988～1989 年提取以劳养武经费 1.7 万元。杰坝乡人武部办起了一个民兵小材小料加工厂，1988 年年产值 7 万元，提取以劳养武经费 3000 元，1989 年年产值 6 万元，提取以劳养武经费 1500 元。过埠镇人武部组织民兵库叉养鱼，1989 年获以劳养武经费 5000 元。

【编外政治处工作】

1989 年 1 月，经县武委会第九次会议研究决定，以原有的县武委会成员为基础，设立编外政治处，负责协助部队做好本县籍现役军人思想政治工作，编外政治处的日常事务由县人武部具体处理。并制定了工作职责，还向部队推荐聘任了以人武、专武、民兵、青年团、妇女、民政干部为主的 256 名编外指导员发了聘任书，并制定了编外指导员职责。县武委会作出了三项决定：即《关于协助部队做好现役军人思想政治工作的决定》，《关于在全县军属中开展争当模范军属活动的决定》、《关于在全县开展热爱军属、关心军属活动的决定》。1989 年评选了 38 名模范军属。同年，有 128 名战士立功受奖。

编外政治处在支持部队建设和改革中取得了显著成绩。新兵入伍前，帮助新战士打牢献身国防的思想基础，每年新兵入伍时县六套班子领导都要走访新兵家庭，组织新战士到革命烈士纪念碑前宣誓，听传统报告。1989年4月，59名入伍的新战士与41名在对越自卫反击战中荣立战功的老战士签订了《为军旗添辉，为家乡争光》的公约。为使战士安心服役，编外政治处开展了为战士排忧解难，为军属服务的活动，全县共有以民兵、妇女、共青团员组成的“帮耕小组”、“送温暖小组”157个，小学生为主的校外服务小组154个，形成了优抚服务网络。过埠镇黄背村民兵帮耕小组，在军属李道海家庭遇到接二连三的不幸中，坚持义务为她家代耕责任田，为军属解决生产、生活中的实际困难。每年春节期间，县委、县政府都要给每个现役军人发慰问信，每年的军属优待金全部兑现。每年按5%的比例递增。1988年制定了军功奖励措施，给一等功臣增发50%优待金，二等功臣增发40%优待金，三等功臣增发30%优待金。1989年省军区政工简报转发了本县“编外政治处”工作的经验材料，年底被赣州军分区评为支持部队建设和改革的先进单位。

【专武干部管理】

预备役军官的管理，目前主要采取建卡为档的办法进行登记，统一管理，定期核对的原则，有利于战时快速动员，迅速召集。

专武干部的管理由县委组织部和县人武部共同考核，部长由县委审批任免，副部长由县人武部党委审批任免。1988年起县人武部对专武干部实行了目标管理，制定了乡（镇）场矿人武部工作职责，目标管理措施，1986～1989年提升专武干部21人（其中：部长12人，副部长9人），从退伍军人中选拔专武干部7人。1987年起，乡镇换届选举后，乡、镇人武部部长不再兼任副乡镇长，（职级待遇不变）。四年来，有29名参加省军区，军分区组织的业务培训。1989年12月，有10名专武干部参加了招干统考，9名被录用为国家正式干部。

民兵营（连）长通常由村党支部推荐，乡（镇）人武部考查，乡（镇）党委任命，报县人武部备案。民兵营（连）长的年龄一般限定在18岁至35岁，个别工作需要可适当放宽。

兵役工作

【兵役登记】

1986年，根据省人民政府、省军区《关于在全省进行兵役登记工作的通知》，成立了县兵役登记工作领导小组，恢复兵役登记工作，凡当年12月31日之前满18岁至28岁的男性公民，不分民族、种族、职业、家庭出身、宗教信仰和教育程度，都应进行兵役登记。凡符合兵役登记条件的男性公民，都在本人户口所在地报名，到县兵役机关指定的兵役登记站登记，填写《兵役登记表》，由乡镇人民政府依法确定应服兵役，免服兵役和不得服兵役的人员，报县兵役机关批准。经兵役登记和初步审查合格的，由县兵役机关发给《兵役证》。

1987年，兵役登记工作结合民兵整组同时进行，按照要求设立兵役登记站，登记对象是：1、年满18岁的男性公民（1970年1月1日至12月31日出生的），年满17岁本人自愿登记的高中毕业男生也可以进行登记。2、刑满释放解除羁押、劳教和少年管教恢复了政治权利的，年龄不超过20岁的男性公民。3、因各种原因，1986年没有履行登记手续者。4、从外地新调入的进行过登记而未办转卡手续者。

1988年的兵役登记工作，是继续深入进行《兵役法》和《征兵工作条例》的宣传教育，从根本上提高公民服兵役的自觉性，在保证登记质量和自登率不低于85%的基础上，采取简化手续、方便群众的原则，完善兵役登记制度，提高兵役登记的准确性、完整性。

1989年，兵役登记工作，主要抓了两个方面：一是强化依法登记的观念，使兵役登记工作走上制度化的轨道；二是提高兵役登记的准确性和完整性及时做好注销和销除登记工作。

崇义县1986～1989年兵役登记统计表

表1

年　度	全县总人口数	适龄公民数19～22岁	17岁自愿登记人数	实际参加登记人数	应征公民　数	免服兵役　数	不得服兵役数	预征对象　数
1986	172512	5756	10	5746	5590	149	7	952
1987	175818	1989	5	1984	1989	33	1	266
1988	179543	1676	2	1679	1657	21	1	528
1989	182904	1604	2	1606	1581	25		432

【兵员征集】

1986年冬季征兵工作，根据国务院、中央军委实行征兵制度改革的精神，全部由地方人民政府送兵到部队。1988年底根据国务院，中央军委的通知，由冬季征兵改为春季征兵，恢复由部队到地方接兵。因征兵时间的改变，本县1988年没有征兵。

崇义县 1986～1989 年兵员征集统计表

表 2

数 项目 / 年度 目	征集时间		任务数（人）	交兵数	
	起	止		总人数	性别
1986	9 月 28 日	11 月 12 日	65	65	男
1987	9 月 28 日	11 月 24 日	60	60	男
1989	2 月 20 日	4 月 15 日	59	59	男

【国防潜力调查】

开展部分战争动员潜力调查，是和平时期加强国防后备力量建设的一项长期性的基础工作。本县从 1988 年 7 月开始进行，尔后在每年 7 月至 9 月结合民兵整组，兵役登记工作同步进行。在这一期间，县、乡两级均成立了领导小组，下设办公室，由有关人员组成，负责调查摸底，登记统计工作，广泛开展宣传教育活动，出动宣传车，利用电影，幻灯，专栏等各种形式进行宣传教育。

1986～1989 年县人武部政委正副部长更迭一览表

表 3

姓 名	性 别	籍 贯	职 务	任 职 时 间
王福泉	男	信丰	政 委	1986.1～1989.12
李 强	男	万载	部 长	1986.1～2
刘大新	男	大余	部 长	1986.5～1989.12
廖绿益	男	上饶	副部长	1986.1～3
刘厚良	男	赣县	部 长	1986 .4～5

1986～1989 年县人武部科(室)负责人更迭表

表 4

姓 名	性 别	籍 贯	职 务	任 职 时 间
彭庭保	男	崇义	办公室主任	1986.5
王培贵	男	兴国	军事科科长	1986.10～1989.12
蒋庆有	男	崇义	政工科副科长	1986.5～1989.12
谢香平	男	崇义	办公室副主任	1987.10～1989.12

（肖贤能　吴春平　沈敦保　朱家辉　刘湘浩）

经　济

JING　JI

农经委工作

【农业开发】

1989年是农业总体开发第二战役的实施年，在农业开发战斗中，针对崇义实际狠抓“三冬”（冬种、冬修、冬造），开发“三荒”（荒山、荒坡、荒水），改造“三低”（低产田、低产水面、低产茶果园），发展“三业”（种植业、养殖业、加工业）。发动党政机关，县直行政、企业、事业单位，通过以资金、劳力、技术、设备等形式参与乡（镇）、村进行联合开发。1989年全县用于农业总体开发的资金达193万元，其中：县财政拨款计90万元（包括支农资金），乡（镇）村两级筹集资金103万元。农民投入农业开发的劳动积累达300万元，全县签订扶持协议和项目开发合同47份，开发项目163个；开发“三荒”面积8659亩，开荒造田115亩，改造低产田9000亩，改造低产茶果园3050亩，改造低产水面300亩，种油茶4000亩，垦复油茶山13.26万亩。县、乡（镇）、村、户共同筹集资金110万元，修建水利工程591座，完成土石方74.4万立方米；为了打好冬季农业开发总体仗，县委、县政府联合于6月19日分别以崇党发[1989]50号、51号文件下发了《关于打好今年冬种战役的部署意见》、《关于今冬明春农业总体开发的实施意见》。10月1日县政府以崇府发[1989]14号文件下发了《关于发展油菜生产的若干规定》。把冬种，当作农业总体开发第二战的突破口来抓，并具体制订实施冬种的“一、二、五”工程[1万亩冬种春收杂粮、2万亩油菜、5万亩绿肥]计划，实施过程中，又把油菜生产，当作一个硬仗来打，决定在全县范围内，开展油菜高产竞赛。县委、县政府主要领导和乡（镇）领导都亲自抓好示范样板墩。统计全县实播冬种春收杂粮1916亩，实种油菜16898亩，播种红花草52504亩，分别完成计划的19.16%，84.49%，105%。由于经验不足，加上气候反常，油菜移载大田后，不久便出现抽条开花现象。县立即提出加强管理，进行摘心、补肥等补救措施。有的农户安排劳力，突击摘心，追施肥料，进行管理，有的则不再进行管理，甚至全部拔掉，造成部分面积无收。

【协调农口部门工作】

1、县农经委协同有关单位对1989年粮食生产，采取了开荒造田，增加粮食种植面积，单季变双季，提高复种指数，推广杂交早稻，运用微肥等措施。同时还制定了一系列优惠政策，协调各有关单位搞好产前、产中、产后的服务配套工作和各种政策兑现。从农业开发基金中拿出33万元对杂交早稻每亩补助10公斤碳铵，吨粮田每亩补助10公斤碳铵，开荒每亩补助15公斤碳铵进行鼓励。全县发放粮食预付定金21万元，供应柴油398吨，推广多效唑6万亩，叶面宝3.5万亩，全县粮食作物播种面积205304亩，粮食总产达到66505.4吨，农业产值7635万元，比1988年分别增长2.75%，2.98%。

2、1989年4月15日，县农经委主持召开了“崇义县生猪生产座谈会”。粮食局、农牧渔业局、饲料、供销等单位领导参加座谈会。座谈会分析了生猪生产的形势和存在问题，提出了每头母猪供应100公斤稻谷，每头公猪供应150公斤饲料粮；利用低息贷款扶持养猪专业户等稳定生猪生产等办法，全县生猪饲养量达到103580头，出栏54357头，比1988年分别增长5.91%，6.39%。

3、在水产生产方面，协同水产部门狠抓稻田养鱼，积极发展库汊养鱼。并且从农业开发基金中拨款30万元，扶持县鱼种场搬迁工程。

【农村经济探讨】

县农经委组织力量对村级“绿色企业”进行了调查，写出了《崇义县村级绿色企业发展初探》。《初探》首先分析了崇义县村级绿色企业产生发展的社会条件，经济条件，自然条件。其次，阐述了发展村级绿色企业，对壮大村级经济，充分利用山区资源，增强农业后劲的重要作用。第三，提出了制定有关政策，完善管理机制，加强领导，强化服务观念；坚持长期作战，循序渐进发展；实行系列开发，提高开发效益等发展村级绿色企业的具体措施。

【农村经济调查】

1989年县农经委对全县18个乡（镇）的153个村的经济状况，进行了调查，按村级经济发展状况和年纯收入进行分类，调查的结果是：村级经济发展较好，年收入2万元以上的村58个，占38%；村级经济一般，年纯收入不足2万元的村27个，占17%；已办村级企业，预计2年以后年纯收入可达1至2万元的村32个，占21%；基本上没有村级经济收入的村36个，占24%。

交通不便，信息不灵；部分村干部素质不高，报酬不落实；相当部分农民文化素质低不能运用科学技术是限制村级经济发展的主要因素。

只有建设一个好的村级班子；认真办好村级企业；给予必要的扶持政策；加强领导，重视干部素质提高和报酬落实，才能保证村级经济稳步健康发展。

（何　焕　邹前桂）

农业区划

【开展地方名特优稀新资源及土特产品调查】

为了开发利用本县的名特经济动物、植物、矿产资源，使资源优势转变为产品优势、经济优势。县区划办于1986年7月提出了开展地方名特优稀新资源及土特产品的调查方案，经县政府批准，从有关单位抽调31人，组成林业、矿业、农业、工业、土特产、药材等6个专业调查组。整个调查工作，从1986年8月开始至1987年6月结束，历时11个月。通过外业调查，本县在省内外享有声誉并具有保护价值的主要名特优新资源有6大类67项，经过内业整理资料，专业人员评审等程序，汇编成《崇义县名特优稀新资源调查报告》，本县名特优稀新资源已被《赣南名特优稀新资源及产品汇编》一书收集的有70个品种。其中代表赣南地区性的照片有3幅（黑钨精矿、锡精矿、木制家具），产品有10个（炒椤、焦柑、棉柑、阳岭茶、龙归茶、思顺苦茶、聂都苦茶，竹笋罐头、藠头罐头、花叶竹），列入部分县有的产品有27个，列入全赣南均有的产品有33个。

【参加农村百村千户调查工作】

县区划办于1984年至1986年参加全区固定村、户，统一内容，统一时间，统一计算口径的《农村百村千户调查》工作，崇义县承担5个村点50户的调查任务。村点的选定按地区规定的好、中、差标准要求，由县委常委研究确定为关田乡的下关村、龙勾乡的龙勾村，金坑乡的元田村，麟潭乡的左泉村，聂都乡的沉井村。各村点10户的选定按富裕型、温饱型、贫困型的统一比例，由乡（镇）党委研究落实到户，通过连续3年的调查研究，准确地掌握了5个村50户有代表性户的人口、劳动力、户长和劳动力的文化技术程度、土地、生产、生活资料拥有情况，各业生产投入产出情况，食品消费情况，家庭全年收支情况等经济条件进行了详细的调查和推算，为领导正确估计农村经济形势，真实了解农民生产、生活情况，制订有关政策提供了科学依据。

【崇义县农村能源区域规划】

县区划办1987年3月至6月组织有关单位专业技术人员20人组成工作组，按照国家《农村能源区域规划工作大纲》，对能源资源进行了调查和评价；对能源供需现状进行调查分析；对全县工业、农村、乡村工业、城镇农村的能源供需预测；在对缓解全县能源的途径措施进行调查研究的基础上进行崇义县农村能源区域规划，编写《崇义县农村能源区域规划报告》。为有效地开发和合理利用农村能源以及对制订农村能源建设规划和建立合理的农村能源结构提供了可靠的依据。并于7月24日经县有关领导、专业技术人员鉴定验收合格。

【完成全国农业区划资料数据汇总上报工作】

县区划办于1986年4月至9月组织力量，经过资料的收集整理完成了“二图一说明”即综合区划分区图、土地利用现状图和农业区划分区说明，汇总了4000多个数据，同时对农业区划分区的自然特征和社会经济特征进行了较翔实的统计分析并绘制成图表；对各类用地进行了核实，绘制成土地利用现状图；对农业气候、水资源、天然草地、有林地、农村能源、名特优稀新产品、矿产资源、饲料、生态环境、社会经济条件、农村经济等11个方面，均进行了调查分析，编写了文字材料。

【“三荒”、“二草”资源调查】

从农业、林业、水电、土管等有关单位抽调8名专业技术人员组成三荒二草资源调查组，于1988年9月至11月，历时三个月，按照省《调查规划大纲》的具体要求，深入乡（镇）村实地进行外业调查。通过调查全县有三荒资源97114亩，占土地总面积的2.9%。其中荒山74523亩，荒坡22591亩。可利用的三荒面积为28841亩，占三荒面积的29.68%，其中，可用于发展农业、果茶桑和牧业的6～10度的荒坡3250亩，可用于发展果茶桑和林业、牧业的15～25度的荒坡17490亩，可用于发展林业生产的大于25度的荒山6250亩，荒坡1851亩。难以利用的三荒面积68273亩，占三荒面积的70.32%。经过内业资料整理，造具三荒分村清册，绘制三荒资源现状图，编写《崇义县荒山荒坡荒水调查规划报告》、《崇义县草山草坡调查规划报告》。其中“三荒”资料已被编入《江西省荒山荒坡荒水资源调查报告》成果资料集。

【蚕桑基地开发项目前期调查论证】

从有关单位抽调人员组成调查组，自1989年10月6日至11月12日，深入大江、小江、扬眉江沿河的长龙、扬眉、龙勾、丰州、古亭、麟潭、过埠、横水等8个乡（镇）进行调查有宜桑的沙滩面积806亩，同时对生态环境、土壤肥力，以及土地权属等进行了全面的调查，逐块登记造册。并编写《崇义县宜桑土地资源的调查报告》。完成了蚕桑基地开发项目前期调查论证工作，为领导决策蚕桑生产提供了资源信息。

【咨询服务】

农业区划是自然科学和社会科学的结合部，通过资源调查，农业区划，农业规划和各种资源、社会经济条件的补充调查，积累了大量的基础资料，并于1985年底着手建立区划资料档案室。四年来已接待中科院、国家计委南方综合考察委员会、庐山植物园、省山江湖考察队，地区林业局等单位来崇义考察的人员。为编写地名志、新编县志和有关行业的经济工作，提供服务；还为县对外经济合作的108个项目提供资源资料；为基层单位领导和外出专业学习人员提供了崇义县区划资料汇编；同时还备有崇义县行政区划图供应需求单位和个人。

(何　焕　钟羡宝　谢赞年)

·专文·

林业改革促进了林业发展

沈世香

我县是南方集体林区的重点林业县。新中国成立后，在党和国家的关怀重视下，经过全县人民的共同努力，我县的林业建设取得了很大成就，对国家作了很大贡献。40年来，全县交售商品木材368万立方米，竹材1865万根，松香4.12万吨，土纸2.11万吨，以及一大批香菇、木耳、茶叶、明笋等林副土特产品；营造了68.62万亩人工林；发展了一批以木竹为原料的木竹加工、林产化工、林产食品等林产工业。现在，商品材基地建设初具规模，林产工业奠定了一定的基础，林业已初步形成包括森林资源培育、保护和森林资源采运、加工、经营在内的独立产业，并在全县国民经济中占有举足轻重的地位，成为我县经济支柱之一。

我县林业的发展经历了一段渐进的过程。前30年，林业发展缓慢。森林资源砍得多，造得少，管得差，荒山残林面积逐年扩大，资源蓄积量下降，究其原因主要是，林业受旧体制束缚，木竹价格太低，林业资金外流，生产方式落后，使林业缺乏内在的发展动力。党的十一届三中全会后，林业实施了一系列的改革措施，给林业注入了新的生机和活力，加快了林业发展步伐。

我县林业改革从如下几个方面突破：

1、建立以公有制为基础的多成份、多层次的林业经营格局，并相应建立了林业生产责任制。从 1980 年冬开始，用了一年时间在全县进行了一次林业“三定”(稳定山林权、划定社员自留山、确定林业生产责任制）工作。林业“三定”以 1964 年山林权为基础，对集体山林进行了较大的调整，重点解决了原生产队少山，群众无山经营的矛盾。将原属大队（村）的山林划了 50%左右约 130 万亩为生产队所有，其中在村庄周围和房前屋后就近划了 34 万亩给农户作自留山，同时，将便于家庭经营的毛竹林、薪炭林（部分用材林）和茶果经济林作为责任山并以合同形式确定权责利承包给农户管护或经营；集中连片的用材林仍属大队（村）所有和经营。经过林业“三定”工作，形成了国家、集体、个体三种林业经济成分和集体林统分结合的双层经营体制。

2、发展村办采育林场，推进林业规模经营。这是我县用材林经营走出的一条新路子。我县开发集中连片的天然林，需先修公路，要大量投资，生产方式宜小片皆伐，迹地更新造林，客观要求必须有适度规模的生产组织形式，才能合理配置生产要素，形成生产能力。于是，1977 年冬，各公社创办了公社采育林场，解决了采育结合问题，但这种带有“一平二调”性质的生产组织形式，规模太大，生产管理跟不上去，挫伤了群众发展林业的积极性。1979 年，全县认真总结了规模经营、采育结合的经验，因势利导调整生产规模，引导由公社办场向大队办场过渡。经过多年的总结、提高、完善，这种大队（村）办采育林场的生产经营逐步规范化、基地化，即以大队（村）为单位统一规划，统一经营、统一采伐、统一造林。林场实行采伐、营林两段承包，按件计酬。到 1988 年底止，全县村办采育林场已发展到 121 个，经营面积约 80 万亩，它成为全县用材林经营的基本模式。实践证明，这种村办采育林场，规模适度，组织管理灵活，分配形式简单，调动了林权者、经营者、劳动者三方面的积极性，有利于合理开发利用资源，培育和保护资源，保证了采育结合、加快商品林基地建设。

3、建立林业基金制度，走以林养林路子。林业取之于林多，返之于林少，这是采育失调，后继无林的长期原因。为解决这一问题，我县早在 1980 年就开始建立育林基金制度。采取行政措施从木材收购价中扣下造林押金，用于造林；1981 年林价提高后，县又规定林价的 60%专户存入银行，用于造林育林；1983 年后，林业“两金”（育林基金、更改资金）大头留在林区使用，从而解决了林业投资渠道。接着，木材市场放开，木材价格提高，林业资金积累增加，林业简单再生产得以实现。十年来延伸伐区公路 343.95 公里；造林 41.08 万亩；县兴建了木筷、木(竹）胶合板、纤维板、刨花板等林产工业企业，共投资 1552 万元。

4、搞活木竹流通渠道，提高林业经济效益。全县改革从林业起步，林业又选准搞活流通为突破口。经我县多方面工作，1983 年省政府批准我县为全省搞活等外非规格木材和计划外毛竹流通渠道的试点县，给了我县林业经营自主权，当年增加收入 546 万元。1984 年我县又被列为省农村综合改革试点县，规定在完成林业“三包”（包森林蓄积量增长、包造林任务、包上交木材任务）的前提下，采伐、加工、销售、运输由县决定。于是，当年自销非规格材、自留材 12 万立方米、毛竹 74 万根，实现收入 2082 万元。1985 年南方集体林区林业放开，实行木材议购议销，经济效益成倍增长，国家、集体、农民都得到好处。林业自我积累、自我发展能力增强，进而启动了林区经济的发展。

5、建立一套与林业放开相适应的管理制度，保证林业改革顺利进行。在林业新旧体制的转换中，我县总结完善了一套宏观控制，微观搞活的管理办法。首先，坚持了限额采伐。按照上级核定的年度商品材采伐计划，依据林分蓄积分布，逐级下达到生产单位，并建立台账管理，把采伐量限额控制在“一本账”上。其次，严格伐区管理。木材生产必须在划定的伐区内进行，并搞好伐区设计，确定采伐方式、采伐范围和采伐数量，然后才允许作业，同时严格伐区生产管理和伐区验收制度。第三，加强护林执法队伍建设，强化林政管理。在宣传贯彻“森林法”，提高干部群众遵纪守法自觉性同时，建立了森林公安、森林法庭机构，加强了乡（镇）林业管理站建设，健全县、乡（镇）村三级护林队伍，建立了林场的营林承包责任制，把护林网络延伸到了每一个山头，保证了依法采伐，凭证运输放行，生产、流通秩序井然有序。

林业改革是成功的，路子是对的，效果是明显的。主要表现在两个方面:

第一，增强了林业内部活力，迅速扭转了采育失调，实现了采育结合，步入了良性循环。改革的目的是大力发展林业生产力。林业“三定”进一步稳定和明确了山林权属，建立了林业责任制，调动了各方面发展林业的积极性；发展村办采育林场，找到了既符合林业生产特点，又适合崇义县情、林情的最佳经营模式；木材放开，林业资金回流，解决了林业资金投入。因而，从根本上扭转了重砍轻造、后继无林的被动局面。造林的步伐以前所未有的速度前进。1977 年以前的 27 年间，全县采伐面积 21.5 万亩，造林保存面积只有 9.63 万亩，造林欠账 11.93 亩。而 1978 年到 1988 年的 11 年间，不仅当年采伐及时更新，而且还清了历年造林欠账，共造林 45.58 万亩，相当于前 27 年保存面积的 4.75 倍。现在，全县基本消灭了荒山，商品材基地开始形成了气候，全县拥有一万亩以上商品材基地的村有 13 个，千亩以上的村 74 个。近年来封山育林也很有成效。几十万亩天然更新的松树林长势旺盛，成为很有后劲的工业原料林基地。落实了自留山后，村庄周围、房前房后的林木也有很大的变化，森林覆盖率提高，群众缺柴问题得到缓解，全县林业开始步入了采育结合，永续利用的良性循环。

第二，启动了林区经济的发展。林业改革、开放、搞活，成为启动林区经济发展的动力。我县林业改革先行一步，木材提前两年放开，这一机遇带来了林区经济以超常的速度增长。1983～1985 年，财政收入三年跨了三大步，农民收入三年增长 300 元。1985 年全县工农业总产值比 1980 年翻了一番，农民人均纯收入由 1980 年的全省第 45 位跃居全省之首。1989 年全县工农业总产值达 19786 万元，财政收入 1709.1 万元，农民人均纯收入 568 元，与 1980 年比，分别增长 2.62 倍、2.52

倍、7.2倍。林业启动了经济发展，经济发展又推动了各项事业前进。全县交通、能源条件改善，工业后劲增强，乡镇企业、各种经营两条短腿伸长，城镇建设步伐加快，文教卫生事业有较快的发展。现在，全县有78%村通公路，93.3%农户解决了照明用电，30%户有电视机，电冰箱、洗衣机、电饭煲等家用电器开始进入农民家庭。1989年农民户平储蓄存款258元。1983年，学校由危房16.1%下降到现在的1.53%。

林业改革出活力、出速度、出效益，林业进一步发展，也要靠深化改革来推动。

深化改革的目标是，探索在林业经济中计划经济与市场调节有机结合的形式和途径，初步确立林业商品经济新体制的基本框架；建立林业良性循环的运行机制；加快商品林基地建设步伐，推进林业工业化。

按照上述深化改革思路，实施如下改革措施：

实行分类经营。按高山远山生态防护林、中山低山速生丰产林、村庄周围薪炭、茶果经济林的总体规划，分别进行封山保护、商品林基地建设和家庭经营，使全县林地形成三大块状，发挥生态、经济、社会三大效益。

走好两条路。一条是经营集约化。统一规划，适地适树，集中连片，集中投资，到2000年建成110万亩商品材基地。要以“咬住青山不放松，经济立根林业中，百万基地同心干，任尔东西南北风”的信心和决心，把这一造福后代、荫及子孙的伟大事业办好。一条是林业工业化。以培育资源为基础，以效益为中心，实现培育资源——采伐——加工一条龙，林业工业一体化。以林促工，以工补林，循环往复，同步发展。

建立和完善林业运行机制。一要建立投入机制。要把林业“两金”和预留更新费作为资金投入主要渠道，同时争取国家、社会增加对林业的投入；大搞开发性林业，引导劳力向林业分流，增加活劳动投入；加强科技队伍建设，提高干部管理素质，健全科技推广体系，推广应用林业实用技术，以增加科技投入，改变目前林业粗放经营的落后状况。二要完善经营机制。巩固“三定”成果，稳定山林权属，促进“两权”（所有权、经营权）适当分离，继续办好起骨干示范作用的国营林场，大力推进村办采育林场规模经营，积极鼓励农户经营好自留山，引导家庭无力经营的责任山向集体统一经营的方向发展。三要理顺市场机制。根据木材商品的特殊性和流通领域的专业分工原则，尽快建立县内木材统一市场，进一步发挥木材公司主渠道作用，并巩固已经延伸的销区销售网点，开拓新的市场，相应建立经营行为规则、盈利和利益分配规则，以维护生产者和消费者利益。四要强化约束机制。加强全民对林业资源“保护意识”、“产业意识”的同时，进行林业生产经营行为规范导向，并加强林业的宏观调控和微观制约能力。

我县山林面积大，土地条件好，发展林业得天独厚。只要我们坚持改革，不断探索，不断前进，我县的林业就会兴旺发达起来，林区经济就会繁荣起来，对国家就能作出更大的贡献。

本文作者：中共崇义县委副书记

林　业

森林资源

1988年10月至1989年底，全县抽调林业技术骨干31人，组成森林资源连续清查小组，采用系统抽样测试方法，对全县各地类面积、林种结构和森林蓄积进行核定，结果如下：

【林地面积】

全县各类山地面积259.2万亩，其中：有林地面积197.97万亩，占76.4%；灌木林地面积1.55万亩，占0.6%；疏林地面积26.69万亩，占10.30%；未成林造林地面积20.29万亩，占7.8%；无林地面积12.7万亩（其中宜林荒山3.3万亩）占4.9%；森林覆盖率67.1%。(详见表1)

【林种划分】

全县各林种面积197.97万亩，其中：用材林面积124.14万亩，占62.7%；防护林面积15.54万亩，占7.8%，薪炭林面积3.53万亩，占1.8%，经济林面积13.26万亩，占6.7%，特种用途林面积2.2万亩，占1.1%，竹林面积39.3万亩，占19.9%。(详见表2)

【活立木蓄积】

全县活立木蓄积量为908.07万立方米。其中：林分蓄积为756.53万立方米，占83.3%；散生木蓄积为113.38万立方米，占12.5%；疏林蓄积为38.16万立方米，占4.2%；活立竹蓄积为4416万根。(详见表3)

与1980年相比，森林资源的变动呈现“三增、三减”趋势。“三增”是：有林地面积（包括未成林造林地面积）增加，人工林面积增加，中幼林面积增加；“三减”是：活立木蓄积量减少，成过熟林面积减少，森林覆盖率减少。

崇义县林业用地变化统计表

表1　　　　　　　　　　　　　　　　　　　　单位：万亩

年度	合计	有林地	灌木林地	疏林地	未成林造林地	无林地			森林覆盖率%
						小计	荒山		
							小计	其中：宜林荒山	
1980	259.02	199.77	2.23	28.46	2.2	26.36	16.14	8.54	67.7
1989	259.2	197.97	1.55	26.69	20.29	12.7	10.1	3.3	67.1
增减	+0.18	−1.8	−0.68	−1.77	+18.09	−13.66	−6.04	−5.24	−0.6

1989年崇义县林种结构统计表

表2　　　　　　　　　　　　　　　　　　　　单位：万亩

项目	有林地	其中							
		用材林			防护林	薪炭林	经济林	特用林	竹林
		小计	人工林	天然林					
面积	197.97	124.14	48	76.14	15.54	3.53	13.26	2.2	39.3
比例	100	62.7			7.8	1.8	6.7	1.1	19.9

崇义县森林资源变化统计表

表3　　　　　　　　　　　　　　　　　　　　单位：万立米、万根

年度	活立木总蓄积	其中					毛竹蓄积
		林分蓄积			散生木蓄积	疏林蓄积	
		幼龄林	中龄林	成熟林			
1980	11253.76	27.14	360.81	503.01	158.08	74.72	4953
1988	908.07	31.7	339.99	384.84	113.38	38.16	4416
增减	−215.69	+4.56	−20.82	−118.17	−44.7	−36.56	−523

造林绿化

【林业工作三级干部会】

1989年1月5日至7日，县召开林业工作三级干部会。参加会议的有县直有关单位负责人、各乡（镇）中共党委书记、乡（镇）长、各国营林场场长、各林管站站长等共计367人。会议以“统一全县各级对林业的认识，进一步转变林业生产经营观念，确定以营林为基础，以加速商品材基地建设为重点，以提高经济效益为中心，以富山富民为目的”为指导思想。提出了到公元2000年全县建成110万亩商品材基地，5万亩经济林基地的战略目标。会议对加速培育后备资源；抓好毛竹林和经济林建设；提高现有资源的商品率、利用率；完善林业生产责任制；建立发展林业资金自我循环体系；加强乡、村林业工作领导等问题，作了重点研究，提出了具体实施办法。

【造林规划】

全县营林生产从1986年开始打破传统林业生产模式，在统一规划指导下，实行集中投入，集约经营，发展商品材基地。商品材基地建设按项目投资，实行工程管理，以乡、场为单位，造林连片面积在300亩以上的工程，列入基地造林范围，对区划内的造林进行规划设计，按设计要求施工，按标准检查验收。1989年在茶亭坳、十八面、荷树坳、下关、拐坵和龙峰等6个地塅，实行联合造林工程，由林业局制订工程作业设计，由各乡、场联合施工，完成工程造林面积11862亩。造林实行工程管理，使全县商品材基地建设，逐步走向规模化、集约化和专业化。通过总体规划设计的初步调查，到1989年底止，全县已建成基地造林面积56万亩。其中杉木林32万亩，松木林16万亩，毛竹林8万亩。

【营林投入】

1986～1989年的四年中全县造林总投资1739.16万元。其中：1986年396.86万元，1987年307.55万元，1988年521.37万元，1989年513.38万元，比1985年增长97.86%。四年全县育苗1887亩，造林面积22.2万亩，其中：荒山造林7.61万亩，迹地更新14.59万亩。幼林抚育面积76.64万亩，封山育林面积38.97万亩。(详见表4)

崇义县营林生产统计表

表 4　　单位：亩、万亩

项目 \ 年度		1986	1987	1988	1989	合计
育苗		546	548	351	442	1887
造林		7.47	5.04	4.75	4.94	22.2
其中	荒山造林	3.0	1.48	1.7	1.43	7.61
	迹地更新	4.47	3.56	3.05	3.51	14.59
幼林抚育		20.11	20.51	17.46	18.56	76.64
封山育林		24.01	9.8	2.09	3.07	38.97

【领导任期目标责任制】

1986 年县政府提出林业发展战略规划，建立各级领导培育森林资源任期目标责任制，层层签订造林绿化责任状，把培育和扩大森林资源，作为考核各级领导干部政绩的主要内容之一。1989 年县政府已制订对乡（镇）村领导林业生产考核奖惩制度，根据造林任务大小和森林保护的好坏，实行百分制计奖办法，年基地造林 3000 亩以上的乡（镇），每百分奖金 1.5 万元；年基地造林不足 3000 亩的乡（镇），每百分奖金 1 万元。年底经组织检查验收，横水、铅厂、长龙、龙勾、茶滩、杰坝、过埠、金坑、思顺、麟潭、上堡、古亭、丰州、乐洞、关田、聂都等 16 个乡（镇）获奖，共兑现奖金 16.37 万元。

【义务植树】

四年来，在全县范围，广泛开展群众性义务植树造林活动。每年春季划定义务植树造林责任区，实行统一规划，统一整地，统一供苗，统一栽植。开展包造林、包抚育、包成林的“三包”活动。四年全县义务植树共计 153.53 万株。

林政管理

【建立护林网络，健全管理体系】

经过四年连续工作，全县已建立健全县、乡、村三级护林网络。各乡（镇）配备一名林业副乡（镇）长，各林管站共配备 60 名伐区管理员，村级配备专职护林员 324 人，兼职护林员 22 人。

四年中，全县进一步建立健全计划管理、伐区管理、购销管理等三大林政管理体系。在计划管理上，实行计划单列、分级设账、逐笔核销。做到计划台账、放行量、收费金额三相符；在伐区管理上，实行统一规划，联合采伐。由乡（镇）林管站制定伐区作业设计，确定采伐时间、地点、范围和更新方式，生产单位按作业规程，统一组织采伐；在购销管理上，实行林业一家进山收购，多渠道销售。既有效的防止乱砍滥伐，又搞活了流通渠道。

坚持广泛开展《森林法》宣传。每年县林业局抽调人员组成工作组，出动宣传车 30 辆次，深入各乡（镇）各国营林场宣传，四年共印发宣传材料 1200 份，建护林防火宣传牌 491 块，放映电影 120 场，受教育人数共 20 万人次。

四年共查处各类林业案件 1233 起，其中：刑事案件 15 起，逮捕 15 人；治安案件 70 起，拘留 120 人，警告 34 人。收缴木材 2087 立方米，挽回直接经济损失 157.17 万元。(详见表 5)

崇义县查处林业案件统计表

表 5

年　度	起　数	逮捕人数	拘留人数	收缴木材(立方米)	备　注
1986	290	5	21	698	不包括竹木检查站扣留的木材
1987	242	2	23	589	
1988	366	6	24	451	
1989	335	2	52	349	
合　计	1233	15	120	2087	

【禁挖春笋】

1989 年 2 月 25 日，县政府颁发“关于保护春笋”的布告，规定“春分”至“谷雨”为禁止挖笋期。为了使布告得到落实，县林业局抽调专人专车深入全县 18 个乡（镇）开展关于保护春笋的宣传。同时抽调 102 人组成护笋工作组，进驻乐洞、文英、关田、聂都、上堡、麟潭、茶滩、横水、铅厂、扬眉、长龙等 11 个竹林较多的乡（镇），作重点护笋工作。据统计：县、乡（镇）、村三级联合组织护笋员 512 人，张贴护笋布告、通告 2962 张，拆除烤笋工棚 39 个，清理出境的外地烤笋民工 449 人，没收鲜笋 15 吨，没收笋干 25 吨，收缴工具 255 件，罚款 8756 元。有效的保护了竹林的正常生长。

【防火护林】

全县护林防火工作按照“预防为主，积极消灭”的方针，建立健全各级护林防火机构。1987年县成立森林防火指挥部，由主管林业副县长任总指挥。配有专职工作人员2人，兼职工作人员3人，配备防火指挥车1辆。各乡（镇）成立护林防火领导小组。各村建立护林防火小组。1988年8月，全县已形成以县林业局为中心，以各乡（镇）、国营林场为主体的森林防火通讯网络，配有调频电台15台，对讲机25台，同时采取有力措施，加强护林防火基础设施建设，到1989年底全县有瞭望台5座，防火线653.8公里，风力灭火机15台。

四年全县发生森林火灾37起，火场面积5235.6亩，烧毁森林面积1918.5亩。（详见表6）1986年发生森林火灾13起，火场面积2947亩，烧毁森林面积883亩。1989年发生森林火灾7起，火场面积659.1亩，烧毁森林面积351.6亩，比1986年分别下降41.15%，77.67%，55.2%。1987年获赣州地区护林防火指挥部授予护林防火先进县。

崇义县森林火灾统计表

表6　　　　　　　　　　　　　　　　　　　　　　　　　　　　　　单位：亩

年度 项目	1986	1987	1988	1989	合　　计
火灾次数	13	11	6	7	37
火场面积	2947	1293	336	659.6	5235.6
烧毁森林面积	883	497	186.9	351.6	1918.5

【山林纠纷】

省际山林纠纷　1、1986年6月，湖南省汝城县热水公社与乐洞公社青木大队六石洞生产队，小地名板下山，发生山林所有权争议，争议面积2000亩。争议原因：原业主沈隆英原藉湖南，合作化前迁至乐洞公社青木大队。农业合作化时，沈隆英的土地山林在青木大队入社。争议双方经多次协商，未能达成协议。

2、1988年7月，湖南省汝城县益将林场与文英乡，小地名安子脑，因省界走向不清，发生山林所有权争议，争议面积3000亩。文英乡持有该山场的土地证。证据齐全，多次与对方交涉，均无结果。

县际山林纠纷　1、1988年，大余县与铅厂乡，小地名生龙口，发生山林所有权争议，争议面积6000亩。生龙口一直属崇义县管辖，崇义县证据齐全，上诉地区行署，至今未作处理。

2、1988年聂都乡河口村与大余县吉村乡沙林村在小地名荔藟坑，发生山林所有权争议，争议面积6000亩。荔藟坑原来属河口村华姓世居之地，河口村持有该山场土地证并一直经营至发生争议时，7月，大余县吉村乡组织大批村民炸毁公路，捣毁汽车1辆。崇义县已向地区行署民政局写出书面报告，至今未作处理。

3、1988年11月，大余县荡坪镇与铅厂乡，小地名上坑，发生山林所有权争议，争议面积3000亩。大余县荡坪镇村民多次强行进入该山场砍伐林木。铅厂乡持有该山场土地证和山林权证。崇义县已写出书面报告上报地区行署，至今未作处理。

4、1989年6月，大余县吉村乡沙田村与聂都乡河口村，小地名麻布袋，发生山林所有权争议，争议面积6000亩。河口村持有该山场土地证。7月，崇义县调处山林权属纠纷办公室已据证上报地区行署，至今未作处理。

5、1989年11月，大余县钨矿与铅厂乡，小地名长尾岭牛古脑，发生山林所有权纠纷，争议面积3000亩。

县内山林纠纷　四年共发生山林纠纷16起，争议面积17036亩。山林权属纠纷发生后，经有关部门组织争议双方协商调解，都已得到妥善解决。现将2起千亩以上纠纷调处结果摘录如下：

1、1988年6月，过埠村与过埠镇林场发生山林权属纠纷，争议小地名庙背坑，争议面积6000亩，庙背坑山林所有权属过埠村，过埠镇林场与过埠村已签订经营协议书，该山场由过埠镇林场经营，所有权不变。林业“三定”时划作所有权，引起争议，经组织双方协商调解，已换发执照，仍按原所签订经营协议书执行。

2、1989年4月，桐梓国营林场与桐梓村在乱石坳发生山林经营权争议，争议面积2000亩。按原定协议乱石坳划归桐梓国营林场经营，因四址界限不清，引起纠纷。报经崇义县人民政府批准，将该山场退回桐梓村经营。

【森林病虫害防治】

森林病虫害是当今林业“三害”（森林病虫害、森林火灾、乱砍滥伐）之一。1987年7月14日成立森防站，配备专业森防人员，按照“预防为主，积极消灭”的方针，开展森林病虫害防治和森林植物检疫工作。县林业局抽调专业人员组成调查组，于1987年8月3日至9月30日，历时59天，对县内18个乡（镇）、4个国营林场、1个森林苗圃进行森林疫情调查。调查面积81992亩，收集标本115份。通过调查发现有松针褐斑病、毛竹枯梢病，泡桐丛枝病、板栗瘿峰等4种国内森林植物检疫对象。

四年全县发生2次危害较大的森林虫害。1988年松毛虫发生面积达1万亩。受害面积500亩。1989年因上年松毛虫越冬基数大，加上气候温暖潮湿，食料丰富，松毛虫发生面积迅速扩大，遭受松毛虫严重危害的龙勾乡、扬眉镇，有虫面积10万亩，有虫株率90%，其中虫情三级以上的达8万亩。贯彻“治早、治少、治了”的原则，县里组织对龙勾乡、扬眉镇松毛虫危害严重地区进行飞机化学灭虫作业，从6月8日至18日，飞行41架次，作业面积6.8万亩，灭虫有效率达98%以上。

1989年长龙乡新溪村发生竹蝗危害，有虫面积近万亩，虫口密度大，危害严重。

林业多种经营

【变废为宝，增值增效益】

林业在深化改革中，坚持以林为主，积极开展多种经营，全面开发，在合理利用自然资源上下功夫，实行以短养长，长短结合，发展“短、平、快”经营项目，搞好林业生产立体开发，提高经济效益。四年中利用废弃的樟树兜提炼樟脑油，利用废弃的松树兜提炼松焦油，利用松针生产松针粉，利用竹枝扎扫把，利用丢弃的木屑发展袋装香菇等方面，取得了突破性进展。据统计，四年国营林业企业利用木屑发展袋装香菇77.32万袋，生产干香菇30.6吨，实现产值111.67万元。利用松树兜提炼松焦油，1986年141.6吨，1987年1207吨，1989年1489.93吨，三年共生产2838.53吨，实现产值283.53万元。

【以短养长、长短结合】

发展毛竹林，用途广，周期短，见效快，经济效益明显。铅厂乡铅厂村1986年冬投资18万元，开通铅厂至黄雀坳12公里的林区公路，在黄雀坳办起1个有1.2万亩的毛竹林场。办场三年，抚育竹林5000亩，采伐出售毛竹36万根，总收入83万元，上交国家税金12万元，提留发展基金27.5万元，并从利润中提取7万元用于农户当年分红，1989年人平毛竹收入96元。1989年全县有毛竹林基地5个，经营面积12万亩。以毛竹为原料的新产品有竹编胶合板、杂竹复合板、扶花竹，以毛竹为原料的加工产品有土纸、竹制农具、竹制家具，还有竹笋、玉兰片、笋干、笋壳等副产品。四年全县共生产出售商品竹184.96万根，竹笋罐头1403吨，竹筒席26790床。

【强化管理，提高效益】

1988年，林业企业的多种经营重点抓了强化管理，上水平，创高产，求效益，使一些多种经营项目扭亏为盈。1986年森工企业从外地引进食用菌生产技术和设备，但因管理粗放，效益很低。1988年强化管理，实行产量、产值、成本与工资挂钩，取得较好效益。全年实现产值86.45万元，比1987年增长2.73倍。(附表7) 发展食用菌工厂化生产，已初具规模。

崇义县森工企业袋装香菇生产统计表

表 7　　　　单位：万袋、吨、万元

年　度	1986			1987			1989		
项　目	袋　数	干　菇	产　值	袋　数	干　菇	产　值	袋　数	干　菇	产　值
数　量	1	0.60	1.8	19.52	9.8	23.42	55.0	20.2	86.45

林业科技

【科技队伍】

1986～1989 年注重抓紧林业科技队伍建设。1989 年有林业科技人员 346 人。按文化程度分：本科 7 人，大专 24 人，中专 108 人；按技术职称分：高级工程师 1 人，工程师 8 人，经济师 2 人，会计师 3 人，主治医师 1 人，中学一级教师 1 人。助理工程师 113 人，技术员 217 人。为了提高科技队伍素质，从 1986～1989 年共选派 18 人，到林业院校学习。其中：北京林业大学 8 人（代培），其他中等学校 5 人。林业系统 1987 年有 15 人参加中央农业广播学校学习，1988 年有 39 人参加北京经济函授大学崇义县分校函授学习。1989 年全部结业。

【科技普及】

主办林业科普科技宣传橱，黑板报。1987 年办林业科普科技宣传橱 7 期，《崇义林业》4 期。造林专题录音广播面达 10 个乡（镇），计 2930 人次。每年举办杉木培育，化学除草等技术讲座 1 至 4 次。每年举办 3 至 5 期有关营林、森保，木材检验等技术培训班。1987 年举办 4 期计 350 人次。四年在地级以上刊物发表科技论文 7 篇。其中省级刊物发表 6 篇，地级刊物发表 1 篇。同时，加强职工岗前培训教育，1988 年 9 月，木材公司成立职工学校，1989 年底在校学生 80 人。

【林业科技推广应用】

1986～1989 年，在林业技术推广应用上，从崇义县森林资源活立木蓄积下降这一严峻现实出发，紧紧围绕“加速培育和扩大森林资源，增强林业后劲”下功夫。经过四年努力，到 1989 年底止，全县建立林木良种基地 300 亩。推广、应用林木速生丰产技术，建立杉木、松木用材林基地 48 万亩，推广应用草甘磷除草技术，有效面积达 3040 亩。

（何　焕　田长征）

农　业

种 植 业

【粮食生产有新的发展】

1986～1989年，在粮食生产上采取稳定粮食种植面积，积极引进推广农业新技术，选用良种，扩大杂交早稻种植面积，培育壮秧，合理施肥，科学管理，加强水稻病虫草鼠害综合防治，狠抓低产田改造等农业技术措施，打破了粮食生产徘徊局面，使粮食生产连续三年增产。1989年粮食总产量突破6.65万吨。据统计，粮食总产量，1986年60874.3吨，比1985年减产1.51%。1987年63222.4吨，比1986年增产3.86%。1988年64726.7吨，比1987年增产2.37%，1989年66505.4吨，比1985年增产7.59%，比1988年增产2.75%。其中，稻谷总产量64158.7吨，占粮食总产量的96.47%（早稻亩产331公斤，总产量22899.4吨，占35.69%；中稻亩产358公斤，总产量16884.6吨，占26.31%；晚稻亩产325公斤，总产量24374.7吨，占37.99%）。打破了“早稻全保险，中稻半保险，晚稻病虫灾害严重危险”、“早稻是宝，晚稻是草”的水稻生产格局，攻克了早稻、中稻、晚稻亩产悬殊，障碍粮食生产发展的难点，早稻、中稻、晚稻亩产都已突破300公斤，走出了一条早稻、中稻、晚稻三季平衡增产，晚稻产量超过早稻产量的新路子。

（何　焕　罗九龙）

【杂交水稻】

1、四年共引进推广杂交水稻有威优64、威优35、威优49、威优438、威优483、威优63、威优46、威优48～2、威测50、汕优64、汕优63、协优64、协优49、协优46、Ⅱ优46、Ⅱ优64、D优64、红优63、华优63、汕优桂33等7个系统20个组合。

2、四年杂交水稻制种876亩，生产杂交水稻种子77.9吨。其中1986年在麟潭夏制258亩，产种23.25吨。1987年在思顺夏制40亩，产种3.95吨，1988年在扬眉夏制225亩，产种20.25吨。1989年在龙勾春制353亩，产种30.5吨。

3、四年共调进杂交水稻种子1035吨，（县种子公司调进783.50吨，乡（镇）调进251.5吨。），支援外县323吨。

崇义县杂交水稻种子购销统计表

表 1　　　　单位：吨

年度	购进				销售		
	合计	县内收购	种子公司调进	乡镇调进	合计	县内销售	支援外县
1986	173.1	14.6	78.5	80	173.1	142.6	30.5
1987	442		329	113	442	176.5	265.5
1988	225.5	8.5	164.5	52.5	225.5	218.5	7
1989	231.85	14.35	211.5	6	231.85	211.85	20
合计	1072.45	37.45	783.5	251.5	1072.45	749.45	323

4、四年全县共种植杂交水稻面积 40.60 万亩，其中 1986 年 7.26 万亩，1987 年 9.32 万亩，1988 年 11.76 万亩，1989 年 12.26 万亩。

（何　焕　罗九龙　曾忠民）

【试验、示范“吨粮田”】

为了运用农业科学技术，提高科学种田水平，摸索水稻高产栽培模式，1987 年县农牧渔业局组织农业科技人员深入扬眉、龙勾 2 个乡，因地制宜，提出水稻高产栽培技术措施，由农户在生产过程中，具体分段实施，在 154.4 亩面积中，进行“吨粮田”试验、示范。结果，平均亩产 1011 公斤。1988 年“吨粮田”面积扩大到 2380 亩，平均亩产 1015 公斤。1989 年“吨粮田”面积发展到 10500 亩，平均亩产 1005 公斤。通过三年的生产实践，经过不断总结，摸索出一个较为理想的水稻高产栽培模式，找到了一条水稻高产途径。

【引进推广农业新技术】

1、四年共引进杂交玉米中单 2 号、苏玉 1 号、掖单 4 号、翼单 16 号。在铅厂乡稳下、关刀坪等地种植。1986 年 1853 亩，亩产 130 公斤，总产 240.3 吨。1987 年 1015 亩，亩产 213 公斤，总产 216.6 吨。1988 年 1068 亩，亩产 190 公斤，总产 203 吨。1989 年 1490 亩，亩产 161 公斤，总产 240.7 吨。2、蘑芋、芦笋试验。1986 年试验芦笋 1.5 亩，蘑芋 120 亩。1987 年芦笋扩大到 5.8 亩，蘑芋扩大到 17 亩，1988 年增加到 180 亩，1989 年发展到 200 亩。3、试验再生稻。1988 年试验再生稻 15 亩，1989 年推广 3127.4 亩。有的农户未按再生稻试验方案要求进行，推迟了播种期，造成无收，有收面积只有 1184 亩。4、引进推广激素。(1) 引进推广多效唑。1988 年引进多效唑 50 公斤。分别在中、晚稻秧田试验，大田种植 922.6 亩，均取得了较好效果。1989 年推广多效唑 850 公斤，育秧 0.7 万亩，移栽大田 6

万亩，增产效果显著，经济效益明显。县农牧渔业局被地区多效唑推广应用协作组评为先进集体。(2) 1989年引进叶面宝、麻果素、复合防落素、广增素等进行试验。同时推广叶面宝8万支，其他激素200公斤，推广面积8.23万亩。5、引进油菜新品种。1988年引种“中油821”、“赣油3号”进行试验。1989年推广“万油17号”、“花县早”油菜1.27万亩。6、引种G28、G140烤烟良种，1988年在扬眉、龙勾试种150亩，总产7.7吨。1989年扩大到6个乡（镇）面积284亩，总产18.7吨。7、1988年试验垄稻沟鱼半旱式耕作法栽培面积143亩。1989年发展到1489亩。

（何　焕　罗九龙　蔡勤胜　曾宪瑞）

【水稻病虫鼠害的发生与防治】

1986年早稻病害重于虫害，螟虫、稻飞虱属中发偏轻，稻纵卷叶螟属中发偏重，稻瘟病属重发略偏轻，晚稻虫害重于病害，四代螟虫属中发偏重，三大病害属轻发，鼠害严重。早、中、晚稻发生病虫鼠害面积7.3万亩次，防治面积5.47万亩次，挽回损失1914.5吨，仍损失稻谷482.5吨。

1987年螟虫一、二、三代属轻发，四代属中发，稻纵卷叶螟属轻发，粘虫、稻瘟病、恶苗病属中发，稻飞虱、纹枯病、鼠害属重发，早、中、晚稻发生病虫鼠害面积8.74万亩次，防治面积7.3万次，挽回损失2550吨，仍损失稻谷911.7吨。

1988年病虫发生是早稻重于晚稻，病害重于虫害，螟虫属轻发，稻纵卷叶螟属中发，稻飞虱早稻属重发，晚稻属轻发，稻瘟病属轻发，纹枯病、恶苗病属重发，鼠害属中发偏重。全县早、中、晚稻病虫鼠害发生面积6.8万亩次，防治面积4.76万亩次，挽回损失1666吨，仍损失稻谷447.5吨。

1989年病虫鼠害是早稻重于晚稻，早稻病害重于虫害，晚稻虫害重于病害。螟虫全年属轻发，稻纵卷叶螟属中发，恶苗病重发，稻飞虱早稻属重发，晚稻属轻发，粘虫属中发偏重，稻瘟病属中发。全县早、中、晚稻病虫鼠害发生面积6.2万亩次，防治面积4.24万亩。挽回损失1484吨，仍损失稻谷534.6吨。

【种子消毒】

农村实行家庭联产承包生产责任制以后，农户引种、调种、串种频繁，为防止检疫性病害随种子传入蔓延，危害生产，1986年县植保站从地区调进“402”50公斤，盐酸450公斤，对早稻种子进行药剂消毒。1987～1989年各地都用“三环唑”、“402”、“多菌灵”、石灰水等药剂，对种子进行消毒。通过种子消毒，减轻了稻瘟病、恶苗病等病害的危害。

【综合防治】

水稻病虫草鼠害综合防治，主要实行选用抗病虫品种，合理搭配品种，安排品种最佳播期，抓好种子消毒，合理施肥，科学管理水浆，及时除草，及时进行药剂防治等农业综合措施。1988～1989年县植保站与横水乡农技站在上营、中营2个村1581亩面积的水稻病虫草鼠害的综合防治示范。1989年恶苗病属重发年，未经种子消毒的病株率一般都在20～40%，个别高达90%。综合防治区内由于对种子进行了不同药剂的消毒处理，病害株率都在2～5%以内；对秧苗喷施送嫁药，减轻了稻瘟病、员泥虫、螟虫的危害；对水浆管理，采用浅灌，勤灌、适时晒田，增强了水稻抗逆能力，有效地减轻了纹枯病和稻飞虱的危害；合理搭配早、晚稻品种，安排好播种期，既可避开四代螟虫危害，又能保证寒露风到来之前安全齐穗；掌握病虫鼠害发生情况，及时进行药剂防治，保证水稻丰产丰收，经过二年的实践，积累了一些经验，取得了较好的效果，1989年上营、中营等2个村的粮食总产比1988年增产17.5吨。

【化学除草】

1986年县植保站引进草甘磷，先后在茶滩、杰坝、聂都、古亭、县果苗场等5个点进行试验示范，取得了良好效果。1987年在铅厂、上堡等2个乡，抓了二个百亩连片防除田坎丝茅的示范。在花生田、苗圃进行“地乐胺”防除杂草试验。同时进行“威尔柏”、“盖草能”防除田坎杂草的药效试验。用1.5%草甘磷防除一年性杂草，喷药后15天检查，除草率达97.59～98.84%。1988年全县化学除草面积2000亩，1989年265亩。通过三年的试验，示范、推广效果显著。分别获得地区科技成果推广二等奖和县科技成果推广三等奖。

【开展农田灭鼠】

由于生态环境变化，鼠害逐年加重，严重威胁农业丰产丰收。四年中，一年属中发，一年属中发偏重，二年属重发。县植保站1986年将农田灭鼠工作，列为植保工作的重要任务，并抓了聂都，古亭2个重点。各乡镇成立灭鼠领导小组，组织乡镇灭鼠工作。全年销售鼠药400公斤，灭鼠5万只，挽回损失450吨，1987年早稻播种前，在全县范围内，统一行动，开展了一次灭鼠保苗活动，投药防治面积8200亩，挽回损失101吨。1988年县植保站深入横水、铅厂、古亭、丰州等地协同乡镇发动群众，抓好农田灭鼠工作。全县的农田灭鼠工作，以乡镇为单位统一进行。投药防治面积23000亩，挽回损失251吨。1989年在全县范围内，组织播种保苗，早稻、中稻、晚稻保穗等4次灭鼠活动。由于连年采取统一指挥，统一配制毒饵，统一行动，分户投饵的办法，效果显著，得到地区表彰。

（何　焕　罗九龙　赖昌秀）

【农作物结构调整】

1986～1989年，根据稳定粮食种植面积，主攻单产，保证粮食增产的前提下，为了发展畜牧业，在粮食生产中，适当扩大玉米种植面积，增加玉米产量；为了满足城镇非农业人口的蔬菜供应，适当扩大蔬菜的种植面积；为了提高经济效益，适当扩大烤烟、花生种植面积等三个原则，全县农作物结构作了适当调整。粮食作物与经济作物的具体比例是：1986年为97.9：2.1，1987年为98.6：1.4。1988年98.5：1.5，1989年为98.1：1.9。

（何　焕　罗九龙　陈衍竿）

【茶果生产逐年发展】

引进新品种　（一）引进果树良种。到1989年县果树苗圃场，引进优良果树品种33个。

1、柑桔良种

(1) 柚类有文旦柚、马歇葡萄柚。

(2) 橙类有朋娜脐橙、纽荷尔脐橙、大红橙、冰糖橙、脐血橙、路比血橙。

(3) 柑类有兴津。

2、梨类有金水一号、金水二号、新世纪、黄花、二宫白、大平。

3、李类有三华李。

（二）引进茶叶品种有上饶大面白、福云6号、福云7号、江华苦茶、云南苦茶。

果茶基地建设　果茶生产已由过去的分散种植，逐步向集中连片区域化、专业化、商品化转化，由粗放经营向高标准建园的集约经营转化。

（一）1987年在铅厂乡关刀坪建立了外贸型红碎茶阳岭茶场。到1989年末已连片种植560亩，目前长势良好。（二）1989年赣州地区柑桔指挥部投资10万元与崇义县农牧渔业局、龙勾乡联合建立股分制的崇义县龙勾橙柚试验示范场。并于1989年12月13日召开股东大会。当年已种植100亩。

技术措施　（一）抓低改、攻高产。1986年开始着重抓500亩高产桔园和500亩速生丰产茶园示范，同时抓2000亩桔园低改和1300亩茶园低改。双管齐下，提高产量。（二）注重质量。四年来采取综合措施，提高品质、提高质量。1986年龙勾乡的黄竹李被省农牧渔业厅评为第三名。锦橙1988年被地区柑桔指挥部评为普通甜橙第三名，1989年被省农牧渔业厅评为普通甜橙第一名。阳岭云雾茶、阳岭秀眉茶分别被地区农牧渔业局评为优质传统名茶、优质创新名茶。（三）推广柑桔贮藏保鲜技术。四年共贮藏75吨。（四）四年果茶技术咨询4000人次，果茶技术培训1890人次，其中县培训740人次，乡（镇）培训1150人次。

果茶面积扩大，产量上升　四年果茶面积扩大4097亩，增长50.86%，其中果园面积扩大2675亩，增长1.19倍。1989年全县果园面积4918亩，总产1393.7吨，比1985年分别增长1.19倍、2.4倍。产值139.37万元。全县茶园面积7218亩，总产208.7吨，比1985年分别增长24.53%、64.65%。产值250.44万元。

崇义县果茶生产统计表

表2　　单位：亩、吨

年度	果园面积	+－%	水果总产	+－%	茶园面积	+－%	茶叶总产	+－%	备注
1985	2243		409.6		5796		126.75		
1986	2725	21.49	772.7	88.65	5727	−0.71	130.6	3.03	
1987	3524	29.32	807.5	4.5	5954	3.96	146.5	12.17	
1988	4559	29.37	841.3	4.18	7097	19.2	159.8	9.08	
1989	4918	7.87	1393.7	64.66	7218	1.7	208.7	30.6	

（何　焕　罗九龙　吴至海）

畜牧业

【畜禽生产全面发展】

耕牛大幅度增长　耕牛存栏，1986年达19130头，比1985年增长10.19%。1987年21273头，比1986年增长11.2%。1988年克服因气候条件造成稻草霉烂，冬季久雨低温，死亡1621头的不利条件存栏仍达21721头，比1987年增长2.1%。1989年23916头，比1985年增长37.77%。

生猪饲养量突破10万头　1989年生猪饲养量达到103580头，出栏54357头，存栏48452头，比1985年增长20.47%。

家禽生产　四年来，引进推广优良品种和小鸡、小鸭饲料，加强疫病防治，家禽饲养量、出笼数、存笼数都有较大发展。据统计，1989年家禽饲养量达到1411038羽，出笼693916羽，存笼717122羽，比1985年增长113.25%。

崇义县畜禽生产统计表

表3　　　　单位：头、羽

年度	耕牛		生猪						家禽					
	存栏	±%	饲养量	±%	出栏	±%	存栏	±%	饲养量	±%	出笼	±%	存笼	±%
1985	17360						43100						488200	
1986	19130	10.20	95780		46788		46849	8.70	968230		394300		498930	2.20
1987	21273	11.2	95464	0.33	49706	6.26	44273	−5.50	1079490	11.49	491110	11.87	554380	11.11
1988	21721	2.1	97800	2.44	51093	2.79	45863	3.59	1211150	12.19	542600	23.01	615500	11.02
1989	23916	10.1	103580	5.91	54357	6.39	48452	5.65	1411038	16.5	693916	27.89	717122	16.51

（何　焕　罗九龙　钟佳柱　邱全华）

【畜禽改良】

家畜改良　（一）耕牛。为改变现有黄牛体型小拉力弱的状况，从贵州调进黄牛232头，其中1986年170头，1987年62头。经过几年工作，杂交后出生的小牛，体型增大。

（二）生猪。1、县畜牧场，扬眉畜牧站已建立人工授精站。麟潭、上堡、关田、思顺、过埠、横水、龙勾等7个乡（镇）都已引进良种公猪为建立人工授精站奠定了基础。2、1986年引进杜洛克公猪3头。1987年引进大型约克公猪3头，赣白母猪50头。1989年引进大型约克公猪6头，赣白公猪2头。3、母猪饲养量1986年2258头，1987年1919头，下降15%，到1989年末1958头，开始回升。

（三）羊。为了充分利用全县草山草坡自然资源，1986年崇义县列为全区种羊基地县。从四川引进麻羊341头，其中1986年94头，1987年247头。1988年调出60头，1989年调出366头，百头养羊点6个，养羊年收入2000元以上养羊专业户4户，1989年末有养羊点9个，存栏776头。

（四）兔。1986年引进长毛兔866只，1987年引进皮肉兼用兔320只。由于兔毛价格下跌，经济效益甚微，长毛兔已基本消失。到1989年皮肉兼用兔存笼1921只。

家禽改良　（一）鸡。1986年引进罗斯鸡500羽，1988年引进珍珠鸡800羽，通过繁殖推广，鸡体型变大，产蛋率提高。

（二）鸭。1986年引进蛋用金定鸭800羽，1987年引进绍兴鸭6000羽，狄高鸭600羽，1989年引进狄高公鸭93羽，大余麻鸭574羽，县农牧渔业局与县饲料公司联合创办过埠水禽繁殖场。同时调进大余杂交鸭3000羽，县扬眉板鸭厂繁殖杂交鸭5.1万羽。

（三）鹅。1987年茶滩乡调进兴国灰鹅300羽，1988年调入800羽，1989年建立泮江种鹅村。

【建立畜禽疫病防治服务体系】

1986年县政府通知恢复生猪“四包一扶助”。全县招聘45名兽医人员。106名畜牧兽医人员转为县办大集体，促进了“四包一扶助”和畜牧业的发展。

1987年生猪“四包一扶助”，由于受地理条件、技术素质、服务态度的限制，思顺、文英、丰州未实现承包，聂都、龙勾、茶滩、铅厂等4个畜牧站承包后造成亏损。

1988年县政府下达《乡（镇）畜牧兽医站管理暂行办法》，对畜禽防疫转为县乡二级管理承包的“双轨制”，防疫经费由乡、村、农户分别负担。除龙勾、扬眉、长龙、横水等4个乡（镇）继续实行“四包一扶助”外，其余15个乡（镇）则实行“双轨制”防疫承包办法。

1989年全县有89名兽医人员参加社会劳动保险，解除后顾之忧，激发了工作积极性，全面实行定时，定点、长期补针的防疫灭病责任制。除扬眉、龙勾、长龙、横水等4个乡（镇）继续实行生猪“四包一扶助”外，其余14个乡（镇）仍实行“双轨制”防疫承包。

同时组织力量完成了1949～1989年畜禽疫病普查任务。

崇义县畜禽防疫统计表

表4　　　　　　　　　　　　　　　　　　　　　　单位：头、羽

年度	生猪			家禽		
	注射头数	注射率	死亡率	注射数	注射率	死亡率
1986	81953	84.83	2.3	577961	58.7	18.7
1987	92339	95.5	1.58	696000	64.47	13.7
1988	85598	96	0.87	829000	68.28	11.7
1989	87457	96.8	0.75	666726	47.25	8.2

（何　焕　钟佳柱）

【全面开展畜禽检疫】

为了加强畜禽检疫，防止畜禽检疫性疫病传播，保证畜牧业生产发展，1986年8月在湘赣二省边境的丰州乡设立了"丰州交通运输畜禽检查站"，配备专职检疫员2人，对过往畜禽进行检疫。

1986年起在全县范围内全面实行畜禽四大检疫工作。四年四大检疫生猪209462头，耕牛67头，家禽93516羽。其中，1986年检疫生猪24884头，耕牛67头，家禽1441羽。1987年检疫生猪78733头，家禽12035羽。1988年检疫生猪48415头，家禽44368羽。1989年检疫生猪57430头，家禽35672羽。

通过畜禽四大检疫，防止了畜禽检疫性疫病蔓延传播，保障了畜牧业生产的安全、持续、稳定发展。

（何　焕　罗九龙　钟佳柱　曾令清）

渔　业

【水产持续发展】

鱼苗孵化，逐年增长　1989年孵化鱼苗2365.55万尾，比1985年增长8.08倍。其中县鱼种场与县河梅鱼场孵化1050万尾，占44.38%，鱼种培育户孵化1315.55万尾，占55.62%。

鱼种培育有降有升　1989年培育冬片鱼种847.47万尾，比1985年增长7.36倍，其中县鱼种场与县河梅鱼场60万尾，占7.08%，鱼种培育户787.47万尾，占92.92%。

鱼产量大幅度上升　由于引进新品种红罗非鱼，抓了稻田养鱼，库汉开发，扩大了养殖面积，提高了养殖技术，提高单产，1989年鱼产量达到1369.2吨，比1985年增长64.17%。

崇义县水产生产统计表

表5　　单位：吨、万尾

年度	水产品	±%	孵化				冬片			
			合计	±%	其中		合计	±%	其中	
					县直	专业户			县直	专业户
1985	834		260.5				101.3			
1986	1002.5	20.2	1197.3	359	526.06	671.24	353.39	248	12	341.39

续表

年　度	水产品	±　%	孵　化				冬　片			
			合　计	±　%	其中		合　计	±　%	其中	
					县　直	专业户			县　直	专业户
1987	1109	10.62	1664.6	39	247	1417.6	236	−33.22	9	227
1988	1268	14.34	2245	25.85	500	1745	902	282	68	832.5
1989	1369.2	7.98	2365.55	5.37	1050	1315.55	847.47	−6.05	60	787.47

【稻田养鱼有发展】

稻田养鱼，既是增加水产品的一个重要途径，又是水稻增产的有效措施。在技术措施上，推广垄稻沟鱼，在放养品种上，由过去的单放鲤鱼，改为鲤鱼、罗非鱼和草鱼苗混养，放养面积扩大，产量增加，经济效果好。

1987 年县科委、县科协、县水产站联合在思顺进行“沟池稻田养鱼丰收”试验示范田 30 亩，亩投放春片 100 尾，夏花 500 尾，经县、乡、村三级验收，全年稻谷平均增产 7%，亩产鲜鱼 31.6 公斤，最高亩产鲜鱼 116.5 公斤。

1988 年县农牧渔业局与县土管局联合制订开展垄稻沟鱼试验示范方案，对实行垄稻沟鱼的，每亩供应平价尿素 15 公斤，补助鱼苗费 5 元。全年试验示范面积 143 亩。结果亩产稻谷 411 公斤，比对照亩增稻谷 42.5 公斤，增长 11.5%。亩收鲜鱼 10.7 公斤，每亩增收 56.9 元。

1989 年推广垄稻沟鱼半旱式栽培面积 1489 亩，亩产稻谷 458 公斤，比对照每亩增产稻谷 73 公斤，增长 18%。每亩收鲜鱼 4.6 公斤，草鱼苗 23 尾，按市场价格计算，垄稻沟鱼半旱式栽培，比对照每亩增收 59.45 元。县农牧渔业局 1989 年获赣州行署“半旱式栽培技术推广”三等奖。

【库汊开发】

对陡水水库本县区域内库汊进行开发，是提高水产品产量的一项措施。1988 年，中共崇义县委、崇义县政府批准对陡水水库崇义县区域内库汊进行开发，搞“水中养鱼，水面养禽，库上养猪，库周种草”的立体综合养鱼。1989 年投资 34.5 万元，使库汊开发面积达到 2825 亩，每亩单产达到 29.7 公斤。其中，杰坝乡李坑村库汊立体综合养鱼搞得较好，库汊面积 80 亩，由 4 户农户联合承包，1987 年养猪 44 头，养鹅鸭 500 羽，1988 年种象草 3 亩，二年共产鱼 2.2 吨。全县四年库汊养鱼累计 7131 亩，产鲜鱼 192.66 吨。其中 1986 年 1240 亩，亩产 30 公斤，总产 37.6 吨；1987 年 1037 亩，亩产 22 公斤，总产 28.39 吨；1988 年 1759 亩，亩产 24

公斤，总产42.7吨；1989年2825亩，亩产29.7公斤，总产83.97吨。

【鱼病防治网络基本形成】

1986年县水产站与地区水科所协作完成“草鱼出血病灭活疫苗的应用研究推广”项目被评为赣州地区1986年度农牧渔业技术改进一等奖。通过这一成果的推广应用，基本上消灭了草鱼出血病，提高了草鱼成活率。

1986年，崇义县列为全省鱼病防治联络点。县水产站设鱼病诊所，各乡（镇）农技站设鱼病防治联络点，全县鱼病防治网络已基本形成。从而使广大养鱼户“求医无门，买药无店”的困难，基本上得到解决。县鱼病诊所开展咨询服务，为养鱼户开方配药。四年咨询服务12483人次，开处方3960张，经销鱼药13.51吨。其中1986年0.56吨；1987年4.22吨；1988年4.23吨；1989年4.5吨。

（何　焕　罗九龙　蒋扬房）

科　教

【技术培训】

1、1986～1989年期间，县农牧渔业局先后选派13人分别进入大学、中等专业院校脱产学习1至4年。开设学科有：农技、园艺、土肥、农经、水产养殖、信息、行政管理等，学历为中专、大专、本科。2、1986～1989年，中央农业广播学校第二期农学专业有32名学员获中专毕业证书。第三期畜牧、水产、农经等3个专业有47名学员获中专毕业证书。3、四年县、乡两级共举办技术培训班682期，培训25846人次，其中县培训13244人次，乡（镇）培训12602人次。

崇义县农业技术培训统计表

表6

年度	培训		其中															
	期数	人数	县培训								乡培训							
			小计	农业	植保	经作	畜牧	水产	沼气	农经	小计	农业	植保	经作	畜牧	水产	农经
1986	167	3850	2732	200	50	300	1960	100	40	82	1118	50	300	400	200	28	140
1987	149	4703	3378	159	60	360	2542	150	107		1325	110	500	80	420	50	165
1988	174	5282	3289	270	60		2861	68	30		1993	140	600	450	580	19	204
1989	192	12011	3845	1245	100	80	2150	70	200		8166	5541	400	220	1856	59	90
合计	682	25846	13244	1874	270	740	9513	388	377	82	12602	5841	1800	1150	3056	156	599

【农业科技宣传】

1986年编写“农业科技参考”23期，1987～1988年编写“农牧渔业情况汇报”16期，1989年编写“农业科技与信息”12期发至全县各乡（镇）、村、重点户、科技示范户。为基层干部和农户提供新信息、新技术、新成果。结合本县生产实际，普及推广先进的种植、养殖技术，对科技兴农，治穷治愚，脱贫致富，发展商品生产起了积极作用。

（何　焕　罗九龙　陈衍竿）

【沼气池建设有进展】

一、1986～1989年县政府批准从育林基金中拨款6.3万元，作沼气池建设专用经费。二、四年共发展沼气池267只，比1985年的36只，增长7.4倍。其中1986年建池43只，1987年建池106只，1988年建池45只，1989年建池73只。三、效益调查。（一）1989年末对全县303只沼气池逐池进行检查的结果是：完好的296只，占98%；常年使用的273只，占90%，其中，每年使用10～12个月的246只，占81.1%，使用6～8个月的27只，占8.9%。平均每天能蒸3餐饭的有90只，蒸2餐饭的有148只，蒸1餐饭的有35只。每天能烧3瓶开水的有100只，烧2瓶开水的有131只，烧1瓶开水的有42只。每晚能点3盏灯的有7只，能点2盏灯的120只，能点1盏灯的146只。（二）沼气池的效益。1、1只沼气池每年可省烧柴1.5吨，相当于4.29立方米，全县以正常使用的273只池计算，每年可节省1170立方米木材，既保护了森林资源，又有利于生态平衡。2、每年可节省砍柴时间2730天，有利于农业开发。3、由于沼气池密封，改善了农村环境卫生条件。4、农田施用沼液，有利于改良土壤。5、解决了没有电源地区生活照明问题。6、使用沼液喂猪、养鱼、浸水稻种子都有明显效益。四、发展不平衡。全县18个乡（镇）只有4个乡（镇）发展了沼气池，其中龙勾乡209只，占68.98%，思顺乡46只，占15.2%，横水镇38只，占12.55%，扬眉镇10只，占3.27%。同时还有10%的沼气池没有发挥作用。

（何　焕　罗九龙　钟芳光）

经营管理

【整顿清理农村财务】

1986年9月根据县政府关于加强领导，认真组织，突击九月，切实解决农村财务整顿扫尾工作的通知要求，组织248人的财务清理工作队，对全县还有农村财务整顿任务的15个乡（镇）83个村的财务进行清理整顿。清理前固定资产账面5017件，5162124元，清理后实有3112件，6236707元，增加1074583元，增加20.82%。集体积累，账面2187480元，其中公积金1732526元，公益金454954元，清理后实有1714837元，减少472643元，减少21.61%。其中公积金1361587元，减少370939元，减少21.41%。公益金353250元，减少101704元，减少22.45%。债权债务，外单位及个人欠集体的890772.08元，集体欠外单位及个人的812874.94元。现金74786.81元，存款710776.44元。通过清理应退回财产175件，18266元，已退172件，18062元，占98.88%。查出贪污金额7441.16元，已退回6714.87元，占90.24%。挪用金额35452.88元，已退回28016.88元，占79.03%，呆账111笔，金额29729.77元，已处理92笔，金额28377.72元，占95.46%。

【开展农产品成本核算】

崇义县从1985年起，列为全省农产品成本核算重点县之一，省点60户农产品成本核算，按县农业区划5个区布点13个，具体落实到横水、铅厂、长龙、扬眉、金坑、思顺、麟潭、上堡、关田、聂都、文英、丰州、乐洞等13个乡（镇）。全县开展农产品成本核算有14个项目，核算户77户（包括省点60户），其中种植业8个项目，64户，有水稻（早稻、中稻、晚稻）50户，油菜5户、玉米5户、荸荠1户、茶叶2户、蘑芋1户；养殖业2个项目2户，生猪1户、麻鸭1户；农副产品加工4个项目12户，有香菇2户、笋干3户、土纸6户、木耳1户。通过连续5年的农产品成本核算，首先是，取得了准确资料，为领导决策，提供了可靠依据。其次是有利于改善经营管理，提高经济效益。1987年度农产品成本核算及资料推广运用取得优秀成果，荣获地区农牧渔业局授予科技成果二等奖。

【开展农户目标经营（效益工程）】

1988年在古亭镇桐梓村开展农户目标经营，亦称效益工程。在14户农户实施的结果是：14户，86人，标准劳动力47.5个，耕地60.76亩，总收入69241.77元，比1987年增收21329.41元，增长44.5%。物资费用11396.19元，占总收入16.42%。比1987年增加2066.55元增长22.2%。税金及上交提留1630.22元，占总收入2.35%，比1987年增加931.67元，增长133.4%。净收入56215.36元。占总收入81.19%。比1987年增收18331.19元，增长48.4%。人均收入456.44元，比1987年增加197.23元，增长43.2%。

1989年在横水镇中营村腊树下村民小组组织实施10户农户效益工程。结果是：10户46人，23个劳力，总收入46479.3元，比1988年增收9715.26元，增长26.3%。物资费用9138.23元，占总收入19.66%，比1988年减少297.9元下降3%。税金及上交提留361.76元占总收入0.78%，减少11.38元，下降3.06%。净收入 36797.5 元，占总收入 79.56%，比 1988 年增收 10024.54 元，增长 37.44%。人均收入 803.9 元，比 1988 年增加 217.92 元，增长 37.19%。效益显著。

（何　焕　罗九龙　王祥财）

农业竞赛活动

【参加全省农经服务百面红旗竞赛】

1987 年参加全省农经服务百面红旗竞赛，本县聂都乡农经服务站服务优良，荣获省农牧渔业厅授予“重振旗鼓，建功立业”奖旗一面。

【参加全省农经服务金龙杯竞赛】

1988 年参加全省农经服务金龙杯竞赛，本县茶滩乡农经服务站服务优良，荣获省农牧渔业厅授予“全省农经服务金龙杯”奖杯一只。

【参加全省池塘大面积丰产示范竞赛】

1988 年县水产站组织横水镇、古亭镇、关田乡参加全省池塘大面积丰产示范竞赛，参赛面积 592 亩。由县水产站提出技术措施，进行技术指导，合理搭配品种，及时防治鱼病，养殖户精心饲养管理。经地区组织验收，示范竞赛池塘每亩净产鲜鱼 342 公斤，获省农牧渔业厅 1988 年度参加全省池塘大面积丰产示范竞赛一等奖。

【参加全省池塘、水库“双丰产”示范竞赛】

1989 年县水产站组织横水、扬眉、长龙、龙勾、关田、古亭等 6 个乡（镇），参加全省池塘、水库“双丰产”示范竞赛，参赛面积 1540 亩（池塘 1025 亩，水库 515 亩）。经地区组织验收，池塘亩产鲜鱼 356.1 公斤，水库亩产鲜鱼 76.2 公斤，荣获省农牧渔业厅 1989 年度参加全省池塘、水库“双丰产”示范竞赛二等奖。

【参加全区“吨粮田”建设竞赛】

参加 1988 年度全区“吨粮田”建设竞赛，本县“吨粮田”达标面积 2380 亩，亩产 1015 公斤。县农牧渔业局农技站被地区农牧渔业局评为全区“吨粮田”建设先进单位。

（何　焕　罗九龙　蔡勤胜　曾宪瑞　王祥财　蒋扬房）

水　利

【规划与勘测设计】

规划　1986年10月完成编写《崇义县农村基本电气化规划》。

水利　1、1988年12月完成全县9座小（二）型以上水库库区地形图的测绘工作。2、同月完成杰坝乡、过埠镇的库汊开发工程的勘测、设计任务，编制初步设计书。

水电　1、1986年2月完成山院电站施工公路、施工电源、通讯线路的勘测设计和施工。2、同年4月配合地区水电勘测设计院完成长河坝水库除险加固补充勘测设计任务，编制初步设计书。3、同年6月完成麟潭至上堡10千伏配电线路的勘测、设计任务。4、同年8月完成35千伏降压站10路10千伏线路的勘测、设计任务。5、1987年4月完成乐洞乡茶滩电站和关田乡石泉洞电站的勘测与设计，编制《茶滩电站初步设计书》、《石泉洞电站初步设计书》。6、同年5月完成编制《牛角河电站工程改造初步设计书》。7、1988年4月完成山院电站配套工程——三江引水工程，新地水库设计任务书的编制工作。8、同年8月完成山院电站配套工程——羊子高电站勘测，设计任务编制了初步设计书。9、同年9月完成崇义县城至关田35千伏输变电工程设计任务书的编制工作。10、同月完成丰州乡鹿井电站的勘测工作，并编写项目建议书和设计任务书。11、同年10月完成《崇义县水资源开发利用与建设布局》（送审稿）的编制工作。12、1989年4月完成聂都乡坦东桥电站的勘测、设计任务，编制了初步设计书。13、同年7月完成崇义县城至关田35千伏输电线路的勘测、设计任务，编制初步设计书。14、同月委托赣州地区水电勘测设计院对本县碧坑一、二级电站进行勘测，编写《崇义县碧坑一级、碧坑二级电站项目建设书》。15，同年10月完成思顺水系新地河初拟开发方案的勘察调查，提出新建新地水库、高桥水库和鸡公坝日调节池等3个方案。

饮水　1988年3月配合县防疫站完成长龙乡高氟区生活饮水的改水工程的勘测、设计任务，编制初步设计书。

施工　1、1986年10月，设计室灌浆队20人，完成南康县龙回乡梅源水库大坝帷幕灌浆任务。2、同月设计室灌浆队20人转赴大余县新城乡合江水库，进行地质钻探，于年末完成任务。3、1987年设计室灌浆队18人，赴会昌县小密乡永丰水库，进行大坝帷幕灌浆，完成钻灌39孔，总长度1107米，实现产值10万元。

【农田水利建设】

1986～1989年的四年中，全县的农田水利建设，坚持“巩固、改造、适当发展”的方针，重点对茶滩乡欢地水库、扬眉镇中洞水库、杰坝乡红人岭水库、铅厂乡长河坝水库进行除险加固；每年进行一次水利冬修，修复当年被洪水冲毁的水坡、水圳，对较大的水渠进行渠系配套，斩什、清淤、防渗处理，确保渠水畅流，增强农田抗旱能力。

1986年，县财政对水利拨款46万元。其中投资35万元，兴建鸡公坝拦河坝，对“八一”水渠渠首及跌水段2.3公里渠道进行加宽及三面不见土的防渗处理，使过水流量增加到2.5秒立米，设计灌溉引用流量为0.3秒立米；对茶滩乡欢地水库进行大坝加固，放水管堵漏等处理，完成土石方1800立方米；对扬眉乡中洞水库进行大坝粘土灌浆完成灌浆孔890孔，长3680米，完成土石方1030立方米；既保证了两座水库的安全运行，使工程发挥其正常效益，又保障了水库下游群众生命财产的安全；对稳下水渠、泮江水渠进行渠系配套、清淤、斩什。全年共完成土石方70万立方米，修复水利工程244座，新增有效灌溉面积1052亩，新增旱涝保收面积391亩。

1987年，县财政对水利拨款13万元。对杰坝乡红人岭水库溢洪道进行加宽处理，对大坝进行粘土灌浆，完成灌浆34孔，长1234米，工程质量达到预期效果，恢复了其原有效益，使下游群众生命财产得到保障；对“八一”水渠跌水后2公里渠道进行三面不见土的防渗处理；对稳下水渠、阳岭东灌区进行渠系配套、斩什、清淤及渠道防渗处理；对龙勾乡东山水坡、长龙乡暗山下水坡进行维修加固；新建电灌站8处8台13千瓦；全年完成土石方48万立方米，共修复水利工程418座，其中水轮泵4座。新增有效灌溉面积400亩，新增旱涝保收面积450亩。

1988年，县财政对水利拨款13万元。对阳岭西灌区、稳下水渠、“八一”水渠进行维修配套、斩什、清淤及部分渠道的防渗处理；新建电灌站2处2台4.4千瓦；全年完成土石方66.2万立方米，修复水利工程521座，新增有效灌溉面积546亩，新增旱涝保收面积1508亩。

1989年，中共中央、国务院“关于加强和发展农业生产的决定”，提出重新认识“水利是农业命脉”的观念，“农业要上去，水利要先行”，“连续三、五年时间大力开展农田水利基本建设”的方针。县委、县政府要求各乡（镇）发动群众大搞农田水利基本建设。本年度县财政对水利拨款13万元。新建电灌站41处41台92.6千瓦，到1989年底，排灌机电保有量为112台，514.54千瓦，其中电动机101台，386.1千瓦，内燃机11台，128.44千瓦；对竹山渠进行斩什、清淤，并重新开挖一座隧洞，使竹山渠再度恢复工程效益；10月，刘国富副县长带领县计委、县财政局、县水电局、县矿业局、县矿产品公司，关田乡等单位领导前往受矿产废水污染严重的下关村，进行现场踏勘，决定新建柯树岭水陂，解决1000亩农田的灌溉用水。整个工程造价6万元，经协商确定，县矿业局补助2000元，县矿产品公司补助11000元，县水电局补助4000元，乡补助3000元，下关村自筹1万元，群众集资1万元（即受益区每亩农田征收10元），不足部分由县财政拨款解决。该工程年底已竣工；12 月 15 日中共崇义县委书记黄先浪率领县直机关和铅厂乡干部、职工 571 人，(其中：县级 11 人；局级 185 人）自带干粮、工具前往稳下水渠进行清淤，斩什等劳动，使稳下水渠主干渠自拦河坝至稳下塔下岗 12 公里全部修通。同时，对拦河坝至隧洞口 1.8 公里的渠道，进行三面不见土的防渗处理，并重点修补了出水岩至洋角坑地段渠道；水利冬修前期准备早，任务落实早，动手早，全县完成土石方 74.4 万立方米，修复水利工程 591 座，新增有效灌溉面积 470 亩，新增旱涝保收面积 1535 亩，新增改善灌溉面积 2133 亩，已解决 150 人，45 头牲畜的饮水问题。

【抗洪与抗旱】

1986 年 6 月，全县连续遭受 3 次暴雨袭击，据统计，全县冲毁农田 272 亩，冲坏冲毁水陂 99 座，冲坏水圳 11 条，长 1.39 公里，冲坏河堤共 32 处，长 1.53 公里，冲毁便桥 133 座，倒塌房屋 21 间，死亡 1 人。灾害发生后，县组织救灾工作组分赴灾区会同当地乡政府，村委会，组织发动群众开展生产自救。同时地区防讯抗旱指挥部拨给本县抗灾经费 1 万元，用于修复水毁工程。群策群力筹集资金、材料，组织群众抢修水毁工程，保证农田灌溉用水。动员群众清淤、扶苗、洗苗，补施肥料，减轻灾害损失。

在连续遭受 3 次暴雨后，7 月又连续 20 多天未下透雨，由于部分水毁工程未及时修复，造成全县 65 个村受旱，受旱面积达 10127 亩，无法插晚稻的 1035 亩。旱情发生后，县水电局派出技术人员前往旱情严重的乡、村，安装和维修抗旱设备。并组织发动群众，抗旱保苗，抗旱抢种，对实在缺水不能插晚稻的田，则动员群众种杂交玉米、薯类、萝卜等，使秋闲田降到最少程度。

【水库多种经营】

1986～1989 年，全县水库多种经营，主要以养鱼，种植柑桔，茶叶和其他果树为主。其经营形式是：县水电局直接管理工程，实行集体承包经营；乡、村管理的工程，大部分是个人承包经营。四年中，全县的水库多种经营总收入 18.46 万元，其中水产收入 16.67 万元，占 90.3%。1986 年总收入 2.52 万元，其中水产收入 2.26 万元，占 89.68%。1987 年总收入 1.61 万元，其中水产收入 1.21 万元，占 75.16%。1988 年总收入 10.28 万元，其中水产收入 9.75 万元，占 94.84%。1989 年总收入 4.05 万元，其中水产收入 3.45 万元，占 85.18%。

【水土保持】

1987 年 4 月成立崇义县水土保持办公室，从此，有专职人员负责水土保持工作。

1988 年 8 月，经复查全县的水土流失面积为 372105 亩（折合 248.07 平方公里)，占全县总面积为11.16%，占山地面积12.67%。其中：轻度流失面积313830亩，中度流失面积33000亩，强度流失面积25275亩。

县内水土流失，主要分布于龙勾、扬眉、长龙等3个乡（镇），全县其他乡(镇）也有少量的轻度、中度水土流失。造成水土流失的主要原因有：林木过量砍伐；炼山造林；新开林区公路、板车道；滥挖采矿产资源；油茶山全垦；烧火土灰等。针对上述情况，采取封山育林；提倡油茶山条垦；荒山造林，迹地更新；加强矿产资源管理；禁止烧火土等相应的保护措施。

1988年2月，从会昌县购进三华李、柿子等果树3万株，重点扶持龙勾、扬眉、长龙等乡（镇）治理水土流失，取得了一定效果。

(何　焕　刘和林)

土地利用管理

【宣传土地管理法】

广泛深入地宣传土地管理法，不断提高人们的法律意识。从1987年1月1日实施土地管理法以来，采取各种形式，紧紧围绕全面贯彻实施土地管理法这个中心任务，大力开展"十分珍惜和合理利用每寸土地，切实保护耕地"这一基本国策的宣传教育。一是县乡二级举办培训班6期116人次，宣讲土地管理法12次，培训了干部，为全县开展学习、宣传、贯彻，实施土地管理法奠定了基础。二是印发土地管理法和各种法规材料3790册，编写《崇义土地管理》14期，分发宣传图片22套300张。三是办墙报和宣传栏289期，张贴标语578条，书写永久性标语牌156块。四是录制录音磁带19套，利用广播宣传765次。

通过宣传，提高了干部群众对实施土地管理法的认识，加强了对本县人多耕地少，后备资源不足基本县情的了解，增强了珍惜、节约每寸土地的自觉性和责任感，树立了"土地管理有了法，使用土地要依法，违法占地要绳之以法"的法制观念。

【严格控制建设用地】

从1987年起，国家对非农业用地实行计划指标管理，把占耕地作为指令性计划下达，并且明确规定只许节约，不得突破。在审批制度上，坚持实行集体审批，严格把关。

1987～1989年的三年国家共下达全县占耕地控制指标394亩，指导性占非耕地指标905亩，共计1199亩。三年实际审批国家，集体建设用地，农村个人建房占地面积511.13亩，占计划的42.62%，其中耕地212.1亩，占计划53.83%，非耕地298.93亩，占计划37.14%。

由于采取了宏观管理和微观控制，有效地控制了非农业建设乱占滥用耕地现象，保持了耕地面积的相对稳定。

崇义县非农业建设用地审批统计表

表7　　　　单位：亩

年度	指标面积	其中		实际审批	占%	其中			
		指令性占耕地	指导性占非耕地			耕地	%	非耕地	%
1987	650	150	500	180.09	27.71	71.98	47.99	108.11	21.62
1988	295	135	160	141.86	48.09	52.84	39.14	89.02	55.64
1989	254	109	145	189.08	74.44	87.28	80.07	101.8	71.24
合计	1199	394	805	511.03	42.62	212.1	53.83	298.93	37.13

【开展非农业用地调查】

自1985年11月至1986年对全县农村非农业用地进行了一次全面清查，为制止乱占耕地，滥占土地，实施《土地管理法》奠定了基础。1987年对县行政管理范围内的国家、集体、企事业单位非农业用地进行了一次全面清查，丈量登记，发证工作，初步查清全县国家、集体、企事业单位非农业建设用地面积为1999.97亩，(不含驻县719矿、荡坪钨矿、下垅钨矿、犹江林场、已登记待进一步核实)，占总土地面积0.05%。同时对一些未经办理征地手续的用地单位，经过清查核实，按政策给予补办手续。在清查过程中，对历史遗留下来的一些土地权属有争议的问题，通过调查核实，得到了妥善解决处理，确定了土地权属。

【城镇国有土地申报登记】

1988年，根据国家、省、地的文件精神和统一部署，对县城、建制镇（包括单独核算的工矿、场）土地使用权进行申报登记。全县分县城、横水镇、过埠镇、古亭镇四个申报登记区，严格按上级规定的要求和统一的表格、图册，对每一宗土地的界址，面积，权属和用途等基本情况全面进行申报登记，据四个申报登记区统计，申报面积为6508.33亩，为征收土地使用税提供了依据。

【查处违法占地案件】

1986年冬发现思顺乡部分农民违法抢占、乱占耕地建房现象严重。12月县六套班子主要领导带领县委办、政府办、县农工部、县法院，县检察院，县公安局，县土管局，县司法局，县农牧渔业局、县卫生局、县城建局等单位工作人员40人组成工作组，带领付业民工 30 人，深入思顺乡，历时 15 天，对 47 栋非法占水田兴建房屋，全部予以强行拆除还耕，计拆除 11400 平方米，折合面积 17.1 亩。

1987～1989 年期间，对一些无视法律，法规、随意侵占耕地，非法占用水田兴建房屋，造成极坏影响，群众反映强烈，并在有关部门的配合下，再次进行强行拆除还耕，据统计全县三年共强行拆除非法占用水田建房 46 栋，134 间，拆合面积 12.71 亩。其中 1988 年 12 月龙勾乡一次就强行拆除 22 栋非法占用水田兴建的房屋，共 2593.2 平方米，折合面积 3.89 亩。

【土地开发】

合理开发利用土地资源，提高土地利用率，是打好农业开发总体战的关键。本县地处山区，耕地后备资源有限，合理开发宜农荒山荒坡，发展经济作物，增加农产品是增加土地经济效益的有效途径。

为了提高开发利用土地资源的经济效益，县直有关单位进行了研究论证，做到统一规划，合理安排，保护土地资源和生态环境，派出技术人员对开发土地进行技术指导。

1987～1989 年，县土管局直接投资开发土地费用 17700 元，(1987 年 14700 元，1988 年 3000 元）全县开荒 162 亩，其中生荒 134 亩，1987 年 19 亩，1989 年 115 亩。新开茶园 1464 亩，其中 1987 年 196 亩，1988 年 511 亩，1989 年 756 亩，新开果园 2603 亩，其中 1987 年 1079 亩，1988 年 1035 亩，1989 年 489 亩。

【土地利用】

配方施肥效果好　配方施肥是综合运用现代农业科技成果，根据农作物需肥规律，土壤供肥性能与肥料效应，在有基肥为基础的前提下，提出氮、磷、钾和微肥的适宜用量和比例，以及相应的施肥技术。

1987～1989 年三年配方施肥推广面积 47620 亩，增产粮食 1516 吨，增加收入 54.58 万元。

1987 年印制 1100 份配方施肥处方单，并在龙勾、横水乡、横水镇等 3 个乡（镇）落实 4000 亩稻田为配方施肥试验示范点。为摸清和掌握试验示范推广点的有关施肥习惯与水平、生产面貌，存在问题，加强技术指导，县土管局与县农牧渔业局派出技术人员固定蹲点，走村串户进行调查，根据各承包户的具体情况为重点户开配方施肥处方表，并在耕作管理各个环节给予具体指导。据示范户水稻产量统计，配方施肥亩产达 585 公斤，比习惯施肥亩产 515 公斤，亩增稻谷 70 公斤，增产 13.5%，全县配方施肥 4000 亩，增产稻谷 280 吨，增收 5.48 万元。

1988 年将各项专用肥料纳入配方施肥统筹分配，县建立重点示范点 82 个，农户 597 户，面积 2300 亩。全县推广配方施肥面积 21280 亩，其中早稻 11200 亩，中稻 3600 亩，晚稻 6480 亩。配方施肥结果早稻亩平 457 公斤；比习惯施肥亩平

418 公斤，亩增稻谷 39 公斤，增产 9.3%；中稻亩平 493 公斤，比习惯施肥亩平 447 公斤，亩增 46 公斤，增产 10.3%；晚稻亩平 420 公斤，比习惯施肥亩平 392 公斤，亩增稻谷 28 公斤，增产 7.1%。全县配方施肥增产粮食 783 吨，增加经济收入 26.7 万元，平均亩增稻谷 36.8 公斤，亩平增加收入 12.55 元。

1989 年印发配方施肥处方单 1954 份，《崇义县配方施肥处方表》965 份，供各乡镇参考，全县配方施肥推广面积 22340 亩。其中早稻 12500 亩，中稻 4600 亩，晚稻 5240 亩，平均亩增稻谷 23 公斤，共增产粮食 453 吨，增加收入 22.4 万元，亩平增加收入 10.33 元。

垄稻沟鱼效益好　为推广垄稻沟鱼半旱式栽培新技术，县土管局与农牧渔业局联合制订开展垄稻沟鱼试验示范方案，对实行垄稻沟鱼的每亩供应平价尿素 15 公斤，补助鱼苗款 5 元，1988 年全县落实试验示范面积 143 亩，结果亩产稻谷 411 公斤，比对照亩增稻谷 42.5 公斤，增产 11.5%，亩平收鲜鱼 10.6 公斤，亩增收 56.9 元，共计增产稻谷 6.08 吨，增加收入 8.14 万元。

1989 年推广半旱式栽培面积 1489 亩，结果亩产稻谷 458 公斤，比对照亩增稻谷 73 公斤，增产 18%，增产 108.7 吨，推广垄稻沟鱼面积 1042 亩，垄稻沟鱼半旱式栽培比对照每亩增加收入 59.5 元，共增加收入 8.86 万元，其中搞得好的上堡、麟潭等乡亩增稻谷 100 公斤，亩收鲜鱼 11.5 公斤。

（何　焕　陈武胜）

农业机械

【农业机械化程度】

农业机械化总动力，1986 年为 29198 千瓦，其中各类拖拉机 848 台，8385 千瓦，占 28.71%，各类运输车 211 辆，12505 千瓦，占 42.83%，农用机械动力 8308 千瓦，占 28.46%；1987 年 33459 千瓦，比 1986 年增长 14.6%，其中各类拖拉机 930 台 9159 千瓦，占 27.37%，各类运输车 233 辆，14720 千瓦，占 43.99%，农用动力机械 9580 千瓦，占 28.24%；1988 年 34720 千瓦，比 1987 年增长 3.77%，其中各类拖拉机 984 台，9679 千瓦，占 27.88%，各类运输车 250 辆，14534 千瓦，占 41.86%，农用动力机械 10507 千瓦，占 30.26%；1989 年 34608 千瓦，比 1988 年下降 0.32%。其中各类拖拉机 942 台，9205 千瓦，占 26.6%，各类运输车 248 辆 14275 千瓦，占 41.25%，农用动力机械 11128 千瓦，占 32.15%。农业机构总动力，运输机械所占比例最大，农副产品加工机械次之，耕作机械再次之，排灌机械比例最小。半机械化人力打谷机、人力喷雾器，数量较大，在农业生产中广泛使用。在农业机械总动力中，由于各种作业机械比例失调，直接影响农业机械效力的发挥和农业生产机械化水平的提高。

崇义县农业机械保有量统计表　(一)

表 8

项目 / 年度	农机总动力	大中型拖拉机	小型拖拉机	农用汽车	农用运输车
	千瓦	台／千瓦	台／千瓦	台／千瓦	台／千瓦
1986	29198	83／1658	765／6727	180／12255	31／250
1987	33459	86／1718	844／7441	187／14346	46／374
1988	34720	91／1798	893／7881	191／14345	59／189
1989	34608	86／1705	865／7500	174／13169	74／1106

崇义县农业机械保有量统计表　(二)

表 9　　单位：台

年度	半机械化	农副产品加工机具	排灌机具	耕作机械
1986	51331	624	105	720
1987	53844	714	132	785
1988	54751	794	147	725
1989	58583	777	188	724

【农机技术培训与推广】

技术培训　(一) 培训设施。1986 年有东风 12 型手扶拖拉机 2 台，摄影仪 1 台，检测仪 1 台，已建立资料室，教具教模室，具有能容纳 30 名学员的教室和宿舍，300 平方米水泥地面训练坪。1989 年增购丰收—27 型拖拉机解剖机 1 台，照相机 1 部。(二) 培训方法。1、公开招生，自愿报名，统一考试，择优录取。2、采取灵活多样的办学形式，实行集中培训。(三) 培训效果。四年共举办培训班 25 期，培训学员 659 人。合格率 96.66%。其中：1986 年 6 期 85 人，合格率 96%。1987 年 7 期 235 人，合格率 95%。1988 年 6 期 178 人，合格率 98%。1989 年 6 期 161 人，合格率 98%。

技术推广　(一) 推广试用小马力测功工作。1987～1988 年在横水、关田、聂都，文英等乡 (镇) 对 60 台 S195 型柴油机进行检测，提高功率 73.9 千瓦，降低油耗 1.14 吨，两项折算节约 3.3 万元。(二) 推广试用金属清洗剂。1987～1989 年三年中在全县各乡 (镇) 推广试用金属清洗剂 1.38 吨，共节省柴油 344

吨，折合2万元。（三）1987年推广试用YX—12型油量较正器10只，每只每天可节省柴油40克至90克，三年节省柴油420公斤，折合240元。（四）1989年推广试用丰乐牌割禾器55把，金刀牌割禾器9把，收割面积200亩，节省劳力300工。同时减轻了劳动强度。

【农机供应】

县农机公司，端正行业作风，不断提高服务质量，积极支持乡（镇）农机站经营农机，1989年发展到6个站经营农机，既扩大了农机销售，又方便农机专业户就地购买农机配件。经济效益明显，四年销售总额346万元，利润16.9万，年人均利润0.42万元。1986年销售额75万元，利润6.2万元，年人均利润0.62万元。1987年销售额64万元，利润3.9万元，年人均利润0.39万元。1988年销售额118万元，利润3.5万元，年人均利润0.35万元。1989年销售额89万元，利润3.3万元，年人均利润0.33万元。

【农用柴油管理】

县农机局负责全县农用柴油分配和管理。按照“农用柴油必须专用于农业生产和人民生活”的分配原则，做到保证重点，统筹兼顾，综合平衡，合理使用。优先保证农田机耕，排灌，农业抗旱救灾，以及农户粮食加工的用油。计划农用柴油，1986年453吨，其中抗旱救灾柴油41吨；1987年401吨，其中抗旱救灾柴油37吨；1988年396吨，其中抗旱救灾柴油43吨。1989年398吨，其中抗旱救灾柴油45吨。在分配上，1989年实行“两公开一监督”，保证农用柴油不外流。铅厂、过埠、扬眉等3个农机站开展农用柴油供应，实现了农用柴油管理、分配、供应、节油一条龙。

【汽车配件公司效益显著】

县汽车配件公司，深化改革，经营灵活，服务优良，效益显著。1986年营业额29.1万元，税利4.06万元，利润2.3万元，年人均利润2875元。1987年营业额74.4万元，税利18.11万元，利润3.9万元，年人均利润4875元。1988年营业额111.8万元，税利12.68万元，利润6.75万元，年人均利润8438元。1989年营业额141万元，比1985年增长5.75倍，税利17.63万元，利润8.6万元，比1985年增长5.14倍，年人均创利润10750元。

【乡（镇）农机站】

1986～1988年全县19个乡（镇）均设有农机站，1989年全县18个乡（镇）农机站，农机管理人员20人，在站生产人员23人，横水、铅厂、扬眉、长龙、过埠、聂都、文英、古亭、丰州等9个农机站开展了经营服务，服务项目不断增加，由原来单一的，发展为多种经营。在管理上，由行政管理转变为用经济手段管理。对内实行承包责任制，实行目标管理。对外严格执行合同，把农机管理与生产、修理、配件供应、技术推广和农用柴油分配管理等工作统一起来。

乡（镇）农机站，积极开展多种经营，为农机户开展农机具修造，农机配件供应，农机技术咨询，农用柴油供应等服务项目。1987年开展了经营服务的经济实体有横水、铅厂、扬眉、长龙、过埠、聂都、文英、古亭、丰州等9个农机站。1989年全县农机站实现利润8.26万元。其经营管理较好，服务项目较全的铅厂、过埠2个农机站经济效益显著，盈利都在万元以上。但发展不平衡，全县仍有9个农机站尚未开展经营服务。直接影响到农机效率的发挥和农机事业的发展。

【农机专业户】

全县农机专业户，1986年1282户，盈利万元以上的5户。1987年1195户，盈利万元以上的3户。1988年1291户，盈利万元以上的4户。1989年1292户。农机专业户的经营形式，由承包集体机具为主，转变为自营为主。经营农机总动力1989年达到27788千瓦。其中拖拉机906台，农用汽车118辆，农用运输车73辆。80%都是独户经营，经营服务范围有运输、农田作业、农副产品加工、农田灌溉、林产品加工、农机具维修、农机配件供应。实践证明农机专业户，一是发展了生产力，促进了商品经济的发展。二是聚集了农机化资金，培养了一批农机技术人才，加速了农机化进程。三是减轻了农民的劳动强度。1989年农机专业户盈利万元以上的5户，盈利5000元以上的22户，一般一辆手扶拖拉机年净收入都在1000元以上，一辆农用运输车年净收入都在3000元以上。存在的突出问题是运输能力的增长速度大于货运量的增长速度，加快了能源供需矛盾，出现争货源的现象，影响了农机的利用率。

【农机经营管理】

四年中农机经营管理已发生3个变化。首先是农机所有制形式，由过去全部公有制，转变为国营、集体、个人等多种形式办农机的局面。国营和集体经营农机数量逐年减少，农机专业户经营农机数量迅速上升。1989年农机总动力中，全民所有230千瓦，占0.67%，集体所有6590千瓦，占19.04%，农机专业户所有27788千瓦，占80.29%。为此，农机经营管理的服务方向：对国营、集体所有农机，坚持“以农为主，综合经营，独立核算，自负盈亏”的方针，进一步深化改革，不断完善承包责任制，把机车的经济效益与承包者的切身利益紧密联系在一起；把农机经营管理的重点放在搞好农机专业户的管理和服务工作。其次是，农机由自用型向服务型转变。建立多种所有制和多种经营形式并存，以专业经营为主的服务型新体系。建立和健全各乡（镇）农机站农机服务组织，使农机管理和农机服务密切结合起来，积极为农业生产，为农村建设，为农民生活，提供各项服务。其三是，农机管理由行政管理向管理与服务密切结合转变，通过服务，实现管理的目的。

四年农机经营收入，起伏很大。1986 年 351.90 万元。1987 年 286 万元。比 1986 年下降 18.73%。1988 年 527.5 万元，比 1987 年增长 87.93%。1989 年 520.2 万元，比 1988 年下降 7.07%。

（何　焕　冯世炼）

专文

突破亿元大关的崇义工业

周逸明

“七五”期间，是崇义工业发展史上的转折时期。尤其是 1986~1989 年的四年间，崇义的工业取得了突破性进展，已初步建成一个具有崇义特色的工业体系。四年平均递增速度均达两位数以上。1988 年一举实现工业总产值 10741 万元，在全区 17 个县中率先突破亿元大关。从而，跻身于赣南工业大县的行列之中。

一、具有崇义特色的工业体系

“六五”期末，崇义工业基本上处于单一原材料工业。1985 年全县工业总产值 3918.33 万元，其中森工采伐 1512.4 万元，占工业总产值的 38.60%，毛钨采矿 1469.2 万元，占工业总产值的 37.50%，二项合计占全县工业总产值的 74.28%，其他工业 936.73 万元，仅占工业总产值的 23.90%。通过四年的产业结构调整，已初步建立起一个以竹木加工和冶金矿产为主，食品建材及轻工业相应发展的具有崇义特色的工业体系。按老口径统计，至 1989 年，竹木加工业产值已达 1648.9 万元，占乡以上全部产值的 22.16%；冶金矿产工业产值 3219.9 万元，占乡以上产值的 43.28%；食品建材工业产值 719.3 万元，占乡以上产值的 9.67%；各类轻工产值 1763 万元，占乡以上产值的 23.7%。按新口径统计 1989 年全县工业总产值已达 12151 万元，比 1985 年增长了 106.1%，在全区 17 个县中名列第二，占全县工农业总产值的比重也由 1985 年的 46.74%上升到 61.41%。

二、产品结构逐步调整，产业发展趋向合理

崇义工业随着产业结构由原始工业逐步向加工工业过渡。在产品结构上也逐步地由单一的原材料工业向成品工业发展。至 1989 年，全县工业产品总数已达 390

多个，其中主要产品也由1985年的31种增加48种。在新增加的产品中，围绕着地表的森林资源及地下的矿产资源而新开发的产品达330多个，占全部新增产品总数的90%以上。四年来，根据县委县政府确定的必须尽快地实现我县由资源优势转化为经济优势这一目标，虽然全县原木生产量由1985年的27.61万方/年逐年削减到1989年14.32万方/年，四年中原木砍伐压缩了48.13%，而竹木加工产值则上升了7.43倍，从而既有效地保护了自然资源又充分地利用了森林资源来促进地方工业的发展。在冶金矿产工业中也由原来的单一毛粗矿生产逐步的过渡到精选加工及深度加工。二大支柱产业正初步走上加工增值的路子。在此同时，各种经济类型的工业也得到了大发展。尤其是集体工业发展迅速，至1989年全县具有一定规模的工业企业已发展到157个，其中全民所有制工业企业29个，产值3252万元，占全县乡以上工业总产值的45.09%，集体工业企业128个，产值3960万元，占全县乡以上的工业总产值的54.91%。

三、主要产品产量和质量明显提高

1989年，全县钨精矿已达2163吨，比1985年增长了44.4%，精选钨增长了246.29%；锡金属729.94吨，增长44.45%；原煤3.2万吨，增长29.45%；发电量2792.96万度，增长1.22倍；罐头1269.56吨，增长1倍；松香1196.74吨，增长63.08%；打谷机4600台，增长64.11%；各种中小农机器具12万件，增长94.8%。酱油、饮料、蜜饯等一批食品工业产品，大理石、莹石、硅石等非金属产品，胶合板、竹胶板、竹碎板、竹筒席、竹筷、牙签、木衣夹、木雕、根雕以及各种中高档成套家具等竹木加工产品，活性炭、松焦油、柠檬醛等林化产品都是从无到有，并已有相当一部分形成了规模生产能力和具备了进一步向尝试加工发展的基础。

1986～1989年，全县工业企业重视产品质量的提高。同时，企业各项基础工作也得到进一步加强。通过广泛开展全面质量管理活动，TQC活动及产品创优活动，继1988年长青牌外销，阳岭牌内销冬笋罐头获省优质产品以后，1989年又有阳岭牌脂松香获得省优质产品，还有万利牌饰面竹编胶合板等获省地新产品开发奖。打谷机、履式带锯等一批机械产品也在国内市场享有盛誉。

四、改革使工业企业充满了生机

1986～1989年间，不断深化企业改革，使全县工业企业充满了生机。1988年，全县125家工业企业全部实行了各种形式的承包经营，所有国营、集体企业及乡镇企业都实行了厂长（经理）负责制；企业横向联合向纵深发展给我县工业企业的人材、技术、资金和市场都取到了巨大的推动作用。劳动优化组合及企业经营引入竞争机制大大促进了企业经济效益的提高。1989年，列入县财政考核的工交企业百元产值创利税30.14元，比1985年增加4.44元。四年当中，全县工业总产值平均递增 21.96%，纳入县财政预算内工业企业实现利税平均递增 14.52%，财政收入平均递增 9.34%，全员劳动生产率平均递增 8.75%，职工平均收入递增 26.27%，实现了速度与效益的同步增长。

五、技术进步的不断加快

1986 年以来，由于县委、县政府及全县各级对发展生产力的高度重视，投入全县工业企业的新建和扩建总投资达 2600 多万元，除已建成的一批项目外，现正在建和陆续投产的如冶金化工厂 500 吨钨酸生产线，木材厂 5000 立方米纤维板和 5000 立方米刨花板生产线、木材公司 3000 立方米竹胶板生产线及茅坪、新安子钨矿的扩建等都将成为我县一批具有稳定基础的骨干企业，而镀锌丝网生产线的建成将填补全区产品市场的空白，低温镀铁已具备全国新工艺的先进水平。

六、前景广阔，任重道远

崇义工业在改革大潮的推动下，在县委、县政府及上级党政的正确领导下，全体工业战线的广大职工正扬起风帆，乘风破浪地航行在经济建设的辽阔大海中。然而，任重道远，尚有许多方面须作更大的努力，还有许多困难和问题亟待克服和解决。如：企业内部的各项管理基础仍很薄弱，职工队伍的技术素质亟待提高，产业结构和产品都须在国家产业政策的指导下进一步搞好调整，企业的经营效益也需进一步提高以及一部分老企业的技术改造仍需加快。这些都有待于全体工业战线的同志们作出更大的努力，从而在党的十三届会议精神的指导下，艰苦奋斗，勇于开拓，充分发挥我县丰富资源的优势，使我县工业更上一层楼。

本文作者：崇义县人民政府副县长

工　业

工业总类

【森林工业】

1986～1989 年，崇义县有 7 个国营采育林场，1 个集体农林垦殖场，121 个乡村采育林场。在四年间，共采伐木材 88.86 万立方米，共采伐毛竹 155.09 万根。

1986～1989年，木竹加工业发展迅速，全县有木竹加工业企业147家，其中县办企业20家，乡办企业50家，村办企业54家，联户办企业23家。新增产品有松杂木胶合板、竹编胶合板、杂竹复合板、竹筒席、活性炭、松焦油、2号浮选矿油等。全县现有胶合板厂3个，年产量6000立方米，筹建纤维板厂1个，年产量5000立方米，竹编胶合板厂1个，年产量2000立方米（该产品1989年被列为江西省新产品），卫生木竹筷生产线3条，年实际产量10000箱，逐步形成以“三板”（胶合板、纤维板、竹编胶合板）为头的木竹加工体系。

1986～1989年，全县林产化学工业产品产量稳步增加，松香生产量1986年为1031.68吨，1987年为933.1吨，1988年为1056.37吨，1989年为1196.74吨，年平均产量比1985年增长40.77%。

1986～1989年全民林业加工总产值4788.71万元，占全民工业总产值34.96%，全县林业上交税利2805.83万元，占全县财政总收入47.26%。

主要企业如下：

1、崇义县木材加工厂。该厂始建于1986年，是崇义县木材加工综合性企业，现有固定资产净值316.1万元，职工302人。1986年引进一条年产10000箱卫生筷生产线；1986年8月，该厂与赣州木材厂联营，兴建年产2000立方米的胶合板车间，1988年3月该厂从上海引进一条年产5000立方米的硬质纤维板生产线，预计1990年4月投入批量生产。1986～1989年该厂卫生筷产量5299箱，胶合板产量2502立方米，实现工业总产值287万元，上交税利26.3万元。

2、崇义县化工厂。该厂是我县林产化工的骨干企业，固定资产净产值45.6万元，现有职工79人。1986～1989年该厂通过技术改造，挖掘内部潜力，产品质量有明显提高，1989年脂松香被评为省优产品。四年松香产量3100.73吨，年均产量比1985年增长32.77%，松节油产量583吨，年均产量比1985年增长29.62%。四年实现工业总产值457.1万元，年均产值比1985年增长71.07%，上交国家税利113.2万元。

林 业 产 值

表1　　　　单位：万元

年度	工业总产值					
	总产值	其中		总产值	其中	
		林业工业产值	占总产值%		林业产值	占总产值%
1986	3171	1218.8	38	6333	2247	35
1987	3529	1234.4	35	6838	2393	35

续表

年 度	工业总产值			总产值	其中	
	总产值	其中				
		林业工业产值	占总产值%		林业产值	占总产值%
1988	3746	1395.9	37	7414	2312	31
1989	3252	942.55	29	7635	2521	33.21
合 计	13698	4791.64	35	28220	9473	33.5

注：工业总产值指国营林业企业工业产值。

（黄 萌 田长征）

【冶金工业】

1986～1989 年，共有冶金工业 3 家，分别为淘锡坑钨矿、茅坪钨矿、矿产品公司，职工 958 人。四年来，工业总产值为 6724 万元，其中淘锡钨矿为 942 万元，茅坪钨矿为 1064 万元，矿产品公司为 4717 万元，金矿 1 万元，销售收入为 9167 万元，其中淘锡坑钨矿为 1166 万元，茅坪钨矿为 1572 万元，矿产品公司为 6429 万元，共上交税金 432 万元，其中淘锡坑钨矿为 66 万元，茅坪钨矿为 57 万元，矿产品公司为 309 万元，利润 406 万元，其中淘锡坑钨矿为 80 万元，茅坪钨矿为 95 万元，矿产品公司为 231 万元，税利 838 万元。

在四年中，主要采掘钨、锡、钼和黄金。

（黄 萌 吴敬东）

【电力工业】

水电是我县工农业生产赖以生存和发展的主要能源。1986 年，全县拥有小水电站 65 座 78 台，装机容量 5033 千瓦，年发电量 1134.7 万千瓦小时；1987 年，全县拥有小水电站 72 座 87 台，装机容量为 8779 千瓦，年发电量 1448.9349 万千瓦小时；1988 年，全县拥有小水电站 134 座 151 台，装机容量为 9065 千瓦，年发电量 2640 万千瓦小时；1989 年，全县拥有电站 133 座 150 台，装机容量 9070 千瓦，年发电量 2793 万千瓦小时。

1986～1989 年，全县累计新增装机容量 4047 千瓦，累计发电量为 8174.51 万千瓦小时。至 1989 年底止全县人平拥有装机容量 58.7 瓦，人平拥有电量 180.7 千瓦小时。不论装机容量还是发电量都比 1985 年翻了一番；小水电升压变压器 35 台容量为 11390 千伏安，35 千伏供电变压器 2 台容量为 5000 千伏安，10 千伏配电变压器 294 台容量为 18090 千伏安，拥有 35 千伏输电线路 26.6 公里，10 千伏配电线路 601.24 公里，低压线路 1055.5 公里。全县 100%的乡，98%的村，93.4%的农户用上了电。

1989 年底止，水电局局属企业 4 家，分别为水电公司、山院水电站、长河坝水库、西湖水库，总职工有 194 人。1986～1989 年四年来，累计工业总产值为 325.77 万元，其中水电公司 164.4 万元，山院水电站 126.68 万元，长河坝水库 15.76 万元，西湖水库 18.93 万元；累计销售收入 672.88 万元，其中水电公司 476.61 万元，山院水电站 119.23 万元，长河坝水库 55.53 万元；西湖水库 21.51 万元；累计利润 112.36 万元，其中水电公司 119.65 万元，山院水电站亏损 11.09 万元，长河坝水库 6.09 万元，西湖水库亏损 2.29 万元。

【经委直属工业】

经委直属企业 1986 年有煤矿、罐头厂、印刷厂、水泥厂、汽车大修厂、电石厂等 6 个。预算内企业 3 个，预算外企业 3 个。1988 年 2 月和 8 月，分别成立两个工贸型公司，工业产品供销公司和煤炭公司。总职工 484 人，拥有固定资产原值 478.06 万元。四年工业总产值达 1215.34 万元，1989 年工业总产值在 1985 年工业总产值的基础上增长了 2.32 倍。四年来，产品销售收入 1817.04 万元，上交税利 134.55 万元，实现利润 196.1 万元。

主要企业如下:

1、崇义县罐头厂。该厂是经贸部、轻工部出口罐头定点生产厂家。主要生产蔬菜、水果罐头。产品有冬笋、春笋、小竹笋系列罐头和甜酸藠头，糖水桔子，清水马蹄以及食用菌类，罐头。1986～1989 年，共完成产值 605 万元，1989 年工业总产值比 1985 年工业总产值增长 42.6%。四年完成利税 111.6 万元，平均比 1985 年增长 4.48%，职工人数为 107 人，上交税利 14.35 万元，固定资产净值 154 万元。生产的长青牌（外销）、阳岭牌（内销）800 克冬笋罐头获省优产品称号。出口产品远销港澳、日本、西德和新马地区（新加坡、马来西亚）。

2、崇义县煤矿。该矿生产无烟原煤，煤质经化验，发热量为 5500～7593 大卡／公斤，适应一般工业生产及民用。1989 年，职工 95 人，固定资产净值 35.07 万元，完成产值（不变价）26.4 万元，实现销售收入 52.21 万元。1986～1989 年，年均产值增长率为 3.1%，年均上交税利增长率为 0.2%。

3、崇义县印刷厂。该厂主要印刷书刊、零件、标签、塑料等，年生产能力为 30000 千印。1989 年底，职工 41 人，固定资产净值 21.12 万元，完成产值（不变价）33 万元，实现销售收入 48.6 万元。1986～1989 年年均产值增长率为 20%，年均上交税利增长率为 118.28%，年均全员劳动生产率增长比例为 15.23%。1986 年 11 月，印刷厂投资 2.5 万元，添置四开照相机、腐蚀机、铜锌烂版机、晒版机、修版机等设备。新上照机制版生产工艺，填补县内印刷技术一项空白。1989 年，该厂又新增立式，卧式印刷机。为开拓彩印技术奠定了基础。同年，获地区轻化系统目标管理先进企业称号。

4、崇义县水泥厂。该厂生产325#、425#硅酸盐水泥，年生产能力为9000吨。1989年底职工118人，固定资产净值64.07万元，完成产值（不变价）48.55万元，实现销售收入126.89万元。1986～1989年，年均上交税利增长率为70.88%，新建41.7X6.5米塔式机窑年产2.2万吨生产线工艺工程已全部完工，即将投产，使生产能力和质量将大为改观。

（黄　萌　于正化）

【二轻系统工业】

二轻系统工业企业有农机二厂、水泥石灰厂、木器厂、算盘厂、古亭木器厂、服装厂、金属丝网厂等7个。职工227人，拥有固定资产原值128.5万元。四年完成工业总产值1348.43万元，1989年工业总产值在1985年工业总产值的基础上增长了1.24倍。四年来，实现利润14.45万元，产品销售收入820.88万元，上交税金31.26万元。

（黄　萌　黄运衍）

【部门工业】

全县共有10个局级部门办有工业，职工有1093人，四年完成工业总产值4624.6万元，1989年部门工业总产值比1985年部门工业总产值增长了1.73倍。实现利润590.8万元，销售收入4794.5万元。

一、商业局系统。有工业企业1家，为食品厂，职工47人。四年完成工业总产值165.8万元，1989年工业总产值比1985年工业总产值增长了76.28%。四年来，产品销售收入309.86万元，共实现税利22.43万元，实现利润5.72万。

二、粮食局系统。有工业企业5家，分别为城关粮油加工厂、古亭粮油加工厂、过埠粮油加工厂、扬眉粮油加工厂、饲料厂。职工95人。四年完成工业总产值1321.1万元，1989年工业总产值比1985年工业总产值下降了43.48%。四年来，实现利润65.7万元，产品销售收入1615.2万元，共创税金15.6万元。饲料加工业创利润5.9万元。

三、教育局系统。有校办工厂102家，其中主要有文教印刷厂、农林技校校办工厂、长龙中学小材小料加工厂、上堡中心小学竹筒席厂等。职工203人，完成工业总产值71.8万元，实现利润24万元，产品销售收入59万元。

四、农机局系统。有工业厂家1家为农机一厂，职工122人，四年实现产值378.32万元，税利62.59万元，年人均税利1349元。1986年产值75.05万元，税利10.2万元，年人均税利879元。1987年产值91.26万元，税利13.12万元，年人均税利1131元。1988年产值101.21万元，税利20.31万元，年人均税利1751元。1989年产值110.8万元，税利18.96万元，比1986年分别增长47.63%、

85.88%，年人均税利 1634 元。主要生产家用碾米机，5TG644 型人力打谷机，袋栽香菇加工成套机械、小瓦机、竹席编织机、工矿机械等。

五、供销社系统。有自办工业企业 3 家，分别为供销社食品厂、扬眉小材小料加工厂、铅厂松焦油厂，职工 48 人，四年完成工业总产值 207 万元，产品销售收入 189 万元，实现税利 11.17 万元。

(黄 萌)

【乡村工业】

1986～1989 年来，乡镇企业着重进行深化改革，完善承包经营责任制，狠抓技术改造和职工队伍教育工作，坚持以乡村企业为骨干，户办、联户办企业为重点，“四轮驱动”（乡办、村办、户办、联户办）发展乡镇企业，初步形成了多层次和多种产业部门协调发展的格局。1989 年，乡镇工业总产值占全县工业总产值的 64.78%；乡镇企业职工人均创税 425.9 元，乡镇企业从业人员 18195 人，占全县农村劳动力的 24.86%。按农村人口计算，人均乡镇企业总收入 896.82 元。截止 1989 年底，全县乡镇企业已发展到 5937 个，乡镇企业总收入和工业产值二项指标，分别在 1985 年的基础上增长了 2.1 倍和 2.3 倍，分别达到了 13982 万元，7870 万元，实现利润 2094 万元，上缴国家税金 896 万元。

1987 年，全县乡镇工业产值名列全区第二名，受到地委、行署表彰。1989 年，全县乡镇企业产值利税率 30.05%，名列全省乡镇企业第一名。

崇义县 1986—1989 年乡镇企业情况表

表 2

年 度	企业个数（个）	从业人员（人）	总收入（万元）	总产值（万元）	工业产值（万元）	利 润（万元）	税 收（万元）
1986	3696	12833	5453.15	4319.48	3409.53	478.61	413.21
1987	3634	13811	6556.93	4759	3861.29	1079.01	555.21
1988	4438	19290	10676	7564	6004.2	1768	714
1989	5937	18195	13982	9949	7870	2094	775

(黄 萌 严创明)

企业管理

【实行厂长(经理)任期目标责任制】

1986～1987 年，直属企业全面实行了厂长（经理）任期目标责任制。目标包括：1、产品产量；2、产值；3、销售收入；4、利润（实现利润和上交税利）；5、全员劳动生产率；6、质量；7、安全生产；8、单位成本；9、消耗；10、计划生育(结扎率和上环率)。附加责任；1、新产品开发，技术改造，技术引进；2、人才开发；3、设备完好率；4、积累、自留资金；5、集体福利；6、职工收入。按以上项目由厂长（经理）向经委签署年度目标责任状。经委另向县政府签署各项经济指标的责任状，同时，制订了考核和奖励的办法。

【完善企业经营机制】

1988年，为进一步完善经营责任制，逐步实现所有权与经营权分离，使企业真正成为独立自主，自负盈亏，具有自我发展，自我约束的商品生产者和经营者，直属企业在实行厂长任期目标责任制的基础上，又经第二步利改税核定的固定资产在300万元以下，年实现利润在30万元以下的独立核算全民所有制小型企业，都属租赁经营企业的范围，为了稳健地深化改革，原则上包死基数，确保上缴，超收多留，欠收自补，从实际出发区别情况，采取：1、租赁经营责任制；2、上缴利润递增包干责任制；3、自负盈亏包干责任制；4、实行目标管理。

（黄　萌　于正化）

【股份经营制】

二轻集体企业的现有资产是联社，企业和职工积累所共有。做好对现有企业的资产清理，划分联社，企业的股份基金，恢复二轻集体企业带资入股的传统，并逐步实行在册职工定额入股，新招工人带股进厂的做法。职工的股金分为基本股金和投资股份，基本股金暂定200～300元，投资股份不限，基本股金不死不退，不离不退，不调离二轻不退，与企业共负盈亏，同分红利，对投资股份实行负盈不负亏，企业盈利共分红利，股金参照工商银行企业流动资金贷款利率支付利息，集资入股委托承包的试点工作放在县农机二厂和算盘厂。

（黄　萌　黄运衍）

【推行优化劳动组合】

企业实行经营机制转换后，围绕内部配套改革这个中心，变企业一人承包为全员承包，在职工中树立“厂兴我荣，厂衰我耻”的主人翁精神，1988年，直属企业推行了“两个全面”，即全面优化劳动组合，全面引入风险机制。优化组合使得国营工、集体工、合同工、临时工都感受到一定的压力，并将压力转变为生产的动力，促进了生产效率的提高，优化组合后，全员劳动生产率达到7577.3元，比1987年增长1624.3元，增长率为27.28%，职工全员被组合率达到95.35%。对4.65%的富余人员也在各企业中得到了妥善安置，同时，非生产人员由组合前的20.1%压缩到组合后的17.44%。在引入风险机制的做法中，各企业发动职工缴交100～300

元的个人风险金，这个职工风险基金可以留在企业作流动资金。当企业亏损时，作为抵押补偿；而企业盈利时，可当作股份参与税后利润分红，结合“两个全面”把全厂任务指标层层分解，层层承包、层层落实，把企业经营者的个人积极性转化为企业群体积极性。除此之外，在企业内部还进行了分配制度的配套改革，实行记件工资（包括全额计件，限额记件，超额记件、集体计件），定额工时，超额工时计发工资、浮动工资、提成工资及单位产品产量含量工资等各种分配形式，从而端掉了工资分配上的“大锅饭”，激发了广大职工的生产积极性。

【企业“上等升级”】

全面质量管理是企业一项重要的基础工作，是企业上等级、产品创优的重要内容，组织TQC基本知识学习和参加全省统考的基本情况是：

1987年，报名学习，参加统考和考试合格人数均为137人，合格率为100%；1988年，报名学习106人，考试合格统考93人，考试合格90人，合格率为96.77%；1989年，报名学习2289人，参加统考2251人，考试合格2247人，合格率为99.77%。参加单位有木材公司等16个企业，罐头厂、化工厂、木材厂、农机厂、农林技校工厂等5个企业获证率均达50%以上，上述6个单位获“双达标”和“单项达标”锦旗奖励。

按《江西省工业企业管理基础工作暂行规定》要求，在标准化、计量、定额、信息、规章制度、职工教育、班组管理、管理工作体系等8项工作中，经有关部门核定，1988年化工厂、木材公司、农林技校工厂等4个企业达到三级计量定级标准。

（黄　萌　于正化）

技术改造和技术进步

【开发新产品】

1987年，电石厂转产硅铁，所生产的75#硅铁，经地区检验，达到各项指标要求，认定为合格产品。1988年，农机厂生产的6N～5微型家用碾米机，MQ～710型木材切片机、镀锌铁丝、香菇加工成套设备等4项，经省级专业鉴定为合格产品。1988年，木材公司生产的薄木贴面竹编胶合板，经省级专业鉴定为合格产品。1989年，煤炭公司生产的120mm和140mm蜂窝煤球，经地区煤炭公司查验，外在指标达到光、正、园、通要求，内在指标的发热量达到4900大卡／公斤以上，并具有含硫低、易起火、耐燃烧等特点，认定为合格产品。

四年中，全县乡镇企业开发了漆木碗、竹筷、牙签、肉签、扶花竹、活性炭、松焦油、柠檬醛、根雕、大理石、杂竹复合板、胶合板、木衣夹、木株座垫、藤木沙发、公园凳、旅游凳、蜜饯、饮料等20个主要产品。

处于试制尚通过鉴定的有：木材公司生产的毛竹碎料机、胶合硬木拼花地板、竹胶板套系列家具，木雕家具等，农机厂生产的竹席编织机。

【技术改造】

1986年，茅坪钨矿竖井工程的续建和淘锡坑采选矿工程改进、煤矿开拓独木桥井巷和280巷道改造等9项，共需投入资金269.63万元。1987年，淘锡坑钨矿兴建尾砂坝工程，水泥厂兴建1.7X6.5米塔式机立窑等7项，共需投入资金155.5万元；农机厂化铁炉改造；汽车大修厂兴建综合楼；农林技校工厂1万床竹筒席生产能力扩建等项目已完成。1988年，罐头厂3000吨罐头生产线原扩建，茅坪钨矿茅坪钨区的综合改造等12项，共需投入资金827万元；印刷厂设备更新，县供销水煮笋厂水煮笋罐头生产线等项目已当年投入当年完成。1988年，经委委托赣州地区地质队对左溪独木桥地下煤炭储量进行勘探，至1989年底已钻探进尺2700米，初步测出该处储量，为今后开发煤业，提供了可靠资料。1989年，精选厂综合回收工程；木材厂小胶合板兴建工程等10项，共需投入资金1326万元；水泥厂机立窑生产新线工艺流程已全面完工，进入试车阶段；精选厂综合回收工程正待验收；食品厂蜜饯糕点车间扩建已投入生产；罐头厂420平方米的原料车间，15吨地磅、土建基础河堤工程等项目已完成。

（黄　萌／于正化）

【省级以上获优获奖产品】

1988年，崇义县罐头厂生产的长青牌（外销）、阳岭牌（内销）800克冬笋罐头获江西省优质产品光荣称号，是全县第一项省优产品。同年，崇义县农机厂生产的“袋栽香菇加工成套机械”和“家用碾米机”获江西省人民政府“优秀新产品奖”。

1989年，崇义县化工厂生产的阳岭牌脂松香获江西省优质产品光荣称号。同年，竹编胶合板、漆木碗产品通过省经委鉴定、验收，被列为“江西省新产品”。1989年，崇义县有五个产品（漆木碗、竹筷、牙签、肉签、星竹拼板）获“中国第二届乡镇企业出口产品展览会”参展，荣誉证书。

崇义县1986～1989年主要工业产品产量表

表3

年度	钨精矿（吨）	锡金属（吨）	钼精矿（吨）	石灰（吨）	原煤（万吨）	水泥（吨）	发电量（万度）	松香（吨）	松节油（吨）	打谷机（台）	碾米机（台）
1986	2102.52	458.29	28.00	21836.6	3.11	12762.0	1253.81	1031.68	209.85	4788	80
1987	1860.78	499.73	33.24	10553.6	1.83	13779	1452.49	933.1	164.8	4316	69

续表

年 度	钨精矿(吨)	锡金属(吨)	钼精矿(吨)	石 灰(吨)	原 煤(万吨)	水 泥(吨)	发电量(万度)	松 香(吨)	松节油(吨)	打谷机(台)	碾米机(台)
1988	1845.23	595.57	31.70	9740.00	3.39	14100	2675.25	1056.37	190.56	4622	
1989	2163.69	729.94	40.47	9350	3.20	12400	2792.96	1196.74	200.39	4600	

崇义县 1986—1989 年工业总产值

表 4

年 度	工 业 总 产 值				比上年同期
	合 计	全民所有制	集体所有制	其 它 工 业	+ － %
1986	7058.93	3170.5	3885.73		26.85
1987	8114.29	3521.70	4573.99	18.60	14.95
1988	10740.5	3746.4	6994.1		32.37
1989	12151.0	3252.0	8899.0		13.14

（黄　萌）

乡镇企业

【乡镇企业有新突破】

四年来坚持一手抓提高，一手抓发展，重点围绕资源优势，以市场为导向，以乡村企业为骨干，户办、联户办企业为重点，“四轮驱动”发展乡镇企业，全县发展了工业、商业、运输业、建筑业、服务业等 5 个产业部门和 10 多个行业，已初步形成多层次和多种产业部门协调发展格局。形成了木衣夹、漆木碗、木珠座垫、胶合板、杂竹复合板、根雕、竹筷、牙签、肉签、神香骨、扶花竹、家具为主的木竹系列加工产品；以松香、活性炭、松焦油、柠檬醛为主的林产化工系列产品；以钨、锡、金、硅、煤、莹石为主的矿产系列产品，以大理石、水泥、砖、瓦为主的建材系列产品；以及食品、水电行业都已发展到一定规模。1986 年末乡镇企业已发展到 3696 个，从业人数 12833 人，总收入 5453.15 万元，工业产值 3409.53 万元，税金 427 万元，利润 931.87 万元。到 1989 年末企业达到 5937 个，从业人数 18195 人，总收入 13982 万元，工业产值 7870 万元，占全县工业总产值的

64.77%，税金896万元，利润2094万元，与1985年对比企业增加2640个，增长80.07%，从业人员增加7545人，增长70.85%，总收入增加9509.4万元，增长2.13倍，工业产值增加5258万元，增长2.01倍，税金增加546.03万元，增长1.56倍，利润增加1228.4万元，增长1.42倍，乡镇企业产值利税率30.05%，乡镇企业从业人员18195人，占农村劳力的24.81%，人均创利税1643元，按农村人口计算，人均乡镇企业总收入904元。

【项目建设】

1、1988年4月16日县人民政府批准成立“崇义县乡镇企业项目评估审批领导小组”，负责全县乡镇企业发展项目规划，评估和审批工作。对新建、技改项目，一律先进行可行性研究，由项目主办单位提出项目建议书和编制可行性研究报告，然后上报县乡镇企业项目评估审批领导小组进行评估和立项审批。通过项目评估，审批工作，有效地加强了宏观规划和项目管理，避免了盲目投资，盲目上项目现象，提高了乡镇企业项目建设的效益。

2、多渠道筹集资金搞好项目建设。采取群众集资入股，引进资金、银行贷款和县、乡财政扶持的措施，广辟资金来源，用于乡镇企业项目建设。四年中，全县通过各种渠道共筹集资金4000万元，(其中：乡村两级项目投资1747.59万元）用于乡镇企业项目建设。

3、以“外引内联”促进项目开发。大力开展“外引内联”，积极从外地引进资金、技术和人才，发展乡镇企业。四年中从外地引进技术20项，引进各类专业技术人员100人，(其中：中级技术人员5人)。在县内广泛开展横向联合，实行“县乡挂钩”，建立县属厂（矿）与乡镇企业之间生产、技术、供销方面的联合和合作。1989年，有12个县属厂（矿)、公司与10个乡镇的15个企业进行挂钩。通过横向联系和合作，带动了乡镇企业的项目开发。四年新增乡镇企业2640个，其中年产值10万元以上的有崇义天然香料厂、崇义县工艺厂、崇义县古亭联合胶合板厂、长龙乡龙岗木材厂、中外合资江西省崇宁竹制品厂、关田乡杂竹复合板厂、上堡乡木衣夹厂、杰坝乡木衣夹厂、聂都大理石厂、崇义县星竹拼板厂、横水镇工艺厂、茶滩针织厂等12个企业。

【承包经营责任制】

推行和完善承包经营责任制，是四年来乡镇企业改革的一项重要内容。1986年主要采取集体承包、小组承包和个人承包三种形式，制定综合承包内容。一是包产值、包收入、包生产的适度增长；二是包利润指标；三是包质量；四是包各项专用基金的提留；五是包教育、培训；六是包安全。在坚持政企分开和兼顾国家、集体、个人三者利益的原则下，进行企业人事制度、用工制度和工资制度的改革。

1987年县政府决定成立“崇义县乡镇企业改革领导小组”。乡镇企业改革领导小组制定了《完善乡村集体企业经营责任制的实施意见》。明确乡村集体企业承包经营责任制的原则和措施。明确规定乡村企业实行承包经营责任制后，其集体所有制性质和隶属关系不变，要求承包经营企业必须坚持社会主义经营方向、经营作风和职业道德；遵守国家政策、法律和法规；接受国家计划指导和主管部门的监督；兼顾国家、集体和个人三者利益；长远效益和当前利益相结合；保障承包双方和企业职工的合法权益。通过实行承包经营责任制，进一步改善经营机制，实现企业所有权和经营权的适当分离，调动各方面的积极性，达到不断增强企业活力，提高经济效益的目的。

1987 年 11 月县乡镇企业局与县农业银行会同关田乡企业办、财政所、工商所、信用合作社等有关部门在关田乡进行乡企业改革试点工作，采取了三种形式：一是具有一定规模，经营效益较好的企业以及水电、木材加工行业以承包经营为主；二是规模较小和长期亏损或微利企业，以及有一定经营风险的行业，实行租赁经营；三是新上企业或开发性项目，实行以资金、劳力、技术入股为主的股份制经营。承包经营的企业确定四个主要承包指标：一是生产经营指标（产值、产量、质量、成本、利润）；二是企业提留指标（固定资产折旧、发展基金、大修理基金、福利基金、教育基金）；三是上交指标（税后利润的上交数或上交比例）；四是企业生产发展的主要保证措施（智力投资、新产品开发、设备维修与更新改造、安全生产、污染治理）。租赁经营的企业，根据企业的资产实力、生产规模、经济效益和发展潜力，确定合理承租租金标准。承租期内，出租单位对承租人定死上交基数和企业发展指标。在租赁期间，承租人负责企业投资，自主安排生产经营方向，独立承担经营风险。股份制经营的企业由参与企业投资股东共同经营，由股东共同承担企业风险和进行利润分配。

试点工作后，全县乡村一级企业全面推行以承包经营为主要形式的经营责任制。1989 年乡村企业全部实行了经营责任制，改善了经营机制，给企业带来了活力，经济效益明显提高。1989 年乡镇企业产值利税率达到 30.05%。

【贯彻农、财两部财会制度】

1986 年冬，全县乡镇企业认真贯彻财政部、农牧渔业部[1986]财农字第 306 号文件制定的《乡镇企业财务会计制度》，在乡镇企业中逐步完善财务、会计制度，严格制定乡镇企业成本开支范围。

1987 年上半年，为了更好地贯彻农财两部财会制度，进一步提高财会人员业务素质，在乡镇企业中进行会计合格证颁发工作。县乡镇企业局会同县农业银行、县财政局，对乡镇企业办和乡村企业财会人进行全面业务考核、审查。组织财会人员到地区统一考试，经过考试合格者，发给会计合格证。实行会计合格证制度后，企业凭会计人员的合格证可到银行办理资金结算业务。对于考试不合格的会计人员发给会计代理证，3 个月内进行重新考试，考试不合格者，其本人所在企业不能在银行办理业务，银行冻结其帐户，限期更换合格的会计人员。1987 年全县有 61 人获得会计证书。1988 年乡镇企业进一步完善财务、会计制度，逐步实行农、财两部制度规定的新的会计科目、会计凭证和会计报表。

1989 年全县有 57 个乡镇企业全面按农、财两部制度进行财务会计管理。部分乡办企业建立了会计台账。为了加强乡镇企业财务管理，县乡镇企业局每年对企业进行一次内部审计工作。

【统计制度建设】

建立队伍 各乡镇企业办配一名专职统计员，负责全乡（镇）的乡镇企业统计工作。

实行统计报表报送制度 每月报表由统计员送报。

明确统计范围 对村以下的工业企业的统计范围，严格掌握四个必须具备的条件；1、有固定生产组织、场所、设备和从事工业生产人员。2、常年从事生产活动，或全年开工时间在 3 个月以上的季节性工业生产活动。3、独立核算或有单独账目。4、向当地工商行政部门领取了营业执照。

延伸统计起报点 1987 年开始，在村一级逐步配备统计人员，由村会计兼职，按规定逐级上报村及村以下企业统计报表。

建立乡村企业统计台账 到 1989 年，全面建立了乡村企业统计台账，进一步健全了“两户”（户办、联户办）企业基本情况登记卡，由于统计工作的加强，促进了统计制度化建设，统计质量和准确性得到提高。1989 年全县乡镇企业统计工作受到地区乡镇企业局通报表扬。

【技术服务】

1988 年 8 月 12 日经县政府批准，县乡镇企业局成立“崇义县乡镇企业技术服务中心”。技术服务中心配备地质矿产、冶金、测量、建材、机械等专业技术人员，对乡镇企业进行技术指导，开展服务工作。

职工培训 1、四年中县乡镇企业局举办财会培训班 5 期，培训企业财会人员 160 人；举办统计员培训班 3 期，培训统计员 57 人；协同水电局培训水电技术员 30 人。2、组织乡镇企业人员到大、中专院校脱产进修 45 人；参加经济、会计、企业管理专业函授学习 150 人。3、组织到有关部（矿）进行采矿、化验、胶合板生产工艺、企业管理等对口专业培训 100 人。

项目论证 四年独立承担及会同有关专业技术部门为乡镇企业进行项目可行性研究和完成技术论证 20 项；完成项目可行性研究报告（项目建议书、设计任务书）15 项。包括古亭联合胶合板厂可行性研究报告、崇义县工艺厂可行性研究报告、思顺造纸厂项目建议书、长龙钨矿可行性研究报告。

工程技术指导　1989年为长龙钨矿完成坑道、选厂全部测量工程；请进技术人员协助长龙钨矿完成选厂设计；协助赤坑银铅矿完成初步设计的前期工作及矿区内部分地形图和尾沙坝测量工程。

【矿产资源普查】

为了摸清全县矿产资源，为发展乡镇企业提供准确的矿产资料，从1986年1月开始，由县乡镇企业局地质矿产工程师何耀仁主持进行全县矿产资源普查工作。

矿产资源普查　1、稀土矿普查。根据稀土矿成矿条件对3个乡进行考察分析，并在矿区内取样定性分析基础上，综合取样送赣南冶金研究所进行化验、检测，稀土矿普查历时半年，通过普查，查明了这3个乡的稀土矿分布范围、稀土品位、开采条件及开发前景。2、瓷土矿调查。1986年对瓷土矿进行综合考察。1987年下半年进一步进行概查，采样，并送样到景德镇进行制瓷试验，进一步掌握这两处瓷土的工业开采利用前景。3、贵金属矿调查。1986～1989年对县内4个贵金属矿点进行概查，初步掌握了4个矿点贵金属矿的分布，品位等基础资料。4、莹石矿调查。1988～1989年对4个乡的莹石矿的分布范围的规模进行了调查和开采前景预测。5、硅矿概查。1988年对2个乡硅矿进行概查，初步查明了这两处硅矿的分布和品位情况。6、粘土资源概查。1989年对粘土资源进行概查，初步掌握了有关地质资料。7、对一个乡的石灰岩进行概查，通过概查，查明了该处石灰石分布，品位等情况。

【“两户”企业普查】

为摸清“两户”企业的发展状况和存在问题，分析“两户”企业的发展方向，1988年5月赣州地区乡镇企业局在横水乡进行全区“两户”企业普查试点工作。整个试点工作历时7天，经过思想发动、逐户调查、汇总分析3个工作阶段。通过普查：一是查明了实情。普查结果1987年全乡“两户”企业432个，从业人员1190人，总收入337.73万元，总产值263.24万元。比1987年统计年报分别增加34.5%、54.87%、38.1%、49.1%。通过普查，提高了统计数据的准确性。二是明确了优势。全乡“两户”企业有大行业9个专业，生产14种主要产品。通过普查结果分析，采矿、建材和运输等3个行业是横水乡“两户”企业的发展优势。三是增强了发展“两户”企业的信心。普查资料1987年全乡“两户”企业总收入337.73万元，按全乡农村人口计算，人均280元，占农村人均收入的31.6%。显示了“两户”企业在脱贫致富，振兴农村商品经济中的重要地位和作用。

同年6月，赣州地区乡镇企业局在崇义召开“两户”普查现场会，会后，在全县全面铺开“两户”普查工作。全县“两户”普查工作历时16天，通过普查，摸清了现状，明确了发展方向，建立了“两户”企业基本情况档案（卡片）。

崇义县“两户”企业情况统计表

表 5　　单位：个、万元

年　度	企业数	企业人数	总收入	总产值	工业产值	利　润	税　收
1986	3228	9526	2742.74	2425.26	1652.31	453.61	167.29
1987	3181	9905	2688.57	2267.54	1515.1	450.16	157.9
1988	3902	12667	4727.28	3984.48	2735.7	805.21	216.34
1989	5418	11661	7078	5160	3465	1170	286

【“两户”企业代表座谈会】

1988 年 7 月，县政府召开了全县“两户”企业代表座谈会，从事各种行业和在生产经营中取得突出成绩的“两户”企业的代表 39 人，出席了座谈会。会议期间组织代表认真学习了中央、省、地关于发展个体经济有关方针、政策，充分肯定了“两户”企业在全县经济发展中的地位和作用。座谈会上，代表们总结交流了经验，反映了在生产经营活动中的经济活动情况和在生产经营活动中遇到的各种问题，以及他们的要求和愿望。针对“两户”企业面临的实际情况，认真学习贯彻了《崇义县人民政府关于鼓励支持发展个体经济和私营经济的暂行规定》，进一步明确了政策，消除了疑虑，鼓舞了信心，促进了“两户”企业的健康发展。到 1989 年，全县两户企业发展到 5418 个，从业人员 11661 人，总收入 7078 万元，占乡镇企业总收入的 50.6%；总产值 5160 万元，占乡镇企业总产值的 51.86%；工业总产值 3465 万元，占乡镇企业工业总产值的 44.02%；实现利税 1456 万元。占乡镇企业利税的 48.66%。

（何　焕　严创明）

交　通

路桥建设

【公路建设有新的发展】

新建公路　1986 年 7 月，投资 215 万元，其中利用世界银行贷款 107 万元，县筹集108万元，由浙江等地民工队承包兴建麟潭至古亭断头公路（包括麟潭大桥投资）。该公路全长14公里，宽7米，四级路面。1987年12月竣工通车。同年冬，投资24万元（交通部门拨12.5万元，乡集资11.5万元），建杰坝乡至长潭村公路6.5公里。1989年春竣工通车。1987年3月，利用省、地下拨的粮、棉、布修路资金30.31万元，开始建思顺乡至新地公路。该路全程17.9公里，其中思顺乡到山院内堂的7公里已于1984年开通。内堂至新地途中离内堂400多米处有一峡谷，需建水泥石拱桥（命名为雄鹰桥）。当年，请浙江民工修好内堂至雄鹰桥公路和雄鹰桥后，再往前修建公路1公里后就因资金用完而停工了。1988年8月，投资13万元（交通部门拨7万元，乡集资6万元）建金坑至上犹营前公路4.5公里。1989年春竣工通车。

四年中，全县新建县乡公路25公里。到1989年，县境内有省道3条115.66公里，有县乡道153条269.52公里。

公路改造　1986年冬，投资30万元，对上东线十八面段公路改道9公里，1988年12月改造完工。12月，投资28万元，将省道崇余线上营至县城3.18公里的泥结碎石路面改造为水泥路面。1988年12月，由省交通部门投资72.9万元，地区公路局工程队承建，将省道赣丰线二渡水桥至石牛岗背坑口长2公里，宽8米的泥结碎石路面，改造为水泥路面。1989年10月交付使用。

公路养护　县境内的公路养护分省道养护和县乡道养护两种。省道由赣州地区公路局崇义县公路段管理，县乡道由县交通局下设的县乡公路管理站管理。四年来，三条省道在崇义县公路段13个道班的养护和管理下，路况质量不断提高。其中赣丰道石牛岗背坑口至牛角河木材厂门口4.6公里和崇余道县城至上营3.18公里已铺浇成水泥路面。

县乡公路的养护，由县公路管理站下辖的10个乡、镇、场、矿养路队和1个局直属养路队（十八面养路队）具体负责。由于县乡公路大部份分布在偏僻山区，养护比较困难，县交通局采取以定人、定里程、定报酬的办法，把养护里程承包给各养路队，调动了养路工的积极性，使县乡公路质量逐年提高。

【桥梁建设】

为发展县交通运输业，四年来，在开通古亭麟潭线、思顺新地线和杰坝长潭线3条公路时，兴建大、小桥梁8座。为解决乡村农民行路难问题，架起钢索（梁）桥10座，修复石拱桥2座。

麟潭大桥　1985年5月，崇义县根据交通部"利用外资修建县乡公路"的精神，向世界银行贷款107万元（50年不计息），修建古亭至麟潭断头公路和麟潭大桥。7月，成立大桥建设指挥部。1986年8月开始由浙江泰顺县第二建筑工程队承建。该桥总投资61.8万元，是本县第一座等截面悬连线型空腹式面拱桥。分3孔长125.4米，宽8.5米，高13.45米。于1987年10月竣工通车。

在建桥过程中，大桥工程指挥部进行了“建桥修路、造福子孙”的捐款活动，获捐款总额 1.81 万元，其中单位捐款最多的是国营七一九矿 1 万元，个人最高的是 200 元，该桥的建成，减少了麟潭至古亭绕道县城多行 77 公里的弯道资金、能源消耗和时间耽搁。货车每车每趟可直接减少运费 61.6 元。

雄鹰桥　1987 年 7 月，开始了思顺新地线工程中的雄鹰桥建设。该桥长 40.5 米，宽 5.5 米，高 30.5 米，单孔。跨径 25 米。

公路运输

【客运】

1986～1989 年，县公共用大型客车逐年减少，单位用小型汽车（含轿车、吉普车、旅行车、客货二用车）逐年增多。1989 年，全县有大型客车 19 辆，比 1985 年下降 9.52%，有小型汽车 187 辆，比 1985 年上升 32.62%。随着大型客车的减少和单位用小汽车的增多，通过售票反映的客运量和客运周转量有所下降。

崇义县 1986～1989 年客运量和周转量

表 1

时间	客运量	客运周转量
1986	116.10	6174.65
1987	101.65	5971.57
1988	104.14	5832.76
1989	105.10	4280.16

本县大型客车的往返路线主要为本县各乡镇及赣州、唐江、上犹、大余、南康、韶关、汝城等地。

为了保证行车安全，加强交通管理，1989 年，县交通局对全县客运市场进行了全面规划管理，对全县客车实行了“四定”（定时间、定班次、定站点、定路线）和“四统一”（统一停车场、统一票证、统一售票、统一管理）。使全县客运市场逐渐走向正规化。

【货运】

县货物运输工具主要有大型货车、客货二用车、拖拉机和简易机动车，1989 年，全县有货车 369 辆，比 1985 年上升 21.38%，有客货二用车 131 辆，比 1985

年上升 92.65%，有轮式拖拉机 117 部，比 1985 年上升 25.81%，有手扶拖拉机 830 部，比 1985 年上升 19.94%，有简易机动车 55 辆，比 1985 年上升 111.54%。1986 年，全县货运量达 59.32 万吨，货运周转量达 6043.50 万吨公里，为历史最高水平。到 1989 年，全县货运量减少到 45.50 万吨，货运周转量为 4984.70 万吨公里。

交通管理

【路政管理、交通监理】

县境内路政管理，由“崇义县交通安全委员会”和“崇义县县乡公路管理站”负责。为加强交通安全管理，四年来，继续执行了每年 1 次的 5 月交通“安全月”活动。

县交通管理工作，1986 年仍由“赣州地区车辆监理所崇义监理站”负责。其职责是负责对全县的汽车、拖拉机“三费”的征收、驾驶员的培训、加强执照的审验、车辆年检等工作。1987 年 6 月，交通监理站进行体制改革，改成立“崇义县车辆稽查站”和“崇义县公安局交通警察队”。稽查站负责“三费”的征收；交警队则隶属于地区交警支队和崇义县公安局双层领导，负责驾驶员的培训、考核、年审、核发驾驶证、车辆年检、交通事故处理等工作。

【渡口管理】

随着桥梁建设的发展，渡口在逐年减少。1986 年，全县有渡口 5 个。1987 年建成麟潭大桥后，麟潭渡口撤去；1988 年 10 月，“果木渡口”钢索桥建成，渡口撤销；1989 年冬，泮江钢索桥建成，泮江渡口撤去。到 1989 年底止，全县剩石玉、长潭 2 个渡口。1988 年，石玉渡口渡船更新，由木质渡船改为钢质机动渡船，投资 900 元。船载量 30 人。四年来以上渡口未发生沉渡溺水现象。

【车辆维修】

交通运输业的发展，带动了车辆维修业的发展。1989 年，全县共有车辆维修厂家 29 家（其中国营 8 家、集体 9 家、个体或联户 12 家），比 1985 年增长 61.11%；有从业人员 285 人，比 1985 年增长 19.25%。1989 年，全县车辆维修营业收入达 139.5 万元。

崇义县 1986～1989 年全县车辆维修厂家增加情况

表 2

时间＼厂家性质	国营		集体		个体或联户		合计	
	厂数	人员	厂数	人员	厂数	人员	厂数	人员
1986 年			2	12	2	4	4	16
1987 年	1	12	2	7	3	9	6	26
1988 年								
1989 年					1	4	1	4
合计	1	12	4	19	6	17	11	46

（张祖春　曾远棠）

邮　电

邮　政

【服务网点的设置和调整】

1986～1987 年，全县有邮电支局、所 9 个：古亭支局、扬眉所、铅厂所、关田所、文英所、聂都所、过埠所、思顺所、麟潭所；有邮政所 5 个：丰州所、杰坝所、上堡所、宝山所、密溪所；有邮政代办所 5 个：茶滩所、金坑所、龙勾所、长龙所、高坌所。

1988 年，杰坝邮政所因业务量和业务收入均达不到建所标准，被改为邮政代办所。长龙乡邮政代办所则根据 1987 年的各项业务预测，能基本达到建所标准，于 1988 年 1 月 1 日改为自办邮电所。到 1989 年，长龙邮电所两年中均全面完成了县局下达的业务量和业务收入任务。

【邮政业务与业务收入】

四年中，邮政通信发展较慢，设备陈旧、劳动强度大的状况仍无改善。函、包、汇、发、储五大业务增减兼有。但由于报纸、杂志提价，包件收寄档次调整、恢复邮政回执业务及新开办邮政快件业务等因素，邮政业务收入增长较快。

崇义县 1986～1989 年邮政业务量

表 1

项目 \ 时间 / 单位		1986	1987	1988	1989	比 1985 年平均±%
出口函件	万　件	46.27	56.63	76.69	84.27	13.58
出口包件	万　件	0.79	1.00	1.08	1.21	10.55
出口汇票	万　件	4.31	4.53	4.41	3.32	−11.24
报刊发行	万　件	347.56	367.54	383.04	266.71	−15:34
机　要	件	848	783	1076	930	2.33
储蓄余额	万　元	5.46	21.94	80.91	42.70	
集邮业务	万　张			1.57	1.50	

注：1985 年无储蓄业务

崇义县 1986～1989 年邮政业务收入

表 2　　单位：万元

项目 \ 时间	1986	1987	1988	1989	比 1985 年平均±%
函　件	4.73	4.99	5.95	6.88	11.26
包　件	1.64	3.91	4.76	6.59	44.54
汇　票	3.19	3.23	3.87	3.25	0.31
发　行	5.35	7.75	9.30	11.86	21.29
邮政储蓄		0.2557	1.31	1.76	
集　邮			1.57	1.50	
机　要	0.049	0.0401	0.0422	0.0217	−14.75

【邮政储蓄】

1986 年，县邮电局派出 4 名职工参加地区邮电局举办的邮政储蓄业务培训班。同年 9 月 1 日正式开办储蓄业务，设在县局营业厅，配员 4 人。到年终，收储蓄余额 5.46 万元。1987 年，因业务量不大，减员为 2 人。为增加储蓄余额，四年中，共参加省、地邮电局举办的有奖有息储蓄活动 3 次，本局举办摸奖储蓄 1 次(分二组) 计 4 万元。奖券面额均为 10 元 1 张。1988 年参加省局举办的“龙年秋季有奖有息储蓄活动”，几天时间就销售奖券达 45 万元。年末储蓄余额达 80.91 万元。但是，奖券到期后，续存的极少，到 1989 年底，储蓄余额猛跌到 42.7 万元。

【集邮活动方兴未艾】

县集邮活动，在 1986～1989 年的四年中，发展较快。到 1989 年底，全县有集邮人员 500 余人，集邮邮票供不应求。

为了维护集邮者利益，扩大集邮队伍。1988 年 9 月 22 日，崇义县首届集邮协会成立。聘请副县长周逸民任名誉会长，县委副书记刘泰山、副县长罗穗安任顾问，邮电局长彭宗高任会长。还有副会长 4 人，常务理事 13 人，理事 33 人，会员 150 人。会后，举办了为期三天的集邮展览，以传播集邮知识，提高集邮者兴趣。

1989 年底，全县有县城、古亭、丰州三处集邮点，集邮者仍以中、小学生居多。1988 年和 1989 年，全县集邮业务收入均达 1.5 万元以上。

【报刊发行量下降】

崇义县的报刊发行，在 1986～1989 年的四年中，比 1985 年下降较大。下降的主要原因有：一是公费订阅已基本饱和，二是报刊杂志连续调价。特别是 1989 年，各种报刊提价 30～50%，使当年的发行量下降较大。四年中，与 1985 年比，年平均下降 15.34%。但是，报刊流转额和业务收入，由于调价的因素，增长幅度仍然较大，年平均增长 21.36%。

【邮路和投递】

崇义邮路，在 1985 年的基础上，于 1989 年 1 月开通崇义到金坑的委办汽车邮路。同年 12 月，开通崇义至长龙、扬眉的委办汽车邮路，赣州至扬眉的委办邮路仍继续使用。到 1989 年底，全县有委办汽车邮路 15 条，单程 586.5 公里，自办自行车邮路 5 条单程 107.5 公里。目前，委办汽车邮路存在的问题较多，邮件延误积压现象严重，给有些乡镇的报刊发行带来不利因素。

全县的邮政投递分为城市投递段道和农村投递线路二种。四年来，基本延续 1985 的段道和线路，至 1989 年底，计有城市投递段道 3 段，农村投递线路 43 条，单程 722 公里，有 4 条农村投递路线在县局发班，其余 39 条均在基层支局、所发班。1989 年由于报刊发行量下降幅度大，对农村投递路线的班期进行了调整，延长了班期，调减了 2 名乡邮员。至 1989 年底，计有城市投递员 4 人，乡村投递员 20 人，(其中，与当地合营的 2 人)。这些人员担负着全县广大用户的邮件投递任务。

(张祖春　曾凡琨)

电　信

【电信业务与经济收入】

四年来，电信通信发展较快，设备陈旧、质量不高的状况逐步得到改观。电信业务有新的增加。

1986 年 10 月县城安装上纵横制 1000 门自动交换机，开通自动电话，并设有查号台（114），障碍台（112）等业务电话和火警（119）、急救（2553）、盗警（2492）、交通肇事（2791）等急用电话。

四年中，电报、长话、市话、农话、出租代维等五大业务量有所下降，但随着市话月租费、长话计时话费、长话附加费、长话过线费、农话计时话费、农话附加费、农话月租费、电报附加费、电报过线费等主要资费项目的调整，电信业务收入仍有所增长。

崇义县 1986～1989 年电信业务量

表 3

项　目	单　位	1986	1987	1988	1989	1989 年比 1985 年年平均 ± %
电　报	万　份	2.77	3.37	3.39	3.69	−12.24
长　话	万　张	4.70	5.10	5.65	4.85	−16.36
市话年末到达户数	户	262	314	389	444	16.26
农话年末到达户数	户	176	193	202	214	15.61
农话通信张数	万　张	11.91	13.63	15.83	14.88	−9.45
出租代维及其他	万　元	1.80	2.27	3.63	4.52	

崇义县 1986～1989 年电信业务收入

表 4　　单位：万元

项　目	1986	1987	1988	1989	1989 年比 1985 年年平均 ± %
电　报	4.82	5.84	6.92	6.41	1.46
长　话	5.56	8.42	7.57	6.47	4.87
市内电话	3.20	5.16	9.05	6.89	14.35
农村电话	8.31	10.41	19.93	21.59	24.94
出租代维及其他	3.35	6.16	10.58	8.05	

【电信通信能力不断增强】

四年中，全县电信基本建设投资 62 万元，通信能力不断增强。市内电话。1986 年 10 月 16 日，性能良好、使用方便的 HJ—921 型纵横制一千门自动电话开通使用，由此结束了使用磁石式摇把子电话的历史，并为崇义电信通信进入全国长话自动网创造了条件。同时，还增备了以下与自动电话配套的各项附属设备：GGm—300c—24（v）固定用铅蓄电池二组，GF—1000（−60V）固定用铅蓄电池二组，DP114—380／100C 型交流配电瓶一只，DE603—60／120D 硅整流器二台，DP013Ⅱ−60／200D 型直流配电瓶一只、12 千瓦柴油发电机一台，空调机二部、电缆充气机一部。

长途电话。1986 年，新增 ES809—1 型引入试验架一只、DE013—24／75D 硅整流器二台，DP13Ⅱ—24／100D 直流配电瓶一只。1989 年，着手筹备县城至南昌的长话半拨 DD14 接口设备，此设备的新增和使用，可大大缩短候话时间，加快信息传递。

电报。1986 年，新增 BEP01 型报话合用插报机一端。1987 年，增 81 型天线发报机一套。1988 年，增 BFDOE 型程控光电单机头发报机一套，1989 年，增 PLEO／A 型电报综合调度架一只，BPC80 型汉字终端电传机一台，1987～1989 年，先后增加了 DD55 型电传打字机 4 台。现在，出县电报传递可进入全省自动转报系统网，大大缩短了电报传递时限。

【农话通信服务网点】

农话通信服务网点是和其他电信业务服务网点同时设置的。1988 年 1 月 1 日，县邮电部门根据长龙乡业务发展情况，报上级局批准，将乡办总机和邮政代办所改升为邮电自办所。同年 10 月，根据乐洞乡业务需要，增设了乐洞乡办总机一台，容量 30 门。四年中，农话通信服务网点除一增一改外，其他变化不大。至 1989 年底，全县有农话通信服务网点 18 处（其中自办 11 处：扬眉、长龙、铅厂、关田、聂都、古亭、思顺、过埠、麟潭、文英和县局；乡办 7 处：龙勾、乐洞、茶滩、杰坝、金坑、上堡、丰州）

【农话通信发展迅速】

1986～1989 年，县农话通信建设发展较快，特别是 1988 年 3 月 12 日县人民政府发出《关于加快我县邮电通信建设的决定》文件后，调动了各方面的积极性，四年完成投资 38.97 万元，发展用户 42 户，通信能力得到了较大改观。

四年来，农话交换机增容 200 门，到 1989 年又发展到 780 门（其中乡办 230 门，自办 550 门），先后更新农话交换机 9 台。

四年增加载波电路终端机4端，会议电话终端机31部。到1989年底，已分别发展到18端和31部（其中邮电部门10部，全县19个乡镇及县委、县政府会议室各一部）。

四年共增加农话中继电路7条，到1989年已发展到36条。1987年11月，更新改造了县城至过埠水泥中继杆路全程10.8杆公里、43.2对公里，该段线路的竣工投产，基本解决了过埠片六个乡镇（过埠镇、金坑乡、杰坝乡、麟潭乡、思顺乡、上堡乡）农话通信质量低，电话进出难的状况。1989年3月，县邮电局，麟潭乡、思顺乡、上堡乡4家采取联合建设方法，更新改造了过埠至麟潭段全程25.3杆公里、39.4对公里的农话中继水泥杆线路。12月，县邮电局和聂都乡采取联合建设的方法，更新改造了关田至聂都全程15.6杆公里，15.6对公里农话水泥杆中继线路。

1989年7月，将长龙墟镇用户的743米架设明线全部更新为电缆。11月，将扬眉墟镇用户的1465米的架空明线全部更换为电缆。

农话通信建设的发展，使过去那种遇有刮风下雨出现断线倒杆的现象大为减少，提高了电话接通率。

（张祖春　李德明）

城建环保

市政建设

【街道建设取得新的进展】

四年来，县城街道及其附属排水系统的建设取得较大成绩，县城街道已初具规模。四年中新建、扩建、改建街道1520米，其中较大的有西大街南段、沿江路、东大街、中山路东段四条。新、改、扩建主要排水沟3172.5米。总投资（含其他零星建设）为75.06万元。

西大街：为目前县城最大的街道，1985年前已建成沿江路至县政协这段长为812米宽34米的水泥路面。1988年，扩建了县政协至交通监理站322米长34米宽的路基。开挖了两旁水沟644米。

沿江路：1986年前已建成17米宽310米长从服务大楼至北门饭店的水泥路面。1986年10月，从路面北侧拓宽，建成了宽25米的水泥路。同时，把北门饭店至崇义宾馆原沙砂路基改铺为长280米宽15.6米的水泥路面，开通解放路西侧北门饭店至小江水沟 61 米。

东大街：座落县城东部，为与西大街平行并列的干道。规划建成北通沿江路、南至中医院门口计总长 1600 米宽 34.6 米的水泥路面。四年中已铺好从二轻局至审计局长 335 米宽 34.6 米的路基。开通两旁至小江水沟 720 米。

中山路东段：为将中山路沟通东大街和西大街，必须延伸中山路两端。1986 年底，已按中山路原宽度 18 米，建成西起五交化公司，东接东大街长 98.88 米的水泥路面。开通两旁水沟 206 米。

【公共建筑】

四年中，县城公共建筑主要有以工人文化宫、图书馆、宾馆、百货大楼、汽车站、商品房、农贸市场扩建等为代表性的文化、商业服务性公共用房和住宅；有西大街、东大街、沿江路、中山路等主要街道。

工人文化宫：位于沿江路 21 号，1986 年建成，砖混结构，全幢 6 层 64 间，建筑面积 2591.89 平方米，占地面积 534.80 平方米。

图书馆：位于中山路 64 号，1986 年 5 月建成，砖混结构，全幢 4 层 50 间，建筑面积 1497.4 平方米，占地面积 461.24 平方米。

汽车站：位于西大街南端，1988 年 5 月建成，砖混结构，全幢 6 层 39 间，建筑面积 2048.39 平方米，占地面积 1276.86 平方米。

宾馆：位于东大街 3 号，1987 年 10 月建成。(参见《宾馆工作》条目)

【园林绿化】

县城绿化主要由园林站职工和各单位职工按规划进行植树养花。四年来，街道植树采取“大穴、大苗、大肥、大围”措施，投资 3 万余元，栽了 1818 株树苗。动员县城单位职工在猪岭及其他公共用地义务植树 2.42 万株，单位及家庭养花 3.22 万盆。到 1989 年，各单位共计建花带 6800 米，建花圃 63 个，建花坛 179 个，建假山 17 座，建喷水池 17 个，建角亭 2 个，雕塑 5 个。西大街两旁绿化已初具规模。城区绿化覆盖率达 25%。

【自来水供应】

四年中，为增强抽水能力，在县城东门新安装水泵一台。为提高水质，在西城角新建过滤池一座，为西城角清水池和紫泉石清水池进行了加盖。四年总投资达 15.1 万元。到 1989 年底，全县有用户 536 户，比 1985 年增加一倍。

崇义县 1986～1989 年县城供水情况表

表 1

项目＼时间		1986	1987	1988	1989	合计
年供水量	(万吨)	97.63	96.54	118.5	121.27	433.94
平均日供水量	(吨)	2675	2645	3247	3322	
新增用户	(个)	62	146	20	22	250
普及率	(%)	96	96	96	96	96
增设供水钢管	(米)	460	4110	1100	460	6130

【环境卫生】

县城环境卫生由县环境卫生管理所负责管理，隶属县爱卫办。1986 年，县城有环卫职工 24 人，1987、1988 年有职工 27 人，1989 年有职工 30 人。

四年间，全县共投资 78.77 万元，用于购置解放牌垃圾车 1 辆，洒水车 1 辆，小四轮 3 辆，建公共厕所 4 座，建垃圾池 99 个，铸铁果壳箱 45 个，建街道地面痰盂 129 个。四年间，清扫、保洁面积由 1.96 万平方米扩大到 7.96 万平方米，管理、清扫公共厕所 6 个，清扫果壳箱 65 个，冲洗地下痰盂 55 个，清运单位、居民街道日产垃圾 23 吨，负责县直单位、县城环境的消毒工作。

建筑业

【勘察设计】

崇义县的建筑工程设计主要由县建设局设计室负责。四年来，设计室不断添置和更新生产设备。到 1989 年底，地质监测、制晒图、微机基本齐全，民用建筑、工业建筑，供水排水、房屋供电等专业已经配套。完全有能力承受本县范围内的工业、民用建筑设计。四年中，设计室所承接勘察设计项目，只要施工质量达到了设计要求的，都符合使用要求，安全可靠。

崇义县 1986～1989 年设计任务完成情况

表 2

年　　份	设计面积(平方米)	图　　(张)	投　资　(万元)	设计收入(万元)
1986	8328.31	65	100	1.688
1987	12174	90	160	2.807
1988	9074	80	162	3.545
1989	13271.54	108	265	3.902
合　　计	42847.85	343	687	11.943

【建筑管理与质量检验】

1986～1989 年，县建筑业的管理有 2 名专职人员负责。1988 年，县人民政府批准下发了《崇义县建筑业管理暂行规定》，使县建筑业走上正规。严格制止了工程质量低劣现象，达到了安全生产的目的。四年来，通过整顿建筑市场和建设市场，经建筑管理股登记的城乡建筑队 14 个 978 人。据统计，四年中经检查建筑工程项目有 171 项，计总建筑面积 14.35 万平方米，验收合格的建筑面积有 12.91 万平方米，验收合格率达 90%。

1986 年 5 月，县人民政府批准成立了工程质量监督站。到 1989 年底止，共接受监督工程 101 项，建筑面积 7.78 万平方米，工程造价 1041.08 万元，受监率达 74.4%。使建筑质量得到了保证。

崇义县 1986～1989 年受监工程统计表

表 3

受监工程内容	单　　位	1986	1987	1988	1989	合　　计
受监工程	个	13	30	27	31	101
受监面积	平方米	11300	21345	19130	26000	77775
受监率	%	40	78.5	82.1	95	
工程造价	万　　元	146.9	277.49	278.69	338	1041.08

城乡建设规划

【县城“总体规划”付诸实施】

1985 年，《崇义县总体规划》完成，并报省人民政府批准，同意实施。总体规划的实施分近期、中期、远期规划三个阶段。四年来，县城建设围绕近期规划（1985～1990 年）在县城绿化、公共建筑、街道建设、房地产管理，商品房开发、环境保护与卫生等方面付诸实施，城中区已初具规模。到 1989 年止，近期规划任务已完成 80%。

【乡镇建设在发展中】

1986 年，除龙勾、茶滩、杰坝、乐洞 4 个乡没有编制总体规划外，其余各乡镇都根据本乡镇现有住宅、公共公用事业状况，规划出了各自的总体规划。在当前大力发展乡镇企业，提高经济效益的同时，对总体规划付诸实施。四年中各乡镇总住宅建筑面积增加 27.83 万平方米，公共建筑面积增加 5.50 万平方米，生产建筑面积增加 1.64 万平方米。四年中公共建筑主要是改善教学、卫生条件，其中在教学方面投资 573.08 万元，新建校舍 4.41 万平方米，占公共建筑面积的 80%。

1987 年和 1988 年，古亭镇和聂都乡先后安装了自来水，使村民饮用水质有所提高。

房地产业

【商品房开发建设】

1983 年，开始县商品房开发工作。1987 年 4 月，县城首幢商品房在北门大桥旁边竣工并交付使用。该房投资 94 万元，总建筑面积 4950 平方米。四年中，县城共投资 118 万元，建商品房面积 6190.39 平方米。到 1989 年底，已出售 4919.11 平方米（其中售给个人 119.66 平方米，占出售总数的 2.43%），销售商品房利润收入 4.78 万元。

四年来，县商品房开发围绕《崇义县城总体规划》的安排，已在县城西大街南端、阳明路中段、东大街北端共 5600 平方米指定为商品房开发用地。其中东大街北端 2000 平方米和阳明路中段 600 平方米正在建筑施工。

【房地产管理】

1986 年 3 月，县房地产公司完成了第一次全国性城镇房屋普查工作。历时 9

个月，对横水镇、古亭镇、719矿进行了房屋普查。共普查登记了1943栋，2065户，总面积617061.9平方米，经上级普查机构抽查验收，栋表差错率1.8%，房表差错率2.5%，符合质量要求，达到了国家规定标准。1986年被评为省、地房屋普查先进单位。

1986年，县人民政府批转了《关于住宅建设若干问题的暂行规定》和《崇义县房屋管理暂行规定》，要求单位和个人遵照执行。加强了县乡房屋管理。

1986～1989年，县房地产公司共完成维修面积1.3万平方米，受益户数36户，维修投资1.69万元，房屋完好率达95%。

(张祖春　朱昭福)

环境保护

【环境保护规划】

1986年8月，根据中共中央关于“七五”计划的建议和全国环境保护会议精神，制定了县环境保护“七五”计划。计划分“我县环境概况”、“我县‘七五’计划的指导思想和奋斗目标”、“基本要求”和“实现计划的措施”四个部分。其指导思想和奋斗目标是：全面加强环境管理，积极治理老污染源，防治新污染，努力控制环境污染的发展和生态的继续恶化。力争三条水系的污染有所减轻，达到国家规定的二级标准，做到90%的企业有处理设施。县城区域和风景保护区无黑烟，林格曼浓度在二级以下，主要交通干线噪声不超过70分贝。其主要基本要求有：1、要求下垄钨矿大坪坑口选厂废水经处理后达到农灌标准；茅坪钨矿、淘锡坑钨矿废水经处理后达到国家排放标准。2、县水泥厂安装好三台消烟除尘器，各项指标达到国家排放标准。3、各厂矿的有毒有害废渣应妥善处理，统一存放。禁止废矿石堆积江河，淤塞河床。同时，对县城噪声治理，区域综合治理、自然保护等作了具体规定。

1989年12月，《崇义县1990～2000年发展战略规划研究》（环境保护部分）初稿完成。《规划研究》分概况、崇义县环境现状，环境预测、环境治理目标、环境保护区划，实现环境保护区划和总体目标的措施六大部分。

【环境管理】

1986～1989年，县环境管理主要采取以下措施：

征收超标排污费　1986年，对淘锡坑钨矿、茅坪钨矿、县水泥厂3家征收排污费4.99万元；1987年，增加精选厂，共征收4.26万元；1988年和1989年，再增加乡镇企业矿产品加工厂及三家乡办企业，分别征收7.79万元和7.88万元。四年共征收排污费24.92万元，其中80%上交地方财政作污染源治理补零资金和综合性环境治理，20%上交省环保局。

执行环境影响报告制度　　1987 年，崇义县开始对新建、扩建、改建项目执行环境影响报告、评价、审批制度。要求这些项目必须在建设时主体工程与防污染措施同时设计、同时施工、同时投产。三年来，全县已执行这一制度的有 18 个项目。

要求污染单位承担受害居民的改水经费　　茅坪钨矿茅坪选厂 1978 年投产后，废水一直排入扬眉江，使茅坪、大摆、沈埠、南田等村沿河两岸 314 户居民受害。1987 年 11 月由县人民政府批复：由茅坪钨矿从自有资金中支付 3.3 万元作改水经费，解决受害居民的生活饮用水问题；下垄钨矿大平坑口选厂的选矿废水因多年污染扬眉乡中坑口村部分群众的生活饮用水，群众反映强烈，下垄钨矿于 1987 年 12 月支付 9900 元给该村解决饮用水经费。

对污染事故实行赔款　　1986～1989 年全县共出现过两次污染事故。1986 年 9 月，在县化肥厂转产为木材加工厂的拆迁过程中，拆迁人员把残留在管道中的 200 多公斤铜铵溶液全部漏入沟道，毒死当地一居民的塘鱼 60.5 公斤，县环保部门裁定县化肥厂财产清理领导小组办公室赔款 534.94 元；1989 年 1 月，因扬眉乡政府 1988 年搞的堆浸黄金矿砂的小氰化池在工程退役时，未把池内废砂作解毒处理，使下雨后废水外溢，毒死当地一头耕牛，经双方协商，由扬眉乡政府赔款 1500 元。

【环境监测】

1986～1989 年，间断地对“三江”（大江、小江、扬眉江）地表水、主要工业污染源外排废水进行了监测。在水质方面对崇义县局部地区的环境质量有所了解。

“三江”地表水的监测　　对小江的水质，四年里每年监测了六次，发现除挥发酚、砷时有超标外（指地表水质标准），其他污染因子都未超标，达到国家二级标准。对大江、扬眉江的水，只在 1987 年冬监测了一次。

主要工业污染源外排废水的监测　　对崇义环境影响最大，危害最严重的是有色金属采选业污染源。七一九矿、茅坪钨矿，淘锡坑钨矿，荡坪钨矿宝山选厂、大坪坑口选厂是我县的主要工业污染源。四年来，对这些污染进行了不定期的污染监测。

附表：4、“三江”地表水监测结果表，5、几个污染源主要污染因子分析结果表。

崇义县“三江”地表水监测结果

表4　　　　单位：毫克／升

河流名称	大　江	扬眉江	小		江		地表水
污染物＼采样时间	1987.10.6	1987.11.18	1986	1987	1988	1989	二级标准
PH值	7.8	7.53	7.61	7.49	7.47	7.43	6.5—8.5
悬浮物	—	13.5	45.6	17.16	4.5	58.08	200
化学耗氧量	2.69	2.45	3.12	2.43	1.86	1.6	4
汞	—	—	0.0007	0.0003	—	0.0001	0.0005
镉	0.001	—	0.002	0.002	0.004	0.004	0.005
砷	0.01	—	0.013	0.043	0.020	0.049	0.04
铅	—	—	0.005	0.055	0.005	0.007	0.05
六价铬	—	—	0.003	0.003	0.004	0.003	0.02
氟化物	0.22	0.54	0.32	0.324	0.396	0.45	1.0
氰化物	—	—	0.01	0.07	0.005	0.033	0.05
酚	0.016	—	0.007	0.026	0.004	0.023	0.005
铜	—	—	0.028	0.027	0.004	0.015	1.0
锌	—	0.011	0.015	0.048	0.056	0.043	1.0
硬度	1.79	1.46	2.17	3.03	2.50	3.33	250
氨氮	0.1	0.19	0.132	0.015	0.053	0.038	10
亚硝氮	0.0015	—	0.003	0.002	0.003	0.004	0.1
硝氮	0.03	0.23	0.31	0.287	0.223	0.267	20

崇义县几个污染源主要污染因子分析结果

表 5 　　单位：毫克／升

污染单位	宝山选厂		大坪坑口选厂		茅坪选厂		淘锡坑钨矿			工业排放标准
采样时间 / 分析项目	1986.8.6	1989.4.25	1986.1.8	1986.8.6	1987.4.28	1989.4.25	1986.8.6	1987.4.28	1989.4.25	
PH 值 (PH)		11.4	8.20							6-9
悬浮物 (SS)	23		16	108	2588.5	5723	1769.5	825.5	2469.75	500
化学耗氧量(COD)			20.7	3.73	64.31		49.36		91.93	100
汞 (Hg)	0.0002		0.0002							0.05
镉 (cd)	0.004		0.019		0.0078		0.0717	0.11	0.039	0.1
砷 (AS)		0.32	0.004	0.05	0.17	0.138		8.18	0.372	0.5
铅 (Pb)	0.074		0.08	0.04	0.45	0.1	0.275	1.41	0.10	1.0
六价格 (Cr+6)									0.007	0.5
氟化物 (F-)			2.0				2.22	4.1	2.8	10
氰化物 (C2-)		0.232	0.01							0.5
挥发酚 (酚)			0.01		0.018					0.5
铜 (Cu+2)		0.05	0.08	0.011	0.073	0.05	3.73	2.01	0.743	1.0
锌 (Zn+2)	0.053	0.029	0.10	0.05	0.32		3.5	3.4		5.0
油类					5.63					10.0

【县境内主要工业污染源基本查清】

1986 年，继续贯彻地区经委、地区环保局[1985]赣建设字第 58 号文《关于在全区开展工业污染源调查的通知》精神，对县境内 185 家工矿企业开展了工业污染源调查，筛选出七一九矿、荡坪钨矿宝山矿区、下垄钨矿大坪矿区、茅坪钨矿、淘锡坑钨矿、精选厂、煤矿、水泥厂等 8 家为重点调查单位，建立了调查档案；筛选出化工厂横水车间、古亭车间、关田车间、过埠车间、宝山车间、县木器厂、古亭镇酱油厂、县粮油加工厂、县罐头厂、食品厂、电镀厂、农机厂、印刷厂、三O二队知青化工厂等 14 家为一般调查单位，填写了调查卡片存档，对其他 163 个单位，则作一般了解，未建档案。

调查期间，测得 8 家主要污染源年排放废水 320.63 万吨，其中 10 种主要污染物计 4161.87 吨（详见下表）；排放废物 44.50 万吨，其中煤矸石 9.70 万吨，尾矿 34.69 万吨，工业垃圾 0.11 万吨；排放废气 544.53 万标立米（七一九矿，县水泥厂 2 家数据），其中烟尘 533.56 吨，二氧化硫 61.06 吨，氮氧化物 43.40 吨，一氧化碳 6.51 吨。

废水中主要污染物排放量

表 6　　　　单位：吨／年

污染物名称	悬浮物	铜	COD	氟化物	镉	硫化物	砷	油类	铅	氰化物	合　计
年排放量	4015.69	0.46	129.92	11.32	0.10	0.76	0.47	2.75	0.28	0.12	4161.87
排列名次	1	2	3	4	5	6	7	8	9	10	

（张祖春　韩　迅）

商　业

【商业机构网点】

崇义县国营商业有两个管理体系。一是县商业局直接领导的有：百货纺织品，五交化、副食品、食品、饮食服务 5 个专业公司，扬眉寺、四二八 2 个贸易公司，商办工业食品厂 1 个，大集体综合公司 1 个。二是省地直接领导的有：外贸、石油、烟草、医药 4 个公司。

国营商业，除扬眉寺、四二八 2 个贸易公司设在扬眉、古亭镇，医药公司下设 3 个药材站（扬眉、古亭、过埠），食品公司下设 4 个食品站（扬眉、古亭、过埠、思顺），副食品公司下设 6 个批发点（过埠、金坑、上堡、关田、聂都、宝山），其余国营商业机构网点均设在县城，有批发部 9 个，零售网点 30 个，从业人员 1986 年 713 人，1989 年底 589 人。饮食服务网点 15 个，从业人员 1986 年 126 人，1989 年底 79 人。1987 年 8 月，经县政府批准，撤销宝山矿区贸易公司。

【商业体制改革】

四年来，崇义县国营商业体制改革，经历了“小型企业改、转、租”、“全面推行商业企业承包，租赁经营责任制”，“深化改革，完善承包、租赁经营责任制”等三个阶段。

小型企业改、转、租　1985年9月，将副食品公司所属南门、农贸路2个门市部由全民所有制转为集体所有制，与副食品公司脱钩，实行转制经营、独立核算、自负盈亏。1986～1989年，这2个转制门市部，无分文积累，还亏损1.01万元，副食品公司还垫付房租、水电费和利息约1万元以上。究其原因，主要是“以租代管”和必要的制度制约。

全面推行承包、租赁经营责任制　1987年2月，县商业局、财政局、税务局联合向县政府提出：1、对新转制的两个集体店，做好巩固、补充、完善工作。2、扬眉寺、四二八贸易公司实行转制经营。3、饮食服务公司的工农兵餐厅等5个门点和宝山矿贸公司所属门点，实行租赁经营。饮食服务公司实行提成工资。4、百货公司的百货商场，五交化公司的五金交电门市部，副食品公司的副食门市部实行国家所有集体经营和利润含量工资制。5、各门点改、转、租后与原公司脱钩，负责人由民主推荐，报商业局备案。企业独立核算，照章纳税，自主经营，自负盈亏。当年3月2日，县政府批准了这个报告，县商业局组织了三个工作组，到6个公司34个小型企业推行改、转、租。6、1987年9月，商业局根据综合公司经营现状，采取如下措施：(1) 精减公司管理人员，加强民主管理。(2) 撤销两个中心店，按自然门点，划细核算。(3) 按各门点实际情况，确定承包内容和基数，在公司内部招标承包，实行先上交承包基数，后进行工资分配。(4) 全体职工，集资入股，带股承包。规定行政人员交700元，百货、布疋、旅社职工交500元，副食品行业职工交400元，饮食加工行业职工交300元，新招职工带股金1000元入店，未入股者不安排工作。(5) 优化劳动组合，富余人员自谋职业或摆摊设点上交积累。(6) 取消原有工资级别（只做档案工资），实行工资全浮动，由承包单位，按经济效益核发工资。

实行以上措施，共集资1.47万元，由于责任到人，企业经营开始好转。

招聘经营者　为了把竞争机制引入企业，县商业局于1987年11月10日和12月3日两次在赣南日报刊登《崇义县国营商业企业承包、租赁经营招标公告》，先后在百货纺织品、副食品，五交化、食品、饮食服务等5个公司实行公开招标，承包经营。在食品厂、扬眉寺、四二八3个企业公开招标、租赁经营。承包和租赁期，分别为二、三年。承包形式：包死基数，确保上交，超收多留，欠收自补。租赁形式：独立核算，照章纳税，自主经营，自负盈亏。承包和租赁人先交抵押保证金500—3000元。企业承包租赁后，实行经理（厂长）负责制，经理（厂长）有机构设置、人事安排、业务管理、资金使用、内部分配等方面的权利。

由于公开招标，很快形成竞争局面，报名招标者有20组34人。经过考评答辩，百货纺织品公司张义冲中标，五交化公司柯锡熙中标，副食品公司赖道春中标，食品公司黄诗炳中标，饮食服务公司肖重广中标、四二八矿贸公司包武军中标，扬眉寺贸易公司董世民中标，食品厂刘志高中标。至此，国营商业8个企业，5个实行承包经营，3个实行租赁经营。

1988年6月30日，饮食服务公司，因承包人经营管理不善，亏损1.17万元，县商业局决定，终止承包合同，追究承包人应负的经济责任。从7月1日起，由该公司原来经理曾广钰负责承包，实行目标管理。

深化改革，完善承包、租赁经营责任制　　1、商业局机关人员，分工负责，深入下去协助企业搞好内部配套改革，把承包、租赁指标，层层分解，层层落实，形成千斤重担人人挑，人人肩上有指标。2、优化劳动组合，对富余人员采取内部待业和自谋职业，从而促进了职工的进取心和责任感。3、全面推行风险抵押金，全系统9个企业共收风险抵押金8.8万元，把企业兴衰和职工个人利益捆在一起。4、改革企业内部分配制度。百货纺织品、五交化公司实行百元销售利润含量工资，副食品公司实行工效挂钩效益工资；食品公司、食品厂实行计件工资；其他公司实行利润包干，以销（利）计酬等多种分配形式，从而打破了铁饭碗和平均分配的弊端。

【商品购销】

1986～1989年国营商业系统总购进6638万元，其中国内纯购进2308万元，总销售7345万元，其中国内纯销售4893万元，四年中售给基层供销社2073万元，占总销售28.22%。为了发挥国营商业主导作用，采取两手抓的办法：一手抓商业深化改革，一手抓开拓货源、扩大购销、让利批发、优惠供应、送货上门、摆摊设点等多种方式，推动工业品下乡。四年来，为全县城乡市场供应各种布匹98.9万米，呢线、绸缎2.8万米，四鞋43.4万双，（皮鞋、布鞋、胶鞋、塑料鞋）各种服装5.3万件，棉毛卫生衫裤9.4万件，钟3289只，手表7954只，缝纫机2095架，火柴2288件，肥皂9519箱，洗衣粉58.9吨，牙膏21.8万支，香皂14.3万块，元钉116吨，铁丝105吨，普通灯泡35.2万只，电视机3531台，收录机3274台，洗衣机703台，电风扇6557台，自行车6629辆，各种油漆69.5吨，食糖1453吨，糖果糕点513吨，各种罐头22万瓶，奶粉31713公斤，酒类1270吨，食盐690吨，水产品143吨。由于猪、蛋取消了派购，四年收购生猪6717头，鲜蛋1797公斤，家禽6187羽。

崇义县 1986～1989 年国营商业购销调存情况表

表 1　　　　单位：万元

年份	总购进				总销售				年末库存
	合计	其中			合计	其中			
		国内纯购进	其中：农副产品	省外调入		国内纯销售	调给供销社	调给省外	
1986	1234	397	21	85	1453	975	449	12	445
1987	1464	501	84	97	1690	1140	454	51	353
1988	1939	668	126	142	2098	1383	575	90	467
1989	1911	742	143	152	2104	1395	595	69	336

【财务与审计】

会计核算单位　1986～1987 年全县国营商业系统核算单位 16 个，1988 年实行承包经营和租赁经营，核算单位减少为 9 个，1989 年百货纺织品、五交化公司将批发零售并为一个核算单位，至此，全县核算单位只有 7 个。

经济效益　1986～1989 年，全县国营商业实现税利 137.21 万元，其中利润 15.64 万元。百纺、五交化、副食品是国营商业 3 个盈利大户，四年来，共实现利润 81.23 万元，其中：百纺公司 39.41 万元，五交化公司 22.05 万元，副食品公司 19.77 万元。其余企业处于微利和保本，扬眉、食品 2 个公司是全县国营商业亏损大户，四年共亏损 54.16 万元，其中：扬眉寺贸易公司亏损 22.4 万元，食品公司亏损 31.76 万元。

离退休人员经济负担　1989 年底，全县商业系统离退休 130 人，占在职人员 27.7%，四年共支付离退休费 56.4 万元（包括医疗费），占在职人员工资总额 39.38%，从 1986 年起，实行离退休工资统筹，按在职人员负担 70%，按销售额负担 30%，医药费由原单位负担，经济效益好的单位，可以支付，经济效益差的单位，尤其是亏损单位，有时难以兑现。

审计违章案例　1987 年 5 月，对原宝山矿贸公司进行全面审计，经核实认定，该公司由于经营管理不善，财务制度松驰，损失浪费和以权谋私金额达 8.98 万元，其中：个人非法所得 3768 元，已全部追回，对公司主要负责人免职和行政记过处分。同时对该公司债权上诉法院调解五起，金额 2.98 万元，1989 年底已收回 4214 元；1988 年对承包、租赁单位，进行承包、租赁经营责任和财务收支审计，经审计核实，违纪金额 2.84 万元，损失浪费金额 6.1 万元，均作调整账务处理；1988 年对饮食服务公司承包经营的情况，进行审计核实，发现亏损 1.17 万元，建议商业局领导终止承包合同，追究承包者一定的经济责任；1988年对商业系统承包、租赁单位，进行承包、租赁经营责任和财务收支审计，经审计核实，违纪金额2.32万元，均作调整账务处理；1989年对扬眉寺贸易公司、食品公司进行两次租赁、承包经营审计，经初步核实，损失浪费和违纪金额达7.72万元，其中：扬眉寺贸易公司4人挪用公款1.52万元，私设“小金库”7062.4元，均作处理。食品公司滥发奖金9435.0 (不符规定已如数退回)，生猪仓库虚报库存7.96万元，实属账外经营，正在查处中。对食品公司承包人，根据违犯财政法规有关规定，给予了一定的经济处罚，行政给予撤职处分。

崇义县1986～1989年国营商业年经营情况表

表2

项 目	单 位	1986年	1987年	1988年	1989年	合 计
商业总销售	万 元	1653.60	1904.33	2003.15	1885.72	7446.80
税 利 额	万 元	31.24	38.19	30.32	37.46	137.21
其中：利润	万 元	−9.10	11.40	10.25	3.09	15.64
银 行 利 息	万 元	32.24	31.15	33.96	40.88	138.23
自有流动资金	万 元	68.92	68.68	69.08	69.14	
固 定 资 产	万 元	286.06	340.94	305.57	342.98	
各项专用基金	万 元	64.76	38.71	47.71	66.62	
费 用 总 额	万 元	117.21	119.34	109.23	139.11	484.89
费 用 率	%	7.09	6.27	5.45	7.38	6.51
资金周转数	天	122	107	83	108	

【百货、纺织品】

百货纺织品公司，主要经营百货、纺织品、针织品、文化用品四大类约6500个品种。1986～1989年总购进2345.62万元，其中纯购进904.07万元，四年平均比1985年分别增长8.18%和16.48%。总销售2586.1万元，其中纯销售1101.4万元，四年平均比1985年分别增长6.65%和3.88%，实现利润39.4万元。1986年8月，根据上级指示，为解决本县24300人缺衣少被的困难，按人均10公尺纯棉布的标准，以户为单位，赊销棉布24300米，计金额43.74万元。货款至今尚未收回。

四年来，由于计划分配商品逐渐减少，以至取消计划分配，全靠掌握市场信息，加强横向联系，与厂商直接挂钩，扩大进货渠道，减少中间环节，四年中已与

150 家厂商建立了互惠互利的购销关系。为了及时把工业品送下乡，从 1987 年起与基层供销社签订联销协议，实行免费送货，扩大扣率，让利于基层。同时开发边际贸易，与湖南、广东及邻县（上犹、南康）等地建立了比较稳定的销售网络，从 1987 年销售 20 万元。1989 年扩大到 110 万元。

面对市场疲软，资金紧缺、费用增加，竞争激烈的新情况，该公司从 1988 年实行承包经营以来，层层优化劳动组合，制订目标管理，使劳动效益与经济效益密切挂钩，同步增长。从而调动了全公司干部职工的积极性和责任感，经济效益显著提高。1988 年实现利润 11.8 万元，1989 年实现利润 12.7 万元，这两年平均数分别比 1986 年和 1987 年提高 58.39%和 70.47%。

根据公司实际情况和经济负担能量，四年做了四件大事：1986 年投资 7.5 万元，新建 420 平方米 6 套家属房，解决了部分职工住房问题。1987 年投资 18 万元，新建 800 平方米的批发大楼，内设样品馆，解决了基层看样进货问题。1988 年投资 9 万元，新建 572 平方米仓库，解决了仓容不足问题。1989 年投资 45 万元，新建 974 平方米百货大楼，改变了公司没有店房，全靠租店经营的局面。

崇义县 1986～1989 年百货、纺织品公司四大类商品购销表

表 3　　　　单位：万元

类　别	1986 年		1987 年		1988 年		1989 年	
	购　进	销　售	购　进	销　售	购　进	销　售	购　进	销　售
纺 织 品	40.70	153.00	46.01	154.10	31.39	157.49	47.45	152.95
针 织 品	45.80	122.43	58.31	125.19	88.58	164.26	108.11	154.97
大小百货	51.48	229.12	92.55	241.51	111.91	279.97	148.89	325.59
文化用品	3.21	30.17	3.17	31.14	8.63	42.20	12.85	46.43
兼　营	1.74	8.48	2.02	4.36	1.37	1.46		0.45

【五金、交电、化工】

五交化公司是经营五金、交电、化工、家用电器的专业公司。四年来，由于计划分配商品逐渐减少，加强横向联系，与上海、浙江巩固老关系户，积极发展新的联系点，与毗邻省市广东、湖南开拓新的购销面，还与省内南昌、萍乡、新余等市建立新的购销点。鉴于崇义山区县小、吞吐量有限，从 1987 年起与上犹、信丰县五交化公司建立三县松散式的购销集体。由于扩大了购销渠道，四年来购进总额 1250.2 万元，其中：1986 年 260.7 万元，1987 年 280.5 万元，1988 年 369.4 万元，1989 年 339.6 万元。销售总额 1427.6 万元，其中：1986 年 291.5 万元，1987 年 337.2 万元，1988 年 397.7 万元，1989 年 401.2 万元，实现利润 22 万元，其中：1986年4.6万元，1987年5万元，1988年5.8万元，1989年6.6万元。

面向市场，面向基层，扩大工业品下乡。五交化公司在批发业务上，让利基层、优惠供应，采取四不分（不分节假日，不分早晚，不分数量多少，不分上下班），三公开（公开商品分配比例、公开帐本、公开计划数量），二方便（方便开票、方便发运），一允许（允许退货，但要完整无缺）。四年来，共送货下基层411万元（包括下乡展销）。

消费第一，信誉至上，是五交化的经营宗旨。为了打消消费者对购买高档商品和家用电器商品的顾虑，该公司专设家用电器修理部，热情为消费者服务，做好售前、售中、售后的服务工作，基本上做到了有问题商品不出门，出售商品实行保修，大件商品上门维修。四年来，据不完全统计，上门维修1600人次，取得了消费者的好评和信誉，因此，这四年中，销售和利润稳步上升。

【副食品】

副食品公司主要经营食糖、糖果、糕点、奶制品、酒类、调味品等，兼营水产品、食盐、卷烟及小量日用百货和日用杂品。四年来，购进总额1499.06万元，其中：1986年228.19万元，1987年292.61万元，1988年475.37万元，1989年502.89万元。销售总额1634.38万元，其中：1986年245万元，1987年323.81万元，1988年505.57万元，1989年560万元。实现利润19.77万元，其中：1986年3.17万元，1987年5.32万元，1988年5.55万元，1989年5.73万元。

副食品公司，敢于开拓进取、灵活经营，在市场竞争激烈的情况下，努力改革创新，积极组织工业副食品下乡，疏通流通渠道。先后在全县6个乡镇下伸6个副食品批发点，大大方便了基层进货。四年中这6个下伸批发点销售额418万元，占公司总销售额25.58%。1988～1989年，该公司积极参予经济改革，不断完善经营机制，优化劳动组合，层层落实承包责任制和目标管理，采取工资总额与经济效益挂钩的分配办法，从而调动了广大干部职工的劳动积极性，取得了较好的社会效益和经济效益，四年来购、销、利润都是上升。1988年和1989年两年销售、利润均比前两年（1986～1987年）平均分别增长87.33%和84.16%。

【食品】

食品公司主要经营猪、禽、蛋。由于生猪、鲜蛋取消了派购，购销业务一直处于低谷。四年收购生猪6717头，家禽6187羽，鲜蛋1797公斤，其中：1986年收购生猪795头、家禽6176羽；1987年收购生猪2321头、家禽11羽，鲜蛋4公斤；1988年收购生猪1708头，鲜蛋1793公斤；1989年收购生猪1893头。四年来，崇义县城、乡肉食品市场，基本上为个体屠户所占有，县食品公司为稳定县城肉食市场，平抑肉食涨价风，经常从外县购进生猪供应县城市场。由于购销业务不景，管理松散，生猪收购、宰杀、外调手续不健全，费用开支过大，四年中，财政拨补4万元，免税4.31万元，还亏损31.76万元，成为国营商业系统亏损大户。

【饮食服务】

饮食服务公司，设崇义饭店住宿部、工农兵旅社2个服务网点，有床位460床，因住客锐减，1989年减为316床。有饮食网点7个，冰室1个，面食加工部1个。1989年优化劳动组合，安排富余人员，增设副食门市部1个，综合零售店2个，全公司1989年底有职工54人，其中国营47人，集体7人，比1986年减少21人，其中国营20人，集体1人。

1986年实行承包经营，对各门点采取包死基数，超利分成，欠利按比例核发工资，当年完成营业额39.8万元，实现利润2.54万元；1987年以门点为单位，划小核算，实行承包经营和租赁经营两种形式，当年完成营业额45.2万元，实现利润1.41万元；1988年实行公开招标，承包经营，由于中标人非饮食服务公司职工，缺乏对饮食服务业管理经验和领导才能，截至当年6月底，据审计审查亏损1.17万元，(实际亏损2.35万元)。经县商业局决定终止承包合同，承包人负责风险赔偿2200元，继由公司原来经理曾广钰牵头承包，当年完成营业额30.96万元，亏损1.57万元；1989年继续实行以门点为单位，划小核算，自负盈亏，实行承包和租赁两种形式上交税利，当年完成营业额24.1万元，亏损0.35万元。

近四年来，市场开放，饮食服务业成倍增多，县城现有饮食业135个，旅社(包括招待所、宾馆、私营住宿店)20个1350个床位，竞争激烈，加上饮食服务公司设备更新不够，管理水平和服务质量跟不上形势发展的需要，尤其是经过1988年的折腾，一直处于不景气，恢复不到1985年以前水平，前四年(1982～1985年)营业额189.8万元，利润19.9万元。这四年(1986～1989年)营业额140.1万元，利润2.03万元，分别比前四年下降26.2%和89.8%。1989年，针对市场疲软，采取三条措施：一是增设网点，跨业经营，二是减少空闲床位，将460个床位减为316个床位，但住客率还不到20%，三是将崇义饭店临街住房、洗澡间和家属区的厕所、猪栏改做适合个体经营门市20间，一年可收租金1.1万元。

【食品加工】

食品厂是商办工业，设糕点、饮料、蜜饯三个车间，自销产品批发部一个，1989年底，有职工47人，其中全民39人，集体8人，比1986年增加7人，其中全民1人，集体6人。

食品厂是一个半机械半手工操作的工厂，糕点车间设有拌料机、压片机、远红外线烤炉。饮料车间设有小型多用半自动饮料机，蜜饯车间全靠手工操作。生产品种79个，其中糕点60个，饮料3个、蜜饯16个，可年产糕点500吨，饮料50万瓶，蜜饯200吨。

自1986年以来，粮食部门取消了平价粮油供应，给食品加工带来了一定的阻力和困难，如食品厂生产的糕点，其价格比赣州、广东、福建等地略高，花色品种没人家鲜艳，使糕点车间生产经常处于半停产状态。

1988年食品厂实行租赁经营，每个职工交风险抵押金290元，并制订出勤、工作态度、工作质量、劳动纪律、完成任务五项指标综合评比，多劳多得，奖勤罚懒。同时按照工业生产标准化的要求，从原料、配方、操作、验收层层把关，杜绝不合格产品出厂。对已出厂的产品，属于生产质量问题，包换包退。1986年在赣州地区食品糕点评比会上，该厂生产的冻米糖，花生条糖被评为优质产品。1988年首次把产品送往湖南汝城、桂东等县试销、，深受欢迎。1989年又在上海、南昌、韶关等市设立销售窗口。1989年10月在南昌市全省展销会期间，该厂把新生产的7个蜜饯产品：九制陈皮、相思梅、话李、话桃、奶油杨梅、冰糖杨梅、五味红姜，请崇义县在南昌市工作的38位同志品尝，一致反映很好，同时还在南昌市百货大楼、洪城商场、南昌商场、八一商场、东南商场等五大商场展销九制陈皮新产品，南昌百货大楼自愿出资赞助，在江西电视台把该厂生产的九制陈皮等新产品连续播放8天。

（高荫文　王书芳）

【对外贸易】

崇义县对外经济贸易公司，属局级对外经济贸易企业，隶属赣州地区对外经济贸易局领导，主营全县对外贸易业务。1986年的购进总额70.9万，占计划38.76%，调拨出口66.6万元；1987年购进总额189.9万元占计划92.64%，调拨出口169.9万元；1988年购进总额316.5万元，占计划138.47%，调拨出口269.7万元；1989年购进总额78.9万元，占计划26.87%，调拨出口78.6万元。四年来，主要调拨出口的商品：南安板鸭23.5吨，三笋罐头587.5吨，水煮笋罐头710吨，菖头罐头285.31吨，桔子罐头38吨，松香336.5吨，松节油21.7吨。由于出口业务不景，加上其他多方面原因，县外贸公司四年共亏损38.4万元。

崇义县板鸭丿。是县外贸公司所属出口加工企业，1986～1988年，加工板鸭68286只，提供出口34868只，因无鸭源和亏损问题，1989年停产。

（高荫文　王会尧）

【石油】

石油是国家统一分配计划供应的物资，由县石油公司统一经营，1986～1989年购进总额1067万元，销售总额1237万元，实现税利59.42万元，其中企业留利8.62万元。

计划供应　1、汽油。按机动车辆实行发证定量供应，凭证供油。1986年，供应汽油880吨；1987年供应汽油800吨；1988年供应汽油800吨；1989年，供应汽油846吨。四年共供应计划内汽油3326吨。2、柴油。采取两种方法供应，一是农用柴油，根据分配指标，由县农机局安排，石油公司负责供应。二是机用柴油，定购粮“三挂钩”柴油，由石油公司按规定供应。四年共供应计划内柴油2495吨。3、煤油。根据全县农村电力情况，把供应指标分配给各基层供销社，确保农村照明需要，四年共供应煤油907吨。4、润滑油。实行以废机油1公斤换供润滑油5公斤的方法供应，四年共供应润滑油262吨。

议购议销　为了弥补计划供应之不足，确保全县车辆运行需要。四年来，购进议价汽油3197吨，销售3323吨，购进议价柴油626吨，销售617吨。根据议价汽、柴油不受计划分配的限制，可以多销多购，在价格上根据上级规定幅度，上下浮动，灵活作价。在供应方法上随到随供，方便用户加油。因此，这几年议价油供应一直处于稳步上升。

深化改革，成效显著　1988年县石油公司率先在全区石油系统推行经理负责制，同年9月，地区石油公司在崇义召开推行经理负责制现场会，总结推广崇义县石油公司经验。1989年实行工资总额与经济效益挂钩。由于不断革新，开拓前进，1988和1989两年销售和税利，平均比1986和1987两年，分别增长42.55%和54.89%。

三年办了三件事　1987年自筹资金7万元，改建油罐棚、润滑油仓棚、发油台、消防水池等；1988年自筹资金7万元，改建油库办公楼；1989年自筹资金10万元，(其中县财政拨款5万元) 筹建两个200立方米式油罐，扩大油库容量。

(高荫文　蒋大鸿)

【烟草专卖】

执行专卖法　县烟草专卖局 (公司) 认真贯彻执行《烟草专卖条例》和《烟草专卖条例实施细则》，坚持“两个为主，一个刹住”的方针 (以地产烟为主，以本地市场为主，坚决刹住计划外卷烟)。首先是开展烟草专卖条例和条例实施细则的宣传，经常出动宣传车到全县主要圩镇巡回宣传，印发烟草专卖条例、实施细则和省、地、县有关烟草专卖文件4300份，广泛张贴。二是审查核发烟草专卖零售许可证。1986年审发许可证501份，其中国营集体120份，个体381份；1987年审发许可证175份，其中国营集体24份、个体151份；1988年审发许可证205份，其中国营集体63份、个体142份；1989年根据上级指示，全面审查换发卷烟零售许可证，全县共换发新证994份，其中国营集体285份、个体709份。同时建立委托批发点25个，使全县每个乡、镇都有卷烟委批点，方便基层进货。三是召开各种类型的烟草专卖会议26次，参加人数1500人次，主要是守法经营，违法受罚。四是查处违章经营。四年来，共查处违章案例813起，收缴计划外卷烟和冒牌卷烟1156件，罚没款6.96万元。

开展购销业务　1986～1989年购进卷烟59786件 (每件50条)，销售卷烟

59904 件，销售额 1152.77 万元，实现税利 27.51 万元，其中企业留利 16.1 万元。销售额和企业留利平均每年比 1985 年分别增长 69.52%和 108.55%。

崇义县 1986～1989 年烟草公司购销、税利情况表

表 4

年　度	购进(件)	比上年±　%	销		售		税　利(万元)	其中:企业留利	比上年±　%
			件　数	比上年±%	金额(万元)	比上年±%			
1986	1428.1	40.34	13194	33.5	232.42	36.72	5.69	3.10	56.57
1987	13150	−7.92	13885	5.23	247.53	6.5	5.72	3.86	24.52
1988	15424	17.29	15064	8.49	356.75	44.12	6.81	4.26	10.36
1989	16931	9.77	17761	17.9	316.07	−11.4	9.29	4.88	14.55
合　计	19786		59904		1152.77		27.51	16.10	

专卖成效　烟草实行专卖，成效显著。专卖前（1984 年）全县有 40 家经营卷烟批发业务，专卖后，只有烟草公司独家经营批发业务，销售量和经济效益均大幅度上升，从这四年卷烟销售量、销售金额和实现利润三项指标与前四年相比(1982～1985 年)，分别增长 162%、199.6%和 150%；专卖前，多家批发，互相竞争，盲目进货，全县每年卷烟霉变和削价损失约 10 万元以上，专卖后，四年总共报损 316.67 元，平均每年 79.17 元；专卖前，每年销售省地卷烟 5000～8000 件，专卖后，销售省地卷烟每年都在万件以上；1989 年销售省地卷烟 17074 件。

（高荫文　罗允祥）

【医药】

县医药公司是省地管的国营企业，下设扬眉、古亭、过埠 3 个药材站，7 个医药门市部（县城 2 个、乡镇 5 个），主要经营中药、中成药、药品、医疗器械等 1937 个品种，其中：中药 593 个，中成药 347 个，药品 859 个、医疗器械 138 个。经营方式：中药材生产，收购，中药饮片加工，医药批发，零售等。1986～1989 年购进 902.54 万元，销售 1034.66 万元，实现税利 48.31 万元，其中企业留利 24.79 万元，四年平均比 1985 年分别增长 56.38%、42.12%、146.48%和 167.13%。

中药材生产、收购。四年来，药材种植面积 48.5 亩，品种有：淮山、泽泻、茹米、杜仲、厚朴、辛于等 16 个品种。野生药资源的开发利用，以当地有产不脱销，根据市场行情找外销的原则，收购勾藤、乌药、白前、祁蛇、鸡内金、陈皮、别甲等 103 个单一品种，共收购 26.23 吨，收购额 25.22 万元。

中药饮片加工。为了中药处方和疗效，利以储存和养护，方便包装和配方调剂，对各种中药材进行挑选、整理、洗、浸、润、切、晒、烘、蒸、煮、煅、沙、粉碎、沙炭、水飞等不同工艺流程的加工炮制。四年来，加工品种143个，产量87.83吨，产值68.96万元。

为了保证医药质量、公司配备专职质检人员1名，兼职质检人员8名，做到层层把关，对有质量疑难问题及时检验结证。四年来，查处伪劣药品7个，过期、变质和老产品58个，计金额8710元，防止了伪劣和变质药品流入市场，确保人民用药安全有效。

崇义县1986～1989年医药公司购销、税利统计表

表5　　　　单位：万元

项目	1986年		1987年		1988年		1989年	
	购进	销售	购进	销售	购进	销售	购进	销售
中药材	34.32	43.83	38.04	49.51	74.79	63.12	33.51	60.61
中成药	50.37	45.67	52.12	64.96	56.96	63.97	51.46	78.44
药品	80.32	105.16	132.17	134.11	138.22	142.11	128.49	168.39
医疗器械	7.68	3.62	9.21	3.95	9.19	4.89	5.69	2.31
合计	902.54	198.28	231.54	252.53	279.16	274.09	219.15	309.75
实现税利	6.92		10.17		16.14		15.08	
其中：企业留利	3.03		4.8		9.76		7.20	

（高荫文　汤其湖）

供　销

【供销机构网点进行新的调整】

1986年县供销社同商业局合并在一起，两块牌子，一套人马，下设纪检组，秘书股、人事保卫股、统计业务股、财会股、审计股、合作指导股、系统工会，机关工作人员36人。下属企业有：土产果杂品公司，贸易货栈。农副产品购销公司、招待所。1986年5月，下放给乡镇管理的横水、茶滩、铅厂、长龙、扬眉、龙勾、过埠、金坑、杰坝、思顺、麟潭、上堡、关田、聂都、古亭、丰州、文英、乐洞18个基层供销社，收回县供销社管理（1984年8月下放给乡镇管理）。截至年底有干部职工479人（不含商业局所属企业），其中：县公司93人、基层社386人。1987年1月，县供销社同商业局又分开，县供销社机关设纪检组、人事秘书股、统计业务股、财会股、审计股、职工教育股、系统工会、工作人员33人。1988年1月，农资公司由农牧渔业局划回县供销社管理，同年2月将土产果杂品公司分设土产公司和杂品茶果公司，同年3月新建供销食品厂与贸易货栈合署办公。同年11月新设工业品公司。1989年1月，新办塑料厂，县社机关新设监察保卫股，同纪检组合署办公。截至年底，县供销社机关工作人员26人，比1987年减少7人。下属企业有公司5个，商办工业4个，基层供销社18个，纯商业网点151个，饮食服务业网点48个，有干部职工701个，其中：县公司、厂187人，基层供销社514人，比1986年分别增加94人和128人。

【农业生产资料购销】

冬储化肥　每年八、九月召开冬季储肥会议，协商储肥任务和县基关系，农资公司落实货源和资金，基层社清理仓库，做好储肥准备工作。四年来，冬储化肥22420吨，占四年供肥总量68%，其中：1986年冬储化肥3904吨，占全年供应量50.7%；1987年冬储化肥5695吨，占全年供应量73.7%；1988年冬储化肥4757吨，占全年供应量57.6%；1989年冬储化肥8064吨，占全年供应量87%。

建立较稳定的进货渠道　小化肥上级不负责调拨供应，需要县农资公司自已组织购进，多年来形成的进货渠道是：碳铵从广东南雄氮肥厂、湖南郴州化肥厂购进；过磷酸钙从韶关化肥厂、樟树磷肥厂购进；1988年又新辟了萍乡、上高、东乡等磷肥厂进货渠道。县农资公司主动与厂方搞好关系，四年共购进小化肥28253吨，确保了全县农业生产的需要。

不误农时，确保供应　1、增强供应工作中的透明度。做到计划公开，标准公开，价格公开，供应办法公开、强调不准以权谋私、广泛接受社会监督。

2、改善服务态度、改进工作方法。供应旺季，一是延长营业时间，方便群众购买；二是组织农民联户购买，提供运输；三是每个基层社在比较中心的村增设临时供应网点3个以上。

四年来，农业生产资料销售总额1754万元，占供销系统纯销售19.8%。销售化肥32948吨，农药617吨，农膜55.5吨，柴油1056.9吨。

执行政策，保证兑现　对粮食“三挂勾”的化肥，柴油和其它戴帽供应的化肥，凭证供应，保证兑现，取信于民。四年来供应粮肥挂勾尿素2382.7吨，其中：1986年120吨，1987年459吨，1988年995吨，1989年808.7吨。

崇义县1986～1989年农业生产资料购销统计表

表1

项目	单位	1986年		1987年		1988年		1989年	
		购进	销售	购进	销售	购进	销售	购进	销售
总额	万元	322	277	207	308	293	526	485	643
化肥合计	吨	9024	7703	5116	7725	9533	8252	13341	9268
尿素	吨	1242	1438	1155	1524	2599	2304	2651	2610
碳铵	吨	4460	3153	2807	3480	3524	3587	6846	3598
硫铵	吨	387	401	70	127	13	12	250	12
过磷酸钙	吨	2289	1843	719	2181	3112	2006	2959	2502
钙镁磷	吨	644	650	185	283	341	237	367	284
氯化钾	吨		111	156	85		51	235	146
复合肥	吨	2	107	24	45	44	55	33	116
农药合计	吨	134	141	138	158	192	181	179	137
杀虫剂	吨	116	121	126	145	170	153	135	118
杀菌剂	吨	18	20	12	13	22	28	44	19

【生活资料供应】

1986～1989年全县供销系统，售给居民及社会集团消费品总额4709万元，占纯销售总额53.1%，在生活资料供应中，主要采取如下办法：

高档耐用商品　根据市场需求组织进货、满足供应。四年中销售电视机2056架，洗衣机40台，半导体收音机、录音机3282台，电风扇3812台，自行车6096辆，时钟4211座，手表1099只、缝纫机4213架。

人民生活必需品、积极组织货源、保证供应　1988年社会上出现了购物保值的“抢购风”，波及崇义城乡，第一次是上半年以针棉织品为主的“抢购风”，第二次是下半年以家用电器为主的“抢购风”，当年供销系统销售额1333万元，比上年增长24.8%，有几种商品销售量大幅度上升，如床单销售16020床，比上年增长76.4%，毛线销售8631公斤，比上年增长101.6%，肥皂销售5465箱，比上年增长58.1%，电视机销售671架，比上年增长96.2%，食糖销售285吨，比上年增长56%。由于货源充足，保证了供应，稳定了市场，没有造成大的冲击波。

开展工业品联购分销　从1987年起，以供销贸易货栈为依托（1988年成立工业品公司，具体抓联购分销业务），以基层供销社为主体的工业品联购分销，拓宽了进货渠道，扩大了差价，解决了基层社批量小，差价低和进货难的问题。三年共实现联营额269.6万元，其中：1987年50万元，1988年67万元，1989年152.6万元。

扩大批零网点，改善营业设施　供销系统全县批零网点由1986年初129个，1989年底增加到151个，新增22个。集中部分折旧基金，用于重点网点新建和改建，四年中有7个基层供销社新建和改建8个门市部，共投资52.59万元，建筑面积3529.01平方米，改善了营业条件，方便了群众购销。

崇义县1986～1989年供销系统商品流转情况表

表2　　单位：万元

项目	1986年	1987年	1988年	1989年
国内纯购进	696.45	863.55	741.67	693.73
其中：农副产品购进	330.26	576.18	209.65	251.47
国内纯销售	1602.49	2132.06	2564.81	2575.35
其中：农业生产资料销售	275.67	314.28	497.66	643.93

【农副产品收购】

扶持生产，服务生产　1986年经与县农业银行协商，请示县政府同意，由农业银行贷款5万元，财政贴息，扶持纸棚100个。1987年向纸农发放预购定金0.6万元，修复和扶持纸棚251个，协助解决石灰110吨，当年土纸生产备料900吨。为了发展食用菌生产，1987年土产公司新设食用菌服务门市部，组织各种原料和物资，计有：麦皮60吨，塑料薄膜4吨、酒精1.5吨，胶布300卷和高锰酸钾、福尔马林、甲醛等药品，同时还重点扶持了2户栽培食用菌的农户，发放扶持生产资金0.5万元。发挥供销社“腿长耳朵灵”的特点，积极为中小农副产品找销路，把一些中断多年的项目搞起来。1987年上堡、麟潭供销社组织收购猕猴桃20吨，1989年长龙供销社组织收购酸枣籽7吨。为了探索农商联营的新路子，1989年组建横水镇上营村阳岭茶叶生产合作社和乐洞乡土纸生产合作社，为农商联合迈出了第一步。

争取各级党政支持　崇义县盛产土纸、香菇、木耳、茶叶、冬笋、玉兰片、笋干等农副土特产品，近几年来，在开放政策的影响下，外地商贩深入产区，抬价抢购时有发现，严重影响供销社收购业务的开展。为了保护资源，发展生产，1986年7月县人民政府下发《关于改进农副土特产品生产和购销服务的通知》，将笋类、土纸、香菇、木耳、茶叶等主要农副产品的生产和收购列入县指导计划管理，强调继续执行县政府〔1985〕17号布告:“加强资源管理和保护，严禁县外任何单位及个体商贩，无照深入产区，直接收购产品，禁止哄抬物价，偷漏税收。”同年11月县政府下发《关于几项农副产品实行税费优惠的通知》，规定对商业、供销部门、县直有关公司（厂）、乡镇企业，经营香菇、木耳、干笋（玉兰片、笋干、笋衣）的农林特产税、育林费、工商管理费减半征收。

积极组织收购　1、搞好产前、产中、产后系列化服务。乐洞供销社为了扭转土纸质量差、收购员经常翻山越岭，深入纸棚和纸农促膝谈心，宣传只有提高产品质量、纸农的长远利益才能有保障的道理，使纸农转变了观念，土纸质量有所改观。

2、改座店收购为上山下村收购。坚持随行就市、按质论价，强调在收购中不能压级压价和提级提价。畅销产品要积极组织收购，对暂时滞销的产品也要组织收购，积极找销路。1988～1989年土纸销售不畅，供销社为保护纸农利益，还是及时收购，全县供销系统因土纸积压负担银行利息12.6万元。1989年冬，土纸市场疲软、乐洞乡有些靠土纸为生的纸农土纸销不出去，乐洞供销社及时收购土纸28吨，占用资金5万多元，解决了纸农无钱过春节的燃眉之急，使纸农深受感动，说供销社是农民的真正朋友。

四年来，农副产品收购1366.57万元。

崇义县1986～1989年农副产品购销统计表

表3

品名	单位	1986年		1987年		1988年		1989年	
		收购	销售	收购	销售	收购	销售	收购	销售
农副产品总额	万元	330.26		576.18		209.65		251.47	
棕片	吨	18.5	9.2	6.7	6.7	6.3	14.1	3.1	3.8
桐籽	吨	12.8	10.3	6.7	0.3	3.3	4.3	0.1	0.3
芳樟油	吨	0.4	0.3	0.6	0.3	3.3	4.3	0.1	0.3
樟脑油	吨	0.8	1	3.3	1.9	2.9	3.7	0.9	0.7
山苍子油	吨	0.5	0.5	2.7	2.4	1.1	1.5	0.2	
木炭	吨	21.7	21.7	5	4.5				
小山竹	吨	91.8	91.8	17.7	17.7	15.7	15.7		
竹梢	百根	459	509	594	1124		145	287	261
木材	立方米	5852	5772	2034	2479	282	603	1022	342
茶叶	吨	10.6	14.2	14.1	14.6	11.5	13.6	4	8

续表

品　名	单　位	1986年		1987年		1988年		1989年	
		收　购	销　售	收　购	销　售	收　购	销　售	收　购	销　售
木　耳	吨	15.2	13.9	5.6	11.8	0.6	0.3	1	0.1
香　菇	吨	4	3.5	0.8	0.8	5.1	3.4	5.2	3.9
笋　干	吨	6.8	6	20.8	15.6	3.8	3.1	3.5	1
玉兰片	吨	15	13	27.8	28.4	5.2	12.6	4.1	1.7
鲜　笋	吨	21.9	14.8	190	196.1	9.9	7.7	102.5	92.3
土　纸	吨	42.8	45.4	333.7	123.6	418.1	242	136.1	253.7

【农村饮食服务】

供销系统全县饮食服务业网点1986年40个，从业人员71人，1989年底饮食服务网点48个，从业人员86人，四年中网点增加8个，从业人员增加15人。1986～1989年饮食服务营业额184.41万元，比1985年平均每年下降13.35%，实现利润16.4万元，比1985年平均每年增长54.72%。1987年推行对内承包，对外招标租赁。1988年，全县有13个网点对社会招标租赁，中标租赁者先交全年租赁费的三分之一抵押金，租赁费按季收取、季初交纳，对财产和折旧也作了具体规定。在承包和租赁的同时，加强对饮食服务业的管理，克服“以包代管”和“以租代管”的倾向，强调以优质服务和良好信誉来争取顾客。饮食方面，主要是增加花色品种，提高烹调技术和以物美价廉来取胜；旅社制订四条便民措施：一是因地制宜开设中档和低档的床位，从而满足不同社会层次的顾客需求；二是代客商保管货物和现金；三是陪患病客人上医院；四是提供雨伞、针线之类的日常生活用品。

四年来，饮食服务业在市场竞争激烈的情况下，没有滑坡，处于上升趋势。

崇义县1986～1989年供销系统农村饮食服务业经营情况表

表4

项　目	单　位	1986年	1987年	1988年	1989年
营业额	万　元	35.16	42.07	57.44	49.74
其中：饮食业	个	31.98	37.21	52.52	54.83
服务业	个	3.18	4.86	4.92	3.91
利　润	个	3.38	4.74	4.22	4.07
其中：饮食业	个	3.03	3.95	3.71	3.67
服务业	个	0.35	0.79	0.51	0.40

续表

项　　目	单　位	1986年	1987年	1988年	1989年
网　　点	个	40	45	49	48
其中：饮食业	个	24	27	31	31
服务业	个	16	18	18	17
从业人员	人	71	78	84	86
其中：饮食业	人	53	56	62	66
服务业	人	18	22	22	20

【商办工业】

1987年县供销社确定："零售不让，批发大上，商办工业要抓住不放"的决策，跳出一卖一买的圈子，迈出"以商养工，以工富商"的步子。四年来，办了如下几个厂：

供销食品厂　1986年冬开始筹建，投资70多万元，建有主厂房700平方米，分预煮、浸漂、杀菌3个车间，锅炉房120平方米，还建有仓储和生活等附属设施，1987年10月正式投产。该厂主要设备是水煮笋生产线，设计能力年产水煮笋500吨，产值100万元，产品可出口创汇，同时还可以进行其他罐头和玉兰片加工。1987年6月13日，日本东光商业株式会社课长伊东稔夫先生来厂考察，并向职工面授技术辅导课。同年11月10日省商业厅罗旭东厅长到厂视察。1987～1989年完成产值145万元，销售148万元，实现税利7.41万元，其中：税金5.9万元，利润1.51万元。

松焦油厂　是谘厂供销社办的。1986年投资4.3万元，购置一套松焦油提炼设备，1987年5月正式投产。松焦油的原料是松树砍伐后的剩余物松树蔸。松焦油是橡胶制塑工业的重要原料，生产松焦油需要大量的铁桶容器，又可利用供销系统旧油桶，松焦油的投产，起到了两利俱兴，变废为宝的作用（松树蔸、旧油桶）。1987～1989年完成产值44万元，销售27万元，实现税利1.76万元，其中：税金1.18万元，利润0.58万元。

小材小料加工厂　是扬眉供销社办的。1987年投资3万元，购置了一套加工设备，主要是立式带锯和平刨等。其产品有：纸夹板、橙板料、尺坯等，同时还接受群众来料加工。1987～1989年完成产值18万元，销售14万元，实现税利2万元，其中：税金1.2万元，利润0.8万元。

【经营责任制】

建立经理（主任）目标管理责任制　1987年全面实行经理（主任）目标管

理责任制，对企业购进、销售、利润、费用和其他工作（企业发展、职工素质、安全保卫、计划生育）五大指标，规定各个指标的标准和记分法、经理（主任）和行政人员得分多少，分档计酬计奖。1988 年实行经理、主任任期目标承包经营责任制：各公司经理、各基层社主任分别向县社承包，承包期限为 1988 年 1 月 1 日至 1989 年 12 月 31 日，承包目标为购进、销售、饮食服务额、利润（含处理有问题资金）、库存商品适销率、工业产值 企业发展，职工素质、安全保卫、计划生育等 10 项 24 个指标，承包人的收入，随着完成承包指标的实绩浮动，较好地调动了承包人的积极性。

建立企业内部经营责任制 对门市、柜组实行以效益为主要内容的多指标考核，比较好地贯彻"按劳分配"原则。1988 年改过去单纯联销计酬为多指标考核、联销联利计酬，主要形式有：

1、纯商业零售门市"核定承包基数，联销联利计酬"；

2、批发门点"核定资金、确定基数、报酬浮动"；

3、农副产品收购"核定基数，超利润按档次累进分成计奖"；

4、农资仓库"损耗包干、节耗有奖、超耗受罚"；

5、废旧物资收购门点"全额利润包干"；

6、饮食服务"利润包干，抵押承包"；

7、副食门市"核定承包基数、超收分成，抵押承包"。

实行风险抵押金制 全面实行"风险共担、利益均沾，不亏保息，亏损自补，盈利分红"的风险抵押金，把企业兴衰，与职工个人利益捆在一起，从 1988 年起，在职干部、职工每人每年交 200 元风险金。至 1989 年底，全县供销系统共收风险金 19.7 万元。

实行县社机关责任制 一是按各股职责搞好本职工作，二是基层工作实行分片包干。机关干部职工工资下浮 10%，根据全系统各项指标完成情况，把部分下浮工资和奖金合在一起，根据考勤、考绩、考能拉开档次计酬计奖。

【财务管理】

1986～1989 年供销系统国内纯购进 2995.4 万元，平均每年比 1985 年增长 42.88%，国内纯销售 8874.7 万元，平均每年比 1985 年增长 36.23%，实现税利 231 万元，平均每年比 1985 年下降 1.55%，其中企业留利 28.7 万元，平均每年比 1985 年下降 5.53%，新增固定资产 101 万元（基建），处理有问题商品 36 万元，有问题资金 39.8 万元。

提高会计人员素质 为了解决财会人员新手多，业务水平低，四年来，县社举办了 3 期短期培训班，培训财会人员 82 人次，选送 9 名财会人员到省商业厅财会人员进修班学习。另外还利用专业会议进行学习，以会带训，以老带新，边学习、边实践、边提高。从而使全系统会计基础工作有了明显的改进；会计凭证合法，会计科目运用正确，账簿设置齐全，报表报送及时准确。

资金管理　1、商品资金。按照不同行业，不同经营方式和企业经营责任制。把定额落实到门市（柜组），层层执行定额、实行有奖有罚；按计划合同组织进货，把好进货关；减少在途商品资金的占用，根据进货地点，运输方式，内部环节等情况，确定商品在途、入库、点验时间，对逾期不到货的要抓紧催查。

2、非商品资金。对包装物、低值易耗品，严格按计划购置，完善领用，报废审批手续，实行专人保管，定期盘点清查；对待摊费用按制度规定范围开支和摊销，不能随意少摊、多摊或挂账；库存现金限额，按指定用途和规定范围使用现金。

3、结算资金。按照不同交易对象，选择适当的结算手段，及时办理货款结算，提高收回货款的抵用比率。

费用管理　在保证商品流通合理需要的前提下，实行定额管理和计划管理。对一些可制订定额的费用，按项目、按人或按部门核定定额，据以考核节约和浪费，实行奖罚。全系统1987年费用水平11.15%，比1986年下降1.29%，1988年又比1987年下降1.11%。1989年银行贷款利率提高，费用水平又回升，比1988年上升0.8%。

两清工作　1986年根据上级《关于开展两清工作》的要求、全面开展了两清（清商品、清资金），共清出有问题商品26.2万元，有问题资金57.9万元。为了减轻包袱，增强企业经营活力和发展后劲，对清出来的有问题商品和资金本着积极慎重的原则，分年度下达处理计划。四年来，全系统共处理有问题商品36万元，有问题资金39.8万元。

崇义县1986～1989年供销系统经营情况表

表5

项目	单位	1986年	1987年	1988年	1989年	合计
商品纯销售额	万元	1855	2341	2606	2621	9423
毛利额	万元	280.3	356.7	424.5	448.7	1510.2
毛利率	%	15.11	15.23	16.29	17.12	16.03
费用额	万元	230.8	261	328.1	379.4	1199.3
费用率	%	12.44	11.15	12.59	14.48	12.73
税金	万元	39.3	52.6	57.6	52.8	202.3
税金率	%	2.12	2.25	2.21	2.01	2.15
经营利润	万元	10.2	43.1	38.8	16.5	108.6

续表

项　　目	单　位	1986年	1987年	1988年	1989年	合　计
经营利润率	%	0.55	1.84	1.49	0.63	1.15
其他收入	万　元	24.8	28.2	28.7	47.8	129.5
其他支出	万　元	15.3	36.2	39.7	45.5	136.7
退休费支出	万　元	20.5	22.9	23.8	30.4	97.6
商业利润净额	万　元	–0.8	12.2	4	–11.6	3.8
饮食服务利润净额	万　元	4.7	4.7	10.8	4.7	24.9
利润总额	万　元	3.9	16.9	14.8	–6.9	28.7

【查处违章案件，加强廉政建设】

县供销社设立了纪律检查组，配备专职干部2人。为了搞好改革、开放，抵制资产阶级思想、文化的侵袭。四年来纪检工作较好地发挥了“保护、惩处、监督、教育”的职能作用，保障了供销社工作的健康发展。

加强党员的思想政治工作，搞好党风建设　健全党内民主生活，经常对党员进行党的基本知识教育，党风党纪教育、坚持“四项”基本原则，抵制资产阶级自由化思潮的影响，经得起改革、开放的考验，在改革、开放中起先锋模范作用。1989年进行党员评议，县社总支所属4个党支部32名党员中评为合格党员的30人，基本合格的党员2人，评出优秀党员8人。

清查干部职工中各种经济问题　1986年对职工拖欠公款和有些企业滥发奖金进行了清理，共收回职工拖欠公款9832元，收回滥发奖金3526元，收回短货少款1496元，责成赔偿损失2526元，追回贪污款1700元。1987年清查处理横水供销社集体商店短少货款2237元，关田供销社集体商店短少货款2048元，责成有关人员负责归还；查处过埠供销社职工吴隆神等3人在经营化肥、农药中搞账外经营和以平价转议价等手段，从中贪污990元，限期退清贪污款；聂都供销社在收购玉兰片、笋干期间，由于少数人工作不负责任，造成4000货款难以收回，协助该社追回了货款。1988年协助企业收回拖欠公款23笔、61012元。1989年在全系统进行一次全面清收职工拖欠公款工作，县社抽调12人，组织6个清收职工拖欠公款工作组，共收回职工拖欠公款9万余元；对古亭供销社正副主任和有关人员违犯上级规定和财务制度，滥发奖金、钱物和大吃大喝，县社工作组作了清查，查出滥发奖金、钱物9198元，大吃大喝14000元，责成有关人员退赔，正副主任给予免职处理。

打击经济犯罪活动　1986年查处接受贿赂案件3起，判刑3人，逮捕在押待审理1人，开除公职3人，受党纪政纪处分3人；查处过埠合作商店负责人偷税1万元，判刑一年。1987年查处乐洞供销社在外地采购辣椒干4万余斤，因质量不好，霉烂变质，造成经济损失5万多元，直接责任人采购员叶仁华判处有期徒刑3年、追回赃款5500元，间接责任人该社主任包克明判处有期徒刑一年缓刑一年；查处扬眉供销社职工共产党员黄茂胜赊销货款3510元短少货款525元，贪污1839元，给予开除公职处分。1988年查处党员违纪案件1起，处分1人。1989年查处各类违纪违法案件27起，其中判刑2人，开除公职2人，免除领导职务2人。

加强廉政建设，促进党风商风好转　1989年6月县供销社制订《加强廉政建设的若干规定》，刹住了大吃大喝风，据调查县社机关和杂品公司，1989年1至5月招待费9538元，执行规定以后的6至12月招待费6076元，县社机关下降43.7%，公司下降51.3%。

（高荫文　黄恭信）

粮　油

【粮油收购】

收购　1986年继续实行粮食合同定购。从1987年起，实行粮食合同定购"三挂勾"政策，不断完善合同定购办法。县委、县政府每年都要组织专门力量，对粮食"三挂勾"政策兑现情况进行检查，强调粮食定购"三挂勾"物资任何地方、部门和个人都不得挪用、截留、克扣，一经发现要严肃处理。从1987年开始，本县在上级拨给每百斤稻谷5市斤平价尿素的基础上提高到6市斤，垫补差价款8万元，1988年化肥紧缺，价格昂贵，县政府决定，拨出18万元给"三挂勾"小化肥补贴。

"三挂勾"物资标准：1986年每百市斤稻谷尿素5市斤，柴油2市斤，预付定金20%。1987～1989年每百市斤稻谷尿素6市斤，柴油2市斤，预付定金20%。对省际边界乡合同定购粮食适当增加平价化肥供应。

崇义县 1986～1989 年粮食定购任务完成表

表 1　　　　单位：吨、元

年 份	定购任务	入库数	完成 %	价格	
				早 稻	晚 稻
1986 年	7835	6354	81.1	311.80	321.40
1987 年	7650	7558.5	98.8	341.80	352.00
1988 年	7650	7650	100	341.80	352.00
1989 年	7650	7650	100	442.00	456.00

议价粮食（原粮）收购　1986 年收购议价粮 6680 吨。1987 年收购议价粮 1186 吨。1988 年收购议价粮 4186 吨。1989 年收购议价粮 3271.5 吨。

外地调入　1986～1989 年平价净调入贸易粮 18279 吨，议价净调入贸易粮 3200 吨。

油脂收购　1986～1989 年收购油脂 204.3 吨，其中，1987 年收购 70.3 吨，1988 年收购 54.2 吨，1989 年收购 79.8 吨。四年来，油脂收购处于低谷，自给率仅占 27.8%，为了保证军需民食，每年都要从外地购进议价油和以议转平维持县内低定量的油脂供应。

【售粮大户】

1986～1989 年向国家交售万斤（市斤）粮户 114 户；

1986 年 5 户；

上堡乡：沈训模　李宗连　陈泽清　何招文　廖思健

1987 年 5 户：

上保乡：沈训模　吴会森　刘天桂　肖道生　张诗汉

1988 年 25 户：

上堡乡：吴会森　刘天桂　沈训梅　郭名乾　吴学梅　张荣福　陈昌文　吴家让　蔡运广　陈昌黎　郭垂镜　沈训伟　方绪毫　罗书提　张延祯　刘天文　王周福　吕竹英　罗书伦　陈泽清　罗书芬　何永忠　蔡运福　肖庆顺

乐洞乡：黎经财

1989 年 79 户：

上堡乡：吴会森　沈训梅　蔡运广　陈昌黎　沈训伟　方绪毫　罗书伦　陈泽汪　肖庆顺　唐英连　陈良儒　张诗汉　刘天桂　唐英志

赖祥禄　肖政禄　罗书芬　方绪赞　赖复连　李和经　罗书振
肖宏栋　李和让　饶绍莛　陈昌文　廖聪福　邓祖风　邹声发
李荣芬　吴光源　陈良远　沈敦福　李复春　刘永兰　王周平
王周海　何家春　赖详癸　何允忠　罗书发　陈良玖　汤应桂
李复华　郭垂清　陈太优　蔡运洪　江贵良　郭名坤　方绪贤
王周深　李显云　郭垂考　赖祥柏　李立生　吴家让　方绪泉
蔡运贵　王周福　唐彦坤　方绪流　李传发　陈永先　张诗芳
江贵兰　黄朝年　陈传根　温有生　邓显华　曾照林　肖厚流

关田乡：林树房　甘朝银　张声达
文英乡：曹许有　张朝亮
铅厂乡：邓温芳
丰州乡：韦显坤
聂都乡：吴仰柏
古亭镇：张著权

【粮油销售】

平价粮销售　1986 年 1 月，中央财委领导小组决定实行粮食销售包干、少销的粮食节约归地方，超销的粮食自行购入解决。同时指出，实行销售包干是为了改变由中央包下来的作法，加强地方管理粮食的责任，各地要按照国家政策的规定，严格控制平价粮销售。本县是缺粮县，40%的粮食需从外地调入，为了控制平价粮销售，1986 年 6 月，采取发行崇义粮券的办法解决县内商品粮人口在县内流动的需要，同时取消了干部下乡及参加劳动的补助用粮，工商行业用粮改平价为议价。

平价粮食销售表

表 2　　　　单位：吨

项　　目	1986 年	1987 年	1988 年	1989 年
销　售　合　计	10465	7910	6840	7370
其中：非农业销售	6686	6690	6060	6440
农业销售	3779	1220	780	930

议价粮食销售　四年共销售议价粮食 17347 吨，其中：1986 年销售 5337 吨，1987 年销售 6000 吨，1988 年销售 4170 吨，1989 年销售 1840 吨。

农村生活安排　四年来灾借粮 675 吨，其中：1987 年 175 吨，1988 年 250

吨，1989年250吨，借销粮105吨。

【经营管理有新的起色】

崇义县对粮食管理体制由原来“四统一”逐步实行中央对省购销调拨包干的办法，提出“转轨变型”、“扭亏增盈”、“双轨制”等一系列改革步骤，崇义县粮食局从实际出发，制订了“收支两条线，盈亏分开算，分项定费率，以量计报酬、增收减亏分成，多支超亏自负、死包活算相结合”的经营承包方案，取得了较好的经济效益。四年来共实现税利538.12万元，其中：1986年实现税利145万元，1987年实现税利146.3万元，1988年实现税利151万元，1989年实现税利95.82万元。

【粮油质检和保防】

粮油质量　崇义县粮食局粮油质量监督检验站，是贯彻执行国家粮油质量标准，实施国家食品卫生、标准、计量对粮油及其制品开展全面监督检测、维护社会主义企业的声誉和保护广大消费者的利益。为了保证质量检测工作的顺利开展，质监站设有化验室，可对粮油的物理、化学、卫生指标的40多个项目进行检测化验。四年来，粮油检测面达100%。

“四无”粮油仓　1986年经地、县二级三次储粮油普查，全县有15个单位被鉴定为“四无”粮仓，占全县储粮油单位84.2%。

1987年经地、县二级三次储粮油普查，全县有11个单位被鉴定为“四无”粮仓，占全县储粮油单位58%。

1988年经地、县二级三次储粮油普查，全县有17个单位被鉴定为“四无”粮仓，占全县储粮油单位89.5%。

1989年经地、县二级四次储粮油普查，全县有19个单位被鉴定为“四无”粮仓，占全县储粮油单位100%。

注：储粮“四无”（无虫、无霉、无鼠雀、无事故）。

储油“四无”（无渗漏、无油迹、无酸败、无事故）。

安全储粮　全县各粮管所、库建立了治保组织，制定了安全保卫措施，全系统有泡沫灭火器114只，干粉灭火器10只，机动水泵3台，水带300米。1987年添置泡沫灭火器40只，干粉消防车1辆。1988年添置8.5马力机动水泵1台，水带100米。1989年添置干粉灭火器65只。保防人员在确保储粮安全的同时，坚持3天1小检，7天1大检，半月1化验，1月1普查，发现问题及时查、雨雪冰雹时时查的措施。

崇义县1986～1989年集体所有制职工统计表

表2

类别 人数 年度	年末 职工 人数	其				中			个体 劳动者 人数
		农、林、牧渔、水业	工业	建筑业	交通运输邮电通讯业	商业、饮食、供销业	金融保险业	国家机关人民团体	
1986	1749	8	610	222	37	772	93	7	3485
1987	2039		880	149	34	875	95	6	4434
1988	1793		598	224		875	96		5074
1989	1781		653	145		887	96		5793

【工资管理】

1986年，继续进行工资制度改革和处理工资制度改革遗留问题。对企业工资制度改革进行了复查，复查人数5529人，其中改定级的2893人，套标2636人，浮动升级5169人，总增工资10.77万元，人均月增工资19.47元。同年，给副乡(科)局长以上干部160人增加了工资，总增工资1603元，人均月增工资6.25元，解决了一些职级不符的突出问题。同时，给国家机关、事业单位1966年以前参加工作的行政19级至24级的部分人员提高了1级工资。给914名离、退休人员加发了生活补助费，月增补助金额7481元，人均月增补助费金额8.18元。

1987年，在国营企业进行了人平1.80元增资和3%晋级工作，全县升级人数1658人，每月总增资9997元。经县委统战领导小组讨论决定：对因冤假错案造成工资级别明显偏低的人员，可在原工资级别的基础上升1级工资。1979年1月到1985年7月工资制度改革前已办理离、退休的人员，符合上述条件的，可在原工资级别基础上增加1级工资，作为计算离、退休费的基数。同年11月，为1966年底以前参加工作的695人提高了1级工资。

从1988年1月起，全县党、政、群机关以及由国家核发全部事业费的单位，其工作人员（含带薪、离职学习人员）的奖励工资由全年不超过1个月的基本工资提高到1个半月，全县统一按每人每月12元发放。对有经济收入，实行自收自支的事业单位，可按2个半月的基本工资计发，对实行差额补贴的事业单位（工资自费达到30%以上的），可按2个月的基本工资计发。1988年，积极推行了企业工资总额同经济效益挂勾的分配制度。崇义县由原5类工资地区调为6类工资地区。贯彻了国务院关于中小学和幼儿园教师提高工资标准10%的决定，会同县教育部门按规定及时完成了增资审批工作。

从1989年1月起执行赣州地区劳动人事局《关于学徒工、熟练工（普工）转正定级的通知》。为从宏观上适度控制工资基金的增长，对全县137个企业单位的工资基金进行了审核，审核年工资总额为423.21万元。同年，开展了国家机关、事业单位部分中年技术人员工资升级工作，共升级255人，月增资2052元，人均月增资8.04元。为全县企业单位1987年以来3%和人平1.80元流动升级人员办理了转固定升级手续。进行了1988年度3%奖励升级工作。流通转固定升级319人，月增资1830元。对企业单位专业技术人员聘用后办理了增资进档手续，聘用后实际进档92人，月增资876元，这次增资进档，除商业系统进档人员由于因企业效益影响进档工资从1989年1月执行外，其余均从1988年4月进档，并补发工资。会同县卫生局按省人事厅文件规定，为92名护士增加了10%工资，月增资总额为663元。1989年，确定县百货公司、食品厂、煤矿、印刷厂、罐头厂5家企业实行工资总额同经济效益挂钩。

崇义县1986～1989年职工平均工资统计表

表3

项目 数字 年份	职工总数（人）	工资总额（万元）	年(人)平均工资（元）	附注
1986	12028	1150	991	
1987	12708	1354	1070	
1988	12861	1743	1355	
1989	13466	2023	1502	

（吴益炎　谢长青）

财　政

【财政体制改革】

1986年对全县19个乡（镇）实行财政包干，即“定收定支，收支挂钩，超收分成，短收减支”，一年一定，年终兑现。超收入包干基数的乡（镇）得40%，短收乡（镇）负担20%。1987年将“收支包干，一年一定”改为“核定收支基数，一定三年，递增包干”的办法，以1987年为基数，每年递增5%。1988年对横水、关田、扬眉、过埠4个改革试验乡，实行“划分收支，分级包干，以收抵支，定额上交（或补贴）”，一定二年，同时在这四个乡建立乡级国库。1989年横水镇、横水乡撤乡并镇，新成立的横水镇，实行原横水乡的财政管理体制。

乡（镇）财政包干体制，激发了乡（镇）组织收入的积极性，增强了生财、聚财、用财的观念，全县19个乡镇（1989年减为18个）每年都超额完成包干任务，超收分成得利380.8万元，财政收入超百万元的乡，由1987年一个（铅厂），1989年增至4个（铅厂、横水、古亭、长龙）。1986年10月和1987年11月在全省财政局长会议上县财政局刘传明局长作“发挥乡财政作用，做好基层农财工作”和“建立乡财政、增强县乡经济活力”的经验介绍。

对全县各行政、事业单位经费按编制定额包干，一年一定，节约归已，超支不补。对县直行政单位实行人员定编与经费包干挂钩，节编奖励，超编不拨的公用经费办法。

1988年对全县国营工交商（含森工）企业，实行经营承包责任制，对企业上交财政的利润，实行“包死基数，确保上交，超收多留，欠收自补”的办法。

【财政收支】

预算内收入　四年总共收入5936.2万元，完成地区下达任务109.6%（下同），平均每年递增8.25%。分年完成情况如下：

1986年收入1288.8万元，完成任务121.3%，比1985年上升3.5%。

1987年收入1400.3万元，完成任务109.2%，比1986年上升8.7%。

1988年收入1538万元，完成任务111.9%，比1987年上升9.8%。

1989年收入1709.1万元，完成任务100.7%，比1988年上升11.2%。

预算内支出　四年总共支出6158.4万元，平均每年递增14.03%。在财政支出上，坚持量入为出，量力而行，统筹兼顾，全面安排的原则。做到保证必需，突出重点，有保有压。为了支持县办工业和农业生产的发展，县财政投入1212.2万元，发放贴息贷款912.3万元，借出各项短期周转金760万元。四年来，由于物价上涨，政策性出台增支因素多，各方面都需要增加支出，县财政首先保政策性个人增支需要，1988和1989两年，个人增支306万元，全部兑现不欠账；二是保价格补贴，1986～1989年，价格补贴419.8万元；三是保教育经费支出。对压缩非生产性投资，社会集团控购商品和公用经费支出，县财政经常组织专门力量进行清查。四年分年支出情况如下：

1986年支出1269.6万元，比1985年上升11.2%。

1987年支出1302.1万元，比1986年上升2.6%。

1988年支出1656.3万元，比1987年上升27.2%。

1989 年支出 1930.4 万元，比 1988 年上升 16.5%。

四年来，实现财政收支平衡，略有结余。1986 年结余 18.5 万元，1987 年结余 11 万元，1988 年结余 32.1 万元，1989 年结余 32.8 万元。

崇义县 1986～1989 年财政收入统计表

表 1　　　　　　单位：万元

项　　目	1986 年	1987 年	1988 年	1989 年
工　商　税	1062.9	1172.2	1334.8	1473.4
农 牧 业 税	77.2	85.7	102.4	154.2
国营企业所得税	54	49.3	64.9	69.5
国营企业调节税	2.4	60.6	0.3	
国营企业上交利润	65.3	1.7	70.2	67.7
国营企业计划亏损补贴	−30.5	−2	−55.4	−84.3
其 他 收 入	57.5	32.8	20.8	28.6
合　　计	1288.8	1400.3	1538	1709.1

崇义县 1986～1989 年财政支出统计表

表 2　　　　　　单位：万元

项　　目	1986 年	1987 年	1988 年	1989 年
基 本 建 设	120		70.3	
企 业 挖 改	64.6	67.4	2.5	89.1
科 技 三 项 费	1.1	1	99.7	0.9
支援农村生产	45.9	92.9	133.5	102.7
农林水利气象事业费	64.6	173	3.9	122.7
工业交通事业费	4.3	4.4		7.1
商 业 事 业 费	5.3	2.3	37.2	
城 市 维 护 费	36.6	30.6	0.3	29.6
城镇青年就业经费	1.1	3.1	531.4	0.4
文教科学卫生事业费	439	429.7	81.6	593.2

续表

项　　　目	1986年	1987年	1988年	1989年
其他部门事业费	41	56	76.7	154.1
抚恤和社会救济费	63.1	64.5	364.6	80.7
民兵事业费	1	1	1.6	1
行政管理费	236.1	247.4	187.5	441.4
价格补贴	47.1	40.9	64.5	267.3
其他支出	98.8	87.9		40.2
合　　计	1269.6	1302.1	1655.3	1930.4

崇义县1986～1989年财政收支结算表

表3　　　　单位：万元

项　　　目	1986年	1987年	1988年	1989年
本年收入	1288.8	1400.3	1538	1709.1
补助收入	144.5	139.3	393	474.2
上年结余	23.9	18.5	11	32.1
审核结算加结余		5.2		25.3
上解支出	147.1	150.2	254.6	277.5
增设周转金	22			
中央向地方借款		100		
本年支出	1269.6	1302.1	1655.3	1930.4
其中：价格补贴	47.1	40.9	64.5	167.3
乡超收分成	41.7	76.2	134.7	126.2
年终结余	18.5	11	32.1	32.8

【财政监督】

正常的财政管理　利用会议和培训方法，组织各单位财务人员学习财经政策法规和会计法，要求做到账簿设置齐全，会计凭证合法，审批手续完备，科目运用正确。

检查监督　为了健全财政纪律，堵塞漏洞，县财政局设税收、财务、物价大检查办公室，经常会同税务、物价、审计进行税收、财务、物价三大检查。四年来，共查出违纪金额258.3万元，应交国库金额206.2万元，已入库金额191.4万元。其中：1986年查出违纪金额68.4万元，应交国库54.7万元，当年已入库51.5万元；1987年查出违纪金额39.5万元，应交国库24.8万元，当年已入库19.8万元；1988年查出违纪金额74.2万元；应交国库50.5万元，当年已入库45.4万元；1989年查出违纪金额76.2万元，应交国库76.2万元，当年已入库74.7万元。

【推销国库券和保值公债】

1986年推销国库券53.7万元，完成任务104.1%。

1987年推销国库券52.8万元，完成任务102.3%。

1988年推销国库券85.9万元，完成任务104.1%。

1989年推销国库券82.6万元，完成任务100.1%。推销保值公债95万元完成任务101.1%。

【财政预算外收支】

表4　　单位：万元

年　度	上年结余	本年收入	本年支出	年终结余
1986	553.8	877.1	951.2	479.7
1987	479.7	1137.3	1099.5	517.5
1988	517.5	1435	1212.5	740
1989	470	1703	1661.6	781.4

注：包括全县行政事业单位未纳入预算管理的资金，国营企业单位更改基金、大修理基金、民隆基金、育林基金、企业留利等。

【征集交通能源基金】

1986年征集50.1万元，完成任务100%。

1987年征集116.4万元，完成任务132.8%。

1988年征集94.8万元，完成任务126.4%。

1989年征集71.8万元，完成任务119.8%。

（高荫文　黄上鸿）

税　务

【税制改革】

为了强化税收杠杆在商品经济运行中的宏观调控功能，税收制度由过去单一税制向多环节多层次的复合制过渡，使税收在商品经济活动的各个领域中发挥其调节作用。1986 年国家开征税种 27 种，崇义县开征的税种有：产品税、增值税、营业税、集体企业所得税、城市维护建设税、屠宰税、国营企业所得税、国营企业奖金税、集体企业奖金税、事业单位奖金税、建筑税、交通能源资金建设基金等 12 种。1986～1989 年，国家新出台开征税种 10 种。根据开征时间和崇义县的实际情况，1986 年开征房产税，车船使用税和代征教育费附加等 3 种；1987 年开征个人收入调节税 1 种；1988 年开征印花税、筵席税、土地使用税 3 种；1989 年开征城乡个体工商业户所得税，国家预算调节基金、粮食专项基金 3 种。四年来，共征收新开征税收和基金 252.98 万元。

【税收收入】

1986～1989 年，共征收各种税收和基金 5771 万元，占县财政收入 97.2%，其中工商税 5050 万元，占县财政收入 85.1%，连续四年都超额完成国家计划。分税种征收情况；产品税 1961 万元，占工商税 38.83%；营业税 1855 万元，占工商税 36.73%；增值税 1986 年至 1987 年只征收 9 万元，仅占工商税 0.18%；1988 年至 1989 年征收 483 万元，占工商税 9.56%；集体企业所得税 254 万元，占工商税 5.03%。工商税中分经济性质：国营 2813 万元，占 55.7%；集体 1577 万元，占 31.2%；个体 660 万元，占 13.1%。

崇义县 1986～1989 年各种税收统计表

表 1　　　　单位：万元

	项　目	1986 年	1987 年	1988 年	1989 年	合　计
计划内征	计　划　数	890	1080	1190	1470	4630
	完　成　数	1063	1173	1336	1479	5050

续表

	项目	1986年	1987年	1988年	1989年	合计
计划内征	完成计划%	119.3	108.2	112.6	100.6	109.1
	其中：产品税	520	580	445	416	1961
	增值税	2	7	205	278	492
	营业税	381	375	526	573	1855
	集体企业所得税	56	103	47	48	254
	奖金税、建筑税	101	102	111	156	470
	滞纳金、罚金	3	5	2	8	18
计划外征	国营企业所得税	63	51	66	72	252
	预算调节基金				38	38
	交通能源基金	50	116	94	72	332
	粮食专项基金				16	16
	代征教育费附加	17	32	24	10	83
	小计	130	199	184	208	721
税收总计税额		1193	1371	1520	1687	5771
全县财政收入		1288	1400	1538	1709	5935
税收总计占财政收入%		92.6	97.2	98.8	98.7	97.2
工商税收占财政收入%		82.5	83.8	86.9	86.5	85.1

注：1989年度农村教育费附加未统计

崇义县1986～1989年工商税分经济性质统计表

表2　　单位：万元

年份	工商税总数	国营		集体		个体	
		税额	%	税额	%	税额	%
1986	1063	529	49.8	436	41	98	9.2
1987	1172	503	42.9	542	46.3	127	10.8

续表

年　份	工商税总数	国营		集体		个体	
		税额	%	税额	%	税额	%
1988	1336	856	64.1	313	23.4	167	12.5
1989	1479	925	62.5	286	19.4	268	18.1
合　计	5050	2813	55.7	1577	31.2	660	13.1

【征收管理】

随着经济体制改革的深入，新开征税种不断增多，县税务局1988年12月新设征收管理股、发票管理所，稽征所，加强了征收管理工作。1988年3月，在城关分局、横水税务所成立稽查组，开始试行征、管、查分离的征管形式，起到互相制约的作用。1988年在石油、医药、林产化工三个行业，推行工资调节税。四年中，先后推行了几项重大的征管措施：

屠宰税　1986年3月，在全县各乡、村设立屠宰税代征员，从当年1月1日起，对代征员由税务部门按征税头数每头付给0.2元手续费，县财政局按实际征税金额的25%，年终一次结算返回各乡镇。

批发代扣营业税　1986年8月，重新核定、调整了批发环节不扣税企业，1987年12月，根据财政部重申对个体商贩和部分集体商业企业实行由批发部门代扣零售环节营业税的规定，全部由批发环节代扣零售营业税，1988年1月，根据赣州行署批转地区税务局文件规定，对个体商贩又恢复在销售环节交纳营业税，批发环节不代扣零售营业税，此规定执行到1989年12月31日。

增值税　根据财政部(87)财税字第042号文规定，从1987年1月1日起改进了增值税应税产品的计征办法。

个体税收和集贸税收　县税务局规定：从1988年11月起，在全县范围内对个体、集市税收实行分所、站核定基数，超基数部分提成计酬办法，加强了对个体、集贸税收的管理。1989年1月起，对个体户在生产、营业总值达1000元以上的业户，都要建立资料袋，有较详细的纳税资料，要求30%以上的业户建账（包括粘贴簿）。对建账户，实行查账计征，对“双定户”每季民主评税一次，审核调整税负。

私车和公车私包的营运收入营业税　从1986年10月开始，实行由交通监理部门代征，极大地堵塞了税收的流失。

制定统一计税价格　木材开放自由市场后，县税务局制订了统一计税价格，规定成交价低于计税价的按计税价计征，超过计税价的按实际成交价计征，从而堵塞了税收漏洞。

发票管理 1988年8月，在全县范围内对发票进行检查清理，截至当年11月底，重点检查了837户，查出违章发票1106份，偷漏税收8677元、发票违章罚款1340元。四年来，共查处发票违章1438次，罚款39461元。

【税收检查】

正常纳税检查 由分管纳税户的专管员，对正常纳税工商业户每季进行一次，非正常纳税户半年或一年进行一次。对个体工商户，每季在调查税负的基础上，实行由工商、银行、税务、个体协会、乡政府人员组成评税小组，进行民主评税一次，调整税负。

税务稽查 由稽查队和税务检查站进行。稽查队有计划、有重点地进行纳税检查，根据有关线索，对偷漏税的单位和个人进行重点稽查。税务检查站，主要是对外运应税产品进行稽查。四年来，重点稽查253户，查出偷漏税收151.62万元，查出应税外运产品偷漏税收12.41万元。

税务大检查 每年由县税务局派出工作组，协助税务分局、所开展税务大检查，四年来，共查出偷漏税收278万元，其中：自查8880户、查出漏税118.77万元；抽查4275户、查出偷漏税159.23万元。

汇算清交 每年三、四月份，由县税务局出工作组，协助各分局、所对全县国营、集体企业，及应缴纳奖金税的行政事业单位，进行奖金税汇算清交。四年来，共查出应交未交所得税99.6万元，奖金税14.8万元。

（高荫文　谢才涵）

银　行

【金融改革】

完善中央银行体制 1986年3月恢复人民银行崇义县支行，从而在县级确定了以中央银行为领导，各专业银行为主体，多种金融机构互相并存和分工协作的金融格局。1989年末全县金融机构58个，比1985年增加15个，增长25.85%。金融职工339人（其中农村信用合作社96人，城市信用合作社5人），比1985年增加98人，增长40.66%。

同城票据交换 改革联行制度，认真做好移卡划报工作，保证账务不错不乱。1986年由县人民、工商、农业、建设四行（以下简称县人行、县工行、县农行、县建行）制订《关于同城票据结算办法》，变异地结算为同城结算，9月20日执行，仅3个多月就交换21319笔，平均抵用率94.01%。比交换前提高8.49%。1987年交换69767笔，1988年交换1519笔，1989年交换53229笔。

融通拆借资金　充分运用资金活动的时间差、地区差、行际差，调剂余缺，提高资金的使用效益。1986年制订《崇义县银行同业拆借协议书》，开展资金拆借，加强资金横向融通。四年累计拆入8030万元（县工行3881万元，县农行4149万元），拆出8301万元（县工行7908万元，县农行393万元）。1986年县工行拆入343万元；1987年拆出2470万元（县工行2220万元，县农行250万元）；1988年拆入4732万元（县工行2890万元，县农行1842万元），拆出5606万元（县工行5469万元，县农行137万元）；1989年拆入2955万元（县工行648万元，县农行2307万元），拆出225万元（县工行219万元，县农行6万元）。通过融通拆借资金，缓解了资金供求矛盾，提高了社会资金的使用效益。

改进金融服务，适当进行业务交叉　把市场竞争机制引入金融业，调动各行（司）的积极性和工作主动性。在坚持"基本分工，专业为主，适当交叉，合理竞争"的原则下，允许专业银行进行适当的业务交叉。工商银行下乡，农业银行进城，打破行业界限，开展业务竞争。1987年县矿产品公司收购钨砂资金不足，农行营业所发放贷款80万元，当年县矿产品公司的产值，利润分别增长45.3%和54.33%。但也出现了县建材公司等几个单位，多头贷款，以致造成逾期甚至风险贷款。

改革银行融资渠道和融资手段，建立多层次的金融体系　1986年与县邮电局签订协议，支持县邮电局开办邮政储蓄业务，1989年底各项存款42万元。1987年县建设银行开办储蓄业务，1989年各项存款472万元，其中储蓄余额137.55万元。1988年5月城市信用合作社开业，1989年储蓄存款余额83.8万元。

计划资金管理改革　县农行遵循"加强宏观控制的同时改善微观管理"的原则，1986年7月对营业所，部实行"统一计划，核定差额，指标控制，联行计息"。县农行在核批营业所、部存款贷款计划，同时核定存贷差额作为控制计划的主要指标。专项贷款指标由县农行控制。通过县辖往来实行联行计息来提高营业所、部的资金使用效益和管理水平。鉴于现有的管理水平，先试行管理各项存款、各项贷款项目的资金。营业所、部超过年度存款计划，超计划多收回的贷款，可发放短期周转性贷款。此办法的实行，对提高资金使用效益起了积极作用。使当年的资金运用率比计划提高6.9%。

1987年对上述资金管理办法作了补充：1、下达存、贷计划、掌握存款不减少，贷款不突破，搞好资金自主运用。具体项目以各专业计划为指导，项目可以相互流用。2、存、贷挂钩，多存多收可以多贷。3、贷款的审批与资金计划指标分开管理。从而解决了"钱到地头死"、"买醋的钱不能打油"的状况。

1988年6月对营业所、部实行“统一计划，划分资金，实借实存，自主经营”，9月23日由于存款大幅度下降，贷款审批权限收回县农行。对基层所多收多存可以多贷和允许项目可相互流用办法于11月12日停止执行。

1989年执行“控制总量，调整结构，保证重点，压缩一般，适时调节”的信贷方针。对计划资金管理仍采用上述管理办法的核算方式。执行结果，全县12个营业所、部的存款占全行存款的比重比1987年增长7.95%，贷款占全行贷款比重下降0.95%。

信贷资金管理改革　（一）农业信贷管理。1986～1988年执行按期限管理，1989年6月执行集约经营计划。县农行四年累计：发放乡镇企业贷款2793万元，支持发展16家企业；发放小水电贷款458万元，支持兴建县山院电站、关田乡石泉洞电站、乐洞乡茶滩电站；发放国营农业贷款847.5万元，支持开发阳岭茶场关刀坪红碎茶基地、麻羊繁殖等项目。

（二）工商信贷。1986年至1988年对供销企业由“存贷合一”到“存贷分户”。采用按销售资金率，自有资金比例，处理有问题资金三结合的方法核定供销企业的贷款定额。执行3年促使供销企业补充自有资金27万元，处理不合理占用资金261万元。1989年1月对全县企业定额贷款采取按企业自有流动资金与贷款的比例1：5来核定。信贷集约经营计划，是以提高信贷资金使用的流动性、安全性、有效性为基本内容的一项系统工程，1988年11月县农行成立了集约经营领导小组和办公室。并于11月至12月和1989年6月对行、社信贷资金进行2次全面清理。通过清理查清了家底，重新落实了部分贷款的债务，补办了担保、抵押手续，及时发出了催收贷款通知书；建立了信贷资金管理监测考核制度；据统计行、社收回非正常贷款586万元。

（何　焕　王志荣　杨晓洪　黄宇民）

【承包责任制】

县农行承包经营　农行率先试行财务包干和承包经营责任制。1988年和1989年县农行与中支签订了承包经营合同。一包完成宏观调控任务。二包资金效益指标。三包上交利润任务。为完成承包任务，县农行将承包合同内容与5项经济指标结合起来，对基层所进行考核。两年顺利完成了宏观调控任务。在资金指标效益中除存款1988年比1987年增长12.13%，1989年比1988年下降25.72%（1989年储蓄存款率完成121.33%），其余指标都超额完成任务。资金运用率分别完成103%和124.24%。综合费用率两年均完成100%。分别实现利润83万元和97万元，超额完成上交利润任务。

储蓄承包　自1988年起县工行对所辖储蓄网点都实行了不同形式的承包，对城关储蓄所实行百元费用含量承包；对宝山、密溪分理处实行五包一奖励承包；对联办、代办储蓄所实行委托代办承包。由过去的等客上门变为主动上门揽储，储蓄存款大幅度上升，1988 年末储蓄存款达到 1670.2 万元，比 1987 年增长 63.1%。1989 年进一步完善储蓄承包经营机制。对城关储蓄所、宝山、密溪分理处，支行储蓄专柜实行一包四挂钩为主要内容的浮滚两动承包方式，即承包储蓄增长任务，余额与费用挂钩，增长额与鼓励金挂钩，业务量与鼓励金挂钩，服务量与鼓励金挂钩。全年目标分季实施，浮动鼓励，滚动考核。1989 年储蓄存款达到 2057.9 万元，完成中支下达计划的 149.1%，比 1988 年增长 23.21%，比 1985 年增长 3.43 倍。

对公存款承包　县工行 1989 年实行统分结合对公存款承包方式。即计划股向县支行主包，各业务股、办事处、分理处向计划股分包。计划股为加强监测，配备一名专职存款员选定 10 个存款户作为监测对象，建立对公存款台账，通过承包，有效地调动了各方面的积极性，在市场疲软，银根抽紧的严峻的形势下，1989 年末对公存款达到 7270 万元。

出纳承包　县工行 1989 年 6 月实行出纳专业万元目标收付费用含量及任务承包，安全加奖两种承包方式。从而调动了出纳人员的工作积极性，加速了资金周转，承包 7 个月，工作大变样，钱捆和帐合格率达 99%，凭证合格率达 98%，全年每月现金抵用率平均达到 45%。促进了经济效益的提高。

（何　焕　杨晓洪　黄宇民）

【货币流通】

面对曾一度出现货币、信贷失控，通货膨胀，中央采取抽紧银根的严峻形势，人民银行县支行坚决贯彻“从紧”的货币政策，强化现金与工资基金管理，控制不合理的货币投放，积极组织货币回笼，及时调运投寸，1986～1989 年全县现金投放，逐年增加，四年累计投放 11311 万元，保证现金供应，稳定了货币，稳定了金融。

崇义县现金收支市场货币流通量统计表

表 1　　　　单位：万元

年　份	收　入	支　出	投　放	年末市场货币流通	较上年±　额	±　%	当年投放+ 当年回笼−	货币净流　出
1986	8919	10804	1885	1843	476	30	+1885	1409
1987	11597	14327	2730	2295	452	24.52	+2730	2278
1988	15146	18199	3053	2540	245	10.67	+3053	2808
1989	14707	18350	3643	2800	260	10.23	+3643	3383

（何焕　王志荣　廖永鸿）

【储蓄存款】

储蓄存款，逐年上升。储蓄存款 1986 年 2064.9 万元，比 1985 年增长 31.84%，1987 年 2923.4 万元，比 1986 年增长 41.58%，1988 年 4070.8 万元，比 1987 年增长 39.2%，1989 年 4210 万元，比 1985 年净增 2643.9 万元，增长 1.69 倍。其中城镇储蓄 3190 万元，比 1985 年净增 2295.5 万元，增长 2.57 倍，农村储蓄 1020 万元，比 1985 年净增 348.4 万元，增长 52%。

（何焕　杨晓洪　黄宇民　邓忠伟）

【信贷管理】

在信贷管理体制上，逐步完善人民银行调节控制功能。实行“区别对待、择优扶持”的信贷政策，紧中求松，紧中求活。调动各专业银行的积极性。首先是改进人民银行的贷款管理，按年度计划，从严掌握，专业银行资金不足，应向市场筹集。人民银行发放的临时贷款，不垫付正常贷款，只确保农副产品收购和出口创汇产品生产需要。临时贷款 1988 年发放 130 万元，1989 年发放 756 万元，保证了本县粮食收购、化肥冬储的资金需要。1989 年县工艺厂资金周转困难，通过县农行贷款 41.2 万元。其次是加强对专业银行正常贷款管理。不定期召开资金调度会，使有限的资金用在刀口上。同时发挥金管稽核作用，定期进行报送稽核，督促专业银行不得超计划，多收可以多贷，但不得用于计划外项目，人民银行不包资金供应。1989 年全县各项贷款余额 6484 万元，其中工业贷款 3360 万元。

【稽核监督】

1986 年以来，县人民银行始终把改革同治理整顿有机结合起来，运用各种形式，开展各项业务稽核项目达 40 多个，贯彻查处结合原则，对违反金融法规和有关政策的行为，给予严肃处理和必要的经济制裁，做到有法必依，执法必严，违法必究。

1、对联行进行稽核和利息补贴检查，对全县粮食贷款和信用社存款利差补贴分别多补 501.83 元和 104.36 元。

2、对利率进行了检查，及时纠正了五个所社随意提高贷款利率的作法；制止了横水信用社提高活期存款利率行为；对县城各专业银行增设的金融机构利用各种名目发实物，变相提高储蓄利率的行为进行了调查和制止。

3、对划缴财政性存款和报解国库款的情况进行了稽核，对转移财政性存款 127.2 万元，每天处以万分之三的罚金计 7632 元并限期补交转回；对延压占用库款 277 笔，以积数 11743782.73 元，每天处以万分之零点五的罚款计 5871.89 元。

4、对“现金管理条例”执行情况进行稽查，稽查 1320 笔，金额 163.15 万元，不合理支付 41 笔，金额 10.57 万元，分别占 3.1%、6.48%，超过银行核定库存现金限额达 90.8 万元。

5、对保险公司企业财产，家庭财产理赔质量进行稽核。

6、坚持例行稽核，对缴存存款预备金按月进行稽核；对专业银行信贷业务(不合理贷款) 按季进行稽核；同时对信贷资金投量、投向、信贷结构、流动资金搞固定资产投资等进行稽核。

7、全面稽核城市信用社经营情况和财务管理。

四年共稽核 80 次，写出稽核材料 30 篇，提出整改建议 70 条，纠正和处理问题 30 个。

(何　焕　王志荣　廖永鸿)

【金融管理】

1、认真组织全县金融干部职工学习《中华人民共和国银行管理暂行条例》，并统一命题进行考试，人均达 95 分。

2、开展金融机构“四相符”检查，检查中发现县工商银行一分理处印章不符，县农业银行 5 个营业所不挂《经营金融业务许可证》等问题，都及时得到纠正。在检查的基础上，进行登记核发新的《经营金融业务许可证》，并绘制金融机构分布图。保证全县金融机构经营规范化、合法化。

3、对全县 23 个单位集资 233.2 万元，进行清查，建立集资备案卡，使之纳入管理轨道。

4、帮助城市信用社建立健全各项规章制度，搞好整顿，使之达到验收合格。

5、搞好业务交叉的清理整顿。对储蓄和其他业务交叉提出管理意见，对县农业银行承包经营，县工商银行储蓄承包进行了调查。

6、严格金融机构审批手续，完善金融机构正常管理，四年共上报审批增设 15 个金融机构。

【疏通结算渠道】

1986 年建立同城票据交换制度以后不断健全和完善交换办法，交换量逐年增加，为银行、企业资金及时划解，起了积极作用。1988 年下半年由于受抽紧银根影响，结算渠道阻塞。1989 年县人民银行组织人员先后四次对全县各专业行之间的结算渠道进行清理，对各专业行延压票据行为，进行处理共罚款 937.21 元。

(何　焕　王志荣)

【信贷资金挖潜】

1、农村实行家庭联产承包责任制以后，原集体农业贷款基本沉淀。为搞活这些贷款，1987 年开始采取按收回本金的 10%付给手续费；对资金沉淀多，又有较好经济效益的项目，急需贷款的乡（镇）采取收一贷二的办法；1988年还规定“6月底前归还的利率下浮50%，1988年底归还的利率下浮30%”。由于上述措施的实行，1989年末已落实162个生产队的债权债务，收回沉淀资金44万元。

2、对工商企业进行清资挖潜工作，1986年至1988年处理不合理资金占用261万元。1988年11月至12月和1989年6月，对县农行信用社的信贷资金进行了二次全面清理，取得了明显的成效。一是查清了信贷资产的家底，1989年7月经中支检查，行、社清资工作符合验收标准。二是1989年6月与县法院联合下发了“关于催收到、逾期贷款”的联合通知，1989年行、社通过法律手段收回非正常贷款66万元。行、社四年收回非正常贷款586万元。

（何焕　黄宇民）

【优化信贷结构】

县工行根据全县产业结构和资源分布格局，在组织信贷上贯彻“区别对待，择优扶持”的原则，始终把交通、森工、冶金、出口创汇企业的发展，人民生活必需品的购进，粮食收购资金需求放在前位。据1989年统计，投向交通、森工、冶金、粮食等行业的流动资金规模达到993.2万元，投向百货、副食、五金等企业的贷款累计达到8610万元。同时根据产业政策和信贷原则，对所有贷款企业划分为一、二、三、四类企业。对贷款的发放，重点支持优势产业、优势企业、优势产品的发展，优化了信贷结构，促进了企业经济效益的提高。据统计，县工行1989年对商业、粮食部门人民生活必需的粮、油、糖等商品的购进，工业企业的钨、锡、松香、冬笋罐头，荞头罐头、桔子罐头等产品的生产资金净增150万元，占全行新增贷款规模的51.94%。其中一、二类企业的贷款比重，达到86%，比1988年提高18个百分点。

【企业资金目标考核】

为了进一步加强资金管理，充分挖掘企业资金潜力，加速资金周转，把有效资金用好用活，提高资金使用效果，1987年县工行协同县经委、县财政局、县商业局等企业主管部门，对企业下达加速资金周转计划、及补资、挖潜计划，年终进行奖罚。奖罚办法是：奖金按全年节约资金的相对节约利息的20%提取，列企业管理费支出。罚金按浪费资金多支付利息10%提取，在企业留利中列支。并以流动资金周转计划为主，结合补充流动资金计划，挖潜计划实行挂钩，奖金按5：4：1比例分摊，完成三项计划的全奖，未全部完成的按上述比例奖。一年的实施的结果，县工行1987年所辖工业企业全部流动资金周转天数为107天，比1986年加快24天，加速18.32%；处理不合理资金占用46.46万元。工商企业共补充流动资金14.02万元，完成下达计划的118.91%。

（何　焕　杨晓洪）

【拨改贷基建资金管理】

县建行从1986年起经办“拨改贷”（基本建设投资，由无偿拨款改为有偿贷款）基建项目。当年经办任务145.4万元，实际完成投资135万元；1987年经办任务298.22万元，实际完成投资259.42万元；1988年经办任务70万元，实际完成投资70万元；1989年经办任务50万元，实际完成投资50万元。四年经办任务563.62万元，实际完成514.42万元，占91.2%。

在经办过程中，认真开展财务资金管理的分析预测活动。做好“四分析，四预测”工作。调查分析概算执行情况，预测全部工程建成需要花多少投资；分析工程进度，预测工程能否按期建成投产；分析配套项目是否同步建设，预测工程建成后能否正常发挥经济效益；分析投产后的经济效益，预测投产后能否按期收回投资。通过开展“四分析，四预测”活动，对原“拨改贷”项目长河坝水库除险加固工程，提出豁免本息，由贷款改为无偿拨款的报告，得到省水电厅的批准。通过“四分析，四预测”活动，促使大型投资项目国营七一九矿“拨改贷”计划，每年都能按期完成投资计划，及时交付生产。

【自筹基建资金管理】

根据“凡用于自筹基建的资金，均需专户存入建设银行，坚持先存后批，先批后用，存足半年才能使用”、“自筹基建投资管理，不属于专业银行业务交叉竞争的范围”的原则，县建行四年经办自筹基建投资1624.57万元，实际完成投资1467.27万元。其中1986年经办自筹基建投资任务1097.5万元，实际完成投资957.2万元；1987年经办自筹基建投资任务157.52万元，实际完成投资140.52万元；1988年经办自筹基建投资任务332.6万元，实际完成332.6万元；1989年经办自筹基建投资36.95万元，实际完成36.95万元。

在自筹基建投资的管理方面，一是开展调查。1986年通过调查，根据本县基建规模大，管理跟不上，县建行提出压缩基建规模，调整生产性投资与非生产性投资结构，清理整顿施工队伍，以及基建资金归口建行管理的建议。1987年在开展调查研究的基础上，经上级批准，停缓建一批建设项目。1988年清理楼堂馆所项目，大力压缩非生产建设，基建规模得到控制，使有限的资金多数用于生产建设。二是从基建资金的缴存，开工前参与建设方案的选择，大型项目的评估，预算造价的审查，施工承包合同的签订审查，施工中了解工程的进度、质量，发现问题，及时提出合理建议。坚持按工程进度，按合同拨款，到工程竣工验收，审查决算。

【审查工程预决算】

县建行一直把审查工程预决算工作，列入日常工作重要议事日程，指定专人负责，严格把关。1986年收审工程预决算11份，价值221.43万元，核减7.77万元；1987年收审工程预决算20份，价值260.42万元，核减10.21万元，核增1.8万元，净减8.41万元；1988年收审工程预决算7份，价值389.49万元，核减100.37万元，其中县宾馆主楼、餐厅及附属工程送审原值341.54万元，审定价值245.4万元，核减96.14万元；1989年收审工程预决算11份，价值124.79万元，核减7.31万元。四年共收审工程预决算49份，价值996.13万元，净核减123.86万元，确保了工程造价的正确性，减少了不合理开支，为国家节约了建设资金。

（何　焕　邓忠伟）

【微机应用】

中国农业银行崇义县支行电子计算机的应用，按照“微机开路，应用先行”的原则，根据总行微机普及到县，实行四级联网工作意见，1988年5月19日，建立微机室，编制隶属支行计划统计股。10月29日派出2人参加中支全区微机培训班学习。11月18日完成机房装修工作。11月底微机运入县支行，并进行安装。12月5日开始试机。总投资8.4万元。

1989年1月微机室正式开始工作，传送银行项目电报、月计表，6月传送信用社月计表。到年末微机传递的项目有银行项目电报、项目电报分析、月计表、信用社月计表、损益表。为防止差错，微机开始应用时，实行微机编报传递与手工编报传递双线传送。6月份月计表脱离手工编报传送，12月项目电报脱离手工编报传送。微机编报传送比手工编报传送快1到3天。到年末，微机室已能编制简单程序，数据资料正在分类编排入库保管。1989年度微机专业竞赛获全区第二名。

（何　焕　黄宇民）

【崇义县城市信用合作社】

经济体制改革，疏通商品流通渠道，市场交易活跃，集体经济和个体户迅速发展，银行业务猛增。为了解决城镇集体企业和个体户开户难、贷款难，城镇居民储蓄难的问题。经地区中支批准，由人民银行县支行负责组建的崇义县城市信用合作社于1988年5月召开社员代表大会，选举7人组成董事会，正式成立。城市信用合作社是在人民银行领导下的群众性合作金融组织，是实行“自主经营，民主管理，独立核算，自负盈亏，自担风险”的集体金融组织的经济实体。主要业务是为城镇集体企业、个体工商业户办理开户、存款、贷款、结算、汇兑等业务。同时开展储蓄存款，以及其他代收代付业务。由于经营灵活，服务周到。到1988年末自有资金18.1万元，储蓄17万元，贷款83.2万元。年终盈利1万元。1989年实行“以存定贷，多存多贷，自求平衡”。下半年进行内部整顿，端正经营作风，提高服务质量，业务又有所发展，到年末自有资金达到35.2万元，储蓄存款达到83.8万元，发放贷款102.1万元，盈利4.3万元。比1988年分别增长84.29%、3.92倍、

22.72%、3.1 倍。

（何 焕　王志荣　廖永鸿）

【农村信用合作社】

1、崇义县农村信用合作联社（以后简称县联社）。在 1985 年 12 月 20 日召开全县农村信用合作社社员代表会，选举 7 人组成理事会，正式成立崇义县农村信用合作联社的基础上，1986 年贯彻积极、稳妥、充实、提高的方针，7 月份制订了《崇义县信用社第二步体制改革方案》和实施细则。从实际出发，充分发挥农村信用合作社的群众性、民主性、灵活性的积极作用。通过建立经营与管理型的信用合作县联社来加强管理，增强信用合作社活力，使之更适应农村经济改革，更好地为繁荣和振兴农村经济提供优质服务。年末职工 3 人。1987 年完善岗位责任制，把县联社逐步建成服务管理型，实行目标承包责任制，补充修订《财务收支管理的几项规定》。6 月成立服务部。7 月开办联社通汇结算业务。年末职工 4 人。1988 年县联社与农业银行县支行分开，独立承担管理，协调全县农村信用合作社工作。同时自办业务，成为独立核算的经济实体。县联社设社务股、业务股、会计股、服务部。其性质为“自主经营、独立核算，自负盈亏，自担风险”的集体金融组织的经济实体，实行经营管理目标责任制。与基层社资金往来实行互利原则，不抽调基层社的资金和财产。管理经营型县联社建立以后，农业银行县支行对县联社的机构设置、人员编制、资金计划，财务收支、信贷投向、使用效益等方面进行管理、监督和检查。1988 年年末职工 7 人。1989 年年末职工 8 人。

2、基层农村信用合作社。全县 1986 年 19 个乡（镇）信用合作社。10 个信用分社，20 个信用站年末职工 90 人。1987 年减少 5 个信用站，年末职工 88 人。1988 年、1989 年均为 18 个乡（镇）信用合作社，7 个信用分社，15 个信用站。年末职工分别为 89 人和 87 人。

3、1986 年至 1989 年，农村信用合作社，坚持组织上的群众性，管理上的民主性，经营上的灵活性。在业务上朝着多样化方向发展，其资金与活力进一步得到加强，日益成为发展农村商品经济的一支重要力量。

在组织资金方面。首先把组织存款放在首位。通过增设网点，开辟新储种，落实责任制，加强服务等有效措施，储蓄余额，逐年上升。1986 年达到 844 万元，比 1985 年增长 25.59%。1987 年达到 1183 万元，比 1986 年增长 34.62%。1988 年达到 1498 万元，比 1987 年增长 26.62%。1989 年达到 1519 万元，比 1985 年增长 1.26 倍。比 1988 年增长 1.38%。其次是积极开展扩大社员股金。四年扩股 263 万元。其中 1986 年扩股 20 万元，比 1985 年的 16 万元增长 1.25 倍。1987 年扩股 10 万元，比 1986 年增长 27.77%，1988 年扩股 55 万元，比 1987 年增长 1.19 倍，1989 年扩股 178 万元，股金达到 279 万元，比 1985 年增加 263 万元，增长 16.43 倍。其三是组织集体存款。1986 年达到 341 万元，比 1985 年的 322 万增长

5.9%。1987年达到605万元，比1986年增长77.41%。1988年达到662万元，比1987年增长9.412%，1989年只175万元，比1985年下降45.66%。比1988年下降73.57%。

在贷款的发放上。首先是保证农业生产所需资金。四年累计发放农户贷款3152万元，为全县农业生产丰收作出了应有的贡献。农户贷款余额1986年567万元，比1985年的416万元，增长21.87%。1987年615万元，比1986年增长21.3%。1988年723万元，比1987年增长17.56%。1989年633万元，比1985年增长52.16%。比1988年下降12.45%。其次是积极支持一批投资少、见效快，效益好的乡镇骨干企业。四年累计发放乡镇企业贷款2106万元，支持龙岗木材厂、关田杂竹复合板厂、杰坝木衣夹厂、长龙钨矿、横水铅锌矿等企业的兴建和发展。乡镇企业贷款余额，1986年134万元，比1985年增加8万元，增长6.34%。1987年144万元，比1986年增长7.46%。1988年379万元，比1987年增长1.67倍。1989年615万元，比1985年增长3.44倍，比1988年增长62.26%。

农村信用合作社，1986年盈利17万元，1987年盈利13万元，1988年盈利13万元，1989年盈利7万元，亏损18万元，盈亏相抵净亏11万元。

（何 焕 黄宇民）

保 险

【保险宣传】

1、经常向领导请示汇报，争取领导重视，利用各种会议，开展保险宣传。

2、自1987年11月起运用宣传橱窗宣传保险知识介绍新办险种项目，公开重大赔案，到1989年末共办26期。

3、运用有线广播宣传。县保险公司与县广播站联合举办“保险之声”节目，于1989年6月1日开播，每星期二播放2次，宣传保险知识，报导保险动态。到1989年末共播发稿件78篇。

4、县保险公司组织公司工会，共青团支部上街举办保险咨询服务，四年共计6次，接待服务500人次。

5、县保险公司发动职工向《江西保险报》、《赣南日报》、《赣南保险简讯》等报刊投稿90篇，已刊登50篇。

6、召开发证大会，县保险公司会同县计生委、过埠镇于1988年5月23日在过埠镇召开农村已扎“二女户”养老保险颁发保险证大会，县计生委、过埠镇、县保险公司等单位的负责人在会上讲话后，亲自向已参加养老保险的32对农村已扎“二女户”颁发保险证。

7、召开赔款兑现大会。

(1) 过埠镇铁木材龙岗居民小组失散红军朱礼球，参加住房保险后，房屋遭受火灾，县保险公司派人会同过埠镇保险代办员深入实地查勘核定赔款1500元，于1988年4月28日在过埠镇召开赔款兑现大会，县民政局、过埠镇、县保险公司等单位负责人都在会上发表了讲话，然后县保险公司将1500元赔款当场交给朱礼球。

(2) 县保险公司会同县教育局，思顺乡政府于1989年10月利用逢墟日在思顺墟召开赔款兑现大会。县教育局、思顺乡政府、县保险公司等单位的负责人，都在会上讲了话，然后由县保险公司向参加学生平安保险后死亡的3名学生家长各支付赔款2000元。

8、县保险公司1989年拨款1000元，会同县防火安全委员会，建立永久性的宣传牌。

通过各种形式的广泛宣传，从而使更多的企业，更多的群众，进一步了解保险，积极参加保险，寻求保险保障。

【保险费收入突破150万元】

1986～1989年，县保险公司依照保险企业管理暂行条例赋予的职权开展工作。为了适应社会、企业和人民群众的需要，加强了内部的经营管理，建立健全各种规章制度，建立完善岗位责任制，将任务落实到股，分解到人，努力提高服务质量，保险服务领域，从县城、乡（镇）延伸到农村。保险项目，从过去的单一的企业财产保险，发展到30种险种项目。提保单位，从过去的企业单位，发展到行政、事业单位以及干部、职工、学生、居民、农户。保险业务逐年扩大，保费收入连年大幅度增长。1988年保费收入突破100万元，达到104万元。1989年保费收入突破150万元，达到153.5万元，比1985年增长257.8%。年人均收入保险费达到12.36万元。四年共收保险费384.9万元。其中，城镇业务保险费收入136.77万元，占35.53%；农村业务保险费收入103.72万元，占26.94%；人身险业务保险费收入144.48万元，占37.53%。

1986年开办企业财产险、家庭财产险、机动车辆险、货物运输险、驾驶意外险、乘客险、学生平安险，自行车盗窃险、养老险、简身险、团体人身（意外）险等保险项目。为122个企业单位和22441人，提供了保险保障。全年收入保险费56.77万元，比1985年增长32.33%。其中城镇业务保险费收入21.97元，占38.7%；农村业务保险费收入22.12万元，占38.97%；人身险业务保险费收入

12.68 万元，占 22.33%。

1987 年新开办两全险、机动车辆第三者责任险、农村已扎“二女户”养老保险等 3 种保险项目。为 138 个企业单位和 46647 人，提供了保险保障。全年收入保险费 70.7 万元。比 1986 年增长 24.53%。年人平收入保险费 7.07 万元。其中城镇业务保险费收入 22.8 万元，占 32.25%，农村业务保险费收入 21.5 万元，占 30.41%。人身险业务保险费收入 26.4 万元，占 37.34%。

1988 年新开办县二轻系统职工统筹养老保险、子女备用金保险等 2 种保险项目。为 142 个企业单位和 47373 人，提供了保险保障。全年收入保险费 104 万元，比 1987 年增长 47.1%。年人平收入保险费 8.86 万元。其中，城镇业务保险费收入 41.1 万元，占 39.52%；农村业务保险费收入达 31.5 万元，占 30.28%；人身险业务保险费收入 31.4 万元，占 30.2%。

县保险公司 1988 年 4 月 1 日荣获江西省保险公司授予全省保险系统二级先进单位。4 月 4 日荣获赣州地区保险公司授予全区保险系统先进单位。

1989 年新开办厂长、经理意外险、村干部养老保险、拖拉机第三者责任险等 3 种保险项目。为 143 个企业单位和 42658 人，提供了保险保障。全年收入保险费 153.5 万元，比 1985 年增长 2.57 倍。年人平收入保险费 12.36 万元，其中城镇业务保险费收入 50.9 万元，占 33.16%；农村业务保险费收入 28.6 万元，占 18.63%；人身险业务保险费收入 74 万元，占 48.21%。

保险就是服务，承保后，县公司非常重视防灾防损工作，将防灾防损工作列入议事日程，定期研究防范措施，并主动争取县防火安全委员会的支持，密切配合县消防、交通、水电等部门，定期不定期的深入投保企业单位检查防灾防损工作，发现隐患，当场提出合理建议，共同研究，提出整改措施，限期消除隐患，从而减少了灾害事故的发生。

随着保险业务的发展，县保险公司内部的机构设置，渐趋完善，职工逐年增加。1986 年设人秘股、业务股，职工 8 人。1987 年增设财务室，职工 10 人。1988 年增设人身险股，职工 12 人。1989 年增设农险股，职工 13 人。比 1985 年增长 1.16 倍。同时服务设施亦有很大的改善，由过去借房办公，1987 年县保险公司已新建一栋砖混结构 1205 平方米的综合办公楼。并配有业务车一辆。

【保险理赔】

随着保险业务的发展，保险的经济补偿，已成为发展生产，安定人民生活的重要保障。1986 年至 1989 年，每年都有些乡（镇）、企业单位和个人遇到不同情况，不同程度的灾害和意外事故。其中，自然灾害发生面大，损失多的，就是 1988 年 6 月 11 日和 8 月 15 日，聂都乡的莲塘村、中心村、中洞村、小岭村先后遭受大暴风袭击，使农民住房受到不同程度的损失。灾害发生后，县保险公司派人会同乡、村干部以及乡保险代办员深入实地，查勘定损，及时将 4600 元赔款送到保户手中，解决了灾区人民重建家园，恢复生产急需的资金，从而安定了人民生活，增强了灾区人民生产自救的信心，有力地支援灾区人民恢复生产。

县保险公司在1986年至1989年的四年，共处理赔付案2346件，共支付赔款117.9万元，综合赔付率30.62%。其中，1986年共处理赔付案243件，支付赔款15.5万元，综合赔付率27.3%。1987年共处理赔付案435件，支付赔款36.5万元，综合赔付率51.55%。1988年共处理赔付案797件，支付赔款27.4万元，综合赔付率26.35%。1989年共处理赔付案871件，支付赔款38.5万元，综合赔付率25.08%。

（何　焕　胡一春）

统　计

【统计工作进一步完善】

四年来，县统计部门在农村统计网络得到巩固，统计人员素质不断提高的同时，积极进行统计改革、拓宽统计业务，为各级领导管理经济、科学决策提供了更为翔实、实用、可靠的数据。1987年8月，县统计局曾昭有局长代表江西省出席了国家统计局在山东潍坊市召开的全国农村统计工作建设和改革经验交流会，并在大会上作了经济交流发言。

推广农村简易抽样调查　1986年，县统计局根据抽样调查简单、迅速、准确的特点，开始在全县推广农村简易抽样调查。到1987年，全县153个行政村按每村抽10户作为样本数的方法，落实了1530户抽样调查户，由各村的兼职统计员负责调查。使全县统计工作形成了一个上联县以上统计部门，下联千家万户、横联乡属各部门的农村统计信息网络。1988年，各乡镇统计办公室利用农村简易资料顺利地推算了当地的生产经营情况。

建立乡、村级历史台账　1986年起，各乡镇统计办公室开始了整理、补算1949年以来的乡镇统计历史资料，建立乡镇历史台账工作。并把有关文件、原始报表等历史资料归类、存档。1989年，经县统计局组织验收，全县18个乡镇的历史台账、统计资料归档均已达到规范化、制度化要求。1989年，在总结乡级统计历史台账的基础上，又开始了建立村级统计历史台账工作。要求各村统计员把十一届三中全会以来的经济发展实绩整理成统计历史台账，使之档案化。

四年改革，县农村统计工作取得了较好成果。到1989年止，经省、地统计部门验收、县农村统计网络已有8个乡镇达到大见成效阶段，其余10个乡镇已达到初见成效阶段。

【农村抽样调查】

四年来，负责县农村抽样调查工作的县农调队按照国家总队和省队布置的方案，开展农产量、农村住户、农村经济三大常规调查，同时围绕农村经济中的热点、难点和一些重大问题进行了专题调查。以及时反映农村经济工作中的问题和农民的呼声，为各级领导提供调查数据。

1986年，进行了农村劳动力结构调查，农村固定资产调查、农村小汽车需求调查。

1987年，进行了早稻、二晚实割实测调查，还首次对邻省边际县经济和边际市场进行了全面调查。

1988年，进行了十一届三中全会以来全县耕地面积和变化情况等调查。

1989年，进行了乡镇企业跟踪调查、开荒扩种调查、生猪生产情况调查。

为了增强农调人员业务素质、保证各项调查任务顺利完成，1986年4月，县农调队建立健全了以岗位责任制为中心的各项规章制度，制定了调查户、辅助调查员、农产量调查等评比竞赛条件。四年共举办各类培训班9期，培训各种调查人员231人次。

【统计法制建设正在加强】

四年来，统计法制宣传活动在全县广泛开展，统计工作被越来越多的人所认识和接受，统计法制观念得到加强。

1986年初，在制定乡镇目标管理和县直目标管理时，明确规定，目标管理中所有数据必须经过统计部门认定和核准，否则无效。

同年9月，对全县的工业、商业两个专业的1985年年报和1986年定期报表的数字质量进行了自查和抽查，着重检查了指标的统计范围和计算方法。

1987年10月中旬至11月底，对全县贯彻执行《统计法》及其《实施细则》情况进行了全面检查。检查的重点是统计基础建设，统计数字的准确性和统计制度的执行情况。

1988年，县供销社为使统计工作法制化、制度化、确保数字质量，对下属缺报单位根据《统计法》及《实施细则》有关规定进行了通报批评和经济制裁。同时追究统计员和单位领导责任，使迟报、缺报现象基本消灭。

1989年4月，成立县统计法规执行情况大检查领导小组。6月，抽调县统计局、监察局、计委、人大财政经济办公室等部门12人，对23个县属企业、1个经济主管部门、4个乡镇进行了抽查。查出违犯统计法规的单位7家，事件8起（其中虚报3起，伪造、篡改4起，屡次迟报1起)。

为加强上下联系及统计检查的法制性，强制性，1989年7月，经报上级统计部门批准，在县统计局设立地区统计检查特派员1名、统计检查员2名，在县林业局、经委、农牧渔业局，冶金矿业公司、粮食局、商业局、供销社、水电局等8个县直经济主管部门各设统计检查员1名。

【统计优质服务】

1986～1989年，县统计部门在搞准统计数据的基础上，深入开展调查研究和统计分析，积极主动地为各级党政领导和社会各界提供统计服务，坚持以优质服务为中心，办好"开放式"统计。

编印定期资料　1985年起，每年年初，发布《崇义县国民经济和社会发展统计公报》，及时反映我县国民经济的运行情况；每年3月，编印出以年报主要指标汇编的《崇义县国民经济统计提要》，供领导决策和指导工作参考；每年9月，编印出指标比较全面的《崇义县国民经济和社会发展统计资料》，以丰富的信息满足经济研究的需要。

编印统计年度提要　1985年，县统计局编印了统计年度提要，并得到上级领导肯定，1987年起，各乡镇统计办公室开始编印统计年度提要本，使统计资料能更及时地为经济建设服务。

补编1978～1985年国民经济统计资料　1987年元月，组织编印了（1978～1985年）8年国民经济统计资料。以反映十一届三中全会以后及"六五"时期本县社会经济发展情况。

办好《崇义统计》刊物　办好统计刊物，是优质服务的基础。1985年起，每月有进度资料反馈，每季有国民经济发展情况综合分析，每年有年度分析，每年出刊50期左右。《崇义统计》成了各级领导决策的耳目和喉舌、社会各界了解崇义经济运行的窗口。

1986年和1987年，县统计局综合专业先后编写的《发展香菇生产大有可为》和《再上粮食新台阶》、劳动工资专业1988年编写的《职工素质亟待提高》，农调队1989年编写的《我县农户的十大变化》均被评为地区统计分析三等奖。

1989年7月，县农调队编写了《上半年农村住户现金收入滑坡》一文，在《崇义统计》刊出后，又转载于县委办公室的《工作研究》，引起了县委、县政府领导的高度重视，及时召开了会议，研究对策，以确保农民收入有新的增长。10月，为庆祝新中国成立40周年，县局编写了《崇义县工业四十年巨变》等4篇系列报道，并送县广播站广播，得到了各方面的好评。

编印《奋发前进的40年》资料　1989年10月，中华人民共和国成立40周年。为此，县统计局组织编印了《奋发前进的四十年》历史资料，以确凿的数据说明了只有共产党才能救中国的事实，反映了崇义县40年来人民生活的巨大变化。

【统计工作趋向现代化】

为了适应经济发展，提高统计资料应用范围，加速统计资料深度开发，1988年，县统计局配备一台IBM—24微型电子计算机。开始运用现代化的计算工具，提高工作效率。至1989年底，已经对工业、农业、商业、综合、农调等5个专业的数字进行了深度分析处理。

(张祖春　张道树)

物　价

【商品价格管理】

1986年，由于受1985年一系列重大物价改革的影响，有少数商品因链锁反应出现了不合理价格。为此，县物价管理部门采取指导措施，积极加以疏导。

1、广泛宣传物价政策，严格控制调价额，对因原材料影响成本上升的商品，首先要求企业内部消化，对少数确实难以消化的，也本着从严掌握的原则，只作小幅度调整；

2、重点稳住蔬菜、肉、禽、蛋等主要副食品和农用生产资料价格，对小化肥采取了临时降价措施，由县财政补贴；

3、开展“物价计量信得过”活动，实行统一三色标价签；

4、放开自行车、黑白电视机、电冰箱、洗衣机、收录机、80支以上纯棉纱及其织物、中长纤维布等7大件商品价格管理权限，实行企业定价。

1987年，重点加强了生产资料价格管理，对21种重要生产资料实行了价格验证制度，对计划外采购的化肥，实行一批一价，由县物价部门审定，对部分放开的商品价格实行提价申报制度。

1988年，赣南成为省经济体制改革试验区，县价格管理工作围绕办好试验区的要求，采取综合配套措施，适当放宽了价格管理权限。

1、将原县管理的商品价格（除县产酱油、中秋月饼，计划内水泥和原煤价格外），均下放给业务主管部门或企业管理；

2、对毗邻广东、湖南的边际市场、允许其价格水平与毗邻地区衔接平衡；

3、对乡镇及二轻、集体企业的产品价格，给予全面放宽；

4、取消“7大件”商品的申报制度，对日用消费品价格采取顺加作价，即以实际进货成本费用加规定计价差率制定销售价，并对部分商品适当增补了扣率；

5、调整了居民定量食油、行业用糖、小包装食盐、肥皂、省产纯棉涤棉纱及其制品、啤酒、县产水泥、原煤等商品价格。行业用糖由平价改为议价供应；

6、变通了计价规定，简化了计价程序，对农药、化肥、钢材等重要生产资料价格实行利润控制，执行半年一价或一年一价，同时，取消了价格申报制度；

7、8月中旬起，由于物价涨幅较大等原因，收回了部分重要商品价格管理权限，恢复了提价申报制度。

1989年，继续贯彻并完善了严格控制物价上涨、稳定市场物价的措施。

1、严格控制调价措施的出台，规定凡属县以上管理的商品价格，除国家统一安排调价外，上半年一律不出台调价措施。企业定价商品也不许随意涨价，需提价的应先报县物价部门综合平衡后方可执行；

2、严格提价申报制度，增加申报品种，除原已实行申报的“七大件”外，还增加了23种重要商品价格的申报；

3、加强“菜篮子”价格管理，对肉价积极疏导和适当控制，实行差率计价；

4、加强企业价格管理，实行企业定价许可证制度。规定凡有企业定价商品的企业，必须具备《江西省企业定价许可证制度暂行办法》规定的定价行为能力方可领取定价许可证并行使定价权。

【非商品收费的清理、整顿和管理】

1986年6月，县人民政府根据县政府和地区行署关于组织实施《江西省收费集资罚款没收管理条例》的精神，组织县物价、财政、审计、公安、工商、卫生、商业、城建、教育、交通、银行等部门成立了“崇义县清理整顿乱收费乱集资乱罚款乱没收领导小组”，下设办公室于物价局，对全县的各项收费进行了全面的清理整顿，全县共清理了270个单位的66个收费项目，通过审查整顿，停止和纠正了13个非法收费项目。

1987年7月，开始对收费实行许可证管理制度，规定所有行政、事业性及重要的经营性收费均须领取收费许可证。

1989年3月，针对农村收费管理较为薄弱，收费较乱的现象，县政府组织财政、物价、林业、农业、教育、卫生等部门对全县农村收费进行了清理整顿，取消了8项非法收费，对6项合理收费列入了县管目录。

9月，开始对全县收费单位换发新收费许可证。

11月，在全面完成收费清理整顿基础上，根据省、地收费管理目录，县政府制定了《崇义县县以上管理收费目录》，明确规定了各项收费的管理权限。

崇义县1986～1989年几种主要商品价格表

表1 单位：元

品名及规格	单位	1986	1987	1988	1989
标一晚米统销价	百公斤	30.60	30.60	30.60	30.60
茶油统销价	百公斤	176.00	176.00	288.00	288.00
晚稻合同定购价	百公斤	32.14	35.20	35.20	45.60
散装食盐	500克	0.15	0.15	0.15	0.30
白砂糖	500克	0.73	0.73	1.20	1.20
56°章贡酒	瓶	1.89	2.45	3.82	3.82
10°赣江啤酒	瓶	1.02	1.02	1.37	1.37
四特酒	瓶	3.05	4.47	5.35	5.35
洪都肥皂	条	0.44	0.52	0.73	1.03
草珊瑚牙膏	支	0.35	0.45	0.73	0.76
蝴蝶缝纫机	架	201.80	203.73	299.10	273.40
18寸孔雀彩电	台	1412	1412	1870	2870
14寸孔雀彩电	台	1050	1390	1390	1820
325#县产水泥	吨	100	106	130	130
425#县产水泥	吨	120	120	140	140
县产原煤	吨	32.60	32.60	50.00	50.00

崇义县1986～1989年商品零售价格和非商品收费调整情况表

表2 单位：万元

调价项目	调价金额			
	1986	1987	1988	1989
总计提降价相抵净额	16.69	10.86	67.32	65.10
其中：提价	16.79	13.37	68.52	65.69
降价	-0.10	-2.51	-1.20	-0.59

续表

调　价　项　目	调　价　金　额			
	1986	1987	1988	1989
一、商品零售价格调价净额	14.77	6.01	64.34	47.29
其中：提　价	14.87	8.24	65.54	47.88
降　价	−0.10	−2.23	−1.20	−0.59
(一)国家定价部分	12.01	6.01	52.93	47.71
其中：提　价	12.11	8.24	54.13	47.71
降　价	−0.10	−2.23	−1.20	
1.国务院各部门管理价格	0.73	−2.23	12.39	9.13
其中：提　价	0.73		12.39	9.13
降　价		−2.23		
2.地方管理价格	11.28	8.24	40.54	38.58
其中：提　价	11.38	8.24	41.74	38.58
降　价	−0.10		−1.20	
(二)国家指导价部分	2.76		11.41	−0.42
其中：提　价	2.76		11.41	0.17
降　价				−0.59
二、非商品收费调价净额	1.92	4.85	2.98	17.81
其中：提　价	1.92	5.13	2.98	17.81
降　价		−0.28		
(一)国家定价部分	1.92	1.86	2.98	17.81
其中：提　价	1.92	2.14	2.98	17.81
降　价		−0.28		
(二)国家指导价部分		2.99		
其中：提　价		2.99		
降　价				

【物价监督检查】

1986～1989年，县物价检查工作坚持改革开放，搞活经济，搞活流通的原则，认真贯彻《中华人民共和国价格管理条例》和国家物价局《关于价格违法行为的处罚规定》，积极开展了一年一度的物价大检查及若干专项大检查，坚持了每年的"春节"、"元旦"、"五一"、"国庆"、"中秋"等重大节日的市场物价大检查。四年来，共检查了1019个单位次，查处价格违法案件431起，处以经济制裁总额28.82万元，其中上交财政23.38万元，退还消费者5.44万元。

崇义县1986～1989年物价检查情况统计表

表3

年份	检查单位(个次)	查处价格违法案件(起)	查处非法收入(万元)	处以经济制裁总额(万元)	
				收缴财政	退还消费者
1986	122	104	16.00	6.70	0.16
1987	140	22	6.94	3.96	
1988	369	152	5.81	5.37	
1989	388	153	12.62	7.35	5.28
合计	1019	431	41.37	23.38	5.44

(张祖春　何昌华)

工商行政

【加强企业登记管理】

四年来，工商行政管理部门在执行政策的基础上坚持以企业登记手续从简，监督管理加强的原则，从企业单位聘请企业登记协管员201名，以切实加强企业登记管理，为发展企业，振兴经济服务。

据统计，1986年，全县有工商企业266户，分支机构1037个。1987和1988

年，又分别发展工商企业26户和109户，发展分支机构105户和136户。到1989年底，全县已有工商企业392户，有分支机构1210户（三年中撤销、歇业工商企业9户，分支机构68户）。

1989年，为加强企业登记管理，根据国家局部署，进行了企业重新登记发照、换照工作。当年重新登记发照的法人单位有249户，分支机构758户；当年新办企业29户，分支机构61户。同时，撤销不符合条件企业51户，合并267户，歇业注销35户（撤销、合并、歇业数均含分支机构）。

1989年，根据中央、国务院《关于清理、整顿公司的决定》精神，县成立清理整顿公司领导小组并开展工作，重点清理了党政机关公司和政企不分公司。在这次清理整顿中，全县共撤并公司32个，保留公司50个。

【商标、广告管理开始起步】

1987年8月，县农林技校"荷花牌"竹筒席的"荷花牌"商标，经国家商标局登记注册，成为县第一个注册商标。从此，县工商行政部门开始了商标管理工作。到1989年止，全县共有注册商标7个：1、"荷花牌"竹筒席；2、1987年12月注册的县罐头厂"阳岭牌"罐头；3、1987年12月注册的县二轻算盘厂"珍珠牌"算盘；4、1988年10月注册的县木材公司"阳岭牌"木雕；5、1988年10月注册的县木材公司"阳岭牌"水泥砖、水泥瓦、水泥地板砖；6、1988年9月注册的县水泥厂"阳岭牌"500号水泥；7、1989年9月注册的县蜜饯厂"赤水仙牌"蜜饯产品。

1987年6月，县广播站正式经营广告业务；1988年8月，县电影院装璜艺术部开业，经营户外装璜广告业务。两家广告单位的经营，填补了县广告经营的一项空白。

1986年，开始在县城及部分乡镇墟场设立广告栏。到1989年止，全县共有广告栏42块，合计250平方米。要求张贴的广告经登记后一律在广告栏内张贴，制止了到处贴广告现象，维护了广告的严肃性，促进了城镇文明建设。

【市场建设和管理见成效】

为加强集市贸易市场的建设和管理，以适用商品经济发展，活跃城乡经济。四年来，全县新建、扩建、改建贸易集市10个：县城北门贸易市场、铅厂圩、聂都圩、文英圩、金坑圩、铅厂义安圩、扬眉圩、龙勾合坪圩、长龙圩、杰坝长潭圩等。计面积2.75万平方米。扩建县城老农贸市场（农贸路）房店40间。到1989年止，全县已有集市贸易市场21处（除上面10处外，另有县城小商品市场、茶滩圩、关田圩、关田乡下关圩、古亭圩、乐洞圩、丰州圩、上堡圩、麟潭圩、过埠圩、思顺圩）。有集市面积4.50万平方米。分别属于工商行政管理机关的城关、横水、过埠、上堡、古亭、关田、扬眉等7个工商所及所辖19个管理站（各乡一站）负责管理，各所依次有管理人员为10人、6人、9人、5人、8人、5人、7

人，共计50人。四年来，在市场管理方法上，改变了过去重管理、轻服务现象，开始向维护经营者、生产者、消费者的利益上转化。1989年，大多数集市已有了咨询服务台、公平秤、伪劣商品展览橱、保温桶、信息栏、法律宣传栏等。既抓管理、又抓服务、通过服务加强管理。有效地促进了商品流通和商品经济发展。四年来，全县集市贸易成交额达9021.85万元，年平均2255.46万元。1989年，北门贸易市场被省局评为全省文明集贸市场。

1987年5月，为了打击不法分子的伪劣假冒商品充斥市场的现象，县工商局在县城举办了“查处伪劣商品展览会”，使伪劣商品假冒商品亮相，提高了消费者对伪劣商品的识别能力，保护了消费者利益。5月26日至11月24日，县工商局又集中各股所干部9人，集中时间，集中车辆，组成查处伪劣假冒商品检查队，对全县17个集贸市场进行了检查。有力地打击了制售、贩卖伪劣假冒商品活动。

1986年和1987年，全县共查处并销毁伪劣假冒商品15件，计原价值2.90万元。

【经济合同管理】

县经济合同管理，主要职责是经济合同的签证审查，监督检查经济合同的履约情况，调解仲裁合同纠纷，查处违法经济合同和确认无效经济合同。

四年来，全县经过工商部门签证的经济合同有383份，金额达2470万元，合同履约率达98%。1988年，通过对299份经济合同的审验，为企业挽回或避免了经济损失25万元，促进14户企业办照，补交税费3500元，处罚并取缔无照经营企业6户。

为增强企业的社会信誉和竞争力，1987年5月起，在全县企业中开展了“重合同，守信用”活动。全县有66个企业户参加了这项活动。8月份根据企业合同签证和管理工作进行全面考核。年终，有县木材公司、县物资协作公司被县政府命名为1987年度“重合同、守信用”企业。

1988年，全县有14个系统130户企业参加了“重合同、守信用”活动。通过采取“听、看、查、问、评、宣”的办法，评出县木材公司、县物资协作供销公司、县百货公司、县国营高坌林场、县国营龙峰林场、县农机修理制造厂、县汽车配件公司、县五金交电化工公司、县煤矿、县二轻供销公司、县淘锡坑钨矿、县印刷厂、县罐头厂、铅厂乡木材加工厂、麟潭乡木材加工厂等15个企业为县政府命名的1988年度“重合同、守信用”企业。

1989年，全县有66户企业参加“重合同、守信用”活动。经过检查、考核、评定，评出县木材公司、县百货公司、县国营高坌林场、县二轻供销公司、县汽车配件公司、县五金交电化工公司、铅厂乡木材加工厂、麟潭乡木材加工厂等8户企业为县政府命名的1989年度“重合同、守信用”企业。

崇义县1986～1989年签订经济合同情况表

表1

项目 \ 时间	1986	1987	1988	1989	合计
签订合同数（份）	1626	2259	613	1347	5845
签订合同金额（万元）	8682	3371	5991	5904	23948
调解合同纠纷（起）	2	4	7	15	28
调解合同金额（万元）	10	12	42.9	70.15	153.05
确认无效合同（份）	2	2	17	13	34
无效合同金额（万元）	3.6	1.3	555	116	675.9
合同履约率（%）	95	97	98	98	

注：以上均为工商部门数据

【个体、私营经济管理】

四年来，县个体、私营经济发展较快。1986年底，全县个体户2578户，从业人员4078人，分别比1985年增长18%和17.82%。1987年，全县发展个体户153户，增加从业人员422人。1988年，发展个体户120户，增加从业人员571人。1989年，发展个体户382户，增加从业人员673人。到1989年止，全县有个体户3233户，有从业人员5744人，分别比1986年增长25.41%和40.85%。

1988年，县内开始发展私营企业和个人合伙企业。当年，有私营企业13户，从业人员86人；有个人合伙企业9户，从业人员113人。1989年，私营企业和个人合伙企业分别发展到34户和12户，从业人员分别增加到427人和200人。

为了加强对个体户和私营经济的管理，维护合法经营，制止非法活动。1986年，县工商管理部门在全县个体户中开展了文明经营、优质服务竞赛活动。设有流动红旗23面，在全县范围内分季度评比，对优胜者给予挂旗表彰。同年，还在全县个体户中开展了"五好个体户"评比活动。全县评出"五好个体户"56户，有9人出席了地区召开的表彰大会。1987年至1989年，分别评出"五好个体户"56户、70户和23户。1988年受省地表彰的先进个人分别为3人和11人；受地区表彰的分会有关田分会。1989年出席地区先进集体的分会有城关分会和上堡分会。

在个体私营经济管理中，为了体现奖罚分明，在表彰"五好个体户"的同时，对进行各种非法经营活动的个体户也进行教育和处罚。四年来，以教育和处罚等行政手段，共处罚违章违法个体户119户。

【个体、私营企业劳动者协会】

1986年12月和1989年3月，县个体、私营企业劳动者协会（简称“个协”）分别召开了第二次、第三次会议，选举调整了新的领导班子，发展了新会员。鉴于个体户中妇女占比例不小的特点。1988年9月5日，成立了“崇义县个体劳动者协会妇女委员会”并召开了代表大会，各乡镇成立了个协妇女工作小组。四年中，全县个协分会7个，年底先后发展会员3233户，全部个体、私营企业户都加入了协会。个协在自我教育、自我管理、自我服务过程中，取得了较好效果。

1988年，城关个协分会会员张功林同志，拾到万元巨款交还失主，被评为出席省个体劳动者先进代表大会代表。

1988年11月27日，个协城关分会组织个体户在县城开展理发、看病、裁缝、修理等义务活动，全天提供义务服务1269人次。1989年4月，个协城关分会以集资的方式办起了业余文宣队，有业余演员26人，业余剧务工作人员12人，他们不计报酬地为社会义演，受到了群众的好评。

县个体户在自己富裕的同时不忘国家，积极为国家、为社会分忧解难。四年中共购买国库券48840元、认购公债券50650元、认购省大化肥生产奖券4060元、为社会（教师节、敬老院等）捐款9020元、为第十一届亚运会捐款7952元。上缴国家税收642.54万元。

（张祖春　古君一）

标准计量

【标准化管理】

收集标准资料　做好标准资料的收集工作是搞好标准化工作的一项基础工作。

1986年4月，县计量局通过对县属企业的标准摸底调查，共收集国家标准1312个，专业标准（部标）11个。1988年，企业标准化工作开始在县属企业起步。首批采用、制订企业标准的有县化工厂、县木材公司、县农林技校校办工厂。到1989年底止，全县共收集各类标准1523个，主要工业企业已大部分进入了采标、制标工作。

标准的宣传贯彻与执行　1986年，在收集标准资料的同时，对标准化知识作了广泛的宣传贯彻工作。1987年，向县化工厂、县木材公司、县农林技校校办工厂、县水泥厂等有关要求制定标准的企业，作了GB1.1～87《标准工作导则，标准的编写要求》；GB3100～3102～86《量和单位》等有关标准的宣传；1988年，对县内食品生产和销售单位进行了GB7718～87《食品标签通用标准》的宣传贯彻，1989年2月，对执行情况进行了实施检查。查出县内生产厂家生产的食品基本上能按《食品标签通用标准》准确地使用食品标签，复盖率达85%；销售单位调进的外地食品，则多数不符合《食品标签通用标准》，合格率仅21%。

标准化整顿验收及定级 1986年，为了便于县罐头厂的"长青牌"冬笋罐头创优，对县罐头厂进行了单项标准验收。1988年2月，正式开始县工业企业的标准化整顿验收定级。县标准计量局经常派人到县木材公司、县化工厂、县农林技校校办工厂进行标准化基础知识及整顿验收工作的辅导。8月，县木材公司基本完成标准化整顿验收工作，具备了定级条件，于12月验收合格，获得合格证书。年底，县化工厂、县农林技校校办工厂的标准化整顿验收工作也基本完成，于1989年6月验收合格，获得合格证书。

【计量管理与检测】

法定计量单位的贯彻执行 1、1986年元月，县人民政府批转了县计量局《关于在我县推行法定计量单位的意见》，确定了推行法定计量单位的目标；从1986年1月至1987年底，全县各国民经济主管部门应完成法定计量单位的过渡；到1990年底，全县各行业应完成法定计量单位的过渡；1991年1月1日起，除经计量部门批准的个别特殊单位外，一律采用法定计量单位。

2、1986年4月1日起，县内生产的杆秤一律实行法定计量单位，即改为千克制杆秤，市制杆秤一律停止生产、停止销售。

3、1986年8月底，县内所有国营、集体单位及有证商贩的衡器全部更换为法定计量单位的千克制。

计量检定 1989年止，全县共建立了天平、砝码、血压计、量提、直尺、衡器等6项社会公用标准的13种检定测试工作。在实施《计量法》以后，对社会上用于贸易结算、医疗卫生、安全防护、环境检测四大方面的计量器具实行了强制检定，要求严格按国家规定的检定周期实施强制管理。

计量定级、升级 1986年，县标准计量局对全县工业企业的计量工作进行了调查摸底，并帮助企业做好计量基础工作。1987年，县局受理了县水泥厂的计量定级工作。在县局的帮助下，经过半年努力，县水泥厂于1988年3月经验收合格，获得三级计量合格证书。1988年8月，县局同时受理了县化工厂、县木材公司、县农林技校校办工厂、茶滩乡手套厂、杰坝乡化工厂等5个单位的计量定级工作。1989年6月，由地、县标准计量局考核验收，合格后发给计量定级验收合格证书。到1989年止，全县共有包括县罐头厂（1985年进行过单项定级）在内的7

个企业获计量定级合格证书。

计量监督、检测与检查　　四年来，县标准计量局会同其他监督执法部门，经常深入街头、商店检查计量器具，检测商品质量，以维护消费者利益。

1986年元月，由县计量局牵头，会同物价、工商、公安、人大等部门共11人组成的联合检查组，于春节前夕的元月24至25日两天时间，对县食品厂的包装商品、县粮油加工厂的包装粉干、横水粮管所的售油器、副食品公司仓库的自装章贡酒、综合公司副食一部的包装商品、工农兵茶店的盘装小食品和第一农贸市场进行了大检查。在这次检查中，受检包装商品46个品种，其中有41个品种不够份量；受检计量器具50件，合格率90%。对不合格器具，全部予以没收；对县食品厂在检查前已销售23种包装商品的短斤少两折款517.75元，全部上缴国库；对其库存未销售的短斤少两已装商品，要求按实际重量向下浮价出售；对其他单位的短斤少两包装商品，则要求重新翻装销售。

1986年8月6日，对县城个体经营者进行了抽查。共查杆秤16支，有13支合格。对不合格器具全部没收，对经营者分别给予罚款30元或60元处罚（含非法所得）。

1988年8月，对县水泥厂的出厂成品水泥进行了抽查，发现包装份量不足现象严重。经请示县政府批准，县标准计量局作出了责成该厂停产整顿的决定。

四年来，县监督执法部门在检查中共查处违法案件194起，没收非法计量器具372台（件），行政罚款计2064元，立案调查2起。没收的非法计量器具已全部集中销毁，罚款已上缴国库。

崇义县1986～1989年查处计量违法案件统计表

表1

	1986	1987	1988	1989
查处计量违法案件(起)	61	74	12	47
没收计量器具(件、台)	127	153	28	64
行　政　罚　款　(元)	994	450	126	494
立　案　调　查　(起)	2			

【饮料质量大检查】

1989年7月，对全县夏季饮料进行了大检查，检查的品种有饮料、啤酒，检查项目有质量检查和标签检查。受检单位计162家（其中经营门市138家，批发部门21家，饮料生产厂3家）。检查饮料品种53种（其中县外47种）检查啤酒品种

6种。

在检查过程中，查出县内3个饮料生产厂家有4个品种的标签无出厂日期、保质期、净含量和配料说明，另有部分外来商品的标签没有按《食品标签通用标准》的规定执行。查出有17户经营门市和批发部的饮料、啤酒计27个品种已超过保质时间，有变质沉淀现象。

针对以上问题，检查组作出了如下处理:

1、责成3个饮料生产厂家在现有标签上补上生产日期、保质期、净含量及配料说明等内容，以后印制新标签时一律按《食品标签通用标准》规定执行；

2、责成销售部门在今后进货时不得再进标签不符合标准的商品；

3、对沉淀变质的饮料、啤酒全部就地销毁。销毁的饮料、啤酒有：强力、珠江、广州等品种的啤酒119瓶；健力宝、橙宝、山楂、荔枝、冠力、苹果汁等易拉罐可乐289瓶；浓缩桔汁、杨梅汁、菠萝鲜果汁77瓶（合）；赣江啤酒657瓶；其他品种的啤酒27瓶。总计1169瓶（盒)。同时，对销售以上饮料、啤酒的部门罚款计356元；

4、对生产日期不明，有轻度沉淀的饮料、啤酒实行暂时禁销，待卫生防疫部门检验合格后方可限期销售。实行暂时禁销的饮料、啤酒有：广东产易拉罐饮料720瓶，福建产软包装饮料1200合，江西南城产可乐1210瓶，万安产啤酒9000瓶、赣江啤酒1440瓶，总计13570瓶（盒)。

（张祖春　杨伦槐）

审　计

【审计监督】

1986年对全县审计对象进行了普查，查出全县审计对象384个。

1986～1989年，按照省、地审计局统一部署，先后对全县237个单位的财务收支进行了审计。

财务收支审计　1986～1989年，县审计局对全县凡有财务收支的单位普遍进行了审计监督，审核其财务收支活动是否合法、合规。把财务收支审计内容贯穿到各项审计之中。四年共审计237个单位，审计总金额16342.7万元；查出违纪金额203.4万元。

定期报送审计 1986～1989年，对县直行政事业单位实行定期报送审计，共审计单位92个（其中月审14个、季审3个、半年审75个），审计总金额2875.8万元，查出违纪金额42.5万元，应上交财政7.8万元，已上交财政数7.7万元，查出违纪单位88个，财会工作不合格单位56个，违纪单位的主要问题：1、行政经费超支；2、未经批准购买控购商品；3、小车费用开支大；4、经费支出审批手续制度不严。通过四年连续报送审计，违纪金额逐年下降，促进了双增双节和廉政建设。

四项资金审计 四年内，共审计基建项目130个，审计总金额1988.1万元，查出未落实资金67.5万元，有效地压缩了非生产性建设项目和基建投资规模。

经济效益审计 1987年4月至5月，对县矿产品工业公司1985～1986年度经济效益进行了审计。查出该公司各种损失浪费36.5万元，查出的问题有：1、收购的钨精矿亏度大；2、加工钨回收率低；3、现有设备利用差；4、资金周转慢；5、企业内部管理制度不全，会计核算粗。引起了被审单位和县政府的重视，县政府及时召开了矿管工作会议，制订了《关于强化矿产品经营管理，实行县乡联营的决定》。使当年产量比上年增长82%，税利增长13%，年底收回旧债163.3万元，流动资金周转比上年加快59天。

承包经营经济责任审计 1989年2月，县审计局派出三个审计组，分别对县木材公司、煤矿、罐头厂、化工厂、水泥厂、农机厂、汽车队1988年的承包经营经济责任进行就地审计。发现除水泥厂因受新的生产线工程影响，未完成承包指标外，其他企业在产量、产值、销售收入、税利完成等均超额完成了承包指标，获得较好的经济效益。

厂（场）长、经理经济责任审计 1988年4月13日，县委组织部、县审计局联合发出《对国营企业厂（场）长、经理经济责任审计的实施办法》的通知。同年8月，对县汽车大修厂原厂长进行了离任责任审计；1989年，对县物资协作公司、县外贸公司原经理责任人工作调动进行了离任审计。通过这一审计，对促进国营企业厂（场）长、经理负责制，完善企业内部经济责任制，推进企业加快和深化改革，具有积极作用。

专项资金审计 1989年，县审计局对全县执法部门的罚没收入，科研单位的科研经费，粮油部门的粮油收购资金，行政事业单位的专项拨款等进行了专项调查审计。受审资金总额81.5万元，查出有罚没收入的单位的违纪金额14万元，应上交财政、已上交财政8.7万元。通过审计发现的问题有：1、有的事业费用开支比例不恰当，间接性事业费用开支大。2、有的单位的罚没收入不按时上交财政，坐支挪用现象严重。

清理小钱柜 自1986年以来，在结合财务收支和执行财经纪律等审计时，对单位预算外资金进行了清查。四年来，共查出违纪单位3个，违纪金额23.9万元，并按不同性质分别进行了处理。

崇义县1986～1989年审计情况统计表

表1　　　　　　　　　　　　　　　　　　单位：万元

时间	已审单位	已审单位资金总额	违纪金额处理情况			已上交财政
			合计	应上交财政	其他	
1986	31		66.9	22.7	44.2	32.3
1987	32	5508.3	64.6	24.2	40.4	23.8
1988	92	6117.9	24.8	3	21.8	2.9
1989	82	4716.5	47.1	24.8	22.3	24.1
合计	237	16342.7	203.4	74.7	128.7	83.1

注：1、1986年已上交财政数含上年欠款。

2、已审单位资金总额上级规定从1987年开始统计数据。

【社会审计】

社会审计工作由审计事务所担负。1988年2月，经县人民政府批准，成立县审计事务所，为企业化管理事业单位。主要负责委托审计、公证审计、会计、审计咨询服务。

1988～1989年，接受委托审计25个、公证审计394个、咨询服务5次。审计收入1.7万元。

委托审计　1988年11月至1989年2月，接受对基层工会经费审计，共审计21个基层工会的经费，查出漏提应补提工会经费4.1万元。1989年2月，接受县审计局委托审计业务4个，查出违纪金额19.7万元，应上交财政3.8万元，已上交审计专户2.8万元。

公证审计　1988年，对全县全民、集体所有制企业法人单位注册资金进行了审计公证，共审52户，申报注册资金58.3万元，经审定核减资金6.7万元，占申报总额的11.5%。1989年3月，开展对全县工商验资业务，对县国营、集体企业验资342户，申报注册资金11181.3万元，审定剔减资金561.5万元，占申报资金的5.02%。有效堵塞了企业申报注册资金中的漏洞，维护了社会经济秩序。

【内部审计】

四年中，内部审计有新的发展。到1989年底止，全县有林业局、粮食局、商业局、税务局、教育局、水电局、二轻局、农牧渔业局、供销社、农业银行、人民银行等 11 个单位设立了审计股，配备了专职审计员 17 人，分别占应设股数的 90%和应配人数的 95%。四年中，各内审机构共完成审计项目 216 个，查出违纪金额 280.6 万元，促进增收节支 28.3 万元，减少损失浪费 9.4 万元。

崇义县 1986～1989 年内部审计情况表

表 2

时间	已审单位（个）			查出违纪金额（万元）	促进增收节支（万元）	减少损失浪费金额（万元）
	合计	其中				
		定期审计	厂长责任审计			
合计	216	118	98	280.6	28.3	9.4
1986 年	25		25	19.6		
1987 年	49	3	46	214.8	20.1	6.5
1988 年	99	89	10	19.9	5.6	0.2
1989 年	43	26	17	26.3	2.6	2.7

【审计档案管理】

审计档案是审计机关的重要组成部分，列入“四项审计”工作任务之一。据统计，1986～1989 年局机关档案室内的文书档案实存案卷合计 68 卷。审计档案实存案卷合计 135 卷，统一由行政办公室专人负责管理。全体审计人员认真学习与执行了《中华人民共和国档案法》，按《档案法》要求办事，同时建立了制度，及时归档，分级检查；四年内，从审计工作的实际需要建立了文书、审计、会计档案的保管、借阅、统计、鉴定、销毁、保密和文件材料归档等制度；这些制度有效地贯彻了《江西省审计机关档案管理工作试行办法》的规定，确保了档案利用工作的顺利开展。档案室内配有档案橱、箱、办公桌、档案盒、多功能切纸装订机、页码机、常年备有灭虫剂等。对档案存放处，根据县档案局的要求，切实做到了“七防”工作(即防盗、火、潮、虫、鼠、尘、高温)。

为了配合审计工作的开展，几年来县审计局接待省内外查阅审计档案的人员 250 人次，利用档案资料 112 卷，给查案单位解决了不少问题。同时，对本局审计工作也起了很大作用。

(张祖春　张汉民)

科技教育文化

KEJIJIAOYUWENHUA

科学技术

科技体制改革

【鼓励支持科技人员进入乡镇企业前沿阵地】

乡镇企业是经济建设主战场的重要阵地，用科学技术振兴乡镇企业是当务之急。县科委于1987年初作出了《关于鼓励对发展乡镇企业作出贡献人员的奖励规定》，并于1987年4月16日用县人民政府崇发[1987]42号文件发至各单位，鼓励科技人员到乡镇企业工作。按规定对分配到乡镇企业去工作的大、中专毕业生，其待遇不变，取消见习期，工资向上浮动一级；国家机关企事业单位的社会、自然科学专业技术干部，要求到乡镇企业工作的，其国家干部待遇不变，粮油户口、人事关系可留在原单位不变，工资可与企业面议；愿意调到乡镇企业去工作的干部，工资向上浮动一级，连续工作8年以上，浮动工资可转为固定工资。由于放活了科技人员，加快了乡镇企业发展的速度。

【动员和组织科技人员开展技术承包活动】

1989年7月11日县人民政府下发了《关于动员和组织科技人员开展技术承包活动的通知》，动员科技人员到农业第一线去开展多种形式的技术承包活动。按通知规定“从事农业技术承包年纯收入在1000元以下的（含1000元），全部归承包者个人；超过1000元部分的，50%归承包者，50%交原单位。分配给个人的劳动报酬，不列入单位奖金总额，不纳奖金税（不含个人收入调节税）。”通知还规定“下去承包人员原有职务、工资、住房、福利待遇不变；户口、粮油关系可以不转；在评聘专业技术职务时，在同等条件下优先聘任”。这些规定激励了科技人员从事农业承包的积极性。1989年农业战线参与技术承包活动的科技人员（含农村中的能工巧匠在内）有94人。技术承包形式有单人单项技术承包；一部分人联合起来，开展集体技术承包；单位组成承包集团，开展“一条龙”服务，仅此一项，全县创经济效益200万元以上。

【科技拨款改无偿使用为有偿使用】

1986年3月县科委根据国务院《关于科学技术拨款管理的暂行规定》，对科研机构进行新产品试制、中间试验、基础研究补助等3项费用采取了经营责任制，改无偿使用为有偿使用，并通过合同的形式，把拨款金额、偿还比例、偿还时间等固定下来，然后按合同规定收回应偿还费用。1986年度县科委共安排贴息贷款3万元、部分偿还经费4773元、科研补助费2163元，当年按合同要求回收经费500元。从1988年起县科委在回收经费中，提取部分资金，建立"奖励基金"，作为奖励科研课题完成较好的单位和个人所需要费用。这种改革不仅加强了科研机构的责任感，也激发了承包单位或个人的积极性，有利于科技事业的发展。

【科技体制不断完善】

为了适应经济建设发展的需要，1989年7月全县18个乡镇均聘任了1名科技助理员，负责乡镇一级科技工作，使科技机构延伸到乡（镇）一级，体制结构更趋合理。同时，为进一步建立与健全科技服务体系，从1989年10月15日起将各乡镇带商业性的农业服务中心改为服务型的乡镇农业科技服务站，形成了县、乡(镇) 科技服务网络，为科技兴县、科技兴农发挥了积极作用。

科技队伍

【科技队伍不断壮大】

随着教育和科学技术事业的发展，全县科技队伍不断壮大，1989年全县共有各类专业技术人员2846人（含农民技术人员361人和离退休未被聘用的科技人员）。有技术职称的科技人员占全县职工总数的18.4%。其系列结构为：农业437人（含农民技术人员），占15.4%；工程技术246人，占8.6%；财经728人，占25.6%；卫生314人，占11.02%；教育1069人，占37.55%；文博34人，占1.2%；律师公证8人，占0.28%；党校10人，占0.35%。其职称结构为：高级技术职称33人，占1.2%；中级技术职称（含农民技师35人）450人，占15.8%；助师级技术职称1072人，（含农民助理技师80人），占37.6%；员级技术职称1291人（含农民技术员246人），占45.4%。

【理顺科技人员的职务关系】

1987年10月至1988年12月在全县范围内进行了一次比较全面的技术职称改革。这次职改涉及上10个系列1000余人，占全县科技人员总数的67%。通过调查、摸底、审批，事业单位评出高级职称科技人员24人，中级职称的297人，助师级职称的481人，员级职称的393人，共计1195人；县企业单位评出中级职称的40人，助师级职称的292人，员级职称的321人，共计653人；乡镇企业评出中级职称1人，助师级职称的18人，员级职称的28人，共计47人。通过这次职改，科技人员的职务关系，得到了进一步理顺，科技人员的积极性有了进一步提高。

【高级科技人员名录】

1989年全县高级科技人员中（不含中央、省、地驻县单位科技人员）计有高级农艺师5名、高级工程师2名、中学高级教师17名、副主任医师8名、副编审1人，共计33名。现将名单分类按参加工作先后次序排列于后：

高级科技人员名录

表1

姓名	性别	出生年月（公元）	参加工作时间	籍贯	文化程度	技术职称	工作单位
陈兼鹏	男	1936.12	1959.8	南康	中专	高级农艺师	崇义县农牧渔业局
刘士旺	男	1939.8	1963.8	大余	大学	高级农艺师	崇义县农牧渔业局
蔡勤胜	男	1940.3	1964.8	龙南	大学	高级农艺师	崇义县农牧渔业局
陈衍竿	男	1939.8	1964.8	南康	大学	高级农艺师	崇义县农牧渔业局
谢德心	男	1943.4	1966.8	赣县	大学	高级农艺师	崇义县农林技术学校
杨银洲	男	1927.10	1952.12	湖南	大学	高级工程师	崇义县林业局
罗德焜	男	1935.5	1957.8	广东	大学	高级工程师	崇义县城建环保局
杨源镜	男	1934.8	1952.2	崇义	大专	中学高级教师	崇义县教师进修学校
卓强汉	男	1926.5	1952.8	湖南	大学	中学高级教师	崇义中学
赖积芳	男	1938.1	1957.8	南康	大专	中学高级教师	崇义中学
谢志英	男	1935.12	1959.5	于都	大专	中学高级教师	崇义县农林技术学校
李世才	男	1936.1	1959.8	定南	大学	中学高级教师	崇义中学
刘吉昊	男	1937.8	1959.8	崇义	大学	中学高级教师	崇义二中
刘映祺	男	1936.4	1960.8	崇义	大学	中学高级教师	崇义二中
丘道申	男	1940.11	1961.8	崇义	大专	中学高级教师	崇义二中
杨源锴	男	1941.4	1961.8	崇义	大专	中学高级教师	崇义二中
黄锦章	男	1935.8	1962.8	广东	大学	中学高级教师	崇义县教育局教学研究室
赖玉山	男	1939.10	1962.8	南康	大学	中学高级教师	崇义县农林技术学校
张声煋	男	1938.10	1962.8	赣州	大学	中学高级教师	崇义县农林技术学校
余世彰	男	1938.10	1962.8	崇义	大专	中学高级教师	崇义关田中学

续表

姓 名	性别	出生年月（公元）	参加工作时 间	籍 贯	文化程度	技 术 职 称	工 作 单 位
邹笃江	男	1942.12	1963.8	崇 义	大 专	中学高级教师	崇义中学
徐静珠	女	1939.9	1963.8	江 苏	大 学	中学高级教师	崇义县教师进修学校
李冠理	男	1942.9	1964.9	广 东	大 专	中学高级教师	崇义中学
朱宗亮	男	1941.4	1965.8	南 康	大 学	中学高级教师	崇义二中
崔仁德	男	1934.11	1953.1	弋 阳	中 专	副主任医师	崇义县人民医院
黄学才	男	1931.9	1956.9	崇 义	大 学	副主任医师	崇义县人民医院
李鸿林	男	1932.9	1958.9	崇 义	大 学	副主任医师	崇义县中医院
卢乾修	男	1932.9	1959.8	广 东	大 学	副主任医师	崇义县人民医院
袁淑仪	女	1933.7	1960.8	广 东	大 学	副主任医师	崇义县人民医院
吴桂棠	男	1938.8	1961.8	南 康	大 专	副主任医师	崇义县人民医院
刘兴余	男	1939.8	1962.9	南 康	大 学	副主任医师	崇义县人民医院
谢尊浩	男	1938.2	1964.8	南 康	大 学	副主任医师	崇义县人民医院
黄诗结	男	1941.11	1962.7	崇 义	大 学	副 编 审	崇义县志办公室

【中级科技人员名录】

1989年全县中级科技人员计有助理研究员2人、农经师1人、农艺师9人、工程师51人、电影放映技师1人、会计师22人、统计师4人、经济师40人、主治（管）医师52人、主管药师9人、主管护（技）师13人、畜牧兽医师9人、讲师3人、中学一级教师97人、小学（幼教）高级教师94人、律师公证员3人、文博5人、农民技师35人，共计450人。现将中级科技人员姓名列后：（下列名单不含中央、省、地驻县单位科技人员）

农艺师 熊承彬 朱才坪 金桂祥 钟芳烧 张亮文 兰志利 郑加楠 田承椿 曾宪海

畜牧兽医师 曾令清 杨端蓉 吴治刚 邱全华 梁祖茂 胡冬英 钟佳柱 吴承宝 文开梅

农民技师 张昌锦 肖家栋 张 忠 胡三胜 陈大宝 陈安贵 张世新 谢纲治 罗 勇 何立礼 甘志强 肖厚生 周作礼 潘名财 刘家修 叶永和 杨人根 陈声球 谢章珍 张代华 何跃湖

吕家富　王诚材　吴世珠　钟居祥　钟俊淮　谢纲煌　刘显湖
曾宗焕　刘相辉　唐彦祯　黄光沛　曾凡东　刘祖发　吕家彬

工程师　危仕根　赖厚祥　曾文彬　黄宇村　田长华　黄立仁　王树源
李光明　韩　迅　陈大尧　朱家忻　李道洪　巫大和　何耀仁
陈延生　杨施恩　赖祥焱　卢盛煌　廖彩昉　陈继述　吴大来
肖镇华　幸垂焕　蔡立基　肖绍林　陈　修　郭俊桂　罗光森
兰显金　吴桂林　张富良　黄锦然　熊先武　陈华瑞　廖彩发
廖为善　廖荣桂　邹裕榕　明立材　冯庆柳　陈荣德　胡仁贵
李君佃　刘道声　何益海　黄道熙　万金棠　李善庆　袁厚森
王国经　张祖清

会计师　李福令　赖义连　刘洪钊　张征德　杨桂英　赵光华　肖厚源
吴仲俭　杨毅敏　章佩涵　甘盛澎　赖书达　陈传锦　卢和生
何耀玉　张先春　卢振堂　钟德伟　吴兴忠　朱启词　贺天照
陈嘉佩

统计师　蒋剑云　曾昭有　张家平　张志明

经济师　肖悦明　黄恭信　谢香荃　黄名材　周声腾　梁景堃　谢明皎
王万锦　陈吉波　杨福熙　吴家鉴　杨清芬　赖善华　李本楠
刘作佳　王会尧　王仁泉　刘德权　黄群美　钟林坤　陈远桂
罗福爱　刘传源　张建国　彭宗高　李有根　莫春萍　毛莲盛
吴兴佩　钟　平　胡继前　何雪昌　黄振莲　邱明兰　叶齐祯
赖锡礼　叶乾昇　罗良佺　巫远馥　龙大生

中学一级教师　曾广济　邓舜治　肖厚彧　赖兆麟　刘永华　李英柏
黄利道　张教民　陈远村　罗树材　胡盛达　肖继蓓
韩荣和　董世言　黄善理　李华建　胡三信　钟际福
扶建民　邹祥玉　严家先　邓第仁　聂玉云　郭远球
吴隆波　刘　章　黄学旺　蒋敦志　冯庆河　吴作维
王华棠　吴祖扬　黎宗秀　叶明菊　成熙明　吴　识
吴家湖　华伦庠　余承懋　陈金秀　熊华强　欧阳筱琴
何增铭　林广陶　何远扬　刘映恩　叶向云　邓第泳
刘文林　饶纪绅　欧阳文　邹笃贵　刘立福　甘盛涵
谢后诚　曾凡柱　叶　松　张先宽　叶祖良　陈家驯
李家财　吴国相　林大椿　赖志淦　刘昆裔　钟祖焜
林静珊　邓舜煌　肖声雷　曾宗煌　胡启明　黄云腾
赵荣财　刘雄生　曾永坚　邓延芬　朱一材　刘世强
段水生　彭孝忠　夏生生　朱生愉　肖松　欧阳芳桃
刘杰林　陈武韬　刘土英　蒋名贞　肖伯言　赖弥芳

周昌忠　张跃辉　刘立钿　邱国生　江华生　肖学辉
廖耀明

小学高级教师　吴家有　朱联沛　黄庆禹　曾衍衙　吕绪永　肖永清
赖允莲　廖财金　吴玉卿　谢春森　李裕茂　郭祥栋
刘相海　李佑福　刘秀英　刘仁礼　胡本春　华传铨
肖声贵　黎　健　曾庆恕　罗名贵　罗良伦　曾广源
李　瑛　谢士仁　刘传绣　朱传垅　陈日良　黄立颐
吴昌高　吴世平　戴英莲　穆诗玲　卜长发　吴祖椿
康子平　江贵凉　官悠兰　钟至镁　吴光华　肖志刚
叶兴家　罗栖发　甘开福　许兴禄　吴隆洋　李家森
邱庆浩　康来贵　钟文魁　肖家栋　朱礼英　黄素桂
谢纪堂　方孝先　刘荣文　曾凡礼　陈绍恒　叶民训
蓝师翰　朱章源　胡开明　钟哲津　黎日堂　李肇炎
陈延荣　陈群珍　陈世绚　曾庆焯　张品作　林远德
邓阳泰　张继蔚　胡名林　郭垂花　朱传家　周志斌
朱耀坪　黄广伟　张祖模　肖志茂　杨顺有　刘福忠
刘志勇　黄昌传　朱书连　谢纲松　罗菊英　余作信
赖允璋

幼儿教育高级教师　蒋兰英　钟哲英　范运绨

主治医师　刘良心　廖与尧　钟茂阳　钟文英　刘泽轩　肖芝兰　刘美秀
骆林东　伍学精　张琦生　李祥州　赖同柱　吴德勋　伍国滔
朱海深　张祖源　卢和锦　吴继春　郭均梅　肖重庆　刘才斌
张　洁　田允福　陈　新　李文桂　吴贤福　张声泉　刘明玉
高齐仁　钟　丹　刘才招　钟祖生　黄上贡　刘尚辉　邹兴明
罗杨瑞　陈绍联　游远先　吴礼明　卢和林　刘吉鸿　熊俊彦
吴宝珠　曾护林　钟宏玺　陈孝兰　蔡泽铭

主管医师　刘兴昌　洪二宝　连启初　朱宇椿

主管药师　肖继湖　黄居林　汤其湖　余明祟　曾期锦　束峰莹　邹清岂
刘茂荘　钟清秀　黄学通

主管技师　赖日升　李名仁

主管护师　傅荣珠　郭承兰　李定洪　吴爱珍　卢圣贞　龚玺环　胡淑珠
王宏栋　郑秀玉　刘玉萍　林井风

讲师　黄昭远　肖长久　刘俊芬

馆员　李露荪　钟启平　乐相栏

助理研究员　陈声洋　郭礼祥

三级律师　韩　校　钟其团

三级公证员　　黄念洋
农经师　　黄伟熊
编辑　　萧贤能
电影放映技师　　李祥善

情报服务

【搜集整理情报资料】

为开拓情报来源，积累资料，1986 年县科委订了国家级（含部级）、各省（市）出版的科技报、信息报近 40 种；国家级、部（省）级各专业单位出版的各种类型的专业杂志 172 种。1989 年对订购的上述书刊分别保留了 34 种，156 种。县科技情报站根据上述资料整理、筛选，摘录资料卡片 1260 张，与兄弟县情报站交换资料 90 份，写出专题调研报告 4 份。为县领导制定决策和科技人员开展研究活动，提供了有益的信息。

【编书出刊传播科技信息】

为将科技情报传送出去，使之服务于经济建设，1986～1989 年县科委情报站先后出版了《科技参考》46 期，《科技专辑》2 期，发送各有关单位。1988 年为适应大面积推广木屑袋装香菇的需要，县科委还编辑出版了《香菇栽培技术》一书，32 开铅印版，发行 2000 份。这些书刊传播的科技信息和技术介绍产生了可喜的经济效益。1986 年《科技参考》所载"大理石蚀刻技术"和"静态爆破技术"为县大理石厂采用，提高了该厂生产能力和产品质量。县农林技校根据《科技参考》提供的信息，从外地引进了生产松蕉油技术，当年建厂，当年投产，年产值达 50 余万元，创利税 12 万元。

科技市场

【开展科技咨询和技术培训活动】

1986 年县科委建立了"科技咨询服务中心"，至 1989 年接待来自农村的各类专业户人员，开展咨询服务共计 693 人次。1986～1989 年县科委举办柑桔、食用菌、小水电运行、水产、化学除草、造林育苗、农机修理等培训班 182 期，培训科技人员 4491 人次。同时，聘请赣州地区农牧局科技人员来县讲课 10 次，培训人员 300 人次。派出专人上门传授香菇栽培技术 15 人次。1988 年 7 月经取得江西工业大学化学工程系同意，通过考试，在全县各乡镇中录取 22 名知识青年送入江西工大化学工程系代培班学习轻化专业。1989 年 8 月被送去的代培学员结业回县，他们在各自岗位上发挥了作用。

【为中小企业牵线挂钩引进新技术】

1988年2月县科技情报站为县天台山垦殖场创办饮料厂，派员陪同场方代表前往南昌与江西省食品研究所牵线挂钩，经三方协商，省食品研究所同意将生产饮料全套技术转让给天台山垦殖场，并签订了有县科委作鉴证单位的技术转让合同。仅几个月的时间，在转让单位的密切配合下，生产出了崇义县自己生产的第一批饮料并投入市场试销。

星火计划

【根据县情确立项目】

1986年1月根据县情，经反复讨论，确定:“开发毛竹资源的竹制品综合加工”、“养鸭基地的建立”、“瘦肉型种猪基地的建立”、“建立菜牛役牛两用基地”、“建立食用菌开发网络”、“青梅基地的建立”、“阳岭茶的改造与提纯复壮及苦茶的开发利用”、“大面积推广泡桐速生丰产技术及人工繁殖优质苗木”等8个项目为“星火计划”项目。1987年为了进一步选准“星火计划”项目，由县科委会同县计委、县乡镇企业局、县农业银行等部门，组织有关科技人员再一次进行考察、论证，从中筛选出“松树蔸的综合利用”,“大面积推广木屑袋装香菇”等两项为1987年县级“星火计划”项目,“竹胶板系列产品开发”为1988年地区级“星火计划”项目和江西省经委新产品开发项目。1986年安排的8个项目，后转入县级应用推广项目。

【“星火计划”的实施】

“松树蔸的综合利用”由县农林技校承担，课题负责人刘贤平，赣州地区科委为该项开发计划安排7万元贷款。1987年初承担单位从外地引进技术、设备，同年4月30日开始试产，至12月15日共生产出松蕉油312吨，松轻油127.8吨。1988年11月28日通过赣州地区科委组织有赣南师院、赣州地区林业局、赣州地区林业公司、赣州地区情报研究所、赣州地区轻化公司、龙南县科委等单位参加的评审验收小组验收，并转入正式生产。

“大面积推广木屑袋装香菇”由县食用菌办公室承担。1986年冬在石罗林场、龙峰林场试种成功，1987年开始扩散，1988年辐射到全县各地。

“竹胶板系列产品开发”由县木材公司承担，课题负责人黄宇村。为协助该单位解决资金问题，江西省科委安排贷款140万元，地区科委安排贷款8万元。通过半年试验，生产出了“竹胶合板”、“竹胶饰面板”等产品。1988年11月30日通过了由省包装协会、省经委、南昌飞机制造公司、地区科委、地区经委等参加的省级产品鉴定，一致认为:“产品工艺可行，质量好，可进行批量生产”。

【“星火计划”已成燎原之势，经济效益喜人】

"松树蔸的综合利用"1987年共生产松蕉油312吨、松轻油127.8吨，按当时出厂价格松蕉油630元／吨，松轻油620元／吨计算，产值达27.59万元。若以生产规模与能力计算，年产值达52.06万元，年创利税11.7万元。按总投资17万元计算，投入与产出比为1：3，按国家贷款8.5万元计算，投入与产出比为1：6.1。为充分发挥资源效益，1987年又从龙南科委引进"干馏松节油"技术，通过对松轻油的再次加工，增值22.77万元，使年产值达到74.83万元。该项技术辐射到全县各地已成燎原之势，1988年县化工厂、铅厂供销社、横水乡、关田乡、文英乡、麟潭乡等单位先后办起了蕉油厂，总生产能力松蕉油为2400吨、松轻油为776吨，年产值达198.86万元，年创利税36.96万元。

"大面积推广木屑袋装香菇"，1986年在石罗、龙峰等林场试种1万袋成功。1987年开始扩散到全县各林场及农村，发展到50万袋。1988年辐射到全县19个乡镇55个村，97户专业户，数量达178万袋。由于产后服务没有跟上，产品滞销，1989年下降到80～90万袋。四年合计产量319万袋，产值320万元，创利税49.8万元。

"竹胶板系列产品开发"取得了明显的社会效益，它填补了县毛竹系列产品开发的空白，缓解了日趋尖锐的原木供需矛盾。据推算若将全县每年提供商品竹的十分之一加工成竹胶板，可加工成板材1.2万立方米，等于为国家节省原木3.6万立方米，四年节省原木，相当于全县一年的砍伐量，从而减少了林业资源的浪费，具有明显的生态效益。同时，竹胶板系列产品开发也有较高的经济效益。从现有生产能力计算，一年生产2200立方米竹胶板系列产品（其中：竹编胶合板1000立方米，饰面竹编板200立方米，竹木复合板200立方米，竹碎胶合板600立方米，木胶板200立方米），按现行价格计算，年产值469万元，年利税76.64万元（利润50.84万元，税收25.8万元），上述产量需年耗毛竹20万根，每根毛竹的产值为23.45元，利税为3.83元，（利2.54元、税1.29元）。达到国内发达地区的先进指标。

科技成果与推广应用

【科技计划走上为经济建设服务的轨道】

1986～1989年县科委根据县情和围绕为经济建设服务这一中心，安排了县级科技项目44个。这些项目属研究性质的12个，属开发性质的10个，属推广应用性质的22个。其中农业开发、推广应用项目有：魔芋高产及其开发利用试验、芦笋的试种与加工、阳岭茶叶的提纯复壮、苦茶的开发利用、柑桔密植速生丰产示范、多效唑试验推广应用、杂交水稻推广与螟虫防治探索、中稻地区种早杂交与晚玉米连作试验、野生苦茶的驯化及品种园的建立、广增素大面积的推广应用、垄稻沟鱼、养鱼稻田与未养鱼稻田的药剂防病治虫对比试验等12个；工业新产品开发和研究项目有：体育门球的试制、单层微裂纹镀铬工艺的研究、镀铁电解液抗氧化研究、高速刷镀铁液研究的中间试验等4个；林业研究、开发、推广应用项目有：浩浩巴引种试验、泡桐速生丰产试验、草甘膦化学除草试验、三尖杉生物碱提取、不同采伐工具对萌芽更新能力的影响探索、笋竹丰产林试验、山苍籽种植，松针褐斑病防治方法研究等8个；畜牧水产科技开发、推广应用项目有：草鱼四病的防治试验、串叶松香草引种试验、红罗非鱼的引进试验、商品菜羊基地建设、小池稻田养鱼试验、商品菜牛基地建设、黄尾密鲴养殖技术推广、灰鹅的引进与推广、草鱼鱼病综合防治及池塘丰产试验、麻羊养殖技术示范、洋芋饲源综合开发利用、人工合成高蛋白生化草饲料新技术、珍珠鸡饲养技术推广等13个；其他科技项目有：香菇袋装栽培的温湿度指标的探索、棘胸蛙的生物学特性及养殖技术研究、磁肝解毒汤治疗HAA转阴探索、野生猕猴桃天然用料的开发、酸枣糕试制、天然香料柠檬醛的制取工艺、赣崇山区节柴灶的研制等7个。上述44个项目在开发利用崇义资源，振兴崇义经济已经发挥或正在发挥作用，取得了明显的社会效益和经济效益。

【软科学带来硬效益】

经济建设必须依靠科学技术，科学技术工作必须面向经济建设，这是科技工作的基本方针。四年来，县科委在组织实施科技计划，依靠科学技术的实施，给全县带来了可喜的社会效益和经济效益。其中农业方面的大面积推广杂交水稻新品种、中稻早种杂交秋种玉米两项，1989年全县推广新杂优品种8个，推广面积135196亩，比种常规品种增加产值1217.397万元，新增利税66.957万元。引进多效唑，全县推广面积6万亩，增产稻谷300万斤，增加产值200万元。野生苦茶的驯化及其品种园的建立，1989年新建茶园573亩，新增产值75万元，创利税33.75万元。工业方面的镀铁电解液抗氧化（刷镀部分）及高速刷镀铁液研究的中间试验，已配制出C～9刷镀液，确定了适应工业性生产的工艺规范而进行的中间试验，其抗氧化性能比国外的提高2倍，比国内的提高1倍，价格低廉（本溶液5元／升，美国的15元／升），降低成本60%，镀层结合好，耐磨性好，本镀层硬度达到HRC57（美国的为HRC49，法国的为HRC27，云南省交通研究所的为HRC56，45#铜淬火为HRC55），硬度指标达领先地位。林业方面的草甘膦化学除草试验，通过10个乡、6个林场推广，除草面积3040亩，效果良好。畜牧水产方面的小池稻田养鱼试验于1987年10月在思顺乡竹坝村进行实地验收，亩产鲜鱼31.6公斤，产谷764公斤，达到鱼粮双丰收。黄尾密鲴养殖技术，1988～1989年育冬片12万尾，推广面积600多亩，增加鱼产量7500公斤，直接经济效益5000元，社会效益38000元。其他科技方面的赣崇山区节柴灶的研制，在8个乡镇的700多户农户试用，省柴率在40～60%，若全县推广，一年可产生经济效益100万元以上。

【科技成果获奖情况】

1986～1989年全县科研课题与新产品获得国家部级奖励的1项，省级奖励的4项（6次）、地区级奖励的9项、县级奖励的52项。现将获地区级以上奖励项目列表于后。

崇义县1986～1989年获赣州地区以上奖励科研课题(含新产品)一览表

表2

项目	时间	何种奖励	奖级	受奖单位
草鱼出血病灭活疫应用研究与推广	1986	赣州地区农牧渔业局技术进步奖	地区级	县农牧渔业局水产站
草甘膦除草试验	1986、1987	江西省化学除草推广奖	省级	县林业技术推广站
土壤普查	1987	优秀成果奖	省级	县土壤普查办公室
池塘养鱼丰产示范	1988	地区农牧渔业局技术示范一等奖	地区级	县农牧渔业局水产站
木材切片机——全套香菇加工机械	1988	新产品奖	省级	县农机厂
崇义县综合农业区划	1988	二等奖	省级	区划办
大面积推广袋装香菇	1988	“星火杯”竞赛三等奖	地区级	县科委
大面积推广袋装香菇	1989	“星火杯”竞赛三等奖	地区级	县科委
竹饰面板产品和薄木贴面竹胶板	1989	轻工业部新产品开发奖	部级	县木材公司
竹胶板系列产品之一竹饰面板	1989	优秀新产品奖	省级	县木材公司
池塘水库双丰产技术示范	1989	技术示范二等奖	地区级	县农牧渔业局水产站
杂交水稻推广及高产栽培	1989	技术推广奖	地区级	县农业技术推广站
垄稻沟鱼推广	1989	技术推广三等奖	地区级	县农业技术推广站
多效唑的推广应用	1989	技术推广应用二等奖	地区级	县农业技术推广站
钢铁件直接酸性镀铜工艺	1989	技术成果一等奖	地区级	县农机厂

（杨顺梅　郭大光）

教　育

【幼儿教育】

1986年全县有幼儿园（所）41所计50个班1377人，教职工58人；1987年有幼儿园（所）40所64班，(其中小学附设学前班3班)，在园幼儿1732人，教职工78人；1988年有幼儿园（所）48所65个班（其中小学附设学前班1班），在园幼儿1990人，教职工80人；1989年有幼儿园（所）55所76班，在园幼儿2090人，教职工86人。

幼儿园学制3年，分大、中、小等3个班次，开设课程有语音、常识、计算(小班不设)、美工、音乐、体育、活动等。期满后升入小学学习。

为了适应幼儿教育发展需要，县教育局、县妇联等单位通过多种形式培训幼儿教师。1986年秋，选送42名初中女性毕业生到县农林技术学校幼师班学习有关课程，学制2年，毕业后择优录用为乡村幼儿园（班）教师。同年暑假在县集中培训农村幼儿教师32人；1987～1989年利用暑假时间对农村幼儿教师集中培训，三年共计培训幼儿教师100人。

城关幼儿园1986年有8个班，在园幼儿416人，教职员12人；1989年有8个班，入园幼儿532人，教职员13人，其中有幼儿园高级教师3人。

【小学教育】

1986年全县有小学168所，教学点138个，在校学生29693人，其中女生1699人；1987年有小学289所，教学点2个。在校学生28337人，其中女生12334人；1988年有小学169所，教学点141个，在校学生62233人，其中女生11536人；1989年有小学157所，教学点134个，在校学生23969人，其中女生10713人。

1986～1989年学龄儿童入学率分别为97.3%、98.1%、98.5%、98.8%；在校学生巩固率分别为98%、98.4%、98%、98.3%；毕业学生毕业率分别为81.3%、89.1%、92.8%、95%；普及率分别为79%、82.7%、83.3%、86.3%。

为贯彻国家《义务教育法》和江西省人民政府《关于实施九年义务制教育工作条例》创造条件，县人民政府作出决定，宣布横水镇、铅厂乡、古亭镇从1989年

9月1日开始实施五年义务教育制。

1987年开始小学实行目标管理。年初，县教育部门制订了小学工作目标，年底逐项进行评比检查，城关小学、横水中心小学均达到优秀标准，教师人平加发奖金10元；1989年施行《赣州地区乡中心小学评估细则》评分表，年终检查，成绩优秀的有城关小学和铅厂、关田、横水等3所中心小学，分别给予表扬并各奖锦旗一面、石英钟一个。

1986～1989年全县各全日制小学均按部颁全日制五年制教学计划（修正草案）开设课程，并按县教育局制订的《学校管理意见》、赣南行署下发的《赣州地区中小学教师教学工作常规》的要求对教师进行考核、评价，教师教学有了改进，教学质量有了提高。1987年小学升学统一考试录取成绩比1986年总分提高20分。同年，崇（义）、（大）余、（上）犹等3县小学语文数学联赛、县城关小学获三等奖，该校学生获单科第一、二名各1人；获双科二等奖1人、三等奖2人。

1986年8月贯彻国家教委《全日制小学思想品德课教学大纲》，改善了小学思想品德课的教学；1987年各校开展"坚持四项基本原则"、"反对资产阶级自由化"的教育活动，对学校师生进行法制、艰苦奋斗、热爱劳动、遵守纪律等教育；1988年贯彻国家教委颁发的《小学德育纲要》（试行草案）、《小学生日常行为规范》（试行草案）、《小学班主任工作暂行规定》（试行草案）等法规，学校校风、学生精神状态均有较大变化，据1989年不完全统计，学生学雷锋学赖宁做好事，热心为军烈属、孤寡老人服务达10986人次，打扫公共卫生13668人次；办学习赖宁专栏810块。1989年4月县教育局召开中小学德育工作会议，学习了中共中央《关于改革和加强中小学德育工作的通知》，专门研究了中、小学的政治思想工作，使曾经一度放松了的学校政治思想工作又有了加强。

【中学教育】

1986年全县有完中3所，初中16所，在校学生6991人，其中女生2038人；1987年9月复办乐洞中学1所，全县初中增至17所，并将横水中学改名为"崇义第二中学"；1988年下半年县决定兴办横水初级中学1所；1989年下学期县第二中学高中部暂停招生；新办横水初中开始招生（计招362人），年底全县有完中3所，初中18所，在校学生8707人，其中女生2713人，高中学生975人。

1987年初县教育局提出了中学工作目标管理的内容和要求，各校实行目标管理责任制。年终采用"听、看、查、找"的方法，逐项逐条进行检查评分，崇义中学、农林技术学校，关田中学等3校达到优秀标准给予通报表扬，教师人平加发奖金10元；1989年施行《赣州地区农村初中评估细则》评分表，年终检查，崇义中学、农林技术学校、关田中学、茶滩中学、古亭中学等5所学校成绩优秀，分别给予表扬并各奖给锦旗一面，石英钟一个。

1986～1989年全县各中学仍实行三三学制，并按《全日制六年制中学教学计划》（试行草案）设置课程，进行教学。1986年8月县教育局制订了《学校管理意见》（试行草案）对教学工作提出了要求，制订了考核办法。1987年又下发了《关于实施<赣州地区中小学教学工作常规>的通知》，使教学工作进一步纳入正常轨道。1988年和1989年各校在教学中重点开展了《满负荷课堂教学法》、《初中作文三级训练》（初一：观察训练，初二：分析训练，初三：表达训练）、《初中语文目标教学》等多种教改试验，组织学生参加省、地举办的学科竞赛活动，开设第二课堂，组织学生进行小发明活动。由于教学工作有了切实改进，教学质量有所提高。1989年初中学生毕业统考成绩人平总分达318.1分，比1988年的285分提高了33分；参加赣州地区初中英语科竞赛有9人获奖；参加全国和赣州地区高中化学科竞赛有2人获奖；参加江西省高中地理科竞赛有4人获奖；参加地区计算机比赛有3人获一等奖。小发明活动中被县评出优秀小论文6篇；优秀小发明作品8件，其中崇义中学学生李义的"双窗插销"获地区小发明一等奖，谭俊铭的《浅析一题多解》获地区小论文二等奖。被录取到大专院校、大小中专学习的人数逐年增多。四年共录取小中专24名、赣州师范172名、赣州卫校67名；录取大中专127名、大学专科84名、大学本科76名。1989年大专院校在县录取学生比1985年增加了20%；四年来高初中毕业回乡知识青年计6433人。

1986～1989年为了加强学校政治思想工作，崇义中学、崇义第二中学、县农林技术学校、横水中学、关田中学等校均配有专职政治课教师；学校共青团组织积极上好团课，鼓励青年参加团的组织；各校在课外活动中通过组织学生参加除"六害"和"扫黄"活动，召开学雷锋学赖宁等主题班会，举行文学讲座及专题讨论等多种形式，教育学生树立正确的政治方向，巩固安定团结的政治局面。学生的政治素质有了较大的提高。1986年受县团委、县教育局表彰的"三好学生"16名，优秀学生干部6名；1988年受赣州地区表彰的"三好学生"17名，优秀学生干部6名；1989年有学校团委3个，学校团总支17个，学校团支部21个，有共青团员2468人。

【职业教育】

1986年全县有县办农林技术学校1所，扬眉、过埠、关田等3所中学附设职业高中班3个，（1987～1988年附设职业高中班先后停办）聂都职业初中1所；1988年创办县木材公司职业学校1所；1989年全县有农林技术学校1所，职业学校1所，四年制职业初中班1所，"3+1"职业初中1所。

职业学校在校学生（不含聂都、关田两所初中）1986年有431人，其中女生106人；1987年有435人，其中女生94人；1988年有455人，其中女生133人；1989年有546人，其中女生163人。

县农林技校开设农学、林学、畜牧、水产、财会、幼师、林化、家用电器等8个专业；县木材公司职业学校除开设文化基础课外，专业课以林业为主；聂都、关田两所职业初中除文化课外，职业课以实用技术知识为主。

与办好职业技术学校的同时对普通中学的职业技术教育也有了加强，1988 年暑假县教育局召开全县中学教导主任会议，专门研究在普通中学开展职业技术教育问题，并下发了《关于采取措施，进行劳动技术教育的意见》。同年 10 月举办了全县中、小学“用稻草栽培凤尾菇技术”骨干培训班，有中小学教师 38 人参加。

县农林技校为县专业设置较全的职业学校，有 9 个教学班，学生每年保持在 450 名左右，校舍面积 14800 平方米，有山林面积 300 亩、农田面积 70 亩（其中水田 10 亩）、茶叶林 55 亩、柑桔园 10 亩；有食用菌、木材加工、竹筒席、松蕉油、制茶、造纸等 6 个加工车间，固定资产百万余元。1986～1989 年校办工厂（场）总产值分别为 47 万元、57 万元、54 万元、62 万元；纯收入分别为 8 万元、10 万元、11 万元、12 万元。在赣州地区举办的专业知识和技能竞赛中获林学专业总分第三名、林学个人全能三等奖、畜牧个人全能三等奖、畜牧个人优胜奖第一名；1989 年经省教委批准崇义农林技术学校为全省示范性职业高中之一。1986～1989 年毕业生总数 490 人，其中升学和被县择优录用人数 264 人，占 53.9%，回乡参加“四化”建设人数 226 人，占 46.1%。

【成人教育】

农民业余教育　1986 年 5 月 5 日县人民政府颁发了《关于巩固扫盲成果、发展农民教育的意见》，要求各乡镇和各有关单位要进一步做好扫盲和农民教育的规划；积极办好乡农民文化教育中心，努力提高农民文化科学知识水平；继续努力扫除文盲；积极发展业余初小和初、中等业余教育。当年全县开办扫盲班 116 班，扫除少、青、壮年文盲 2902 人；创办农民业余小学 3 所（过埠乡 2 所、乐洞乡 1 所），有学员 63 人；过埠乡创办了全县第一所农民教育中心；为农民举办技术短训班 11 期，有 323 人参加学习；全县举办各种技术讲座 63 次，听讲人数 1557 人次。1987 年铅厂乡、丰州乡各办农民教育中心 1 所，当年全县共扫除少、青、壮年文盲 2595 人；新办农民小学 6 所，有学员 156 人；全县举办以“快速养猪”、“活拔鹅、鸭绒毛”、“食用菌栽培”、“柑桔栽培”等内容为主的农民技术短训班 71 期，参加培训人数 5137 人次；全县举办各种技术讲座 176 次，听讲人数 13827 人次。1988 年办扫盲班 122 班，扫除文盲 1901 人，全县 15～40 周岁年龄段的非文盲率达到 93%；横水镇创办全县第一所乡镇级农民文化技术学校，村级农民文化技术教育有较大发展，全县 152 个村，有 51 个村开展了文化技术教育活动，参加活动人数 1770 人；全县举办各种技术讲座 1390 次，听讲人数 16385 人次。1989 年古亭镇、麟潭乡各成立农民文化技术学校 1 所，全县办扫盲班 42 个，学员 843 人；村办技术学校 48 所，参加学习人数 2502 人；参加乡镇文化技术学习人数 14911 人；全县举办各种技术讲座 347 次，听讲人数 10319 人次。

职工业余教育 1986年县有职工业余学校1所，高、初中各2班，学员192人，专职教师2人，兼职教师4人。1987年县职工业余学校有学员127人，当年高中结业学员54人，初中结业学员41人。1988年县职工业余学校有高、初中学员331人；开办文秘、财会、建筑识图等3个职业班，有学员144人，结业140人。1989年县职工业余学校有高中6班，学员307人；初中4班，学员54人；家电维修职业班1班，学员17人，结业17人；有专职教师2人，兼职教师增加到12人。

教师进修 县教师进修学校是培训小学、幼儿园在职教师和教育行政干部的中等师范性质的学校。1986年校址由城关小学院内搬至东大街，1988年县人民政府拨款29万元，在县教育局院内新建校舍一幢，建筑面积2082平方米，1989年竣工交付使用。现有教职工21名，其中专任教师10人（含大学本科毕业6人、大专专科毕业2人、中师毕业2人），有教学仪器设备价值5.1万元，校藏图书10300册。1989年经赣南行署组织人员就学校办学条件等方面进行检查考核，验收合格，并由赣南行署呈报省人民政府备案。1987～1989年教师进修学校先后有两届中师两年制脱产进修班学员毕业，取得中师毕业证书，毕业学员50人，全部返回小学教育岗位。1986～1989年还举办了小学教师《教材教法合格证》考试培训、《文化专业知识合格证》考试培训、小学行政人员及骨干教师等各种短期培训班25期，共计培训人员731人。此外，还积极开展了函授教育，至1989年止，组织教师参加赣州师范函授学习的有248人，已毕业学员34人；组织教师参加江西教育学院高师函授学习的有142人，已经结业的有专科14人、本科16人。

卫星电视师范教育 中国卫星电视师范学院是由国家教委主办的，以提高教师素质为主要目的的新型办学形式。1988年江西省分院开始在崇义招生。1989年止全县有高师专科电视语文、数学、英语等3个专业，学员共计63人；中师学员263人。电视师范教育贯彻“学员以在职、业余、自学为主”的学习形式和自学、上面授辅导课、放录相磁带三结合的教学原则，执行中国卫星电视师范学院统一教学计划和统编教材，学制3年。由江西省分院统一组织学期、学年考试，学员经考试各科及格，由江西省分院发给毕业证书。全县高师按专业分设3个教学班，聘请兼职辅导教师7名，中师按乡镇学校设11个教学班，聘请兼职辅导教师22名，配有放像员18名。1986年建成卫星电视教育地面接受站1个，乡镇建立放像点17个。1989年拥有放像教学磁带840盒，录放像机23台。县成立了卫星电视师范教育领导小组并成立了辅导站。辅导站设在教师进修学校。

成人自学考试 1986～1989年县举行成人高中文化毕业考试4次。1986年报名人数14人，考试及格领取高中毕业证的4人；1987年报名人数10人；1988年报名人数7人，毕业3人；1989年报名人数10人，毕业4人。

为鼓励干部、群众自学成才，1986～1989年县招生考试委员会每年5月举行一次成人高、中等专业学校招生考试，1986年参加高考、中考人数共计208人；

1987年参加高考、中考人数169人，有75人被录取到高等院校和中等专业学校脱产学习，有19人被录取为高等院校函授学员；1988年参加高考、中考人数171人，有63人被录取到高等院校和中等专业学校脱产学习，有40人被录取为高校和中专函授学员；1989年参加考试人数480人，有120人被录取到高校和中等专业学校脱产学习，有69人被录取为高校和中等专业学校函授学员。1989年暑假有74人毕业分别领取了大专、中专毕业证书。

崇义县被江西省高、中等教育自学考试录取的学员，1987年通过学习取得大、中专毕业证书的3人；1988年有大专毕业生3人、中专毕业生2人；1989年有大专毕业生10人、中专毕业生1人。

【教育科研】

1986年9月县教育局颁发了《崇义县教学研究制度》，建立和健全三级教学研究网络。县教育局设教学研究室，乡镇设中心教研组，学校设学科（或联科）教研组。县教研室的任务主要是抓好全县各中、小学教研组的教研活动，开展调查研究，进行教学方法的改革实践，用“点”上的经验指导“面”上的工作；乡镇中心教研组主要任务是组织教育、教学思想的讨论、研究学科的教材和教法、举行业务讲座，组织教改实验课的观摩教学和经验交流，组织集体备课，并指导本乡镇各小学的教研活动；学校学科教研组主要任务是组织教师学习教学大纲，研究教材和教法，进行教改试验，组织观摩教学，总结交流教学经验。

1987年初召开全县中小学教导主任会议，交流教研活动的经验，会上收到书面经验总结42篇。同年3月组织全县中小学部分教师到崇义中学、横水中学、城关小学听观摩课。11月组织“教学能手”和“班务工作能手”竞赛活动，评出“教学能手”5名，“班务工作能手”3名。

1988年开展了“探索满负荷课堂教学法”、“如何做好差生的转变工作”、“如何提高复式班教学质量”、“如何抓好抓实起始年级、起始学科的教学”等专题研究，同时对教师进行“教学工作常规”考试，考试结果86分以上的占教师总数的77.3%，71～85分的占14.4%，60～70分的占5.6%，不及格的占2.7%。

积极推行电化教学。教育局电教室于1986～1989年通过其卫星电视教育地面接收站，先后录制教学片1766盒计4683小时，教学录音带234盒，分发各校放映磁带602盒计1305小时。

加强实验课的教学。1986～1989年装备各级各类学校教育仪器价值158548.96元。至1989年止按国家规定小学一类标准装配完12所完全小学，初中按二类标准装配完10所学校，高中（含农林技校）按一类标准装配完3所学校。

开辟第二课堂，探讨通过多种形式提高教育质量的途径。1986～1989年在全县各中小学开展了学科竞赛、美术书法摄影竞赛、讲演比赛、学科知识抢答赛，举行法制讲座、卫生知识讲座、诗歌朗诵会，组织社会调查、微机小组、饲养小组，花木栽培小组、文体活动等。通过教学和多种形式的活动，教育质量有所提高。1988 年在学科竞赛中获全国高中物理江西赛区三等奖 2 名；赣州地区化学竞赛三等奖 1 名，数学竞赛二等奖 1 名、三等奖 4 名；赣州地区小学数学通讯赛一等奖 1 名、二等奖 2 名、三等奖 2 名；三县（崇义、大余、上犹）五年级语数联赛一等奖 1 名；1989 年参加赣州地区学科竞赛获英语竞赛一等奖 1 名、二等奖 2 名、三等奖 6 名；获化学竞赛一等奖 1 名、二等奖 1 名。

鼓励教师大胆探索，总结经验。1988 年教师撰写论文在全国性刊物发表的 3 篇、省级刊物发表的 10 篇、地级刊物发表的 7 篇。1989 年在县第八届教育年会上获奖论文有二等奖 6 篇、三等奖 8 篇。

【教育经费】

教育经费来源主要靠县财政拨款，其次是社会集资、乡（镇）财政拨款、教育附加经费等。教育经费支出分人员经费与公用经费两大部分。教育经费逐年增长。但因受个人增资因素的影响，公用经费并未增长，甚至有所下降，1988 年教育经费支出增长 22.1%，个人部分占总支出的 86.92%，公用部分只占总支出的 13.08%。比上年下降 9.46%。

崇义县 1986～1989 年教育经费收支概况表

表 1　　经　费　来　源

项目 / 年度	经费收入（万元）								
	合计	县财政拨款		乡镇财政用于教育经费	社会集资	教育附加	学杂费收入	勤工俭学收入	其他
		金额	占财政收入%						
1986	416.4	289	22.4	40	40.5	11.7	21.5	4.5	9.2
1987	496.6	273	19.3	116.8	45	23.9	22	12	3.9
1988	701.3	370	24	120.4	132	24.2	21.3	20.1	13.3
1989	574.5	393	23.0	30	44	35.5	29.5	24	18.5

经费支出

表 2

项目/年度	支出项目（万元）										学生人平用经费(元)		
	合计	工资	补助工资	职工福利	离退休费用	助学金	公务费	设备费	修缮费	业务费	小学	初中	高中
1986	272.7	82.9	82.4	26.7	15.3	5.6	22.1	11	25.3	1.4	20.61	98.12	148.12
1987	302.3	89.6	94.1	29.2	15.3	6.5	17.8	11.2	34.3	4.3	24.37	100.23	850
1988	369.2	115	123.4	22.5	19.1	7.2	17.4	6.8	49.8	8	31.15	110.61	926.33
1989	385.7	119.1	132.9	17.1	20.1	8	23.5	7	53.5	4.5	36	152	

【勤工俭学】

小学的勤工俭学活动以种、养为主，有校办工厂的小学有关田中心小学的珠子厂、上堡中心小学竹席厂。1988 年全县小学勤工俭学纯收入人民币 17.4 万元，学生人平纯收入 8.6 元。1989 年全县小学勤工俭学纯收入 3.4 万元，生平纯收入 4.38 元。上堡中心小学全年纯收入 8400 元，生平纯收入 31 元，为全县各小学生平收入最高的学校。

中等学校的勤工俭学活动除了种、养外，较多的学校办了工厂或饮食服务店。1987 年全县中等学校勤工俭学纯收入 12.5 万元，受到江西省教委和财政厅的表彰。1988 年农林技校全年总产值 54 万元、纯收入 11 万元；该校利用松树蔸提炼松蕉油已列入江西省星火计划。崇义中学开展糕点加工和饲养、冷饮服务等项目，全年纯收入达 2 万元，校办企业固定资产达 4.5 万元。1989 年全县中等学校勤工俭学纯收入 20.6 万元，生平纯收入 23.7 元；其中农林技校全年纯收入 12 万元，生平纯收入 267 元；关田中学全年纯收入 7417 元，生平纯收入 18.8 元。该两所学校成为全县各中等学校勤工俭学经济收入最好的学校。

【教师队伍】

1986～1989 年全县教师队伍数量逐年增多，质量逐年提高（小学达标率占 75.9%、初中达标率占 41.3%，高中达标率占 24%）。但在县教育部门主办的小学教师队伍中，未受专业训练的民办、代课教师，1989 年仍占 49.2%，这对小学教学质量的提高，产生了一定的影响。(教师队伍概况见附表)

党和政府对教师的关怀，人民群众对教师的尊重，使教师的社会地位不断提高。1986～1989 年县委、县人民政府对开展教师节活动均发了通知，要求各单位要根据自己的情况，切切实实地为教师做几件好事和实事。1986 年县人民政府拨款20万元，为崇义中学购买商品房20套；县教育工会组织17名教师到北京等地旅游、12名教师赴庐山休养、2名教师到江西省南昌青山湖疗养院疗养；每年教师节期间，县各级政府领导访问所在地学校，看望教师，或开庆祝会，或与教师座谈，或奖励优秀教师，或对教师发放纪念品，给教师莫大鼓舞。

在政治上关心教师，重视在教师中发展中共党员。1986年在教师中发展党员47名；1987年发展党员16名；1988年发展党员25名；1989年发展党员20名。

进一步在教师中落实党的知识分子政策。1986年为在“文化大革命”中被查抄财物的32人、冤假错案15人、扣发工资的3人、被挤占房屋的5人落实了政策，计退还被查抄的现金885.67元，补偿被挤占的私房款2300元，退还私房1栋360平方米、恢复商品粮13人，将台属民办教师肖万堂转为公办教师。1987年继续落实历史遗留问题，计恢复公职的4人、家属农转非的11人、退还“文革”中被占私房1户、退还被占私房2户折款计3000余元、退赔被查抄金银折款1022元。

表彰先进，激励教师的事业心和责任感。1986年表彰了先进工作者和优秀教师99名，受江西省教育厅表彰的优秀教师3人；1987年教师赖允莲被省评为优秀教师，被地、县评为“三八”红旗手；1989年有李冠理、张教民、胡辅勇等3人被国家教委评为全国先进教育工作者和优秀教师并各发荣誉证书1本和奖金500元，当年受县表彰的先进工作者和优秀教师104名。

对多年从事教育工作的民办教师，按政策规定，给予转正待遇，1987年有44名民办教师转为公办教师；1989年有8名民办教师转为公办教师。

为鼓励优秀教师和优秀教育工作者奠定物质基础，1989年县委、县人民政府决定成立“崇义县优秀教师奖励基金会”，计划筹集基金15万元，专户存入银行，用所得利息作为奖励优秀教师经费。1989年共筹集奖励基金7.33万元。

根据上级职称改革规定，1988年对全县900余名公办教师进行了职称评审，1988～1989年经报上级批准全县共评出中学高级教师17名，一级教师97名、二级教师161名、三级教师83名；评出小学高级教师（含幼儿园教师）94名、一级教师269名、二级教师105名、三级教师38名。

教师的生活待遇，逐年均有提高。1986～1989年公、民办教师均享受高中教师每人每月8元、初中教师7元、小学教师6元的山区教师津贴，并对教师增加10%工资；1987年调整了未达到参加工作年限最低档工资标准的部分教师工资；1988年按职称工资标准调升了部分低于职称工资标准的教师工资，计调升一级工资的177人、二级43人、三级5人、四级5人；同年1月起公办教师每人每月增发奖励工资12元、民办教师增发6元；同年3月起公、民办教职工每人每月增发生活补贴费6元。1989年公办教师人均月工资达137元，民办代课教师人均月工资达69元。

教职工福利也有提高。1986～1987年公办教师公费医疗系统包干，1988年起教工医疗费由县公费医疗办公室集中包干使用，小学高级教师、中学一级以上教师医疗费用实报实销。1986年有27户教师家属52人给予了农转非，1988年有34户教师家属67人给予了农转非，1989年有26户教师家属26人享受了农转非优待。同年，女教师产假作了新的规定，一般产假为90天，难产增加15天，多胞胎生育每多生育1个增加产假15天，女教工怀孕流产给产假15～42天。

多渠道培训提高教师素质。教师培训提高的主要途径是在职、业余、自学，在教育工作实践中提高教师的政治业务素质和教育、教学能力。1986年举行《心理学》自学考试，576人参加，487人考试合格。1987年暑假组织学历未达标的幼儿园、中小学教师参加国家教委举办的教材教法过关考试，全县有1216名教师参加，1044人考试及格。考试及格的由赣南行署教育局颁发教材教法《合格证》。取得该项合格证的教师，可以申报参加文化专业知识考试。国家教委于1987年11月、1988年及1989年暑假举办了幼儿园、中小学教师文化专业知识考试，三年统计全县参加考试的中学教师166科人次，及格46科人次；小学教师894科人次，及格114科人次；幼儿教师56科人次，及格10科人次。按上级规定，1989年底可以颁发《专业合格证》的有216人。1986～1989年参加高等教育自学考试学员460人；小学教师在县教师进修学校脱产进修的71人；选送各大专师范院校脱产培训进修的约50人。

1989年8月还组织了全县学校负责人学习《学校管理学》并举行了统考，参加考试人数约200人。(附教师队伍概况表)

崇义县1986～1989年教师队伍概况表

表3

年度	学校类别	教职工总数	教师政治、文化、性别、职称等结构										
			男	女	专任教师			民办代课教师	中共党员	共青团员	少数民族	中学一级职称以上教师	小学高级教师
					人数	大专毕业以上	中师高中毕业以上						
1986	幼儿园	58		58	58		17						
	小学	832	675	157	792		582	365	69	224	1		
	普通中学	416	367	49	328	122		103	71	143			
	农(职)业中学	128	90	38	36			9					
1987	幼儿园	70		70	70		21						
	小学	854	697	157	806		586	355	85	285			
	普通中学	474	408	66	363	145		77	78	172			
	农(职)业中学	123	85	38	41			5					

续表

年度	学校类别	教职工总数	教师政治、文化、性别、职称等结构										
			男	女	专任教师			民办代课教师	中共党员	共青团员	少数民族	中学一级职称以上教师	小学高级教师
					人数	大专毕业以上	中师高中毕业以上						
1988	幼儿园	74		74	74		18						
	小学	1078	914	164	983		614	503	104	196	3		
	普通中学	501	442	59	395	187		72	89	180	2		
	农(职)业中学	71	55	16	51			1					
1989	幼儿园	86		86	86		29						3
	小学	1068	921	147	1006		764	495	102	222	4		91
	普通中学	519	444	75	403	198		82	100	226	7	114	
	农(职)业中学	70	57	13	42								

【学校基本建设】

1986～1989年县人民政府对学校加强基本建设，解决中、小学危房，改善办学条件采取了一系列措施，全县基本上实现了“一无二有”（校校无危房、班班有教室、学生人人有课桌凳）的要求。四年来通过国家投资、社会集资、乡村自筹资金等办法，到1989年下半年全县共新建校舍55483平方米，改建校舍32308平方米，维修校舍15166平方米。危房修复比例98.5%，现有危房占校舍总面积1.5%。与此同时还进行了校门、围墙、绿化、住房、课桌凳、操场、道路等配套建设。在学校危房改造过程中，铅厂乡、横水镇、古亭镇于1988年率先实现了“一无二有”的要求。(学校校舍情况见附表)。

四年来为学校装配教学仪器价值人民币158548.96元。1989年有崇义中学、崇义二中、农林技校、关田中学、过埠中学、茶滩中学、铅厂中学、思顺中学、古亭中学、麟潭中学等10所中学的物理、化学课和城关小学及横水、丰州、关田、过埠、铅厂、上堡、古亭、文英、茶滩、长龙、扬眉等12所中心小学的自然学科，学生均可进行分组实验。

崇义县1986～1989年学校校舍情况统计表

表4

<table>
<tr><th rowspan="3">年度</th><th rowspan="3">学校类别</th><th rowspan="3">学校占地面积(亩)</th><th colspan="4">校舍建筑面积</th><th colspan="3" rowspan="2">校舍使用情况</th></tr>
<tr><th rowspan="2">总面积(平方米)</th><th colspan="3">其中</th></tr>
<tr><th>当年新增面积</th><th>危险房屋面积</th><th>外单位长期占用面积</th><th>教学行政用房</th><th>生活福利用房</th><th>其它用房</th></tr>
<tr><td rowspan="3">1986</td><td>幼儿园</td><td>14</td><td>3662</td><td></td><td></td><td></td><td>3113</td><td>429</td><td>120</td></tr>
<tr><td>小学</td><td>365</td><td>81465</td><td>7836</td><td>5853</td><td>777</td><td>60531</td><td>16762</td><td>4172</td></tr>
<tr><td>中学</td><td>157.523</td><td>49340.3</td><td>3313</td><td>7959.8</td><td>270</td><td>18646.8</td><td>26140.5</td><td>4553</td></tr>
<tr><td rowspan="3">1987</td><td>幼儿园</td><td>14</td><td>3662</td><td></td><td></td><td></td><td>3113</td><td>429</td><td>120</td></tr>
<tr><td>小学</td><td>363</td><td>90209</td><td>3266</td><td>10841</td><td>30</td><td>65132</td><td>20491</td><td>4586</td></tr>
<tr><td>中学</td><td>164</td><td>50967</td><td>4076</td><td>8488</td><td></td><td>18915</td><td>25961</td><td>6091</td></tr>
<tr><td rowspan="3">1988</td><td>幼儿园</td><td>14</td><td>3578</td><td></td><td></td><td></td><td>2029</td><td>1409</td><td>140</td></tr>
<tr><td>小学</td><td>361</td><td>94131</td><td>5929</td><td>13152</td><td>80</td><td>68387</td><td>17685</td><td>8059</td></tr>
<tr><td>中学</td><td>203</td><td>53524</td><td>5810</td><td>10025</td><td></td><td>30535</td><td>16837</td><td>6152</td></tr>
<tr><td rowspan="3">1989</td><td>幼儿园</td><td>6</td><td>2854</td><td></td><td></td><td></td><td>2387</td><td>1409</td><td>58</td></tr>
<tr><td>小学</td><td>476</td><td>111824</td><td>6784</td><td>2600</td><td>160</td><td>77291</td><td>19366</td><td>15167</td></tr>
<tr><td>中学</td><td>303</td><td>55575</td><td>4579</td><td></td><td>363</td><td>24837</td><td>18223</td><td>12515</td></tr>
</table>

（杨顺梅　陈古亮　陈大发）

文　化

文化艺术

【文艺创作有新的成就】

1986～1989年崇义文学艺术创作新秀不断涌现，文学艺术作品日益繁荣。1986年在地区级以上刊物或单位发表、展出的文艺作品有文学28篇、美术16

件、书法 5 件、摄影 5 件、音乐 2 首；1987 年有文学 37 篇、美术 25 件、摄影 6 件、剪纸 8 件；1988 年有文学 23 篇、美术 13 件、书法 9 件、摄影 3 件、音乐 2 首、剪纸 2 件；1989 年有文学 42 篇、美术 27 件、摄影 13 件。四年来，经国家和省一级采用县人创作的文艺作品共计 115 件。(参见作品目录)

【文艺作品展览丰富多采】

1987～1989 年在县内举办的文艺作品展览和县内作者参加展出作品有：1987 年元旦县文化馆与县妇联举办的崇义首届民间剪纸艺术展览，参展作品 100 件；同年元月 13 日茶滩乡举办首届农民画展，参展作品 52 件；同年 8 月 10 日十三地市“今日长征路”摄影艺术作品在县城展出，乐山鹏的《晨牧》获三等奖；1988 年 10 月 1 日南安府四县（崇义、大余、上犹、南康）第十六届“南安风情”美展在县城举行，崇义有美术作品 15 件、摄影作品 20 件、书法作品 10 件参加展出：1989 年 10 月 1 日县文化馆举办国庆四十周年书画摄影作品展览，展出作品 81 件；同年 12 月 31 日湘、粤、赣三省、三县美术、书法、摄影作品展在县文化馆举行，崇义有美术作品 15 件、摄影作品 15 件、书法作品 10 件参加展出。

【专题著作富有成果】

随着改革的深化，创作源泉日趋丰富，县人创作热情较前高涨，四年来他们的辛勤耕耘，结出了可喜的成果。现将收到的著作目录按出版的年代顺序列表于后。

崇义县 1986～1989 年县人著作目录表

表 1

书名	卷数	作者	出版		附注
			时间	单位	
动物检疫	1	陈兴扶	1986 年	上海科学技术出版社	参加编审
现代科学管理基础	1	肖朗	1986 年	湖南科学技术出版社	
环境与放射性水质分析	1	张燮		原子能出版社	
西方哲学通史简编	1	林树德	1987 年	河南大学出版社	参加编审
崇义县志（再版）	2	崇义县志办	1987 年春	江苏广陵古籍刻印社	杨源钜校注
崇义概况	1	崇义县志办	1988.3		内部出版
选矿知识问答	1	杨顺梁　林任英	1988.3	冶金工业出版社	
崇义文史资料(第一辑)	1	崇义县政协文史资料研究委员会	1988.3		内部出版
崇义县志（新编）	1	崇义县志办	1989.1	海南人民出版社	

续表

书名	卷数	作者	出版		附注
			时间	单位	
初中语文阅读能力培养	1	黄诗结	1989.6	海南人民出版社	
初中语文写作能力培养	1	黄诗结	1989.6	海南人民出版社	
社交礼仪手册	1	黄诗结	1989.9	文化教育出版社	
组织史资料	1	县组织部、县党史办 县档案局	1989.12	中共党史资料出版社	

【单篇社会科学论著逐年增多】

随着社会科学事业的发展，县人在这方面的探索愈来愈广，著述越来越多，1986年在省以上刊物发表的论著仅11篇，1989年发展到22篇，增加了50%。现将目录列表于后：

崇义县1986～1989年县人单篇作品目录表

表2

类别	题目	作者	发表	
			时间	刊物
社会科学论著	我们是怎样进行林业改革的	沈世香	1986年	林业工作研究6期
	谈谈我县林业经营模式	沈世香	1986年	林业经济通讯23期
	漫谈我国少数民族之一的畲族	麦著连	1986年	中央人民广播电台
	无声传情	李冠理	1986年	中学语文报136期
	谈谈初中元素符号的教学	郭裕茂	1986年	江西教育10期
	注意消除消极的“群体心理”	王景明	1986.10.12	小学教师报
	谈谈农经队伍的建设	李大贤	1986年	江西农业经济5期
	实行全面改革振兴山区经济	兰舒	1986年	求实3期
	改变农村落后面貌的动力	兰善华	1986年	江西财经研究9期
	建立乡财政是农村经济发展的客观需要	熊晓鸣	1986年	江西农大学报12期

续表

类别	题目	作者	发表	
			时间	刊物
社会科学论著	谈谈方志行文中的数字书写	黄诗结	1986年	修志文丛2期
	简议方志质量	黄诗结	1986年	修志文丛3、4期
	基层统计体制与服务对象的矛盾	张家平	1987年	统计1期
	怎样让"孤雁"合群?	王景明	1987年	江西教育3期
	努力做好工作，争取领导重视	县农林技校	1987年	职教论坛2期
	浅谈林业的自我循环	沈世香	1987年	农村发展论丛2期
	浅谈教育体制改革与经济发展的战略关系	杨源镜	1987年	函授通讯
	流行性商品　流行性心理初探	张志明	1987年	江西商业经济　5期
	浅谈"风俗"部分的编写	黄诗结	1987年	江西方志　2期
	蔡会文牺牲的时间考	赖楚颜	1987年	江西党史通讯　4期
	浅谈如何提高机关文书档案归档质量	张重连	1987年	江西档案第3期
	谈风俗志编写中的几个问题	黄诗结	1987年	修志文丛　3期
	浅谈林业的自我循环	沈世香	1987年	中国林业　3期
	我县的林业是怎样经营的	沈世香	1987年	林业工作研究7期
	通过已知求取未知	李冠理	1987年	谈写月报　6期
	浅谈国营采育林场"利改税"不宜"拨改贷"，不宜"破产法"	奚星昊	1987年	林业经济通讯11期
	浅谈孩子的健康成长与良好的心理状况	钟艳兰	1987年	家庭教育研究2集
	如何教育喜欢围着老师转的学生	王景明	1987年	河北教育12期
	对"三分一统林业双层经营"的剖析	沈世香	1987年	农村发展论丛5期
	建立乡财政增强县乡经济活力	刘传明	1987年	江西财政研究12期
	实行三个转变做好政协工作	黄俊衍	1987年	江西政协　11期
	浅谈律师非诉讼活动中的作用	韩校	1987年	律师业务丛书　3集
	铁流千里到湘赣	赖楚彦	1987年	江西党史通讯　12期
	"角色心理转换"在班主任工作中的运用	王景明	1988年	江西教育　1期

续表

类别	题 目	作 者	发表	
			时 间	刊 物
社会科学论著	这篇稿子充满着编辑的匠心	刘兴武	1988年	新闻知识 1期
	为两个乡早日脱贫致富探索几条路	肖 健	1988年	省计划经济研究 3期
	信息与课堂教学	曾永坚	1988年	江西教育 4期
	深化林业改革是搞活山区经济的根本出路	黄先浪	1988年	农村发展论丛 3期
	崇义县兴办集体采育林场的调查	刘经明 曾继星	1988年	农村工作 7期
	编写出适应时代要求的地理志	黄诗结	1988年	修志文丛 3期
	建立健全乡镇统计信息网络，推动农村统计工作登上新台阶	县统计局	1988年	选入《农村统计在改革中前进》一书
	关于松香生产的调查与思考	肖 健	1988年	林业经济探索 2期
	历史教学中的爱国主义教育与社会主义精神文明	段水生 刘文汉	1988年	会员通讯
	县志总纂的几点作法	黄诗结	1988年	江西方志 3期
	试论农村经济特点及其发展途径	刘建华	1989.10.2	江西省人民广播电台
	竹制品加工应成为赣州地区工业的一大特色	肖 健	1989年	计划经济研究 13期
	竹林资源的兴衰与经营对策	沈世香	1989年	林业工作研究 12期
	发展山苍子前景广阔	肖 健	1989年	江西计划经济 3期
	如何对待学生“小群体”	王景明	1989年	江西教育 1期
	和中学生谈“共生效应”	王景明	1989年	中学时代 4期
	再议方志行文中的数字书写	黄诗结	1989年	江西方志 1期
	浅析方言词汇的分类问题	钟艳兰	1989年	修志文丛 6期
	对林业经济考核指标的探讨	黄家财 田长征	1989年	企业经济 4期
	妇女成才的黄金时期	刘建华	1989.4.6	妇女之声报
	要重视培养孩子的成就感	王景明	1989.3.2	妇女之声报
	母羊产羔与初生羔羊的护理	邱全华	1989年	牧业信息 5.13
	和家长谈教育中的“门坎效应”	王景明	1989年	父母必读 6期

续表

类别	题目	作者	发表	
			时间	刊物
社会科学论著	赣南林区木材滞销的原因和对策	黄宇村	1989年	企业经济 8期
	林业企业面临的资金困难及采取的对策	奚星昊	1989年	林业经济探索 2期
	保证志书质量的几点思考与探讨	黄诗结	1989年	江西方志 3期
	林业经济运行机制分析与对策构思	沈世香	1989年	林业经济 6期
	怎样教育"常有理"的学生	王景明	1989年	河北教育 9期
	竹编胶合板的运用及其加工	黄宇村	1989年	南京林学院学报 4期
	抓住小群体建设班集体	王景明	1989年	人民教育 12期
	怎样组织管理孩子学习	王景明	1989.9.5	江西省人民广播电台
	浅谈县志概述的编写	肖贤能	1989年	方志学刊 9期
	崇义县情概要	肖贤能 龙忠民	1989.9	选入《赣南概况》一书(人民出版社出版)
	改革管理体制振兴农村教育	黄发亮	1989.12	江西教育出版社《探索与创新》

【单篇自然科学论著获得丰收】

1986～1989年崇义县自然科学工作者在改革开放的新形势下，进行了多方面的卓有成效的研究、试验、探索、总结，写出了不少好的自然科学论著。四年来在省以上（含省级）刊物、学术研究会上发表、交流的论文有68篇，比80年代前6年增加了22%。现将收到的在省以上刊物发表或省以上大会交流的论文目录按年代顺序列表于后：

崇义县1986～1989年县人单篇作品目录表

表3

类别	题目	作者	发表		附注
			时间	刊物	
自然科学论著	超高功率电弧炉对电网的公害	邹笃镭	1986年	北京电工技术杂志	
	国外选矿厂自磨技术的发展	杨顺梁	1986年	有色矿山 7期	

续表

类别	题目	作者	发表 时间	发表 刊物	附注
自然科学论著	柴灶结构与热性能关系及其影响	肖声浩	1986年	中国科技报(11月14日)	
	铜录山自磨处理泥矿的生产实践	杨顺梁	1986年	有色矿山　11期	
	草鱼出血病灭活疫苗试验报告	李道洪	1986年	鱼病简讯　2期	
	全息生物认识论	崔　华	1986年	全国思维科学与智力开发研讨会	大会交流
	漫谈医疗事故	刘映芬	1986年	学习与工作　9期	
	妇女绝育手术改进	崔仁德	1986年	江西省妇产科年会学术交流资料	
	巨大舌下囊肿并巨舌症麻醉处理一例	谢开乐	1986年	江西医药　6期	
	论中药升降浮沉及其临床运用	李鸿林	1986年	中药理论1986年全国学术论文及摘要汇编	
	论“七情合和”（摘要）	李鸿林	1986年	中药理论1986年全国学术论文及摘要汇编	
	玉真散合止痉散治愈破伤风一例报告	李鸿林	1986年	中药理论1986年全国学术论文及摘要汇编	
	654-2阿记品穴位注射与654-2配50%葡萄糖液静脉注射抢救治愈鳖鱼过敏性休克一例报告	李鸿林	1986年	中药理论1986年全国学术论文及摘要汇编	
	试论中医的常用治法	李鸿林	1986年	全国首届中医治则学研讨会论文汇编	
	蛇伤“四衰”的临床处理一中药抢救蛇伤“四衰”的粗浅体会	李鸿林	1986年	中国蛇伤防治研究协会第二次学术年会	大会宣读
	江西某铀矿1973-1982年度癌症死因调查	张青生 李运夫	1986年	全国职业病多发病学术年会	大会交流
	中医治则与治法分类	陈昌文	1986年	全国中药理论学术会议	大会交流
	对中医诊断仪器化异议	李冬松	1986年	健康报　(6月21日)	
	病人心理分析	李冬松	1986年	医学与哲学　第7期	
	自拟祛风凉血汤液疗急性乳蛾体会	陈绍联	1986年	中医学会江西分会儿科学术年会	大会交流
	山莨菪碱治疗肺脓疡一例报告	卢乾修	1987年	中国中西医结合莨菪学会	宣读论文
	更年风雨君莫愁	刘映芬	1987年	家庭医生报　9期	

续表

类别	题目	作者	发表		附注
			时间	刊物	
自然科学论著	南方林区312例胸部损伤分析和治疗体会	刘兴余	1987年	省首届心胸外科学会	大会交流
	幼儿巨大动脉导管结扎一例体会	刘兴余	1987年	省首届心胸外科学会	大会交流
	陈旧性肩关节脱臼手法复位3例	邱文茂	1987年	省中西医结合学会	交流
	654-2治疗过敏性休克	李鸿林	1987年	中国中西医结合研究会微循环专业委员会	学术交流资料
	医学影像学的临床管见	李鸿林	1987年	中医多学科全国首届中医影像学学术研讨会	大会宣读
	"普济消毒饮"考	李鸿林	1987年	全国药史本草学术论文集	
	昆布辨	李鸿林	1987年	全国药史本草学术论文集	
	试探县级中医医院体制改革	李鸿林	1987年	江西省中医医院管理信息(第一期)	
	烫火伤验方一例	郭远胜	1987年	中医杂志第5期	
	按摩和手法治疗肩周炎	卢和林	1987年	全国康复医学会	大会交流
	毒蛇咬伤三十八例治疗体会	卢和林	1987年	中级医刊第6期	
	谈中医的风格	李冬松	1987年	医学与哲学第6期	
	谈中医院的科室设置	李冬松	1987年	江西省首届中医院管理学会	大会交流
	肺胚胎性癌肉瘤一例报告	卢和林	1987年	医师进修杂志 11期	
	中医院财产管理浅析	李 煜	1987年	江西中医管理第1期	
	试论县级中医院的管理	陈 新	1987年	江西中医管理第1期	
	办好一所医院关键在人才	郭远胜	1987年	江西中医管理第1期	
	中医院的管理特点和方向	邹兴明	1987年	江西中医管理第1期	
	包茎手术的改进	卢和林	1987年	中级医刊第8期	
	现代中医的思维特点	李冬松	1987年	全国中医多学科研讨会	大会交流
	郁金解郁考	李冬松	1987年	中国药学会第三次全国本草药史学术研讨会	大会交流
	84例痹症分型与影象关系	刘泽轩	1987年	全国首届中医影象学术研讨会	交流
	重症肝炎的早期症状与早期诊断临床观察	吴裕高	1987年	中国中西医结合研究会肝微循环学术讨论会	大会交流

续表

类别	题 目	作 者	发 表		附 注
			时 间	刊 物	
自然科学论著	双重结扎输卵管绝育344例报告	崔仁德	1987年	江西医学院学报	
	四十八例月经不调(痛经)疗效观察	钟文英	1988年	北京血瘀症研究国际会议	大会宣读
	外伤性输尿管囊肿突出嵌顿28小时(附报告一例)	钟 丹	1988年	医师进修杂志 10期	
	剖腹产可同时放置节育环	李小玲	1988年	生活百事通 9期	
	学习运用李时珍《本草纲目》有关"发明"的几点体会	李鸿林	1988年	中国医学会全国第四届药学史学术讨论会及全体委员工作会	大会宣读
	蛇伤抗栓晦治疗外伤性眼底出血一例报告	曾护林	1988年	江西省1988年中西医结合眼科年会	大会交流
	小儿尿道结石的临床处理体会	钟 丹	1988年	江西省泌尿科第二届学术会	大会交流
	新婚夫妇如何避孕好	李小玲	1988年	中国人口报 103期	科普文章
	中医的体验内省与直觉思维	李冬松	1988年	中医学与辨证法第2期	
	五液辨证	李冬松	1988年	中医函授通讯第6期	
	简述中医鼻疗法	李冬松	1988年	中医药信息报(12月3日)	
	中医内科急症治则简述	李鸿林	1988年	全国第二届中医治则学术研讨会	大会交流
	如何真正把中医和西医摆在同等重要的地位	李鸿林	1988年	江西中医院管理信息	
	中医内科急症主要治法简述	李鸿林	1989年	《实用中西医结合》4期	
	中医急症证治研究的梗概	李鸿林	1989年	《实用中西医结合》4期	
	中西医结合未来展望	李鸿林	1989年	全国中医药暨中西医结合研究学术会议	大会宣读
	县级中西医结合展望—中西医结合怎样进行	李鸿林	1989年	全国中医药暨中西医结合研究学术会议	大会宣读
	用草甘膦除草	彭菊陔	1989年	中国林业 第1期	
	中医的误诊效应	李冬松	1989年	中医药信息报(2月25日)	
	整体观不是中医的特点	李冬松	1989年	中医药信息报(5月13日)	
	中国古代医学家的群体人格结构	李冬松	1989年	医学与哲学 第7期	

续表

类别	题目	作者	发表		附注
			时间	刊物	
自然科学论著	稻褐眼蝶和稻眼蝶的发生与危害	刘仕旺	1989 年	江西昆虫志	
	挑治疗法治疗麦粒肿 50 例疗效观察	曾护林	1989 年	中级医刊　第 2 期	
	1%地卡因宫颈管局麻后	陈　健	1989 年	江西省妇产科学会会议汇编	
	仰卧位深呼气屏气透视检查宫内避孕环	王进生	1989 年	江西省放射学会第三次学术年会	大会交流
	冬春季多发病—小儿百日咳	李小玲	1989.1.25	江西日报	科普文章
	麻疹病儿在家庭中的护理	李小玲	1989.3.2	妇女之声报	科普文章
	危险信号	李小玲	1989.4.10	江西人口报	科普文章
	危险信号孕期阴道出血	李小玲	1989 年	人人健康　2 期	科普文章
	气门芯套扎脐央 500 例观察	李小玲	1989 年	江西省妇产科医学会学术会议汇编	
	82 例服毒者临床心理分析	李小玲	1989 年	江西省中青年医师学术交流会	书面交流
	古代中医的研究方法	李冬松	1989 年	全国中医方法学研究会	大会交流
	小儿腹泻的辨证分型	陈昌文	1989 年	全国现代医学及中西医结合研究学术会	大会交流
	骨髓继发高雪氏细胞四例报告	郭经佑	1989 年	江西医学检验　4 期	
	270 例增生性贫血骨髓象分析	张新生	1989 年	全国临检学术会	大会交流
	孕妇血清甲状腺素水平观察	张新生	1989 年	全国临检学术会	大会交流
	清栓晦治疗脑血栓形成 10 例	黄义冬	1989 年	全国第六届神经病学术讨论会	大会交流
	61 例急性脊髓炎治疗疗效的分析	黄义冬	1989 年	全国第六届神经病学术讨论会	大会交流
	论流行病学的理论与方法在心身疾病研究中的运用	杨春华	1989 年	医学与哲学　1 期	
	部分性葡萄胎阴道转移肺一例报告	李小玲	1989 年	全国现代医学与中西医结合研究学术会	大会交流
	X 射线激光全息显微术	邱道益	1989 年	第十二届国际X光学与显微分析会议论文集	
	开发利用崇义苦茶资源的探讨	金桂祥	1989 年	江西省茶叶学会国庆四十周年学术交流会	大会交流

续表

类别		题目	作者	发表 时间	发表 刊物	附注
文学作品	诗歌	落叶	华川缓	1987.11.21	湖北日报	
		假如	谢文军	1987年	家庭育儿 7期	
		苏区	沈桃娣	1988年	江西星火 1期	
		蚕	陈世忠	1988.5	江西人口报	
		心灵的歌	谢文军	1988年	江西邮电报 231期	
		枫树	谢文军	1989.1.1	江西农村金融报	
		如花的年龄	华川缓	1989.3.30	江西文化报	
		哲理诗四首	胡晓明	1989.7.30	江西文化报	
		我喜爱的一朵小花	谢文军	1989.11.21	江西农村金融报	
	小说	白博	刘建华	1986.5.6	江西法制报	
		白色的梦	王国平	1986年	北京丑小鸭文学月刊9期	
		阳光下的忏悔	沈桃娣	1986年	江西司法 10期	
		夜并不迷茫	华川缓	1986.12.30	江西法制报	
		养鸽专业户	华川缓	1987年	中国微型小说 2期	
		雨中	华川缓	1987.3.18	中国交通报	
		特色	华川缓	1987.8.8	上海新闻报	
		流星闪过的夜晚	华川缓	1987年	中国微型小说 6期	
		药	曹镐德	1987.3.25	江西省卫生宣传报	
		一横一竖的骗局	曹镐德	1987.7.25	江西省卫生报	
		姑娘今年二十五	华川缓	1988.1.9	湖北日报	
		回娘家	华川缓	1988.2.24	湖北日报	
		村头有棵观音树	华川缓	1988.4.6	江西青年报	
		误	曾学平	1989.3.2	妇女之声报	

续表

类别		题目	作者	发表		附注
				时间	刊物	
艺术作品	绘画	沸腾的山谷	张际才	1986.3.1	江西地质报	
		黄山宏姿	张际才	1986年	江西教育　5期	
		三友图	张际才	1986.12.10	江西卫生报	
		心　愿	曾　涌	1986年	江西省国防系统职工首届美展	
		生命之力量	曾　涌	1986年	国家核工业部美展	
		风雪人家	曾小军	1986.12.5	江西省国防工业第二届美展	
		山乡早春	张际才	1987.2.4	江西青年报	
		故乡寄情	张际才	1987.2.18	江西青年报	
		松　柏	张际才	1987.1.11	江西地质报	
		秋　乐	张际才	1987.8	江西省纪念建军60周年书画展览	
		山乡情	张际才	1987.8	江西省纪念建军60周年书画展览	
		秋之恋	张际才	1988.10.19	江西省人民政府选送美国	
		故乡三月	张国燕	1988年	江西教育 7-8期	
		花　鸟	孙　舟	1988.8	江西省第二届少年艺术节书画展览	
		我种的花	陈　琦	1988年	江西省第二届少年艺术节书画展览	
		经济信息	陈　晓	1988.12.18	江西日报	
		茶　馆	陈　晓	1988.12.17	国家团结报	刊头设计
		读者来信	陈　晓	1989.8.15	江西日报	刊头设计
		深山卫士	张国燕	1989.3.24	江西省“卫士之光”美展	
		青山颂	张际才	1989.10.1	江西省九届美展	
		秋　思	张际才	1989年	江西教育 11期	
	摄影	渔　姑	乐山鹏	1986.4.30	中国劳动人事报	
		送　饭	乐山鹏	1986.10.19	中国有色金属报	
		恋与失恋	乐山鹏	1986.1	江西省影协会员作品展	

续表

类别		题目	作者	发表		附注
				时间	刊物	
艺术作品	摄影	渔 湾	乐山鹏	1986年	江西省影协会员作品展	
		还没有做完吗	乐山鹏	1987年	江西省影协会员作品展	
		催	乐山鹏	1987年	江西省影协会员作品展	
		乡 音	乐山鹏	1987.2	江西省农村新貌影展	
		渔乡曲	乐山鹏	1988.4.2	江西日报	
		啊，真美	乐山鹏	1988.12.1	江西省影协会员作品展	
		思	乐山鹏	1988年	江西省影协会员作品展	
		牧羊曲	乐山鹏	1989年	中国林业 3期	
		潼 市	乐山鹏	1989年	江西省影协会员作品展	
		林 魂	乐山鹏	1989年	江西省影协会员作品展	
		老人们	乐山鹏	1989.6.10	江西日报	
		鼎力排障	童 颜	1989.10.22	现代工人报	
	剪纸	矿山建设忙	曾 涌	1986年	江西省国防系统职工首届美展	
		迎 春	朱礼琼	1986.2.26	江西青年报	
		戏 虎	朱礼琼	1986.10	江西农行系统职工美展	
		迎 春	朱礼琼	1987年	江西农村金融报1期	
		迎新春	朱礼琼	1987.2.1	江西农村金融报	
		致富路	朱礼琼	1987.6.21	江西农村金融报	
		趣	朱礼琼	1987年	江西省通讯天地2期	
		市场一角	朱礼琼	1987.12.11	江西农村金融报	
		庆祝元旦	朱礼琼	1988年	江西省农村金融通讯园地	
		年年有余	朱礼琼	1988.2	江西农村金融报	
		年年有余	朱礼琼	1988年	小星星(江西)2期	
		庆祝元旦	朱礼琼	1989.1.1	江西农村金融报	

续表

<table>
<tr><th colspan="2" rowspan="2">类别</th><th rowspan="2">题目</th><th rowspan="2">作者</th><th colspan="2">发表</th><th rowspan="2">附注</th></tr>
<tr><th>时间</th><th>刊物</th></tr>
<tr><td rowspan="12">艺术作品</td><td rowspan="12">刊头题字</td><td>道德与法纪(两幅)</td><td>陈晓</td><td>1988.8.25
9.22</td><td>江西日报</td><td></td></tr>
<tr><td>江西老年</td><td>陈晓</td><td>1988.11.13</td><td>江西日报</td><td></td></tr>
<tr><td>求知</td><td>陈晓</td><td>1988.11.9</td><td>辽宁青年知识报</td><td></td></tr>
<tr><td>道德与法纪</td><td>陈晓</td><td>1989.1.26</td><td>江西日报</td><td></td></tr>
<tr><td>江西老年</td><td>陈晓</td><td>1989.6.18</td><td>江西日报</td><td></td></tr>
<tr><td>学生园地</td><td>陈晓</td><td>1989.9.20</td><td>辽宁青年知识报</td><td></td></tr>
<tr><td>生活</td><td>陈晓</td><td>1989.3.25</td><td>江西日报</td><td></td></tr>
<tr><td>道德与法纪</td><td>黄声胆</td><td>1989.3.23</td><td>江西日报</td><td></td></tr>
<tr><td>小学语文学习</td><td>黄声胆</td><td>1989.3.20</td><td>小学生语文学习</td><td></td></tr>
<tr><td>生活</td><td>黄声胆</td><td>1989.6.14</td><td>辽宁青年知识报</td><td></td></tr>
<tr><td>道德与法纪</td><td>黄声胆</td><td>1989.8.3</td><td>江西日报</td><td></td></tr>
<tr><td>道德与法纪</td><td>黄家才</td><td>1989.4.13</td><td>江西日报</td><td></td></tr>
</table>

群众文化

【群众文化活动有新进展】

1986～1989 年县群众文化机构不断进行改革，业余艺术演出团体逐步涌现，群众文化活动有了新的进展。1986 年县文化馆，内设文艺辅导、美术摄影部和行政办公室，配有文学、戏剧、音乐、舞蹈、美术、摄影等专业干部，1989 年有干部职工 13 人，其中具有中级专业技术职称的 2 人、初级职称的 3 人。拥有舞厅、录像厅、展览厅、棋艺室、旱冰场、摄影门市部等工作室。

1986 年全县有 18 个乡镇文化站，其中有聂都、关田、扬眉、铅厂等 4 个乡文化站发展为文化中心：1989 年全县有聂都、扬眉、关田、铅厂、过埠、思顺等 6 个文化中心，横水、长龙、龙勾、杰坝、金坑、麟潭、上堡、文英、古亭、丰州、乐洞、茶滩等 12 个文化站，有正式干部 2 人、职工 1 人、招聘干部 15 人。

1988 年 4 月 28 日组建县“群星业余艺术演出团”，有成员 25 人，每逢星期六和节假日晚间排练节目或对外公演；1989 年 1 月 21 日“群星业余艺术演出团”骨干和社会各界业余文艺骨干等 12 人自筹资金 5800 元，县财政拨款 4300 元，创办县首家营业性舞厅，利用工余时间开展营业。1988～1989 年共活动 270 场，参加活动人数 3240 人次，经济收入 1296 元。

1989 年 4 月城关工商所投资 2000 元，城关个体户自动捐款 300 余元，改建活动场所，购置乐器设备，组建“个体劳动者协会城关分会业余文艺宣传队”，有演职员 26 人，有节目 30 多个，在县城正式演出 15 场，观众达 4000 余人次。

【群众文化获奖增多】

1986 年 6 月 20 日县文化馆创作排练的舞蹈“裙子乐”，参加赣州地区首届业余舞蹈调演，获创作奖、演出三等奖和个人表演奖。1988 年 10 月 2 日共青团崇义县委员会举办四县、五矿、六厂（场）“青年歌手大奖赛”，有大余、南康、上犹、崇义等 4 县，西华山钨矿、国营 719 矿、荡坪钨矿、漂圹钨矿、下垅钨矿及赣南卷烟厂、赣南轴承厂、陡水电厂、南河电厂、江西第一糖厂、犹江林场等 11 个矿厂（场）的 31 名业余青年歌手参加。崇义业余歌手刘书春获得一等奖。1989 年 10 月县农民文艺代表队参加赣州地区文化局主办的“全区首届农民戏剧节文艺会演”，县代表队演出的小型采茶戏《两字之差》获演出三等奖、辅导奖、组织奖、剧目创作奖、个人表演奖、舞美奖、乐手奖等 7 项奖励。

【多种形式的群众文化交流】

为了活跃文化生活，进行艺术交流，1986 年接待了湖南省韶山艺术团、湖南汝城杂技团、河南淮阳县冯矿杂技团等 3 个演出队来县城演出。1987 年接待了赣州采茶剧团、丰城福春武功魔术团、南昌市安义歌舞团、广都贡江杂技艺术团、大余采茶剧团、遂川县剧团杂技队、临川动物展览队、安徽马安杂技团、上犹采茶剧团、古尸科普展览等 10 个团体来县演（展）出。1988 年接待了大余、龙南、南康等 3 个采茶剧团和吉安地区武术气功队来县演出。1989 年来县献艺的有安徽埠阳地区岭北杂技马戏团和赣县、信丰、南康、上犹等 4 县采茶剧团以及江西龙城歌舞团、安徽舒城县锦缓杂技团、江西省话剧团、广东南雄县歌舞团、赣州市越剧团、赣南歌舞团。

【文化个体户异军突起】

1989 年全县有文化专业户 570 户。其中个体文化户黄世寰自费办起了“示范文化室”，设有报纸阅览室、书刊阅览室、电视室、棋艺室，订购报纸 64 种、杂志 33 份，藏书 1000 余册，平均每天接待读者 60 多人次，1986 年 7 月至 1989 年 12 月共接待读者 7 万余人次。1989 年又投资改善室内设施，添置沙发 10 套，每个活动室安装电扇，群众来室活动，更加舒适方便。

电影放映

【电影市场活跃】

随着群众生活水平的提高，电影市场空前活跃，电影放映收入1989年比1986年增长35.9%。

1986年3月15日在县电影院首次放映立体电影，影片《快乐的动物园》，连续放映4天计8场，场场满座。

崇义县1986～1989年电影放映、发行情况如下

表5

<table>
<tr><th rowspan="2">年 度</th><th colspan="4">放 映</th><th colspan="4">发 行</th><th rowspan="2">利 润
(元)</th></tr>
<tr><th>工作日
(天)</th><th>场 次</th><th>观 众
(万人次)</th><th>放映收入
(万元)</th><th>16毫米</th><th>8.75毫米</th><th>35毫米</th><th>发行收入
(万元)</th></tr>
<tr><td>1986</td><td>7164</td><td>8661</td><td>376.103</td><td>33.12460</td><td rowspan="2">300部</td><td rowspan="2">300部</td><td rowspan="2">240部</td><td rowspan="2">20.8408</td><td rowspan="2"></td></tr>
<tr><td>1987</td><td>5870</td><td>7532</td><td>409.95</td><td>33.8115</td></tr>
<tr><td>1988</td><td>6150</td><td>7907</td><td>430.3295</td><td>43.2796</td><td rowspan="2">320部</td><td rowspan="2">250部</td><td rowspan="2">240部</td><td rowspan="2">23.7627</td><td>5857</td></tr>
<tr><td>1989</td><td>6126</td><td>8000</td><td>440.154</td><td>48.7592</td><td>6600</td></tr>
</table>

【电影事业的改革和发展】

1986～1989年全县电影放映有了较大的改善和发展，放映队伍有国营、集体、个体等3个体系；影片种类有立体片、普通银幕、宽银幕等3种类型；观看条件全县有18个队有座位设备，有54个院队备有宽银幕：放映机光源由白炽灯、溴钨灯发展到高效灯。1988年5月县电影院安装了均衡器，改善了电影的音响效果。

1986年有国营电影放映队19队，集体电影放映队29队，个体电影放映队20队；1987年有电影放映队国营19队、集体21队、个体30队；1988年有国营15队、集体22队、个体39队；1989年有国营19队、集体15队、个体48队。

图书馆室

【县图书馆开展多样化活动】

1986年县图书馆内设采编室、期刊、儿童阅览室、报刊资料室、外借室、老干部活动室、图书服务部。1989年有干部职工10人，其中具有初级技术职称的2人。

1986年6月1日县新建图书馆的少儿、期刊阅览室、外借室和报刊资料室正式开放，共有读者座位198个，每周开放48小时。1986～1989年借读人数分别为30280、31500、56560、59213人次；四年办理借书证1480本、阅览证638本，平均每天接待读者240人次，图书流动率年平均41500册。

1986～1989年购进图书14464册，加上原有图书，1989年县图书馆共藏书52400册。

县图书馆从单一的借书、还书服务转向为社会服务。1987年3月创办《科普文摘》(1989年底共出刊18期，发行720份）为各行各业提供科技信息；1988年5月开办图书服务部，用"以文补文"方式开展图书租借活动，以方便读者查找资料，弥补读者的阅读需求，至1989年底共创"以文补文"收入2135元；1989年6月组织人员，手推图书宣传服务流动车到县城街头巷尾和贸易市场摆摊设点，为广大读者提供图书阅览服务。同时还送书上门，支持和协助机关单位建立基层图书室，扩大图书网点。县消防中队地处城郊落虎岭山麓，离县城较远，战士借阅图书不便，县图书馆主动送书上门，帮助县消防中队建立图书室，并同意该队图书室可一次在县图书馆借换图书50册，解决了消防战士借书难的问题。

【基层图书室藏书增多】

1989年有机关、学校、厂矿、乡镇及村办图书室共计105个（含县城42个、农村63个)。全县藏书近10万册，其中县直单位图书室藏书2500册；乡镇及村办图书室藏书13209册。

图书发行

【拓宽图书发行网络】

县新华书店为县图书发行的主要机构，属企业化管理的事业单位，1989年配有正副经理各1人，内设业务财会室、仓库、门市部，有干部职工13人，其中具有初级技术职称的3人，现有固定资产13.3万元。1986～1989年通过企业整顿，优化劳动组合，调动广大职工积极性，开展企业"双挂钩"，扩大发行和销售网点，使企业由亏转盈。

1986年有县店门市部3个，1987～1989年有县店门市部各为4个；乡镇供销社图书销售点1986年8个，1987年6个，1988～1989年各为10个；个体书店(摊）1986～1989年分别为8个、9个、17个、19个。

【图书发行扭亏转盈】

1986年县新华书店发行量82.4万册，销售额37.7万元，利润16022元，人均购书额 1.26 元；1987 年发行量为 89.6 万册，销售额 43.1 万元，利润 12267 元，人均购书额 1.33 元；1988 年发行量为 100.6 万册，销售额 60.9 万元，利润 40396 元，人均购书额 2.07 元；1989 年发行量为 113.7 万册，销售额 91 万元，利润 5 万元，人均购书额 2.89 元。图书发行量 1989 年比 1986 年增加 31.3 万册，增长 27.5%。

（杨顺梅　吕美英）

档案管理

【贯彻实施《中华人民共和国档案法》】

为了加强档案法制建设，贯彻实施国家《档案法》，1988 年 1 月在全县范围内开展了学习、宣传、贯彻《档案法》热潮，采取举办学习班、讲座，办宣传橱窗，翻印张贴国家《档案法》，印发《档案法》讲话、图片，利用广播宣传等形式，广泛、深入地向社会进行宣传。1989 年 2 月 25 日县人民政府向县直各单位和各乡镇下发了“关于认真执行《档案法》加强档案工作的意见”的 18 号文件，4 月 22 日召开了全县档案工作会议，认真学习贯彻《档案法》，6 月份重点抽查了县经委、交通局、卫生局等 14 个县直单位贯彻《档案法》及档案室工作情况。通过学习宣传贯彻《档案法》，建立与健全了档案管理法规，增强了社会档案意识，改善了公共关系，提高了档案工作的社会地位，逐步走上了依法治档的轨道。

【改革档案管理，实现四个转变】

档案产生于各项工作，服务于各项工作，它和上下左右各行各业的工作密不可分。为了强化档案利用，为四化建设服务，县档案馆改革了档案管理制度，实现了由封闭型向开放型、由为机关服务向面向社会服务，由被动服务向主动服务，由单一服务向多形式服务等 4 个转变，促进了档案事业的进一步发展，使档案工作在为社会主义现代化建设服务方面，产生了可喜的社会效益和经济效益。

【加强档案工作的业务指导，丰富档案馆藏】

1986～1989 年根据坚持统一领导，分级管理的社会主义档案工作原则，县档案局对全县档案馆（室）加强了业务指导和对工作人员的培训工作。1986 年 2 月举办档案工作人员讲习班，培训 91 人；1988 年举办培训班 2 期，共培训工作人员 133 人；1989 年 4 月采取“以会带训”的办法，培训 93 人。同时，为使各档案室业务工作做到规范化、标准化，县档案局还统一制发了组卷、立卷、检索标准化等规定，下发各档案室，有效地提高了档案管理质量，使档案馆藏不断丰富起来。1986 年馆藏档案总计 19969 卷（含当年接收进馆 7167 卷），93 个全宗；1987 年馆藏档案总计 21593 卷，95 个全宗，其中当年接收进馆 817 卷；1988 年馆藏档案总计

20953 卷，95 个全宗，其中当年接收进馆 81 卷；1989 年馆藏档案总计 21953 卷（含当年接收进馆 1086 卷），95 个全宗，其中文书档案 13899 卷，科技档案 83 卷，专业档案 838 卷，声像档案 4 合，照片档案 183 张，民国档案 7133 卷，资料 1599 册。四年共接收进馆档案 9151 卷，比 1985 年馆藏档案总数增加 71.5%。

【强化档案利用，为四化建设服务】

1986 年利用档案 797 人次，2563 卷；1987 年利用档案 476 人次，1008 卷；1988 年利用档案 411 人次，812 卷；1989 年利用档案 1325 人次，3268 卷，其中编史修志 874 卷，工作查考 442 卷，经济建设 1943 卷，其他 9 卷，资料 14 册，复制 2097 页。四年共计接待利用档案人员 3008 人，提供利用档案 7761 卷，复印档案凭据 9492 张，利用档案凭证，解决本县与外省、外县之间，国营与集体之间山林权属争端，为县争得了价值人民币 1084.7 万元的权益；同时还为城镇居民和农民 1600 多人次提供档案凭证解决土地、房屋、山林、其他等纠纷，加强了人民群众内部的安定团结，有利于稳定社会秩序。

【加强档案事业建设】

1986～1989 年县财政每年拨款人民币 5000 元，加强档案事业建设。1986 年和 1987 年另拨 14000 元用于民国档案的整理、复制，并添置了 3500 大卡空调机 1 台、档案箱 250 只，档案箱架 62 只，档案盒 1500 只、电风扇 2 台。1988 年又用事业费添置照相机 1 架及洗像、放大设备。

档案编研和开放进一步完善。1986～1989 年编制了《全引目录》、《案卷目录》、《卷内目录》、《开放档案目录》、《开放档案简介》、《开放档案卡片》、《开放资料目录》等检索工具 7 种 205 本。经县政府批准，1989 年 9 月 25 日开始，向社会开放档案资料 704 卷（册），其中民国档案 75 卷，1953 年土地、房屋所有证存根档案 325 卷，内部发行书刊资料 304 册。

（杨顺梅　何木兰　袁平招　胡朝福）

广播电视

【广播电视事业有新发展】

1986～1989 年崇义县广播事业贯彻了“建设以县站为中心，以乡镇广播站为基础，广播专线和调频等多种手段相结合的、联接农村和农户的广播网”的建设方针，有线广播得到了恢复、巩固和发展。全县有五分之三乡站的广播设备得到了更新或改造，广播质量有了提高。

崇义县 1986～1989 年广播事业发展情况如下

表 6

年份	通播情况			专线		扩大机		喇叭		
	乡	村	组	杆公里	线公里	架	瓦	总数	入农户	入户率%
1986	17	60		411		22	7900	5219	5032	19
1987	17	68		461.4		22	7900	7243	7056	26
1988	17	74	428	547	565	23	8450	9320	9120	32.2
1989	18	86	474	597.7	615.7	24	8625	11396	11200	39.3

1986 年 7 月 1 日位于海拔 1259.5 米阳岭山顶的调频和电视转播台正式开播，县广播站节目由 3 瓦调频发射机传送到阳岭机房，通过 50 瓦发射机传送到各乡镇，全县 18 个乡镇均可收到县广播站调频信号。1989 年扬眉、横水、龙勾、长龙、茶滩、金坑、思顺、麟潭、上堡、聂都、文英、丰州、古亭等 13 个乡镇配有专用调频接收机。县城以调频喇叭入户逐步代替动圈喇叭，全县共增挂调频喇叭 236 只。

四年来，县电视事业有了较大发展，1988 年开始兴建卫星电视地面收转站，1989 年全县除增加电视差转台 14 座外，卫星站发展到 12 座（不含教育部门的），县城及其附近的中营、上营、萝卜巷、横水、塔下、麻土、鱼梁等 7 个村可收看到中央电视台第一、二套和江西台等 3 套电视节目，聂都、龙勾、扬眉、古亭、铅厂、丰州、横水等 7 个乡镇可收看到两套电视节目，其余乡镇均能收看到江西电视台节目。

全县 40 座差转台共有差转机 45 台，12 座卫星站有县级 6 米站 1 座，乡镇级 3 米站 11 座。电视差转台和卫星站主要设备由县统一选型、选点、安装、调试。

崇义县 1986～1989 年电视发展情况如下

表 7

年份	电视差转台		卫星站	覆盖率	电视机
	座	瓦	座	%	台
1986	26	244		47.2	3468
1987	32	270		56	4229
1988	36	375	5	63	6653
1989	40	375	12	68	8612

【改革广播宣传】

1986年县广播站的广播宣传开办了以新闻为主体的6个自办节目。在自办节目中抓了新闻报道的改革，坚持了实、新、快、短、广的原则，并配合党和政府在各个时期的中心任务开办了专题广播节目。自办节目有《本县新闻》、《阳岭杜鹃》、《广播万花筒》、《生活之友》、《广告》、《农村致富信息》；1989年创办单位联办专题节目，其中有《税务讲坛》、《保险之声》、《工商园地》、《计划生育》等，另外还有《精神文明建设基本知识讲座》、《法律常识讲座》、《政协知识讲座》、《土地管理法讲座》等专题节目。自办节目时间每次约15分钟。

全县广播通讯队伍1986年有骨干通讯员61人，一般通讯员400人，全年收稿1960篇，用稿1660篇；1989年有骨干通讯员54人，一般通讯员402人，全年收稿3115篇，用稿2120篇。

【录像放映日趋活跃】

录像放映分营业性与非营业性两种。1986年全县有录像放映队21个，其中营业性的18个，片带发行收入2000元；1987年有11个，其中营业性的7个，片带发行收入1000元；1988年发展到42个，其中营业性的34个，片带发行收入4000元；1989年有50个，其中营业性的36个，片带发行收入14000元。

县电影公司于1988年1月成立录像发行站，1989年购进72英寸投影录像放映设备，9月30日首先在县城投入使用。

【培训编播队伍，提高服务质量】

1986～1989年县广播电视局对采编人员、播音员、机务员每年组织培训1次。1986年培训新闻采编人员16名、机务员18名；1987年培训采编员、播音员各15名、机务员18名；1988年培训采编员20名、机务员19名；1989年培训采编员23名、播音员15名、机务员34名。通过培训队伍，有效地提高了服务质量，深受全县人民好评。

（杨顺梅　杨清永　曾文彬）

新闻出版

【新闻报道创历史最好水平】

1986～1989年全县有通讯报道员103人。由于县委宣传部一直坚持了新闻报道奖励制度，并抓了通讯报道员队伍建设和培训提高工作，新闻报道的数量和质量均达到了历史最好水平。据统计，1986年5月8日光明日报头版头条刊载了刘兴无、罗如平合写的《移风易俗的宣传一定要抓紧》的新闻稿，5月11日人民日报内部版和 5 月 21 日农民日报分别转载此稿；同年 10 月 27 日人民日报（海外版）刊载了叶世平作《陈大庆祖坟修葺一新》一文；同年中央人民广播电台还播放了麦著连作《崇义县城见闻》，《一位受人尊敬的县委书记》、《摘茶梓的欢乐》和麦著连与叶世平合写的《退休医师黄世寰的晚年生活》等新闻稿；1987 年 10 月刘建华作《乡级财政在农村经济中发挥作用—崇义县建立乡级财政调查》一文，获中共中央书记处农村政策研究室、国务院农村发展研究中心、中国共产主义青年团中央委员会“1987 年大学生暑期农村调查征文活动”调查报告优秀奖；王国平写的通讯《军人的母亲》入选 1987～1989 年《全国地市县广播台站优秀新闻作品选评》一书，被评为全国地市县广播台站新闻作品一等奖和 1989 年江西省好新闻一等奖；同年 5 月 3 日人民日报（海外版）刊登了李金活作《江西崇义存活一特大毛竹》新闻稿；同年人民日报和江西地质报分别刊载了刘柯才写的《专家呼吁尽快制定地下水保护法》和《勇闯改革之路》等新闻稿；1988 年矿产开发报刊载了刘柯才作《踩着盐田愁盐吃原因何在?》一文；同年 12 月新华社编发了李金活、李春荣作《崇义发现一座地下宫殿》新闻稿；1989 年 1 月李金活的《“有鱼又有谷，钱粮双进屋”—崇义县稻田养鱼又获丰收》被江西新闻学会评为全省好标题；同年李金活、李春荣采写的《崇义积极办股份制合作林场》新闻稿由新华社发通稿；同年 6 月黄家才、刘建华采写的《肖长秀驰聘南国夺金牌》、《黄世寰和他的个体书室》、《台胞宋永光先生投资办神香管厂》被中央人民广播电台采用播出。同年 7 月中国地质矿产报还刊登了刘柯才写的《救救城市》新闻稿。四年统计全县在国家、省、地三级党报、党刊用稿 1475 篇，其中国家级 20 篇、省级 466 篇、地区级 989 篇。

【书刊出版出现好势头】

1986～1989 年崇义铅印出版书刊有：校注《崇义县志》。本书系明嘉靖壬子旧县志（崇义第一修县志），1987 年春由崇义县志办聘请崇义中学教师杨源钜校注印行，江苏广陵古籍刻印社印刷，印数 3000 本，内部发行。全书系文言记述，没有标点符号，为繁体木刻本。再版时，经过断句、标点、注释、整理、订正避讳字和错别字，保留原来面貌，直排铅印，并新装封面，分上、下两册装帧。该书记载了崇义立县以来至明嘉靖三十二年（1553 年）的自然、社会和人文状况。上册分序、舆地图说、世历纪、职官表、选举表、天文志、地理志、礼乐志、职制表、建置志、经略志等 11 个部分：下册分食货志、利泽志、崇表志、艺文志、杂记、外志、跋等 7 个部分，是一部具有历史参考价值的崇义百科全书。

《崇义文史资料》（第一辑）。本书 1988 年 3 月由县政协文史资料研究委员会编辑出版，内部发行。崇义印刷厂印刷，印数 310 册，67.6 千字，32 开平装本。该书主要内容包括县史沿革、革命斗争史、民间逸闻等，是地方文化的宝贵财富和进行爱国主义教育的乡土教材。

《崇义概况》。本书 1988 年 3 月由崇义县志办编辑出版，内部发行，崇义印刷厂印刷，印数500本，字数94千字，32开平装本。全书内容以反映崇义自然和社会的历史与现状，特别是党的十一届三中全会以来崇义人民取得的巨大成就为主。该书分建置、地理、经济、政治、军事、文化、民情风俗、著名人物、重要事件、乡镇简介等10个部分，是一部记述崇义概貌的资料丛书。

新编《崇义县志》。本志由崇义编史修志委员会编纂，赣南印刷厂印刷，彩页由深圳宝安蓝天现代美术设计公司承印，1989年1月由海南人民出版社出版，国内外发行。全书1038千字，为16开精装本，印数3000本。内容以经济为重点，以专志为主体，着重反映了崇义人民在中国共产党领导下，发挥地方优势，励精图治，拨乱反正，锐意改革，开拓前进在各个方面所取得的巨大成就和崇义各条战线所走过的曲折发展道路。该书分概述、大事记、地理编、经济编、政治编、军事编、文化编、社会编、人物编、附录编10个部分，是一部反映崇义自立县以来至1985年的自然与社会各个方面的历史和现状的第一部新编社会主义新县志，也是一部具有资政、存史、教化价值的大型工具书。

《组织史资料》。本书1989年12月由中共崇义县委组织部党史办档案局编纂出版。(参见中国共产党崇义县委员会编纂组织史资料条目内容)

(杨顺梅)

卫生　体育

WEI SHENG TI YU

卫　生

【卫生体制改革】

1986 年 3 月 14 日，经县政府批准，将县中医院集体所有制改为全民所有制单位；1989 年 1 月 21 日，县编委批准撤销扬眉中医门诊部，将其人员、财产编制并入扬眉卫生院。

【管理制度改革】

1987 年为贯彻按劳分配的原则，县卫生局在全县各医疗卫生单位继续推行各种形式的技术经济责任制，做到按岗位定人、定责、定权、定利，努力实现责、权、利的三结合。1988 年 3 月份继续在各医疗卫生单位推行技术经济承包经营责任制。同年 5 月 23 日，各医疗卫生单位向卫生局递交了《技术经济承包经营责任状》。县人民医院于同年 8 月 1 日，向县卫生局签订了《技术经济承包合同》。1989 年为在全县各医疗卫生单位继续推广完善技术经济责任制，采取了如下各种形式：

院科两级核算制：即以医疗质量，医德、医风、岗位责任为核心，医院与科室、科室与个人签订责任合同，落实各项任务指标，以科室核算为基础，实行院科两级核算。有县人民医院，县中医院两个单位。

浮动工资制：即提取现行工资的 10～20%作为浮动工资，与完成任务好差挂钩，其余部分为出勤工资，与出勤日挂钩。有聂都，过埠、龙勾三所卫生院。

包干经营制：就是将某一医疗点或科室交给一至数名职工包干经营，或将全院按专业或分成几个组，分别包干经营，单独核算，自负盈亏，提取一定积累。有县人民医院后勤科室和中医专科门诊、县中医院第二门诊、扬眉卫生院第二、三门诊，过埠卫生院中医门诊、杰坝卫生院长潭医疗点、龙勾卫生院合坪医疗点、以及茶滩、麟潭两所卫生院的所有专业组。

工分计酬制：即以职工的德、能、勤、绩为核心，用百分制记分，按得分多少计算劳动报酬和奖金。有思顺、长龙两所卫生院。

岗位责任制：即按岗定人、定责、定权、定利，以岗位责任制为主，经济统一核算，奖金与工作效益挂钩。有县卫生防疫站、妇幼保健站、药品检验所、皮肤病防治所、铅厂、上堡、金坑、丰州、关田、文英、乐洞 7 个卫生院共计 11 个单位和扬眉卫生院内各科室、杰坝卫生院本部。

儿童健康保险制：为探索新时期计划免疫工作的新途径，提高此项工作质量，县政府于1986年3月13日下发了《关于实行全县儿童健康保险的通知》规定，对零岁至7岁（含7周岁）以内的儿童实行健康保险，每人每年交保险金2元，实行一次性收清。保险金由负责接种疫苗的卫生单位统一管理、专款专用。儿童健康保险采取订合同的办法，由县、乡（镇）、村三级联合保险。入保儿童按规定程序接种，完成（卡介苗、麻疹疫苗、百日破联疫苗、小儿麻痹症糖丸）4种疫苗的计划免疫任务。预防6种传染病（麻疹、百日咳、白喉、破伤风、小儿麻痹症、结核病）。在保险期内入保儿童按要求接种了计划免疫疫苗仍然发生相应传染病者，保险单位应按病种规定给患者发给疾病赔偿费，一次付清。每例赔偿标准为：麻疹10元，百日咳10元，破伤风100元，白喉100元，小儿麻痹症200元。

目标管理责任制：为进一步巩固和完善各单位岗位责任制，从1987年起全县各医疗卫生单位实行了目标责任制管理。1988年4月7日下发了《崇义县卫生局任期目标责任制方案》，确定了从1988年至1989年期间全县各项卫生工作的目标任务。1989年4月8日，县卫生局又下达了《崇义县卫生工作目标管理责任制实施方案》，对各医疗卫生单位在1989年度的各项工作目标作了进一步明确规定，要求各单位均应成立目标管理小组，做到成员分工明确，职责清楚，任务到人。

母子系统一条龙管理：根据县人民政府1988年1月10日决定，全县开展了母子系统管理。规定从结婚时抓起，每对新婚夫妇须一次缴交防保经费30元。同年1月22日，县卫生局下发了《崇义县"一条龙"母子系统管理实施细则》，对母子系统管理工作的组织领导，任务划分，管理方法与要求，收费标准和使用原则均作了明确规定。至1989年底，全县实行了母子系统一条龙管理的新婚夫妇共2978对。

县中医院院长公开招标：于1988年8月27日，在县总工会四楼会议室召开中医院院长招选大会。出席会议的有：县委书记、县委组织部部长、县委宣传部部长。考评委员会由县人大组织部、县劳动人事局、财政局、卫生局、体改委、县公正处等机关单位有关人员共11人组成。陈新、邹兴明、张金华、郭运胜四人参加竞选答辩。邹兴明中选为县中医院院长。

【卫生防疫】

计划免疫工作。为加强领导和提高计划免疫质量，县卫生局于1986年3月成立了计划免疫领导小组和免疫接种反应诊断小组，分别由卫生局一名副局长和县人民医院一名副院长任组长。为使计划免疫早日达到第一个85%（即以省为单位四苗覆盖率达85%）标准，1988年4月1日县政府成立了崇义县计划免疫协调小组，由副县长邓性安任组长。同年12月22日至23日，县政府在县城宾馆召开了计划免疫达标动员大会。出席会议的有各乡（镇）政府分管卫生的领导、各卫生院院长和防疫专干、县卫生局和防疫站领导以及有关人员。县政府副县长邓性安作了动员报告。会议期间成立了"崇义县1989年计划免疫达标领导小组"，由副县长邓性安任组长。会后全县18个乡（镇）都成立了乡（镇）级计划免疫达标领导小组。1989年11月下旬经省卫生厅计划免疫达标考核验收小组验收，全县计划免疫已完成的各项指标已达到国家卫生部颁发的《儿童计划免疫达标验收标准》。到1989年底止，全县保持连续11年无白喉、10年无小儿麻痹症。

02号病（付霍乱）防治。为了加强02号病防治，根据上级指示精神，县卫生局于1986年7月9日印发了《关于做好夏秋季传染病防治工作的通知》，把防治02号病作为重点来抓。1987年7月15日县卫生局重新调整成立了防治02号病机动队，由分管副局长任队长。同年7月26日，县防治二号病指挥部下发《关于切实做好二号病等急性肠道传染病防治工作的通知》，要求各乡（镇）要加强领导，健全组织，做到人员、组织、设备、药品四落实。同时规定在县人民医院、中医院、七一九矿职工医院和扬眉、过埠、关田三所中心卫生院开设肠道门诊。县防疫站加强了对县内主要水系的监测，通过扎实地工作，有效的防止了02号病的传入。

其他传染病的防治。在1986年至1987年期间，先后在茶滩乡的大密村，横水乡的麻土村，二个地方发现钩体病人（经地区防疫站检验确定）。县防疫站及时组织了人员，深入病区给群众注射钩体疫苗15000人份。及时地控制了该病漫延。与此同时，在县城、扬眉、古亭三地区进行了一次流脑流行前，中、后期的抽样调查，共调查8670人次，注射流脑疫苗6025人份。1987年7月20日，县人民政府转发了赣州行署《关于切实做好乙脑等夏季急性传染病防治工作的紧急通知》，各乡（镇）广泛开展了群众性的爱国卫生工作。同时对孕妇开展了产前乙肝表面抗原的检测工作和输血员体检发证工作。通过积极防治，我县法定传染病总发病率由1986年280.58／10万降至1989年的115.29／10万。

地方病防治工作，1986～1987年期间，在全县进行了两次地方病的普查普治工作，共计普查人数146845人，查出地甲病患者589人，地氟病患者54人。对地甲病患者进行了碘油胶丸治疗，对地氟病地区进行了改水工作。经过普查发现地甲病在全县呈散发性发生，地氟病主要集中在长龙乡长龙村的暗石下和竹坝两地。皮肤病防治，自1987年8月起对现症麻风病人全部实行国家统一，患者所用菜品由皮防工作人员亲自上门送发，并进行监督服药，确保了疗效的提高。结核病防治工作，在县防疫站和扬眉卫生院开设了结核病防治门诊，采取分片包干负责的防治办法，结核病查治工作逐步走向正规。疟疾病防治以流动人口为重点，切实加强各项监督措施，保持了连续19年无症的成果。

食品卫生监督。1986年至1989年继续贯彻执行《中华人民共和国食品卫生法》，四年来，每年都要进行一次执法大检查，对从业人员进行健康检查。对外来食品制订了外来食品申报制度，规定凡购进食品、食品添加剂、食品工作、容器、包装材料，设备等十四大类《食品卫生法》规定的检验产品，购进单位都要向食品卫生监督机构申报，经检查检验合格后，方可投放市场或用于加工生产。四年中共计监测食品543件。其中：1986年115件，合格率76.1%；1987年94件，合格率77.7%；1988年71件，合格率76.1%；1989年263件，合格率77.95%。销毁霉变假冒食品13487公斤。对不符合食品卫生规定的食品生产经营单位和个人，进行了行政处罚，其中限期改正的有223户次；责令停业改正的124户次；共计罚款7217元。1988年10月在全省食品卫生执法大检查中，获得总分第一名，获奖300元。

学校卫生监督。1986～1989年全县有中心小学以上学校39所。1986年监督18所，监督覆盖率为47.36%；1987年监督20所，监督覆盖率为54.05%；1988年监督24所，监督覆盖率为64.48%；1989年监督37所，监督覆盖率94.87%。

工业卫生建档工作。1986年7月30日县卫生局、经委、劳动人事局、总工会联会成立了“崇义县工业卫生建档领导小组”和“崇义县工业卫生建档技术指导组”，同年年底共对13家企业进行了建档。1988年3月19日，县工业卫生建档领导小组在县城召开了全县工业卫生建档工作会议。县根据[1988]赣卫防字19号文的规定统一了新的建档标准。至1989年底全县14家县以上企业全部建档完毕。

劳动卫生监测。1987年12月3日，国务院颁布《尘肺防治条例》，县卫生防疫站根据此条例，对全县各企业单位的粉尘浓度进行了监测。经过监测明确了全县企业粉尘源点主要分布在七一九矿、县精选厂、水泥厂、淘锡坑、茅坪两个钨矿等五个企业单位。同时，还积极开展了职业病普查工作。四年中，共进行职业病普查体检3397人次。共计拍摄胸片1809张。查出尘肺患者24例。铅中毒患者1例。

乡（镇）企业劳动卫生监督，贯彻了卫生部、农牧渔业部的《乡（镇）企业劳动卫生管理办法》，对五家有毒害企业单位进行调查。县卫生防疫站每年都要对公共场所从业人员进行健康体检一次。并对公共场所经常进行卫生监督监测。

放射卫生监督主要是开展了X线剂量监测，提出防护改正措施，加强了机房改造技术指导。

【妇幼保健】

妇女病查治。1986～1989年，县妇保站每年对已婚妇女都要进行一次以防癌为主的妇女病普查普治工作。四年中共计普查人数19372人，查出患者有6870人。其中：患阴道炎的1100人，宫颈炎的5387人，附件炎的324人，其他肿瘤的43人，宫颈癌的5人，尿屡的3人，二度子宫下垂的8人。患病率为34.85%。对其中的6858人进行了治疗。同时结合查治还广泛进行了卫生知识宣传。

围产期保健。1986～1987年间，在县城和横水镇萝卜巷村开展了围产期保健试点，建立统一的孕产妇系统管理卡，实行分级监护办法，对孕产妇实行定期检查。1989年1月起，在县城、扬眉镇开展了“孕妇胎动自我监护”和围产期保健技术规范化管理。同年4月8日成立了“县围产期保健协作组”，加强了围产期保健的技术协作。

围产期保健工作。把高龄孕产妇列入专案管理，加强产前检查和孕期指导，减少了难产的发生，保证了产妇、婴儿的安全。经过试点推广、全县孕产妇死亡率、产后感染、新生儿破伤风发病率得到了控制。

崇义县1986～1989年县妇幼卫生管理几项主要质量指标

表1

项　　目	1986	1987	1988	1989
孕产妇死亡率　(/万)	26.63	4.32	8.28	7.77
新生儿破伤风发病率(%)	1.34	1.74	0.82	0
孕产妇系统管理率　(%)	未　开　展	69.76	77.17	85.03
新生儿系统管理率　(%)	78.13	74.13	77.55	90
婴幼儿系统管理率　(%)	未　开　展	未　开　展	23.8	21.6
新法接生率　(%)	96.99	97.92	95.74	97.55
住院分娩率　(%)	16.42	17.66	25.17	28.38

儿童保健。1986～1989年，县妇幼保健部门，每年均进行以小儿“两病”（缺铁性贫血、佝偻病）为主的查治工作，对查出的“两病”患儿都列入专案管理，及时进行了补铁补钙的荣物矫治。矫治率达100%。

崇义县1986～1989年7岁以内儿童两病查治情况

表2

年　份	贫　血　(7岁以内)						佝偻病　(3岁以内)					
	检查人数	患病人数	轻度贫血	中度贫血	重度贫血	矫治人数	检查人数	患病人数	轻度患病	中度患病	重度患病	矫治人数
1986	676	152	148	4	–	152	2510	59	–	–	–	59
1987	1838	615	598	15	2	615	2998	95	78	17	–	95
1988	855	104	79	25	–	104	1806	52	50	2	–	52
1989	923	109	–	–	–	109	2612	110	–	–	–	110

【医政管理】

医疗工作。1986～1989年，县卫生局每年年初都要制订医疗指标，下发各医疗单位进行质量控制，年终定期组织考核，奖优罚劣。为了进一步提高医疗质量，各医疗单位建立健全了各项医疗工作制度和技术规程，促进了医疗工作的规范化。同时，各医疗单位加快了医疗设备的添置和改造，不断增强服务功能。四年间全系统共新增医疗设备价值62.1万元，开展新技术、新项目68项。其中县人民医院已开展同位素放射线免疫仪检查技术、二维超声心动图、蛛网膜下腔出血治疗，脑室造影胸腹联合伤的救治、半肾切除等技术新项目。极大多数临床常见病、多发病均能在县、乡两级医疗单位得到及时、安全、有效的诊治。

县人民医院在1986～1989年先后建成第二住院部、主任、主治楼、护士楼、灭菌制剂室，使全院房屋总面积从1986年的1031平方米，增至1989年的13685平方米；专业设备价值由1986年的24.3万元，增至1989年的35万元；卫生技术人员由1986年的112人，增至1989年的121人。其中副主任医师6人，主治(管)医(药)护、技师25人，初级卫生技术人员90人。1989年共开设病床130张，设置了35个门类的临床和辅助科室。医疗质量逐年提高，治愈好转率分别为96.1%、96.7%、97.2%、97.3%；病死率逐年下降，分别为1.1%、0.7%、0.6%、0.5%。

医疗机构清理整顿。为维护全县医疗秩序提高医疗质量，县人民政府于1989年10月12日发文决定，在全县开展一次医疗机构的清理整顿工作。并同时成立了清理整顿医疗机构领导小组，下设办公室设在县卫生局。1989年10月26日至11月10日，县卫生局组织人员分为两组，对全县224个各级各类医疗机构进行了一次清理整顿。到1989年底止，有194个医疗机构经登记、查验、审批合格，发给了《江西省医疗机构执业许可证》。不合格的29个（其中：因无证行医取缔2个，部分条件不合格暂缓登记的26个，办医条件极差不予登记的1个）。此外，按管理权限规定呈报地区卫生局审批的1个。

村卫生所整顿建设。1988年6月3日，县卫生局制订了《崇义县农村卫生组织检查验收标准》。同年6月19日至7月5日，按标准对全县村卫生所进行了一次全面检查评比。达到标准的有136所，达标率为73.5%。在1989年的清理整顿医疗机构中，共有145个村卫生所合格，获准发给了《江西省医疗机构执业许可证》。

崇义县 1986～1989 年全县村级卫生组织基本情况

表 3

年份	村数（个）			村设置的医疗点（个）					乡村医生和卫生员数（个）					接员人数
	总计	其中 医药费实行减免村	其中 无医疗点村数	合计	村或群众集体办	乡村医生卫生员联合办	乡卫生院设点	个体办	合计	乡村医生	卫生员	合计中 女性	合计中 会接生	
1986	154	8	15	169	52	8	3	106	259	132	127	13	21	146
1987	153		12	191	41	35	3	112	262	94	168	15	20	145
1988	153	13	14	194	53	15	2	124	261	73	188	12	28	159
1989	153	1	11	185	71	20	1	93	227	67	160	10	27	145

【药政管理】

县属及各乡（镇）医疗卫生单位，现有药剂专业人员 57 人。县属各工矿（厂）场、企事业单位的医疗所（室）配备的专（兼）职药剂人员 22 人。全县有 33 个乡以上医疗单位成立了药事管理委员会或小组。至 1989 年底全县有药品监督员 25 人。其中专职 2 人，兼职 4 人，义务的 19 人。

根据药政管理规定，对毒、麻、限期药品按照“五专二不”的规定进行管理。药剂人员执行“七不准”守则（不准任意抬高药价，不准克扣称量，不准使用霉烂变质过期失效药品、不准假冒厂牌商标药品、不准无处方配药）。

四年来，县卫生局对药品质量监督，采取经常抽检与突击检查相结合的方法。并每年都坚持组织人员，分组深入到全县各医疗单位、各乡（镇）集市场所进行 1—2 次以药品质量为中心的药品执法大检查。四年中取缔了游医药贩 25 起（其中：1986 年 4 起，1987 年 6 起，1988 年 8 起，1989 年 7 起）。销毁各种伪劣药品（即霉烂变质、虫蛀、过期失效、潮解变质、假冒药品）折合人民币价值 2.04 万元。其中：1986 年 66 个品种，价值 559.97 元；1987 年 405 个品种，价值 3210.77 元；1988 年 523 个品种，价值 5815.50 元；1989 年 276 个品种，价值 1.08326 万元。共计罚款 6757.06 元。通过执法管理，保障了人民用药安全有效。

1989 年 12 月县人民医院灭菌制剂室的房屋、设备和试制产品经省药政局验收和检验合规，大输液正式投入批量生产，填补了我县灭菌制剂的空白。

【中医中药】

中医事业概况。1986～1989 年全县中医医疗机构有县中医院 1 所、扬眉中医门诊部 1 所（1989 年 1 月并入扬眉卫生院）。县人民医院设有中医科，全县 18 所乡、镇卫生院均有中医药人员。

崇义县 1986～1989 年全县中医事业基本情况

表 4

年份	床位（张）	卫生技术人员（人）									
		合计	副主任医师	主治（管）		医师	药师	医士	药士	其他	
				医师	药师					中医人员	中药人员
1986	60	83		1		10	3	31	14	5	19
1987	60	91		1		10	3	33	11	9	42
1988	60	93	1	11	2	22	9	13	15	5	16
1989	54	95	1	13	2	28	9	12	24	5	1

县中医院建设。1986 年 1989 年省、地、县财政先后为县中医院建房拨款 36 万元。1986 年底建成面积为 1331 平方米的住院部。1989 年底又完成了新门诊 1800 平方米的建筑任务，全院房屋总面积达到 3578 平方米。县中医院的各种医疗设备也逐年增加，设备价值 1986 年底的 1892 元，增至 1989 年底的 42754 元。病床由 1986 年的 20 张，增至 1989 年底的 54 张。技术人员力量逐步加强，1986 年有各类技术人员 26 人，其中有中西医结合主治医师 1 人、医（药、护、技）师 6 人、医（药、护、技）士 14 人、技术人员兼职的行政管理人员 5 人。1989 年底技术人员增至 41 人。其中有中西医结合副主任医师 1 人，中医主治医师 4 人，主管护师 2 人，医（药、护、技）师 25 人，医（药、护、技）士 9 人。

随着房屋、设备、人员的逐年增加和渐趋完善，服务项目日渐齐全。到 1989 年底，全院共设有中医内科，中医妇儿科，中医伤外科，西医普外科，西医内科、药剂科以及针灸理疗、急诊、皮肤、肛肠、肠道门诊室等 11 个临床科室和检验、B 超、心电图、胃电图、X 光等辅助检查科室。全院治愈好转率：1986 年为 97%。1987 年为 97.29%、1988 年为 94%、1989 年为 98.6%。病死率为：1986 年 0.6%、1987 年 0、1988 年 0.94%、1989 年 0.63%。与此同时在门诊开设了家庭病床。

中药资源。崇义县是个山区县，全县蕴藏着丰富的药材资源。动物类药材有：老虎、龟、祁蛇等；菌类药材有：灵芝、茯苓，并已种天麻成功；野生木本草本类药材有：桑枝、厚朴、黄柏、益母草、勾藤等等。

【卫生队伍】

1986～1989 年，全县卫生队伍得到壮大，从 1986 年的 403 人，增至 1989 年的 436 人。其中卫生技术人员由 1986 年 354 人，增至 1989 年的 365 人。卫生队伍的培训也得到加强。四年中，通过脱产进修、在职函授、自学考试、选送考人到职工高、中等院校学习等多种形式，共计培训 214 人次，促进了卫生队伍业务素质和技术水平的提高。

崇义县 1986～1989 年卫生队伍培训情况表

表 5

年份	培训人次	其中											
		脱产临床进修			参加培训班学习			成人中专学习		成人高等教育		各种函授学习	大专自学考试
		省级	地级	县级	省级	地级	县级	在读	毕业	在读	毕业		
1986	53	3	4	1	13	24		7		3	1		
1987	36	7	2	2	5	7		3		2	1	3	
1988	64	7	1	3	7	3	7	13	2	1	1	19	
1989	61	3	5	2	2	3		15	1	1		22	7

【红十字会】

1988 年 9 月 19 日，县人民政府决定成立县红十字会。第一届理事会由副县长邓性安任会长，张庭表、黄发亮任副会长，有理事 12 人，会址设县卫生局，由医政负责日常工作。到 1989 年底，县红十字会共有会员 275 人。1989 年 5 月 8 日世界红十字日，县红十字会组织会员在县城街头举行义务医疗服务一次，共咨询诊治 500 人次。至 1989 年底共协助地区红十字会与为台胞寻找亲人 22 人。

（肖继湖　黄星）

体　育

【改善体育设施】

为了便利群众性体育运动的开展，县城及全县各乡镇的体育设施均有了较大改善。1986 年县城有体育场 1 个，面积 8532 平方米，可划 200 米环形跑道；有灯光球场 1 个，设有铁架看台，可容纳观众 800 余人；有旱滑冰场 1 个，面积 700 平方米，备有滑冰鞋 50 双。全县有水泥球场 8 个（含崇义中学 5 个、县委党校 1 个、铅厂乡政府和横水乡政府各 1 个），面积 2912 平方米；1987 年全县新建水泥球场 8 个（含崇义二中、关田中学、茶滩中学、铅厂中心小学各 1 个；县石油公司、县人武部各 1 个；麟潭乡政府、山院电站各 1 个），面积 2912 平方米；1988 年关田乡扩建小型田径运动场 1 个，面积 6900 平方米，可划 4 条 250 米环形跑道。全县新建水泥球场 9 个（文英中学、思顺中学、城关小学、密溪小学、雁湖小学、义安小学、县消防队、县汽车队、杰坝乡政府各 1 个），面积 3276 平方米；1989 年铅厂乡新建小型田径运动场 1 个，面积 6500 平方米，可划 4 条 200 米环形跑道。全县新建水泥球场 6 个（崇义二中、古亭中学、古亭中心小学、三坑小学、关刀坪小学、中共崇义县委机关各 1 个），面积 2784 平方米。

【职工体育形势喜人】

1986～1989 年随着干部职工年龄结构的变化，职工参加体育锻炼的风气越来越浓厚，做到了月月有安排，经常有活动，发展形势喜人。全县共有职工球队计男篮 43 队、女篮 10 队，县体委每年均组织男、女篮球等级赛，积极推动职工体育运动的开展。县直机关单位、团体、行业系统、厂矿的领导和职工每逢重大节日也自动举行综合性运动会或单项体育竞赛。1986 年县商业系统举办了迎春运动会；县政府机关举行了纪念“五四”运动会；县木材公司举办了“阳岭杯”象棋、乒乓球比赛。1987 年县林业系统举行了男子篮球运动会；团县委举行了纪念“五四”青年节环城跑比赛；1988 年县二轻系统举办了首届体育运动会；县人民医院举行了篮球、羽毛球、拔河、棋类、环城跑等项目的比赛；县工商银行举行了象棋、跳棋、扑克、拔河、环城跑、猜谜、体育知识竞赛。1989 年县农机厂举办了首届体育运动会；县妇联举行了纪念“三八”妇女节体育竞赛；县总工会下属 43 个基层工会分别举行了单项体育竞赛；县罐头厂举办了首届体育运动会：县委、县人民政府、县政协以及教育、经委、金融、二轻、卫生、商业、林业、粮食、交通等系统分别举行了拔河、象棋、围棋、射击、球类等单项体育竞赛。

【农民业余体育日趋活跃】

改革开放给农村带来活力，给农民增添了幸福。农民生活富裕，对参加体育活动的要求，自然更为迫切，因此农民业余体育运动便日渐活跃起来。1986 年 6 月过埠镇举行了第二届龙舟竞赛，有 4 队 120 名运动员参加；1987 年关田乡举行了乡级篮球运动会，有 5 个代表队参加；同年 9 月铅厂乡举行了农民体育运动会，有 160 余人参加。1988 年春节龙勾老屋村农民篮球队自费出征与扬眉个体协会篮球队开展篮球友谊赛；同年端午节过埠镇举行了第三届龙舟竞赛，有 4 队 120 人参加；5 月古亭镇举行了首届运动会，有 9 个代表队、108 名运动员参加；10 月上堡、思顺、金坑、杰坝、茶滩、丰州、文英、聂都、关田、铅厂、龙勾、扬眉、长龙等乡镇举行了篮球、象棋等单项比赛：1989 年元旦铅厂、关田、文英、聂都等乡举行了篮球比赛；春节期间上堡、思顺、麟潭、金坑、过埠、横水、长龙、扬眉、龙勾等乡镇组织龙灯、狮子队开展文娱体育活动："五一"期间各乡镇共青团组织举办了青年登山和篮球比赛活动；国庆四十周年期间铅厂、古亭、过埠、横水等乡镇举行了小型运动会，茶滩、思顺、扬眉、文英、关田、聂都举行了篮球比赛。

【老年人体育逐渐开展】

随着时间的推移，老年人队伍日益扩大，县体委为使老年人健康长寿，老有所乐，积极组织老年人参加适合他们年龄特征的体育活动，使老年人体育有了新的进展。现在象棋、围棋、麻将、太极拳、气功、跑步、种花、养鸽已成了老年人生活的乐趣；钓鱼、门球也成了老年人喜爱并经常自动参加的体育运动项目。

【学校体育制度健全达标人数逐年增多】

1986 年全县中、小学仍坚持"二课二操一活动"的制度，部分中小学实施了"眼保健操"，1988 年在全县中、小学中推行"第五套少年韵律体操"；1989 年全县乡镇中心小学以上的中、小学校均实行了"眼保健操"。

为使学校体育能够正常开展，建立了一支比较稳定的队伍。1989 年全县有专职体育教师，中学 15 人，小学 7 人；有兼职体育教师，中学 13 人、小学 24 人。有业余体育运动队，男篮 22 队，220 人；女篮 22 队，220 人；男排 3 队，36 人；女排 3 队，36 人；田径 22 队、射击 1 队，共有男运动员 200 人、女运动员 110 人。

学校运动会逐渐制度化，中学每年至少举行 1 次，规模较大的小学年年都举行运动会。1986 年举行学校运动会 22 次（其中小学 4 次）；1987 年举行校运动会 31 次（其中小学 11 次）；1988 年和 1989 年各举行校运动会 41 次（其中小学各 19 次）。崇义中学体育运动基础较好，1988 年被江西省教委、省体委命名为"江西省体育传统项目学校"。

中、小学生体育锻炼仍推行《国家体育锻炼标准》，历年达标人数统计如下：

崇义县 1986～1989 年中、小学推行《国家体育锻炼标准》达标人数统计表

表 1

年度	学校类别	达标人数		
		优秀	良好	及格
1986	小学	98	301	214
	初中	349	1357	896
	高中	207	302	197

续表

年度	学校类别	达标人数		
		优秀	良好	及格
1987	小学	132	273	226
	初中	367	1307	963
	高中	206	298	263
1988	小学	207	578	305
	初中	573	1492	1243
	高中	214	267	352
1989	小学	380	1026	1082
	初中	658	1824	1756
	高中	227	578	171

【县级体育竞赛空前活跃】

1986～1989年全县共举行县级体育竞赛34次。1986年有迎春中国象棋、自行车慢速比赛、初中女子篮球赛、男子篮球乙级队比赛,"五一"中国象棋赛，男子篮球甲级队比赛、"国庆"中国象棋赛、纪念红军长征胜利40周年火炬接力赛；1987年有元旦旱滑冰、自行车慢速比赛、中学生中国象棋赛、男子篮球乙级队比赛、春节体育比赛、雏鹰起飞奖田径通讯赛（全国性，初中及小学学生参加，崇义中学初中部总分4692分，被国家体委，国家教委录取，列入全国100名优秀奖之一)、第一届乡镇男子篮球比赛、甲级队男子篮球比赛、丙级队男子篮球比赛、纪念"八一"建军节60周年军民篮球友谊赛；1988年有元旦体育比赛、春节体育比赛、"五一"中国象棋赛、丙级队男子篮球比赛、乙级队男子篮球暨女子篮球比赛、甲级队男子篮球赛、"国庆"中国象棋赛；1989年有元旦女子篮球赛、元旦中国象棋等级赛、春节体育比赛、纪念"三八"妇女节女子篮球调赛、女子篮球等级赛、儿童中国象棋赛、丙级队男子篮球比赛、甲级队男子篮球比赛、乙级队男子篮球比赛、"国庆"40周年体育比赛。

【崇义县健儿驰聘省内外夺得金牌】

1986年组队参加赣州地区全民田径运动会，获金牌1枚、银牌6枚、铜牌5枚；1987年参加赣州地区业余体校射击比赛和第一届老年人体育运动会，共获金牌4枚、铜牌4枚；1988年参加赣州地区少年中长跑、竞走、投掷比赛和中学生田径运动会，共获金牌 13 枚、银牌 5 枚、铜牌 7 枚；同年参加江西省中长跑、竞走、投掷运动会、江西省第一届农民运动会和第二届青少年运动会，共获金牌 3 枚、银牌 4 枚、铜牌 3 枚；1989 年参加赣州地区业余体校射击比赛和第二届体育运动会，共获金牌 3 枚、银牌 4 枚、铜牌 8 枚；同年元月参加江西省中长跑、竞走运动会，获金牌 3 枚、银牌 1 枚、铜牌 5 枚。1989 年 3 月崇义籍运动员肖长秀参加全国健力宝田径邀请赛，获金牌 2 枚。

崇义县 1986～1989 年参加县以上比赛获奖统计表

表 2

参赛年度	运动会名称	获奖牌情况			合计
		金牌	银牌	铜牌	
1986.6	赣州地区全民田径运动会	1	6	5	12
1987.8	赣州地区业余体校射击比赛	4		3	7
1987.9	赣州地区第一届老年人体育运动会			1	1
1988.1	赣州地区少年中长跑、竞走、投掷比赛	10	2	3	15
1988.5	江西省中长跑、竞走、投掷运动会		3	2	5
1988.5	赣州地区中学生田径运动会	3	3	4	10
1988.7	江西省第一届农民运动会	2			2
1988.10	江西省第二届青少年运动会	1	1		2
1989.1	江西省中长跑、竞走运动会	3	1	5	9
1989.8	赣州地区业余体校射击比赛	2	2	3	7
1989.9	赣州地区第二届体育运动会	1	2	5	8
总计	12 次	27	20	31	78

【体育协会及其活动】

1986～1989 年崇义体育协会有老年人体育协会、钓鱼协会、信鸽协会等 3 个。

老年人体育协会设名誉主席、顾问、主席各 1 人，副主席 3 人，正副秘书长各 1 人，有常务委员 9 人，会员 77 人。1986 年举办了“导引养生功”辅导员学习班、老年人象棋比赛等活动。1987 年组织 17 位老年人运动员进行参赛前集训并参加赣州地区第一届老年人体育运动会：举行“九九”登阳岭活动。1988 年举行了老年人象棋比赛；组织老年人运动员参加赣州地区老年人门球分片赛；举行“九九”重阳节老年人环城跑活动。1989 年举行老年人象棋比赛；组队参加湖南汝城县老年人象棋邀请赛；组织老年人门球队赴上犹、大余进行门球交流赛，并邀请上犹老年人门球队来县交流经验；组队参加赣州地区第二届体育运动会门球比赛；举行“九九”老人节体育活动。

钓鱼协会成立于 1987 年 10 月 20 日。设名誉主席、顾问、主席各 1 人、副主席 2 人、正副秘书长各 1 人，有常务委员 9 人，会员 29 人。1988 年 10 月组织老年人参加赣州地区钓鱼比赛；1989 年 9 月组织老年人进行参赛前集训并参加赣州地区第二届体育运动会钓鱼比赛，11 月组织老年人运动员参加地区钓鱼协会第六届钓鱼比赛。

信鸽协会成立于 1987 年 10 月 31 日。设正副主席、正副秘书长各 1 人，有委员 7 人、会员 21 人。1988 年进行了遂川—崇义线站和广东韶关—崇义线站的训放；1989 年进行了樟树—崇义线站的训放。

【破县纪录体育项目特录】

1989 年打破 1986 年以前县藉运动员创造的最高纪录的体育运动项目有男子组 400 米、1500 米、3000 米、5000 米、5000 米竞走、110 米栏、铁饼、跳远；女子组 800 米、5000 米竞走、铅球、小口径运动步枪 30 发卧射等 12 个项目。（附：破县纪录运动项目统计表）

崇义县 1986～1989 年破县纪录体育运动项目统计表

表 3

组别	项目	原县最高纪录	创新纪录	创造者	所在单位	创新纪录所属运动会				备注
						名称	比赛时间	地点	名次	
男子组	400 米	55″6	54″	曾科	崇义中学	赣州地区中学生田径运动会	1988.5	赣州	1	
	1500 米	4′40″7	4′26″	曾科	崇义中学	江西省中长跑、竞走、投掷运动会	1988.5	赣州	1	
	3000 米	10′11″5	9′53″4	黄布辉	崇义中学	赣州地区第二届体育运动会	1989.9	赣州	1	破地区记录
	5000 米	18′24″7	18′15″8	黄布辉	崇义中学	赣州地区第二届体育运动会	1989.9	赣州	3	
	5000 米竞走	25′31″6	23′44″7	陈红钱	崇义中学	赣州地区第二届体育运动会	1989.9	赣州	2	
	110 米栏	17″5	17″4	李月文	崇义二中	赣州地区全民田径运动会	1986.6	兴国	4	
	铁饼(1.5 公斤)	28 米	32.48 米	邹勇	崇义二中	赣州地区第二届体育运动会	1989.9	赣州	4	
	跳远	5.84 米	6.07 米	李月文	崇义二中	赣州地区全民田径运动会	1986.6	兴国	4	
女子组	800 米	2′42″	2′29″1	李开艳	崇义中学	赣州地区第二届体育运动会	1989.9	赣州	2	
	5000 米竞走	32′16″	25′54″8	谢祥娣	崇义中学	江西省中长跑、竞走、投掷运动会	1988.11	兴国	1	
	铅球	8.17 米	9.12 米	刘诗波	崇义农林技校	赣州地区第二届体育运动会	1989.9	赣州		
	小口径运动步枪 30 发卧射	204 环	243 环	叶新华	崇义农林技校	赣州地区体校射击比赛	1987.8	赣州	3	

（杨顺梅　杨顺福）

社会生活

SHE HUI SHENG HUO

社会 生活

【人民生活】

工农业总产值持续上升，人民收入逐渐增加，生活不断发生新的变化。

改革开放，城乡市场繁荣活跃，过去一些凭票（证）供应的商品，相继消失，由于消费水平持续提高，县内需求量日益增大，供需矛盾突出，致使物价波动幅度大，涨势迅猛。政府曾几次对物价进行调整，因国营商业和集体商业部门，缺乏足够的物资储备基础，仍难抑制涨势。

1988年与上年同期比较，生活费用价格指数提高123.1%；集市贸易价格总指数提高117.5%；1989年与上年同期比较，生活零售物价总指数提高118.6%；集市贸易价格总提高107%。

食品价格波动面宽，幅度大，使穿用商品的价格上升频率加快。物价对人民生活息息相关，物价上涨，人民收入的实效相应降低，致使部分家庭，产生入不敷出的情况。

职工生活　职工收入，受物价上涨的影响，不断出现新的矛盾。政府对职工的生活非常关心，及时采取了必要的措施。四年来，几度调整工资，适当增加奖金和津贴；离休、退休人员也同时得到相应的照顾。全年人平工资：1986年991元；1987年1070元；1988年1377元；1989年1502元。加上地区津贴、物价补贴，有效地保障了职工的生活。只有少数家庭负担较重的职工，处境比较艰难，需要考虑在福利费项下给予补助。

农民生活　深化改革，联产承包，充分调动了农民的积极性。大部分勤劳的农民家庭，因农副产品涨价，现金收入增加了，使一部分人先富裕起来了。少数负担重，劳动力少的农户，政府采取扶贫和社会救济等有效措施，也已逐步摆脱了困境。

四年来，县统计局会同有关部门深入农村抽样调查，具体情况如下表：

崇义县农村住户抽样调查现金收支情况表

表 1　　单位：元

项　　目	1986	1987	1988	1989
年初人平存款余额	6.21	7.22	22.42	23.33
年初人平手存现金	85.02	112.30	122.20	185.72
年内人平现金收入	417.18	457.03	529.04	564.92
年内人平现金支出	385.28	441.53	586.12	510.10
年末人平手存现金	116.92	127.80	191.00	204.66
年末人平存款余额	7.12	15.82	23.30	33.81

崇义县农村住户抽样调查粮食收支情况表

表 2　　单位：公斤

项　　目	1986	1987	1988	1989
年初人平粮食结存	229.88	217.30	261.30	314.86
年内人平粮食收入	466.26	518.64	541.10	507.07
年内人平粮食支出	457.41	478.50	484.09	488.25
年末人平粮食结存	238.73	257.44	318.86	333.68

四年来，县城兴建公私住宅 1.97 万平方米；各乡镇兴建公、私住宅 27.83 万平方米。其中不少是钢筋砖混结构的新式楼房。

1989 年底调查统计：全县共有电视机 8612 台；收录机 8274 台；洗衣机 805 台；电冰箱 209 台；电风扇 9657 台；缝纫机 3695 架；手表为大多数人所拥有。还有不少家庭购买了中、高档家具。毛料、呢绒、绸缎等高级衣料时装，已成为寻常百姓的便服。各种机动车 1638 辆，其中私人所有的 1316 辆；自行车平均每百户 28.6 辆。总之、衣、食、住、行，都逐步提高到新的水平。

【社会新风】

在深化改革，科技兴县，发展生产，持续开放，搞活经济的同时，县委、县政府注重了两个文明建设一起抓，从而获得了精神文明和物质文明的双丰收。社会主义精神文明新风，日益形成，好人好事，不断涌现。四年来，各行各业，全面开展以优质服务为重点，以转变社会风气，以改变环境条件为主要目标的创“三优”（优质服务、优良秩序、优美环境）竞赛活动。为不断深化活动内容，首先提出“满意在县城”，然后全面铺开逐步深入乡、镇农村。由县精神文明建设委员会办公室负责具体抓，各级党政群团组织检查督促，层层落实。县文明委办公室，拟订印发了“建设文明县城歌诀百句”1000份发到各单位参照执行；并制订颁发了“文明单位”、“文明村镇”、“文明家庭”、“文明先进个人”等各项标准，以资遵循。经常加强管理抽查评比，效果良好。

在全地区17县城创“三优”竞赛中，1986年获第2名；1987～1989年均获1等奖。1989年参加全省17县城创“三优”竞赛中，金榜题名获1等奖。连续三年获省、地1等奖，授予“文明卫生城”光荣称号，实现了“三连冠”。

四年来，在竞赛中涌现出最佳“十员”有27名；评为“三八红旗手”的325名；养殖能手311名；五好家庭6213户；文明家庭1243户。受中央部门表彰的先进集体7个，受中央部门表彰的先进个人14名；受省级部门表彰的先进集体86个，受省级部门表彰的先进个人102人；受地级表彰的先进集体56个；受地级表彰的先进个人100人；受县委、县政府表彰的先进集体356个；受县委、县政府表彰的先进个人1299人。中小学学生学雷锋做好事和拾金不昧的受学校表彰的共48620人次。社会主义新风蔚然形成。

先进集体表

一、受中央部门表彰的先进集体

单位名称	获奖时间	荣誉称号	颁奖部门
县人民医院	1986	计划生育先进集体	国家计划生育委员会
铅厂乡人民政府	1986	计划生育先进集体	国家计划生育委员会
县委宣传部	1987	报刊发行先进单位	中央宣传部
过埠镇电影队	1987	先进单位	中央文化部
过埠镇文化站	1987	先进单位	中央文化部
淘锡坑钨矿	1987	工业污染调查先进单位	国家环保局
县人武部	1989	订刊用刊一等奖	总政群工部、解放军

二、受省级部门表彰的先进集体

单位名称	获奖时间	荣誉称号	颁奖部门
县房产普查办公室	1986	房屋普查先进单位	江西省人民政府
县工商银行	1986	文明单位	江西省人民政府

续表

单位名称	获奖时间	荣誉称号	颁奖部门
古亭镇人民政府	1986	文明单位	江西省人民政府
思顺乡人民政府	1986	老区建设先进单位	江西省委、政府、军区
县电影院	1986	精神文明先进单位	江西省文化厅
上堡乡电影院	1986	精神文明先进单位	江西省文化厅
县农牧渔业局科教信息站	1986	全省农业信息工作先进单位	江西省农牧渔业厅
县委机关	1986	绿化先进单位	江西省绿化委员会
茶滩乡大密村青年之家	1986	红旗青年之家	江西团省委
横水粮管所	1986	创"三优"先进单位	江西省粮食局
县粮食局审计股	1986	先进单位	江西省审计局
县煤矿	1986	先进企业	江西省人民政府
县农行保卫股	1986	先进单位	农行江西省分行
县乡镇企业管理局	1986	先进集体	江西省人民政府
县农机厂	1986	先进单位	江西省机械厅
县检察院	1987	先进集体	江西省人民政府
县公安局	1987	"严打"斗争先进集体	江西省人民政府
县工商银行	1987	文明单位	江西省人民政府
古亭镇人民政府	1987	文明单位	江西省人民政府
县饮食服务公司	1987	"严打"先进单位	江西省人民政府
县委组织部	1987	先进单位	江西省委组织部
县百货公司	1987	先进企业	江西省商业厅、总工会
县农牧渔业局科教信息站	1987	全省农业信息工作先进单位	江西省农牧渔业厅
县农牧渔业局水产站	1987	先进单位	江西省农牧渔业厅
县土壤普查办	1987	优秀成果三等奖	江西省人民政府
县粮食局	1987	先进单位	江西省粮食局
横水乡人民政府	1987	扶贫扶优先进单位	江西省委、省政府、省军区

续表

单位名称	获奖时间	荣誉称号	颁奖部门
思顺乡人民政府	1987	老区建设先进单位	江西省委、省政府、省军区
茶滩乡人民政府	1987	军地两用人才使用先进单位	江西省民政厅
县财政局	1987	先进单位	江西省财政厅
横水粮管所	1987	“双增双节”先进单位	江西省粮食局
长龙粮管所	1987	创“三优”先进单位	江西省粮食局
县妇联	1987	先进单位.	江西省妇联
麟潭乡人民政府	1987	税务工作先进单位	江西省税务局
淘锡坑钨矿	1987	工业污染源调查先进单位	江西省环保局
县农林技校	1987	勤工俭学先进单位	江西省教委、财政厅
县农业区划办公室	1987	先进集体	江西省区划委
横水信用社	1987	先进单位	农行江西省分行
县乡镇企业管理局	1987	先进集体	江西省人民政府
县林业局	1987	林政管理先进单位	江西省林业厅
县农机公司	1987	先进门市部	江西省农机公司
县人武部	1987	开发使用两用人才先进单位	省民政厅、省军区政治部
县工业普查办公室	1987	工业普查全省二等奖	江西省人民政府
县化工厂	1987	工业普查全省二等奖	江西省人民政府
县检察院	1988	先进集体	江西省人民政府
县工商银行	1988	文明单位	江西省人民政府
古亭镇人民政府	1988	文明单位	江西省人民政府
县委宣传部	1988	先进单位	江西省委宣传部
团县委	1988	先进单位	江西团省委
崇义县青年林	1988	优秀绿化工程	江西团省委
农牧渔业局信息站	1988	信息奖	江西省农牧渔业厅
县农牧渔业局畜牧站	1988	肉猪出栏率三等奖	江西省农牧渔业厅

续表

单位名称	获奖时间	荣誉称号	颁奖部门
县农牧渔业局畜牧站	1988	禽畜防疫先进县二等奖	江西省农牧渔业厅
横水镇党委、政府	1988	普法先进单位	中共江西省委、政府
县商业局	1988	安全保卫先进单位	江西省商业厅
县百货公司	1988	先进企业	江西省商业厅、总工会
县粮食局	1988	创“三优”先进单位	江西省粮食局
县粮食局	1988	文明单位	江西省粮食局
县粮食局保卫股	1988	“安全保卫四无”先进单位	江西省粮食局
县统计局	1988	农调先进单位	江西省农调队
县粮食局修建队	1988	先进集体	江西省粮食局
县广播电视局	1988	先进单位	江西省广播电视局
县公安局	1988	百日交通安全优胜单位	江西省公安厅
崇义中学	1988	勤工俭学先进单位	江西省教委、财政厅
县农行保卫股	1988	安全保卫先进单位	农行江西省分行
县保险公司	1988	先进单位	江西省保险公司
县农牧渔业局水产站	1988	全省池塘大面积丰产示范竞赛一等奖	省农牧渔业厅
县农机厂	1988	先进农机修造厂	江西省机械厅
县农调队	1988	先进集体	江西省农调队
县审计局	1988	文书、档案质量优胜单位	江西省审计局
县检察院	1989	先进集体	江西省人民政府
县工商银行	1989	文明单位	江西省人民政府
古亭镇人民政府	1989	文明单位	江西省人民政府
县志办	1989	先进单位	江西地方志编委会
县体改委	1989	先进单位	江西省体改委
古亭镇人民政府	1989	统计系统先进单位	江西省人民政府
县妇联	1989	创五好家庭一等奖	江西省妇联

续表

单位名称	获奖时间	荣誉称号	颁奖部门
县农牧渔业局	1989	优质果品生产先进单位	江西省农业厅
城关幼儿园	1989	文明单位	江西省人民政府
县图书馆	1989	文明图书馆三等奖	江西省文化厅
县卫生防疫站	1989	计划免疫达标单位	江西省卫生厅
县勤工俭学办公室	1989	勤工俭学先进单位	江西省教委、财政厅
县农经委	1989	农业开发抗灾夺丰收先进集体	江西省农经委
县经委	1989	普及教育先进单位	江西省经委质协
县农牧渔业局科教信息站	1989	全省农业信息工作先进单位	江西省农牧渔业厅
县城北门农贸市场	1989	文明集体	江西省商业局
县人武部	1989	军事训练先进单位	江西省军区
县人武部	1989	文明集体	省委、省政府、省军区
县农牧渔业局水产站	1989	全省池塘水库双丰产示范竞赛二等奖	江西省农牧渔业厅

三、受地委、行署表彰的先进集体

单位名称	获奖时间	荣誉称号	颁奖部门
县财政局	1986	推销国库券先进单位	赣州地区行署
县检察院	1986	先进集体	赣州地区行署
茶滩乡企业办	1986	先进单位	赣州地区行署
龙勾乡人民政府	1986	封山育林先进单位	赣州地区行署
县二轻供销公司	1986	物价、计量信得过单位	赣州地区行署
县城关幼儿园	1986	文明单位	赣州地区行署
县五交化公司	1986	文明单位	赣州地区行署
铅石乡石罗村	1986	文明村	赣州地区行署
县农行治保股	1986	“严打”先进集体	赣州地委、行署
县社会福利院	1986	先进单位	赣州地区行署

续表

单位名称	获奖时间	荣誉称号	颁奖部门
县检察院	1987	先进集体	赣州地区行署
县粮食局保卫股	1987	先进集体	赣州地区行署
县财政局农财股	1987	先进单位	赣州地区行署
县电影公司	1987	拥军优属先进单位	赣州行署、军分区
丰州乡人民政府	1987	开发利用两用人才先进单位	赣州地区行署
城关幼儿园	1987	文明单位	赣州地区行署
县五交化公司	1987	文明单位	赣州地区行署
铅厂乡石罗村	1987	文明村	赣州地区行署
县农业银行	1987	扶持乡镇企业发展先进单位	赣州地委、行署
县乡镇企业局	1987	全区企业产值第二名	赣州地委、行署
县人武部	1987	开发利用两用人才先进单位	赣州行署、军分区
横水乡人民政府	1987	拥军优属先进单位	赣州地区行署
县人民政府	1988	先进单位	赣州地区行署
县检察院	1988	先进集体	赣州地委、行署
县五交化公司	1988	普法先进单位	赣州地委、行署
县化工厂	1988	先进集体	赣州地委、行署
县纪委	1988	案件审理先进单位	赣州地区纪委
县信访办	1988	创优达标单位	赣州地区行署
县民政局	1988	两用人才开发使用先进集体	赣州地委、行署
县粮食局	1988	普法先进集体	赣州地委、行署
县财政局	1988	先进单位	赣州地委、行署
横水乡	1988	互助储金会先进乡	赣州地区行署
铅厂乡	1988	互助储金会先进乡	赣州地区行署
丰州乡	1988	互助储金会先进乡	赣州地区行署
横水镇党委	1988	先进党委	赣州地委

续表

单位名称	获奖时间	荣誉称号	颁奖部门
铅厂乡人民政府	1988	先进单位	赣州地区行署
城关幼儿园	1988	文明单位	赣州地区行署
县五交化公司	1988	文明单位	赣州地区行署
铅厂乡石罗村	1988	文明村	赣州地区行署
县乡镇企业局	1988	企业责任目标获奖单位	赣州地委、行署
县人武部	1988	民兵训练优化教学	赣州军分区
中共崇义县委	1989	党建工作优秀单位	中共赣州地委
县城离休干部第一支部	1989	先进单位	中共赣州地委
金坑乡老干办	1989	先进单位	中共赣州地委
县财政局	1989	推销国库券先进单位	中共赣州地委
横水镇人民政府	1989	文明单位	赣州地委、行署
县经委	1989	经济效益先进单位	赣州地委、行署
县农牧渔业局	1989	推广水稻半旱法栽培新耕作法技术三等奖	赣州地区行署
丰州乡团委	1989	优秀单位	赣州地委、行署
丰州李坑团支部	1989	优秀单位	赣州地委、行署
县检察院	1989	先进集体	赣州地委、行署
县五交化公司	1989	文明单位	赣州地委、行署
铅厂乡石罗村	1989	文明村	赣州地委、行署
县人民医院	1989	文明单位	赣州地区行署
县罐头厂	1989	文明单位	赣州地区行署
县农牧渔业局	1989	农业高产第三名	赣州地区行署
县农机局	1989	农业机械化先进单位	赣州地区行署

【婚姻家庭】

四年来，婚姻登记管理工作有进一步加强，纳入法律化、制度化、规范化的轨道，确保了国家《婚姻法》的贯彻实施。四年中，举办婚姻登记培训班 7 期 295 人次，全县婚姻登记机关18个，有婚姻登记员36人，制订了婚姻登记员守则和考核制度，坚持了申请、审查、登记3个法律程序。1989年，各级政府部门对全县1986年以来的婚姻档案进行了全面清理、立卷归档工作，建立了婚姻档案室，为今后提供婚姻状况的法律依据，为人民群众解决婚姻疑难问题，研究婚姻制度的改进提供可靠性资料。同时，分别对1987年和1988年的违法婚姻和登记工作中的问题进行了一次全面清理，区别不同情况作出适当处理。1989年11月，县人民政府还发出了关于加强婚姻登记工作的通知。《通知》规定：各乡（镇）人民政府要把婚姻登记工作列入政府工作的议事日程；登记员要由民政助理员担任，要经过培训，考试合格，领取证书方可任职，在实施登记工作时应出示证件，按照实施细则规定的手续和程序进行；各乡（镇）卫生院应认真做好婚前体检工作，不得任意增加体检项目和提高收费标准。四年来，在实施婚姻登记管理工作中，还注重了《婚姻法》的宣传贯彻，办宣传栏49期，印发宣传材料2千册，向广大人民群众进行《婚姻法》的教育。

崇义县1986～1989年婚姻登记情况表

表3

年度	登记结婚(对)	其中					登记离婚(对)	注
		新婚(个)	恢复结婚(对)	再婚(人)	其中			
					男	女		
1986	1539	3002	1	74	22	52	4	
1987	1579	3082		76	23	53	14	
1988	1706	3213	4	199	28	171	24	
1989	1723	3360	4	82	40	42	27	
合计	6547	12656	9	431	113	318	79	

（吴益炎 杨安华）

四年来，申请登记结婚的有6547对。其中也有少数家长或第三者从中干预，致使有情人难成眷属。甚至索彩礼，大操大办，“当时闹哄哄，过后钱粮空”。这类不合时宜，不自主的婚姻，虽勉强凑合，没有爱情基础，终难持久，更谈不上家庭和睦、幸福。全县有79对离婚。

还有极少数非婚同居的，1988年曾查处过一批，但仍未彻底解决问题。非婚妇女及其子女，户口尚未落实的，依然存在。

改革开放，就业门路较广，妇女社会地位提高，家庭结构也发生了新的变化。

核心家庭增多。一对夫妻及未婚子女组成的家庭。这种家庭，城镇双职工和农村兄弟多的居多。他们平时各就其业，和父母分居，以遂父母晚年舒适好静的心愿。逢年过节聚会在一起，不减天伦之乐。形成能分能合的家庭网络。

主干家庭减少。即血缘家庭，一对夫妻和父母子女组成家庭越来越少了。联合家庭更少。即父母、伯叔、兄弟、妯娌共同生活的家庭。这种家庭，因难以发挥各自的积极性，还容易造成家庭纠纷，所以，难以联合。

【计划生育】

计划生育，是基本国策。为了控制人口增长速度，提高人口素质，大力号召育龄夫妇普遍实行计划生育。并采取下列措施：

1、宣传：文化馆、站，定期出墙报专刊，进行广泛宣传教育；广播站，播放专题节目；电影院、队，放映有关《人口与健康》的教育影片，或幻灯片；

2、各乡镇成立计划生育协会；村、组成立计划生育小组，经常宣传督促；

3、各级卫生部门，对新婚妇女实行一条龙管理；

4、对二女户节育，实行养老保险，投保率达100%；

5、严格执行奖惩制度，使计划生育工作，制度化、法律化。

1986～1989年计划生育情况表

表4　　　　单位：人

年　份	已婚育龄妇女数	长效节育	上　环	其它措施	节育率%	自然增长率　%
1986	24326	779	1100	1319	82.73	10.00
1987	25977	1705	1875	2995	86.75	11.70
1988	37130	1519	2103	3552	90.10	13.00
1989	29852	1755	2008	3370	95.60	14.70

【劳动服务】

在搞好安置就业工作的同时，遵照“先培训，再就业”的原则，由县劳动服务公司和各主管部门组织培训，开办了财会、修理、职业道德、法律等各种类型的培训班，对城镇待业人员进行就业前培训。1986～1989年共培训待业人员913人（其中，1986年182人，1987年155人，1988年311人，1989年265人）。1988年县劳动服务公司所属企业实现总产值185万元，交纳税金4.73万元，创历年最好经济效益。1989年，对所属企业进行了整改，同年，完成工业总产值78万元，超过计划指标25.8%。

【劳保福利】

1986年1月起，执行省劳动人事厅、民政厅、财政厅《关于修改国家机关、事业单位工作人员死亡后遗属生活困难补助标准的通知》，其主要规定如下：1、符合享受生活困难补助条件的遗属；凡是吃商品粮的在原定标准基础上每人每月增加8元，不是吃商品粮的增加6元；2、已故的第一、二次国内革命战争时期参加革命工作的老红军、老干部的配偶无固定工资或劳动收入的，每人每月补助50元；3、死者的配偶有固定工资或劳动收入的按工资改革后的标准，不足68元工资的全部作为个人生活费；收入超过68元的扣除本人生活费68元，多余部分作为供养亲属生活费。如供养亲属生活费还达不到本通知第一条标准的可按第一条标准发给或补足。4、其余仍按原规定办理。

从1986年2月起执行劳动人事部、财政部《关于探亲假工资和探亲路费计算基数问题的函复》，其规定如下：国家机关和事业单位工资制度改革后，工作人员探亲假期和路程假期内工资应按基础工资、职务工资，工龄津贴之和计发。已婚职工探望父母的往返路费，在本人基础工资、职务工资、工龄津贴之和30%以内的，由本人自理，超过部分由所在单位负担。

1986年，县人民政府制定了《崇义县党政群机关工作人员实行休假制度的暂行规定》，规定如下：1、县、乡党政群机关工作人员（含干部和工人），凡参加革命工作时间10年以上者，均可享受休假待遇；2、参加革命工作时间满10年至20年者，每年休假15天；21年至30年者，每年休假20天；31年至40年者，每年休假25天；40年以上者，每年休假30天；3、当年病假或疗养时间总计45天，或事假累计超过20天，或病假和事假累计共超过50天的，当年不再享受休假待遇。如休假后（以当年1月至12月内累计）其病、事假超过以上规定的，则下一年度不再休假，当年已按规定享受了探亲假待遇的，不再享受休假待遇，但探亲假期少于休假期限的可以补足。4、享受休假待遇的人员，仍享受国家法定节假日和婚、丧假待遇。5、休假期间本人工资照发，福利待遇不变。

从1987年2月起执行省劳动人事厅、财政厅、总工会《关于我省国营企业职工死亡待遇问题的通知》，其主要规定如下：1、职工死亡后由企业发给丧葬费，因工死亡的发给400元，非因工死亡的发给丧葬补助费300元，节约部分归遗属，超支部分不报销。2、对其直系亲属可发一次性抚恤费，因工死亡的发给600元，非因工死亡的发给400元，没有直系亲属的不发。3、企业可根据死者供养直系亲属的人数和困难大小，给予定期的生活困难补助，但不得超过下列标准：因工死亡，吃商品粮的，每人每月补助30元；不吃商品粮的，每人每月补助25元；非因工死亡，吃商品粮的，每人每月补助20元；不吃商品粮的，每人每月补助15元；死亡供养直系亲属孤身1人者，可在上述补助标准的基础上，每人每月增加补助5元。

1987年7月，对全县企业职工"深夜班"津贴作了调整；1、矿山井下工人，每班由0.7元调整为0.9元；2、其他企业的每班由0.6元调整为0.8元。同年批准县广播电视局对有关职工发放劳保用品的规定。从1988年起；调整了各单位的降暑降温清凉饮料费标准：1、从事炉前工种的人以及室外高空作业、野外作业、高温作业，每天发给降温饮料折合现金 0.9 元；2、各事业单位从事生产第一线的其他作业人员，每天折合现金 0.6 元；3、行政单位和企事业单位的其他职工，每天折合现金 0.3 元。暑期时间一般定为每年 7、8、9 的 3 个月。

从 1988 年 9 月 1 日起执行劳动部《关于女职工生育待遇若干问题的通知》，其主要规定如下：1、女职工怀孕不满 4 个月流产时，应根据医务部门的意见，给予 15～30 天的产假；怀孕满 4 个月以上流产时，给予 42 天产假，产假期间，工资照发。2、女职工怀孕，在本单位的医疗机构或指定的医疗机构检查和分娩时，其检查费、接生费，手术费、住院费和药费由所在单位负担，费用由原医务经费渠道开支。3、女职工产假期满，因身体原因不能工作的，经过医疗部门证明，其超过产假期间的待遇，按照职工患病的有关规定处理。

经县人民政府研究决定，从 1988 年 3 月起增发职工每人每月生活补助费 6 元。

【劳动保险】

1986～1989 年，共为 7961 名职工办理了待业保险，收缴待业保险金累计 14.5 万元。共为 1294 名合同制工人办理了退休养老保险，收缴退休养老保险金累计 61.84 万元。1987 年，对全县国营企业固定职工退休费进行了统筹，参加统筹的单位 75 个（其中，中央、省地属单位 8 个），统筹职工 6924 人，每月征集退休费用统筹基金 11.14 万元。1988 年，对全县的集体企业职工退休费用进行了统筹，参加统筹的单位 39 个，统筹职工 1827 人，每月筹集统筹金 3.36 万元。

（吴益炎　谢长青）

【社会福利企事业】

民政部门对建立农村社会保障系统，改革社会保障工作，进行了一些探索。从 1986 年开始，在乡镇一级建立社会保障委员会。由分管民政工作的副乡（镇）长、民政助理员、人武部长、共青团书记、妇联主任、乡财政所长、卫生院长等组成，统一管理社会保障工作。并以敬老院为依托，改革农村“五保”供给工作，五保金实行以乡（镇）统筹解决。其次是大力办好福利企业，1989 年底全县兴办县、乡、村三级福利厂（场）12 个。安置优抚对象、贫困户子女就业 121 人，其中“四残”人员 61 人。年总产值达 135 万元，获利 14.5 万元。1986～1989 年，县民政局拨款 3.35 万元给乡镇兴建和修建敬老院，实现了乡乡办院。1989 年底，全县办乡镇敬老院 18 所，村办敬老院 2 所。收养老人 365 人（其中县办福利院收养 31 人），有工作人员 68 人。

另外，给村干部实行养老保险，现有 16 个乡镇的村干部投保。

【收容遣送】

1986年以来，县民政局进一步加强了收容遣送工作，配备了专人管理。对流入县内城乡中某些流浪街头，生活食宿无着落的人进行了收容。在做好这些人思想教育工作的前提下，认真查清其流浪原因和籍贯，及时遣送回原籍安置。1986～1989年，共收容遣送142人次，支付遣送费0.20万元，为进一步搞好县内治安管理，安定社会秩序起了积极作用。

【优抚安置】

四年来，优待抚恤制度进一步完善。1987年11月，县人民政府发出关于《城镇义务兵家属生活补助的规定》，规定人平收入400元以下的，每人每年补助50元至100元，因天灾人祸造成生活困难的，一次补助100元至200元。1988年“八一”建军节，县人民政府发出表彰模范军属的决定，全县表彰模范军属43名，拥军优属先进单位14个，先进个人10名，拥政爱民先进单位5个，优抚对象先进个人27名，退伍军人两用人才先进个人18名。1988年全县共扶持优抚对象407户，安置优抚对象及子女就业124人。1989年9月，成立了崇义县优抚工作指导委员会，由分管民政工作的副县长等15人组成。各乡（镇）相应成立了拥军优属服务站，各村建立了优抚服务组，使优抚安置工作逐步走向社会化，法制法，制度化、网络化。1989年，全县建立以青年民兵为主体的帮耕小组132个，以中小学生为主体的校外优抚小组242个，以共青团、妇女为主体的送温暖小组34个，党员、干部联系户642户，为优抚对象做好事952件，初步形成拥军优属网络化、制度化。四年来，接收复员退伍军人180人（其中城镇退伍兵60人），安置回农村参加农业生产的120人，在全民、集体所有制单位当工人的70人（其中有10名属1985年以前服役8年以上的老兵）。军地两用人才开发使用安置106人，开发率达92%。1988年评为全区军地两用人才开发使用先进单位，受到地区行署表彰。四年中，全县优抚事业费支出为69.30万元（其中：1986年支出11.67万元，1987年支出13.12万元，1988年支出17.61万元，1989年支出26.90万元）。

【救灾救济】

四年来，救灾救济工作，继续贯彻执行“依靠群众，依靠集体力量，生产自救为主，辅之以国家必要的救济”方针，坚持巩固和发展了救灾扶贫互助储金会，实行了救灾与扶贫相结合，救灾款无偿使用与有偿使用相结合的改革。全县18个乡（镇）、村村办起了互助储金会。1989年全县共有互助储金会153个，入会农户23490户，占总农户的77.8%，群众集资24.77万元，集体资助54.18万元，国家扶持17.65万元，共计集资96.59万元。据统计全县储金会资金投放中，用于救灾度荒的资金达25.62万元，占投放数的30.6%，用于扶贫扶优的42.93万元，占

51.4%，用于兴办经济实体的15.10万元，占18%。四年中，全县社会救济事业费支出为190.91万元，其中：自然灾害救济4.65万元，农村社会救济143.36万元，城市社会救济1.05万元。发放冬令物资救济计棉被416床，被单192床，棉衣477件。发放灾害救济粮15万斤。为稳定社会机制起到了积极作用。

【扶贫扶优】

据1985年全县调查，人均纯收入在120元以下的特困户1396户6541人，占总农户5.25%，人平纯收入在150元以下的贫困户1455户7166人，占总农户5.47%，贫、特困户共有2848户（其中优抚对象488户）18707人，占10.7%。据此，县委、县政府于1986年1月发出了《关于做好老区扶贫致富挂钩定点工作的意见》。提出对贫困户要“二年解决温饱，三年摆脱贫困”的奋斗目标。3月，县、乡、村三级分别组成659人的扶贫工作组，层层立下责任状，实行挂钩定点扶贫。全县建立群帮小组55个，帮助499户贫困户脱贫。举办科技扶贫培训班97期，培训了3609人次，给贫困户送科技资料4970册。各乡（镇）还办了一批“双扶”经济实体，安排了一批贫困户人员就业。1986年3月，上级还分配崇义县贫困地区人民赊销棉布指标24.30万米，絮棉486吨。实际赊销棉布24.15万米，折合金额人民币42.51万元，赊销絮棉45.5吨，折金16.19万元，两项折金共58.71万元。全县享受户19209户，33309人。1986年4月，县拨出24.74万元扶贫款，分配各乡镇扶持了763户贫困户。经过几年的扶贫工作，到1989年底，全县有2710户摆脱了贫困，占扶贫对象95.1%，有217户致富。

崇义县1986～1989年社会救济事业费支出情况表

表5

年度	总金额(元)	其中						注
		自然灾害救济		农村社会救济		城市社会救济		
		人	金额(元)	人	金额(元)	人	金额(元)	
1986	416500	2782	75000	1316	338900	18	2600	
1987	458400	4792	150000	2135	306300	24	2100	
1988	546500	6399	140000	2858	403600	18	2900	
1989	487700	3884	100000	2389	384800	18	2900	
合计	1909100		465000		1433600		10500	

（吴益炎　杨安华）

【老龄工作】

1987年9月，成立“崇义县老龄问题委员会”，下设办公室，设县劳动人事局。围绕“老有所养、老有所学、老有所乐，老有所医”开展工作。1988年和1989年，在全县城乡开展了“老有所为精英奖”和“敬老好儿女金榜奖”的评选活动，经反复评选，1988年有35名老同志获“老有所为精英奖”，41名中青年同志获“敬老好儿女金榜奖”，其中，有3名老同志和4名中青年同志分别获赣州地区“老有所为精英奖”与“敬老好儿女金榜奖”。同年，开展各种适合老年人的文体活动8次，举办1期老年迪斯科培训班，参加人数35人，不定期举行老年人象棋、扑克、麻将、钓鱼、门球等项目比赛，参加人数达300多人次。1989年，县创办了《老龄通讯》，组建了老龄工作报道组，编写了老龄问题宣传材料，调整和充实了各乡（镇）老龄组织，确定1名兼职干部负责办理老龄问题委员会的日常工作。5月，县老龄问题委员会组成工作组，在铅厂乡的7个村，74个村民小组对老龄问题进行了调查研究。为今后开展老龄工作掌握第一手资料。9月，组织开展首次“敬老日”活动，并召开了“全县老龄老干部工作先进集体先进个人表彰大会”，表彰了26名“老有所为”的先进个人，27名“敬老好儿女”先进个人。同时，慰问了老红军，组织少先队员慰问了敬老院老人，还举行了登山、象棋、麻将、跳棋比赛。

（吴益炎　谢长青）

【扫除社会垃圾】

1989年6月19日，成立县文化市场管理办公室；同年10月，设立了崇义县文化市场稽查队，共7人，负责文化市场稽查工作。根据上级“扫黄”的指示精神，召开了多次电话会议，广播站播送“扫黄”稿件12篇；放电影之前加映幻灯片。县城和各乡镇出墙报10期；宣传栏20期；举行“扫黄”讲座报告会5次，参加报告会的有106人。对文化经营单位和个人举办了学习班，参加人数60名。县文化市场管理办公室，结合本县实际，制订出“扫黄”的具体措施。对全县20多个集体、个体的书店（摊）和109个桌球点及其它娱乐网点，进行检查。缴获格调低下，黄色淫秽、非法出版的书刊杂志等500余册，其中属于明令查禁的308册，暂时封存的有28册，查禁图书114册，裸体图片50幅，非法出版物、迷信油印小册子（通书、日历）等100余册，看风水做地理用的罗盘1只。

同年11月，全体公安干警积极投入扫“六害”（卖淫嫖娼、制作贩卖传播淫秽物品、拐卖妇女儿童、私种吸食贩运毒品、聚众赌博、利用封建迷信骗钱害人）的斗争。在广大干群的大力支持下，及时破获卖淫奸宿5起，流氓奸宿23起，赌博12起，诈骗财物15起。

（刘文光）

·专文·

积极推进社会主义精神文明建设

巫 大 亮

1986～1989年的四年间，县委、县政府继续坚持“两个文明一起抓”的方针，认真组织全县干部群众，广泛深入开展了城乡两个层次的以创“三优”为主要形式的社会主义精神文明建设竞赛活动，做到年年有新发展、岁岁有新成绩，先后被评为全区第三、第二、第一名。1989年6月，我县代表赣州地区参加了全省县城创“三优”竞赛活动，获得了一等奖，受到了省人民政府的表彰。

我们在工作实践中，坚持了思想不松、组织不散、教育不懈、活动不断，经费不减的“五不”原则，具体作法：

一、不断深化认识，增强开展精神文明建设活动的自觉性和紧迫感

我们在开展以创“三优”竞赛活动为主要形式的精神文明建设活动中，取得了较好的成绩，增强了人们的信心，鼓舞了人们的斗志。但是，社会主义精神文明建设是一项宏伟的社会系统工程，不可能一劳永逸，一蹴而就。由于对其重要性、紧迫性、艰巨性和长期性缺乏足够的认识，有的单位领导往往只重视抓经济工作，而忽视抓精神文明建设，有的抓精神文明建设停留在口头上，实际行动中无具体措施；有的抓了一阵子，就产生了疲塌松劲情绪，认为“先进牌子挂上墙，创评活动就收场”。这些现象告诉我们，开展社会主义精神文明建设活动，始终存在着不断提高认识、端正思想的问题。

我们在认真总结回顾正反两方面的经验教训的基础上，首先从六套领导班子自身抓起，身先士卒，常常组织班子成员重温《中共中央关于社会主义精神文明建设指导方针的决议》，学习中央领导同志关于加强精神文明建设的重要论述，联系实际，回顾总结我县开展精神文明建设的成绩和问题，从理论与实践结合上理解和认识两个文明建设的辩证关系，从而不断提高认识，统一思想，增强紧迫感。与此同时，还利用办学习班、读书班和工作学习日等多种形式组织各级干部学习党和国家关于加强精神文明建设的决议、政策。通过学习、讨论，各级干部逐步深化了认识，较好地澄清了各种模糊认识，纠正了对精神文明建设工作“说起来重要，办起来次要，给经费时没有必要”的不恰当做法，各级各部门自觉地把精神文明建设列入工作议事日程，纳入目标管理责任制内容，从而形成了一种事事有人抓、件件有

落实的齐抓共管局面。

二、强化组织管理，把创“三优”活动逐步纳入经常化、制度化、规范化的轨道

机构落实是强化管理的组织保证。创“三优”活动只有强化管理，才能发挥组织协调监督作用，使活动逐步走向经常化、制度化、规范化的轨道。我们1984年就设立了“五四三”办公室，尔后还逐步组建了城管队、卫生执法队、园林站等专业管理队伍，根据形势发展的要求，为了加强和改进思想政治工作，切实抓好精神文明建设，1989年3月，成立了社会主义精神文明建设领导小组，同时将“五四三”办公室更名为“精神文明建设委员会”，并增加人员编制，充实了力量。同年5月，建立了社会治安综合治理联席会制度，建立了社会治安综合治理办公室，与文明委合署办公，两块牌子，一套人马。

创“三优”活动，作为一项系统工程，外延不断扩大，内涵日益丰富，固然需要各有关部门各司其职，通力合作，齐抓共管。同时，还必须建立健全各项管理制度，逐步实现由人治转向法治，走向依法管理的轨道。在几年的活动中，我们主要制订了“门前三包”、“门内达标”责任制，制订了《治安交通管理十不准》、《市容卫生十不准》、《单位卫生管理十不见》、《洁、齐、美式单位十标准》等四个“十”规定；制订了《23个行业（系统）职业道德规范》等一系列制度；县政府颁布了《关于加强县城道路交通管理的通告》、《关于加强县城市容环境卫生管理的通告》等行政法规；1989年初，县委、县政府重新修订发布了《崇义县文明单位建设管理办法》，从而使各项建设活动有章可循，有法可依，健康发展。

三、抓住根本，强化教育，努力提高人们的思想道德素质和科学文化素质

历史的经验告诉我们，人的素质的优劣是一个国家兴衰成败的重要标志。创“三优”、精神文明建设的根本宗旨就是提高人的素质，培养“四有”公民，保证物质文明建设的方向，促进社会生产力的发展。在努力提高公民素质方面，我们从人们的思想实际出发，结合社会主义初级阶段基本路线的教育，分三个层次，用三种形式在全县开展了形势与任务，国情与爱国主义，社会主义与独立自主、艰苦奋斗，共产主义理想教育。三个层次与三种形式是：对中层以上领导采取集中办班的形式，对一般干部采取集中作报告宣讲的形式；对工人和农民采取抽调机关干部深入城乡组织上夜校学习的形式。通过反复深入地开展教育活动，广大干部群众抵制各种错误思想和腐朽思想侵蚀的自觉性明显提高了，党风和社会风气有了明显好转。在1989年春夏之交发生的政治风波中，全县干部群众明辨是非，旗帜鲜明地与各种不正确言行作斗争，全县局势稳定，生产工作井然有序。

在进行“三德”、“四有”教育中，我们结合各行各业的实际，编制了八大类37项

职业道德规范小册子，组织广大干部职工学习，同时举办了“社会公德、职业道德”专题广播讲座，通过开展这些教育活动，文明单位不断出现，最佳“十员”、廉政勤政的干部职工越来越多，遵纪守法，诚实劳动，文明经商，优质服务，助人为乐、艰苦创业已逐步形成风气。

县委、县政府深深认识到，精神文明是人们在改造主客观世界过程中，精神生产和精神生活的成果，表现为教育、文化、科技知识的发达和思想、政治、道德水平的提高。基于这种认识，我们在狠抓文化、科技、体育事业的普及、发展的同时，努力把各级各类学校办好，使它们真正成为培养奋发进取的社会主义劳动者和建设者的场所。我们一直不惜工本建设好学校，下功夫办好教育。为了稳定教师队伍，激发教师的工作热情，我们优先考虑教师的工作生活待遇，既发给山区教师津贴，又设立了“优秀教师奖励基金”、鼓励教师安心教育事业；同时，狠抓了学校危房改造工作，1984～1989年，县乡和群众共集资1352.8万元用于学校校舍改造和维修，现已基本消灭危房，学校教学质量也在不断提高。

四、深化内容，突出重点，推动创“三优”活动由低级形态向高级形态发展

在实践中，我们认识到，创“三优”竞赛不仅要常抓不懈，而且要随着形势的发展，不断赋予新的内容，使活动由单项变多项，由低级层次向高级层次发展；同时，在组织开展不同内容的竞赛活动中，我们体会到创“三优”活动内容丰富，落实广泛，牵涉到方方面面，如果什么东西都抓，结果很可能什么都抓不住，抓不好。因此，我们坚持从实际出发，根据各个阶段的不同要求和党的中心工作，紧紧抓住热点、难点和重点。

开展活动的头两年，我们针对“路不平、不通，水不清，灯不明，猪牛粪便满街是，垃圾污水遍县城”的状况，竞赛活动以治脏为突破口，大抓了环境的治本建设；1987年、1988年，在巩固、扩大治脏成果的同时，重点加强了“两德”建设，在县城先后开展“满意在县城”、“三优记心中、文明在县城”和“争做文明公民、创建文明县城”等群众性专题活动；1988年，我们把精神文明建设的内容和要求编成通俗易记的顺口溜，编印了《崇义县建设文明县城歌诀百句》1000份，供广大干部群众学习。各行各业就行业特点开展“为人师表、教书育人、争当最佳教员”、“礼貌待客，文明经商，争当最佳营业员”、“安全生产，质量第一，争当最佳生产能手”、“守法经营，信誉第一、团结同行，纳税交费，争当最佳个体工商户”等等竞赛活动。

1989年，又提出了“强化活动，扩大成果，综合治理，提高水平”的指导思想，以建设“团结、创新、务实、图强”的文明单位为目标，在综合治理上求发展，在绿化美化上做文章。为落实综合治理措施，各单位调整充实了治保、调解、帮教小组等治安防范组织，进一步建立和完善了管理制度，落实责任制。同时，切实加

强文明单位、文明楼院、五好家庭的建设，致力于“社会细胞”的优化，从整体着眼，局部着手，全面规划，突出重点，一步一个脚印，由低级形态向着高级形态发展。

五、坚持为群众办实事好事，增强开展创“三优”活动和号召力的凝聚力

创“三优”活动必须从解决人民群众关心的“热点”、“难点”问题抓起，量力而行，一年为群众办几件实实在在的好事，以此来吸引人民群众踊跃参加到活动中来，这是被实践证明的有效途径。马克思也说过：“人们奋斗所争取的一切，都同他们的利益有关，”关心和维护群众的实际利益，才能激发人们投身建设和改革的热情。1985～1989年的五年间，我县按照“县财政挤一点，单位资助一点，受益群众出一点”的办法，累计投资1535万元，针对“上学难、娱乐难、行路难、买卖难、喝水难、入团难”等问题，狠抓了“硬环境”治本建设。由于坚持量力而行，多办实事，从根本上改变陈旧落后面貌，把崇义建设成了社会安定，经济繁荣，文明向上的“山乡明珠”。

本文作者：崇义县人民政府副县长

人　物

RENWU

高干人物

黄志勇

黄志勇，1914年生于崇义县过埠乡高坌村农民家庭。1929年加入中国共产主义青年团，1930年转入中国共产党。

1930年参加崇义地方暴动，暴动前任党的支部书记，1931年初，参加红七军政治训练队学习。参与上犹、崇义苏区的始建工作，曾任共青团崇义县委执行委员、区委宣传科长。崇义上堡暴动队政委、党特支书记。红军独立四十三团二连文书、党支部书记、红七军五十六团政治处技术书记、代理连政委、红七军地方工作团团员、宣传分队长。红三军团六师十六团俱乐部主任。1934年红军大学毕业。任红八军团六十三团政委并为军团党务委员会委员、六十七团政委、红五军团三十九团政委、红四方面军红大政治教员。参加过中央苏区第四、第五次反“围剿”和中央红军长征。1936年入中央红军大学一科、抗日军政大学一队学习。

毕业后曾任抗大政治教员、训练部党支书、第四大队政治主任，第三大队政委总校三团政委兼政教处主任，被选为中共第七次大会正式代表，军委作战科代科长，军委军事学院政治部主任、院党务委员会书记。陕甘宁绥晋联防军政治部组织部副部长。这期间曾率抗三团进入敌后冀中地区，一边作战一边办教学。曾出席中共第七次代表大会。

1946年曾任中央调赴东北干部二团政委，任热河独立十四旅副政治委员、冀热辽军区政治部组织部长、独立十六旅政委、旅政委员会主任兼热中地委书记、军分区政委。冀察热辽军区参谋长兼东北第二前指参谋长、兼东北野战军第二兵团参谋长，兼北平警备司令部参谋长，中国人民解放军第四野战军第十三兵团参谋长、第十二兵团兼湖南军区政治部主任，这期间，参加过东北解放战争和解放区的始建工作，以及辽沈、平津、渡江解放湖南诸战役。

中华人民共和国成立后，曾任湖南军区副政委、党委副书记，中共湖南省委委员，荆江分洪总指挥部副总政委，中南工程部队政委、党委书记，中国人民解放军工程兵政委，装甲兵政委、党委书记，被选为中共第九次代表大会正式代表。中国人民解放军总政治部副主任、党委副书记。1955 年被授予中将军衔，获二级八一勋章、一级独立自由勋章、一级解放勋章。曾出席中共第七次、第九次全国代表大会并被选为第九届候补中央委员。

谢 振 华

谢振华，1916 年出生于崇义县上堡乡梅甲村农民家庭。1930 年参加革命，同年加入中国共产主义青年团。

起初在麟潭游击队红色少年先锋队工作，从事地方革命活动，发动农民打土豪分田地。1932 年由团转入中国共产党，同年参加工农红军第三军团。在五次反“围剿”战斗中，任红三军团五师十四团政委，率领部队奋勇杀敌。1934 年参加二万五千里长征，任红一方面军保卫局二科科长。

1937 年，任八路军总部特务团政委。在延安参加马列主义学院学习。1940 年毕业后，任新四军第三师二十四团团长兼政委。1945 年任上海军分区政委华中新十旅政委。

1946 年任华东野战军十二纵队司令员，十军军长，指挥南下，屡建战功，为解放全中国作出了贡献。

中华人民共和国成立后，参加抗美援朝。任中国人民志愿军二十一军军长。胜利回国后，任中国人民解放军六十九军军长。1955 年被授予少将军衔。1967 年任山西军区司令员，1969 年任山西省委第一书记、北京军区副司令员。1977 年调任沈阳军区副司令员。1982 年任昆明军区第一政委。

中共第十届全国代表大会，选为中央候补委员。

中共第十二届全国代表大会，选为中央委员。

1985 年 9 月中共全国代表会议，被选为中央顾问委员会委员。

余 光 茂

余光茂，别名余律。崇义县金坑乡长岭下人。1915 年出生于农民家庭。

1930 年，红色风暴漫卷金坑、过埠一带，他放下锄头，拿起武器，投身革命。起初在过埠区金坑乡红色少年先锋队工作。积极参加发动群众打土豪分田地，建立革命政权。同年加入共产主义青年团。

1931 年苏区扩红，参加红色警卫营当战士。在战斗中英勇顽强。1932 年由团转入中国共产党，红色警卫营编入红三军团后，参加了三至五次反“围剿”。1934年春任红三军团五师十五团五连代排长，同年12月任连指导员。并参加二万五千里长征到达陕北后，到抗日军政大学学习。毕业后，赴新四军，开辟敌后根据地。

1937年任新四军三支队五团政治处宣教股股长。

1938年任江抗一团三营政治教导员，同年9月任纵队政治部组织科科长，11月任新四军四纵七团政委。1942年8月任新四军东台独立团团长。参加黄桥、天目山等战役。

1946年任华东野战军一纵队一师参谋长。四纵十一师副师长。1949年3月任华东野战军三十军八十九师师长。参加了著名的孟良崮、淮海、渡江、淞沪等战役。

中华人民共和国成立后，1950年10月率二十军八十九师赴朝参战。任志愿军师长、军副参谋长，参加了第二、第五次战役。1955年被授予少将军衔。1956年7月任陆军第二十军长。1966年3月任上海警备区副司令员。1971年5月起历任安徽省军区第一副司令员、司令员。是第四、五届全国人民代表大会代表。至1983年5月离职休养。

邓少云

邓少云，又名祖年。1915年出生于崇义县思顺乡新地村贫农家庭。1929年参加崇义游击队，同年加入共青团。1931年转入中国共产党。1930年编入红四军，后又编入红七军，先后任班长、排长、连指导员等职。1932～1936年先后在国家保卫局、三军团保卫局、红军大学任教员、科员。参加了二万五千里长征。

1936～1937年，跟随周恩来任随从副官。1938～1943年，先后在八路军总部特务团、晋察冀二分区、冀中军区任总支书记，军区保卫部副部长。

1944～1947年，随三五九旅南下，在新四军五师任保卫部长；后任中原军区保卫部长兼公安总局局长；突击二纵队保卫部长；鄂豫陕区党委社会部长。南下十二纵队保卫部长。江汉军区保卫部长兼公安总局局长等职。

中华人民共和国成立后，1949～1978年，先后任湖北省委社会总副部长兼湖北省公安厅副厅长；湖北省检察院副检察长、中央公安部长江公安局局长；长江航运管理局党委副书记、副局长，长航公安局局长。

1984年任长江航运管理局中央副部级顾问。现任全国政协委员。

兴 中

兴中，原名赖庆尧，崇义县麟潭乡左泉村人。1913年出生。

1930～1931年，参加麟潭地方武装，搞革命活动，组织发动群众起来革命闹翻身。1932年2月，参加中国工农红军，并参加1933年的第五次反“围剿”。在红一军团第一师三团当班长，在战斗中两次负伤。同年加入中国共产主义青年团。1934年参加二万五千里长征。在红一军团部当警卫员，后任通讯班班长。1936年转入中国共产党。

1937年，在红一军团随军学校当学员。参加山西平型关战役。同年调晋察冀三分区十大队任一营营长。在河北曲阳战斗中，负伤一次。1940年参加了百团大战，任晋察冀一分区三团一营营长。1943年，任晋察冀一分区十九团团长。1944年，在山西普明战斗、黄家燕战斗中，任晋绥军区二十七团副团长、团长。同年在山西二十里铺战斗中，反日军“大扫荡”，用伏击战给日军沉重打击。晋绥军区授予二级战斗奖章一枚。在晋察冀军区一分区授予模范青年奖章一枚。

1945年，在绥远孔家营战斗中，打跨国民党军装备精良的一个师，取得重大胜利，打死打伤敌人700多，俘虏45人，缴获重机枪2挺，步枪54支，当时贺龙总司令通电令：“二营业于守、善于攻、孔家营子战斗顶得硬。”1946年，参加了包绥战役，任晋绥军区二十七团团长。在攻打山西运城战斗中拿下九号碉堡及纪念塔，被纵队授予“英勇顽强团”的称号。1947年参加了太原战役，任晋绥军区七旅副旅长，在太原战役中负伤一次。1949年参加了陕西扶弥战役，任一军三师师长，同年兼任青海西宁警备司令。

中华人民共和国成立后，1950年进中国人民解放军南京军事学院学习。1953年任西北空军第二十五师师长。1955年任海军东海舰队航空兵司令员。中央军委授予少将军衔。授予独立自由勋章一枚，二级解放勋章一枚，三级八一勋章一枚。1962年任海军第二航空学校校长。1982年，任海军航空兵司令部顾问。1983年以副兵团职离休。1988年7月获一级红星功勋荣誉章。

英模人物

赖 庆 同

长征老红军，生于1916年，江西省崇义县麟潭乡石下村人。1931年参加中国工农红军，抗日时期，曾经历平型关等战役。

1945年日军投降后，党中央作出“关于建立巩固的东北根据地”的英明决策，他响应号召，随部队奔赴东北。1947年他被分配到合江省桦南县，任县大队一连政治指导员。当时合江一带，孙荣久等股匪猖獗，到处骚扰破坏。惯匪孙荣久，日寇入侵，投靠日本；日军投降，又被封为国民党地下军中将军长，继续与人民为敌。在我军民严厉打击下，股匪先后被歼。孙荣久行动诡秘狡诈，尚未落网。

3月21日晚，孙荣久伙同其副官彭治斌，趁黑夜钻进马家街。赖庆同得到情报，马上带人去抓。26日他率战士11人上山搜剿，尖兵在雪地里发现脚印，他仔细观察后，告诉大家有情况，提高警惕，搜索前进，半山腰有个废炭窑，离窑不远的水塘边，发现锅底灰和淘米水痕迹，他当机立断，命令战士“准备战斗”！

赖庆同部署好战斗任务，单独持枪冲到窑洞最近的一棵树桩后面隐蔽。由于感冒，咳嗽，惊动洞里的敌人开了枪，他立即回枪还击对射起来。窑洞里有多少敌人？还没摸清。自己只12个人，能否抓住敌人，难免担心。他突然机智地大声喊道：“一排包围后山，二排警戒路口，三排看管好车辆！”双方又对射了一阵。赖庆同又高喊：“把炮架起来，向窑里开炮！”接着扔出两颗手榴弹，窑门炸坏了。枪声停止了，听枪声里面只两个人。他又喊：“出来缴枪投降吧！你们跑不了啦！”洞里扔出两枝手枪，孙匪正举枪对准自己的脑袋，赖庆同迅猛冲进窑洞，一脚踢飞孙匪的枪，两个战士跟着冲进来，孙、彭两匪就此被活捉了。孙荣久出来一看只12个人，气急败坏地说：“多少大江大河都过去了，竟在这小河沟里翻了船！”

1947年5月，原合江省军区授予赖庆同战斗英雄称号。东北民主联军司令部、政治部授予英雄奖章1枚和证书1份。

附：奖章证明书（原文）

赖庆同同志系合江省军区一分区桦南县大队政治指导员。江西省崇义县人，现年29岁，1947年3月在桦南县马家街后山活捉国民党地下军军长孙荣久，并缴获匣枪2枚，子弹150发，手枪2枝，子弹40余发。为合江人民除一大害。遵照总司令、政治委员命令，授予其英雄奖章。

东北民主联军司令部、政治部

1947年5月20日

彭 良 三

1938年4月生于江西省南康县长塘乡赛坑村，学生出身，1956年2月参加工作，工作认真负责，1959年3月加入中国共产党。

1984年4月任崇义县人民检察院检察长以来，热爱检察工作，有强烈的事业心和责任感。在他的带领下，全院干警正确地执行党的方针、政策和国家法律。在严厉打击刑事犯罪的同时，狠抓了严厉打击经济犯罪，截止1989年底，共查处经济犯罪案件99件149人。其中大要案29件，为国家挽回经济损失百余万元。他一是不畏权势，敢于碰硬，带领全院干警顶住压力，排除各种干扰，查处了几起涉及原县委、县政协主要领导和部分中层干部的经济犯罪大要案。为打击犯罪，维护法律尊严，惩治腐败，促进党政机关廉洁，做出了突出贡献；二是秉公执法，不徇私情，在其表弟罗光连贪污万余元被揭露后，多方亲友来找他说情，他耐心地给亲友做思想工作，进行一些法律知识教育，同时积极组织干警深入查处，使该案顺利查清。起诉后罗被判处有期徒行6年。群众赞扬："彭良三，确是秉公执法，不徇私情，认法不认人的好检察官"；三是一身正气，两袖清风，以身作则，为人表率。他一贯对自己约法三章，做到：请客不到，送礼不收，外出开会不带车，回家探亲不要车。团结党组成员，狠抓干警政治思想工作，使崇义县人民检察院，连续5年被省、地、县评为先进单位。他1987年被江西省人民政府授予"劳动模范"光荣称号；1988年10月被最高人民检察院授予"模范检察长"光荣称号；1989年9月出席全国检察官会议，被国务院授予"全国先进工作者"光荣称号。

拔 尖 人 物

地区拔尖人物

陈 荣 德

男，汉族，1947 年 10 月生于赣州市，高中文化程度。1965 年 9 月参加工作，现任崇义县农机厂副厂长、工程师。

其主要科技成果:

1、《施加磁场改善低温镀铁液分散能力及提高镀层质量的研究》，1984 年获江西省优秀科技成果三等奖；

2、《钢铁件直接酸性镀铜工艺》，获赣州地区优秀成果一等奖；

3、《钢铁件直接酸性镀铜工艺中间试验》，1985 年元月通过部级鉴定；

4、钢铁件酸性光亮镀前的预镀工艺，1986 年 4 月申请获专利权；

5、《刷镀铁液抗氧化研究》，1988 年 7 月通过部级鉴定。

1989 年赣州地委、行署定为赣州地区拔尖人才。

县拔尖人物

中共崇义县委、崇义县人民政府根据中央组织部组通字〔1986〕47 号文件关于"掌握和管理好一批有突出贡献的优秀专家"的精神和中共赣州地委、赣州地区行政公署《关于我区拔尖人才的选拔管理试行意见》，于 1988 年开展了专业技术拔尖人才的选拔工作，经综合考察征求社会各界意见，1989 年筛选评定了下列 10 名为县拔尖人才。见下表。

姓　名	单位及专业职称	姓　名	单位及专业职称
刘仕旺	农牧渔业局高级农艺师	刘泽轩	中医院主治医师
肖声浩	科委副主任	李世才	崇义中学高级教师
李鸿林	中医院副主任医师	张际才	县文联秘书长
刘兴余	人民医院副主任医师	乐相栏	县文化馆馆员
谢尊浩	人民医院副主任医师	黄诗结	县志办副编审

先进人物表

受中央部门表彰的

表 1

姓　名	获奖时间	荣誉称号	颁奖部门	备　注
赵兰英	1986	计划生育先进工作者	国家计划生育委员会	铅厂乡
邓凤英	1987	工业普查先进工作者	全国工业普查领导小组	县劳动人事局
田承椿	1987	先进工作者	农牧渔业部	土管局
彭良三	1988	模范检察长	最高人民检察院	县检察院
黄国文	1988	统计先进工作者	国家统计局	上堡乡
肖社民	1988	农民体育积极分子	全国农民体育协会	龙勾乡
彭良三	1989	全国先进工作者	国务院	检察院
李冠理	1989	优秀教育工作者	国家教育委员会	崇义中学
张教民	1989	优秀教师	国家教育委员会	关田中学
胡辅勇	1989	优秀教师	国家教育委员会	长龙新溪小学
陈远来	1989	农民体育积极分子	全国农民体育协会	铅厂乡
王祥有	1989	农村科技模范标兵	共青团中央	铅厂乡
林琴云	1989	优秀财会工作者	农牧渔业部	乡镇企业局
廖贤平	1989	生育节育抽样调查先进工作者	国家计划生育委员会	县计生委
陈昌洪	1989	生育节育抽样调查先进工作者	国家计划生育委员会	县计生委
蔡玉兰	1989	生育节育抽样调查先进工作者	国家计划生育委员会	县计生委
连启初	1989	爱卫先进工作者	全国爱国卫生运动委员会	爱卫办

受省级部门表彰的

表 2

姓　名	获奖时间	荣誉称号	颁奖部门	备　注
甘盛泽	1986	先进思想政治工作者	中共江西省委	关田乡
赖允莲	1986	全省优秀教师	江西省人民政府	横水中心小学

续表

姓　名	获奖时间	荣誉称号	颁奖部门	备　注
赵春林	1986	全省优秀教师	江西省人民政府	县农林技校
刘世强	1986	全省优秀教师	江西省人民政府	崇义中学
吴宝昌	1986	优秀青年厂长	共青团江西省委	茶滩乡
彭其荣	1986	先进工作者	江西省审计局	县审计局
张声华	1986	三等功1次	江西省公安厅	县公安局
何显文	1986	优秀辅导员	团省委、省教委	古亭小学
蒙建华	1986	先进工作者	江西省农业银行	县农行
郭水生	1986	优秀质监站长	江西省粮食局	县粮食系统
张华招	1986	优秀保管员	江西省粮食局	县粮食系统
刘萍萍	1986	优秀财会人员	江西省粮食局	县粮食系统
刘长波	1986	优秀工作者	江西省粮食局	县粮食系统
李德民	1986	报刊发行能手	江西省邮电管理局	过埠邮电所
黄广仪	1986	先进工作者	江西省税务局	关田税务所
彭良三	1987	劳动模范	江西省人民政府	县检察院
黄发亮	1987	学校危房改造先进个人	江西省人民政府	县教育局
陈志华	1987	勤工俭学先进工作者	江西省人民政府	县教育局
麦著连	1987	先进工作者	江西省对台办	县对台办
赖允莲	1987	优秀教师	江西省人民政府	横水中心小学
邓声景	1987	先进工作者	中共江西省委党史资料征集办公室	县党史办
廖家荣	1987	土壤普查优秀成果奖	江西省人民政府	县农牧渔业局
田承椿	1987	土壤普查优秀成果奖	江西省人民政府	县农牧渔业局
罗九龙	1987	土壤普查优秀成果奖	江西省人民政府	县农牧渔业局
吴定海	1987	土壤普查优秀成果奖	江西省人民政府	县农牧渔业局
吴建明	1987	土壤普查优秀成果奖	江西省人民政府	县农牧渔业局
刘季元	1987	先进工作者	江西省粮食局	县粮食系统

续表

姓　名	获奖时间	荣誉称号	颁奖部门	备　注
钟世相	1987	优秀统计员	江西省粮食局	县粮食系统
刘萍萍	1987	优秀财会人员	江西省粮食局	县粮食系统
张青生	1987	先进工作者	江西省卫生厅	县卫生系统
肖诗琪	1987	先进物价检查员	江西省物价局	县物价局
赖积芳	1987	教育工会积极分子	江西省教育工会	崇义中学
罗光铭	1987	先进工作者	江西省商业厅	长龙供销社
温　勇	1987	三等功1次	江西省公安厅	县公安局
蓝声全	1987	“严打”先进工作者	江西省公安厅	铅厂乡
黄广仪	1987	先进工作者	江西省财政厅	关田税务所
伍　立	1987	先进工作者	江西省财政厅	县税务局
杨伦槐	1987	先进工作者	江西省标准局	县计量局
邱晓荣	1987	先进工作者	江西省建设银行	县建行
黄广仪	1987	先进工作者	江西省税务局	关田税务所
黄烈燕	1987	森防先进工作者	江西省林业厅	县林业系统
陈开华	1987	优秀财会人员	江西省林业厅	县林业系统
陈声洋	1987	优秀工作者	江西省环保局	县环保局
胡作修	1987	先进工作者	江西省财政厅	县粮食系统
郭水生	1987	优秀质检员	江西省粮食局	县粮食系统
徐能华	1987	优秀调运员	江西省粮食局	县粮食系统
乔向红	1987	优秀营业员	江西省粮食局	县粮食系统
黄永发	1987	先进工作者	江西省农业区划委员会	县人民政府
陈贤考	1987	先进工作者	江西省农业区划委员会	县土管局
钟羡宝	1987	先进工作者	江西省农业区划委员会	县区划办
熊承彬	1987	先进工作者	江西省农业区划委员会	县农牧渔业局
陈大尧	1987	先进工作者	江西省农业区划委员会	县水电局

续表

姓　名	获奖时间	荣誉称号	颁奖部门	备　注
杨顺福	1988	优秀体育场地普查员	江西省体育委员会	县体委
李江意	1988	优秀体育场地普查员	江西省体育委员会	县体委
叶世平	1988	先进工作者	江西省对台办	县对台办
邓声景	1988	先进工作者	江西省党史办	县党史办
黄先贵	1988	金英奖	江西省人民政府	离休干部
于海清	1988	先进工作者	江西省劳动人事厅	县劳动人事局
吴世根	1988	先进工作者	江西省劳动人事厅	县劳动人事局
黄诗结	1988	先进工作者	江西省地方志编委会	县志办
郭均梅	1988	“三八”红旗手	江西省卫生厅	县人民医院
张贵生	1988	建档先进工作者	江西省卫生厅	县人民医院
肖诗琪	1988	先进物价检查员	江西省物价局	县物价局
黄彩信	1988	先进工作者	江西省粮食局	县粮食系统
赖书芳	1988	综合业务先进工作者	江西省粮食局	县粮食系统
赖厚义	1988	先进工作者	江西省粮食局	县粮食系统
刘萍萍	1988	先进工作者	江西省粮食局	县粮食系统
钟世相	1988	先进工作者	江西省粮食局	县粮食系统
郭水生	1988	先进工作者	江西省粮食局	县粮食系统
胡作修	1988	先进工作者	江西省粮食局	县粮食系统
李清香	1988	“三八”红旗手	江西省妇联	关田乡
李有根	1988	一级先进工作者	江西省保险公司	县保险公司
周美林	1988	先进工作者	江西省商业厅	横水供销社
杨民民	1988	先进工作者	江西省税务局	县税务局
王昭滢	1988	先进工作者	江西省财政厅	县财政局
江济兴	1988	民政工作先进工作者	江西省民政厅	横水镇
张连升	1988	征兵先进工作者	江西省征兵办	县人武部

续表

姓 名	获奖时间	荣誉称号	颁奖部门	备 注
黄生裕	1988	先进工作者	江西省乡镇企业局	乡镇企业局
李永平	1989	优秀护士	江西省卫生厅	县人民医院
卢桂英	1989	“五好家庭”标兵	江西省卫生厅	县人民医院
罗良全	1989	先进工作者	江西省农业银行	县农行
肖敦浩	1989	普法先进工作者	江西省司法厅	横水镇
黄圣强	1989	先进工作者	江西省文化厅	铅厂乡
黄彩信	1989	廉政建设先进工作者	江西省粮食局	县粮食系统
谢才涵	1989	先进工作者	江西省税务局	县税务局
张福生	1989	先进工作者	江西省财政厅	县财政局
刘耀贵	1989	先进工作者	江西省财政厅	县财政局
罗同汉	1989	三等功1次	江西省公安厅	县公安局
伍学精	1989	先进工作者	江西省卫生厅	县卫生系统
卢和锦	1989	先进工作者	江西省卫生厅	县卫生系统
郭均梅	1989	“三八”红旗手	江西省妇联	县卫生系统
胡益寿	1989	先进物价工作者	江西省物价局	县物价局
肖诗琪	1989	先进物价检查员	江西省物价局	县物价局
肖贤能	1989	先进工作者	江西省地方志编委会	县志办
黄诗结	1989	先进工作者	江西省地方志编委会	县志办
张福生	1989	先进工作者	江西省财政厅	县财政局
周才盛	1989	先进工作者	江西省农业银行	上堡乡
刘兴余	1989	模范卫生工作者	江西省卫生厅	县人民医院
彭良三	1989	优秀党员	中共江西省委	县检察院
刘作银	1989	优秀党务工作者	中共江西省委组织部	横水镇
陈世坤	1989	优秀乡镇企业家	江西省人民政府	县乡镇企业局
黎玉香	1989	先进工作者	江西省人民政府	县劳动人事局

续表

姓　名	获奖时间	荣誉称号	颁奖部门	备　注
成　松	1989	先进工作者	江西省人民政府	县劳动人事局
钟秀平	1989	有突出贡献工作者	江西省人民政府	县煤矿
许锡贞	1989	先进工作者	江西省人民政府	县百货纺织品公司

受地委、行署表彰的（含军分区）

表3

姓　名	获奖时间	荣誉称号	颁奖部门	备　注
江济兴	1986	办敬老院先进工作者	赣州地区行署	横水镇
张　洁	1986	计划生育先进工作者	赣州地委、行署	县卫生院
彭良三	1987	优秀党员	中共赣州地委	县检察院
叶光辉	1987	优秀党员	中共赣州地委	古亭镇
黄学金	1987	先进工作者	中共赣州地委	县卫生系统
刘作银	1987	优秀党员	中共赣州地委	横水乡
林达平	1987	先进工作者	中共赣州地委	县卫生系统
陈远财	1987	优秀干部	中共赣州地委	横水乡
王先圣	1987	优秀干部	中共赣州地委	县水泥厂
赖允莲	1987	“三八”红旗手	赣州地区行署	横水中心小学
王志礼	1987	“严打”先进工作者	赣州地区行署	铅厂乡
刘家修	1987	防病灭病先进工作者	赣州地委、行署	铅厂乡
华川爰	1987	退伍军人两用人才先进工作者	赣州军分区	茶滩乡
巫大伟	1988	普法先进工作者	赣州地区行署	县林业系统
廖耀明	1988	先进工作者	赣州地区行署	县教育系统
刘福忠	1988	优秀教师	赣州地委、行署	过埠中学
刘立福	1988	优秀教师	赣州地委、行署	过埠中学
李家森	1988	优秀教师	赣州地委、行署	茶滩中心小学

续表

姓　名	获奖时间	荣誉称号	颁奖部门	备　注
陈世徇	1988	优秀教师	赣州地委、行署	龙勾中心小学
伍学信	1988	优秀教师	赣州地委、行署	麟潭中学
刘继荣	1988	优秀教师	赣州地委、行署	上堡小学
汤昌恒	1988	优秀教师	赣州地委、行署	思顺小学
杨官福	1988	优秀教师	赣州地委、行署	铅厂小学
郭垂连	1988	优秀教师	赣州地委、行署	丰州小学
周天顺	1988	优秀教师	赣州地委、行署	乐洞小学
王景明	1988	优秀教师	赣州地委、行署	城关小学
肖群福	1988	优秀教师	赣州地委、行署	崇义中学
陈武丁	1988	优秀教师	赣州地委、行署	金坑小学
杨源镜	1988	先进工作者	赣州地委、行署	县进修学校
赖允莲	1988	先进工作者	赣州地委、行署	横水中心小学
蒋兰英	1988	先进工作者	赣州地委、行署	城关幼儿园
甘开福	1988	先进工作者	赣州地区行署	古亭中心小学
黄连英	1988	先进工作者	赣州地区行署	县文化系统
许锡贞	1988	先进工作者	赣州地区行署	百货纺织品公司
邓仁珍	1988	先进工作者	赣州地区行署	铅厂乡
黄礼福	1988	优秀党员	中共赣州地委	铅厂乡
韩洪波	1988	优秀团干	中共赣州地委	关田乡
杨承先	1988	模范军属	赣州地区行署	乐洞乡
周作礼	1988	劳动模范	赣州地区行署	古亭镇
郭礼祥	1988	先进工作者	中共赣州地委	县党史办
叶光辉	1989	优秀党员	中共赣州地委	古亭镇
肖厚桂	1989	优秀党务工作者	中共赣州地委	县纪委
黄礼福	1989	优秀党务工作者	中共赣州地委	铅厂乡

续表

姓　名	获奖时间	荣誉称号	颁奖部门	备　注
陈远财	1989	两个文明建设先进工作者	赣州地委、行署	横水镇
曾昭有	1989	两个文明建设先进工作者	赣州地委、行署	统计局
梁华寿	1988	优秀教师	赣州地委、行署	聂都中学
吴为享	1988	优秀教师	赣州地委、行署	聂都中学
扶建民	1988	优秀教师	赣州地委、行署	关田中学
陈大来	1988	优秀教师	赣州地委、行署	长龙小学
谢德心	1988	先进工作者	赣州地委、行署	县农林技校
张教民	1988	先进工作者	赣州地委、行署	关田中学
温至达	1989	两个文明建设先进工作者	赣州地委、行署	县环卫所
张祖兰	1989	两个文明建设先进工作者	赣州地委、行署	县百货公司
邓仁珍	1989	两个文明建设先进工作者	赣州地委、行署	铅厂乡
李梅香	1989	两个文明建设先进工作者	赣州地委、行署	茶滩乡
肖家适	1989	两个文明建设先进工作者	赣州地委、行署	龙勾乡
谢纲楷	1989	两个文明建设先进工作者	赣州地委、行署	扬眉镇
朱喜凤	1989	两个文明建设先进工作者	赣州地委、行署	长龙乡
李道海	1989	两个文明建设先进工作者	赣州地委、行署	过埠乡
张诗兰	1989	两个文明建设先进工作者	赣州地委、行署	麟潭乡
巫大伟	1989	两个文明建设先进工作者	赣州地委、行署	县林业系统
罗光铭	1989	两个文明建设先进工作者	赣州地委、行署	长龙供销社
郑加楠	1989	两个文明建设先进工作者	赣州地委、行署	县农牧渔业局
蔡进圣	1989	两个文明建设先进工作者	赣州地委、行署	县水电局
蒋兰英	1989	两个文明建设先进工作者	赣州地委、行署	城关幼儿园
郭均梅	1989	两个文明建设先进工作者	赣州地委、行署	县人民医院
彭良三	1989	两个文明建设先进工作者	赣州地委、行署	县检察院
黄连英	1989	两个文明建设先进工作者	赣州地委、行署	县文化系统

续表

姓　名	获奖时间	荣誉称号	颁奖部门	备　注
杨小红	1989	两个文明建设先进工作者	赣州地委、行署	县经委
周昌秀	1989	“三八”红旗手	赣州地委、行署	古亭镇
谢维铭	1989	民兵武器管理先进工作者	赣州军分区	县人武部
刘大年	1989	民兵军事训练先进工作者	赣州军分区	县人武部
刘相浩	1989	优秀军械参谋	赣州军分区	县人武部
张卿学	1989	先进工作者	赣州地区行署	教育系统
张华美	1989	两个文明建设先进工作者	赣州地委、行署	农机一厂
黄彩信	1989	两个文明建设先进工作者	赣州地委、行署	县粮食局
杨民民	1989	两个文明建设先进工作者	赣州地委、行署	县税务局
华伦洪	1989	两个文明建设先进工作者	赣州地委、行署	聂都乡
刘贤道	1989	两个文明建设先进工作者	赣州地委、行署	丰州乡
何　焕	1989	先进工作者	赣州地区行署	离休干部
高荫文	1989	先进工作者	赣州地区行署	离休干部
黄先贵	1989	先进工作者	赣州地区行署	离休干部
夏宝万	1989	先进工作者	赣州地区行署	离休干部
钟祖灼	1989	先进工作者	赣州地区行署	长龙乡
肖厚桂	1989	优秀党务工作者	赣州地区行署	县纪委
张振兴	1989	优秀纪检干部	赣州地区行署	县林业局
李文渊	1989	先进工作者	赣州地区行署	县税务局
许锡贞	1989	先进工作者	赣州地委、行署	县百货纺织公司
王福晨	1989	三等功 1 次	赣州地区行署	县公安局
刘显明	1989	三等功 1 次	赣州地区行署	县公安局
林立如	1989	三等功 1 次	赣州地区行署	县公安局
连启初	1989	两个文明建设先进工作者	赣州地委、行署	县文明委
李英才	1989	两个文明建设先进工作者	赣州地委、行署	思顺乡

续表

姓　名	获奖时间	荣誉称号	颁奖部门	备　注
吴会森	1989	两个文明建设先进工作者	赣州地委、行署	上堡乡
张显涛	1989	两个文明建设先进工作者	赣州地委、行署	金坑乡
张福银	1989	两个文明建设先进工作者	赣州地委、行署	杰坑乡
黄广豪	1989	两个文明建设先进工作者	赣州地委、行署	关田乡
叶光辉	1989	两个文明建设先进工作者	赣州地委、行署	古亭镇
张定楷	1989	两个文明建设先进工作者	赣州地委、行署	文英乡
杨承先	1989	两个文明建设先进工作者	赣州地委、行署	乐洞乡

在外副县（团）级以上党政军（企事业）人员表

表4

姓　名	性别	出生年月（公元）	参加工作时　间	籍贯（乡镇）	文化程度	工作单位	职　务	附　注
朱　挺	男	1914.10	1930.1	思　顺	中　专	河北省卫生厅干部进修学校	副校长	师　级
罗勇胜	男	1917.3	1930.2	上　堡	中　学	天津医学院党委办公室	主　任	副书记
钟　铃	男	1918.11	1931.1	思　顺	大　学	第四军医大学教研室	主　任	师　级
吴　兴	男	1916.8	1932.2	扬　眉	中　专	兰州铁路局卫生处	处　长	主治医师
陈　德	男	1917.12	1932.3	铅　厂	中　学	湖南衡阳市人武部	部　长	师　级
王　煜	女	1932.9	1948.10	上　堡	大　专	昆明军区政治部图书馆	主　任	讲　师
吴兴萍	男	1930.12	1949.8	龙　勾	高　中	江西省委党史研究室	副主任	
何耀农	男	1930.6	1949.8	思　顺	简　师	赣州地二轻局	局　长	
陈远钜	男	1928.3	1949.8	过　埠	大　学	江西省委党校办公室	主　任	
张兴均	男	1934.11	1949.8	杰　坝	中　专	赣州地区民政局	副局长	
谭阳辉	男	1931.2	1949.9	思　顺	中　学	江西省进出口商检局	局　长	
刘昌万	男	1932.7	1949.9	横　水	中　学	赣州地区民政局	局　长	
钟端胜	男	1931.10	1949.9	聂　都	高　中	赣州地区交通稽查征费分局	党委书记	

续表

姓 名	性别	出生年月(公元)	参加工作时 间	籍 贯(乡镇)	文 化程 度	工 作 单 位	职 务	附注
赖克常	男	1932.5	1949.11	杰 坝	中 学	上犹县人大常委会	主 任	
赵达珠	男	1932.10	1950.1	扬 眉	高 中	江西工业大学统战部	部 长	
何梅荫	女	1929.12	1950.2	聂 都	高 中	广西彝族自治区劳动厅	行政秘书	
赖和祥	男	1933.5	1950.5	横 水	中 学	吉安地区新华书店总工会	主 席	
黄章汉	男	1931.6	1950.6	横 水	中 学	广东阳春县纪检委员会	书 记	
何荣福	男	1934.11	1950.8	麟 潭	大 专	江西省人民检察院	检察员	
陈吉波	男	1931.10	1950.8	金 坑	大 专	江西省委驻司法厅纪检组	组 长	
朱介明	男	1932.10	1950.10	长 龙	高 中	江西省水产科研所	党委书记	
庄家庠	男	1931.6	1950.10	横 水	中 学	犹江林场	场 长	
曹显达	男	1933.12	1951.3	麟 潭	中 学	湖北大冶有色金属公司公安处	副处长	
黄先辙	男	1941.6	1959.10	过 埠	高 中	广西柳州区(省)建五公司金属结构厂	党委书记	
郭家正	男	1937.8	1951.9	长 龙	大 专	鹰潭市中级人民法院	副院长	
朱礼椿	男	1934.12	1952.8	思 顺	中 专	江西第六劳改队	队 长	民警 3 级
吕家龙	男	1937.3	1952.10	聂 都	中 学	于都县人武部	部 长	
郭发盛	男	1935.2	1954.10	长 龙	中 专	驻赣州地区文化局纪检组	组 长	
潘 峰	男	1936.8	1956.8	杰 坝	中 学	核工业部华东地勘局 262 大队	党委书记	
刘家什	男	1939.7	1959.7	杨 眉	中 专	宜黄县人大常委会	副主任	
雷钦生	男	1935.8	1959.8	横 水	大 学	南方冶金学院宣传部	部 长	
黄万茀	男	1940.1	1959.8	横 水	中 专	广东省阳江公路局	局 长	工程师
吕宗贵	男	1942.4	1959.12	上 堡	中 专	吉安地区社会保险事业管理处	处 长	
廖贤兰	男	1941.7	1960.6	杰 坝	高 中	赣州公路局	正 处	
胡治生	男	1935.10	1960.8	杰 坝	大 学	江西中医学院	副院长	
王安富	男	1936.8	1961.6	铅 厂	大 专	赣州地区人事局	局 长	

续表

姓　名	性别	出生年月(公元)	参加工作时　间	籍 贯(乡镇)	文 化程 度	工 作 单 位	职　务	附注
刘文俊	男	1945.11	1963.7	过 埠	大 专	赣州地区电视台	台　长	
易达刚	男	1947.11	1963.11	横 水	大 专	赣州地区二轻供销公司	经　理	
李良森	男	1940.10	1964.7	横 水	大 学	江西省人事厅	处　长	
刘文春	男	1937.11	1965.1	过 埠	大 学	江西省高等法院研究室	副主任	
张宗洵	男	1949.10	1965.8	金 坑	大 专	云南军区政治部保卫处	处　长	
钟英兰	男	1946.5	1965.10	聂 都	中 专	赣州地区老建办	副主任	
朱诗樊	男	1949.3	1968.7	思 顺	大 专	江西省人大常委会	纪检员	
吴祖华	男	1950.12	1968.8	龙 勾	大 专	江西省军区司令部动员处	处　长	
杨平忠	男	1951.11	1969.1	铅 厂	大 专	江西军区九江第一干休所	副所长	
郭秀君	女	1949.2	1969.8	扬 眉	大 学	南京电视台	台　长	编 辑
刘焕光	男	1948.12	1970.12	扬 眉	大 专	江西省军区后勤部	中　校	
谢　斌	男	1955.11	1974.8	扬 眉	大 学	江西顾委办公厅秘书处	副处长	

说明：1、本表按参加工作时间先后排列。

2、本名录是于 1990 年 8 月 31 日以前寄回调查表的人员，逾期未寄回的未列。

3、高干将领有简介的，此表未列。

在外高级科技人员表

表 5

姓　名	性别	出生年月(公元)	参加工作时　间	籍　贯(乡镇)	文　化程　度	工　作　单　位	技术职称
吴隆洵	男	1923.3	1949.5	扬　眉	大　学	江西省精神病院	教授、主任医师
肖昌璜	男	1918.11	1949.8	关　田	大　学	赣南师范学院	教　授
黄先纬	男	1927.9	1951.8	杰　坝	大　学	西北农业大学	教　授
蔡象赞	男	1929.7	1952.8	长　龙	大　学	长春地质学院	教　授
杨心炳	男	1930.11	1954.8	扬　眉	大　学	甘肃农业大学	教授、研究员
邹笃镭	男	1931.9	1955.9	横　水	大　学	东北工学院	教　授

续表

姓　名	性别	出生年月(公元)	参加工作时　间	籍　贯(乡镇)	文　化程　度	工　作　单　位	技术职称
朱贤枚	男	1931.5	1949.7	思　顺	大　学	江西广播电视大学	副教授
邹笃钦	男	1918.5	1949.9	横　水	大　学	赣南师范学院	副教授
肖家亨	男	1928.3	1949.9	龙　勾	大　学	赣南师范学院	副教授
林树德	男	1933.6	1957.7	杰　坝	大　学	华中师范大学政治系	副教授
何明鉴	男	1937.1	1958.8	扬　眉	大　学	南京航空学院	副教授
李梓杜	男	1937.1	1958.12	思　顺	大　学	广西大学	副教授
张　燮	男	1929.9	1963.9	上　堡	大　学	华东地质学院	副教授
吕家鸿	男	1941.5	1968.8	聂　都	大　学	赣南师范学院	副院长、副教授
肖声莹	男	1927.10	1951.7	扬　眉	大　学	成都长城节能研究所	高级工程师
邱道益	男	1933.9	1954.10	扬　眉	大　学	赣州有色冶金研究所	高级工程师
陈桂卿	男	1935.2	1955.9	扬　眉	大　学	贵阳搪瓷厂	高级工程师
吴泽标	男	1938.12	1956.3	麟　潭	大　学	鹰潭市邮电局	高级工程师
肖子健	男	1933.9	1957.8	扬　眉	大　学	天津大港石油管理局采油二厂	高级工程师
朱礼楚	男	1928.1	1960.8	思　顺	大　学	河南兰考县林业局	高级工程师
朱人境	男	1936.12	1961.6	长　龙	大　学	南昌铁路分局向塘车站	高级工程师
蒋扬渊	男	1939.6	1961.8	横　水	大　学	航天部第二研究院第三总体设计部	高级工程师
林群生	男	1934.12	1962.2	长　龙	大　学	赣州地区林业工业公司	高级工程师
黄上维	男	1936.10	1962.10	横　水	大　学	湖北大冶钢厂	高级工程师
廖立山	男	1941.8	1964.8	金　坑	大　学	山东兖州矿务局兴隆煤矿选煤厂	高级工程师
杨顺梁	男	1938.6	1964.9	龙　勾	大　学	湖北大冶有色金属公司技术处	高级工程师
肖敬生	男	1940.11	1965.7	关　田	大　学	江西塑料厂	高级工程师
何添华	男	1941.2	1965.7	文　英	大　学	四川计划经济委员会	高级工程师

续表

姓名	性别	出生年月(公元)	参加工作时间	籍贯(乡镇)	文化程度	工作单位	技术职称
邹苏招	女	1941.7	1965.7	横水	大学	河北邯郸煤炭设计研究院	高级工程师
钟长浩	男	1925.8	1950.5	扬眉	大专	赣州地区农资公司	高级农艺师
官德恒	男	1935.6	1954.8	横水	中专	江西省屠家埠水稻良种场农科所	高级农艺师
郭垂逢	男	1928.12	1958.8	上堡	大学	高安县农业局	高级农艺师
肖朗	男	1930.11	1949.6	龙勾	大学	湖南电力经济研究室	高级经济师
肖声涉	男	1940.11	1965.8	扬眉	大学	吉安地区工商银行	高级经济师
廖贤楠	男	1930.2	1949.9	杰坝	中学	江西省财政厅	高级会计师
刘柯才	男	1935.1	1949.9	长龙	大专	中国地质报江西记者站站长	主任记者
黄万鹏	男	1932.9	1950.10	横水	中专	新余钢铁厂	高级统计师
吴隆官	男	1939.9	1964.8	龙勾	大学	广西科技情报研究所	副研究员
陈朝锋	男	1933.11	1951.7	茶滩	大专	赣州第一人民医院	副主任医师
吴隆佳	男	1935.2	1951.9	扬眉	大学	南京军区第83医院	副主任医师
黄昭贵	男	1934.12	1954.12	横水	中专	大冶有色金属公司卫生处	副主任医师
廖盛裔	男	1933.1	1958.8	金坑	大学	铁道部第五工程局怀化医院	副主任医师
何明镰	男	1934.9	1962.9	扬眉	大专	定南县人民医院	副主任医师
黄庆秀	女	1937.8	1958.7	长龙	大专	鹰潭市第一中学	中教高级
殷显耀	男	1938.12	1962.7	金坑	大学	鹰潭市教研室	中教高级
杨大彬	男	1941.11	1967.7	茶滩	大学	南城第一中学	中教高级
朱吉发	男	1941	1967	茶滩	大学	北京市94中学	中教高级

说明：1、本表按职称类别，以参加工作时间先后排列。

2、截止1990年8月31日尚未寄回调查表者，因情况不明，本表未列。

在外中级科技人员表

表 6

姓名	性别	出生年月(公元)	参加工作时间	籍贯(乡镇)	文化程度	工作单位	技术职称
娄舜如	女	1925.2	1949.5	扬眉	中专	江西省精神病院	主管护师
刘映芬	男	1924.2	1949.10	扬眉	大专	赣州地区商业职工医院	主治医师
黄光明	男	1935.10	1952.8	铅厂	中专	河南新乡铁路局卫生科	主治医师
方绪伦	男	1932.10	1953.6	上堡	中专	吉安地区精神病院	主治医师
杨心瑾	男	1937.10	1953.7	横水	大专	河南省第二建筑工程公司医务所	主治医师
郭清垣	男	1936.6	1953.8	长龙	大专	赣州地区妇幼保健院	主治医师
肖芳淘	男	1945.3	1966.9	龙勾	中专	南昌市郊区家禽实验中心场	畜牧兽医师
钟至财	男	1950.10	1968.12	铅厂	大专	江西九江军分区卫生所	主治医师
张乃夫	男	1956.9	1976.8	上堡	大专	赣南医学院附属医院	主治医师
黄晓东	男	1895.5	1949.5	铅厂	大学	湖北武汉市文史研究馆	馆员
潘世康	男	1930.11	1949.8	杰坝	中学	江西省档案局科研所	馆员
黄光纬	男	1926.12	1949.10	思顺	大专	广东省中山图书馆	馆员
黄庆昌	男	1940.11	1959.8	横水	中专	赣州市文化馆	馆员
黄金凤	女	1945.6	1963.8	横水	中专	江西师大科研处	馆员
邱朝东	男	1937.3	1960.10	杰坝	大专	江西农大园艺系	助理研究员
陈兴扶	男	1938.2	1964.8	关田	大学	农业部动物检疫所	助理研究员
蒋名贤	男	1918.2	1949.8	横水	大学	吉安地区科委	讲师
肖声馥	男	1928.8	1949.10	龙勾	大学	湖南师大	讲师
肖声和	男	1921.3	1949.11	横水	大专	广西柳州师范学校	讲师
谢纪坊	男	1938.6	1955.8	扬眉	大专	南昌航空工业学院	讲师
卢承根	男	1935.4	1955.8	茶滩	中专	西安市华山技工学校	讲师
罗超群	男	1955.2	1973.1	上堡	大专	西藏拉萨市体委	讲师
肖文	男	1957.10	1981.1	龙勾	大学	赣南师范学院	讲师

续表

姓　名	性别	出生年月(公元)	参加工作时　间	籍　贯(乡镇)	文　化程　度	工　作　单　位	技术职称
吴祖勇	男	1948.6	1968.1	龙　勾	大　专	九江液化石油气公司	会计师
刘光禄	男	1945.12	1968.12	铅　厂	大　学	江西分宜发电厂	会计师
黄光天	男	1928.8	1949.4	杰　坝	大　学	江苏常州市人民银行	经济师
钟蔚其	男	1927.12	1949.8	横　水	高　中	大余西华山钨矿	经济师
张锡瑞	男	1930.2	1949.8	上　堡	中　学	赣南贸易中心	经济师
黄世椿	男	1921.5	1949.8	横　水	中　专	河南洛阳矿山机器厂	工程师
王安佐	男	1936.9	1955.5	长　龙	大　专	赣州有色冶金研究所	工程师
朱宗源	男	1936.10	1955.7	茶　滩	中　专	下垅钨矿化验室	工程师
肖家波	男	1934.5	1955.8	长　龙	中　专	赣南地质调查大队	工程师
陈庆干	男	1937.9	1956.8	横　水	中　专	地质矿产部青海中心实验室	工程师
雷钦富	男	1936.8	1958.7	横　水	大　专	江西省轻工业厅	工程师
李海汤	男	1936.1	1956.12	长　龙	大　专	乐平矿务涌山煤矿	工程师
刘德浩	男	1935.10	1960.8	横　水	中　专	乐平县水利电力局	工程师
乐香桂	男	1942.11	1964.8	横　水	大　专	航空航天部沈阳新光动力机械公司	工程师
赖厚华	男	1944.4	1964.8	杰　坝	大　专	航空航天部三院159厂	工程师
赖厚才	男	1942.6	1965.7	杰　坝	中　专	航空航天部洛阳014中心	工程师
陈远致	男	1942.9	1965.8	横　水	大　专	西安航空航天工业部603研究所	工程师
罗贤卿	男	1946.6	1965.8	横　水	大　学	江西铝厂	工程师
邓仁珠	男	1952.8	1978.1	铅　厂	大　学	航空航天部景德镇602研究室	工程师
欧阳尧	男	1930.6	1949.10	关　田	大　学	广东连平县高萱中学	中教一级
闵有发	男	1941.7	1963.1	横　水	大　学	江西洪门水电厂职工子弟学校	中教一级
钟凤余	女	1938.11	1962.8	扬　眉	中　学	江西南昌九四医院	主管护师

说明：1、本表按职称类别，以参加工作时间先后排列。

2、截止1990年8月31日未寄回调查表者，因情况不明，本表未列。

逝 世 人 物

赖 振 骅

(1918～1986 年)

赖振骅，1918 年出生于崇义县过埠乡水石村一个贫苦农民家庭。1931 年 9 月参加中国工农红军，1932 年 2 月加入中国共产党。他从少年时代起，就投身于中国人民的解放事业，原任湖北省军区副司令员，1983 年离休。后因患病医治无效，于 1986 年 8 月 22 日病逝于武汉，终年 68 岁。

土地革命时期：历任战士、排长、连长、营长、师特务大队队长等职，参加了中央苏区、湘鄂西革命根据地历次反“围剿”和举世闻名的二万五千里长征，在艰苦的战争环境里，不怕牺牲，英勇善战，出色地完成了各项战斗任务，多次受到上级的通报表扬。1933 年在江西梅花岭战斗中，他冲锋在前，浴血奋战，被授予“模范党员”称号。

抗日战争时期：历任营长、旅侦察科副科长等职，坚决执行党的抗日民族统一战线政策，团结各族群众，机智勇敢地完成了作战侦察任务，为抗日斗争的胜利，作出了较大的贡献。

解放战争时期：历任团参谋长、团长等职，参加了著名的辽沈和平津战役，在攻克锦州的战斗中，他身先士卒带领全团，率先攻入锦州，战绩显著，受东北野战军的通令嘉奖。

全国解放后：历任郑州铁路军运处副处长，武汉军区司令部交通处处长、交通部部长、湖北省军区司令部副司令员等职，他努力学习马列主义、毛泽东思想，刻苦钻研业务，工作兢兢业业，任劳任怨。他长期做铁路军事运输工作。团结铁路工人，模范执行政策为我军的铁路军事运输工作做出了出色的贡献，受到上级领导机关和外国专家的表扬。在河北省军区工作期间，他经常深入基层，调查研究，为部队和民兵建设，贡献了力量。

在十年动乱期间，他坚定地站在党的正确立场上，同“四人帮”作斗争。身处逆境，仍坚持工作，关心经济建设和生产发展，积极带领部队和民兵参加社会主义建设事业，离休以后一直关心党和国家的大事，关心军队建设，积极参加政治学习和党的生活，几次担任干休所老干部党支部书记，以普通党员要求自已，全心全意为人民服务。

他在长期的革命战争中，为中国人民的解放事业南征北战，出生入死，多次负伤，曾荣获二级八一勋章、三级独立自由勋章、二级解放勋章。

乡镇简介

XIANG ZHEN JIAN JIE

乡镇简介

横 水 镇

横水镇曾拆置横水镇、横水乡。1989 年再行合并为横水镇。镇人民政府驻南新路。

【人口民族】

全镇大多数是汉族，城镇机关干部及其家属中有白、回、壮、蒙等少数民族 9 人；1988 年恢复蓝姓为畲族的 13 户 69 人；1989 年恢复雷姓为畲族的 45 户 211 人。

1986～1989 年户口统计表

表 1

项目 户口数 年份	总户数	总人口	其中				备注
			男	女	农业人口	非农业人口	
1986	4326	24979	14249	10730	14395	10584	原年鉴资料数字乡、镇合并前归纳合并计算，以下同
1987	4809	26027	14765	11262	14490	11537	
1988	4657	26750	15110	11640	14675	12075	
1989	5562	27502	15528	11974	14558	12944	

【农 业】

全镇种水稻为主，兼种豆类、薯类、茶、果、玉米、瓜果等。1986 年掀起农业开发总体战，四年来共开垦 941 亩。镇、村投资 25.2 万元（其中县拨款 2.8 万元），新建麻土村黄竹园跨河水利工程 2600 米；维修防洪堤 8 条，26.6 公里；新建和维修大小水渠 105 条；筑大型木石陂 8 座，建中型永久性水泥陂 4 座。全镇 10 亩以上的连片农田，都解决了水利灌溉，灌溉面积达 7133 亩。

水产以池塘、水库、稻田养鱼为主，库塘面积 444 亩，稻田养鱼面积 1898 亩，年产量 9.5 吨。

1986～1989 年农业概况表

表 2

项目 数量 年份	耕地面积(亩)	早稻亩产(公斤)	中稻亩产(公斤)	晚稻亩产(公斤)	全年总产量（吨）	农业产值(万元)	备　注
1986	8451	339	182	319	4589.5	660.3	1、总产粮豆合计
1987	8456	372	190	327	4672.8	767	2、建公房及市区规划面积未列
1988	8425	382	201	332	4860.6	813	
1989	9074	383	206	340	4948.7	826	

【林　业】

境内林地面积 18.9 万亩，产松、杉、杂木和毛竹。珍贵木材有香樟、楠木。全镇有 12 个采育林场，专职护林员 13 名，四年来坚持采育结合，永续利用的方针。

1986～1989 年林业情况表

表 3

项目 数量 年份	造林面积(亩)	育林面积(亩)	采伐木材(立方米)	采伐毛竹(万根)	林业产值(万元)	上缴税金(万元)	备　注
1986	8798	19573	4673	1.3	211.38	18.23	
1987	7199	24981	3716	0.6	236	23.56	
1988	5414	23454	1365	0.6	288	24.33	
1989	5411	17000	1099	0.8	236	23.56	

【村镇企业】

1988 年，本镇被定为综合改革试点镇后，以镇办企业为主攻方向。镇办、村办、户办、联户办“四轮齐动”，出现了前所未有的势头。其中以家具厂、胶合板厂、酱油饮料厂、收砂站、林工商公司、拼花地板厂等利润较优。家具厂产品行销省外。

1986～1989年镇村企业情况表

表4

数量 项目 / 年份	乡办	村办	户办	联户办	合计（个）	总产值（万元）	上缴税金（万元）	备注
1986	27	46	328	32	433	877.59	160.11	
1987	15	44	472	18	549	1086.41	247.27	
1988	23	66	420	85	594	1773.93	250.19	
1989	16	47	456	47	566	1985	262.50	

【文教卫生】

镇文化、广播站，工作人员4名，有书报阅览室、电视室。3个电视录像放映点，10个村电影放映队。有电视放像设备2套，体育设备1套，2个电视差转台，广播设备1套，新购上海牌松声扩音机1台，杭州牌西湖控制桌1台。1989年底有8个村通广播，入户喇叭2020只。重大节日，镇团委、文化站组织群众性文艺晚会。1988及1989年，连续被地区评为广播电视先进单位。

镇卫生院1所，有医护人员11名，村卫生所12所，乡村医生8名，卫生员12名，接生员14名。镇、村卫生人员认真抓了防疫工作，落实了传染病防治法。1989年省预防接种达标检查，4苗覆盖面达85%。

全镇小学10所，教学点9所。四年来镇、村投资124.41万元（其中县拨款2.6万元群众集资1.46万元），新建8所小学，9所教学点，维修2所，面积7054.5平方米，实现校校无危房。1989年小学入学率达99.8%。还新建村幼儿园9所，幼儿入园达56%。

1989年元月破土动工新建镇中学，镇投资157.3万元（其中群众集资34.48万元），建成教学大楼、综合大楼、食堂等面积5825平方米，历时8个月，全面完成上述建筑工程，当年9月1日正式开学，招收初中新生378名。

1986～1989年中小学幼儿园概况表

表5

人数 年份 / 项目	1986		1987		1988		1989		备注
	员工	学生	员工	学生	员工	学生	员工	学生	
中学							29	378	员工数含民办、代课、临时工
小学	72	2396	72	2255	74	1302	106	1772	
幼儿园	13	361	13	342	13	346	13	366	公办5所、民办4所

【人民生活】

全镇有公共机动车 8 辆，私人机动车 165 辆，自行车 5832 辆，电视机 1211 台，电冰箱 66 只，洗衣机 110 只，80%的农户有电风扇。

1986～1989 年农民收入概况表

表 6

项目 \ 数量 \ 年份	1986	1987	1988	1989	备注
人平粮食	330	297	266	357	单位：公斤
户平收入	3355	3478	3488	3535	单位：元
人平收入	559	660	662	702	单位：元
人平储蓄	56	61	65	78	单位：元

【计划生育】

计划生育工作，领导亲自抓，干部分片抓，镇、村、组三级成立计划生育协会网络，连续四年被评为先进单位。

1986～1989 年计划生育情况表

表 7

年份	育龄妇女数	长效节育	上环	其它措施	节育率 %	自增率 ‰	备注
1986	3549	66	92	1	81.28	12.1	其它含人流药具
1987	3981	107	159	2	89.09	13.6	
1988	4237	101	139	6	91.00	12.2	
1989	4230	226	249	259	95.16	15.9	

1986～1989 年横水镇、乡主要领导更迭表

表 8

职务	姓名	性别	任职时间	备注
书记	肖敬香	女	1986～1989.3	原横水镇书记合并后调离
书记	陈远财	男	1986～1989.12	原横水乡书记合并镇连任

续表

职　　务	姓　　名	性 别	任 职 时 间	备　　注
副 书 记	余席堂	男	1986～1989.5	合并任镇长旋调学习
副 书 记	邹传福	男	1986～1987.5	调　　动
乡　　长	蔡　军	男	1986～1988.4	调　　动
镇　　长	刘中胜	男	1986～1988.11	调　　动
镇　　长	廖扬彬	男	1986～1989.2	调　　动
副 乡 长	杨人铨	男	1986～1989.3	调镇人大主席
副 乡 长	胡三胜	男	1986～1989.12	
副 镇 长	张祖湖	男	1986～1987	调镇老干办主任
人大主席	赖庆发	男	1986～1989.3	
人大主席	杨人铨	男	1986～1989.12	
政协组长	赖庆发	男	1986～1989.12	
纪检书记	丘英样	男	1986～1989.12	
副 镇 长	吴祖媛	女	1986～1989.12	副书记兼
副 镇 长	郑崇富	男	1986～1989.12	
镇长助理	谢毓星	男	1989	

（刘文光　杨顺洪）

铅　厂　乡

铅厂乡位于崇义县南部，乡人民政府驻铅厂圩，距县城 24 公里。

【人口民族】

全乡多为汉族，1988 年恢复蓝姓为畲族的 17 户 84 人；1989 年恢复雷姓为畲族的 3 户 17 人。

1986～1989年户口统计表

表9

项目 户口数 年份	总户数	总人口	其中				备注
			男	女	农业人口	非农业人口	
1986	1945	10960	6093	4867	8199	2761	
1987	2317	11046	5935	5111	8292	2754	
1988	2435	11136	6083	5053	8337	2799	
1989	2390	11234	6194	5040	8427	2807	

【农　业】

全乡种水稻为主，薯类、豆类、花生、玉米等杂粮次之。在深化改革中，柑桔、茶叶专业户相继涌现。在稳下村，县、乡合办新茶园300亩。个体茶园2亩以上的22户；柑桔千株以上的8户。农业发展情况见下表:

1986～1989年农业概况表

表10

项目 数量 年份	耕地面积（亩）	早稻亩产（公斤）	中稻亩产（公斤）	晚稻亩产（公斤）	全年总产量（吨）	农业产值（万元）	备注
1986	9004	299	255	272	3654.6	375.6	
1987	9004	299	277	287	3875.3	414	
1988	8914	307	306	317	4149.8	464	
1989	8914	303	320	330	4223	423	

【林　业】

境内盛产松、杉、杂木和毛竹。有7个采育场，在黄雀坳，1986年，创办毛竹基地近万亩。

1986～1989年林业情况表

表11

项目 数量 年份	造林面积(亩)	育林面积(亩)	采伐木材(立方米)	采伐毛竹(万根)	林业产值(万元)	备注
1986	2500	15122	11825	1.36	123.4	
1987	4221	20964	15710	1.57	140	
1988	4369	16748	10000	1.89	118	
1989	3265	17695	9750	2.08	130	

【乡村企业】

企业以林产品、矿产品、煤炭、石灰、水泥等为主，兼搞农具修造和服务性行业。四年来，总产值达3552.94万元，上缴税利640.02万元。

1986～1989年乡村企业情况表

表12

项目 数量 年份	乡办	村办	户办	联户办	合计	总产值(万元)	备注
1986	7	35	145	36	223	432	
1987	7	28	177	38	250	480	
1988	10	14	205	84	313	1233.3	
1989	10	17	286	119	432	1407.64	

【文教卫生】

乡农民文化宫活动面积1800平方米。文化站5人，放影机4套，音响设备2套，摄影设备1套，还有体育设施等。乡阅览室定期开放，各村有图书室。每逢节日组织文艺晚会，四年来曾举行书画展览3次，连年被县、地区评为文化系统先进单位。

乡卫生院1所，村医疗所7所，群众联办2所，共有医务人员22人，农村接生员7名。乡卫生院已建成钢筋砖混结构的新院房。

全乡有中学1所，小学7所，教学点5所。幼儿园8所。1989年以前，中小学已建成钢筋砖混结构的教学大楼，危房已基本解决。小学普及率达95%。中学巩固率达100%。实行5年义务制教育。

1986～1989 年中小学幼儿园概况表

表 13

项目＼人数＼年份	1986		1987		1988		1989		备注
	员工	学生	员工	学生	员工	学生	员工	学生	
中学	14	326	21	353	23	379	28	364	
小学	41	1965	39	1661	41	1422	41	1305	含民办代课临时工
幼儿园	8	220	8	219	8	215	8	1611	含民办 6 所

【人民生活】

工农业丰产增收，人民生活不断提高，据 1989 年统计，大部分农民新建或扩建了住宅，石底河村有 10 户农民建起了钢筋砖混结构的新楼房。石罗、铅厂两村 80%的农户购买电视机，其中彩电 10 台。村村通公路，机动车公共有 7 辆，私人 151 辆，自行车 2300 辆。

1986～1989 年农民收入概况表

表 14

项目＼数量＼年份	1986	1987	1988	1989	备注
户平收入	2967	3056	3180	3521	单位：元
人平收入	565	592	634	649	单位：元
人平粮食	455	477	510	506	单位：公斤
人平储蓄	16.5	18.8	20.3	22.5	单位：元

【计划生育】

1988 年本乡被评为计划生育全国先进单位。常抓不懈，多次受到省、地、县表彰。

1986～1989 年计划生育情况表

表 15

年份	育龄妇女数	长效节育	上环	其它措施	节育率 %	自增率 ‰	备注
1986	1342	84	58	49	87.64	7.3	
1987	1481	87	158	53	95.72	7.7	
1988	1569	73	102	109	95.83	8.4	
1989	1747	120	116	47	96.33	8.8	

1986～1989年乡主要领导更迭表

表16

职务	姓名	性别	任职时间	备注
书记	肖同义	男	1986～1989.9	调学习
书记	余启良	男	1989.10～1989.12	
副书记	郑福生	男	1989.3～1989.12	
副书记	陈远来	男	1986～1988.3	调人大主席
乡长	蓝显宾	男	1986～1989.12	
副乡长	蓝善华	男	1986～1987.7	调动
副乡长	杨卫星	男	1987.4～1989.12	
副乡长	赵兰英	女	1987.3～1989.12	
人大主席	陈远来	男	1988.4～1989.12	
政协副组长	陈远栖	男	1989.3～1989.12	
纪检书记	张功林	男	1986.3～1988.12	调动
纪检书记	肖砚	男	1989.3～1989.12	

(刘文光　黄得胜)

扬眉镇

扬眉镇位于崇义县东部，镇人民政府驻扬眉墟，距县城33公里。

【人口民族】

全镇多为汉族，1988年恢复蓝姓为畲族的12户58人。

1986～1989年户口统计表

表17

项目 户口数 年份	总户数	总人口	其中				备注
			男	女	农业人口	非农业人口	
1986	2883	15152	7849	7303	13611	1541	
1987	2972	15343	7940	7403	13800	1543	
1988	2999	15447	7969	7478	13949	1498	
1989	3023	16135	8342	7793	14638	1497	

【农　业】

全镇以种双季水稻为主，薯、豆次之。耕地除大人岭、太平山有小量梯田外，均为段田。由于重视科技兴农，连年丰收。1989 年，粮食总产 5866 吨，比 1985 年增长粮食 260.35 吨，增长 46.44%。粮食生产情况如下表：

1986～1989 年粮食生产情况表

表 18

项目／数量／年份	耕地面积（亩）	早稻亩产（公斤）	中稻亩产（公斤）	晚稻亩产（公斤）	全年总产量（吨）	农业产值（万元）	备　注
1986	9172	357	323	297	5371	383.80	
1987	9160	365	293	299	5514.4	386	
1988	9184	368	305	311	5708	470	
1989	9154	376	311	340	5843.4	500	

【林　业】

全镇多属层残次林，1986 年以来，加强封山育林造林，已略有好转。

1986～1989 年林业情况表

表 19

项目／数量／年份	造林面积（亩）	育林面积（亩）	其中			备　注
			杉　林	松　林	经济林	
1986	2100	3493	1633	2650	1310	封山停伐
1987	922	3875	1755	2020	1022	封山停伐
1988	894	1131	1011	503	511	封山停伐
1989	576					封山停伐

【镇村企业】

镇办企业在抓好自身建设的同时，着重抓了村办、户办、联户办企业的发展。1989 年 8 个镇办企业的总产值为 367.16 万元，而 1212 个村以下企业的总产值 630.89 万元，将近镇办的 1 倍。镇企业加强了横向外联，与广西南平县黄金公司联营尾砂菁化，就取得很好的经济效益。四年来全镇企业的总产值 1859.97 万元，上缴税利 128.50 万元。

1986～1989年镇村企业情况表

表20

项目 数量 年份	乡办（个）	村办（个）	户办（个）	联户办（个）	合计（个）	总产值（万元）	上缴税金（万元）	备注
1986	10	27	497		534	361.00	28.00	
1987	8	27	134	340	509	430.14	31.00	
1988	8	27	100	210	346	510.00	32.00	
1989	8	20	866	326	1220	558.83	37.50	

【文教卫生】

镇文化站、广播站各1所，阅览室定期开放，每逢墟日，参加文体活动者很涌跃。各村有文化室，1989年华坪村文化室，受到团县委表彰的先进单位。镇文化站有工作人员5名，电影设备3套，录像设备2套，摄影设备1套，体育设备3套。月均放电影20场，民间喜庆，随请随放；录像月均放40场。重大节日，文化站组织文艺节目上演，体育比赛，或大型书画展览。

1986年建成1340平方米的镇影剧院，文艺活动更加方便。1989年建成地面卫星电视接收差转台，全镇看电视更加清晰。1989年被赣州地区、中共崇义县委评为先进文化站。

镇卫生院1所，村医疗所11所，共有医务人员44名，其中主治医师4名，农村接生员13人，互相协作，搞好卫生保健工作。

全镇有中学1所，中心小学1所，村完小8所，教学点5所，幼儿园4所。1989年底，土木结构的旧校舍，已被钢筋砖混结构的教学大楼所取代。教学设备也逐年充实，小学普及率达98.1%。

1986～1989年中小学幼儿园概况表

表21

年份 人数 项目	1986		1987		1988		1989		备注
	员工	学生	员工	学生	员工	学生	员工	学生	
中学	37	456	40	501	40	470	40	504	
小学	148	2681	149	2664	153	2749	151	2497	
幼儿园	4	96	4	125	4	121	4	139	民办3所

【人民生活】

深化改革，落实富民政策，人民生活逐年提高。全镇有90%的农户新建或扩建了住宅；扬眉墟规划区内，有77户盖起了钢筋砖混结构的新楼房。华芦、华坪、中坑口、阳星等村也有10多户农民盖起了钢筋砖混结构新楼房。私人拥有大型货车2辆，小四轮4辆，手扶拖拉机20辆，中型拖拉机3辆，村村通公路，自行车2281辆，摩托32辆。衣食住行都焕发了新貌。

1986～1989年农民收入概况表

表22

项目＼数量＼年份	1986	1987	1988	1989	备注
人平粮食	398	397	409	429	单位：公斤
户平收入	2236	2329	2587	2672	单位：元
人平收入	445	476	526	540	单位：元
人平储蓄	61.3	66.9	68.12	70.83	单位：元

【计划生育】

本镇是计划生育全县首批试点镇。1987年获先进单位称号。

1986～1989年计划生育情况表

表23

年份	育龄妇女数	长效节育	上环	其它措施	节育率%	自增率‰	备注
1986	1979	76	48	42	83.27	10.9	
1987	2126	153	156	80	78.06	17.5	
1988	2292	137	143	104	93.30	16.8	
1989	2556	192	171	78	98.15	42.6	

1986～1989年乡主要领导更迭表

表 24

职　务	姓　名	性别	任职时间	备　注
书　记	谢京波	男	1986～1988.4	调　动
书　记	朱贤运	男	1988.5～1989.12	
党委副书记 纪检书记	钟世平	男	1986～1987.4	
乡　长	吴述沾	男	1986.1～1986.4	调　动
乡　长	吴小玲	男	1987.4～1989.12	
纪检书记	张昆炯	男	1987.5	
党委副书记 纪检副书记	何康前	男	1988.9～1989.12	
党委副书记 副镇长	刘光林	男	1986～1989.12	
副镇长	刘祖湘	男	1987.4～1989.12	
副镇长	张昆炯	男	1986～1987.5	
副镇长	赵兰英	女	1986～1987.3	
镇长助理	叶流风	男	1989.3～1989.12	
镇长助理	李英长	男	1989.3～1989.12	
人大主席	张中秀	男	1988.3～1989.12	
政协副主席	凌乐浩	男	1989.2～1989.12	

（刘文光　钟期龙）

龙　勾　乡

龙勾乡位于崇义县东部，乡人民政府驻龙勾圩，距县城49公里。

【人口民族】

全乡多为汉族，1988年恢复蓝姓为畲族的18户68人。

1986～1989 年户口统计表

表 25

项目／户口数／年份	总户数	总人口	其中				备注
			男	女	农业人口	非农业人口	
1986	2489	13339	6616	6723	12959	380	
1987	2564	13428	6662	6766	13009	419	
1988	2638	13461	6695	6766	13023	438	
1989	2755	13554	6719	6835	13109	445	

【农　业】

农村经济体制改革，四年来，一大批农业能手勤劳致富。1989 年农业产值 672.24 万元，比 1985 年增长 133.41 万元，增长 21.27%。1989 年 7 月，杂交玉米翻秋试种获得好收成。

1986～1989 年农业概况表

表 26

项目／数量／年份	耕地面积（亩）	早稻亩产（公斤）	中稻亩产（公斤）	晚稻亩产（公斤）	全年总产量（吨）	农业产值（万元）	备注
1986	9568	367	375	282	5019.4	334.3	
1987	9561	371	349	294	5146.1	365	
1988	9540	360	322	296	5068.3	417	
1989	9533	360	339	332	5415.8	430	

【林　业】

境内多是残次林；1989 年建立橙柚基地 100 亩。

1986～1989 年林业情况表

表 27

项目 / 数量 / 年份	造林面积(亩)	育林面积(亩)	其中			备注
			杉林	松林	经济林	
1986	700	2170	900	380	30	封山禁伐
1987	513	1076	500	122	20	封山禁伐
1988	910	1037	200	1000	62	封山禁伐
1989	2558	11100	201	2200	150	其中橙柚林 100 亩

【乡村企业】

地下矿藏丰富，以采矿运销为主，产值、税利如下表:

1986～1989 年乡村企业情况表

表 28

项目 / 数量 / 年份	乡办	村办	户办	联户办	合计(个)	总产值(万元)	利润(万元)	上缴税金(万元)
1986	4	23	40	310	377	165.96	10.87	6.01
1987	5	20	40	98	163	178.77	4.58	2.27
1988	5	22	45	100	172	261.82	12.32	3.85
1989	5	32	54	178	268	420.03	113.13	26.48

【文教卫生】

乡文化站 1 所，阅览室专人负责定期开放。电影队配合中心工作或民间喜庆经常下村组放映。每逢重大节日，团委组织学校师生和民间文艺爱好者，举行文艺晚会或其它文体活动。

乡卫生院有医务人员 10 名，设备逐步添置，现有心电图机 1 台，X 光机 1 台，病床 10 铺。各村有医疗所，一般病例可就地解决。

全乡有中学 1 所，小学 10 所，幼儿园 3 所。小学普及率达 95%，四年来，修建校舍面积 6446.9 平方米。

1986～1989年中小学幼儿园概况表

表29

年份 人数 项目	1986		1987		1988		1989		备注
	员工	学生	员工	学生	员工	学生	员工	学生	
中学	17	198	18	237	21	253	23	330	
小学	94	2326	98	2269	92	2117	85	1848	
幼儿园	1	35	1	32	3	106	3	99	1988年增民办2所

【人民生活】

工农业增产，人民增收，生活逐步提高。1989年统计，全乡有电冰箱20台，洗衣机1台，自行车2387辆，缝纫机1568部，收录机675台，电视机691部，电风扇共1309台，轻骑摩托15辆。

1986～1989年农民收入概况表

表30

年份 数量 项目	1986	1987	1988	1989	备注
人平粮食	380	383	375	401	单位：公斤
户平收入	1842	1910	1993	1976	单位：元
人平收入	353	366	391	408	单位：元
人平储蓄	51	53.6	55	69.3	单位：元

【计划生育】

计划生育工作，1987年被县委、县政府评为达标单位。

1986～1989年计划生育情况表

表31

年份	育龄妇女数	长效节育	上环	其它措施	节育率%	自增率‰	备注
1986	2006	47	42	34	76.22	12.2	
1987	2050	153	112	46	86.30	7.8	
1988	2123	158	163	48	85.17	7.0	
1989	2315	195	144	62	91.15	6.4	

1986～1989年乡主要领导更迭表

表32

职　　务	姓　　名	性　别	任　职　时　间	备　　注
书　　记	罗名柏	男	1986～1987.3	调　　动
书　　记	练优贵	男	1987.4～1989.12	
副 书 记	张毓林	男	1986～1987.3	调　　动
副 书 记	黄著产	男	1987.4～1989.12	
乡　　长	张毓林	男	1986～1987.3	(兼职)
乡　　长	黄著产	男	1987.4～1989.12	(兼职)
副 乡 长	黄著产	男	1986～1987.3	调　　升
副 乡 长	邓世程	男	1986～1987.3	调　　动
副 乡 长	肖继平	男	1987.4～1989.12	
副 乡 长	朱冬英	女	1986～1987.3	调　　动
副 乡 长	谢万全	男	1987.3～1989.12	
人大主席	张昆焖	男	1987.3～1989.12	
政协组长	胡显修	男	1989	
纪检书记	张中秀	男	1986～1987	
纪检书记	王福利	男	1989	

(刘文光　陈世伟)

长　龙　乡

长龙乡位于崇义县东部，乡人民政府驻长龙圩，距县城23公里。

【人口民族】

全乡多数汉族，1988年恢复蓝姓为畲族的47户，214人。

1986～1989年户口统计表

表33

项目 户口数 年份	总户数	总人口	其中				备注
			男	女	农业人口	非农业人口	
1986	1785	9219	4706	4513	8903	316	
1987	1818	9374	4803	4571	9000	374	
1988	1975	9717	4936	4779	9308	409	
1989	2061	9977	5027	4950	9569	408	

【农　业】

全乡以种水稻为主，兼种薯、豆、杂粮等作物。除西南部有较多的山坑梯田种一季稻外，其余均种双季稻。

1986～1989年农业概况表

表34

项目 数量 年份	耕地面积(亩)	早稻亩产(公斤)	中稻亩产(公斤)	晚稻亩产(公斤)	全年总产量（吨）	农业产值(万元)	备注
1986	6523	334	215	302	3287.4	375.7	
1987	6504	337	250	312	3308.3	414	
1988	6470	348	222	319	3348.1	430	
1989	6470	331	267	342	3429.0	450	

【林　业】

境内产松、杉、阔叶乔木和毛竹；珍贵木材有楠木、樟木、观光木等。

1986～1989年林业情况表

表35

项目 数量 年份	造林面积(亩)	育林面积(亩)	采伐木材(立方米)	采伐毛竹(万根)	林业产值(万元)	备注
1986	1500	11290	1400	7.00	140.33	
1987	2910	13057	1540	7.00	131	
1988	3100	10580	1488	7.00	150	
1989	4039	11941	7438	10.00	252	

【乡村企业】

1986年全乡有企业321个，由于管理缺乏经验，技术力量较差，曾一度不景气。通过外引内联，治理整顿，才焕发生机，获得好的经济效益，尤以龙冈胶合板厂利润较优。

1986～1989年乡村企业情况表

表36

数量 项目 年份	乡办	村办	户办	联户办	合计	总产值(万元)	上缴税金(万元)	备注
1986	4	21	161	135	321	554.38	34.48	
1987	4	19	196		219	684.82	22.70	
1988	6	25	192	92	315	1292.05	37.20	
1989	4	29	501	12	546	1419.93	37.78	

【文教卫生】

乡文化站有阅览室、电影院、录像室、文体活动场所等，每逢墟日，经常满座。重大节日，组织球类、棋类比赛，或举行文艺晚会。

卫生院1所，村医疗所16所（个体承包），医务人员8名，村接生员8名。

全乡有中学1所，小学13所（其中教学点5所），幼儿园2所。1989年底，中小学已盖起了新教学大楼。小学普及率达95%。

1986～1989年中小学幼儿园概况表

表37

人数 年份 项目	1986		1987		1988		1989		备注
	员工	学生	员工	学生	员工	学生	员工	学生	
中学	22	330	21	350	24	356	22	370	
小学	44	1299	47	1261	50	1620	54	1388	
幼儿园	3	100	3	102	3	98	3	97	民办2所

【人民生活】

农业丰产增收，人民生活提高，全乡大部分农户有电风扇、收录机、电视机。有农用汽车10辆，摩托16辆，自行车1285辆。

1986～1989 年农民收入概况表

表 38

项目＼数量＼年份	1986	1987	1988	1989	备注
人平粮食	357	353	361	385	单位: 公斤
人平收入	539	560	603	616	单位: 元
户平收入	2755	2817	2866	2884	单位: 元
人平储蓄	18	22	31	33	单位: 元

【计划生育】

1987 年、1989 年两次被评为全县计划生育先进单位。

1986～1989 年计划生育情况表

表 39

年份	育龄妇女数	长效节育	上环	其它措施	节育率%	自增率‰	备注
1986	1257	74	68	38	87.74	13.5	
1987	1385	89	92	67	92.32	16.2	
1988	1591	61	68	58	89.53	19.8	
1989	1634	95	100	55	90.17	21	

1986～1989 年乡主要领导更迭表

表 40

职务	姓名	性别	任职时间	备注
书记	黎荣铭	男	1986～1989.12	
副书记	张毓林	男	1987～1988	
乡长	吴小玲	男	1986	
乡长	古性寿	男	1987～1989	
副乡长	刘祖湘	男	1986	

续表

职务	姓名	性别	任职时间	备注
副乡长	何贵茂	男	1986～1989	
副乡长	吴菊香	女	1986～1987	
副乡长	雷正华	男	1989.1～1989.12	
政协组长	张毓林	男	1987～1989	
政协副组长	肖声岑	男	1987～1989	
政协副组长	吴菊香	女	1989.1～1989.12	
人大主席	张毓林	男	1988～1989	

（刘文光　肖声岑）

茶滩乡

茶滩乡位于崇义县东北部，乡人民政府驻下山，距县城 11 公里。

【人口民族】

全乡多为汉族，1988 年恢复蓝姓为畲族的 20 户 78 人。

1986～1989 年户口统计表

表 41

项目 户口数 年份	总户数	总人口	其中				备注
			男	女	农业人口	非农业人口	
1986	1115	6023	3107	2916	5675	348	
1987	1136	6150	3084	3066	5830	320	
1988	1171	6274	3205	3069	5959	315	
1989	1212	6320	3233	3087	6013	307	

【农　业】

全乡种水稻为主，兼种薯、豆、玉米等杂粮。耕地除北部陡水水库之滨较平缓外，基本上是纵横交错的山谷盆地和山坑梯田。山高水冷日照短，产量上升缓慢。

深化改革，科技兴农，1989 年粮食总产达 1820.7 吨，比 1985 年增长 890.65 吨，增长比例为 48.92%。曾获江西省农经服务金龙杯奖 1 只。

1986～1989 年农业概况表

表 42

项目 / 数量 / 年份	耕地面积（亩）	早稻亩产（公斤）	中稻亩产（公斤）	晚稻亩产（公斤）	全年总产量（吨）	农业产值（万元）	备　注
1986	3445	326	328	231	1401.8	265.4	
1987	3444	322	387	242	1548.0	280	
1988	3444	348	377	284	1779.3	306	
1989	3444	324	357	310	1820.7	319	

【林　业】

全乡森林资源丰富，活立木蓄积量达 34 万立方米，毛竹 14 万多根。

1986～1989 年林业情况表

表 43

项目 / 数量 / 年份	造林面积（亩）	育林面积（亩）	采伐木材（立方米）	采伐毛竹（万根）	备　注
1986	700	4360	7470	8.00	零星植树未列
1987	1074	4559	7000	4.00	
1988	1342	4385	6880	4.00	
1989	1273	5003	4349	3.50	

【乡村企业】

1986 年全乡有企业 142 个，1989 年发展到 178 个，竹筷厂原与港商联营，后因港商未履行合同，中途停产，由乡接办继续生产。四年来，全乡企业总产值 564.1 万元，上缴税利 130.11 万元。

1986～1989 年乡村企业情况表

表 44

项目/数量/年份	乡办(个)	村办(个)	户办(个)	联户办(个)	合计(个)	总产值(万元)	上缴税金(万元)	备注
1986	2	7	128	5	142	109.00	12.00	
1987	3		125	6	134	114.00	33.00	
1988	4	6	100	4	114	134.00	41.10	
1989	4	9	161	4	178	207.10	44.01	

【文教卫生】

乡文化站、广播站各 1 所。重大节日文化站组织表演节目和球类比赛。阅览室定期开放。电影队 3 个，经常深入村组放映。1986 年成立《茶花》文学社，印发文学刊物两期。在 1987 年和 1988 年举行两次书画展览。

乡卫生院 1 所，医务人员 6 名；村医疗所 7 所，乡村医生 8 名，农村接生员 6 名。互相协作，搞好卫生保健工作。

全乡有中学 1 所，小学 16 所（含教学点 10 所），幼儿园 3 所。1989 年 6 月，中心小学三年级学生吴春花荣获全国少工委授予中国好儿童"好学奖"。全乡中小学校舍，除大密村尚在筹建外，其余均已建成钢筋砖混结构的教学大楼。

1986～1989 年中小学幼儿园概况表

表 45

年份/人数/项目	1986		1987		1988		1989		备注
	员工	学生	员工	学生	员工	学生	员工	学生	
中学	14	193	19	249	23	305	23	306	
小学	61	1133	61	1025	57	945	57	859	
幼儿园	2	47	3	66	3	71	3	67	民办 2 所

【人民生活】

1985 年以前，全乡种棉；1986 年以后改种水稻，粮食产量逐年上升。丰产增收，人民生活逐渐提高。村村通公路，家家有电灯。公共机动车 4 辆，私人机动车 21 辆，自行车 1200 辆，机动船 2 艘，电视机、电风扇、收录机等，为大部分农户拥有。

1986～1989年农民收入概况表

表46

数量 年份 / 项目	1986	1987	1988	1989	备注
人平粮食	233	244	260	258	单位：公斤
户平收入	2788	2898	3162	3281	单位：元
人平收入	518	538	587	625	单位：元
人平储蓄	12.9	14.3	15.6	18.3	单位：元

【计划生育】

1986～1989年计划生育情况表

表47

年份	育龄妇女数	长效节育	上环	其它措施	节育率%	自增率‰	备注
1986	889	30	45	34	96.74	9.1	其它措施含人流药具
1987	1164	66	74	39	79.66	9.0	
1988	1123	59	79	34	96.09	8.3	
1989	1126	71	59	25	98.10	9.8	

1986～1989年乡主要领导更迭表

表48

职务	姓名	性别	任职时间	备注
书记	谢纲文	男	1986.1～1986.6	调动
书记	罗建平	男	1987.2～1989.12	1986年任副书记主持工作
乡长	饶继荣	男	1987.4～1989.12	
副书记	蔡序栋	男	1986～1988.4	
副书记	刘仁汉	男	1986～1987.4	
副书记	肖敦松	男	1987.2～1989.12	
副乡长	黄上森	男	1986～1989.12	
纪检书记	郑福生	男	1986～1989.3	
纪检书记	彭义兰	女	1989.3～1989.12	
副乡长	张功林	男	1989.3～1989.12	

（刘文光　吴荣光　华叙尧）

杰坝乡

杰坝乡位于崇义县北部，乡人民政府驻瓦窑潭，距县城38公里。

【人口民族】

全乡极大多数是汉族，1988年恢复蓝姓为畲族的6户34人。

1986～1989年户口统计表

表49

项目 户口数 年份	总户数	总人口	其中				备注
			男	女	农业人口	非农业人口	
1986	1298	7099	3720	3379	6835	264	
1987	1324	7206	3783	3423	6904	302	
1988	1417	7357	3810	3547	7038	319	
1989	1465	7498	3877	3621	7196	302	

【农　业】

全乡耕地除沿水库一带较平缓外，大部分坑田、梯田较多。主种水稻，兼种薯、豆、花生、玉米等。科学种田，连年获得好收成。

1986～1989年农业概况表

表50

项目 数量 年份	耕地面积（亩）	早稻亩产（公斤）	中稻亩产（公斤）	晚稻亩产（公斤）	全年总产量（吨）	农业产值（万元）	备注
1986	5040	311	253	275	2356.2	270.7	
1987	5040	281	228	300	2426.4	284	
1988	4992	297	228	294	2428.0	326	
1989	4992	303	293	285	2473.0	342	

【林　业】

境内林地面积较大，主产松杉杂木等，珍贵木材有香樟、楠木、经济林以油茶为主，是本县油茶主要产区。

1986～1989年林业情况表

表51

项目 / 数量 / 年份	造林面积(亩)	育林面积(亩)	采伐木材(立方米)	采伐毛竹(万根)	林业产值(万元)	备注
1986	500	4044	5913	102.7	70.67	产值不含油茶价
1987	1024	3620	6370	135.5	123	
1988	1371	4294	5693	106	112	
1989	1614	5678	4188	156	165	

【乡村企业】

乡村企业以化工厂、木珠汽垫厂、活性炭厂、木衣夹厂、黄金福利加工厂利润较优。其它渔牧、服务业次之。木衣夹厂产品行销深圳、港澳等地。四年来企业总产值834.06万元，上缴税利71.49万元。

1986～1989年乡村企业情况表

表52

项目 / 数量 / 年份	乡办(个)	村办(个)	户办(个)	联户办(个)	合计(个)	总产值(万元)	上缴税金(万元)	备注
1986	2	8	58		68	79.77	12.42	
1987	2		66		68	184.52	14.02	
1988	8	17	118	40	183	252.74	17.43	
1989	7	14	109	38	168	317.03	27.62	

【文教卫生】

乡广播站、文化站各1所，阅览室定期开放；各村有文化室。重大节日，乡团委组织文体活动或书画比赛，有电影队两个，录像设备3套，经常深入村组放映。

乡卫生院1所，村医疗所7所，医务人员17名，农村接生员5名。

全乡有中学1所，小学18所（含教学点11个），幼儿园2所，小学普及率达95%。

1986～1989 年中小学幼儿园概况表

表 53

人数 年份 / 项目	1986		1987		1988		1989		备注
	员工	学生	员工	学生	员工	学生	员工	学生	
中学	10	143	11	151	11	213	16	211	
小学	38	1092	31	1039	33	925	51	848	
幼儿园	2	40	2	40	2	40	2	41	民办 1 所

【人民生活】

四年来，农业丰产增收，人民的衣、食、住、行逐步改观。全乡有电视机 136 台，电风扇 165 台，水陆交通用具，有机动车 17 辆，机动船 7 艘，自行车 800 辆。大部分人有手表和其它高档用具。

1986～1989 年农民收入概况表

表 54

数量 年份 / 项目	1986	1987	1988	1989	备注
人平粮食	263.5	276	254.5	362	单位：公斤
人平收入	413	441	566	521	单位：元
户平收入	2187	2312	2712	2822	单位：元
人平储蓄	21.3	24.7	29.4	30.9	单位：元

【计划生育】

1986～1989 年计划生育情况表

表 55

年份	育龄妇女数	长效节育	上环	其它措施	节育率 %	自增率 ‰	备注
1986	1004	47	45	19	77.29	6.7	其它含人流药具
1987	1050	86	104	29	89.71	15.1	
1988	1158	74	84	41	86.19	15.1	
1989	1218	76	64	28	91.30	8.8	

1986～1989 年乡主要领导更迭表

表 56

职务	姓名	性别	任职时间	备注
书记	俞荣芳	男	1986～1987.9	调动
书记	朱一林	男	1988.1～1989.12	
副书记	张绍沅	男	1986～1987.4	
副书记	朱一林	男	1987.5～1988.1	
副书记	黄绪藻	男	1989.3～1989.12	
纪检书记	黄晓华	男	1988.5～1989.3	
纪检书记	赵卫荣	男	1989.2～1989.12	
乡长	朱诗珩	男	1986～1987.4	
乡长	杨连生	男	1987.4～1988.9	
乡长	陈武凰	男	1988.10～1989.12	
副乡长	刘光胜	男	1986～1987.4	
副乡长	王秀仁	男	1986～1987.4	
副乡长	张绍沅	男	1987.4～1989.12	
乡长助理	黎民彪	男	1989.2～1989.12	
人大主席	张宗万	男	1988.5～1989.12	
政协副组长	陈同阳	男	1989.6～1989.12	

（刘文光　张征相）

过埠镇

过埠镇位于崇义县中部偏北，镇人民政府驻过埠圩东北面大桥头。距县城 17 公里。

【人口民族】

全镇大多数是汉族，1988 年恢复蓝姓为畲族的 7 户 35 人。

1986～1989年户口统计表

表57

项目/户口数/年份	总户数	总人口	其中				备注
			男	女	农业人口	非农业人口	
1986	2198	12689	6611	6078	11715	974	
1987	2226	12717	6589	6128	11829	888	
1988	2346	12933	6726	6207	12025	908	
1989	2431	13069	6781	6288	12190	879	

【农　业】

境内田较多，以种水稻为主，薯、豆次之。1987年以来，县、镇两级投资13.7万元，扶持冬修水利工程。维修较大工程水陂6座，河堤6条，水圳11条(其中泮江圳全长15公里)；蓄水山塘5口，总面积65亩。组织群众开荒80亩。组织库汊养鱼鱼场面积2300亩。

1986～1989年农业概况表

表58

项目/数量/年份	耕地面积(亩)	早稻亩产(公斤)	中稻亩产(公斤)	晚稻亩产(公斤)	全年总产量（吨）	农业产值(万元)	备注
1986	8493.67	274	197	302	3681.1	376.2	
1987	8499	282	208	304	3780.0	400	
1988	8492	281	212	313	3820.0	401	
1989	8492	285	229	313	3868.6	426	

【林　业】

境内林地较多油茶山分给群众管理，占自留山的60%，其余盛产松、杉、杂木、毛竹等。

1986～1989年林业情况表

表59

项目 数量 年份	造林面积(亩)	育林面积(亩)	采伐木材(立方米)	采伐毛竹(万根)	林业产值(万元)	备注
1986	1400	11092	5470	1.00	219.50	
1987	3843	10165	6370	1.00	251.50	
1988	2826	9441	5690	1.00	351.50	
1989	3236	10909	4180	1.00	434.00	

【镇村企业】

全镇企业发展快、数量多，其中“天然香料厂”是科技水平、经济效益较高的企业，由江西工大化学系提供技术，主要产品“柠檬醛”（出口物资），1988年9月试产合格，10月正式投产，年产量可达25吨。四年来企业总产值1667万元，上缴税利86.6万元。

1986～1989年镇村企业情况表

表60

项目 数量 年份	乡办	村办	户办	联户办	合计	总产值(万元)	上缴税金(万元)	备注
1986	14	2	115	7	148	217.2	14	
1987	11	18	190	29	248	333.9	19.7	
1988	14	28	217	128	387	530.37	25	
1989	10	17	211	96	334	585.53	27.4	

【文教卫生】

镇广播站、文化站各1所，阅览室定期开放。电影院1所，电影队10个，录像设备2套，经常放映。重大节日举行文体活动。

镇卫生院1所，村医疗所13所，医务人员24名，农村接生员13名，进行防病治病和妇幼保健工作。

全镇有中学1所，小学13所，教学点3所，幼儿园1所。过埠中学拆除危房，新建钢筋砖混结构的三层教学大楼1栋，中心小学另择校址新建钢筋砖混结构的教学大楼。其它小学也先后新建和维修。四年来，新建中小学校舍面积10303.8平方米，小学普及率达98%。

1986～1989年中小学幼儿园概况表

表61

项目 \ 人数 \ 年份	1986		1987		1988		1989		备注
	员工	学生	员工	学生	员工	学生	员工	学生	
中学	30	378	28	432	28	289	25	400	含民办代课
小学	92	2116	92	2006	90	1846	90	1684	
幼儿园	1	34	2	50	2	47	2	56	

【人民生活】

四年来，农户新建住宅27265.16平方米。长流80%的农民购买了电视机。公共机动车2辆，私人机动车108辆，自行车1287辆，摩托16辆。地处水陆交通枢纽，每天过往班车6辆，机动班船隔日通陡水1次。

1986～1989年农民收入概况表

表62

项目 \ 数量 \ 年份	1986	1987	1988	1989	备注
人平粮食	326	310	314	315	单位：公斤
人平收入	462	518	532	588	单位：元
户平收入	2644	2893	2937	3138	单位：元
人平储蓄	18.2	20.5	23.1	25.9	单位：元

【计划生育】

1986～1989年计划生育情况表

表63

年份	育龄妇女数	长效节育	上环	其它措施	节育率%	自增率‰	备注
1986	1874	49	85	41	90.00	14.5	
1987	1819	165	121	54	80.80	15.4	
1988	1996	107	154	97	84.67	20.5	
1989	2217	142	155	102	88.71	14.2	

1986～1989 年乡主要领导更迭表

表 64

职务	姓名	性别	任职时间	备注
副书记	江兴生	男	1986	主持工作
副书记	刘仁汉	男	1986～1989	
书记	罗名柏	男	1987～1989	
纪检书记	许诗栋	男	1986～1987	
纪检书记	黄平	男	1988～1989	
镇长	朱传伦	男	1986～1987	
镇长	蔡序栋	男	1988～1989	
副镇长	蓝善华	男	1986～1989	
副乡长	赖家亮	男	1986～1987	
副乡长	谢发贵	男	1986～1987.2	
副镇长	李宏标	男	1987～1989	
副镇长	邹传福	男	1989.1～1989.12	
镇长助理	李世炳	男	1989.1～1989.12	
人大主席	朱传伦	男	1988～1989.3	
人大主席	陈起作	男	1987～1989	
政协组长	刘仁汉	男	1987～1989	

(刘文光　陈英俊)

金坑乡

金坑乡位于崇义县正北部，乡人民政府驻金坑圩，距县城 37 公里。

【人口民族】

全乡多为汉族，1988 年恢复蓝姓为畲族的有 17 户 68 人。

1986～1989 年户口统计表

表 65

项目 户口数 年份	总户数	总人口	其中				备注
			男	女	农业人口	非农业人口	
1986	1378	7268	3715	3553	7064	204	
1987	1424	7344	3787	3557	7158	186	
1988	1512	7581	3893	3688	7389	192	
1989	1523	7654	3932	3722	7453	201	

【农　业】

境内山地广，耕地少，主种水稻，兼种薯类、豆类等杂粮。

1986～1989 年农业概况表

表 66

项目 数量 年份	耕地面积（亩）	早稻亩产（公斤）	中稻亩产（公斤）	晚稻亩产（公斤）	全年总产量（吨）	农业产值（万元）	备注
1986	6790	250	206	279	2661.6	302.6	
1987	6790	252	215	280	2693.9	311.0	
1988	6790	242	236	289	2725.0	360.0	
1989	6765	240	246	296	2801.0	351.0	

【林　业】

境内林地除发展用材林外，还发展油茶生产，是全县油茶产区之一。

1986～1989 年林业情况表

表 67

项目 数量 年份	造林面积（亩）	育林面积（亩）	采伐木材（立方米）	采伐毛竹（万根）	林业产值（万元）	备注
1986	1400	8526	9600	1.00	106.5	
1987	2348	8194	7033	2.00	111.02	
1988	2573	7826	8030	5.00	150.9	
1989	2112	8163	6132	6.00	212.8	

【乡村企业】

企业以农具修造、竹木器加工、碾米、造纸、制茶、木炭、石灰、藤、竹椅生产为主，农闲组织部分劳力采矿。1986 年有企业共 75 个，1989 年发展到 120 个。四年来总产值 685.2 万元，上缴税金 71.25 万元。

1986～1989 年乡村企业情况表

表 68

项目 数量 / 年份	乡 办	村 办	户 办	联户办	合 计	总产值(万元)	上缴税金(万元)	备 注
1986	5	15	55		75	155	14.5	
1987	3	7	58	2	70	161	22.62	
1988	5	15	75	7	102	181	20.53	
1989	5	15	92	8	120	188.2	13.60	

【文教卫生】

乡有广播站、文化站各 1 所，书报阅览室定期开放。每逢节日，举行各种文体活动。3 个电影队，经常深入村组放映。

乡卫生院 1 所，医疗设备逐年添置；医疗所村办 6 所，个体办 4 所。医务人员 14 名，农村接生员 7 名。

全乡有中学 1 所，小学 20 所（含教学点 10 所），幼儿园 1 所。四年来，中小学校舍进行了新建或维修。小学普及率达 95%。

1986～1989 年中小学幼儿园概况表

表 69

年份 人数 / 项目	1986		1987		1988		1989		备 注
	员 工	学 生	员 工	学 生	员 工	学 生	员 工	学 生	
中 学	3	56	7	161	9	209	17	201	含民办代课临时工
小 学	57	1140	52	1116	54	1073	53	895	含民办代课临时工
幼儿园	1	30	1	26	1	28	1	30	含民办代课临时工

【人民生活】

1989 年工农业总产值 563.8 万元，比 1985 年增加 202.22 万元，增长率为 35.87%。丰产增收，人民生活登上新台阶。村村通公路，并修通了通上犹营前的公路，交通更加方便。有公共机动车2辆，私人机动车24辆，自行车1950辆，电视机有280台；收音机、收录机、电风扇等，已进入大部分农民家庭。

1986～1989年农民收入概况表

表70

数量 年份 项目	1986	1987	1988	1989	备注
人平粮食	360	362	354	366	单位：公斤
人平食油	4.2	8.1	4.1	5.9	单位：公斤
人平收入	387	406	448	472	单位：元
户平收入	2027	2080	2227	2354	单位：元

【计划生育】

1986～1989年计划生育情况表

表71

年份	育龄妇女数	长效节育	上环	其它措施	节育率%	自增率‰	备注
1986	1110	33	80	23	77.84	7.2	其它含人流药具
1987	1177	104	64	36	78.90	7.3	
1988	1254	75	103	42	78.38	9.1	
1989	1219	87	94	50	85.35	10.2	

1986～1989年乡主要领导更迭表

表72

职务	姓名	性别	任职时间	备注
书记	陈志敏	男	1986～1989.12	
副书记	朱一林	男	1986～1987.5	调动
副书记	余新阳	男	1986～1987.2	变动
副书记	陈远和	男	1987.2～1989.12	
副乡长	余新阳	男	1987.3～1989.12	
副乡长	许世栋	男	1987.3～1989.12	
纪检书记	陈远和	男	1985.1～1989.12	
纪检书记	陈远客	男	1989.3～1989.12	

（刘文光　余秀长）

思 顺 乡

思顺乡位于崇义县西北部，乡人民政府驻思顺圩，距县城37公里。

【人口民族】

全乡均为汉族。

1986～1989年户口统计表

表73

项目 户口数 年份	总户数	总人口	其中				备注
			男	女	农业人口	非农业人口	
1986	2165	11550	5789	5761	11195	355	
1987	2223	11640	5910	5730	11313	327	
1988	2320	12071	6083	5988	11674	397	
1989	2373	12190	6207	5983	11780	410	

【农 业】

全乡大部分的农田种双季稻，部分山坑梯田种单季稻，兼种薯、豆、杂粮。

1987、1988两年间，久旱无雨，水利失修，造成受灾面积1200余亩。县人民政府回供粮食指标7.5万公斤。1989年，粮食总产5326.4吨，比1985年增加349.3吨，增长6.56%。

1986～1989年乡农业概况表

表74

项目 数量 年份	耕地面积（亩）	早稻亩产（公斤）	中稻亩产（公斤）	晚稻亩产（公斤）	全年总产量（吨）	农业产值（万元）	备注
1986	10444	351	307	335	4905.4	451.4	
1987	10441	355	315	341	5090.0	479	
1988	10440	345	316	359	5111.9	540	
1989	10445	360	314	356	5326.4	526	

【林　业】

境内林地产松、杉、杂木和毛竹。1986年从外地引进经济价值较高的泡桐，在南洲、思顺等村试种1500亩，成活率达98%。

1986～1989年林业情况表

表75

数量 项目 年份	造林面积（亩）	育林面积（亩）	采伐木材（立方米）	采伐毛竹（万根）	林业产值（万元）	备　注
1986	2800	6228	6900	0.70	96.33	
1987	1085	4213	7780		109.80	
1988	1780	3417	8140	1.00	150.00	
1989	1737	3587	4731		119.13	

【乡村企业】

乡村企业迅猛发展，1986年先后办起339个。由于技术力量薄弱，管理不善，产品质量不高，导致滞销停产（如鞭炮厂）。治理整顿，加强外引内联，情况已有好转。四年来上交税金118.48万元。

1986～1989年乡村企业情况表

表76

数量 项目 年份	乡　办	村　办	户　办	联户办	合　计	总产值（万元）	上缴税金（万元）	备　注
1986	7	17	312	3	339	335.43	24.36	
1987	8	27	180	13	228	372.59	36.69	
1988	8	28	185	70	291	455.09	28.37	
1989	10	11	209	59	289	459.11	29.06	

【文教卫生】

每当墟日，文化站阅览室、老干部活动室、电影院常常满座。重大节日，乡团委组织各项文体活动。

乡卫生院1所，村医疗所8所，医务人员11名，农村接生员10人。

全乡有中学1所，小学10所，幼儿园2所。中学和中心小学教学大楼已建成，各村小学也进行新建或维修。小学普及率达96%。

1986～1989年思顺乡中小学幼儿园概况表

表77

项目＼人数＼年份	1986		1987		1988		1989		备注
	员工	学生	员工	学生	员工	学生	员工	学生	
中学	24	288	24	312	26	328	26	356	
小学	96	2074	96	1013	96	1853	99	1649	含民办代课及临时工
幼儿园	2	64	2	61	2	62	2	64	

【人民生活】

农民生活逐步提高，全乡超万元收入的有26户。1989年统计：全乡有电视机140台（其中彩电6台），缝纫机550架，自行车439辆，手表3311块，收音机1153部，电饭煲180只，电风扇206台，收录机245台，电唱机46台，电冰箱6只。

1986～1989年农民收入概况表

表78

项目＼数量＼年份	1986	1987	1988	1989	备注
人平粮食	430	436	424	433	单位：公斤
人平收入	490	509	550	548	单位：元
户平收入	2569	2638	2835	2792	单位：元
人平储蓄	55.44	66.42	83.08	66.61	单位：元

【计划生育】

1986～1989年计划生育情况表

表79

年份	育龄妇女数	长效节育	上环	其它措施	节育率%	自增率‰	备注
1986	1626	42	86	47	85.55	7.5	
1987	1862	155	117	99	89.37	7.8	
1988	1874	110	136	89	94.05	41.2	
1989	1942	162	182	76	95.32	10.9	

1986～1989年乡主要领导更迭表

表80

职务	姓名	性别	任职时间	备注
书记	黎仁和	男	1986～1987.1	调动
书记	罗日安	男	1987～1989.12	
副书记	何耀金	男	1986～1987	调动
副书记	刘焕辛	男	1987～1989.12	
纪检书记	黄家福	男	1987～1989.12	
乡长	张昌锦	男	1986～1989.12	
副乡长	吴世金	男	1986～1989.12	
副乡长	饶继荣	男	1986～1987.1	调动
副乡长	刘光胜	男	1987～1989.1	调动
副乡长	黄衍明	男	1988～1989.12	
人大主席	朱诗珩	男	1989.1～1989.12	
政协组长	何显均	男	1989.3～1989.12	

（刘文光　朱诗榜）

麟潭乡

麟潭乡位于崇义县西部，乡人民政府驻麟潭墟背竹山下，距县城44公里。

【人口民族】

全乡多为汉族；1988年恢复蓝姓为畲族的有6户28人。

1986～1989年户口统计表

表81

项目 户口数 年份	总户数	总人口	其中 男	其中 女	其中 农业人口	其中 非农业人口	备注
1986	1151	6673	3401	3272	6226	447	
1987	1172	6751	3418	3333	6311	440	
1988	1406	6932	3446	3486	6483	449	
1989	1455	7069	3520	3549	6618	451	

【农　业】

全乡种水稻为主，兼种薯、豆、花生、甘蔗等。有油茶5745亩，是县内油茶基地之一。1989年粮食总产2919.2吨，比1985年增长8.09%。

1986～1989年农业概况表

表82

项目 数量 年份	耕地面积(亩)	早稻亩产(公斤)	中稻亩产(公斤)	晚稻亩产(公斤)	全年总产量(吨)	农业产值(万元)	备注
1986	5923	287	259	299	2562.7	396	
1987	5908	297	324	313	2745	419	
1988	5883	300	327	296	2781.1	448	
1989	5905	301	277	303	2919.2	443	

【林　业】

境内除经济林外，有大量的用材林，左泉、华山、高车等村毛竹粗壮，远销省内外。珍贵木材有香樟、楠木，列为重点保护资源。

1986～1989年林业情况表

表83

项目 数量 年份	造林面积(亩)	育林面积(亩)	采伐木材(立方米)	采伐毛竹(万根)	林业产值(万元)	备注
1986	1000	10287	11000	7.60	163.19	
1987	1566	8728	11980	2.00	165	
1988	2008	4925	12700	2.00	142	
1989	2492	7620	12800	4.00	169	

【乡村企业】

1986年全乡有企业139个，但发展不平衡。1988年作了适当调整。通过外引内联，加强管理，技术革新，1989年已发展为211个，总产值达1175.21万元，上缴税金115.39万元。其中金竹板厂利润较优。

1986～1989年乡村企业情况表

表84

项目 / 数量 / 年份	乡办	村办	户办	联户办	合计	总产值(万元)	上缴税金(万元)	备注
1986	7		132		139	50.04	2.95	
1987	11	20	85		116	291.00	22.05	
1988	10	10	81	12	113	268.94	40.35	
1989	9	20	172	10	211	565.23	50.04	

【文教卫生】

乡广播站、文化站各1所，阅览室定期开放。摄影设备1套，电影设备4套，录像设备1套，经常深入村组放映。重大节日，乡团委组织学校师生、民兵开展文体活动或举行文艺晚会。

乡卫生院和各村医疗所共有医务人员14名，农村接生员4名。卫生院设备逐年添置，现有病床6铺，X光设备1套。

全乡有中学1所，小学17所，幼儿园1所，小学普及率达94.6%。

1986～1989年中小学幼儿园概况表

表85

年份 / 人数 / 项目	1986		1987		1988		1989		备注
	员工	学生	员工	学生	员工	学生	员工	学生	
中学	13	144	16	201	16	198	16	206	
小学	27	1333	29	1250	30	1160	28	1036	
幼儿园	1	20	1	19	1	21	1	22	

【人民生活】

1985年工农业总产值457.21万元，1989年递增到736.24万元，增加178.18万元，增长24.20%。因此，人民的衣食住行都有了新的提高。四年来有不少农户买了电风扇、收录机等，拥有电视机165台。1987年麟潭大桥建成后，交通更加方便，公路通到各村各组。有公共机动车6辆，私人机动车60辆，自行车1100辆，至县城的班车每天1次。

1986～1989年农民收入概况表

表86

年份 数量 项目	1986	1987	1988	1989	备注
人平粮食	430	435	429	441	单位：公斤
人平储蓄	5.6	4.8	6.3	6.1	单位：元
人平收入	541	560	596	613	单位：元
户平收入	2935	3213	2920	3192	单位：元

【计划生育】

1986～1989年计划生育情况表

表87

年份	育龄妇女数	长效节育	上环	其它措施	节育率%	自增率‰	备注
1986	838	31	50	19	89.14	5.1	
1987	874	55	88	39	84.65	13.4	
1988	894	74	66	37	92.09	9.6	
1989	1107	68	87	44	96.13	15.7	

1986～1989年乡主要领导更迭表

表88

职务	姓名	性别	任职时间	备注
书记	陈显考	男	1986.1～1986.12	
书记	陈文	男	1987.1～1988.9	
书记	范迪梁	男	1988.10～1989.12	
书记	华铁芹	男	1986.10～1989.12	
副书记	华铁芹	男	1986.1～1986.8	调党校学习
副书记	何耀金	男	1986.9～1987.12	
副书记	唐彦福	男	1988.4～1989.12	

续表

职务	姓名	性别	任职时间	备注
乡长	陈起作	男	1986.1～1986.12	
乡长	朱诗珩	男	1986.10～1989.12	
乡长	华铁芹	男	1989.3～1989.12	
乡长	江光明	男	1989.10～1989.12	
副乡长	庄上龙	男	1986.1～1987.3	
副乡长	肖心连	男	1986.4～1989.12	
人大主席	刘相标	男	1989.10～1989.12	
政协组长	刘光胜	男	1988.10～1989.12	

（刘文光　刘谋成）

上　堡　乡

上堡乡位于崇义县西部，乡人民政府驻上堡圩，距县城50公里。

【人口民族】

全乡多为汉族，回族1人，壮族1人，畲族5人。

1986～1989年户口统计表

表89

项目／户口数／年份	总户数	总人口	其中				备注
			男	女	农业人口	非农业人口	
1986	1820	10636	5528	5108	10362	274	
1987	1826	10161	5547	5114	10388	273	
1988	1958	11281	5818	5463	10992	289	
1989	2048	11491	5893	5598	11175	316	

【农　业】

全乡耕地90%是梯田，主种水稻；豆类、薯类、玉米、高粱等次之。1989年粮食总产量5410.9吨，比1985年增长粮食236.15吨，增长率4.36%。

1986～1989 年农业概况表

表 90

项目 / 数量 / 年份	耕地面积(亩)	早稻亩产(公斤)	中稻亩产(公斤)	晚稻亩产(公斤)	全年总产量（吨）	农业产值(万元)	备注
1986	14414	320	358	265	5160.5	219.04	
1987	14405	304	377	268	5358.2	521	
1988	14339	290	380	296	5347.1	531	
1989	14356	309	393	313	5547.9	552	

【林　业】

境内山多林广，以采育场为主导，发动群众造林育林，合理采伐。

1986～1989 年林业情况表

表 91

项目 / 数量 / 年份	造林面积(亩)	育林面积(亩)	采伐木材(立方米)	采伐毛竹(万根)	林业产值(万元)	备注
1986	1300	7059	16281	4.00	219.04	
1987	2305	9082	12730	7.00	180.87	
1988	2297	6198	11900	8.00	297.00	
1989	1795	7583	12300	8.00	397.89	

【乡村企业】

1986 年全乡有企业 227 个，1989 年发展到 511 个。产品以竹木加工为主，兼搞农机修理、粮食加工和矿产采掘。四年来总产值 1927.33 万元。

1986～1989 年乡村企业情况表

表 92

项目 / 数量 / 年份	乡办	村办	户办	联户办	合计	总产值(万元)	上缴税金(万元)	备注
1986	9	18	194	6	227	324.9	85.18	
1987	8	17	260	8	293	423.49	91.34	
1988	12	27	468	46	547	492.39	103.64	
1989	15	35	423	38	511	696.55	142.00	

【文教卫生】

乡广播站、文化站各1所，阅览室定期开放。重大节日，乡团委组织学校师生、机关职工、青年民兵，开展各项文体活动。全乡电影队3个，录像设备2套。

乡卫生院1所，村卫生所12所，共有医务人员15人，村接生员15名。

全乡有中学1所，小学12所，幼儿园1所，小学普及率达90%。中小学大部分建起了教学大楼或进行校舍维修。

1986～1989年中小学幼儿园概况表

表93

人数　年份 项目	1986		1987		1988		1989		备注
	员工	学生	员工	学生	员工	学生	员工	学生	
中学	12	231	13	281	11	291	14	307	
小学	45	1498	45	1804	45	1689	45	1498	
幼儿园	1	19	1	21	1	22	1	23	

【人民生活】

1989年工农业总产值949.89万元，比1985年增长400.42万元，增长42.15%。随着增产增收，人民生活呈现新的面貌。全乡有公共机动车4辆，私人机动车22辆，自行车500辆，电视机220台，电风扇1500台，电冰箱6只，洗衣机4只。四年来，交售万斤以上粮食的售粮大户共有103户，列全县之首。

1986～1989年农民收入概况表

表94

数量　年份 项目	1986	1987	1988	1989	备注
人平粮食	479	498	513	535	单位：公斤
人平收入	468	516	567	620	单位：元
户平收入	2712	2971	3274	3215	单位：元
人平储蓄	41.3	51.6	22.4	56.9	单位：元

【计划生育】

1986～1989 年计划生育情况表

表 95

年　份	育龄妇女数	长效节育	上　环	其它措施	节育率%	自增率‰	备　注
1986	1449	42	87	53	8.30	8.4	
1987	1620	83	125	65	87.56	7.3	
1988	1769	126	142	126	94.53	6.4	
1989	2012	182	154	146	95.11	11.9	

1986～1989 年乡主要领导更迭表

表 96

职　务	姓　名	性别	任职时间	备　注
书　记	罗荣通	男	1986.1～1986.9	调　动
书　记	蓝善华	男	1986.10～1989.12	
副书记	唐彦福	男	1986.1～1988.5	调　动
副书记	曾凡海	男	1988.6～1989.12	
乡　长	朱贤运	男	1986.1～1988.4	调　动
乡　长	江兴明	男	1988.5～1989.12	
副乡长	江兴明	男	1986.1～1988.4	调　动
副乡长	谢发贵	男	1987.3～1989.12	
副乡长	曾凡海	男	1986.1～1987.4	
人大主席	罗荣通	男	1986.1～1986.9	
人大主席	蓝善华	男	1986.10～1989.12	
政协副组长	管继亮	男	1986.1～1989.2	调　动
政协副组长	张锡桂	男	1989.3～1989.12	
纪检书记	唐彦福	男	1986.1～1988.4	
纪检书记	曾凡海	男	1988.5～1989.2	
纪检书记	陈武斌	男	1989.3～1989.12	
乡长助理	代朝阳	男	1989.3～1989.12	

（刘文光　陈大浜　李宗汉）

关 田 乡

关田乡位于崇义县西南部，乡人民政府驻关田圩，距县城32公里。

【人口民族】

全乡大多数是汉族，1988年恢复蓝姓14户65人为畲族；1989年恢复雷姓为畲族的有15户58人。

1986～1989年户口统计表

表97

户口数 项目 年份	总户数	总人口	其中				备注
			男	女	农业人口	非农业人口	
1986	1478	8025	4130	3895	7417	608	
1987	1543	8352	4262	4090	7752	600	
1988	1641	8399	4265	4134	7778	621	
1989	1677	8517	4377	4140	7871	646	

【农　业】

全乡以种水稻为主，兼种茶、果、薯类、豆类、花生等。拥有茶园400多亩；种柑桔300株以上的专业户有12户。

1985年，粮食总产3477.5吨，到1989年，粮食总产达4019吨，增长541.5吨，增长13.48%。

1986～1989年农业概况表

表98

数量 项目 年份	耕地面积（亩）	早稻亩产（公斤）	中稻亩产（公斤）	晚稻亩产（公斤）	全年总产量（吨）	农业产值（万元）	备注
1986	9774	356	346	307	3681.6	421.2	
1987	9773	360	366	296	6893.9	450.0	
1988	9778	369	374	300	4027.6	439	
1989	9729	373	379	297	4019	505	

【林　业】

全乡林业，坚持造一片成一片，并做到“砍伐有计划，抚育有规模”。

1986～1989 年林业情况表

表 99

项目 数量 年份	造林面积（亩）	育林面积（亩）	采伐木材（立方米）	采伐毛竹（万根）	林业产值（万元）	备　注
1986	4500	22786	14092	1.00	108.85	
1987	1994	11941	14080	1.00	131.00	
1988	3036	10500	13290	2.00	125.00	
1989	3137	9856	13000	4.00	151.00	

【乡村企业】

1986 年有企业 133 个，1989 年发展到 360 个，四年来总产值 2439.41 万元。

1986～1989 年乡村企业情况表

表 100

项目 数量 年份	乡　办	村　办	户　办	联户办	合　计	总产值（万元）	上缴税金（万元）	备　注
1986	8	13	76	36	133	327.44	29.16	
1987	9	10	166	1	186	405.67	38.36	
1988	9	29	285	4	327	763.21	60.79	
1989	8	23	327	2	360	943.09	84.96	

【文教卫生】

乡有中心文化站 1 所，工作人员 12 名，活动面积 1400 平方米。摄影设备 2 套，放大机 1 套，二胡、洋琴、打击乐器各 1 套，电影放映设备 2 套，录像放映设备 4 套。各村有文化室 1 所，供农民业余活动。四年来，中心文化站举行 4 次书法、摄影展览。阅览室定期开放，电影队每月放映 20 场。有电视差转台 3 座，覆盖率达 86%。

乡卫生院 1 所，村医疗所 8 所，医务人员 21 人，农村接生员 11 人。全乡有中学 1 所，小学 8 所，教学点 8 所，幼儿园 4 所。

1986～1989年中小学幼儿园概况表

表101

人数 年份 项目	1986		1987		1988		1989		备注
	员工	学生	员工	学生	员工	学生	员工	学生	
中学	39	462	39	489	39	448	39	485	
小学	78	1639	75	1432	72	1356	67	1128	
幼儿园	5	124	5	129	5	133	5	110	

【人民生活】

1985年工农业总产值629.59万元，1989年上升到1336.36万元，增长706.77万元，增长52.89%。全乡有公共机动车7辆，私人机动车151辆，自行车2300辆，电视机1000台，其中彩电90台。

1986～1989年农民收入概况表

表102

数量 年份 项目	1986	1987	1988	1989	备注
人平粮食	470	478	482	483	单位：公斤
人平收入	627	632	649	671	单位：元
户平收入	3460	3494	3521	3374	单位：元
人平储蓄	33.6	38.4	41.2	46.6	单位：元

【计划生育】

1986～1989年计划生育情况表

表103

年份	育龄妇女数	长效节育	上环	其它措施	节育率 %	自增率 ‰	备注
1986	1347	44	32	26	72.38	5.8	
1987	1371	57	89	60	89.58	5.1	
1988	1381	67	83	52	97.19	8.8	
1989	1508	90	80	63	98.13	11.1	

1986～1989 年乡主要领导更迭表

表 104

职　务	姓　名	性别	任职时间	备　注
书　记	吕家顺	男	1986.1～1986.5	调　动
书　记	邓九生	男	1986.6～1989.12	
副书记	江　波	男	1986.1～1986.6	调　动
副书记	郭大财	男	1986.7～1987.3	调　动
副书记	邓尧柏	男	1988.8～1989.12	
乡　长	邓九生	男	1986.1～1986.5	调　动
乡　长	江　波	男	1986.6～1989.12	
副乡长	邓尧柏	男	1986.1～1987.2	调　动
副乡长	刘选玉	男	1986.1～1989.3	调　动
副乡长	曾昭伟	男	1989.3～1989.12	
乡长助理	钟同恒	男	1989.3～1989.2	
乡长助理	吕昌政	男	1989.3～1989.12	
人大主席	郭大财	男	1987.1～1989.12	
纪检书记	江　波	男	1986.1～1987.8	
纪检书记	王明干	男	1987.9～1989.12	

（刘文光　甘开元）

聂都乡

聂都乡位于崇义县西南边陲，乡人民政府驻聂都圩，距县城 53 公里。

【人口民族】

全乡绝大多数是汉族，1988 年恢复蓝姓为畲族的 18 户 109 人；1989 年恢复雷姓为畲族的 5 户 16 人。

1986～1989年户口统计表

表105

项目 户口数 年份	总户数	总人口	其中				备注
			男	女	农业人口	非农业人口	
1986	1407	8021	4033	3988	7505	516	
1987	1479	8009	4005	4004	7546	463	
1988	1573	8129	4128	4001	7634	495	
1989	1601	8232	4127	4105	7735	497	

【农　业】

全乡主种水稻，豆类、薯类、玉米次之。

1986～1989年农业概况表

表106

项目 数量 年份	耕地面积（亩）	早稻亩产（公斤）	中稻亩产（公斤）	晚稻亩产（公斤）	全年总产量（吨）	农业产值（万元）	备注
1986	10680	297	300	308	3989.2	342.3	
1987	10680	313	308	318	4155.3	389	
1988	10671	311	321	314	4255.7	404	
1989	10664	323	328	332	4357.0	418	

【林　业】

境内山多林茂，林地占山地的91%，主产松、杉、杂木，是县内毛竹主要产区之一。

1986～1989年林业情况表

表107

项目 数量 年份	造林面积（亩）	育林面积（亩）	采伐木材（立方米）	采伐毛竹（万根）	林业产值（万元）	备注
1986	2200	5326	11000	16.00	120	
1987	1562	3464	12717	16.00	146	
1988	2465	4386	12714	16.00	404	
1989	1899	4989	12416	16.00	418	

【乡村企业】

乡村企业，以采矿、造纸、农具修造、竹木加工为主；兼搞粮食加工和服务性行业。大理石厂曾批量生产，由于销路不广，陷于不景气状态。

1986～1989 年乡村企业情况表

表 108

年份 \ 项目	乡办	村办	户办	联户办	合计	总产值(万元)	上缴税金(万元)	备注
1986	30	11	87	1	129	250.80	18.45	
1987	15	11	69	16	111	341.96	49.52	
1988	18	17	151	6	192	418.50	35.80	
1989	18	23	170	2	213	602.47	27.00	

【文教卫生】

乡广播站、文化站各 1 所，书报阅览室定期开放。电影队 2 个，经常深入村组放映，每逢节日，乡团委组织各项文体活动。

乡卫生院 1 所，村医疗所 11 所，医务人员 13 名，村接生员 11 名。

全乡有中学 1 所，小学 16 所，幼儿园 2 所，小学普及率达 98%。

1986～1989 年中小学幼儿园概况表

表 109

项目 \ 年份	1986		1987		1988		1989		备注
	员工	学生	员工	学生	员工	学生	员工	学生	
中学	17	309	18	311	18	322	25	340	
小学	38	1476	38	1394	39	951	41	1191	含民办代课临时工
幼儿园	2	65	2	64	2	66	2	65	

【人民生活】

全乡有洗衣机 4 台，沙发 78 套，收录机、电唱机 532 台，电视机 368 台，电风扇 137 台，电冰箱 6 只，缝纫机 881 架，机动车 88 辆，自行车 628 辆。

1986～1989 年农民收入概况表

表 110

项目＼数量＼年份	1986	1987	1988	1989	备注
人平粮食	434	476	510	581	单位：公斤
人平收入	482	509	516	588	单位：元
户平收入	2690	2673	2987	3092	单位：元
人平储蓄	31.7	34.5	41.3	45.6	单位：元

【计划生育】

1986～1989 年计划生育情况表

表 111

年份	育龄妇女数	长效节育	上环	其它措施	节育率%	自增率‰	备注
1986	1067	27	20	25	80.59	7.6	
1987	1136	69	58	60	88.60	5.4	
1988	1216	70	96	66	89.17	5.0	
1989	833	73	93	55	91.13	7.95	

1986～1989 年乡主要领导更迭表

表 112

职务	姓名	性别	任职时间	备注
书记	张长箭	男	1986.1～1986.10	
书记	蔡军	男	1988.3～1989.12	
副书记	甘开银	男	1986.11～1987.1	主持工作
副书记	肖毅	男	1987.2～1988.2	主持工作
副书记	邓尧柏	男	1986.1～1988.7	
副书记	张声逵	男	1989.6～1989.12	
纪检书记	梁庆安	男	1987.5～1989.12	

续表

职　　务	姓　　名	性别	任职时间	备　　注
乡　　长	郭大财	男	1986.1～1987.3	
乡　　长	赖中立	男	1987.4～1989.12	
副乡长	刘　平	男	1986.10～1987.12	
副乡长	钟　山	男	1988.1～1989.12	

(刘文光　刘相校)

文　英　乡

文英乡位于崇义县西南部。乡人民政府驻文英圩，距县城56公里。

【人口民族】

全乡多为汉族，1988年恢复蓝姓为畲族的4户9人。

1986～1989年户口统计表

表113

项目 户口数 年份	总户数	总人口	其中				备　　注
			男	女	农业人口	非农业人口	
1986	1145	5705	3043	2662	5418	287	
1987	1153	5740	3063	2677	5432	308	
1988	1186	5891	3122	2769	5578	313	
1989	1263	6086	3186	2900	5761	325	

【农　业】

耕地大部分分布在山间谷地，种植以水稻为主，兼种薯类、豆类、花生、玉米等。

1986～1989年农业概况表

表114

项目 数量 年份	耕地面积(亩)	早稻亩产(公斤)	中稻亩产(公斤)	晚稻亩产(公斤)	全年总产量(吨)	农业产值(万元)	备注
1986	9598	336	343	275	3645.3	381	
1987	9597	325	350	298	3735.6	400	
1988	9589	333	350	298	3755.8	430	
1989	9589	327	361	302	3848.0	454	

【林　业】

境内山林产松、杉、毛竹。

1986～1989年林业情况表

表115

项目 数量 年份	造林面积(亩)	育林面积(亩)	采伐木材(立方米)	采伐毛竹(万根)	林业产值(万元)	备注
1986	1000	9360	13992	6.00	76.66	
1987	2143	10958	13824	6.00	102.00	
1988	2635	8637	13970	8.00	139.00	
1989	1223	9559	13780	8.00	169.00	

【乡村企业】

乡村企业以碾米、发电、农机修理、半机械化造纸厂、石灰厂为主。四年来总产值共计1056.51万元，上缴税金192.54万元。

1986～1989年乡村企业情况表

表116

项目 数量 年份	乡办	村办	户办	联户办	合计	总产值(万元)	上缴税金(万元)	备注
1986	7	11	132	41	191	191.35	20.20	
1987	6	13	180	45	244	211.66	1.33	
1988	5	11	125	13	154	332.04	37.51	
1989	5	11	125	14	155	321.06	83.50	

【文教卫生】

乡文化站设书报阅览室，定期开放，每逢重大节日，乡团委组织学校师生、青年民兵、机关干部开展各项文体活动。电影队经常深入村组放映，边远山区农民，亦能看到电影。

乡卫生院1所，个人承包村卫生所5所，医务人员共7名，农村接生员4人。

全乡有中学1所，小学15所（含教学点8所），幼儿园1所，小学普及率达95%。

1986～1989年中小学幼儿园概况表

表117

人数 年份 / 项目	1986		1987		1988		1989		备注
	员工	学生	员工	学生	员工	学生	员工	学生	
中学	14	282	15	284	16	252	18	222	
小学	21	1123	21	1027	32	910	23	897	
幼儿园	1	20	1	19	1	21	1	22	

【人民生活】

1985年工业总产值428.24万元，1989年上升到718.47万元，增长290.23万元，增长率40.40%。有公共机动车2辆，私人机动车82辆，自行车800辆，电视机120台。

1986～1989年农民收入概况表

表118

数量 年份 / 项目	1986	1987	1988	1989	备注
人平粮食	458	471	482	483	单位：公斤
人平收入	620	639	649	684	单位：元
户平收入	3091	3200	3306	3319	单位：元

【计划生育】

1986～1989年计划生育情况表

表119

年 份	育龄妇女数	长效节育	上环	其它措施	节育率%	自增率‰	备 注
1986	786	16	43	32	77.23	7.6	
1987	817	53	60	36	90.18	7.2	
1988	911	50	66	48	80.40	5.3	
1989	998	87	48	33	91.12	10.9	

1986～1989年乡主要领导更迭表

表120

职 务	姓 名	性 别	任 职 时 间	备 注
书 记	黄和亮	男	1986～1989.12	
副书记	曾昭夫	男	1986～1989.12	
乡 长	罗扬星	男	1987～1989.12	
副乡长	吴程辉	男	1986～1987.3	主持工作
副乡长	石金明	男	1986～1989.12	
副乡长	郭家明	男	1989.3～1989.12	
乡长助理	谢才根	男	1989.3～1989.12	
人大主席	陈家泉	男	1988～1989.12	

(刘文光　郭文良)

乐　洞　乡

乐洞乡位于崇义县西南边陲。乡人民政府驻乐洞圩，距县城72公里。

【人口民族】

全乡多为汉族；1988年恢复蓝姓为畲族的24户91人；回族1人。

1986～1989年户口统计表

表121

项目 户口数 年份	总户数	总人口	其中				备注
			男	女	农业人口	非农业人口	
1986	486	2484	1237	1247	2368	116	
1987	495	2505	1246	1259	2390	115	
1988	502	2549	1274	1275	2425	124	
1989	526	2613	1350	1263	2475	138	

【农　业】

山坑梯田、每年种1季中稻和薯类、豆类等杂粮。1986年中稻亩产373公斤，年总产1403吨；1987年亩产371公斤，年总产1320吨；1988年亩产388公斤，年总产1485吨；1989年亩产395公斤，年总产1531吨。1989年比1985年增产176.95吨，增长5.01%。

1986～1989年农业概况表

表122

项目 数量 年份	耕地面积（亩）	中稻亩产（公斤）	全年总产量（吨）	农业产值（万元）	备注
1986	8377	373	1434	129.7	全乡只种一季稻
1987	3877	371	1373	141	
1988	3877	388	1537	149	
1989	3956	403	1614.4	154	

【林　业】

境内山多林茂，资源丰富；尤以毛竹蓄积量达500多万根。现有7个竹木加工厂，农民收入80%来自林业生产。

1986～1989年林业情况表

表123

项目 数量 年份	造林面积(亩)	育林面积(亩)	采伐木材(立方米)	采伐毛竹(万根)	林业产值(万元)	备注
1986	900	2485	2118	4.17	61.91	
1987	952	996	6600	7.00	77.49	
1988	357	1266	6100	7.00	105.40	
1989		1500	3605	2.00	154.00	本年以育林为主

【乡村企业】

四年来，全乡企业创产值559.56万元，上缴税金63.33万元。1986年投资40万元，建乐洞电站和3个微型发电机；1988年又投资60万元建成茶滩电站，装机容量250千瓦，进一步解决了照明和能源。

1986～1989年乡村企业情况表

表124

项目 数量 年份	乡办	村办	户办	联户办	合计	总产值(万元)	上缴税金(万元)	备注
1986	4	22	15	16	57	29.85	14.00	
1987	5	36	37		78	73.21	10.72	
1988	5	13	61	38	117	188.76	17.29	
1989	5	14	68	39	126	267.74	21.37	

【文教卫生】

全乡有文化站1所，广播站1所。电影设备3套，影剧院2个，流动放映点32个，摄影设备2套，录像放映设备1套，阅览室3个。重大节日，乡团委组织文体活动。

乡卫生院1所，村医疗所2所，医务人员6名，农村接生员5名。

全乡有中心小学1所，村级小学6所，幼儿园1所。1987年在中心小学恢复初中班。四年来投资18万元，新建教学大楼5栋。小学入学率达97%。

1986～1989 年中小学幼儿园概况表

表 125

人数/年份 项目	1986		1987		1988		1989		备注
	员工	学生	员工	学生	员工	学生	员工	学生	
中学			2	45	2	104	3	150	中小学混合任课
小学	25	650	26	642	34	624	36	590	
幼儿园	1	25	1	28	1	29	1	30	

【人民生活】

有公共机动车 3 辆，私人机动车 10 辆，自行车 375 辆，收录机、电视机 239 台。农民善于养牛，小东坑户平 5 头，养大出售，经济收入可观。

1986～1989 年农民收入概况表

表 126

数量/年份 项目	1986	1987	1988	1989	备注
人平粮食	524	527	582	572	单位：公斤
人平收入	603	627	648	666	单位：元
户平收入	3032	3147	3226	3224	单位：元

【计划生育】

1986～1989 年计划生育情况表

表 127

年份	育龄妇女数	长效节育	上环	其它措施	节育率 %	自增率 ‰	备注
1986	345	10	20	19	83.77	8.1	
1987	365	31	27	17	89.42	11.2	
1988	402	25	47	14	89.68	11.1	
1989	393	20	29	16	93.31	9.7	

1986～1989年乡主要领导更迭表

表128

职务	姓名	性别	任职时间	备注
书记	王华清	男	1986～1989.12	
副书记	卢邦莲	男	1987.3～1989.12	
乡长	汪先华	男	1986～1989.12	1987年4月前代乡长
副乡长	黄衍明	男	1986～1988.8	调动
副乡长	朱传坚	男	1988.12～1989.12	
纪检书记	黄绪藻	男	1986～1987.2	
纪检书记	卢邦莲	男	1987.3～1989.3	副书记兼
纪检书记	林发贵	男	1989.3～1989.12	
人大主席	王华清	男	1986～1989.12	兼职
政协副组长	阙宗荣	男	1989.3～1989.12	

(刘文光　何培真)

丰州乡

丰州乡位于崇义西部，乡人民政府驻丰州墟，距县城59公里。

【人口民族】

全乡除4人畲族外，其余均为汉族。

1986～1989年户口统计表

表129

项目 户口数 年份	总户数	总人口	其中				备注
			男	女	农业人口	非农业人口	
1986	722	4009	2090	1919	3882	127	
1987	735	4082	2131	1951	3946	136	
1988	787	4136	2128	2008	3997	139	
1989	806	4213	2177	2036	4071	142	

【农　业】

全乡农业连续4年获得好收成。在对子下兴修水利1座。

1986～1989年农业概况表

表130

项目 数量 年份	耕地面积（亩）	早稻亩产（公斤）	中稻亩产（公斤）	晚稻亩产（公斤）	全年总产量（吨）	农业产值（万元）	备　注
1986	4941	374	365	360	19535.2	221.1	
1987	4946	394	372	374	2045.9	235	
1988	4946	369	384	361	2124.6	254	
1989	4942	376	409	324	2219.6	266	

【林　业】

全乡山多林多毛竹多。乡、村采育林场，以造林育林为主，合理采伐。

1986～1989年林业情况表

表131

项目 数量 年份	造林面积（亩）	育林面积（亩）	采伐木材（立方米）	采伐毛竹（万根）	林业产值（万元）	备　注
1986	500	6356	9720	2.80	84.50	
1987	1891	8087	10002	3.00	106.00	
1988	1847	6998	9445	3.00	98.00	
1989	687	6236	8000	1.00	83.00	

【乡村企业】

四年来，企业总产值1108.65万元，上缴税金149.14万元。

1986～1989 年乡村企业情况表

表 132

项目 / 数量 / 年份	乡办	村办	户办	联户办	合计	总产值(万元)	上缴税金(万元)	备注
1986	7	7	33	36	83	154.00	31.36	
1987	7	13	46	55	121	219.03	39.31	
1988	7	13	54	45	119	334.60	28.62	
1989	7	19	80	14	100	401.02	39.85	

【文教卫生】

文化站有工作人员 5 名。有电影设备 1 套，摄影设备 1 套，村级图书室 2 个，广播设备 1 套。每年举行体育比赛 2 次（青年节、国庆节）。

乡卫生院 1 所，村医疗所 5 所，医务人员 6 人，农村接生员 6 名。

全乡有中学 1 所，小学 3 所，教学点 12 所，幼儿园 4 所。小学普及率 95%。1987 年本乡被县评为改造中小学危房先进单位。

1986～1989 年中小学幼儿园概况表

表 133

年份 / 人数 / 项目	1986		1987		1988		1989		备注
	员工	学生	员工	学生	员工	学生	员工	学生	
中学	12	136	12	153	12	146	12	150	
小学	51	820	51	759	47	701	47	605	
幼儿园	1	44	5	86	5	80	5	75	1987 年起民办 3 所

【人民生活】

全乡工农业总产值由 1985 年 299.83 万元，上升到 1989 年 488.10 万元，增长 188.27 万元，增长率 38.57%；有私人机动车 15 辆，自行车 109 辆。

1986～1989 年农民收入概况表

表 134

年份 / 数量 / 项目	1986	1987	1988	1989	备注
人平粮食	301	307	309	542	单位：公斤
人平收入	520	542	575	589	单位：元
户平收入	2962	2951	2951	3081	单位：元

【计划生育】

1986～1989 年计划生育情况表

表 135

年份	育龄妇女数	长效节育	上环	其它措施	节育率%	自增率‰	备注
1986	605	14	19	12	85.45	4.7	
1987	623	53	38	38	81.19	14.3	
1988	668	55	36	36	79.82	10.7	
1989	622	48	59	59	86.40	9.6	

1986～1989 年乡主要领导更迭表

表 136

职务	姓名	性别	任职时间	备注
书记	郭垂连	男	1986.1～1986.12	
书记	雷钦华	男	1987.1～1989.12	
副书记	雷钦华	男	1986.1～1986.12	
副书记	刘相标	男	1987～1989.12	
副书记	黄绪藻	男	1987～1988	
乡长	彭廷有	男	1986.1～1986.12	
乡长	陈起作	男	1987～1988	
乡长	刘选玉	男	1989.1～1989.12	
副乡长	张声奎	男	1986	
副乡长	林立清	男	1986	
副乡长	曾昭伟	男	1987～1988	
乡长助理	刘建平	男	1989	
纪检书记	卢邦莲	男	1986	
纪检书记	黄绪藻	男	1987～1988	
纪检书记	谢小平	男	1989	
政协组长	傅名权	男	1989	

(刘文光　彭朝宾)

古亭镇

古亭镇位于崇义县西部，镇人民政府驻古亭圩，距县城45公里。

【人口民族】

全镇有壮、土家、苗、回、畲等少数民族37人，其余均为汉族。

1986～1989年户口统计表

表137

户口数＼项目 年份	总户数	总人口	其中				备注
			男	女	农业人口	非农业人口	
1986	1689	8681	5087	3594	3665	5010	
1987	1967	9443	5167	4276	3887	5606	
1988	2000	9499	5136	4363	3846	5653	
1989	1889	9550	5148	4402	3936	5614	

【农业】

全镇主种水稻，兼种红薯、大豆、茶叶、瓜果、柑桔等。四年来，开荒造田34.3亩，改造低产田228亩，开发茶叶、蔬菜基地共50亩，垦复油茶山4800亩。1989年粮食总产1848.1吨，比1985年增长35.8吨，增长19.45%。农民利用稻田、池塘养鱼，1989年产量达149.56吨。

1986～1989年农业概况表

表138

数量＼项目 年份	耕地面积（亩）	早稻亩产（公斤）	中稻亩产（公斤）	晚稻亩产（公斤）	全年总产量（吨）	农业产值（万元）	备注
1986	4120	302	310	306	1754.7	172	
1987	4001	277	325	328	1765.5	183	
1988	3998	306	333	332	1803.8	192	
1989	3998	317	338	316	1832.8	202	

【林　业】

境内有油茶山 208.5 亩。1989 年，完成人工造林 1874 亩，全面加强护育。

1986～1989 年林业情况表

表 139

项目 数量 年份	造林面积(亩)	育林面积(亩)	采伐木材(立方米)	采伐毛竹(万根)	林业产值(万元)	备　注
1986		6889	8146	7.00	41.66	本年育林为主
1987	1838	8040	8451	4.00	34.07	
1988	1311	6006	8570	1.00	25.88	
1989	1110	6056	7197	6.00	39.90	

【镇村企业】

镇村企业，以电厂、石灰厂、胶合板厂、矿产品利润较优。

1986～1989 年镇村企业情况表

表 140

项目 数量 年份	乡　办	村　办	户　办	联户办	合　计	总产值(万元)	上缴税金(万元)	备　注
1986	12	8	57		77	161.71	14.85	
1987	11	5	31		47	225.86	24.77	
1988	6	10	35	1	52	288.60	23.55	
1989	7	11	80	2	100	467.02	13.00	

【文教卫生】

镇文化站，现有图书 2100 册，订有全国主要报刊，阅览室经常满座。四年来，电影院、录像室相继建成，经常放映。重大节日，镇团委组织青年和学校师生举行文体活动。

镇卫生院 1 所，村医疗所 5 所，医务人员 15 名，农村接生员 3 名。

全镇有中学 1 所，小学 6 所，幼儿园 3 所。在全县中小学“危房改造”评比中获第 1 名。已达到省规定的“六配套”标准。

1986～1989年中小学幼儿园概况表

表141

人数＼年份 项目	1986		1987		1988		1989		备注
	员工	学生	员工	学生	员工	学生	员工	学生	
中学	12	152	15	203	15	198	18	260	
小学	35	734	35	698	34	634	37	602	
幼儿园	1	41	4	114	4	88	4	85	

【人民生活】

有公共机动车11辆，私人机动车71辆，自行车1887辆，电视机920台（其中彩电90台）、电风扇、电冰箱、洗衣机等，已为部分农家拥有。

1986～1989年农民收入概况表

表142

数量＼年份 项目	1986	1987	1988	1989	备注
人平粮食	479.7	475.9	474.4	487.2	单位：公斤
人平收入	568	577	624	651	单位：元
户平收入	2174	3199	3191	3509	单位：元
人平储蓄	34.66	41.36	50.19	89.76	单位：元

【计划生育】

1986～1989年计划生育情况表

表143

年份	育龄妇女数	长效节育	上环	其它措施	节育率%	自增率‰	备注
1986	1180	26	101	80	98.38	16.6	
1987	1224	73	146	115	92.00	21.3	
1988	1284	44	141		86.77	7.0	
1989	1413	45	100	167	92.17	12.1	

1986～1989 年乡主要领导更迭表

表 144

职　　务	姓　　名	性 别	任 职 时 间	备　　注
书　　记	叶光辉	男	1986～1989.12	
副 书 记	练优贵	男	1986.3～1987.3	
副 书 记	彭庭有	男	1986～1987.12	
副 书 记	吴仰辉	男	1989.3～1989.12	
镇　　长	练优贵	男	1986～1987.3	
镇　　长	彭庭有	男	1987.4～1989.12	
副 镇 长	吴为富	男	1986～1987.4	
副 镇 长	何小英	女	1986～1989.12	
副 镇 长	周祥明	男	1987.4～1989.12	
纪检书记	周祥明	男	1986.4～1987.4	
纪检书记	方　针	男	1988.4～1989.12	
纪检书记	张俊芳	男	1987.4～1989.12	
政协副组长	管继亮	男	1989～1989.12	

(刘文光　温世章)

企业名录

QI YE MING LU

工 业 部 分

崇义县冶金矿产工业公司

地址：县城西大街

负责人：谢立镇

电话：2694　2707

主要产品及经营范围：生产收购、加工、经销钨、锡、铜、钼、铅、锌、稀土、硅矿产品

崇义县煤炭公司

地址：县城南新路

负责人：柏红星

电话：2674

主要产品及经营范围：生产经销蜂窝煤

崇义县食品厂

地址：县城沿江路

负责人：刘志高

电话：2384

主要产品及经营范围：糕点、蜜饯、饮料

崇义县社会福利综合厂

地址：县城猪岭背

负责人：杨祖新

电话：2924

主要产品及经营范围：生产销售藤木家具、石棉瓦红纸和小材木料加工

国营崇义木材厂

地址：县城牛角河

负责人：陈世甦

电话：2154

主要产品及经营范围：胶合板、纤维板、刨花板、木筷、包装箱

崇义县煤矿

地址：横水镇左溪低坑

负责人：张伟民

电话：2469

主要产品及经营范围：生产、销售原煤

崇义县蜜饯厂

地址：县城东大街

负责人：薛生伟

电话：2340

主要产品及经营范围：加工、经销蜜饯、果脯、食用干果

崇义县汽车大修厂

地址：县城西大街

负责人：周敦年

电话：2423

经营范围：维修汽车及其它机动车辆；兼营采购、零售汽车零件

崇义县粮食系统车辆维修部

地址：县城西大街
负责人：黄名德
电话：2483
经营范围：二级保养、一般修理、零售汽车配件

崇义文教印刷厂

地址：县城东大街
负责人：黄荣海
电话：2339
经营范围：印刷、制板、铸字、装订

崇义县算盘厂

地址：县城解放路
负责人：肖检发
电话：2632
主要产品及经营范围：生产、加工、经销算盘、纺织器材、伞柄等

崇义县金属丝网厂

地址：县城萝卜巷
负责人：卢和尧
电话：2859
主要产品和经营范围：元钉、铁丝网、镀锌铁丝

崇义县轻工机械厂（第二农机厂）

地址：县城解放路
负责人：张继人
电话：2259
主要产品和经营范围：主营木工带锯、农机类；兼营衔器

崇义县农机修理制造厂

地址：县城解放路
负责人：廖彩昉
电话：2067
主要产品和经营范围：生产、销售农机及配件、机械零件、低温电镀

崇义县印刷厂

地址：县城西大街
负责人：刘晓林
电话：2562
经营范围：印刷、制板、铸字、装订、复印等业务

崇义县服装厂

地址：县城阳明路
负责人：吴桂乾
电话：2548
主要产品和经营范围：生产、加工、批零；兼营服装、鞋帽、针织品、日用百货、文化日用品、服装洗烫

崇义县罐头厂

地址：县城沿江路
负责人：熊先武
电话：2805
经营范围：食品罐头；兼营收购原料

崇义县化工厂

地址：县城西郊
负责人：谢文瑞
电话：2184
经营范围：松香、松焦油等

崇义县木器厂

地址：县城解放路

负责人：薛德铠

电话：2197

主要产品和经营范围：生产、销售家具、办公桌用器、工具柄、其它木制品、来料加工

崇义县水泥厂

地址：横水镇中营

负责人：王先圣

电话：2283

经营范围：生产、销售水泥

崇义县塑料制品厂

地址：县城中山路

负责人：何祥峰

主要产品及经营范围：生产、销售塑料编织袋

崇义县工艺厂

地址：县城西山角

负责人：高国贞

电话：2665

主要产品及经营范围：生产、销售木漆碗、木漆碟

崇义县阳岭汽车维修部

地址：县城南门

负责人：朱英明

电话：2826

经营范围：汽车二级保养，以及修理（进口汽车）、零售汽车零件

崇义县铜矿加工厂

地址：县城牛角河

负责人：黄泽兰

电话：2847

主要产品及经营范围：收购、加工、销售铜矿、钨、锡、铅、锌等，及其铜矿加工分解

崇义中学校办工厂

地址：县城解放路

负责人：饶启松

电话：2006

经营范围：加工零售糕点、冷饮制品、饮食服务

崇义横水家具厂

地址：县城健康路

负责人：赵万清

电话：2773

主要产品及经营范围：木竹、藤、家具等工艺器

崇义县淘锡坑钨矿

地址：横水镇密溪

负责人：钟石生

电话：崇义县邮电局总机转

主要产品及经营范围：挖掘、收购、经销钨、锡、铜、铅、锌、铋、钼

崇义县农林技术学校校办工厂

地址：横水镇左溪

负责人：刘贤平

电话：崇义邮电局总机转

主要产品及经营方式：生产、销售竹筒席、食用菌、松油、松节油、茶叶、香菇、笋干等

崇义电石厂

地址：横水左溪

负责人：田金成

电话：水电公司总机转（2127）

主要产品及经营范围：生产、经销电石硅铁

崇义横水镇左溪村煤矿

地址：横水左溪

负责人：赖兆河

电话：横水镇总机转

主要产品及经营范围：生产原煤，及经销

崇义县赤坑银铅矿

地址：横水赤坑

负责人：谢毓星

电话：横水镇总机转

主要产品及经营范围：采掘、加工、销售银、铅、锌、矿产品

崇义县横水镇水口村木材加工厂

地址：崇义县横水镇

负责人：陈学逵

电话：横水镇总机转

主要产品及经营范围：生产、经销木制品及小材小料制品

崇义县横水镇萝卜巷木柄厂

地址：崇义县横水镇

负责人：邓尧忠

电话：横水镇总机转

主要产品及经营范围：木柄、拼花地板、小材小料加工

崇义县鱼梁机砖厂

地址：横水镇鱼梁

负责人：王大生

电话：横水镇总机转

主要产品及经营范围：生产、销售机制砖瓦

崇义县思顺乡对耳石电站

地址：崇义县思顺乡

负责人：朱家焕

电话：思顺乡总机转

主要产品及经营范围：发电、供电

崇义县山院电站

地址：崇义县思顺乡

负责人：朱传伦

电话：思顺乡总机转

经营范围：电力生产、供电销售

崇义县思顺乡玻璃纤维厂

地址：崇义县思顺乡

负责人：汤昌枚

电话：思顺乡总机转

主要产品及经营范围：生产、销售、收购玻璃纤维

崇义县思顺木制工具厂

地址：崇义县思顺乡

负责人：叶祥继

电话：思顺乡总机转

主要产品及经营范围：收购、加工、经销木制工具柄半成品

崇义县上堡乡良和电站

地址：崇义县上堡乡

负责人：何昌和

电话：上堡乡总机转

经营范围：发电、供电

崇义县上堡乡胶合板厂

地址：崇义县上堡街

负责人：余道贤

电话：上堡乡总机转

主要产品和经营范围：胶合板、胶合单板、折椅板

崇义县上堡稀土矿

地址：崇义县上堡乡

负责人：蔡格沆

电话：上堡乡总机转

主要产品：稀土矿

崇义县校办竹筒席厂

地址：崇义县上堡街

负责人：肖宏旻

电话：上堡乡总机转

主要产品及经营方式：生产、销售竹筒席

崇义县上堡扶花竹枝厂

地址：崇义县上堡街

负责人：唐太益

电话：上堡乡总机转

主要产品及经营方式：生产、经销扶花竹制品

崇义县铅厂手工业社

地址：崇义县铅厂乡

负责人：刘先红

电话：铅厂乡总机转

主要产品及经营方式：生产、加工、销售铁、木竹器、服装、理发服务

崇义县长河坝水库管理站

地址：崇义县铅厂乡

负责人：何德珍

电话：铅厂乡总机转

经营范围：发电、供电、养鱼

崇义县茶滩乡活性炭厂

地址：崇义县茶滩乡

负责人：巫大庆

电话：茶滩乡总机转

主要产品及经营方式：生产、销售活性炭

崇义县茶滩三坑村加工厂

地址：崇义县茶滩乡

负责人：朱昭平

电话：茶滩乡总机转

主要产品及经营范围：生产、加工、销售锯材、包装箱、纸夹板、其它木制品

崇义县过埠镇泮江发电站

地址：崇义县过埠镇

负责人：杨人德

电话：过埠镇总机转

经营范围：发电、供电、自来水

崇义县天然香料厂

地址：崇义县过埠镇

负责人：黄先扬

电话：过埠镇总机转

主要产品及经营范围：香料、天然色素、野生油料

崇义县过埠活性炭厂

地址：崇义县过埠镇
负责人：肖孙周
电话：过埠镇总机转
主要产品及经营范围：收购、加工、销售活性炭

崇义县水泥石灰厂

地址：崇义县铅厂乡宝山
负责人：李学炽
电话：铅厂总机转
主要产品及经营范围：水泥、石灰、原煤

崇义县铅厂煤炭经销部

地址：崇义县铅厂乡
负责人：黄告林
电话：铅厂乡总机转
主要产品及经营范围：生产、销售原煤

崇义县杰坝黄金社会福利综合加工厂

地址：崇义县杰坝乡
负责人：李祥福
电话：杰坝乡总机转
主要产品及经营范围：生产、经销木尺、包装箱、家具、其它木制品

崇义县杰坑小材小料加工厂

地址：崇义县杰坝乡
负责人：王孟烈
电话：杰坝乡总机转
主要产品及经营范围：收购、经销纺织器材、地板条、工具柄

崇义县杰坝活性炭厂

地址：崇义县杰坝乡
负责人：阮国建
电话：杰坝乡总机转
主要产品及经营范围：生产活性炭

崇义县长龙钨矿

地址：崇义县长龙乡
负责人：郭发炳
电话：长龙乡总机转
主要产品及经营范围：生产、销售钨、锡、钼、锌、铋产品

崇义县茅坪钨矿

地址：崇义县长龙乡
负责人：黄长春
电话：长龙乡总机转
主要产品及经营范围：采选、经销、供应钨、锡、钼、锑等矿

崇义县水电局西湖水库管理站

地址：崇义县长龙拔翠
负责人：张小忆
电话：长龙乡总机转
经营范围：发电、供电，兼养鱼、种植灌溉

崇义县长龙中学木竹制品厂

地址：崇义县长龙乡
负责人：阮林佩
电话：长龙乡总机转
主要产品及经营范围：生产、销售

工具柄、包装箱

崇义县龙岗联营木材厂

地址：崇义县长龙乡

负责人：刘厚华

电话：长龙乡总机转

主要产品：木制胶合板

崇义县文英农具厂

地址：崇义县文英乡

负责人：张流栋

电话：文英乡总机转

主要产品及经营范围：生产、销售铁、木、竹家具农具

崇义县文英村木材加工厂

地址：崇义县文英乡

负责人：韦文佐

电话：文英乡总机转

主要产品及经营范围：生产、销售内锯材、包装箱

崇义县扬眉寺农电管理站

地址：崇义县扬眉镇

负责人：杨利平

电话：扬眉镇总机转

经营范围：供电

崇义县扬眉寺农业机械厂

地址：崇义县扬眉镇

负责人：赖良仁

电话：扬眉镇总机转

主要产品及经营范围：生产、销售农机、铁器、木、竹制品

崇义县扬眉金矿

地址：崇义县龙勾乡

负责人：蔡卫富

电话：龙勾乡总机转

主要产品及经营范围：主营黄金矿；兼营钨、锡矿

崇义县古亭木器厂

地址：崇义县古亭镇

负责人：陈文熹

电话：古亭镇总机转

主要产品及经营范围：生产、加工、经销松木、蒸笼、木制家具

崇义县古亭镇桐梓木材加工厂

地址：崇义县古亭镇

负责人：张朝生

电话：古亭镇总机转

主要产品及经营范围：生产经销包装箱、锯材等

国营七一九矿稀土冶炼厂

地址：崇义县丰州乡

负责人：李胜年

电话：丰州乡总机转

主要产品及经营范围：生产、销售稀土系列产品

国营七一九矿荧石精选厂

地址：崇义县丰州乡

负责人：李胜年

电话：丰州乡总机转

主要产品：荧石矿

国营七一九矿铁合冶金厂

地址：崇义县丰州乡

负责人：钟俊焕

电话：丰州乡总机转

主要产品及经营范围：硅矿、硅铁、结晶硅系列产品

崇义县扬眉食品厂

地址：崇义县扬眉镇

负责人：钟期升

电话：扬眉镇总机转

主要产品及经营范围：加工、销售蜜饯、糕点、饮料、酱油等

崇义县古亭机砖厂

地址：崇义县古亭镇

负责人：邱德松

电话：古亭镇总机转

主要产品及经营范围：生产、销售机制红砖

崇义县乐洞乡高畲木竹加工厂

地址：崇义县乐洞乡

负责人：叶传发

电话：乐洞乡总机转

主要产品及经营范围：生产加工、经销计划内木生材等

崇义县乐洞竹木加工厂

地址：崇义县乐洞乡

负责人：何周楠

电话：乐洞乡总机转

主要产品或经营范围：生产、经销包装箱、家具、其他木制品

崇义县麟潭手工业缝衣社

地址：崇义县麟潭乡

负责人：孙谦军

电话：麟潭乡总机转

经营范围：缝衣加工

崇义县麟潭第二活性炭厂

地址：崇义县麟潭乡

负责人：阮诗蒙

电话：麟潭乡总机转

主要产品及经营范围：生产经销活性炭

崇义县麟潭两杰活性炭厂

地址：崇义县麟潭乡

负责人：阮诗赋

电话：麟潭乡总机转

主要产品及经营范围：生产经销活性炭

崇义县关田家具厂

地址：崇义县关田乡

负责人：肖芳桂

电话：关田乡总机转

主要产品及经营范围：生产、销售藤、木家具

崇义县关田乡电站

地址：崇义县关田乡

负责人：黄广豪

电话：关田乡总机转

经营范围：发电、供电

崇义县关田乡下关村芦柴电站

地址：崇义县关田乡

负责人：谢储淡

电话：关田乡总机转

经营范围：发电、供电

崇义县关田乡木材加工厂

地址：崇义县关田乡

负责人：刘良田

电话：关田乡总机转

主要产品及经营范围：生产、经销包装箱、地板条、模板等

崇义县关田人造板厂

地址：崇义县关田乡

负责人：刘少和

电话：关田乡总机转

主要产品及经营范围：生产、经销木材、人造板、其它木制品

崇义县关田民政福利厂

地址：崇义县关田乡

负责人：钟德铭

电话：关田乡总机转

主要产品及经营范围：塑料、编织袋、塑料薄膜

崇义县关田木制品厂

地址：崇义县关田乡

负责人：傅国义

电话：关田乡总机转

主要产品及经营范围：生产、销售缝纫机板、其它木制品

崇义县关田松焦油厂

地址：崇义县关田乡

负责人：林珍瑞

电话：关田乡总机转

主要产品及经营范围：生产、销售松焦油、松节油

崇义县关田水泥厂

地址：崇义县关田乡

负责人：张祚亮

电话：关田乡总机转

主要产品：水泥

崇义县关田活性炭厂

地址：崇义县关田乡

负责人：陈圣康

电话：关田乡总机转

主要产品及经营范围：生产、销售活性炭

崇义县关田六洞村竹、木制品厂

地址：崇义县关田乡

负责人：邹清发

电话：关田乡总机转

主要产品及经营范围：竹制品、半成品

崇义县关田杂竹复合板厂

地址：崇义县关田乡

负责人：张帝远

电话：关田乡总机转

主要产品及经营范围：生产、经销木、竹家具

崇义县聂都乡木器厂

地址：崇义县聂都乡

负责人：谢明君

电话：聂都乡总机转

主要产品及经营范围：生产、经销木材、家具

崇义县聂都家具厂

地址：崇义县聂都乡

负责人：罗司万

电话：聂都乡总机转

主要产品及经营范围：生产、经销竹、木、藤、家具

崇义县聂都河口村小材小料加工厂

地址：崇义县聂都乡

负责人：华民来

电话：聂都乡总机转

主要产品及经营范围：加工、销售木制成品

崇义县聂都胶合板厂

地址：崇义县聂都乡

负责人：张祖平

电话：聂都乡总机转

主要产品及经营范围：生产、经销胶合板

崇义县聂都活性炭厂

地址：崇义县聂都乡

负责人：林诗斌

电话：聂都乡总机转

主要产品及经营范围：生产、经销活性炭

崇义县粮油食品饲料工业公司

地址：县城中山路

负责人：罗良奇

电话：2850

主要产品及经营范围：加工、批发、零售粮食、糕点、食油、禽饲料

下垄钨矿、大坪坑口多种经营服务站

地址：崇义县扬眉镇大坪坑口

负责人：邹顺材

电话：扬眉镇总机转

主要产品及经营方式：采掘、收购、销售

本矿范围：生产钨、锡、铜等

崇义县水电公司

地址：县城南新路

负责人：张达标

电话：2891

经营范围：供电

崇义县自来水公司

地址：县城西大街

负责人：张光翟

电话：2229

经营范围：供水和装修

国营七一九矿家属服务部

地址：崇义县古亭镇

负责人：彭美婷

电话：古亭镇总机转

经营范围：销售制服，铸字印刷、装订

崇义县横水镇农机站

地址：县城南门

负责人：郭远才

电话：横水镇总机转

经营范围：管理、维修农机具

崇义县人民政府机关劳动服务公司

地址：县城西大街

负责人：黄诗缘

经营范围：汽车二级保养、一般修理

高垒林场劳动服务公司

地址：崇义县过埠镇高垒村

负责人：巫大金

电话：过埠镇总机转

主要产品及经营范围：生产、销售竹、木、家具、五金交电、汽车运输

崇义县上堡化工厂

地址：崇义县上堡乡正井

负责人：周泽生

电话：上堡乡总机转

主要产品及经营范围：生产、经销活性炭

崇义县横水化工厂

地址：崇义县横水碧坑

负责人：李佛管

电话：横水镇总机转

主要产品及经营范围：生产、销售活性炭

崇义县长龙乡葫芦洞磅厂

地址：崇义县长龙乡

负责人：王利生

电话：长龙乡总机转

主要产品及经营范围：收购、加工、销售粗铜矿

崇义县古亭联合胶合板厂

地址：崇义县古亭镇

负责人：陈宏庭

电话：古亭镇总机转

主要产品及经营范围：胶合板、纤维板

崇义县汽车队

地址：县城西大街

负责人：范前峰

电话：2861

经营范围：客、货运输、维修汽车

崇义县横水镇林工商公司

地址：县城解放路

负责人：黄居栋

电话：横水镇总机转

经营范围和经营方式：林业、工业、商业、服务业、建筑业、加工业、手工业产品、生活用品、农副土特产品等

崇义县茶滩乡林工商公司

地址：崇义县茶滩乡

负责人：吴宝昌

电话：茶滩乡总机转

经营范围和经营方式：林业、工业、商业综合经营，主要产品有木材、竹材和木制产品、劳保用品、农副土特产品

崇义县上堡乡林工商公司

地址：崇义县上堡乡

负责人：唐英开

电话：上堡乡总机转

主要产品及经营范围：收购、销售木竹、笋干、香菇、木耳、土纸

崇义县铅厂乡林工商公司

地址：崇义县铅厂乡

负责人：黄兴平

电话：铅厂乡总机转

主要产品及经营范围：生产、销售水泥、砖瓦、石灰、木竹制品农具

崇义县乐洞乡林工商公司

地址：崇义县乐洞乡

负责人：林应斌

电话：乐洞乡总机转

主要产品及经营范围：收购、经销、零售木竹，兼烟酒

崇义县麟潭乡林工商公司

地址：崇义县麟潭乡

负责人：杨週文

电话：麟潭乡总机转

主要产品及经营范围：经销竹木、半成品；收购笋干、香菇、木耳

崇义县聂都乡林工商公司

地址：崇义县聂都乡

负责人：罗德相

电话：聂都乡总机转

主要产品及经营范围：经销竹木、半成品；收购笋干、香菇、木耳

崇义县杰坝乡林工商公司

地址：崇义县杰坝乡

负责人：赖道镇

电话：杰坝乡总机转

主要产品及经营范围：经销木、竹成品、松香、松节油等

崇义县丰州乡林工商公司

地址：崇义县丰州乡

负责人：何有槐

电话：丰州乡总机转

主要产品及经营范围：加工、生产、收购、销售木、竹、包装箱、地板条等

崇义县金坑乡林工商公司

地址：崇义县金坑乡

负责人：黄泽清

电话：金坑乡总机转

主要产品及经营范围：生产、加工、收购、销售木、竹、包装箱、地板条等

崇义县文英乡林工商公司

地址：崇义县文英乡

负责人：周照华

电话：文英乡总机转

主要产品及经营范围：生产、销售、收购木竹产品、发电、供电、电影放映

崇义县古亭镇林工商公司

地址：崇义县古亭镇

负责人：叶贤德

电话：古亭镇总机转

主要产品及经营范围：生产、加工、销售木、竹产品、发电、供电、石灰

商业部分

崇义县百货公司

地址：县城西大街4号
负责人：张义冲
电话：2253
经营范围和经营方式：日用百货、服装鞋帽、钟表眼镜、文化体育用品

崇义县五金交电化工公司

地址：县城解放路2～8号
负责人：吴荣志
电话：2225
经营范围：五金工具、土木工具、消防器材、水暖器材、建筑五金、机械配件、标准紧固件、自行车、三轮车、摩托车及其零配件、家用电器、无线电零件、化工原料、染料、油漆、制冷机等

崇义县食品公司

地址：县城沿江路37号
负责人：许醇潮
电话：2672
生产经营范围：主营调拔，经销猪、牛、禽、蛋肉食品、腊味品；兼营副食、烟酒、饮食服务、农副产品、日用杂品

崇义县石油公司

地址：县城南门口
负责人：蒋大洪
电话：2295
经营范围和经营方式：经销汽油、煤油、柴油、机油

崇义县副食品公司

地址：县城中山路42号
负责人：赖道春
电话：2836
经营范围：主营肉食、水产、罐头、调味、糕点、糖、烟、酒、副食品；兼营针织品、纺织品、小百货、农副土特产品

崇义县土产公司

地址：县城中山路
负责人：杨修营
电话：2746
经营范围：主营棉、麻、烟叶、茶叶、香菇、土纸、笋干、野生油料、日用杂品、炊事用品、干鲜果菜、糖果副食、议价粮油、烟花爆竹、废旧物品等；兼营竹木及其成品、半成品

崇义县商业综合公司

地址：县城阳明路
负责人：许醇清
电话：2081

经营范围：百货、副食、烟酒、五金交电、工艺美术、照相理发、住客饮食、电器修理

崇义县扬眉寺贸易公司

地址：崇义县扬眉镇

负责人：黄跃进

电话：扬眉镇总机转

经营范围：主营批发、零售纺织品、针织品、大小百货、副食烟酒、五金交电、文化用品；兼营饮食、住客、收购经销农副土特产品

崇义县烟草公司

地址：县城东大街28号

负责人：张建国

电话：2789

经营范围：经销卷烟，批发、零售

崇义县乡镇企业供销公司

地址：县城阳明路8号

负责人：梁昂德

电话：2546

经营范围：主营木竹家具、木竹产品、木竹半成品、中小农具；兼营农副土特产品、百货、副食烟酒、日用杂品

崇义县二轻工业供销公司

地址：县城解放路95号

负责人：黄广优

电话：2506

经营范围：主营铁、竹、木、二轻工业产品；兼营大小百货、五金交电、副食烟酒、日用杂品

崇义县医药公司

地址：县城阳明路

负责人：王祥福

电话：2525

经营范围：主营中西药品、中西成药、批发零售、医疗器械；兼营中药材收购、加工

崇义县物资调剂供销公司

地址：县城西大街

负责人：易义生

电话：2159

经营范围：主营木竹材及木竹成品、半成品、化肥、农药；兼营五金交电、百货、副食烟酒、日用杂品、农副产品

崇义县农业机械公司

地址：县城西大街

负责人：郑西康

电话：2443

生产经营范围：经销农用机械、农具设备、农机配件、农用排灌机电设备

国营七一九矿副食品供应站

地址：崇义县古亭镇

负责人：韦文俊

电话：古亭镇总机转

经营范围：百货、日用杂品、五金交电、副食烟酒、禽蛋鱼类、干鲜果品、农副产品、食品加工、饮食服务，批发零售

国营四二八矿区贸易公司

地址：崇义县古亭镇

负责人：包武军

电话：古亭镇总机转

经营范围：主营日用百货、服装鞋帽、钟表眼镜、文化体育用品、五金交电、副食烟酒；兼营饮食服务业，批发兼营

崇义县对外贸易公司

地址：县城西大街

负责人：钟华刚

电话：2013

经营范围：主营化工产品、粮油食品、罐头食品、畜禽食品、农副土特产、钨、锡、钼、锌、铜矿产品；兼营百货、副食品、烟酒化肥

崇义县华侨企业公司

地址：县城南新路

负责人：黄开鹏

电话：2324

经营范围和经营方式：主营百货、五金交电、副食烟酒；兼营日用杂品、粮油制品、农副土特产品

崇义县农业生产资料公司

地址：县城解放路65号

负责人：梁志民

电话：2331

经营范围和经营方式：调拨、批发、零售化肥农药、药械配件、农膜地膜等农业生产资料

崇义县农牧渔业物资技术服务站

地址：县城东大街

负责人：吴治刚

电话：2409

经营范围：主营农牧渔业物资（饲料、原料、药品、农牧、鱼良种、器械、设备、材料、药物）；兼营农、牧、渔业副产品加工、经销、技术服务

崇义县国营高坌采育林场劳动服务公司

地址：崇义县高坌林场

负责人：巫大金

电话：林业局总机

经营范围：主营住客、饮食服务；兼营百货、五金交电、副食烟酒、农副产品、日用杂品、汽车客运等

国营七一九矿劳动服务公司

地址：崇义县古亭镇

负责人：彭孝模

电话：古亭镇总机转

经营范围：主营副食烟酒、日用杂品、饮食服务、工艺美术、修理钟表、家用电器、汽车客运；兼营百货、五金交电

崇义县横水供销合作社

地址：县城中山路8号

负责人：吴吉祥

电话：2872

经营范围和经营方式：主营百货、副食烟酒、日用杂品、木竹制品、五金交电、农业生产资料、农副土特产品；兼营住客、饮食、废旧物品收购

崇义县茶滩供销合作社

地址：崇义县茶滩乡

负责人：袁大勇

电话：茶滩乡总机转

生产经营范围：主营百货、五金交电、日用杂品、烟酒副食、木竹制品、农业生产资料、农副土特产品；兼营住客、饮食、废旧物品收购

崇义县铅厂供销合作社

地址：崇义县铅厂乡

负责人：陈多珍

电话：铅厂乡总机转

经营范围和经营方式：主营百货、副食烟酒、日用杂品、木竹制品、五金交电、农业生产资料、农副土特产品；兼营住客、饮食、废旧物品收购

崇义县扬眉供销合作社

地址：崇义县扬眉镇

负责人：古定富

电话：扬眉镇总机转

生产经营范围：主营百货、五金交电、日用杂品、副食烟酒、木竹制品、农业生产资料、农副土特产品；兼营住客、饮食、废旧物品收购

崇义县长龙供销合作社

地址：崇义县长龙乡

负责人：罗光铭

电话：长龙乡总机转

经营范围：主营百货、五金交电、日用杂品、副食烟酒、木竹制品、农业生产资料、农副土特产品；兼营住客、饮食、废旧物品收购

崇义县龙勾供销合作社

地址：崇义县龙勾乡

负责人：王万锦

电话：龙勾乡总机转

经营范围：主营百货、五金交电、日用杂品、副食烟酒、木竹制品、农业生产资料、农副土特产品；兼营住客、饮食、废旧物品收购

崇义县关田供销合作社

地址：崇义县关田乡

负责人：吕庆华

电话：关田乡总机转

经营范围和经营方式：主营百货、副食烟酒、日用杂品、木竹制品、五金交电、农业生产资料、农副土特产品；兼营住客、饮食、废旧物品收购

崇义县聂都供销合作社

地址：崇义县聂都乡

负责人：李祥银

电话：聂都乡总机转

经营范围和经营方式：主营百货、五金交电、副食烟酒、日杂品、木竹制品、农业生产资料、农副土特产品；兼营住客、饮食、废旧物品收购

崇义县古亭供销合作社

地址：崇义县古亭镇

负责人：吴荣桂

电话：古亭镇总机转

经营范围和经营方式：主营百货、五金交电、副食烟酒、日用杂品、木竹制品、农业生产资料、农副土特产品；兼营住客、饮食、废旧物品收购

崇义县文英供销合作社

地址：崇义县文英乡

负责人：郑世煌

电话：文英乡总机转

经营范围：主营百货、五金交电、日用杂品、副食烟酒、木竹制品、农业生产资料、农副土特产品；兼营住客、饮食、废旧物品收购

崇义县丰州供销合作社

地址：崇义县丰州乡

负责人：扶良金

电话：丰州乡总机转

经营范围和经营方式：主营百货、五金交电、日用杂品、烟酒副食、木竹制品、农业生产资料、农副土特产品；兼营住客、饮食、废旧物品收购

崇义县乐洞供销合作社

地址：崇义县乐洞乡

负责人：金锦新

电话：乐洞乡总机转

经营范围和经营方式：主营百货、五金交电、日用杂品、副食烟酒、木竹制品、农业生产资料、农副土特产品；兼营住客、饮食、废旧物品收购

崇义县过埠供销合作社

地址：崇义县过埠镇

负责人：钟小平

电话：过埠镇总机转

经营范围和经营方式：主营百货、五金交电、日用杂品、副食烟酒、木竹制品、农业生产资料、农副土特产品；兼营住客、饮食、废旧物品收购

崇义县金坑供销社

地址：崇义县金坑乡

负责人：李洪桂

电话：金坑乡总机转

经营范围和经营方式：主营百货、五金交电、日用杂品、副食烟酒、木竹制品、农业生产资料、农副土特产品；兼营住客、饮食、废旧物品收购

崇义县杰坝供销合作社

地址：崇义县杰坝乡

负责人：冯芳芬

电话：杰坝乡总机转

经营范围和经营方式：主营百货、五金交电、日用杂品、副食烟酒、木竹制品、农业生产资料、农副土特产品；兼营住客、饮食、废旧物品收购

崇义县麟潭供销合作社

地址：崇义县麟潭乡

负责人：刘贤清

电话：麟潭乡总机转

经营范围和经营方式：主营百货、五金交电、日用杂品、副食烟酒、木竹制品、农业生产资料、农副土特产品；兼营住客、饮食、废旧物品收购

崇义县上堡供销合作社

地址：崇义县上堡乡

负责人：李奕龙

电话：上堡乡总机转

经营范围和经营方式：主营百货、五金交电、日用杂品、副食烟酒、木竹制品、农业生产资料、农副土特产品；兼营住客、饮食、废旧物品收购

崇义县贸易货栈

地址：县城西大街

负责人：黄傍倬

电话：2142

经营范围：主营副食烟酒、农副土特产品、日用杂品、竹木制品、针纺织品、服装鞋帽；兼营五金交电

荡坪钨矿劳动服务公司宝山矿区综合服务部

地址：崇义县铅厂乡宝山矿区

负责人：曾美福

电话：铅厂乡总机转

经营范围和经营方式：经销食品、饮食、副食品、烟酒、百货、木竹及服装加工，生产经销石灰

崇义县淘锡坑钨矿知青综合商店

地址：崇义县横水密溪村

负责人：廖太祺

电话：横水镇总机转

经营范围和经营方式：主营百货、副食品烟酒；兼营五金交电，零售

国营四二八矿区贸易公司丰州综合商店

地址：崇义县丰州乡小河背

负责人：朱一传

电话：丰州乡总机转

经营范围：主营百货、五金交电、日用杂品；兼营饮食、副食烟酒

崇义县过埠镇合作商店

地址：崇义县过埠镇

负责人：邹正林

电话：过埠镇总机转

经营范围：百货、日用杂品、五金交电、化工油漆、副食烟酒、饮食服务、农副土特产品、农业生产资料；收购经销、批零经营

崇义县粮油商业公司直属库

地址：县城西大街

负责人：陶伟林

电话：2889

生产经营范围：主营调拨、运输、储存、供销粮食、油脂、花生果、豆类等食品；兼营副食烟酒、粮油制品、饮食服务

崇义县横水镇粮管所

地址：县城西大街

负责人：刘长波

电话：2897

经营范围和经营方式：经销粮食、食油及粮油制品

崇义县铅厂粮管所

地址：崇义县铅厂乡

负责人：易崇生

电话：铅厂乡总机转

经营范围和经营方式：经销粮食、食油及粮油制品

崇义县茶滩粮管所

地址：崇义县茶滩乡

负责人：刘良远

电话：茶滩乡总机转

经营范围和经营方式：经销粮食、食油及粮油制品

崇义县扬眉粮管所

地址：崇义县扬眉镇

负责人：许诗达

电话：扬眉镇总机转

经营范围和经营方式：经销粮食、食油及粮油制品

崇义县长龙粮管所

地址：崇义县长龙乡

负责人：肖声福

电话：长龙乡总机转

经营范围和经营方式：经销粮食、食油及粮油制品

崇义县龙勾粮管所

地址：崇义县龙勾乡

负责人：刘小宝

电话：龙勾乡总机转

经营范围和经营方式：经销粮食、食油及粮油制品

崇义县关田粮管所

地址：崇义县关田乡

负责人：吕家珍

电话：关田乡总机转

经营范围和经营方式：主营收购、加工、经销粮油、粮油制品、畜禽饲料、农副土特产品；兼营副食烟酒、小百货

崇义县聂都粮管所

地址：崇义县聂都乡

负责人：吕家健

电话：聂都乡总机转

经营范围和经营方式：经销粮食、食油及粮油制品

崇义县古亭粮管所

地址：崇义县古亭镇

负责人：刘桂熙

电话：古亭总机转

经营范围和经营方式：经销粮食、食油及粮油制品

崇义县文英粮管所

地址：崇义县文英乡

负责人：黎日记

电话：文英乡总机转

经营范围和经营方式：经销粮食、食油及粮油制品

崇义县丰州粮管所

地址：崇义县丰州乡

负责人：曾平

电话：丰州乡总机转

经营范围和经营方式：经销粮食、食油及粮油制品

崇义县乐洞粮管所

地址：崇义县乐洞乡

负责人：扬明远

电话：乐洞乡总机转

经营范围和经营方式：经销粮食、食油及粮油制品

崇义县麟潭粮管所

地址：崇义县麟潭乡

负责人：刘谋德

电话：麟潭乡总机转

经营范围和经营方式：经销粮食、食油及粮油制品

崇义县上堡粮管所

地址：崇义县上堡乡

负责人：肖定乾

电话：上堡乡总机转

经营范围和经营方式：经销粮食、食油及粮油制品

崇义县杰坝粮管所

地址：崇义县杰坝乡

负责人：张人翠

电话：杰坝乡总机转

经营范围和经营方式：经销粮食、食油及粮油制品

崇义县饮食服务公司

地址：县城阳明路

负责人：曾广珏

电话：2265

经营范围：主营饮食、住宿；兼营停车场、出租汽车、副食烟酒、小百货、冷饮

崇义县木材公司长龙木材经销站

地址：崇义县长龙乡

负责人：陈享迳

电话：长龙乡总机转

经营范围：主营收购经销杉原木、松杂木、茅竹材；兼营木竹半成品、柴炭、林副产品等

崇义县木材公司关田木材经销站

地址：崇义县关田乡

负责人：李德家

电话：关田乡总机转

经营范围：主营收购经销杉原木、松杂木、茅竹材；兼营木竹半成品、柴炭、林副产品等

崇义县木材公司聂都木材经销站

地址：崇义县聂都乡

负责人：曾凡沾

电话：聂都乡总机转

经营范围：主营收购经销杉原木、松杂木、茅竹材；兼营木竹半成品、柴炭、林副产品等

崇义县木材公司文英木材经销站

地址：崇义县文英乡

负责人：卓意侃

经营范围：主营收购经销杉原木、松杂木、茅竹材；兼营木竹半成品，柴炭、林副产品等

崇义县木材公司乐洞木材经销站

地址：崇义县乐洞乡

负责人：李日型

电话：乐洞乡总机转

经营范围：主营收购经销杉原木、松杂木、茅竹材；兼营木竹半成品、柴炭、林副产品等

崇义县木材公司古亭木材经销站

地址：崇义县古亭镇

负责人：黄开海

电话：古亭镇总机转

经营范围：主营收购经销杉原木、松杂木、茅竹材；兼营木竹半成品，柴炭、林副产品等

崇义县木材公司丰州木材经销站

地址：崇义县丰州乡

负责人：尹世金

电话：丰州乡总机转

经营范围：主营收购经销杉原木、松杂木、茅竹材；兼营木竹半成品、柴炭、林副产品等

崇义县木材公司麟潭木材经销站

地址：崇义县麟潭乡

负责人：钟玉华

电话：麟潭乡总机转

经营范围：主营收购经销杉原木、松杂木、茅竹材；兼营木竹半成品，柴炭、林副产品等

崇义县木材公司上堡木材经销站

地址：崇义县上堡乡

负责人：陈远德

电话：上堡乡总机转

经营范围：主营收购经销杉原木、松杂木、茅竹材；兼营木竹半成品，柴炭、林副产品等

崇义县木材公司思顺木材经销站

地址：崇义县思顺乡

负责人：刘运球

电话：思顺乡总机转

经营范围：主营收购经销杉原木、松杂木、茅竹材；兼营木竹半成品，柴炭、林副产品等

崇义县木材公司杰坝木材经销站

地址：崇义县杰坝乡

负责人：陈文达

电话：杰坝乡总机转

经营范围：主营收购经销杉原木、松杂木、茅竹材；兼营木竹半成品，柴炭、林副产品等

崇义县木材公司金坑木材经销站

地址：崇义县金坑乡

负责人：黄泽亮

电话：金坑乡总机转

经营范围：主营收购经销杉原木、松杂木、茅竹材；兼营木竹半成品，柴炭、林副产品等

崇义县木材公司过埠木材经销站

地址：崇义县过埠镇

负责人：叶隆盛

电话：过埠镇总机转

经营范围：主营收购经销杉原木、松杂木、茅竹材；兼营木竹半成品，柴炭、林副产品等

崇义县物资供销公司

地址：县城东大街

负责人：毛传平

电话：2159

生产经营范围：采购、供应、销售金属材料，机电设备及机电设备零配件、汽车、轻化建材、爆炸物品

崇义县新华书店

地址：县城阳明路 69 号

负责人：黄莲英

电话：2982

生产经营范围：经销书籍、画册、图书、文具、纸张

崇义县服务社

地址：县城中山路

负责人：黄冬

经营范围：主营修理钟表、自行车、家用电器、电机设备，生产经销竹木产品；兼营五金交电、百货、副食品、日用杂品、糖果烟酒

崇义县宾馆

地址：县城东大街 3 号

负责人：廖为龙

电话：2584

经营范围：主营住客、饮食、停车场；兼营大小百货、副食烟酒

崇义县民政局招待所

地址：县城西大街

负责人：扶启发

电话：2438

经营范围：主营住客、饮食服务；兼营副食烟酒、日用小百货等

崇义县桥头旅社

地址：县城北门大桥桥头

负责人：雷钦荣

电话：2182

经营范围：主营住客、饮食服务；兼营副食烟酒、大小百货、停车场

崇义县国营高坌采育林场劳动服务公司云峰楼

地址：县城西大街

负责人：卢金华

电话：2323

经营范围和经营方式：主营住客、饮食；兼营大小百货、五金交电、副食烟酒、木竹制品、农副产品等

崇义县照相馆

地址：县城南新路

负责人：王菊森

经营范围：照相、洗相、冲洗、放大、出租照相机、零售照相器材等

崇义县关田手工业经销服务部

地址：崇义县关田乡

负责人：王仁蒸

电话：关田乡总机转

经营范围：主营缝衣、理发、修理自行车、钟表；兼营住宿、饮食、副食烟酒、大小百货

崇义县过埠镇农机车辆服务部

地址：崇义县过埠镇

负责人：朱芳照

电话：过埠镇总机转

经营范围：维修农机具、机动车辆、经销零售农机具配件、五金、农业生产资料

崇义县思顺供销社

地址：崇义县思顺乡

负责人：游道河

电话：思顺乡总机转

经营范围：工业品、针纺织品、日用杂品、中成药品、图书、五金交电、化工、农业生产资料、棉、麻、烟、土畜产品废旧物资收购，粮食、食油、副食、及其他食品

崇义县思顺粮管所

地址：崇义县思顺乡

负责人：黄先干

电话：思顺乡总机转

经营范围：粮食、食油、豆类

崇义县金坑粮管所

地址：崇义县金坑乡

负责人：扶启荣

电话：金坑乡总机转

经营范围：粮食、食油、豆类

崇义县过埠粮管所

地址：崇义县过埠镇

负责人：陈世茂

电话：过埠镇总机转

经营范围：粮食、食油、豆类

崇义县木材公司

地址：县城北门

负责人：黄宇村

电话：2298

主要产品及经营范围：加工、经销、收购木竹成品及汽车、运输、商业、服务等

崇义县杂品茶果公司

地址：县城中山路

负责人：易新民

电话：2605

主要产品及经营范围：批发日用品、副食品、糖果、糕点、香菇、罐头、干鲜果、饮料、酒、收购茶叶、土纸、笋干、木耳

崇义县非金属矿工业公司

地址：县城阳明路

负责人：冯强

电话：2688

主要产品及经营范围：主营收购、加工、销售钨、锡、钼、硅、竹、木制品

崇义县粮油贸易公司

地址：县城西大街

负责人：袁金苟

电话：2843

主要产品及经营范围：采购、批发、零售粮油、食油、豆类等

崇义汽车配件公司

地址：县城西大街

负责人：刘德全

电话：2974

主要产品及经营范围：批发、零售汽车配件

崇义县粮油饲料工业公司

地址：县城南门口

负责人：罗良奇

电话：2850

主要产品及经营范围：加工、批发、零售、收购糕点、食油、畜禽饲料

崇义种子公司

地址：县城东大街
负责人：郑加南
电话：2513
主要产品及经营范围：收购、调运、销售农作物种子

崇义县电影发行放映公司

地址：县城南新路
负责人：罗良环
电话：2685
经营范围；服务、发行、修理电影片、电视录相放映、录相片

崇义县文化馆

地址：县城西大街
负责人：朱景铖
电话：2970
经营范围：文化、娱乐、服务

崇义县仙鹤楼

地址：县城沿江路
负责人：甘爱民
经营范围：服务、零售、批发、住宿、饮食

中国人民农业银行崇义县支行

地址：县城中山路
负责人：朱礼菊
电话：2208
经营范围：主营金融业务

崇义县电影院

地址：县城南新路
负责人：黎日兰
电话：2685
经营范围：电影、录相放映、桌球

崇义县城市信用合作社

地址：县城南新路
负责人：黄振莲
电话：2117
范围：办理集体经济、组织和企业、个体等储蓄业务

崇义县林业勘测设计队

地址：县城西大街
负责人：廖为善
经营范围：林业丁级（森工营造林测量）

赣州地区汽车运输公司崇义汽车站

地址：县城西大街
负责人：姚淑通
电话：2643
经营范围：汽车客、货运输

崇义县水利勘察设计室

地址：县城南新路
负责人：陈大尧
电话：2723
经营范围：水电丁级工程地质测量勘察设计

中国建设银行崇义建设支行

地址：县城西大街
负责人：邱晓荣
电话：2945
经营范围：主营金融业务

中国工商银行崇义支行

地址：县城中山路

负责人：莫春萍

电话：2124

经营范围：主营金融业务

中国人民银行崇义支行

地址：县城中山路

负责人：陈勇

电话：2818

经营范围：主营金融业务

崇义县城南饭店

地址：县城西大街

负责人：汤镇祥

电话：2075

经营范围：主营住宿、饮食、服务；兼营零售针织品、烟酒、粮食、糖，收购、销售笋干

崇义县横水镇建筑队

地址：县城南门

负责人：廖进才

经营范围：房屋工程建筑、土建维修

崇义县建筑队

地址：县城解放路

负责人：康后健

电话：2285

经营范围：主营房屋工程建筑、土建、维修

崇义县国营密溪采育场

地址：崇义县横水密溪

负责人：赵为松

电话：横水镇总机转

主要产品及经营范围：抚育、采伐、经销木竹、木材加工制品

崇义县畜牧良种场

地址：县城东大街

负责人：扬人树

主要产品及经营范围：饲养猪、鸡、鱼

崇义县国营石罗采育林场

地址：崇义县铅厂乡

负责人：刘明营

电话：铅厂乡总机转

主要产品及经营范围：抚育、采伐木竹材

崇义县天台山林农垦殖场

地址：崇义县铅厂乡

负责人：朱贤运

电话：铅厂乡总机转

主要产品或经营范围：抚育、采伐、销售木竹、半成品，加工家具等

国营七一九矿供销公司

地址：崇义县古亭镇

负责人：于桂书

电话：古亭镇总机转

主要产品及经营范围：批发、零售副食品、酒、日用品、食油、饲料、水泥

崇义县国营桐梓松脂林场

地址：崇义县丰州乡

负责人：曾敏

电话：丰州乡总机转

主要产品及经营范围：木材、毛竹、松脂

崇义县国营丰州林场

地址：崇义县丰州乡

负责人：陈世兴

电话：丰州乡总机转

主要产品及经营范围：抚育管理、采伐、加工，销售竹、木板方材

崇义县长龙乡采育林场

地址：崇义县长龙乡

负责人：黄名渊

电话：长龙乡总机转

主要产品及经营范围：采育、经销木、竹及半成品

崇义县关田手工业经销服务部

地址：崇义县关田乡

负责人：毛传炎

电话：关田乡总机转

经营范围：住宿、饮食、修理、缝衣

崇义县国营聂都采育林场

地址：崇义县聂都乡

负责人：曹登仪

电话：聂都乡总机转

主要产品及经营范围：经销、采伐木、竹

崇义县国营高坌采育林场

地址：崇义县过埠镇

负责人：甘开银

电话：过埠镇总机转

主要产品及经营范围：抚育管理、采伐、经销木、竹材，自产自销茶果、畜禽、鱼，兼营汽车客运、饮食副食品

崇义县过埠铁木林业采育场

地址：崇义县过埠镇

负责人：杨人善

电话：过埠镇总机转

主要产品及经营范围：主营采育，经销毛竹及加工、销售

崇义县过埠竹木经营站

地址：崇义县过埠镇

负责人：翁德奕

电话：过埠镇总机

主要产品及经营范围：经销木、竹及竹木制品、柴炭

崇义县国营龙峰采育林场

地址：崇义县上堡乡

负责人：陈芳仁

主要产品及经营范围：抚育、采伐、经销木、竹材

注：由于企业变化较大，以上企业名录均以1989年底为准。

（黄　萌　古君一　王孝青）

附　录

FU　LU

中共崇义县委文件

崇党发〔1986〕1号

中共崇义县委、崇义县人民政府
关于深入改革，进一步推动我县经济发展的决定

各乡镇党委、政府、县直各单位:

我县一年多来的农村综合改革是基本成功的。农村经济已开始走上有计划发展商品经济的轨道，初步形成了根据山区经济特点各业同步发展的趋势。目前，第一个经济翻番的目标已经实现，广大干部群众的改革创业精神空前高涨。为巩固、消化、补充改革所取得的成果，抓住当前有利时机，深入改革，推动我县经济持续稳定协调发展，确保第七个五年计划头一年的国民经济计划的完成，实现1990年工农业总产值翻两番，人均收入800元的目标，县委、政府特作如下决定。

一、进一步调整农村产业结构

（一）确保粮食生产稳定增长。粮食，是支撑农业以至整个国民经济的基础。粮食生产绝不可掉以轻心，必须得到切实保证，“七五”期间，我县粮食生产发展目标是稳中有升，年递增在120万斤以上，全县人均有粮800斤。因此，必须把“无工不富”，与“无农不稳”有机地结合起来，采取有力措施，促进粮食生产，我县耕地面积少，调整农业结构的着眼点不要过多的减少粮食作物面积，要扩大双季稻种植面积，提高复种指数；要大力推广优质稻种，提高单产，定点建立培育良种基地，加强科技推广，提高科学种田水平，采取“以工补农”，“以林补农”的措施，从乡村企业留利中，拿出一定的资金，扶持粮食生产；必须珍惜土地，严格贯彻执行国务院《土地管理条例》，对荒废乱占滥用耕地者予以严肃处理。

（二）有计划地调整种植业结构，发展经济作物，要引导农民因地制宜地根据市场需求，选择最佳经营方案，提高土地利用率。发展商品生产，发展多种经营，充分利用和开发荒坡，荒地、滩涂，广开门路，开辟创造物质财富的新途径，凡是农民开垦或经营的荒坡、荒地、滩涂，实行谁开垦谁经营谁所有，允许继承，要落实具体措施，在目前着重建立起玉米、蔬菜、柑桔、茶叶等商品生产基地。

农业部门要积极搞好技术、种源、信息等服务工作。商业、供销、食品等部门，要大力扶植农村商品生产。疏通产销渠道，要与生产者签订产销合同，解除生产者后顾之忧。

(三) 大力发展养殖业，畜牧水产是1986年乃至“七五”期间的发展重点，应当猪、牛、羊、兔、鸡、鸭、鹅、鱼同时并举，全面发展。

为了保证牧业取得突破发展，必须加快畜禽良种改良和良种基地建设，搞好畜牧良种体系、饲料体系、防疫体系配套。要抓好母猪生产，建立种猪生产基地，对饲养母猪繁殖良种的农户，可实行适当补贴，要积极开展畜牧生产和防疫技术的培训，加强检疫、防疫工作，大力发展饲料工业，实行国家、集体、个人一起上，县、乡、村要尽快创造条件扩建和兴办饲料加工厂，合理布局饲料加工厂点。饲料部门要做好生产技术指导，供给原料，国家下拨发展饲料的粮食指标，要有一定数额分配到乡、村的养猪专业户。

渔业生产要有较大发展，在积极引导农民运用科学技术，提高现有水面鱼产量的同时，努力开发和利用河道、库叉发展养鱼和其它水产品，并大力推广稻田养鱼，加快水产业的发展。

发展草食动物。各地必须根据草场资源，有计划、有重点地发展牛、羊、兔等草食动物，逐步建立商品生产基地，有关部门要实行定点定户挂钩，供应种畜，搞好技术承包。

(四) 改变农村劳力投放比例，要积极组织农民向广阔的山林、草场、矿藏从事开发性生产，把农村剩余劳力组织起来，发展加工、运输、建材建筑、商业服务等行业，改变劳力投放比例，把劳力投向各种合作性组织和联合体，使各业日趋专业化、商品化、基地化、社会化。

二、继续巩固和完善林业改革

(一) 山林权属必须长期稳定不变。要巩固完善业已形成的近山以家庭经营为主，远山以国营、集体经营为主的统分结合的林业经营格局。对已划归国家所有或经营的山林，维护原定协议；属集体所有的山林，已按人均到户的“两山”，要稳定下来，不再变动；现有的乡、村、村民小组集体所有的山林，不再分山到户，由集体统一开发，专业承包，共同兴林得利，林木的山价收入，本着少留多分的原则，返利于林权单位的林农。

(二) 积极办好林业生产联合体，应根据林业生产特点，引导、扶植和支持林农自愿互利组织林业生产联合体，采取先多样化，后规范化的办法。可以是采伐阶段的联合，也可以办营林阶段的联合体，以及采育结合的联合。同时，继续办好乡村集体采育林场，采育林场应是独立核算的经济实体。允许乡村采育林场与林权单位和林农协商租山经营。

(三) 加强林业管理，做到采伐管严，流通搞活。必须加强计划、林政、物价和市场管理，木竹生产要纳入计划管理，实行依法限制采伐。继续执行“凭证采伐、凭证购销、凭证放行”的制度。要执行国家关于限制最低收购价和最高销售价的规定，维护生产者和消费者的利益，为搞活流通，要保证完成国家上交木材计划的前提下，允许多渠道经营木材，国家恢复一部分上调材，各地要按计划落实，保证完成，以保证国家重点建设用材。

（四）加快绿化步伐，建设林业基地。到本世纪末我县要建成160万亩用材林基地，并建立一批毛竹林基地，泡桐基地，松香松脂基地和猕猴桃、酸枣等经济林基地。各地要适地适树作出规划，分年实施。分配到户的荒山，要限期在1987年以前绿化，对逾期不造林不绿化的应征收荒芜费，或由集体收回分配给另外的农户去造林绿化。要进一步完善营林基金的征收和管理使用办法，落实“谁造谁有”的政策，鼓励林农积极向山林投劳。

三、大力开发地下矿藏资源

（一）成立“崇义县矿业管理局”，属县政府的一级行政局建制，统管全县矿产品的勘探，设计、开采、计划、生产、实施、协调和监督。

（二）鼓励和支持农民开发地下资源，贯彻“大矿大开，小矿放开”的原则。划定农民采矿范围。有矿产资源的乡镇要积极组织农民采矿，有计划、有组织地发动乡办、村办、户办和联户办矿。加速资源的合理开采，无资源的乡镇经过主管部门批准，可以组织力量到有资源的地方投资办矿。允许国家和集体单位经过批准与乡镇联营，欢迎外地和外商投资办矿。

（三）加强矿业管理。矿产品的收购经营权限于县和有资源的乡镇两级经营，其它非矿业部门和个人不得收购经营。有资源而不生产的乡镇也不允许收购经营。收购矿产品的单位，不得随意哄抬收购价格，充实矿业管理纠察队，加强对民窿、民工和矿产品管理，各边界检查站要增加对矿产品的检查，公安、工商、主管单位要加强矿区管理，税务部门要积极做好税收工作。

四、因地制宜，大兴地方工业

（一）继续抓好工业改革，彻底下放“六权”。现有企业要立足于挖潜革新和技术改造。提高产品质量，增强应变能力、反馈能力、竞争能力和经营能力，实现最佳经济效益。

（二）发展乡村工业是振兴农村经济的必由之路，必须坚持大力发展的方针。对乡村工业必须积极扶持，合理规划，正确引导，加强管理。发展的方向仍要以户办、联户办和股份企业为重点，并实行信贷，税收优惠。各乡镇必须根据当地资源优势，近期内兴办二至三个骨干企业，生产富有当地特色的拳头产品，大力提倡一乡一类，一村一品的专业化产品生产，逐步形成系列化，在用一定机动财力支持发展生产的同时，要保证企业税后利润的50%用于企业的更新和扩大再生产，任何单位和个人不得以借口平调乡镇企业的财产和资金，保证企业（包括户办、联户办、乡办、村办企业）的法人地位。

（三）“七五”期间，要加速开辟新的工业生产基地和项目，重点大力发展矿业，木竹加工业、水利电力工业、食品工业、饲料工业、建材工业、林产化学工业。工业总产值要在1986年达到5700万元，1990年达到1.2亿元。

五、切实加强对经济工作的领导

今年是“七五”时期的头一年。经济的持续稳定协调发展，对实现我县“七五”奋斗目标有举足轻重的影响。因此，我们必须切实加强对经济工作的领导，身体力行地投入到经济建设中去。思想一定要随形势的发展而继续解放，措施一定要适应生产力发展的需要而更加完备。实事求是，一切从实际出发是我们的创业之体，要发扬愚公精神，坚韧不拔，埋头苦干，不说空话。多干实事，深入实际、深入基层，掌握新情况，解决新问题。要善于用我县在前段改革中取得的新经验来丰富和发展我们的认识，坚定改革的信心和决心，要进一步健全岗位责任制，实行经济利益与发展目标相结合的岗位责任制，积极组织和动员广大干部和群众扎扎实实地抓好各项工作，为进一步振兴我县经济而努力奋斗。

中共崇义县委　崇义县人民政府

1986年1月3日

中共崇义县委文件

崇党发〔1986〕74号

中共崇义县委、崇义县人民政府
关于加强社会主义精神文明建设的实施要点

党的十二届六中全会通过的《关于社会主义精神文明建设指导方针的决议》，是一个纲领性文件，它必须将长久地发挥作用，精神文明建设是关系到社会主义兴衰成败的大事，它的根本任务是适应社会主义现代化建设的需要，培育有理想、有道德、有文化、有纪律的社会主义公民，提高整个中华民族的思想道德素质和科学文化素质，县委、县政府认为，必须遵照《决议》精神，积极工作，努力抓好我县的精神文明建设，近期内着重办好以下实事：

一、学习《决议》，强化改革意识和商品经济观念

各级领导机关和领导干部要带头学习《决议》，搞好辅导、组织干部群众吃透

《决议》精神，同时，认真组织各级干部学习政治经济学，在学习中要理论联系实际，特别要联系更新观念，鼓励竞争，增强改革意识实际，树立起商品经济观念，民主与法制观念，尊重科学和尊重人才的观念，坚决摒弃平均主义，自我封闭，安于现状等小农经济的传统观念，推动改革开放。要坚持一切着眼于团结和建设，着眼于提高人的素质，明确自己的职责，真正做到认识上有提高，思想上有触动，工作上有措施。

二、在全县开展“我为崇义争光彩”活动

用共同理想和我县的奋斗目标动员和团结全县人民振兴中华，建设崇义，全县上下要广泛进行“四有”、“五爱”教育以及开展以“爱国家、爱家乡、当主人、作贡献”为主要内容的“我为崇义争光彩”的活动。动员全县人民在各自的岗位上奋发努力，积极工作，为人民办好事，做实事，使全县人民树立起强烈的进取意识和为振兴家乡做贡献的光荣感和责任感，把崇义的事业推向前进。

三、加强职业道德建设，实现优质服务

加强社会主义道德建设，认真提倡共产主义道德。当前，各行业都要按照优质服务的要求，结合自己的行业特点和职业责任，分系统分行业开展职业道德教育。在提高认识的基础上采取有力措施。坚决纠正不正之风，制订和修改本行业的职业道德规范，建立优质服务工作规章，各级领导干部、党员干部要率先垂范。认真执行文明服务公约。

四、进行民主、法纪教育

要进一步加强基层政权建设，发挥各级人代会的当家作主和监督作用以及职代会，村委会的作用，今年要把中层领导干部和政法干警的普法学习班办完，明年普法工作全面铺开，县直单位全面完成普法任务；农村完成三分之一，到 1989 年全面完成普法。坚持不懈地抓好社会治安的综合治理工作，进一步完善各种形式的治安承包责任制。加强劳动纪律、工作纪律和社会公共纪律，各行各业都要制定严格的纪律和规章制度，工厂要有厂规，商店要有店规，学校要有校规，农村要有乡规，并认真执行，检查督促。

五、端正党风，抓紧查处违纪违法犯罪案件

端正党风是社会主义精神文明的重要内容之一，要坚持高标准，切实抓好村级整党工作，已经完成整党的单位要进一步落实端正党风责任制。巩固整党成果，深入开展“创先争优”活动，进一步加强党的思想、组织、作风建设。要坚持端正党风与改革和经济建设两手抓，按照国家法律和党的政策认真抓好违纪违法犯罪案件和查处，保证和促进改革的深入发展。

六、筹措教育经费，增加教育投资

县乡村把发展教育事业当作一项十分重要的工作任务，常抓不懈。要努力筹措教育经费，今后每年教育经费的增长率要高于财政收入增长的比例。各乡村也要拿出一定的资金办教育。县乡村继续解决学校“一无两有”的问题。

七、积极兴办职业技术教育，努力培养人才

为适应“先培训、后就业”的需要，加快完善我县的农村技校设备，教师进修学校，职工业余学校，要在原有的基础上有新的发展；稳步发展职业高中、加强县乡党校建设，并为党员教育，干部培训和精神文明建设多作贡献。明年县委党校、县教师进修学校继续招收新生。1987 年要抓好在职干部学习政治经济学。要尊重知识、尊重人才、努力留住人才、合理使用人才，积极培养提高人才。县成立人才交流机构，制定更加优惠的政策，积极引进人才。

八、建立卫星电视教育

建立县卫星电视教育站，各乡建立卫星电视教育放像点。同时，要在 1989 年内尽快把阳岭电视差转台和调频广播台的二期工程建设搞好，之后利用阳岭差转台把闭路电视教育改成开路电视教育。

九、加快四级文化网建设

要大力发展文化户，积极办好村文化室，巩固提高乡文化站，发挥县文化馆、图书馆的指导作用，形成四级文化网，县娱乐场所要争取明年竣工投入使用，近两年内改建一个剧院，县乡所有的文化设施和场所必须充分发挥作用。经常开放和组织活动。要把电影放映工作的重点放到农村去。特别要放到山区去，要创造一个宽松的环境，加强理论研究。繁荣文学艺术，鼓励文艺工作者大胆创作，对成绩突出的给予奖励。

十、普及推广科技知识

花大力气抓好科学技术向农村转移，努力开拓科技市场。开展咨询服务，建立县农民技术培训中心。多层次、多形式分期分批举办科技训练班，明年要组织六千余人参加培训，使每一个人学到一两项当前适应的技能，科技部门要组织科技人员巡回到村到户，送科技上门。要不断扩大科技示范户，每乡建立一个科技文明村，要挖掘、利用本县的各种科技人才，对有显著贡献的科技人员应进行必要的奖励。

十一、把五分之二的村镇建成文明村镇

要按照中共中央书记处政研室和中宣部提出的文明村“六抓六治六变”的要求。

分期分批抓好文明村镇建设，明年内要把五分之二的村镇建成文明村镇。乡镇今冬要派出得力干部去抓，建成后经县验收，以予命名。要继续抓创“三优”和“文明楼院”、“双文明户”、“五好家庭”的创建工作。

十二、办好乡村卫生院所

要继续进行卫生体制改革，积极办好中心卫生院，发展乡村医疗卫生事业，解决缺医少药和看病难问题。卫生防疫部门要搞好疾病预防，提高人民的健康水平，安排一定的财力逐步完善卫生医疗设备。县人民医院明年内添置 B 超仪器，要重视中医中药工作，振兴中医事业。

十三、大力发展体育事业

广泛开展群众体育活动，抓好农村体育，办好青少年业余体校。积极参加上级组织的各项体育竞赛，明年县举办全民性的体育运动会，各节假日要开展多种项目体育活动，要逐步改进和完善我县的体育场所和设备。

十四、办好乡调频广播，加强农村广播网建设

更新改善县乡广播设备，进一步办好调频广播，完善服务手段，提高服务质量，每个乡要在明年内买回调频专用接收机，抓紧乡到村的专线建设，提高喇叭入户率，县里今后继续拨出专款用于广播专线建设。

十五、搞好环境，绿化美化

搞好农村的绿化和环境卫生，要加速县城的绿化、美化、净化工作，保持生态平衡，各机关单位要作好规划。园林部门应准备花木树种，特别是速生树种，今冬明春大搞街道、路旁、庭院绿化美化，绿化工作必须严加管理。务必种好养活，有条件的地方和单位可搞些桂花、白玉兰等树。要求人平养三盆花，种五棵树，从现在开始每任书记、乡村长要绿化一座山。

十六、修好村里的路，搭好村里的桥，改好村里的水

铺桥修路是中华民族的传统美德，要维修好山区公路。实行民工换勤，提高路况质量，交通部门要下大决心把崇扬公路维修好。每年农历的 8 月 14 日要组织当地群众义务修整乡村便道，有劳动能力的党员和干部做一件搭桥修路的好事，搞好环境保护工作，严格控制，坚决治好污染源，要发动群众挖井改水，全县推广压力小水泵，使群众饮用卫生水。

十七、移风易俗，树立社会主义风尚

提倡文明健康科学的生活方式，尊重健康民俗，大力提倡婚事新办，丧事简

办，乡村要成立“红白喜事理事会”。制订乡规民约，反对婚丧嫁娶大操大办，铺张浪费，把有限的财力用于扩大再生产，反对算命卜卦，弄神捉鬼，做道场等封建迷信；制止封建宗族宗法活动；坚决禁止买卖婚姻，遗弃女婴、赌博。实行计划生育，提倡晚婚晚育，少生优生优育，切实抓好四项节育手术工作，确保人口控制指标的实现，要尊老敬贤，保护妇女儿童，关心帮助孤寡老人、残疾人，建立社会基层保障事业，办好敬老院，兴办幼托事业。

十八、做好报刊发行工作

重点抓好党报党刊，面向农村的报刊和本省的报刊收订发行，要巩固老订户，发展新订户，争取明年的报刊收订略有增长，要引导群众读报用报，使人们增长知识，掌握信息。

十九、发挥群团组织在精神文明建设中的作用

工会、共青团、妇联、科协、社联、文联、侨联、工商联、民兵等组织要在马克思主义指导下，结合自己的特点制订加强精神文明建设的具体措施，通过具体活动抓好精神文明建设，各级党政要帮助群团组织解决工作中的实际困难，以便广泛开展活动。

二十、积极做好思想政治工作

党政分工后，各级党组织，特别是党的领导干部要集中精力抓思想政治工作，掌握群众的思想脉搏，解决人们普遍关心的各种思想和实际问题，要总结思想政治工作经验，摸索规律，改进方法，完善措施，并注重培养建设一支思想政治工作队伍，思想政治工作要做到“谁主管谁负责”。企业在抓紧物质生产的同时，着力抓思想政治工作，今后每年要将乡村基层干部集中到县培训 7～10 天。以提高他们的素质，抓好党的方针政策的学习宣传，春节前后要组织干部深入基层大力宣传 1987 年的一号文件。

加强精神文明建设是全党全社会全民族的大事，各乡、村、各部门、各单位要按照中央《决议》的精神和县委、县政府提出的这个意见，进行深入的调查研究和充分的讨论。并在春节前提出贯彻实施《决议》的具体规划和措施。

中共崇义县委员会　崇义县人民政府

1986 年 12 月 30 日

中共崇义县委文件

崇党发〔1987〕35号

中共崇义县委
关于加强自身建设的决定

(中共崇义县第十届委员会第一次全体会议1987年7月7日通过)

为了更好地担负起领导全县人民进行社会主义两个文明建设的重任。完成县第十次党代会确定的各项任务，本届县委必须加强自身的思想、组织和作风建设，发挥领导核心作用，真正成为改革和经济建设的排头兵。成为组织率领群众干四化的坚强堡垒。为此，特作如下决定:

一、正确使用党和人民赋予的权力，反对以权谋私

作为执政党的党员领导干部能否正确地认识和运用自己的职权，是关系到党的形象、声誉和党的事业的兴衰成败的大事，新的一届领导成员，一定要在用“权”这个问题上保持十分清醒的头脑，务必牢记：我们受托于人民，受命于崇义经济建设的关键时期，是人民的公仆，只有全心全意为社会和人民谋福利的义务，决没有用职权谋私利的权利，要树立正确的权利观，摆正个人同党同人民的位置，为人民掌好权、用好权、任何时候都不利用手中的权力和工作便利，为个人、家庭或小集团谋取私利。

二、严格执行党的纪律，反对资产阶级自由化

党的纪律是执行党的路线的重要保证，只有严格的纪律，我们党才能正确地发挥自己的作用。坚持四项基本原则，反对资产阶级自由化，是最重要的政治纪律，县委一班人要模范地执行党的政治纪律、坚决贯彻执行党的十一届三中全会以来的路线、方针和政策，在思想上、政治上与党中央保持一致，旗帜鲜明地反对资产阶级自由化。

三、全心全意为人民服务，反对官僚主义

全心全意为人民服务是党的根本宗旨，是党性的集中表现和党性的最高原则，我们一定要做到为党为公，清正廉明，吃苦在前，享受在后，时刻把党和人民的利益摆在首位。要经常深入群众、调查研究，虚心听取广大群众的意见，并以自己的模范言行，去影响和带动广大人民群众奋发向上，坚决反对那种饱食终日、无所用

心，对群众的意见和呼声置若罔闻，对急需解决的问题，视而不见，见而不管，对错误思想和危害党和人民利益的歪风不批评不斗争，姑息迁就的官僚主义。

四、自觉接受监督，反对做特殊党员

建立和健全党内监督制度，使党员领导干部得到有效的监督，这是党组织建设中的一个重大课题，要按照党章和《准则》的规定，在加强班子成员之间相互监督和上下级组织监督的同时，自觉接受人民群众的监督，要坚持党内正常的政治生活制度，县委委员和常委要定期召开民主生活会，认真地检查思想、工作和作风等方面的情况，切实解决领导班子中存在的突出问题，要实事求是，大胆地开展批评和自我批评，开诚布公地谈心通气，交流思想，增强领导核心的团结，要以普通党员的身份参加党的组织生活。

五、坚持党的民主集中制，反对自由主义

民主集中制是党的根本组织原则。每个党员领导干部必须把维护党的集中统一，严格遵守党的纪律，作为自己言论和行动的准则，凡是涉及党的路线、方针、政策的大事、重大工作任务的部署以及对干部的使用、提拔和任免。一律按照规定的权限，由集体讨论决定，不能个人说了算，领导成员之间，要互相支持，互相谅解，善于合作，自觉地维护党委集体领导的威信，要坚持“个人服从组织，少数服从多数，下级服从上级，全党服从中央”的原则，坚决反对无视党的纪律、党的原则，不过组织生活的言论和行为，做到令行禁止。

六、发扬艰苦奋斗的优良传统，反对铺张浪费

认真贯彻履行增产节约，艰苦奋斗，勤俭建国的方针，反对铺张浪费，把开展“双增双节”运动作为一项长期的重要任务来抓。坚决与那些讲排场、比阔气、互相攀比、肆意挥霍国家资财，搞大吃大喝、请客送礼的错误行为作不懈的斗争。

七、树立高尚的职业道德，反对行业不正之风

每个党员领导干部都有自己的职业岗位，而自己的思想品德如何，必然会从日常工作和生活中表现出来，群众看党风，主要是通过党员领导干部的具体言行来判断的。因此，反对和纠正行业的不正之风，必须从自身抓起，从点滴做起，严格要求，抓紧抓实。我们要在各自的工作岗位上，自觉地遵守党的原则，党的纪律，做到兢兢业业，奋发图强，树正气、刹歪风、公道正派，扶正祛邪，树立社会主义新风尚。

八、加强法制观念，反对以权代法

进一步提高法制观念，增强法律意识。做到带头学法、守法、用法，严格遵守

社会主义法制，做遵纪守法的模范，反对以权代法，以言代法，坚决抵制封建主义思想作风的侵蚀。敢于同违法乱纪的行为作坚决斗争。

九、强化改革意识，反对因循守旧

认真学习好《建设有中国特色的社会主义》,《坚持四项基本原则，反对资产阶级自由化》两本书。深刻认识“四个坚持”是我们的基本原则，立国之本；改革、开放是我们的总方针、总政策。深刻认识社会主义阶段的根本任务是发展生产力。改革是大势所趋，不改革没有出路。我们一定要打破安于现状，墨守陈规，因循守旧、思想保守、惧怕改革的习惯势力的束缚，增强改革意识，振奋起积极的、向上的、进取的精神，从实际出发，实事求是，解放思想，大胆探索，把改革推向前进。

十、建立和健全各项规章制度

1、学习制度。为了准确地执行党的路线、方针、政策、加速知识更新，做好工作，县委班子成员要经常坚持学习，积极参加县中心学习小组和党校学习班的学习，常委每月要组织一次专题学习，全体领导成员不但要认真学习马列主义、毛泽东思想，党的路线、方针、政策，还要努力学习现代科学管理知识和领导科学知识，做到理论联系实际，不断提高思想水平，政策水平和管理水平。

2、工作制度。为了适应新形势的需要，提高办事效率，扎扎实实地工作，要建立和完善岗位责任制，制定目标管理为中心的领导负责制。领导分工负责、互相支持、互相配合，常委要明确联系点，分片包干负责，经常深入实际，调查研究，做到立足本职，服从于和服务于全局，努力实现目标管理的要求。今后凡是县委对全县工作的重大部署，年终工作总结，要召开全体委员会议进行研究决定，以发挥全体委员的智慧。为了增强县委工作的全面性，减少片面性，今后县人大常委会主任、政协主席、纪委书记列席县委常委会。

3、民主生活会制度。民主生活制度，是党内政治生活的重要制度，是发扬党内民主、密切党群关系，增强团结，加强集体领导，统一思想认识，提高贯彻执行党的路线、方针、政策的自觉性的重要保证。因此，县委委员每年至少召开一次民主生活会，常委至少半年召开一次民主生活会，认真地检查思想、工作和作风等方面的情况和问题，从团结的愿望出发，开展批评与自我批评，在新的基础上增强新的团结，进一步提高班子的战斗力。

4、信访值日制度。正确处理人民群众来信来访，是党委和政府的一项经常性的政治任务，是群众对党员干部以及党组织实行监督的一条重要渠道，它将对我们执行党的路线、方针、政策情况，起到反馈作用。因此，要高度重视信访工作，建立常委值班制度。县委要有一名常委分管信访工作，每月要有1～2天时间亲自值班，解决信访中反映的重大问题。

5、定期听取情况汇报制度。为了及时发现问题，解决问题，表彰先进，鞭策落后，纠正可能发生的偏向，严肃法纪。县委常委每个季度，要认真听取一次人大常委、政协、纪委、财政、工商、审计、计委、物价等部门的情况汇报，检查执行党的政策，实施经济目标，端正党风等情况，及时指导和部署工作。

以上规定从通过之日起，必须严格遵守，认真执行。

1987 年 *7* 月 *17* 日

中共崇义县委文件

崇党发〔*1989*〕*21* 号

中共崇义县委、崇义县人民政府关于加强廉政建设的决定

各乡镇党委、政府、县委各部门、县直各单位：

党中央一再强调：改革开放、繁荣经济，要坚定不移；保持廉洁，反对腐败，也要坚定不移。这是我们的基本方针。不改革开放，社会生产力就很难发展，也就不可能从根本上保持党和国家机关的廉洁；不进行廉政建设，任凭腐败现象滋生蔓延。社会主义方向就难以保证，改革开放也难以顺利进行。

应当肯定，我县各级党政机关是廉洁的，党政机关中的绝大多数党员、干部是奉公守法、廉洁自律的，是经得起改革开放考验的。但在党政机关中确有少数经不起考验，贪污受贿，弄权勒索，违法违纪，请客送礼，挥霍浪费等等。这种腐败行为玷污党和政府机关在人民群众中的形象，败坏改革开放的声誉，直接损害国家和群众的利益，干扰、阻碍现代化建设的顺利进行。对此，我们必须高度重视并采取强有力措施加以解决。绝不能任其发展，侵蚀我们的健康肌体。全县各级党政机关必须把廉政建设摆到重要议事日程上，严肃认真，扎扎实实地去抓。为搞好廉政建设，县委县政府特作如下决定：

一、抓好廉政教育

在全县机关党员、干部中深入持久地进行党的基本路线教育，思想、道德、纪律教育，党的优良传统和廉洁为民的教育。提高党政干部的思想认识，增强抵制腐败现象的自觉性。同时在党政机关开展“清风正心”的活动，引导党政干部树立“立党为公”、“执政为民”的思想和以身作则，严于律己的作风，过好权力关、金钱关、

用人关、人情关、色情关，经受住“两个考验”。各单位要结合实际，选择正反两方面和典型事例，进行宣传，弘扬正气，形成一种有利于推进廉政建设的大气候。

二、加强制度建设

必须十分重视和抓紧廉政制度的建设，以堵塞漏洞，完善管理，建立秩序，减少乃至消除滋生腐败现象的土壤，各乡（镇）、各部门要结合廉政教育，制定出切实可行的保持党政机关廉洁的各项制度，同时还要实行办事公开的原则，尽可能把办事的规定、程序、结果和期限向群众公布，增加透明度。

建立制度，办事公开，切实抓好这两条，就能消除工作人员的随意性，从制度上保证谁办事都一样。各部门特别是掌握执法、审批等权力的部门和公用事业单位，要总结经验，结合实际，建立和健全一整套明确具体的审批和办事制度。当前，应从群众最关心的事情抓起，招生、招工、招干、征兵、农转非、人员调配、物资分配、信贷等要实行公开，并接受群众监督，每个单位对本单位的工作、学习、财务管理、车辆管理、招待等也要订出规章，照章执行。

三、建立和完善监督体系，形成约束机制

有了制度，除了要自觉执行外，还要特别强调监督作用。离开了监督，规章制度的执行就会慢慢地走样，就会有章不循，有禁不止。加强监督 1、要进行自我监督。各单位各部门要定期进行自我检查，总结工作经验和教训，及时纠正违纪行为。2、上级对下级进行监督，上级机关经常检查下属部门执行制度的情况，随时发现和纠正下属部门的违纪行为。3、要接受基层单位和公众的监督。正确对待基层和群众反映的情况，热情接待来访群众。4、纪委、检察、监察、审计、工商等部门要充分发挥监督作用。各部门要各司其职，协同合作。同时，在这些部门工作的干部，要不负人民的重托，秉公办事，同各种以权谋私、徇私舞弊、贪赃枉法行为作斗争。5、加强舆论监督，坚持民主监督。利用宣传工具，宣传法制和弘扬社会正气，揭露党政机关工作人员的违法违纪行为，全县各级党政领导，首先自己要自觉地接受监督，同时要旗帜鲜明、理直气壮地支持监督，采取各种必要措施来保证监督的实施。

四、集中力量查处一批违法违纪案件

集中力量查处一批危害严重的受贿贪污案件，鼓舞广大干部、群众同各种违法违纪行为作斗争的信心和勇气。推动整个廉政工作的开展。当前要重点查处以下几个方面典型案件：一是党政机关干部受贿贪污的；二是机关干部利用职权牟取不正当收入，利用公款违法违纪营建私房；三是在招工、招干、招生、农转非和提干等问题上以权谋私行为；四是违反规定用公款请客送礼、滥发钱物、大吃大喝、挥霍浪费、公费旅游的。各级党组织要加强对查处工作的指导和协调工作，充分发挥各

监督部门的职能作用。要坚持原则，秉公办案，严格按党纪国法办事，按政策办事。不管涉及到什么单位、什么人，都要按规定认真查清，决不能马虎了事。

五、保持廉洁，必须做到如下十不准

不准利用职权索拿或谋取不正当收入；不准用公款公物送礼和接收下级赠送的奖品礼品“红包”；不准利用职权侵占国家、集体和群众的利益建私房或超过标准多处占用公房；不准把属于自己职权范围内的无偿服务变为有偿服务。巧立名目乱收费、乱摊派、乱罚款；不准利用职权为家属、亲友谋求特殊利益；党政干部不准在企业兼职和领取报酬。已兼职的，要辞去兼职或辞去机关职务；不准用公款大吃大喝，领导下乡调查研究，检查指导工作，严格执行“四菜一汤”，不喝酒并按规定交费；不准公车私用，公物私用，子女亲属用车要按规定交费；不准违犯规定，购买控购商品；不准借用公款游山玩水，党政机关确因工作需要外出参观学习的，要经过县委、政府批准，其人员组成，往返路线，经费开支等，应严格按有关规定办理。

六、建立上一级对下一级教育，下一级对上一级负责的责任制

具体是：县委书记负责县委委员、县委机关各部门正副职、县直各单位和各乡（镇）书记；县委副书记、县长负责县政府副县长、党组成员、政府机关、县直各单位行政领导和各乡（镇）长；县委副书记协助县委书记，负责分管系统各单位党委正副职领导干部；县政府副县长协助县长，负责分管系统各单位行政正副职领导干部；其他县委常委负责自己分管系统和单位党员正副职领导干部；县纪委书记协助县委书记，负责县纪委委员、县直机关和各乡镇纪委书记。负责的内容主要是三方面：1、切实加强对党员领导干部的廉政教育，包括党性、党风、党纪教育；2、经常检查了解党员领导干部的思想、工作、作风和廉政情况。如发现不廉洁现象及时制止；3、如出现不廉洁案件，要敢抓敢管，组织并指导对案件进行严肃查处。如因心慈手软而使下一级的案件得不到查处，责任人要负领导责任。

县委、县政府要求全县广大党员和干部，要做为政清廉的表率。各级领导干部要带头做好廉政工作，带头遵纪守法，带头同腐败现象作斗争，带头执行上述决定，对在廉政建设中做出表率的单位和各级干部要给予表扬和鼓励；对违犯者要认真查处。情节严重的要给予党纪政纪处分；对触犯刑律的必须依法惩处。

中共崇义县委　崇义县人民政府

1989年2月27日

崇义县人民政府
关于加强土地管理的通告

崇府发〔1986〕67号

土地是农业最基本的生产资料，切实保护耕地，十分珍惜和合理利用每一寸土地，是我们必须长期坚持的一项基本国策。现根据国务院、省人民政府关于土地管理的有关规定，结合我县实际，对加强土地管理特作如下通告:

1、一切土地属国家、集体所有，任何单位和个人不得改变土地所有制性质。单位和个人对承包经营的土地（包括责任田、土、山圹和自留地、自留山）和宅基地，只有使用权，没有所有权，一律不准买卖、出租和转让，禁止擅自在责任田、自留地建房、开矿、打坯、烧砖瓦和葬坟。

2、任何单位和个人的用地建筑，必须遵循经济合理的原则，提高土地利用率。凡能利用荒山荒坡，不得占用平地和耕地；凡能利用劣地、薄地的，不得占用良田、好地；凡能利用旧宅基地的不得占用新地。已批准单位征地两年不用的、个人用地一年不用的，一律由县土地利用管理站收回；半年后不用的，由县、乡土地管理机构按当年当季产量征收土地荒芜费。严禁将已批准征用的土地转让、出卖和变相出卖。

3、严格个人建房和国家、集体征用土地的审批制度，严禁先用后征，边征边用，少征多用。

村民建房应个人申请，经村民小组同意，村民委员会审查，乡土地管理员实地察看，报乡人民政府批准。旧宅基地，三年后再建的，应按程序重新申报。因受自然条件限制，确需占用耕地、鱼塘的，不论数量多少，都应提出申请，经乡、村签署意见，县土地利用管理站审核，转报县人民政府批准。

国家建设和乡镇企业、事业单位建设用地，要按规定的程序报县人民政府审批。

任何单位和个人未经批准，擅自动工，全部损失，由单位和个人自行承担。

4、凡在县城和圩镇规划内，进行各种建设和私人建房（包括新建、扩建、改建），必须先报县城建局或乡人民政府审查，核准用地位置和面积后，再向县土地利用管理站办理征地审批手续。

5、国家、集体（包括乡镇企事业单位）和个人从事商品性砖、瓦、片石的生产用地，必须经乡（镇）土地管理领导小组审查，报县土地利用管理站批准，发给土地使用证后方可开业生产。需占用耕地的，除按规定程序办好审批手续外，用后必须填回表土，平整土地，做好恢复利用工作。

6、凡经批准的国家、集体（包括乡镇企事业单位）建设征地，应按县人民政府〔1985〕137号文件规定，缴纳土地补偿费、安置费；土地管理费按征地总费用的3%一次性缴交；征用耕地和鱼塘的，还应向县土地利用管理站缴纳国家土地开发基金；村民建房要缴纳土地补偿费和土地管理费。

土地开发基金由县土地管理站掌握，专款专用。征地费（青苗费除外）归被征地单位，由乡（镇）财政所代管，专户储存，经县财政局批准后方可动用。土地管理费属县政府批准范围的，由县土地利用管理站收取，属乡（镇）批准范围的，由乡（镇）财政所收取。任何单位不得擅自另立条款收费。

7、建立土地管理机构，县成立土地利用管理站，乡（镇）成立土地利用管理小组，配备专职或兼职土地管理员。县、乡（镇）的土地利用管理机构是同级政府的土地利用管理职能部门，负责对土地依法进行科学管理。任何单位和个人无权承办、审批和划拨土地业务。

8、政府对保护合理利用土地资源做得好的单位和个人，给予表扬和奖励。对违犯土地法规，破坏土地管理，视其情节轻重，态度好坏，分别给予批评教育、经济制裁、纪律处分，直至追究刑事责任。

本通告自公布之日起执行。

特此通告

1986年5月15日

崇义县人民政府

关于县城新建街道命名的布告

崇府发〔1986〕40号

我县进行综合改革以来，城乡建设发生了很大变化，县城新形成了一批街道。为了加强城镇管理，有利国民经济和社会发展，便于群众生活，按照国务院发布《关于地名命名、更名的暂行规定》和省人民政府印发《江西省地名命名、更名管理暂行办法》的精神，根据群众意见，经县人民政府研究决定，现就县城新建街道、居民点命名如下：

1、从县农科所起，往南延伸至县中医院背后街道，路面宽阔，两边新建房屋林立，与崇义西大街对称。命名“崇义东大街”。

2、从县农科所起，往西延伸，穿过解放路，与崇义西大街接壤，因靠小江，与小江平行。命名“沿江路”。

3、从县城关工商管理所起，往东延伸至阳明路口，街中建有一条石棉瓦的市场雨棚，现在是农贸市场中心。命名“农贸路”。

4、从县自来水公司起，往东延伸，穿过崇义西大街、阳明路将与崇义东大街接通，路面宽广整洁。命名“南新路”。

5、从“崇义饭店”往东南方向延伸，到现中医院形成了新的街道。命名“健康路”。

6、近年来，猪岭周围，塘岗背由县城迁移等原因，形成了新的居民点。命名“猪岭新村”。

此布

*1986*年*6*月*1*日

崇义县人民政府文件

崇府发〔*1987*〕*12*号

关于广泛开展增产节约增收节支运动的通知

各乡（镇）人民政府、县直各单位:

党中央、国务院决定，今年要在全国范围内广泛开展增产节约增收节支运动。这是坚持长期稳定发展经济的一个重要部署。为使这一运动在全县范围内，在各行各业中广泛深入、扎扎实实地开展起来，特作如下通知:

一、在全县范围内深入开展增产节约增收节支和艰苦奋斗、勤俭建国的教育，提高对“二增二节”重要意义的认识，动员全县人民积极投入到“二增二节”运动中去。增产节约增收节支是我们的基本国策，是社会主义物质文明建设的中心任务，也是社会主义精神文明建设和端正党风，转变社会风气的一项重要内容，又是保改革、保重点、保后劲、保证国民经济持续稳定发展的一个重要部署。各乡镇、各单位要深入宣传、制订措施，认真贯彻、树立艰苦奋斗、勤俭建国、多作贡献、严守纪律的好风气，为加快经济发展做出新的贡献。

二、广开生产门路，狠抓增产增收，增产节约增收节支，增产增收是前提。为确保今年经济计划的全面完成，必须采取如下措施:

1、明确奋斗目标，抓好计划落实。今年全县工农业总产值增长12.6%，财政收入增长6%的计划要保证完成，不准欠账，财政收入要力争增收100万元，达到

1420万元。工交商企业人平创税利比上年增加80～100元。分配各乡镇、各系统的任务要认真地迅速地落实到企业，分到车间、班组，落实到项目、到人，层层包干，保证任务的完成。

2、抓住重点产品的生产，大力发展适销对路产品生产。林业矿业的产值、税利占全县的大头，影响全县经济全局，必须抓住不放。林业要认真按县委、县政府关于1987年林业工作意见的精神办，在稳定控制砍伐、销售量的前提下，增加出材率，搞好综合利用。大力发展木竹加工业，在加工增值提高效益上下功夫，重点抓好胶合板木筷，薄木贴面板的投产见效。矿业要发展县、乡、村、个人专业采矿、增加产量、走精选加工增值的路子，精选钨精矿增加300吨以上，加工锡锭100吨以上，要狠抓销售，加速资金周转，减少利息，增加收入，根据我县资源，当前松香、罐头、水泥、土纸、香菇、玉兰片等产品县内外市场紧俏，要大力发展。松香增产500吨，罐头150吨，水泥增产1000吨，土纸增产15000担，香菇增产2000担，玉兰片增产3000担。

3、提高开工率，提高收回率，提高出勤率，提高设备使用率，提高劳动生产率。

4、继续调整农村产业结构，在稳定粮食发展的基础上，大力发展乡镇企业和多种经营。粮食增产200万斤以上，乡镇企业增值687万元，要根据市场需要，充分发挥本地经济优势，发展拳头产品，抓好基地建设，巩固发展现有企业，每乡新办一至二个企业。

5、深化改革、扩大企业自主权，增强企业活力，调动工人当家作主的生产积极性，认真贯彻国务院国发〔1986〕103号文件精神，完善企业内部经营责任制，坚持“三同步”和多劳多得的原则，职工的经济利益与企业的产值、税利挂钩。取消固定工资，实行浮动工资制。商业企业实行联销联利比例工资，工交企业可实行百元产值、百元利税工资含量包干。积极试行租赁制，全面推行厂长负责制。

6、积极组织财政收入，抓好税收和财政收入的清缴入库工作。加强征收管理工作，堵塞跑、冒、滴、漏，增加财政收入。要加强个体工商户税收、集市税、屠宰税、农林特产税的征收。要加强边界应税产品的管理，制止产品税收外流。

三、切实抓好节约，提高经济效益。要大力提倡艰苦奋斗、勤俭建国，发扬节约一分钱、一度电、一吨水、一斤油，勤俭办一切事业的精神。坚决刹住铺张浪费，讲排场，摆阔气的风气。提高经济效益是今年经济工作的重点，而节约又是提高经济效益的重点。节约上潜力很大，应切实抓紧生产节约两手抓，措施上要逐项落到实处。要求全县工交商企业节约增收54万元。

1、提高产品合格率，工交企业的质量稳定提高率达到85%以上，要创优质名牌产品。纠正重产值轻效益，重数量轻质量的偏向，既抓产值效益，又抓数量质量，把效益放在第一位。

2、降低生产成本2%，要加强原材料，电力、燃料的管理。减少损失浪费，降低物资消耗。目前我县能源十分紧张，工厂企业要围着电转，珍惜每一度电，用在发展生产上，力争实现产值利税率提高1～2%的要求。

3、压缩企业非生产性人员（不得超过职工总数的2%），节减企业管理费10%以上。

4、消灭亏损户，商业企业四户亏损户今年要扭亏增盈。商品流通费用降低2%。要解决企业吃国家的大锅饭，职工吃企业大锅饭的问题。凡因经营不善而亏损的厂长（经理）、职工都要负责，个人收入要相应减少。

5、减少产成品资金占用，流动资金周转天数缩短10天，努力实现资金利税提高1～2%的要求。要增强市场观念，利息观念，增加产品销售力量，建立销售渠道，减少产品积压，对严重积压的产品要限制生产。

四、坚决压缩开支、节减支出。为进一步解决社会总需求超过社会总供给的矛盾，中央决定，要坚决把过高的非生产性开支压下来，各级财政在去年支出的基数上一律节减10%。对中央这一决策要坚决拥护，分配的任务要坚决完成。今年我县在财政问题上，既要坚决完成上缴中央的任务，又要保证我县重点生产建设和必办事业的资金需要。做到收支平衡。任务繁重，必须在增收的基础上，坚持量力而行，量入为出的原则，坚决压缩开支，节减支出。全县要节减非生产性开支和行政事业管理费开支150万元。

1、坚决压缩非生产性基建投资，保证生产重点建设，全县暂停上新项目，在建项目要进行全面清理，未经批准，资金不落实的一律停建，已批准的在建项目严格按计划进行，不准超预算，超过的财政不予拨款，谁超支谁负责。

2、今年上半年停止购买国家规定的18种控购商品，确实需要、资金来源正当的必须严格执行控购审批手续，未经批准不准购买，停止新购小汽车。

3、控制乱增人员，实行单位定编人定岗，对超编单位人员只出不进，超编人员只拨个人经费不拨公用经费。严禁乱雇临时人员，未经组织人事部门批准的，超过批准使用期的临时人员一律不拨经费。

4、对小车费用实行定编定额包干使用，今年小车费用节减30%以上，每辆车每年包干费用（包括修理费）5000元，超支不补、节余留用。要控制业务用车，严格控制公车私用，用公车公款外出旅游。对小车的修理费开支要加强管理，能在本县修理的不出外县，确需到外地修理的必须凭县大修厂的证明，否则不予报销。

5、一切费用与开支标准必须按财政部门统一规定执行，单位部门自行规定的补贴、津贴等停止发放。

6、对行政事业单位实行定人定额费用包干使用（在去年支出基础上节减10%），超支不补，节余留用。1987年的节支资金在单位包干经费中开支。事业单位的事业费要专款专用，不准挪用事业费去弥补人员经费，挪用了要抵扣经费。今年行政事业单位的经费开支应按月报送县财政局、审计局审计。

7、节减差旅费的开支。节减下乡住勤伙食补助费。县内下乡每天补助1.10元

（节减 0.40 元）。乡内下乡到农村的每天补助 0.50 元（节减 0.20 元）。出差住宿旅馆费实行限额报销；因公出差到县以上单位，县级干部控制在每晚 10 元，局级干部 6 元，其他工作人员 4 元以内报销。到广州、北京、上海可按上述标准增加 50%报销，县内临时下乡控制在 1.50 元内，长期下乡协助工作的由乡安排住宿，不予报销住宿费。达不到上述标准的 50%的可按 50%报销，超过上述标准的由个人负担 50%。上级召开各种会议的住宿费、伙食补助费由召开单位开支，不能回原单位报销。

8、压缩会议费、水电费、报刊费、电话费的开支，严格控制招待费用，要在去年支出基础上节减 20%。

要减少全县性会议，对各种必开的会，要开短会，开小会。县直单位召开会议要报县批准，按批准的人数、时间、金额开支的标准开支。县直单位参加会议人员，能回家食宿的会议不安排食宿。一般工作会议的经费在单位包干经费中开支。单项开支需追加经费 500 元以上报县政府批准。要减少文件、报表、简报。

要节约用水用电，个人水电费可实行限额报销（每人一月 5 度电）。超过的个人负担。

要节减办公费用。减少公家的报刊杂志，提倡个人多订报刊杂志，个人订阅的报刊杂志在个人的书报费中开支。

电话要加强管理，控制乱用电话、讲长电话，节减电话费开支。

要严格控制招待费，除业务性的接洽招待，县内上下工作之间的往来，一般不要招待。招待费不得超过标准（四菜一汤），不喝酒，不陪吃，按标准缴伙食费（每餐 0.30 元）。

9、加强预算外资金的管理，全面清理预算外资金，冻结单位的“小钱柜”。各单位预算外资金、“小钱柜”资金在 2 月 20 日前如实上报县财政局，暂时冻结使用。预算外资金要集中统一管理，资金使用权归单位，管理权集中县财政，单位应分季（或月）申报使用计划，按批准数开支。乡镇行政干部不准动用财务的钱。各单位不准私设“小钱柜”。分配各地各单位的国家重点建设债券必须坚决完成。

10、加强公费医疗管理，减少医药费 25%。县对乡和单位实行医药费包干使用，全年人平 80 元包给单位，超支不补，节余留用，单位可与医院挂勾包干，结余留归医院使用，超支由单位、个人、医院按五、二、三比例负担。也可实行门诊费用包干到人，住院费单位和个人负担相结合的办法。门诊费用包干到人按每人每月 2～3 元，工龄一年 0.10—0.20 元包干到个人使用。重病住院凭单位证明指定医院就医。住院费由单位和个人共同负担，离休干部的全报销，住院期间发给个人门诊药费应扣除，30 年工龄以上的个人负担 5%，20～29 年工龄的负担 10%、10～19 年工龄的负担 15%，9 年工龄以下的负担 20%，凡属公费医疗规定不能报销的药品应由个人负担。

五、加强领导，各方配合，把“二增二节”运动抓紧抓实出成效，为使增产节约增收节支运动深入持久地开展下去，各单位必须切实加强领导，实行首长负责，主要领导亲自抓，县里把增产节约增收节支的任务列为目标管理责任制的主要内容。各乡镇各系统要逐级逐项落实，结合实行订出具体的措施，层层包干，各级领导在“二增二节”运动中，头脑要冷，工作要热，始终保持高涨的热情，旺盛的意志，对于今年的经济工作一方面要压缩开支，另一方面要增强后劲，努力促进我县经济持续稳定协调发展。

1987年2月16日

崇义县人民政府
关于严禁猎捕珍贵野生动物的布告

崇府发〔1987〕58号

野生动物是大自然的重要组成部分，是国家的宝贵资源。为了保护、发展和合理利用野生资源，拯救濒临灭绝的野生动物，根据《森林法》和江西省《野生动物资源保护条例》结合我县实际情况，特发本布告。

1、国家级和省级保护动物不准猎捕，也不允许买卖这类动物及其产品。

2、根据已经掌握的情况，我县境内有下列国家级和省级保护的野生动物。

国家级的一、二类保护动物有：豹、虎、羚羊（石羊）、黄腹角雉（锦鸡）、猕猴、短尾猴、穿山甲、水獭、大灵猫（九节狸）、小灵猫、毛冠鹿（黑麂）、麝、鸳鸯、金鸡、白鹇、娃娃鱼。

省级保护动物有：黄鼠狼、豹猫、杜鹃、灰喜鹊、大山雀、燕子、五步蛇、鹰嘴龟（蛇龟）。

3、自布告之日起，擅自猎捕上述动物，除没收其猎捕的猎物及其工具外，处以十至百元罚款。非法买卖上列动物及其产品的，除没收其动物及其产品外，并按价值的1～5倍对当事人处以罚款。触犯刑律的要追究刑事责任。

4、各乡林业部门为乡级人民政府的野生动物资源主管部门，主管部门应加强宣传和管理，工商、交通和公安部门应密切配合。

此布

1987年5月18日

崇义县人民政府
关于发展横向经济联合的优惠政策

1、凡来崇义独资办企业者，我县积极提供场地、劳务和资源。对要纳入基建计划的开发性和技术先进的项目，在计划审批、建设定点、土地征用、工程配套、基础设施、能源供应和基建“三材”指标供应等方面，给予优先安排。税后利润全部归独资者所有，并允许自行使用。

2、对合资企业所用固定资产贷款可在新增利润中按比例实行税前还贷。先还贷，后分利，再征税。如新增利润继续投入扩大再生产，可免征所得税。

3、来崇义联合开发资源或办工厂的，按投资比例分成，我县可让利10%以上。联合开发的资源，原材料可优先供应对方，以补偿贸易方式投资者，产品补偿按优惠价计算，补偿期限和数额从优考虑。补偿期满后还可签订合同继续优先供应。联合企业生产的外贸产品，按国家规定分成后，企业所获外汇部分，按投资比例分成。

4、联营项目，特别对水利资源、旅游资源、草山资源的开发和矿产品、竹木制品的深度加工，或开发新产品、新技术、新工艺的企业，流动资金和技术改造资金有缺口的，可优先给予贷款，从开始获利的年度起，第一年和第二年免征所得税；第三年至第五年减半征收所得税。利润分成可适当照顾客户利益。

5、向我县转让专利的，除按国家专利法执行外，如果取得最佳经济效益，还可给予一定数额的酬金。

6、大专院校、科研单位或个人，帮助崇义现有企业技术改造、技术攻关和先进技术转让，按规定除了给予必要的技术转让费外，根据效益高低，贡献大小，可给予一次性500元以上的重奖。

7、凡派技术、管理员，帮助崇义的企业提高技术和管理水平，增加利润（或减亏）的，可从一年内新增所得税后利润（或减亏）中提取10～30%作为给予帮助单位或个人的奖金。

8、凡应聘调入我县的专业技术人员，企业管理骨干，在住房、子女就业和家属农转非等方面，均可优先安排照顾，工资待遇可面议。

9、凡到崇义执行支援项目或应聘传授技术、管理、讲学的人员，除发给基本工资、差旅费、奖金外，每月再按其不同职称、职务和能力，发给本人工资1～3倍的生活补贴费。

*1987*年7月*11*日

崇义县人民政府文件

崇府发〔1988〕23号

崇义县人民政府
关于农村二女户结扎实行养老保险工作的通知

各乡（镇）人民政府、司法局、县保险公司：

实行计划生育是我国的一项基本国策，是利国益民、造福后代的伟大事业。为了有效控制我县人口增长，刹住多胎生育，必须广泛持久地开展基本国策的教育，彻底破除重男轻女和有男孩才能传宗接代的旧传统观念，树立男女都一样的社会主义新风尚，消除农村二女结扎户的后顾之忧。为使农村二女结扎户实行养老保险工作在全县开展，特制订如下实施办法，望各乡（镇）人民政府结合本地实际，依照本实施办法，认真抓紧抓好农村二女结扎户的养老保险工作，进一步促进和推动我县计划生育工作的深入开展，确保“七五”期间人口控制计划的实现。

附：关于农村二女结扎户实行养老保险实施办法。

1988年3月14日

崇义县人民政府
关于农村二女结扎户实行养老保险的实施办法

第一章　总　则

第一条：为适应计划生育工作的需要，解决农村二女户施行绝育手术后的后顾之忧，特为农村二女结扎户实行养老金保险。

第二章　保险对象

第二条：凡是已生育两个女孩，一方已实行了结扎手术不再生育者；

第三条：三女以上纯女户，夫妇一方结扎后，小孩因故死亡只剩两个女孩，不再生育者；

第四条：已生育一男一女的育龄夫妇，一方结扎后，男孩因故死亡，不要求再生育者；

第五条：三孩以上有男有女的育龄夫妇，一方结扎后，所生男孩因故死亡，只剩两个或一个女孩不要求再生育者；

第六条：已生育一男一女的育龄夫妇，一方施行结扎后，其男孩是双目失明或四肢残废不能成长为正常劳动力的病残儿，经乡政府批准，也可以列为被保险对象。

第七条：保险对象的子女数包含带养、抱养子女数。

第八条：被列为保险对象者，从结扎之月起计算，女方结扎投保女方，男方结扎投保男方。

第九条：凡是按规定可以列为保险对象的，必须经本人申请，村委会核实，乡计育办审查，乡政府批准，然后由乡计育办与县保险公司办理养老金保险手续。

第三章　　保险期限与责任

第十条：保险期包括交费期与领取期。交费期是指从乡政府批准之月起至五十周岁止；保险费由乡计育办向县保险公司每人每月投交保险费五元（每人每年投交保险费六十元）。领取期是指被保险人51岁起，按月领取养老金，直至身故为止。

第十一条：被保险人在领取养老金期限内，不满十年身亡的，其死亡退保金按保险有关规定付给乡计育办。同时，将另一方列为保险对象。

第十二条：被保险人在交费期或领取期双方身故的，可以按保险的有关规定死亡退保金给付乡计育办，保险责任即行终止。

第十三条：被保险人在交费期内，夫妇双方有一方招工、招干成为全民或集体正式职工、干部的，其退保金已给付乡计育办，保险责任即行终止。

第十四条：被保险人，在保险期间因丧偶或离婚改嫁者，在本县重新组合的家庭子女情况仍符合保险对象的条件者，可以列为保险对象，否则保险责任即行终止。

第十五条：实行计划生育是夫妇双方的义务，无论哪一方被列为保险对象，其养老保险金均属夫妇双方共同享受。

第四章　　保险资金的来源及投保方式

第十六条：保险资金可由乡或各村委会向群众按人口平均筹集，也可以从征收的超生子女费或乡、村办集体企业积累中筹集，其投保资金要归乡政府统一筹集。

第十七条：凡被列为保险对象者可向乡计育办领取投保申请表，交村委会核实，乡计育办审定，乡政府批准后，由计育办统一向保险公司办理投保手续。

第十八条：被取消保险资格的或领取养老金的，由乡计育办同保险公司办理手续，并通知被保险对象本人。

第五章　特殊情况的处理

第十九条：凡是未婚先育者的应先交纳未婚先育子女费，并补办结婚手续，方可列为保险对象。

第二十条：被保人在保险期间内，如带养或节育措施失效造成计划外生育者，从带养或超生之月起取消保险人资格，其保险金退回乡计育办。

第二十一条：被保险人在保险期限内，如触犯刑法，一律取消保险资格。夫妇的另一方是否可以享受其保险待遇，应根据触犯刑法一方的案情与其是否有关或根据司法部门判定处理。

第六章　附　则

第二十二条：各级党政组织应高度重视二女结扎户的养老保险工作。乡计育办要建立健全制度，加强养老保险经费的管理和使用。对征收的资金要有专人负责，逐一建立档案，专列帐户，专款专用，不准贪污和挪着它用，一经发现应坚决查处、严肃处理。对应列保险的对象，乡计育办应逐个调查摸底，严格审查，并设立总册，建立分帐，做到征收、投保、领发手续健全，帐目清楚，达到取之于民，用之于民，切实做好二女结扎户养老保险工作，进一步促进和推动计划生育工作的深入开展。

第二十三条：凡是本实施办法没有提及的其它情况和事宜，各地可结合实际情况，制订具体的实施办法。

1988 年 2 月 1 日

崇义县人民政府文件

崇府发〔1989〕106号

关于宣布横水镇、铅厂乡、古亭镇从1989年9月1日开始实施五年义务制教育的决定

各乡（镇）人民政府、教育局：

党的十一届三中全会以来，我县的教育事业蓬勃发展。特别是从1984年开始实行“两级管理、三级办学”的教育管理体制改革后，充分调动了乡（镇）、村办学的积极性，教学条件得到明显改善，广大教师兢兢业业工作，教学质量不断提高。1985年冬经赣州行署检查验收，确认我县基本普及了小学教育。在此基础上，多数乡（镇）认真学习贯彻《义务教育法》和省人民政府《关于实施九年义务制教育工作条例》，积极创造条件分期分批实施五年义务制教育。最近，横水镇、铅厂乡、古亭镇已向县人民政府写出报告要求开始实施五年义务制教育，经县人民政府委派教育局检查验收，确认上述三个乡镇的校舍、师资、教学仪器等均具备基本条件，符合上级要求，为此，县人民政府决定，宣布横水镇、铅厂乡、古亭镇从1989年9月1日开始实施五年义务制教育。为使这一决定得到落实，提出如下要求：

1、继续学习、宣传好《义务教育法》。在宣传工作中要采取各种行之有效的宣传形式，造成一定声势，形成强大的社会舆论，使义务教育工作做到家喻户晓、人人理解，进一步形成尊师重教的新风气。乡收支财力和村自筹资金应主要用于教育事业，使实施义务教育的经费落到实处。

2、各地应继续抓好村完小以上校园“六配套”和实施义务教育“三配套”建设，并加速改造土木结构的校舍，争取在四年以前将土木结构的校舍全部改造成砖木或砖混结构的校舍。

3、家长有义务送7～12岁的子女上学，授完小学五年义务教育。对不尽义务送子女授完小学五年义务教育的家长要征收“教育费”（适龄儿童每学期人均100元）。由村委会负责征收并用于学校建设。

4、严格控制留级面，中小学各年级留级面严格控制在5%以内。毕业班不留级。严禁乡镇企业和个体户招收童工，对招收童工的单位、个体户，每发现一个处以300元罚款，并责令复学。

5、开始实施义务教育阶段不收学费，各种杂费、代收费的收取应按教育局、财政局和物价局的规定执行，如乱收费用，除责成退还学生外，还要对学校领导和经办人处以适当的罚款。

6、建立一支稳定合格的教师队伍，不断改善和提高教师待遇，并通过函授、进修、自学考试等措施逐步使小学教师达到中师毕业，初中教师达到大专毕业文化程度。

7、继续抓好乡村初中的建设，不断改善教学条件，为实施八年义务教育创造条件。

8、现在尚未宣布实施五年义务制教育的乡（镇），要积极努力，从校舍、师资、仪器设备等方面做好准备，尽快实施五年义务制教育。

崇义县人民政府

1989年9月27日

崇义县人民政府
关于扫除“六害”的通告

崇府发〔1989〕123号

卖淫嫖娼，制作、贩卖、传播淫秽物品，拐卖妇女、儿童，私种、吸食、贩运毒品，聚众赌博，利用封建迷信骗财害人等（简称“六害”）社会丑恶现象，严重败坏了社会风气，扰乱了社会治安，诱发多种犯罪，摧残广大群众特别是青少年的身心健康，直接危害社会主义制度和两个文明建设，必须坚决查禁取缔。为了扫除“六害”，严惩拒不悔改的违法犯罪分子，特作如下通告：

1、凡参与过“六害”违法犯罪活动的人员，自本通告发布之日起至1990年1月31日，必须到当地公安机关、本单位保卫组织或乡（镇）人民政府投案自首，坦白交待违法犯罪事实，争取从宽处理。

2、在上述期限内，凡投案自首、退出非法所得，并有悔改表现的，一律依法从轻处罚；对于情节较轻的，可以减轻或者免除处罚；情节较重的，如有主动表现，也可以减轻或者免以处罚。

3、凡在规定期限内，拒不投案自首、坦白交待问题的，互相串通，订立攻守同盟的，或者畏罪潜逃、拒不归案的，依法从严惩处。

4、每个公民都有权利和义务向人民政府、公安保卫部门检举揭发“六害”违法犯罪的人与事。对于检举揭发者，要依法给予保护，对有功人员要给予奖励。

5、对执法人员和检举揭发作证人员进行阻挠、威胁、打击报复的行为，对乘机捏造事实诬告陷害他人的行为，对为违法犯罪分子说情袒护、徇私包庇、窝藏、隐匿、销毁罪证、出具伪证的行为，要依法从严处罚。

6、除“六害”以外的其他违法犯罪分子，在本通告规定的期限内自首坦白、检举揭发立功的，同样依法从宽处理

7、本通告自发布之日起施行。

崇义县人民政府

1989年11月15日

特邀审稿人员

刘天福　陈泽海　王培贵　杨源镜　蔡勤胜　刘传锦
刘兴无　朱宇椿　黎声明

部门和乡（镇）撰稿人员（以姓氏笔划排列）

于正化　王书芳　王会尧　王志荣　王祥财　王桂秀
王业夫　王孝青　邓忠伟　古君一　田长征　田允奎
甘盛渥　甘太元　刘和林　刘剑东　刘泉生　刘兴无
刘龙洲　刘谋成　刘相校　刘录生　刘昌伟　刘相浩
朱殿乐　朱家辉　朱昭福　朱诗楼　华叙尧　汤其湖
汤名东　吕美英　杨晓洪　杨源泉　杨清永　杨顺福
杨安华　杨伦槐　杨顺洪　李慕陶　李义达　李德明
李宗汉　何木兰　何昌华　何培真　巫大和　陈武胜
陈衍竿　陈古亮　陈大发　陈　瑶　陈虞璐　陈文烈
陈惟铭　陈世伟　陈英俊　陈大滨　余　江　余柯森
余秀长　邱全华　邱庆伟　肖声岑　肖声朗　肖英城
肖昌伟　沈敦保　严创明　吴墩东　吴圣海　吴春平
吴世斌　吴荣光　吴来香　邹前桂　邹笃福　邹树青
罗允祥　罗九龙　周昌会　张家柏　张道树　张汉民
张罡浩　张际才　张征相　胡冬英　胡一春　胡朝福
胡盛达　赵荣伦　钟佳柱　钟羡宝　钟芳光　钟冠群
钟英禄　钟期龙　郭烈民　郭大光　郭文良　夏道明
唐大龙　袁平招　黄运衍　黄上鸿　黄恭信　黄宇民
黄春莲　黄家仁　黄家才　黄　星　黄素风　黄得胜
黄晓明　谢才涵　谢赞年　谢小林　谢建淼　谢宝龙
谢长青　冯世练　曾令清　曾宪瑞　曾忠民　曾文彬
曾远棠　曾凡琨　彭朝宾　温世章　傅克洋　蒋大洪
蒋杨房　蔡勤胜　蔡教基　赖昌秀　廖永鸿　谌建平
欧阳萍　韩　迅

审定单位

中共崇义县委员会
崇义县人大常委会
崇义县人民政府
政协崇义县委员会
中共崇义县纪律检查委员会
崇义县人民武装部

1990年8月

(赣）新登字 001 号

书　名　崇义年鉴
主　编　黄诗结
出　版　江西人民出版社（南昌市新魏路）
经　销　江西省新华书店
印　刷　南昌市群众印刷厂
开　本　787×1092mm　1/16
印　张　42.5
字　数　88.5万
版　次　1992年4月第1版　第1次印刷
印　数　1-1500
定　价　30元
ISBN　7-210-00995-7/K·81

邮政编码：330002　电报挂号：3652　电话：331044